U0578396

Progress
in
Research
on
Publishing
Science

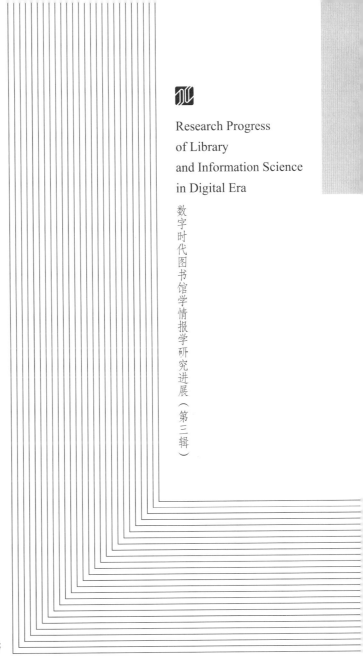

Research Progress
of Library
and Information Science
in Digital Era

数字时代图书馆学情报学研究进展（第三辑）

湖北省“十三五”重点图书

出版学研究进展

主　编　方　卿　徐丽芳
副主编　黄先蓉　王晓光　张美娟

WUHAN UNIVERSITY PRESS
武汉大学出版社

图书在版编目(CIP)数据

出版学研究进展/方卿,徐丽芳主编.—武汉:武汉大学出版社,2017.12

数字时代图书馆学情报学研究进展.第三辑

湖北省“十三五”重点图书

ISBN 978-7-307-19384-0

Ⅰ.出… Ⅱ.①方… ②徐… Ⅲ.出版学—研究进展 Ⅳ.G230

中国版本图书馆 CIP 数据核字(2017)第 133833 号

责任编辑:徐胡乡 陈 豪 责任校对:汪欣怡 版式设计:韩闻锦

出版发行:**武汉大学出版社** (430072 武昌 珞珈山)

(电子邮件:cbs22@ whu. edu. cn 网址:www. wdp. com. cn)

印刷:武汉中远印务有限公司

开本:720×1000 1/16 印张:44 字数:631 千字 插页:3

版次:2017 年 12 月第 1 版 2017 年 12 月第 1 次印刷

ISBN 978-7-307-19384-0 定价:130.00 元

数字时代图书馆学情报学研究进展（第三辑）

编 委 会

前　言

恩格斯曾经指出：社会需要会比十所大学更能把科学推向前进。而科学前进的过程，往往伴随科学知识生产方式的变革。晚近日益清晰可辨的变革，按照迈克尔·吉本斯等人（1997）的观点，是从模式1，即“一种以主要在大学中被制度化的学科知识研究为特点的生产模式”，转换为模式2，即“以跨学科性和一种更具异质性、更灵活的社会弥散体系为特点”的知识生产方式。这种转换肇端于“第二次世界大战”之后，背后深层的动力机制是社会日益需要不同学科的专业知识协同地解决不断涌现的经济、政治和文化诸问题，但传统以大学为主的知识生产机构无法独立、完全地胜任这一任务。而交通的发达，尤其是20世纪80年代以来个人电脑和计算机网络的日益普及为这种“急剧扩张、异质性和情境化”的知识生产方式提供了技术支持。

模式2以社会“真实问题”的解决为最重要诉求的特点，决定了新的科研资源配置方式：在社会层面，“社会科学学者和科学家、工程师、律师以及生意人在一起工作，因为这正是研究问题的本质所要求的”；在大学内部，传统学科之外的发展日新月异，法学院、商学院、护理学院等专业/职业性学院不断涌现（托尼·比彻等，2015）。从20世纪中期以书籍装帧等子学科专业和职业短训班形式在高校发端，到20世纪80年代开始在欧美和中国大学中大量涌现出版学相关专业，出版学的诞生与发展无疑是上述潮流具体而微的体现。一方面，出版学是这种知识生产模式转换的产物；另一方面，现阶段的出版学学科范式同时体现了模式1、2的影响。具体而言，除了自身学科建设问题之外，出版学注重采用多学科、跨学科的方式方法解决来自出版实践的“真实问题”。这在最近5

年的出版学研究成果中得到了清晰的展现，分述如下。

出版学基本理论问题研究。许多人仍然深信，“学科科学为未来的应用提供了一口取之不竭的深井”。而各国高等教育的现实，使得学科合法性和独立性必然是各个学术共同体孜孜以求的目标。因此不难理解，对出版学这样一门年轻的学科，国内外研究人员都对其基本理论问题保持了持续的研究兴趣。研究内容涉及出版学核心概念，研究对象和研究内容，学科体系，上位学科、分支学科、交叉学科，以及方法论，等等。编辑学则在编辑学理论、编辑主体、编辑实务、专业教育、中国编辑史、部门编辑学等方面取得了创新性研究成果。而在国内，历史渊源导致出版学与编辑学关系问题成为持续引起学术争议的论域，而且在可见的将来恐怕很难定论。

出版经济商务问题研究。首先，出版物的发行和出版营销一直是出版学领域重要的研究课题。其中，网上书店、出版电子商务的兴起和发展深刻地改变了出版发行业的业务结构乃至经营环境，因此连同随之发生巨变的出版物流，都引起了国内外研究者广泛的研究兴趣。此外，不断兴起的新媒体工具对出版营销方式产生了重大影响，众多出版企业开始利用微博、微信、社区、众筹等方式构建自身的网络营销平台，从而推动了出版网络营销理论创新。其次，出版企业经营管理尤其是出版传媒集团在战略管理、资本运营、公司治理等方面的发展成为业界研究热点。再次，中国出版业“走出去”也是近年来研究者持续关注的焦点，具体议题涵盖中国出版国际化发展影响因素及驱动力、国际化发展方式与路径、国际化发展策略等方面。

出版法律问题研究。近年来，我国出版法制建设，包括出版立法和出版执法两方面的研究，在深度和广度上有了新的进展。此外，因信息传播技术（ICT）普及而产生的诸多版权相关问题也引起了国内外研究人员的广泛关注，如计算机字库单字字体的可版权性、第三方插件著作权侵权问题、数字环境下首次销售原则的可适用性、网络信息传播权重构、视听作品与二次获取报酬权、网络服务提供者著作权侵权、深度链接刑法入罪、社交网络著作权问题、数字图书馆合理使用困局和网络环境下著作权集体管理制度，等等。

出版技术问题研究。技术影响了出版的方方面面，而数字出版是这种影响的集中体现。开放存取出版、数字学术期刊及其质量控制、数字学术出版商业模式、数据库出版、数据出版、语义出版、电子书阅读器及其内容、数字阅读需求和偏好等，都是其中的热点研究课题。在语义出版研究领域，近年来学者们关注的焦点是文献内容结构化、出版本体、语义出版物模型和增强型出版物等。

出版历史与文化问题。受益于各种基金政策的支持，新世纪第2个10年以来，国内出版史料整理取得了相当大的成绩。史料类型包括人物年谱、全集、日记等形式的出版人物史料、综合性出版史料汇编、发行书目丛刊、地方性出版史料，以及书录、机构名录之类。而20世纪80年代作为中国期刊发展的黄金年代，其相关研究在近五年也取得了丰硕的成果。

综上所述，近年来出版学研究领域积累了为数众多的丰硕成果，这是继续前行的基础。而今后的发展进路，是在坚持学科主体性的同时，夯实作为应用性社会科学的定位，回应出版实践的需求，识别、界定并组织“3重螺旋”的相关资源解决出版和出版产业“真实问题”。如此，出版学理论有可能“在应用情境中发展起来，而且，这些理论继续滋养学科框架之外的知识发展”。

方　卿　徐丽芳

二〇一七年五月

目　　录

2010—2014年出版网络营销研究进展*

方　卿　王　涵
（武汉大学信息管理学院）

【摘　要】不断兴起的新媒体工具对出版企业的营销方式产生了重大影响，众多传统出版企业开始利用微博、微信、社区、众筹等方式构建自身的网络营销平台，推动了出版网络营销理论创新。近年来，从新媒体视域研究我国出版营销的研究成果层出不穷，本文从网络营销历史沿革及出版网络营销的发展入手，梳理了近五年来我国出版企业微博营销、微信营销、网络社区营销、众筹营销、数据密集型精准营销的最新研究进展，并对其应用现状、传播特点、策略进行评述及反思，为传统出版企业进行营销方式的转型提供借鉴。

【关键词】出版营销　微博营销　微信营销　研究进展

Progress in Research on Publishing Network Marketing：2010—2014

Fang Qing　Wang Han
（School of Information Management，Wuhan University）

【Abstract】The rise of the new media platform have an impact on

* 本文系国家社科基金重大项目“健全现代文化市场体系的理论与实践研究”（12&ZD025）的研究成果之一。

the marketing of publishing enterprise. Many traditional publishing enterprises began to use microblog, WeChat, online community, crowdfunding to build their own network marketing platform. It promote the innovation of network marketing theory. In recent years, the academe makes enough recognition with it and we can find a lot of research production. From the development of network marketing, the article discusses the marketing of microblogging, WeChat, online community crowdfunding in Chinese publishing enterprises. At the same time, review and reflect on their application status, communication characteristics and strategies. It provide reference of the transformation of traditional publishing enterprises.

【Keywords】 publication marketing　micro-blogging marketing　wechat marketing　research progress

1　引言

受技术变革影响显著的出版营销在信息革命浪潮的冲击之下，逐步由传统营销向网络营销转变与发展，传统营销与现代网络营销并存成为出版营销的新格局。从传统大众媒介的广播式宣传和常规的门店展销、人员推广，到去中心化的裂变式微博营销、精准推送的微信营销、基于关系链的社区口碑营销以及新兴的众筹营销，出版营销的模式与手段借助新媒体之力前所未有地丰富起来。网络营销拓展了出版营销的空间，使得销售场所虚拟化、交易方式和支付手段网络化、信息获取途径多元化，具有便捷性、互动性、可拓展性等特点。网络营销最终将以多样的营销形式、较低的成本让出版信息超时空覆盖极大群的读者，实现前所未有的营销效果。本文拟通过梳理出版网络营销历史沿革，对出版网络营销平台及理念变革的研究成果进行综述与分析。

1.1 出版网络营销概述

“出版网络营销”同“网络营销”一样，目前还没有一个公认的、完整的定义，在不同时期，从不同角度对网络营销的认识也有一定的差异。这是由于网络营销环境在不断发展变化，各种营销模式不断出现，并且网络营销涉及多个学科的知识，不同研究人员具有不同的知识背景，因此，对网络营销的研究方法和研究内容都有不同的解释。但从“营销”角度出发，对出版网络营销应统一以下几点认识：第一，出版网络营销不是网上销售。网上销售是网络营销发展到一定阶段的产物，网络营销是为实现网上销售而进行的一项基本活动。第二，出版网络营销不仅限于网上。O2O 不再局限于 Online to Offline（线上交易到线下消费体验），也可以是 Offline to Online 模式（线下营销到线上交易）。第三，出版网络营销不是孤立存在的，而是出版企业整体营销活动的组成部分，不可能脱离一般营销环境而独立存在。网络营销理论是传统营销理论在互联网环境中的应用和发展，与传统市场营销策略之间并没有冲突，但网络营销由于依赖互联网应用环境而具有自身的特点，因而具有相对独立的理论和方法体系。第四，出版网络营销不等于电子商务。电子商务强调的是电子化交易的基础或形式，而网络营销只是一种手段，并不是一个完整的商业交易过程。所以，可以说网络营销是电子商务的基础[1]。

1.2 网络营销历史沿革

20 世纪 90 年代，随着互联网进入商业应用，网络营销逐渐诞生与发展。尤其是万维网、电子邮件、搜索引擎得到广泛应用后，网络营销的价值越来越明显。1994 年被认为是网络营销发展的重要一年，因为网络广告诞生的同时，基于互联网的知名搜索引擎 Yahoo!、WebCrawler、Infoseek、Lycos 等也相继在 1994 年诞生。美国亚利桑那州两位从事移民签证咨询服务的律师通过互联网发布 E-mail 广告，只花费了 20 美元的上网通信费用，结果吸引来了 25000名客户，赚了 10 万美元。这次事件促使人们开始认真思考和研究网络营销的相关问题，网络营销的概念也逐渐开始形成。

我国网络营销的发展相对于互联网发达国家起步较晚，大致可分为三个发展阶段：播种期（1997 年之前）、萌芽期（1997—2000 年）和发展应用期（2001 年及以后）。目前，网络营销进入井喷时代，搜索广告、微博、微信、自媒体、社区、众筹等营销方式蓬勃发展，营销效果的可控性、精准性越来越强，企业对网络营销的认识开始趋于理性化，网络营销的发展进入了稳定的发展时期。不过综合各种因素和表现来看，当前国内网络营销还远没有达到成熟阶段，但这丝毫不影响网络营销成为未来网络经济中最具潜力的发展方向。中国网络营销目前还处在发展期，随着政策的推动、技术的革新以及市场的成熟，网络营销市场将会迎来一个更好的成长期[2]。

1.3 出版网络营销的发展

随着信息技术的不断进步，出版业也紧随网络营销的浪潮，逐渐探寻传统运营和产销的网络化、信息化，在转型过程中寻找新的网络营销模式。20 世纪 90 年代初，世界各大出版公司纷纷建立了自己的商务网站，将企业日常经营和营销活动的中心从传统的经营平台向商务网站转移[3]。1991 年，世界上第一家网上书店“阅读美国”书店在美国联机公司（AoL）的网络上建立[4]。1995 年 7 月，美国人杰夫 · 贝佐斯在西雅图开设了全球第一家真正意义上的网上书店——亚马逊网上书店，并发展成为全球最大的网上书店；1997 年 5 月，美国最大的连锁书店巴诺也正式开办了网上书店。在传统发行体系颇为完善的德国，网络营销这场旋风演绎得极具特色。1998 年初，传媒巨头贝塔斯曼率先在国际互联网上开办了“林荫大道联机书店”，除了向国民提供贝塔斯曼俱乐部书目之外，还提供来自图书批发商考克 · 尼弗公司数据库的 30 万种图书的信息。大公司带动了众多独立出版社和传统书店的网上售书热情，到 1999 年底，德国已有 1200 家传统书店建起了自己的售书网站[5]。在英国，1998 年初，英国惠特克公司和美国的鲍克数据公司在网上设立轻松图书（book easy）网上书店；同年 5 月，亚马逊（英国）网上书店完成了对英国书业网上书店的兼并；同年 6 月，史密斯集团（W. H. Smith）连锁书店兼并了因特网书店，这两家英国最大的网上书店兼并后的销售额都得到 3～4 倍的增长[6]。日本的图书网络营销基本与欧美保持相对同步的发展，1995 年 5 月，日本大和与栗田图书批发商联手设立的图书出版营销服务公司开始网上运营。纪伊国屋开设的“图书网库”，号称拥有世界之最的出版物信息数据库，包括日本版图书 150 万种、欧美出版物 200 万种[7]。

我国出版业网络营销最初同样起始于网络书店的兴起。中国最早的网上书店成立于 1995 年，由中国最大的古旧书店——中国书店开通，年成交额达到 50 万～60 万元。1997 年初，杭州市新华书店建起我国新华书店系统的第一家网上书店。随后，当当网上书店、人民时空网、中国寻书网、全国购书网、书生之家等一大批新兴网站也迅速成立[8]。2008 年是我国图书网络营销突飞猛进的一年，网络营销已经在图书市场占领一席之地，并具有很大潜力[9]。2008 年年底，当当网联合总裁李国庆接受《出版商务周报》独家专访时透露，当当网在去年第四季度实现赢利，预计 2008 年全年销售额将达 16 亿元，比上年的 8 亿元翻了一番[10]。面对市场，发行集团开始在保证传统实体卖场销售的基础上，纷纷投身网络开拓市场。2007 年 11 月，由北京发行集团投资建设的大型图书门户网站——北发图书网正式开通，它是在原有的北京图书大厦、王府井新华书店、中关村图书大厦，还有中国书店、北京市外文书店等近 10 家网络书店资源整合的基础上构建而成的。2008 年 8 月，南方书城网也正式上线，可提供 40 万册图书可在线阅读，广东出版集团有限公司、广东省新华发行集团、南方报业传媒集团等都是南方书城网的股东[11]。现今，信息技术的不断发展带来交易方式、销售场所虚拟化及信息获取途径的多元化，使得出版网络营销的模式与手段在传承和变革中不断丰富与发展。

近五年来，从新媒体视域研究我国出版营销的研究成果层出不穷。本文分别以“出版营销”“图书营销”为关键词，在中国知网数据库中检索得到从 2010—2014 年的文献共 627 篇，对其剔除重复文献并进行文本分析后，得出有关出版业网络营销的相关文献392篇。其中发表在核心期刊及其他期刊被引的文献共179篇，研究主题多集中于微博、微信、社区、众筹等出版营销领域。近五年文献年代分布如图1所示，2010年出版网络营销研究的相关文献最少，仅有45篇，在近五年文献总数中占比11%。2010年之前的相关文献多是对传统图书营销总成本领先战略、差异战略、集中战略及产品、价格、渠道、促销等策略的研究，网络营销研究仅限于网站、论坛、博客、电子邮件、搜索引擎等手段。到2011年，出版网络营销的相关论文开始呈快速增长态势，2013年与2012年文献数量基本持平，达到112篇，至2014年文献数量略有减少。从文献来源上看，如图2所示，核心期刊及被引文献在2010年和2011年所占文献数量比重最大，分别占到60%和59%，2012年占45%，2013年及2014年均仅占29%。可见，虽然2010—2011年对出版网络营销研究的文献总量不多，但从来源及被引率方面看文献质量较高，对此后同类研究的借鉴意义较大。

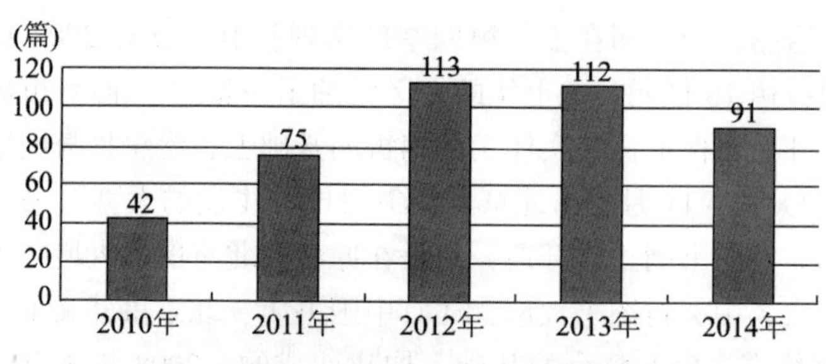

图1　我国出版业网络营销文献年代分布图

从研究方法来看，大部分文献通过文本分析法，偏重理论探讨和定性描述，其次是个案研究，结合具体营销案例来分析，而基于影响因子或评估体系的量化研究很少。从研究内容上看，可划分为三大类：一是从宏观方面对出版营销转型及网络营销新特点的综合性研究；二是对出版网络营销工具或平台的研究，如微博、微信、社群、网络书店等新媒体技术对出版营销的应用；三是对出版物进

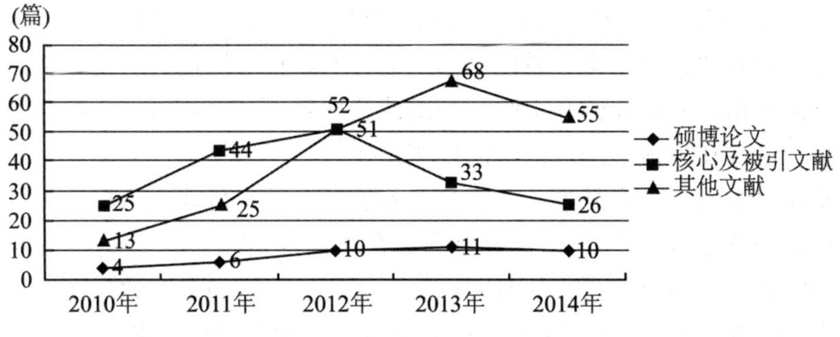

图 2　我国出版业网络营销文献来源分布图

行分类的研究，如对高校教材、科技、少儿等图书、期刊以及电子书的网络营销策略的探讨。其中，将出版物分类进行网络营销研究的针对性不强，对其特点与策略的分析均具有出版物整体特性，分类意义不大。

笔者在对 2010—2014 年的 392 篇出版网络营销的相关文献进行主题分析与分类处理后，发现多达 157 篇文献的研究成果是从微博、微信、SNS 社交网站等新媒体视角来研究出版网络营销的。过去的搜索引擎、论坛及博客营销已被取代，不断更新的新兴媒体则成为出版网络营销利用的重要平台和工具。此外，随着 2013 年中国众筹模式的发展进入井喷期，众筹出版的营销效果迅速获得出版业界的高度关注。因此，以下拟针对微博、微信、网络社区和众筹平台等出版网络营销方式进行简要梳理与综述。

2　微博营销研究

微博营销伴随微博的崛起而逐渐开展。最早提出微博理念的是 Odco 公司的合伙创始人伊万 · 威廉姆斯（Evan Williams），2006 年，Odeo 团队创办的 Twitter 网站是世界上最早提供微博服务的网站。2007 年上线的饭否网是中国第一家引入美国微博概念的网站，2009 年新浪微博开始内测，其推广手法与四年前推广新浪博客的手法一样，即通过明星效应吸引普通受众的加入。2010 年，中国微博市场进入竞争年，各门户网站纷纷推出自己的微博产品。至此，出版业也开始搭上微博快车，适时地运用微博进行营销。微博营销是指企业或非营利组织利用微博这种新兴社会化媒体影响其受众，通过在微博上进行信息的快速传播、分享、反馈、互动，从而实现市场调研、产品推介、客户关系管理、品牌传播、危机公关等功能的营销行为[12]。随着微博营销在出版业的广泛应用，近五年来学者对其理论与实践的研究也逐渐深入，从中国知网数据库中检索并筛选得出 2010—2014 年有关出版业微博营销的文献共 73 篇，主要从微博营销的现状、优势、问题、策略以及具体案例等方面展开讨论。

2.1 微博营销现状研究

在出版社微博营销现状方面，研究者多通过数据抓取与分析的方式说明出版社微博的实际使用状况，为其策略、特性、发展建议提供分析基础。2010 年，上海理工大学出版印刷与艺术设计学院王虎以新浪微博认证的出版社官方微博为调查对象，得出共有 89 家出版社官方微博，并通过数据对现状分析如下：从注册用户名来看，出版社基本上使用全称或具高识别性的简称作为注册用户名，体现出了官方微博所应具有的品牌认识和真实性；从粉丝数来看，出版社官方微博在受关注度上存在很大差距；从关注数上来看，大量的关注数并没有带来相应的关注度（粉丝数）；从微博数上来看，尽管微博数并不决定粉丝数，但微博数能在一定程度上说明用户的活跃程度和其对微博使用的主动性；从启用时间上来看，出版社启用微博正是在新浪微博的启动之初[13]。至 2012 年，南京大学张志强、王跃调查得出在新浪网站开通微博的出版社（不包括民营图书公司）达到 243 家[14]，并对微博的粉丝数量、开通微博的时间及关注的微博数量进行了详细说明。同年，武汉大学谢静敏调查得出包括民营出版公司在内的官方账号注册数量为 376 家，当年现状为北上广领跑出版社微博营销、出版企业看好微博营销前景、出版企业整体活跃度不高、发布内容多为图书介绍[15]。截至 2013

年底，马驰原得出在新浪微博实名认证的出版社官方微博共有 253 家，各出版社分支机构的官方微博共有 137 个，各出版社工作人员及作者微博共有 587 个，且出版社微博营销具有注重网络口碑、发布形式多样、借助社会热点事件进行营销、与其他网络平台良性互动等特点[16]。可见，出版社微博数量呈现跨越式增长，其微博营销也找到自己的生存之道，逐步探寻信息能够在短时间内呈几何级式增长的传播方式。

2.2 微博营销传播特点研究

由于微博营销的实践性较强，大多数文献侧重于微博营销优势之上的使用技巧研究。2010 年，暨南大学吴敏对微博与博客及社交网站的异同进行了比较[17]，认为微博与传统的 SNS 社交网站（如 Facebook、开心网和人人网等）最显著的不同在于微博是一种“关注型对话”，更偏向于单向关系，也许仅仅因为发布者的某项信息而关注他们，没有更深的互动交流欲望；而传统 SNS 网站则偏向于一种“友好型对话”，注重现实关系在网络的延续。这种区别从微博和 SNS 网站订阅的方式上可见一斑，如新浪微博订阅提示是“加关注”，而开心网和人人网则提示为“加为好友”。微博与博客同为信息发布平台，区别不仅在于信息的长短，更重要的在于用户关系上的区别。在博客的传播机制中，发布者和访问者的关系不是平等的，发布者在传播中居于主导地位，博客影响力的衡量标准在于点击率和评论率的多少；而在微博的传播机制中，传播影响力的衡量标准在于转发率，这就意味着，微博的传播主导权在某种程度上取决于访问者而非发布者。此外，还有研究发现，在社交圈的强弱关系中，微博处于弱关系，微信的社交圈更倾向于强关系，其次为社交网站[18]。而处于社交圈弱关系的微博具有其专属的传播价值，根据美国社会学家马克·格拉诺维特 1974 年提出的“弱连接理论”，社会网络中广泛社交交往形成的“弱关系”，往往比高度互动的亲密关系形成的“强关系”更具有影响力。由此，刘涛、高健认为微博的再传播能力非常强大，对于一个在线社交网络的新产品，自动的社交网络广播相较于个人化推荐能够产生更大范围的扩散，即便个人化推荐比网络广播更具有说服力，但是网络广播产生了更多的再传播行为[19]。

结合实践经验，刘涛、高健和刘学明、刘程程[20]对微博营销的特征及优势进行了总结，可简要概括为：①内容极简，简单易用，准入门槛很低；②信息碎片化迎合受众需求，分享性强；③传播主体去中心化，信息“裂变式”增长。同时，作为一种新兴事物，出版社在微博营销模式探索的过程中还存在一些问题。厦门大学出版社陈进才针对图书微博营销中的信息不对称问题进行了说明。首先，微博受限于140字加图片或视频的内容形式，很多产品或者活动无法涵盖，会造成信息传达不完全。其次，在微博粉丝对图书的评价过程中，意见领袖的影响力较大，可能导致对图书误导或激进的传播效果。再次，微博营销下出版社对新生畅销书的说明一般侧重于对作者信息的披露，导致名家先声夺人，而新手的作品易被低估[21]。

此外，在出版社微博营销的经营过程中，存在重视不够，盲目跟风，微博更新频率低、内容不精、影响力小、与粉丝互动少等问题。刘放从宏观角度谈到出版微博营销缺乏系统流程管理和长远期规划，缺乏专业的微博营销人才和精干的微博写手，以及信息有效时间短、销售转化率难以量化评估的问题[22]。谢静敏则指出，在定位上，出版社不能单纯地将微博当作信息的发布平台，还要重视与用户的情感沟通和交流，应根据品牌特征形成自己的微博特色。此外，规范管理、加强与其他平台整合也是值得注意的问题[23]。可见，不同的新媒体平台各具特色，出版企业在利用微博营销时应结合微博媒体的独特优势搭建适合企业产品与服务特质的营销平台，同时注重上述问题的防范和规避，为出版企业整体的网络营销战略提供有效的工具保障。

2.3 微博营销策略研究

明确微博营销传播的特点及其问题后，研究者的重点在于策略的提出，以及如何将微博营销有效应用于出版营销之中。学者们分别从理论和实例两个层面进行了探索，给出了建议。理论层面，

2011 年，长江文艺出版社的刘学明和刘程程从出版方、作者、业内人士、读者和普通受众五类角色入手，探讨微博应用于图书营销活动的过程[24]。2012 年，吴胜，苏霞对出版社微博营销提出“4I 原则”，即兴趣原则（interesting）、利益原则（interests）、互动原则（interaction）、个性化原则（individuality）[25]。为提升微博市场营销能力，降淑敏建议图书作为一种精神产品、话题产品，要把握住与微博的多个契合点，做好图书的微博“卷入式”营销，即“情感需求+信息需求+ 渠道需求”的组合作为诱因，使消费者自愿关注并加入到信息传播及再传播的过程中来[26]。2013 年，时代出版传媒股份有限公司卢玲提出在微博营销过程中使用定位、内容、沟通和管理四种策略，使出版社微博构建成新书推广平台、读者互动平台、资源开发平台和品牌维护平台[27]。此外，面对微博信息冗余、用户流失等新情况，周国清和曹世生认为出版企业今后应从内容、功能、渠道等方面加强微博出版营销方式创新，并建议可尝试将微博作为新的直销平台，通过购买行为之后的评价，构建读书、评书与购书的一体化文化共享与消费平台。同时，他认为这种尝试虽然不能与当当网、亚马逊等具有强大整合功能的成熟的网上书店全面抗衡，但对于开发本社库存书长尾市场，是一个不错的选择[28]。2014 年，宋永华则创新性地提出基于 LEIMO 模型对微博图书营销运作的模式，即通过倾听、参与、整合、测量来规划微博运营[29]。常晓武则在认可微博图书营销重要性的同时，理智地建议在思考图书微博的发展时加一个时间期限。他的预测限制在三年之内，三年之后很可能出现一个新的东西代替它[30]。

实例层面，北京读客图书有限公司的微博营销实践被许多研究者引以为典范，周力、周旖以读客图书公司为例说明其微博营销的策略[31]。首先，内容拓展方面，发布新书信息后，可以再跟进有关该图书内容简介、作者简介或是文章精彩部分的摘录作为微博发布；其次，相关功能使用方面，出版单位可以展开话题、事件营销，借名人造势或引入图书评论员、开展书评活动；再次，出版单位可以利用微博整合线上、线下的营销活动，借助微博对品牌图书、名人新书发布活动进行全程“微直播”与“微话题”。郑妍、沈阳以读客2009年的畅销书《我们台湾这些年》为例解读微博营销的产品推广、效果评估及其编辑智慧[32]。详尽分析了读客图书在微博营销运作上的独到之处，将其产品推广策略归纳为即时发布的快讯式营销、运作热点的话题营销、沟通业界的赠阅式营销、全民体验的参与式营销和服务读者的互动营销，并用确凿的数据对其微博营销效果进行了评估。值得注意的是，针对前述有学者指出微博营销“信息有效时间短、销售转化率难以量化评估”的难点，郑妍以当当网提供的2010年10~12月销售数据为佐证，对比读客图书的微博运作周期，证实了读客运用上述策略进行图书微博营销活动对促进《我们台湾这些年》的销量有着直接而显著的效果。此外，宋瑾以“中国图书网”为例，说明其图书微博发行的现状、特点及问题[33]。王虎以新浪微博为例，阐述出版社微博使用状况，将出版社使用微博的目的归纳为两个方面：产品营销和品牌营销[34]。安徽出版集团王亚非在谈及微博营销与新媒体利用时建议明确以下四点：①内容整合再造是一项基础工作；②形式打破再造是一项延伸工作；③数据库建设是一个价值累积的过程；④平台产品是不可缺少的选择。并用一句话概括为：持续关注，深度研究，大胆破立，功到自成[35]。

综而观之，经过五年多的探索与发展，我国出版业微博营销形成了一些较有效的营销方式与策略。但是，利用微博进行出版营销的方式是常出常新的，不同模式与出版企业的适应性需要不断磨合。此外，微博营销要取得成功，重要的是将其纳入到整体出版营销规划中来，如若单纯当作一个点子来运作，很难取得持续的成功。从现有的研究成果来看，微博不论是作为一种营销工具应用于出版实践，还是作为一个新兴的研究热点被纳入出版营销理论体系，都理应呈现出相对成熟的状态。然而，目前大多数研究都是从“现状、问题、对策”的路径展开方法论意义上的描述性探讨，主题相对集中在“微博营销在出版业的应用研究”上，缺乏从出版营销活动本质规律与微博特性相结合的内在逻辑层面的剖析。在其他新媒体营销层出不穷的今天，学界对微博营销在出版活动中的战略定位及其是否具有不可替代性等问题有待进一步研究。

3 微信营销研究

继微博营销创新之后，微信因其便携性、私人化等特点而成为大众普遍使用的沟通联络方式及信息获取渠道，其拥有LBS（基于位置的定位服务）精准定位和二维码等创新功能，能够给出版业提供更加深入的营销服务。微信由腾讯公司于2011年1月21日推出，是一款为智能终端提供即时通信服务的免费应用程序，其借移动互联网迅猛发展之势迅速成为继微博之后又一具有划时代意义的新媒体。2012年8月“微信公众平台”的上线标志着新一代营销推广利器的重磅问世。2013年8月，微信公众平台进行升级，分成订阅号和服务号两种类型，并添加“数据统计”功能。运营者可以获取详细的“用户属性”“图文转化率”“分享转发数”等信息，这对于及时把握读者阅读趣味、调整内容方向、提高传播效果具有重要价值[36]。2014年3月微信商城开通以来，微信“电子商务”的功能初见端倪。众多图书出版机构也将目光投向了这一新兴电商形式，各大出版社、图书公司都相继开设了自己的公众号，其中的先行者入驻微信商城，以展开直接销售[37]。微信依托腾讯多年积累的庞大用户基础，凭借其影响力日渐成为出版业关注的舆论新阵地，被视为图书营销的“潜力股”。然而，综观我国近年来出版业界和学界对微信营销研究的相关文献，发现其学术研究存在一定的滞后性，至2013年，出版业才开始逐渐开展对微信营销的相关研究。从中国知网数据库中检索并筛选得出版业微信营销的相关文献从2013—2014年共43篇，通过对这些文献的梳理分析，可以看出，目前出版业微信营销研究同微博研究脉络相似，主要集中在我国出版社微信营销的应用现状、传播特点、与传统媒体的关系及营销策略等方面。

3.1 微信营销现状研究

研究者们首先通过数据调查或业界微信营销实践活动对出版业微信营销应用现状进行分析。笔者对文献进行比较后发现，研究者们对出版社微信公众账号的调查比较频繁。其调查方法均是在微信上搜索包含“出版社”关键词的公众账号。截至 2013 年 12 月 5 日，汪全莉、张玉调查得出已注册启用微信公共账号的出版社共计 117 家，其中已经认证的公众账号共 20 家[38]；截至 2013 年 12 月 31 日，刘晓英、黄露、何玲珠调查共有 124 家出版社官方微信号(不包括以其他关键词注册的出版社，如广西师范大学出版社北京贝贝特注册的“理想国”、中国轻工业出版社注册的“活力轻工”等)[39]；截至 2014 年 8 月 26 日，任健和段峥峥查询到 199 个出版社官方微信号，其中已认证 134 个[40]；截至 2014 年 10 月 31 日，王丽调查得出出版社中经过认证并启用的公众账号共有 138 家，其中一部分出版社直接以出版社名注册，例如上海译文出版社、中信出版集团等，也有部分出版社以品牌名称作为微信账号，例如广西师范大学出版社注册的“理想国”账号、北京磨铁图书有限公司注册的“铁葫芦图书”账号[41]。除了出版社微信公众账号调查外，王丽在 2014 年 10 月还以“图书出版”为关键词搜索公众账号，共搜到相关认证的公众账号 109 个；以“作家”为关键词，共搜到 200 个公众账号，其中经过认证的 84 个；以“出版人”为关键词，共搜到 79 个经过认证的公众账号。由此可见，无论是出版社、作家还是出版人，已经将微信作为图书宣传与销售的平台。此外，从上述研究中可以看到，已经通过认证的出版社微信公众账号，从 2013 年底的 20 家，发展到 2014 年 10 月的 138 家，不到一年增长了 118 家，可见出版社对微信这一平台的重视程度和利用率迅速提高。出版社紧跟新媒体发展的步伐，正在掀起微信营销的大潮。但就整体情况来说，出版社微信公众账号数量在全国 584 家出版社中普及率并不算高，启用数量不足 1/3，出版社对微信营销方式的利用还存在巨大空间。

2014 年 3 月 6 日，作家余秋雨新版《文化苦旅》微信同步开架售书，4000 本库存不到 3 天即告售罄。此次微信牵手余秋雨首次试水图书销售获得成功，引发电商、出版商一片哗然，掀起了出版界纷纷建立微店的热潮。随后，博库、读库、华文天下、磨铁等几家出版商相继开设了微店。并且青岛微信书城等微店成功实现了线上线下集成交融的O2O模式，为传统出版业开拓了全新市场。针对这种新兴的微店售书模式，赛树奇、亓国较早对其进行了研究，指出优势、不足并提出了建议。他认为相较于其他网络售书平台，微店不是走高大全的产品路线，而是精选商品，即私人定制——定时期推出一个主题及相关图书[42]。正如微店概念发起者微电网打出的理念“微博改变媒体，微信改变社交，微店改变网店”，微店营销作为一种新的销售模式正蓬勃兴起。除此之外，文艳霞和张聪、刘晓宇、张志成[43]对出版社在微信公众平台上可以尝试的商业模式进行了研究，笔者结合业界实例将其总结如下：一是广告模式。与传统媒体广告运作思路相似，通过优秀内容获得用户，通过刊载广告获得收入。二是微信公众号付费连载模式。例如，2012年12月，国内首部微信小说《摇的是你，不是寂寞》通过公众号“微杂志”开始连载，并在收费意向调查中，有60%~70%的读者愿意付费。小说作者之前在豆瓣、微博上积累了大量人气，然后顺理成章地将忠实粉丝带到微信公众平台，并经常通过这个平台推荐其他图书，成为一个较为权威、有针对性的推荐平台，其积攒的好口碑也使这部微信小说广受读者欢迎。三是会员制模式。会员付费加入，并可获得额外的增值服务，如“罗辑思维”公众号在2013年的两次招募会员，其中，亲情会员200元每人，铁杆会员1200元每人，时间为一年。罗振宇以其强大的“个人魅力”与“商业信任”，使其第一次招募会员半天售罄，进账160万元。第二次会员招募在1天之内，且仅能使用当时绝大多数人都没有使用过的微信支付，结果成功招募了2万人，贡献了近千万元会费收入。四是二次开发模式，即微信公众号刊载作品发展为纸质图书。思路是将自媒体公众号的内容重新通过传统出版机构出版，通过销售纸质出版物获得收益。电子工业出版社在这方面是一个先行者，该社的一个编辑是自媒体“鬼脚七”的读者，喜欢其文章的内容与风格，于是产生了将这些内容整理成书的想法。2013年7月，《做自己——鬼脚七自媒体第一季》出版，书的全部内容均来自文德的自媒体“鬼脚七”。虽然77元的定价明显偏高，但因其个性的内容、全新的概念和作者的影响，这本书仍然畅销，为出版社和文德均带来了较高收益。除了二次开发自媒体内容，出版机构也可以请自媒体人创作全新内容，从二次开发转变为一次开发。五是自我宣传，即微信公众号为图书进行推广营销。如 2013 年，微团购公众平台公开出售《玩转微信使用攻略》一书，用户只需要关注微团购公众账号，选择抢购下订单，确定购买数量和收货地址，就可以通过支付宝或财付通完成支付，此次销售成为国内首个微信卖书案例。从目前情况来看，出版社对微信营销及其商业化的利用还处于尝试阶段，尚存在微信商城设置有待完善、部分出版社公众账号混乱、立体化营销平台构建意识薄弱、交互功能有待提高等问题[44]。此外，还有一些出版社对微信新媒体的使用持跟风或观望态度，并没有采取主动的方式发挥其在出版社宣传推广方面的作用，在公众号运营方面系统的规划和策划更无从谈起。

3.2　微信营销传播优势研究

出版企业应当明确认识微信营销的优势，充分利用微信这一新媒体平台加强企业品牌建设和产品推广。同时，注意不能仅仅将其视为一种营销工具，过分的广告推介和产品宣传会引起用户的反感，造成用户流失，因而要注重微信的社会化与互动交流功能的传播优势。在微信营销的核心竞争力方面，吴荆棘详细阐述了四点：隐营销和私密化的互动传播、低成本和国际化的信息分享、弹性社交及需求的个性化挖掘、微信与微博的多态互动营销[45]。李晶[46]、李辉和王青[47]同样指出，出版业微信营销具有潜在无形与精准私密的互动式与个性化定制的特点。此外，研究者们还注重将微信与微博营销进行对比研究，微博通常是“一对多”或“多对多”，更像是传统的广告，而微信通常是“一对一”或“一对多”，是双方真正的对话。从某种意义上讲，微博是媒体、是广播，有可能扰民；而微信是对话，可以是强大的客户关系管理工具，送达率几乎是 100%[48]。因而，微信营销相较于微博具有三点优势：首先，微信轻度碎片化信息推送，可以提高用户信息接收的纯度和满意度；其次，微信具有更高的信息达到率和精准度，更高的信息投放和受众匹配相关度；再次，微信营销中的强关系链更易形成信息的高可信度口碑效应[49]。由此可见，微信营销对传统互联网营销的方式产生了颠覆性的革新，其能精准地命中目标受众，由过去从大众传播到分众传播到小众传播，转变为大众传播到小众传播到人际传播与点对点的传播[50]。

3.3 微信营销策略研究

明确出版企业微信营销的现状、传播机制与核心优势后，同微博营销研究类似，出版企业微信营销的应用策略也是学界关注的重点。出版企业开通微信公众账号或微店并不难，但如何长期运营、吸引读者关注微信，并促进图书销售成为难点所在。在初期推广得到一定数量的粉丝关注之后，一旦粉丝对于公众平台推送的内容感到厌烦或不满，轻松一点即可“取消关注”。为此，王玉珠提出联动推广公众号与公众微信矩阵化策略，即通过二维码扫描、微博联动微信、母媒体联动微信、微信互推等方式，实现订阅号互补服务号，“软”引导兼顾“硬”功能。在传播技巧方面，可以巧做“标题党”“图片党”，“精提要”引发“深阅读”，并通过二维码、音视频、微社区、点击问答等拓展传播形式[51]。此外，还要塑造“有性格”的微信，增强用户体验，通过碎片化内容，整合式风格吸引读者。孙祺认为虽然微信营销目前在我国出版机构中已初具规模，但营销方式不够多样化、个性化，因此他提出细分市场，找准读者定位；培养品牌特色，推出特色服务的个性化出版营销的途径[52]。刘晓英等人[53]同样认为借助微信服务塑造并传播出版品牌形象非常重要，要明晰品牌定位与微信号功能定位，奠定品牌传播的基础；关注受众体验，进行差异化与个性化的品牌传播；突破限制，线上线下无缝对接，实行多渠道联动传播；汇集全体员工力量，营造微信品牌传播的大环境。此外，武秀峰[54]、聂静[55]、文艳霞[56]还从资讯订阅推送模式、“朋友圈”模式、二维码扫描结合O2O模式，以及“数据统计”分析读者阅读偏好等方面阐述出版企业微信营销和宣传的可行方式。对微信商城的营销策略方面，赛树奇和亓国认为微信推广线下活动是微店销售图书的重要方式之一，通过微店营销，出版机构可以构建属于自己的渠道[57]。王璐璐和许洁认为可以通过社交化拓展对直销的深度开发，并且直接销售优化图书交易流程。微信商城运营方面，还建议建立并长期发展客户关联，提升市场反应速度，注重与客户的互动关系，回报检验营销效度[58]。

案例方面，孙祺以《读库》的微信营销为例，说明其培养品牌特色，推出特色服务的重要性[59]。2005 年由出版人张立宪创刊的著名杂志书《读库》，其微信营销处处体现着趣味阅读的品牌特色，走在了很多传统出版机构的前面。在微信订阅号订阅《读库》，弹出的欢迎词第一句话是“恭喜您，摸进了一家要花很多钱的店；点击‘购物专区’进入微店下单。即使不买本店的东西，点击右上角查看‘历史消息’，读读编辑手记也是很好的”。无不彰显着《读库》“有趣、有料、有种”的原则。《读库》介绍新书的方式也很特别，不同于很多出版机构用长篇的图文广告进行新书推荐，它并没有把介绍新书作为微信平台的首要任务。很多新书通告非常简单，没有长篇故事或评论作为推书广告的铺垫，而是像聊天一样把新书推送到读者眼前，重要的是一定会标明《读库》的网店地址。还有学者提出微信品牌传播须做到“有理有节”：“有理”即巧妙推出，智化、趣化图书营销；“有节”就是宣传不要铺天盖地，要有所选择、有所控制，不能让读者反感。在这方面，“理想国”“海豚传媒”“接力出版社”等几个传统出版社的微信公众号运营是典型的例子[60]。此外，杨佳宜以广西师范大学出版社的“理想国”公众号为案例，分析、研究了微信营销的优势、问题，并提供营销策略[61]。从上述案例可以看出，出版企业在微信平台上同样要发挥“内容为王”的优势，将出版物的精华内容个性化地推送到读者眼前，使新书推介自然地内化于读者阅读与互动中，使读者感觉不牵强、不功利，是一种较为有效的营销方式。

保罗·莱文森提出的“补偿性媒介”理论表明，新媒介的出现是对前一种媒介的补救。与此同时，新媒介在演进的过程中不断整合多种媒体的功能，从而使媒介特性达到空前的高度融合。从微博营销到微信营销，从近五年的相关研究成果中可以看到明显的嬗变轨迹，在研究时域的前三年（2010—2012），新媒体出版营销领域“微博营销”一统江山；到后两年（2013—2014）形势急转直下，“微信营销”后来居上，几乎将微博营销的风头占尽。对出版机构而言，微信这一新媒介平台的出现同步整合了社交媒体、移动终端和应用系统三大功能，成为传统内容——微信公众——数字出版的纽带。但由于目前我国出版企业对微信的应用尚处于起步阶段，出版业微信营销还处于类似微博营销的宣传功能阶段。从现有的研究成果来看，还没有形成明晰的学理逻辑，微信营销与出版企业的结合大多停留在对业界微信营销活动的总结或表层分析。出版业界和学界还有待挖掘微信的特质以及与出版的结合点，在营销应用上还有很大空间。自 2014 年 7 月微信公开单篇文章的阅读数和点赞数后，研究者可以基于这些结果性的传播数据来分析出版微信公众号的传播效果，然而，这方面的研究目前在出版领域处于空白。接下来，如何将开放数据进行量化评估，较高传播力的微信公众号有哪些促使因素，能否应用在出版营销领域等，都是值得研究的问题。未来应进一步拓展研究空间、深化理论探索、丰富研究方法、加强对比研究，促进出版企业微信营销研究的拓展与深入。

4 网络社区营销研究

微博、微信的横空出世成为新媒体出版营销重要方式的同时，网络社区营销也是学界研究的一大热点。社交网站的建立把用户纳入到虚拟网络社区，数亿用户由网络信息接受者转变为信息制造者和传播者，其每一句话都有可能对彼此产生影响。正如尼古拉斯·克里斯塔基斯和詹姆斯·富勒在《大连接：社会网络是如何形成的以及对人类现实行为的影响》中所说：“在社交网络中，每从某个人处移开一步，与他人的连接关系的数量，以及连接关系的复杂性都将急剧增加。”同时，社交网络拥有任务导向与人际关系导向两种服务[62]，并具有多种组成形式，佩斯大学苏珊·丹齐格教授对此认为，基于共同兴趣爱好，处于同一个年龄段或同一性别，位于某个特定位置，共享某种身份特征，还有的仅仅是同为一个通讯工具的用户都可以建立网络社区[63]。可见，网络将受众重新聚合，成为人际间互动的途径，从某种意义上讲，已经实现了虚拟的社会化。这为各行各业提供了众多商机，对出版业来说，网络社区正在改变出版物被发现和购买的方式，出版营销也正在借力这一新兴平台，着重挖掘网络社区营销潜力。

4.1 社区营销策略研究

学者尤为侧重对广泛意义上的社区营销策略的研究。佩斯大学苏珊·丹齐格教授对成功社区的创建提出三点原则：首先，要把受众永远置于首位，用户是否体验愉快并忠诚于此，一个重要指标就是是否将这个网站或社群推荐给身边的朋友，这些推荐关乎到网站能否风靡于世。其次，真实可靠，成为值得信赖的信息来源。这有助于用户建立信任机制，并据此进行相应的购买行为。再次，答谢读者的付出，在与读者的对话中，关注并吸引读者。常晓武认为营销者对消费者圈子或社区应顺势利导，垂直控制对社群丝毫不起作用，企业只能靠诚实、特性和可靠来赢得消费者的青睐。另外，还要多信息传递渠道（传统媒体、微博、微信、APP 客户端、视频营销、SEM 等）和多购买路径（地面书店、网上书店、天猫旗舰店、自营直销渠道等）来向目标读者提供服务，提高客户黏度[64]。陈建军则提出利用网络社区自媒体属性树立图书和企业品牌；充分利用社交属性关注核心读者需求；确保各个社交平台畅通对接，互相借力[65]。此外，安小兰以亚马逊图书社区为例进行分析，指出亚马逊通过建立策略联盟和在官网设立商品评论、读书论坛以及收购社区网站等方式，建立一种“阅读+社交+推荐+售书”的新模式[66]。这种模式既能借助网络社区的力量推动网络书店的销售和发展，又有助于树立网站的文化形象，具有商业和文化的双重意义。

4.2 豆瓣社区营销研究

从近五年来出版网络社区营销的相关文献来看，最早的研究都是以豆瓣社区为例来阐述这种社区营销模式。豆瓣网最初就是以读书、评论、分享为宗旨的小众网络社区，集 blog、交友、小组、搜藏、购买于一体。相较于微博、微信极度分散的用户，豆瓣用户具有更为明显的文化特性和更加强烈的社区归属感，这就为出版企业开展针对性更强的营销活动创造了便利条件。2010 年，胡瑾[67]和金一超、施勇勤[68]对豆瓣网社区营销的优势、模式及其导入机制进行了研究。其中，金一超、施勇勤提到豆瓣这类图书社交网站区别于网络书店和图书搜索网站之处在于其经营目的是促成读者间的人际交流，推介重点从“书”转移到了读书的“人”。具体而言，豆瓣的图书推介方式有五种：①分析用户的读书情况，推荐他感兴趣的书；②推荐用户个性的图书标签；③提供书评；④分析他人对所读图书的阅读态度；⑤告知与他读书兴趣相近者关注的其他图书、参与的社区小组。以一句话总结社交网站的图书推介模式，就是以满足个性需求为推介目标，以互动交流为推介手段的图书信息直达式传递模式。2011 年，陈丽菲、施隽南将豆瓣平台图书营销的方式提炼为“豆瓣模式”，即根据消费者点击产品的不同，从技术层面对该读者进行有针对性的其他产品的推荐，从而最大程度地实现随机性的购买行为。其盈利模式也与大多数靠免费内容阅读点击拉广告费完全不同，豆瓣几乎没有广告业务，靠的是灵活的用户链接，通过产品比价系统，点击购买，产生消费，它的盈利就在于收取其中 10%的回报[69]。2012 年，吴小君创新性地提出了“生产性受众”和“圈子化受众”的概念，深入剖析了豆瓣用户基于共同兴趣形成圈子、自发生产内容对图书营销的影响，揭示了豆瓣通过意见领袖引导和用户自发推荐对图书口碑营销的巨大潜力[70]。2014 年，肖倩、韩婷等依据传播学“议程设置”“强弱关系”理论，在问卷调查的基础上，对豆瓣阅读的用户体验进行了研究[71]。正如豆瓣创始人杨勃所说，豆瓣网之所以吸引人，在于它上面的交流都是有意义的，与其听阳春白雪式的职业评论，用户更愿意听到每个读者不那么工整但是特别真实的声音。可见，豆瓣的售书模式为一些相对小众的图书推广创造了平台，小众图书能够在几乎没有推广费用的情况下便能取得较好的销售效果。并且上述的豆瓣模式完全颠覆了传统单方销售、降价促销的营销方式，从依靠终端商促销转变为建立社群进行营销的模式，与用户建立了良好、互动、持续的关系，从而吸引消费者主动找寻信息、产品和服务。

总的来说，阅读社区中社群成员的力量正在凸显，其具有多点传播、去中心化与阅读碎片化信息传播特点，社群成员及意见领袖对个性化阅读和图书营销产生了越来越重要的影响。正如施拉姆所说，信息时代的发展趋势是更多着重点对点而不是点对面的传播，个人有越来越大的使用媒介的能力而不是被媒介所利用。在此形势下，出版企业营销必须走入社区，以用户为中心，提升读者的购书和阅读体验。通过融入阅读社区并充分利用网络阅读社区的意见领袖，或与社区合作的方式，加快营销方式的转型与发展。

5 众筹营销研究

众筹被大众熟知的时间并不长，成立于 2009 年 4 月的美国 Kickstarter 网站是众筹模式的先驱，是一个绕过了传统投资渠道，直接面对工种募集小额资金的众筹平台，这一网站也是目前最为成功和最具成熟商业运作模式的综合型众筹网站。出版是众筹项目的重要类别之一，也是比较活跃的众筹项目类别，Kickstarter 共发布了 15843 个众筹出版项目，占到全部融资项目约 30%的比例[72]。众筹模式最早于 2011 年进入中国。2011 年 7 月“点名时间”上线，是中国最早的众筹平台。2013 年，中国众筹网站发展进入井喷期，2013 年 2 月，“众筹网”上线，成为中国最有影响力的众筹平台，同年 9 月和 10 月，“品秀在线”和“中国梦网”先后上线。“众筹”这一新鲜舶来语迅速获得国内业界与学界的高度关注。据众筹网公布的数据显示，截至 2014 年 11 月 2 日，已有项目总数 5040 个，累计支持人数 143045 人，累计筹资 5000 多万元[73]。同样，新一代众筹出版实践在国内如雨后春笋，其理论研究至今层出不穷。

5.1 众筹出版营销案例研究

众筹出版，是指通过互联网众筹平台开展的针对出版项目的大众筹资活动。其中以图书、杂志等出版形态为主，并不涵盖影视出版。在众筹出版链条中，项目发起方、投资方与众筹平台方是核心构成主体：发起方负责规划设计出版项目，利用众筹平台向公众展示项目信息，争取社会关注，获取资金支持，按计划完成项目，并按承诺向投资方兑现事先所承诺的回报；众筹平台制定并解释众筹规则，收集、审核并发布项目信息，监督项目执行及回报兑现，同时提供相关的配套服务；而公众所组成的投资方则根据自身情况选择项目、参与投资，并享受项目所承诺的回报[74]。目前在各平台上都有比较成功的案例，在众筹网，磨铁和徐志斌共同发起《社交红利》一书的众筹项目，仅仅 2 周时间，就募集到 10 万元书款；在中国梦网，2013 年底“蝴蝶蓝”的《全职高手》纪念画册众筹出版项目上线后，10 天内获得 2990 位蝴蝶蓝粉丝和画册爱好者的支持，筹集资金 35 万多元，完成率 175%；而在“点名时间”网，个人漫画《滚蛋吧肿瘤君》和独立杂志《晚安书》等作品的众筹均顺利完成筹资计划并成功出版。特别值得一提的是，2013 年 12 月，知乎网联合出版社进行实体图书出版方面的首次众筹模式尝试。在这次众筹出版项目中，知乎网作为内容方，中信出版社作为出版方，美团网作为众筹支持平台，可算是新型出版模式产业联盟合作的一种雏形或尝试[75]。

5.2 众筹营销观点研究

针对众筹出版各个平台上若干成功的案例，各界人士对此评价不一。有人对众筹出版高度评价，将其视为出版业转型的福音。张立红[76]和郭泽德[77]认为众筹出版模式很可能会成为传统出版突围的另外一种路径，“众筹”就是为纸媒东山再起量身定做的挽救模式。陈锐提到众筹模式与出版业的有机结合，推动了传统出版营销模式的转型，变革了出版的销售形式。这种立足消费者需求的全新出版模式，不仅是一种集资形式，也是一种汇集群体智慧的方式，在一定程度上降低了出版风险，提高了市场销售率，为出版业注入了新的活力[78]。徐琦和杨丽萍在对众筹出版项目的核心运营指标等数据进行量化分析及案例研究的基础上，得出项目操盘者背景多元化，经管类图书已成众筹出版大热门，数百“粉丝”成就众筹出版项目，个别“吸金”案例难以规模复制等结论[79]。可见，要真正理解中国出版众筹现状，还需要读懂众筹平台自身的发展，同时要警惕互联网思维风潮背后的实操局限性。未来众筹出版营销若要实现可持续发展，一方面依赖于国内众筹行业的整体成长，另一方面有待传统出版业与之深度融合。

此外，将众筹出版视为一种新型营销方式的观点占据多数。沈利娜认为，图书出版业有其自身的特质，众筹也不是对所有图书都适用，故目前国内图书出版业仅把图书众筹作为一种试探市场反应、扩大影响的营销手段。作为出版业营销的一种全新模式，其是移动互联与传统出版进一步融合的产物[80]。任翔[81]和马瑞洁[82]认为，众筹出版不过是一种新的图书营销手段、发行渠道和套利模式。虽说众筹与出版在价值取向上存在诸多矛盾，但“众筹”这个互联网商业的最新梦想，依然可以照进出版业的现实——只是切入点不在选题、编辑，而在营销。即在出版社已经确认选题，与作者敲定出版意向之后，再借由众筹平台发起众筹。此时的众筹类似预售，既可以帮助出版社了解市场潜力，预估首印册数，同时又可以为图书上市宣传造势。

很多研究者认为众筹出版项目的成功难以证明这种模式的成功，徐艳、胡正荣对此说明了两点理由：首先，项目更多地体现了一种新型互联网模式的试验，发起人（如磨铁、中信等）其实不缺项目所需资金，参与者主要是圈子内的人，而粉丝或其他支持者更多地像是对新创意、新事物的一种“捐赠”；其次，参与众筹出版项目的多是已经由出版社初步定稿或即将出版上市的图书，多是借用众筹模式这种带有“创新性互联网模式”的标签进行预售和营销宣传，与“筹资出版”和“互动交流”的内涵仍有一定差距[83]。邓晨菲探讨了众筹作为一种变相的网络广告所具有的独特性。项目主通过“变相广告”的形式对自己的项目内容进行宣传和扩散，从而获得实际收益。这样的“广告”相比于一般网络平台上投放的广告，形式上加入了更为明显的“标签意义”和“理想意义”[84]。正如现在大部分众筹网站在主页所标榜的口号一样，“追梦网——年轻人新生活众筹平台”，“点名时间——支持创新的力量”，“5sing——中国原创音乐基地”等，大多是以“创新”“年轻”“新生活”“追梦”等较具吸引力的字眼为标签。这样一来，原本简单直接的广告形式变成了与理想和热血并驾齐驱的创意平台，再加之项目内容本身对网民的吸引力，众筹的支持形式又较为新颖和有趣，便引得越来越多的网民开始关注，使得目标受众对于众筹式广告的接受心理由原本的被动接受转变为主动寻找和接受。

由此可见，作为刚刚起步的众筹出版，各界专家对其能否为出版业带来变革看法不一。虽然目前国内众筹还面临相关政策法律法规缺失、格局定位、盈利模式等现实问题，但众筹平台本身作为一个产品形象展示和宣传的阵地，其所起到的营销效果显而易见，不失为一个全新的营销平台及一种创新的营销策略。

6 数据密集型精准营销

基于上述凸显媒介自主性、互动性的社会化媒体成为出版营销的新秀力量，互联网语境对受众需求和受众行为信息的精确反映及提取方面发挥出无可替代的作用，使得其传播精准性日益显著。以实证主义为根基对客户资料进行数据收集、整理、分析的营销系统成为出版网络营销研究的重点之一。张诚总结了 Web 3.0 较之以前的 Web 1.0 及 Web 2.0 时代信息收集处理技术的飞速发展，网络通过 IP 地址或网上注册名、用户上网的点击，与阅读行为的轨迹，能够准确把握用户的偏好、习惯，而且随着用户上网次数增加，这种把握更加接近用户的真实情况。在这些数据基础上，企业可通过电子邮件、短信、电话等多种方式展开精准营销，帮助企业准确找到目标客户[85]。李倩文对移动终端营销中精准传播价值进行研究，指出基于手机媒体的终端应用可以准确判定受众类型，为符合碎片化受众需求的传播决策做出参考依据，对传播精准性提升方面具有重要作用。尤其是被誉为广告媒体精细化典型代表的手机二维码，可以精确地跟踪与分析每一个媒体访问者的记录，为营销信息的投放时段、投放媒体做出参考依据，将精准营销传播价值推向更高的层面[86]。

6.1 数据密集型精准营销案例研究

在理论阐述基础上，还有研究者透过中外出版企业案例解读精准营销。谢文辉以经营 iReader 手机小说阅读器的北京掌中浩阅科技有限公司为例，说明其数据库对“掌阅”核心竞争力的重要作用[87]。通过四五年的长线积累，“掌阅”将手机客户端用户特别是忠实用户的年龄结构、文化程度、在线高峰时段、图书偏好等进行长期跟踪，通过对目标读者的洞察积累了大量的数据。基于这些数据精心设计打造了图书限时折扣、每日特价书、阅饼（“掌阅”的虚拟货币）奖励计划等一系列营销活动，产生了特别好的促销效果。雷茜以美国出版营销建立的读者数据库为例，阐述了这种营销方式贯彻整个出版的流程[88]。即从策划选题就开始认真征求读者意见，到出版过程中有样书免费试读，图书出版以后，再利用电子邮件、社交网络、搜索引擎等各种渠道开展营销推广工作。这过程中对客户的性别、年龄段、地域分布、喜好做出精准定位，一切以读者的需求为第一要义。以中国科学出版社为例，该社曾经引进美国一本分子生物学领域的权威著作，这本书在美国从事分子生物学研究人员中几乎人手一本，号称分子生物学的“圣经”。在版权洽谈过程中，美国出版商问科学出版社，在中国从事这个领域的研究人员，包括在读研究生在内有多少人？当时回答大约 10 万人。进而又问引进以后要印多少册呢？对于这样一本大部头专业书，按照国内经验，首印 25000 册已经是非常大胆甚至极限了，但美国人却非常纳闷地问，那么另外 75000 人在哪儿呢？由此可见，美国的专业出版营销可以说早就已经建立了非常全面的读者数据库了，在网络新技术诞生之前，美国出版商多年来就一直坚持这种读者数据的收集分析工作，网络新技术的诞生，则使他们的营销能力变得更为强大。

6.2 数据密集型精准营销手段研究

在精准营销手段上，戴旸对通过发送邮件、追踪链接了解读者阅读倾向和选择偏好的方式采取不同意见，他认为单独依靠出版社、图书销售商和网上书店“自上而下”地采集、汇总和分析读者信息，效率将会十分低下，信息广度和精度无法保证，处理周期大大延长，资金成本也会相应增多，从而违背“精准营销”的初衷。他提倡众包理念推动下基于共同爱好而组成的趣缘群体内相互传递信息。趣缘群体中的读者在阅读倾向、选择偏好上有较高的相似性，且群体中的意见领袖对于读者成员行为具有较大的导向性，读者成员在购买意愿和阅读体验上也有较强的感染力[89]。依据趣缘群体的总体特征和阅读倾向进行广告宣传，其针对性将会更强，效率也会更高。如《读库》杂志的趣缘群体读者利用 QQ 群、《读库》官网、《读库》豆瓣小组以及百度贴吧进行交流，并且建立了开放的“维客”空间，模仿维基百科，对《读库》每一期杂志印刷或编辑上的问题进行勘误或纠错，从而其主创人员也能参与到群体中，同读者保持积极的良性互动[90]。读者出于信任和尊重作出的购买决策，较之于因广告宣传而作出盲目或被动的消费更有意义。张秋瑰对此持有相同观点，他指出，网络化的媒体平台将受众重新聚合。与传统社会的群体划分方式不同，新媒体的使用者大多以兴趣爱好等进行群体划分，摆脱了以往以地域、阶层等划分方式，形成了独特的网络社交圈层[91]。大数据的营销价值，正是随着实名制社区和电子商务的普及，以及用户之间所产生的人际关系链，最终实现交易数据与交互数据的融合。

此外，数据营销中的关联性也极其重要，大数据挖掘的基础是数据之间的关联，单独的、片段的数据再多，在大数据环境中也无法实现其价值。英国学者维克托在 2013 年出版的《大数据时代》中指出：大数据时代要放弃对因果关系的渴求，转而关注相关关系。一个很知名的案例是，美国沃尔玛将尿布与啤酒放在一起，使尿布和啤酒销量双双激增。现实原因在于，美国妇女在家照顾孩子时，常要求丈夫外出买尿布，而丈夫回家时，多半会捎带买回啤酒。于是，啤酒和尿布形成了关联[92]。内生变量模糊因果关系，出版单位有可能因为数据分析而减弱对目标受众的了解。如出版单位通过数据分析了解到，某些目标受众对于出版物的价格浮动更为在意。但这一判断很可能是错误或者不准确的。如果出版单位据此进行打折促销、发放优惠券等营销活动，虽在短时期内确实诱发了消费行为，但这样的数据可能是被促销信息“污染过的信息”，而非出自目标受众内生的“自觉干净的行为”。

在每一次技术作为工具和平台的突破，为出版网络营销方式带来一定变革的同时，新媒体平台爆发出的社会变革力量又推动出版网络营销理念不断更新。出版企业针对此种内生变量模糊因果关系的情况，要通过改变营销条件来验证促销与目标受众之间的因果关系是否正确，通过实践反过来检测数据分析的正确与否，促使数据使用更为精准，从而更好地为出版企业决策提供帮助。

参考文献

[1] 郭燚，闫珅．浅析现代网络营销发展［J］．唐山职业技术学院学报，2009（1）：42.

[2] 陈雄中．从市场营销发展历程解读网络营销［J］．现代营销(学苑版)，2013（7）：43.

[3] 陈晓希．传统出版物的网络营销策略分析［D］．武汉：华中师范大学，2006.

[4] 达斯·纳拉扬达斯．B-to-B 电子商务［M］．陈运涛，译．北京：中国人民大学出版社，2003.

[5] 埃里克·麦克卢汉，弗兰克·秦格龙．麦克卢汉精粹［M］．何道宽，译．南京：南京大学出版社，2000.

[6] 马歇尔·麦克卢汉．理解媒介［M］．何道宽，译．北京：商务印书馆，2000.

[7] 罗兰·德·沃尔克．网络新闻导论［M］．彭兰，译．北京：中国人民大学出版社，2000.

[8] 陈晓希．传统出版物的网络营销策略分析［D］．武汉：华中师范大学，2006.

[9] 史海娜．图书网络营销研究［D］．武汉：武汉大学，2010.

[10] 陈刚，李星星．赢利不能满足李国庆野心　当当网上市搁浅

[N]. 出版商务报，2008-11-17.
[11] 王玉娟. 粤出版发行传媒大腕联合造网店 [EB/OL]. [2008-03-01]. http://www.chinaxwcb.com/index/2008-09/02/content_145539.htm.
[12] 胡卫夕，宋逸. 微博营销——把企业搬到微博上 [M]. 北京：机械工业出版社，2011.
[13] 王虎. 出版社微博使用状况分析——以新浪微博为例 [J]. 出版发行研究，2010 (12)：55-57.
[14] 王跃，张志强. 出版社微博营销和宣传的可行策略 [J]. 出版发行研究，2012 (7)：9-13.
[15] 谢静敏. 出版社微博营销策略研究 [J]. 山东理工大学学报(社会科学版)，2013 (1)：77-81.
[16] 马驰原. 出版社微博图书营销现状和思路 [J]. 中国出版，2014 (16)：43-46.
[17] 吴敏. 基于微博的媒体营销研究 [D]. 广州：暨南大学，2010.
[18] 中国互联网络信息中心. 微博、微信、社交网站的社交圈子差异 [EB/OL]. [2014-02-26]. http://www.199it.com/archives/197785.html.
[19] 刘涛，高健. 微博营销：网络时代的图书营销新体验 [J]. 出版发行研究，2010 (5)：35-37.
[20] 刘学明，刘程程. 微博时代的图书营销 [J]. 出版科学，2011 (5)：5-7.
[21] 陈进才. 图书微博营销中的信息不对称及解决方法探析 [J]. 出版发行研究，2013 (10)：66-68.
[22] 刘放. 当前图书出版营销中运用微博营销的难点及对策 [J]. 科技与出版，2013 (12)：72-74.
[23] 谢静敏. 出版社微博营销策略研究 [J]. 山东理工大学学报(社会科学版)，2013 (1)：77-81.
[24] 刘学明，刘程程. 微博时代的图书营销 [J]. 出版科学，

2011（5）：5-7.
［25］吴胜，苏霞．出版社微博营销的“4I”原则［J］．出版发行研究，2012（11）：50-52.
［26］降淑敏．微博卷入式营销［J］．出版参考，2012（19）：17-19.
［27］卢玲．出版企业官方微博营销策略研究［J］．今传媒，2013（2）：68-70.
［28］周国清，曹世生．微博出版营销论［J］．现代传播（中国传媒大学学报），2013（11）：100-103.
［29］宋永华．出版机构微博营销模式探析［J］．编辑学刊，2014（5）：101-104.
［30］朱倩．图书营销“微”革命［N］．中华读书报，2011-08-10.
［31］周力，周旖．微博时代的出版业营销——从读客图书公司看微博图书营销策略［J］．出版广角，2013（6）：38-40.
［32］郑妍，沈阳．微博时代的图书营销策略——以2009年畅销书《我们台湾这些年》为例［J］．编辑学刊，2010（2）：86-88.
［33］宋瑾．论图书的微博发行——以“中国图书网”为例［J］．青年记者，2012（20）：105-106.
［34］王虎．出版社微博使用状况分析——以新浪微博为例［J］．出版发行研究，2010（12）：55-57.
［35］王亚非．期刊的微博营销和新媒体利用［J］．出版发行研究，2013（2）：32-34.
［36］文艳霞．微信公众平台自媒体的发展及其对传统出版的影响［J］．出版发行研究，2013（11）：55-58.
［37］王璐璐，许洁．图书出版机构的微信商城营销分析［J］．科技与出版，2015（1）：45-48.
［38］汪全莉，张玉．出版社使用微信现状调查与分析［J］．中国出版，2014（7）：54-57.
［39］刘晓英，黄露，何玲珠．出版社微信品牌传播研究［J］．出

版科学，2014（3）：74-77.
［40］任健，段峥峥．微信公众平台：新媒体环境下出版社互动传播新方式［J］．出版发行研究，2014（12）：35-38.
［41］王丽．社会化媒体视角下的图书微信营销研究［D］．北京：北京印刷学院，2015.
［42］赛树奇，亓国．微店销售图书模式研究［J］．科技与出版，2014（12）：92-95.
［43］张聪，刘晓宇，张志成．浅析微信出版［J］．科技与出版，2014（7）：99-101.
［44］聂静．出版业的微信营销优化策略研究［J］．中国集体经济，2015（12）：62-63.
［45］吴荆棘，王朝阳．出版业微信营销研究［J］．中国出版，2013（8）：15-19.
［46］李晶．微信营销，数字时代出版营销渠道探析［J］．新闻界，2013（20）：50-52.
［47］李辉，王青．出版企业的微信营销策略分析［J］．科技与出版，2013（12）：69-71.
［48］牛勇，张月萍．双剑合璧：图书的微博与微信营销［J］．科技与出版，2013（6）：82-84.
［49］吴荆棘，王朝阳．出版业微信营销研究［J］．中国出版，2013（8）：15-19.
［50］张黎姣．书店微信卖书，如何吸引读者［N］．中国青年报，2014-04-15.
［51］王玉珠．微信出版的特点及构建——基于移动出版平台的对比分析［J］．新闻界，2014（16）：68-72.
［52］孙祺．浅析微信平台上的个性化出版营销［J］辽宁经济，2014（5）：46-47.
［53］刘晓英，黄露，何玲珠．出版社微信品牌传播研究［J］．出版科学，2014（3）：74-77.
［54］武秀峰．出版社微信营销和宣传的可行策略［J］．江苏科技

信息，2014（4）：22-23.

[55] 聂静．出版业的微信营销优化策略研究［J］．中国集体经济，2015（12）：62-63.

[56] 文艳霞．微信公众平台自媒体的发展及其对传统出版的影响［J］．出版发行研究，2013.

[57] 赛树奇，亓国．微店销售图书模式研究［J］．科技与出版，2014（12）：92-95.

[58] 王璐璐，许洁．图书出版机构的微信商城营销分析［J］．科技与出版，2015（1）：45-48.

[59] 孙祺．浅析微信平台上的个性化出版营销［J］辽宁经济，2014（5）：46-47.

[60] 任文京，甄巍然．微信社交化阅读困扰与突破路径——兼论“微出版”的可能性［J］．中国出版，2015（7）：36-39.

[61] 杨佳宜．微信世界的“理想国”——广西师大出版社微信营销策略［J］．西部广播电视，2013（16）：15-16.

[62] Kwon O, Wen Y. An empirical study of the factors affecting social network service use［J］. Computers in Human Behavior, 2010（26）：254-263.

[63] 苏珊·丹齐格，刘静．发现数字社区：在图书消费者的聚集地寻找商机［J］．出版科学，2011（2）：7-13.

[64] 常晓武．图书业营销如何抢占移动互联网先机［N］．中华读书报，2014-10-08.

[65] 陈建军．图书利用社会化媒体营销策略分析［J］．中国出版，2014（8）：33-36.

[66] 安小兰．亚马逊“阅读+社交+推荐+售书”新经营模式分析［J］．编辑之友，2014（2）：46-49.

[67] 胡瑾．利用豆瓣网做好图书的社群营销［J］．大众商务，2010（16）：191.

[68] 金一超，施勇勤．社交网站的图书推介价值——以豆瓣读书为例［J］．青年记者，2010（36）：42-43.

[69] 陈丽菲，施隽南．成功的“豆瓣”营销模式［J］．编辑学刊，2011（1）：11-15.

[70] 吴小君，龚捷．社交媒体背景下的图书营销策略——生产性受众与“圈子化”探析［J］．出版发行研究，2012（7）：14-16.

[71] 肖倩，韩婷，张聪．社会化媒体环境中的数字阅读物推荐及其用户体验研究——以豆瓣阅读为例［J］．科技与出版，2014（11）：65-69.

[72] 郭泽德．众筹出版模式对出版业创新的启示［J］．出版发行研究，2014（8）：57-59.

[73] 徐艳，胡正荣．众筹出版：从国际实践到国内实验［J］．科技与出版，2014（5）：10-14.

[74] 袁宁．浅析中国式的众筹营销［J］．中小企业管理与科技，2014（12）：200-201.

[75] 徐琦，杨丽萍．大数据解读国内众筹出版的现状与问题［J］．科技与出版，2014（11）：14-20.

[76] 张立红．众筹出版：互联网助力纸媒出版［J］．科技与出版，2014（5）：14-17.

[77] 郭泽德．众筹出版模式对出版业创新的启示［J］．出版发行研究，2014（8）：57-59.

[78] 陈锐．众筹对出版营销方式的影响［J］．中国出版，2015（2）：54-56.

[79] 徐琦，杨丽萍．大数据解读国内众筹出版的现状与问题［J］．科技与出版，2014（11）：14-20.

[80] 沈利娜．一场试探图书市场反应的出版营销秀——2013 国内众筹出版的现状与问题［J］．科技与出版，2014（5）：8-10.

[81] 任翔．众筹与出版新思维——欧美众筹出版的现状与问题［J］．科技与出版，2014（5）：4-7.

[82] 马瑞洁．众筹能否出版？——关于众筹出版的价值反思［J］．编辑学刊，2015（3）：16-20.

[83] 徐艳，胡正荣．众筹出版：从国际实践到国内实验［J］．科技与出版，2014（5）：10-14.
[84] 邓晨菲．我国众筹网站的新型营销模式分析［J］．声屏世界，2015（1）：58-60.
[85] 张诚．Web3.0 的传媒变革与营销新模式［J］．出版发行研究，2013（3）：57-61.
[86] 李倩文．价值传播：基于移动互联网平台的图书营销策略［J］．理论观察，2014（1）：105-107.
[87] 谢文辉．新媒体背景下的出版营销之道探析［J］．出版发行研究，2014（5）：66-69.
[88] 雷茜．取经美国，修炼网络营销力［J］．出版人，2015（4）：44-45.
[89] 戴旸．众包对我国图书网络营销的促进作用［J］．科技与出版，2013（2）：54-56.
[90] 范芳旭．趣缘群体中的群体认同［D］．武汉：华中科技大学，2010.
[91] 张秋瑰．大数据背景下的图书出版营销创新［J］．出版科学，2014（1）：72-75.
[92] 宋志远．大数据关联营销［J］．新市场，2013（10）：78.

【作者简介】

方卿，武汉大学信息管理学院院长、教授、博士生导师，教育部“长江学者特聘教授”。兼任中国图书馆学会副理事长、中国社会科学情报学会副理事长、高等学校出版专业本科教学指导委员会副主任、全国出版专业硕士研究生教学指导委员会委员、全国出版专业职业资格考试专家委员会委员、国家社

科基金管理学科组评审专家。曾入选教育部“新世纪优秀人才”“全国新闻出版行业领军人才”，享受国务院“政府特殊津贴”。

王涵，武汉大学信息管理学院 2015 级博士研究生，中国教育出版研究中心兼职研究员，研究方向为数字出版与图书营销。发表论文数篇。

编辑学研究进展

吴　平[1,2]　李昕烨[2]　李　静[2]
（1. 华中农业大学；2. 武汉大学信息管理学院）

【摘　要】本文通过文献研究法，系统归纳和总结了近五年来关于编辑学的研究成果。重点从编辑学理论、编辑主体、编辑实务、编辑出版专业教育、中国编辑史、部门编辑学六个方面展开综合述评，以期为学界和业界的研究与实践提供一定参考。

【关键词】编辑学　研究状况　述评

Progress in Research on Editing Science

Wu Ping[1,2]　Li Xinye[2]　Li Jing[2]
(1. Huazhong Agricultural University; 2. School of Information Management, Wuhan University)

【Abstract】This paper summarizes the research on editing science in recent five years through literature research. The article mainly makes a review on the following six aspects: editorial theory, editing subject, editing practice, the specialized education of editing and publishing, Chinese editing history, branch editing, and to serve as an reference for the research and practice of the academic community and industry.

【Keywords】editing science　research status　review

自20世纪80年代编辑学在我国创生起，时至今日，不论是编辑理论、编辑实务、编辑史论，抑或是编辑教育，都在不断走向完善与成熟。近五年来，编辑学研究以新闻出版专业类报刊、高等院校学报为主要研究阵地，面对不断变化发展的媒体传播环境，聚焦丰富多彩的编辑实践，取得了一系列创新成果。通过对既有文献的归纳与梳理，发现本期内关于编辑学研究的总体特点是较为务实。本文拟从编辑学理论、编辑主体、编辑实务、编辑出版专业教育、中国编辑史、部门编辑学六个方面对2010年以来我国编辑学研究状况进行描述与评价，以期总结经验，并为未来的编辑学研究提供参考和借鉴。

1 编辑学理论研究

无论是社会科学还是自然科学，但凡能够独立成“学”，必有其基本的科学理论，并以此作为核心构建自身的理论体系，编辑学也不例外。编辑学理论研究作为编辑学研究的基础，伴随编辑学的产生而产生，也随着编辑学的发展而发展。近五年来，关于编辑学理论，相关研究者多立足于现实的编辑活动，对编辑学的基本概念、编辑学的基本原理，以及编辑学的学科性质、学科体系、研究方法等系列问题开展研究，并做出了诸多有益探索。

1.1 编辑学基本概念

在编辑理论研究中，“编辑”是编辑学理论的核心概念，也是编辑学理论概念体系的逻辑起点。在数字出版的背景下，信息技术、网络技术的发展使得当下编辑实践活动出现了许多新变化，如何对“编辑”进行定义，研究者们进行了广泛讨论。学者禤胜修根据被定义项=种差+邻近属概念的定义方法，对编辑的概念作出如下界定，编辑是根据一定的宗旨，对作品进行策划、选择、加工、编排，以供传播的文化活动[1]。李建伟在参考了《中国大百科全书》及《辞海》中对编辑的解释以及综合大多数学者的观点后，指出尽管“编辑”概念的内涵没有发生实质性变化，但是原有概念大多是从纸质出版出发，并没有考虑到新媒体的出现。如果对“编辑”这一概念重新定义，则须在保持“编辑”这一概念核心内涵的基础上，充分考虑纸质媒体之外新媒体的特点，并要有前瞻性[2]。

当前，我国经济、社会、文化正在经历历史上从未有过的大规模变迁，编辑实践与实践环境也随之发生重大变化，反映在编辑理论上是出现了“大编辑”的概念，该概念代表了当今编辑学理论研究的动向。然而，何为“大编辑”，学者们的观点并不一致。桂晓风将“大编辑”的内涵解释为两个方面：一是说编辑工作和编辑工作者的重要性，没有编辑工作的正确方向和质量，就没有文化传播的正确方向和质量；二是说编辑工作的面越来越宽[3]，宽则大矣。吴平在《2013 编辑出版学的十大观点》一文中将“大编辑”界定为，同时操作多种媒介技术、整合分析不同内容资源、对产业增值环节快捷反应和综合素质高的编辑人员[4]。这是从编辑的名词意义上给出的定义。谭丰华、易冰源则围绕当今科技和文化的特征，将“大编辑”定义为媒体在编辑理念、编辑组织方式、编辑手段等方面进行全面革新，以创造更大信息价值、提升媒体竞争力、提高媒体对于时代发展的适应性能的新的编辑思想与行为模式。[5]尽管定义有所不同，但多是就大时代、大文化而言。

另外，关于编辑学，研究者们已基本达成共识，认为其是关于编辑活动的学问，以编辑活动为研究对象。比如，邵益文、周蔚华在其主编的《普通编辑学》一书中对编辑学的概念就给出了明确说明，指出普通编辑学是以编辑活动为对象，以编辑活动的主客体运动及其规律为核心，以研究所有编辑活动的共同本质、功能、过程为主要内容的科学[6]。蔡克难也认为，编辑学的概念可以定义为研究编辑活动发生、发展和变化规律的科学[7]。龚维忠在总结了编辑出版界对编辑学的研究对象与内容的代表性见解后，也提出了类似观点，认为编辑学是研究编辑活动的理论、原则和发展规律的科学[8]。

1.2 编辑学基本原理

作为编辑学理论构建的基础和支柱，编辑学基本原理一直以来都是编辑学研究领域的一个重点研究方向。虽然近一段时期内，对于编辑学原理的探究并不像以往那样备受关注，但仍然有不少学者对编辑活动的基本规律进行了总结提炼，对编辑活动的本质特征予以了深入分析。

研究和掌握编辑活动的基本规律，可以有效地指导编辑实践，推动编辑事业的顺利发展。禤胜修通过对编辑基本规律相关研究的考察，对其研究范畴、理论界定、数量构成、语言表述等问题进行了系统思考，指出编辑基本规律的研究范畴应限定在编辑活动本身；编辑基本规律是编辑活动的普遍规律，是运用各种编辑形式的总原则，决定各种编辑形式的具体规则并体现在各种编辑形式之中；“编辑基本规律只能有一条”的说法过于武断；“内容+规律（律）”的格式是编辑基本规律的最优表述形式[9]。周晓燕等从编辑活动的基本矛盾入手展开分析，提出编辑活动的基本规律是编辑主题与编辑客体的对立统一，并将该规律的内容表述为：编辑活动中存在着编辑主体与编辑客体的矛盾，编辑主体与编辑客体又统一又斗争推动着编辑活动的发展，规定着编辑活动的方向和进程[10]。另外，白建新根据编辑学的前提与界限，认为编辑学的原理是在编辑行为中对知识文本的观照与整理[11]。其中，观照是在无所为而为中对对象进行审视，而整理则是以理性思维为编辑行为对象建立新秩序，完成新样品。

在编辑活动的内容、范围和规模不断拓展的今天，准确把握编辑活动的本质特征对编辑学发展无疑具有重要意义。姬建敏分析编辑活动内涵后，指出了编辑活动的本质特点。她认为，编辑活动是编辑主体在既定目标方针指引下，利用一定的手段对精神文化产品进行遴选、提粹和加工，使其便于传播和发挥效能的活动，由此进一步提出，编辑活动的本质特点就在于中介性、缔构性和引导性[12]。在黑晓佛看来，编辑活动在本质上是作者、编辑、读者三个主体以编辑活动为中心的动态统一和视界融合，是一种人与人之间三位一体的关系，是一种相互理解、交流和对话的过程，也是不同主体间的共识，是不同主体通过共识而表现出来的一致性。[13]周艳则把编辑活动视作一个整体性的“话语事件”，将其置入社会文化意义场域的对话关系中进行审视，提出编辑活动是一种“话语”形式的存在，是编辑行为与编辑文本的总和，最终与作者话语相结合形成出版物[14]。

1.3 编辑学学科性质、学科体系以及研究方法

关于编辑学学科性质的争论一直伴随着编辑学的发展而存在。大多数研究者认为，编辑学产生于编辑实践，是编辑实践经验的理论表现，有着指导编辑活动的特定目的，因此当属于应用科学，不属于理论科学。也有一些学者提出了不同意见，提出编辑学虽具有较强的应用性，但也存有相当的理论内涵。在《编辑学研究：路在何方》一文中，周国清就明确指出，理论性和应用性是编辑学的双重学科属性，理论性是其学科全架，应用性是其直接目的，理论是其基础，应用是其归宿，正由于理论与实践的相互作用，才形成了编辑学[15]。王勇安也持有类似意见，认为长期过分强调编辑学的应用性，难免会使学界和业界忽视编辑学的理论内涵。他强调，应用性学科并非不讲理论，而是需要将作为研究对象的工程和社会实际问题上升到理论层面加以研究[16]。

编辑学学科体系的构建与完善是一个动态过程，近五年来，由于研究者各自研究的依据与出发点不尽相同，所构建的编辑学学科体系也存在较大差异。邵益文、周蔚华从知识构成的角度出发，认为编辑学的学科体系包括编辑理论、编辑实务、编辑史三个组成部分[17]。陈敏通过探寻编辑学的学科边界，对编辑学的研究场域予以圈定，其在所著的《也谈编辑学学科边界的划分》一文中提出，编辑学是一个内涵丰富的综合学科，应该脱离过去“编辑两体论”的束缚，构建普通编辑学。由“编辑五体”组成的完整的编辑活动以及由此产生的理论、历史与技术的集合外缘正是普通编辑学的学科边界[18]。

对于编辑学与相关学科的联系，研究者们也纷纷表达了自身看法。靳青万分析称，由于编辑活动所涵盖的范围要远远大于出版活动，因此编辑学的学科边界和学科疆域不仅远远大于出版学，而且实际上要涵盖出版学[19]。李建伟也认为，编辑学应是一个“大编

辑学”的概念，许多学科都离不开编辑活动和编辑工作。因此，编辑学不应是出版学的一个分支，而应成为一个包含出版学的学科，“编辑出版学”应该成为和“新闻与传播学”并列的一级学科[20]。吴平在分析编辑学的学科建设问题时强调，编辑学是在多学科研究成果的基础上发展起来的，既没必要因为其独立性而排除与相关学科的关系，也没必要因为其关联性而失去自身存在的价值。在信息社会，编辑学与多学科共生共长，既独立又相互紧密关联。[21]

编辑学理论的研究方法之所以也为学者们所广泛关注，在于其对编辑学研究起着选择研究途径、提供研究手段的重要作用。王振铎先生在对60年来的编辑学研究发现进行梳理后强调：编辑学要突破地区性研究、行业性研究、分支的个案研究或类型性研究和“量化”分析的方法，关注“质化”的本体论研究方法，达到一种合乎逻辑的学理高度，以期获取一定的媒介架构效果[22]。李景和从编辑学须揭示编辑行为的运行规律这一基本任务出发指出，编辑学研究者应运用辩证唯物论的思想方法，从实际出发，依据辩证逻辑原理，建立编辑行为→编辑本质→编辑概念相一致的辩证思维框架，全面深入地分析编辑行为及其构成因素和运行机制[23]。此外，郑确辉从衡量编辑学理论研究水平的尺度入手反推研究程序，认为编辑学理论研究在引进其他学科的理论和方法时不能一成不变，而要进行创新，同时也要求理论研究具有清晰的逻辑结构[24]，唯有如此才有可能做到高水平。

总之，近五年来关于编辑学理论的研究，有分歧，亦有突破，体现了研究者在新的时代背景和要素禀赋条件下对已有命题以及基本问题的审视和思考，对编辑学基本理论的丰富与完善无疑具有重要的价值和意义。

2 编辑主体研究

编辑主体是一切编辑行为的发出者，在整个编辑活动中起决定性作用。随着信息技术和传播媒介的快速发展，传统传媒环境发生了重大变革，深化对编辑主体的研究是现实编辑活动的必然要求。近年来，编辑学界关于编辑主体的研究，主要集中在编辑角色转型、编辑能力培养以及编辑团队建设三个方面。

2.1 编辑角色转型

不同的产业环境赋予编辑不同的角色。研究者们普遍认为，数字化技术在编辑出版界的应用给编辑带来了新的挑战与机遇，编辑只有实现相应的角色转换，才能适应数字时代多媒体融合发展的根本要求。对此，黄崇亚指出，科技的发展不断改变着人们的阅读环境与阅读习惯，人们获取信息的手段与方式发生了很大改变，作为信息内容的加工与创造者，编辑应重新审视自身的工作内容与角色定位，从个人的创造力、编辑能力等方面快速转型，以满足新形势对编辑提出的更高要求[25]。李雪、邱文静在对期刊编辑的现状和新时期对编辑提出的新要求进行具体分析后，认为新媒介的出现和融合，将引导着新的读者和观众的出现。这些不断变化的市场需求导致编辑的工作内容、性质和角色都相应地发生着变化，甚至可能产生方向性的转变[26]。

有关编辑角色转型，研究者们重点探讨了转型的路径与方向。杨舒丹结合互联网的交互性特点提出网络编辑把关人角色须实现四种转变，分别是从大众化服务转向个性化服务、从显性把关转向隐性把关、从直接把关转向间接把关、由把关人角色转向意见领袖角色[27]。吴慧娟则基于对数字出版环境的分析，认为编辑应成为数字出版的内容资源整合者、数字化传承的设计者和组织者、数字出版新技术的应用者和创新实践者[28]。刘思文也认为，三网融合下信息出版环境已经发生变化，全媒体语境下的编辑应该跳出传统的单向性的“文本把关人”和“平面化处理者”的角色，走“信息互动开发与营销”和“两栖编辑”的道路，推动编辑话语上的反“意见领袖”化，编辑平台上的“换挡加速”化和编辑产品上的“长尾”效益化，达到更好地为广大出版提供内容的目的[29]。

2.2 编辑能力培养

编辑能力不仅是衡量编辑人员工作水平的重要依据，也是新闻出版单位核心竞争力的组成部分。因此，深入探讨编辑能力的内涵与外延，有效提高编辑人员的综合能力，无疑具有重要的理论价值和现实意义。数据的爆炸式增长和技术的广泛运用，对编辑能力提出了更高的要求。张炯从数据新闻学的视角对编辑能力素质予以分析，认为捕捉、分析和展示数据的能力将成为编辑能力的主要内涵之一，现代编辑的能力不仅包括传统的文字写作、修改加工等，而且包括数据挖掘、数据统计和数据可视化呈现等多种创新能力[30]。李军领不仅定义了编辑力，确定了便于理解、便于界定、便于把握的原则，且从编辑工作流程出发，将编辑力划分为策划力、组织力、审读力、选择力、加工力五种，提出了编辑力“五力模型”[31]。于洪飞根据“胜任力模型”和“冰山理论”，提出期刊编辑的能力主要由显性能力和隐形能力构成，且二者所占比例为1∶9。具体而言，显性能力由专业知识水平、编辑知识容量和编辑职业资质构成；隐性能力则包括基础层次、职业层次和事业层次3个级别[32]。

在对编辑能力构成要素分析研究的基础上，学者们对于编辑能力的培养方法纷纷建言献策。和龚认为，编辑力是知识、素质的外显，培养途径一是靠学习，二是多实践。他在《全媒体时代的出版“编辑力”探析》一文中对此作了具体论述，提出编辑力的培养要从以下三个方面着力：一是明确编辑力生发的方向；二是寻求编辑力生发的突破口；三是提高编辑力运作的效能[33]。刘久平分别从编辑个人和出版社两个角度对编辑力建设提出了具体建议，指出对于编辑个人，提高编辑力应在坚持文化理性追求和强化三种能力（选题策划能力、组稿能力、审读加工能力）上下工夫；对于出版社而言，在编辑能力建设上则应重点搭建好战略引领平台、人才建设平台和科学分工平台[34]。此外，逻辑学是提升人的理性思维能力的重要工具，鉴于编辑工作是一项理性思维要求很高的工作，孙志华撰文指出，编辑日常须注意多学习和掌握一些逻辑知识与方法，并主动在选题策划、书稿审读加工、图书装帧设计、市场推广等工作环节加以应用[35]，并认为这不管对于提高编辑效率还是提升个人能力，都具有重要意义。

2.3 编辑团队建设

编辑主体不仅是指编辑个体，还包括存在于一定组织形式下的作为群体的编辑劳动者，即编辑团队。综合分析近期内关于编辑团队建设的研究成果，学者们对学术期刊编辑团队建设以及出版社编辑团队建设的探讨较为集中。

面对出版体制改革的推进以及知识创新速度的加快，编辑团队的建设水平直接关系到学术刊物的生命力与竞争力。潘琼分析认为，学报团队建设是一个复杂的系统工程，只有当团队的结构、素质、能力等因素协同发展时才能产生整体涌现效应[36]。在此基础上，他将编辑团队建设的具体方案总结为以下三点，即前提是优化团队结构、重点是加强组织学习、关键是培育和提升团队创新能力。翁贞林通过总结自己的编辑管理实践，认为编研结合是打造创新型编辑团队的重要基础。其在一篇题为《在编研结合中打造高校学术期刊创新型编辑团队》的文章中明确提出：期刊社通过编研结合，可提高编辑待遇、改善办刊条件、提升编辑人员的工作满意度和成就感，对构建和谐的创新型的编辑团队是十分有利的[37]。钟传欣通过调研发现高校科技期刊编辑人员的组织认同度一般，进而对在管理上如何提高高校科技期刊编辑人员的组织认同给出了三点建议：一是通过情感的关怀与支持提高组织认同；二是通过加强沟通促进编辑人员的组织认同；三是通过提升学校声誉来强化组织认同[38]。

在出版界规模化、集团化发展的大背景下，出版市场竞争日趋激烈，出版社的编辑团队建设受到学界、业界的广泛关注。顾正彤主张中小型出版社要通过编辑部负责人领导力的发挥，优化、组合好在岗编辑的人力结构，以最大限度调动、发挥编辑的各项能力[39]。刘红岗、付继娟则对改制以前过于强调编辑的个人能力与贡献的弊病加以分析，提出这样不仅浪费了编辑的有限精力，也养成了编辑自私自利的习惯。对于打造编辑团队，他们认为首要任务是要增强编辑的协作意识与凝聚力，构建编辑团队的核心价值观[40]。此外，谭晓萍以“竞合”作为视角，对大学出版社的团队建设进行了深入分析。认为如果要克服编辑内部的不良竞争，必须确立推动出版发展的“竞合”新理念，培养竞争中合作的编辑团队精神，建立公平合理的竞争机制，营造团结合作的和谐编辑氛围[41]。

研究者们对编辑主体相关问题的分析与关照，不仅体现了研究者对编辑主体的人文关怀，而且也凸显了编辑主体在编辑活动中的特殊地位，为我们深化对编辑主体的认识提供了重要借鉴和参考。

3 编辑实务研究

编辑实务是编辑主体作用于编辑对象的实践过程，编辑实务研究即是对具体的编辑实践活动、编辑过程与环节等方面的研究，一直以来它都是编辑学领域研究的热点。伴随国内经济文化政治环境的变化以及科学技术的发展，关于编辑实务的研究得以拓展与深化。为便于对近五年来我国编辑实务研究的整体情况予以回顾与总结，下面拟从选题与组稿、审稿与编校、装帧设计三个方面进行系统阐述。

3.1 选题与组稿

选题是指对某个出版项目的精神产品生产活动进行构想，是一种创意、一种判断，也是一种决策。从某种意义上说，选题决定了编辑工作的方向，选题的策划亦成为决定编辑工作成败的关键。近期内，关于选题的方法与途径，成为学者们关注的焦点。舒亚俐根据自己的办刊实践，归纳出科技期刊选题的基本途径：选择具有重大影响的突发事件的选题、选择重要会议或活动的选题、选择具有潜在价值的选题、选择综述性选题、选择利用作者和读者资源的选题以及选择利用编委会和行业专家资源的选题[42]。吴芸茜、钟明奇则结合具体个案，提出重视研究国家政策与方针、研究读者、研究作者、研究编辑，是选题策划极为重要的途径[43]。胡育峰主要谈到了大数据在选题策划中的应用，他认为采用 Web 文本挖掘技术，从海量的读者评论中挖掘出的图书特征和情感倾向，可以为图书的选题策划提供充分的信息资料，也将为图书选题的市场前景分析提供保障，最大限度地降低图书出版的风险[44]。此外，还有一些研究者对选题策划过程中容易出现的问题进行了具体分析。比如，董中锋就撰文指出，出版社转企改制以后，更加注重选题策划中的市场策划无疑是必要的。但在注重市场、紧跟市场的同时，也要防止唯市场论，防止在市场经济的浪潮中迷失选题的根本方向[45]。而在舒刚看来，为适应新形势下出版企业发展的需要，选题策划的内容意识、市场意识和服务意识必须不断加以调整和创新[46]。

组稿是选题的后续策划工作，任何选题只有通过组稿才能得以落实。关于组稿，一方面，学者们对科技图书、地方高校学报的组稿工作给予了较高关注。前者，如邓春引入菲德勒的权变理论，对科技图书编辑组稿工作进行深度分析，归纳出组稿工作的权变特性——系统性、实证性和多维性，并从这三个方面对科技图书编辑组稿工作的方式、方法进行了具体阐述[47]。后者，比如针对地方院校理科学报稿源萎缩的现实，陈静就分析称，应有意识地强化与同类期刊间的信息往来，在作者、稿源及其他出版动态方面及时沟通，情况允许时可以互通有无、合作互利[48]。另一方面，近五年来，关于作者队伍的建设与维护也引起了各方面研究者的注意。赵薇、李凤学等从人类群体中的共生效应理论入手，揭示了其应用于学术期刊作者队伍建设的积极意义，并总结出“吸引力原则”和“影响力原则”两条重要的建设途径，为促进作者队伍建设和期刊可持续发展提供了新的思路[49]。郑洁则以 4 本力学期刊为对象，在对其潜在核心作者进行研究后提出，期刊编辑应有意识地去分析自己学科的作者队伍，关注核心作者，高度关注和主动开发潜在核心作者，选择性地留意边缘作者，尽可能地扩大核心作者的队伍[50]。

3.2 审稿与编校

审稿是组稿工作的延续，与一般浏览和阅读不同的是，其主要代表社会和读者对文稿做出理性的判断。综观近五年关于审稿工作的研究成果发现，对审稿机制的研究逐渐受到重视，不少研究者对如何完善期刊审稿机制发表了自己的看法。尹玉吉通过对中西方学术期刊审稿制度的对比分析，认为“三审制”与同行审稿制度均有利弊，但同行审稿制度利大于弊，“三审制”弊大于利。建议积极吸收、借鉴现代国际社会通行的同行审稿制度，努力实现学术期刊审稿制度的国际化[51]。苗凌等就国外正在兴起的基于 Web 的期刊质量控制的新机制进行了观察和探讨，指出基于网络的期刊质量控制和评审机制将是对传统的专家评审机制的一种革命性的变革[52]。另外，关于提高编辑审稿力度也成为近几年学者们讨论的一个重点。何玉娟、廖叶华在《学术期刊如何实现快速、准确送审》一文中指出，编辑初审阶段须加大工作力度，从定位、内容及规范三个角度进行严格审查；依靠编委专家协助编辑初审，减少对专家资源的占用[53]。陈树也强调，面对出版行业竞争和读者文化精神诉求多元化的挑战，编辑必须强化问题意识、读者意识、学术创新意识，处理好文章责任自负与编辑把关、署名自由与单位证明、引用与抄袭、一稿多投与避免重复发表等的关系，全力提高稿件质量[54]。

作为编辑工作中不可或缺的一个重要环节，编校的作用在于解决出版物审读中出现的问题，并在某种程度上弥补审读的缺漏和不足。近五年来，围绕“编校质量”这个核心，研究者们一方面对影响编校质量的原因加以剖析，另一方面也对提升编校质量的方法和策略进行了探讨。针对引进版科普图书发生的编校质量问题，陈桃珍、王树槐分析指出，究其原因主要在于以下四点：科普编辑队伍素质有待提高、编辑培养模式难以适应形势、引进版科普图书的编辑流程欠细、引进版科普图书的翻译质量无法保证[55]。檀彩莲着重从工作性质、工作环境以及主观意识三个方面对编校工作中问题产生的原因予以分析[56]。张惠芳认为，出版社对校对重视不够，编校人员比例失衡，缺乏激励机制，大量使用外编外校等都是导致校对图书编校差错的重要原因[57]。对于如何提升编校质量，学者们的看法各有侧重。基于综合性科技期刊目前的实际情况，谢金海指出，编校合一不论合理与否，已成为各期刊同仁普遍采用的方法。若能对其有正确的认识，并按照校对基本制度的要求充分合理利用互校，则不失为一种实用有效的方法[58]。刘诗发首先对图书编校质量控制体系建设的意义进行了说明，由此进一步提出，机制建设是编校质量控制体系的关键，人是编校质量控制体系建设中最重要的因素[59]。

3.3 装帧设计

出版物的装帧设计是指对出版物载体的艺术性、工艺性设计。形式是内容的载体，既美观又得体的形式无疑有助于人们对内容的注意、接受和理解。近年来，学者们关于装帧设计的研究主要从我国实际出发，分别对传统文化元素在装帧设计中的运用以及新媒体环境下的装帧设计给予了较多关注。

任何美感追求都无法脱离产生它的文化土壤，在仲丛惠、赵国珍看来，随着艺术发展和读者审美意识的提高，现代书籍装帧设计的形式，应借鉴更多的中国传统文化艺术精神的表现形式，以提升书籍的整体内涵。他们认为“虚实相生”的表现方法，不但可以丰富书籍封面的设计意境，还能从多角度满足读者的视觉空间和审美体验[60]。陶海峰、孙屹则对如何将传统文化元素应用于电子图书设计进行了有益探讨，提出了传统文化元素在电子书籍设计中的两点创新原则，即多元化传统文化信息的组织原则、动态的传统文化版式设计原则[61]。新媒体技术特别是数字交互技术的发展，改变了人们获取信息、交流信息的方式与理念。肖蕾指出，交互时代下书籍装帧设计发展的新方向，就是要以人为本，满足人的多元需求，把被动的给予变为主动的体验和参与[62]。针对新形态的出版物和新的技术手段对装帧设计带来的要求和挑战，陆弦重点阐释了装帧设计者的应对方法与策略，提出一方面要转变观念，全面了解数字出版技术和新媒体的特性，掌握更多新的设计方法；另一方面也不可过分重视技术手段，因为无论技术如何发展，出版的本质仍是以内容为核心的文化产业，装帧设计须为内容服务[63]。

综合来看，近五年的编辑实务研究领域广泛，成果丰富，显示了研究者对现实热点问题的关注，表现出了编辑学研究务实的特点。尤其是关于编辑工作中具体方法和策略的探讨，不仅对编辑实践的开展具有重要的指导价值，而且也为编辑理论的完善打下了良好基础。

4 编辑出版专业教育研究

五年来，编辑出版专业教育主要集中在媒介融合、数字时代等大背景下，编辑出版专业教育存在的问题及教学改革措施的探讨，主要包括以下几个方面。

4.1 媒介融合背景下的编辑出版教育

21 世纪以来，随着技术的进步，媒介融合已成为媒介发展势不可挡的趋势，体现在内容、机构、终端等诸多方面。出版业作为媒介信息生产的重要组成部分，只有顺应媒介融合的趋势，才能健康发展。媒介融合的发展趋势对编辑出版人才提出了更高的能力要求，编辑出版教育只有适时进行教育改革才能培养出满足时代发展需求的编辑出版人才。

李建伟先生认为，出版媒介融合下编辑出版人才应具备对海量信息的分析整合能力、对多种媒介技术的操作运用能力和跨媒体传播中的策划与管理能力。培养出版产业所需的高质量人才，首要的是更新教育理念。一要明确学科定位，树立“大出版”观；二要明确专业教育功能，树立“大教育”观。在编辑出版教育改革中，要实行学制多元化，逐步提高教育层次，构建实践教学体系，突出实用性，对课程结构做出调整，强化开放性、兼容性，改进教学方式，重视案例分析等[64]。

张琳认为，媒介融合视角下，编辑出版专业人才不仅要具有分析、整合海量信息的能力，操作运用多种媒介技术的能力，而且要具有跨媒体传播能力和较高的文化素养能力。为此编辑出版专业的教育要明确学科定位，完善高校编辑出版专业的课程体系，并切实提高编辑出版教育的层次[65]。

于准认为在媒介融合环境下，传统编辑出版教育存在诸多问题，诸如培养目标定位不清、视野落后，培养模式重“长”轻“短”、不够灵活，课程设置“理”多“术”少、实践不足，师资队伍来源单一、经验欠缺等，这些问题阻碍了学科发展和人才培养。编辑出版教育要紧跟时代步伐，找到合适的发展路径，培养高素质、复合型的编辑出版人才[66]。

4.2 数字（出版）时代的编辑出版教育

随着数字化时代的到来，传统出版业面临着向数字出版的转型，在此背景下，传统编辑出版人才教育已不能满足数字时代的人才需求，编辑出版教育要适应数字时代的要求进行改革创新，以适应时代发展需求。

李频先生认为在传统出版向数字出版转型的背景下，编辑出版教育的转型不是一个单维度、单层面的问题，而是一个多维度、多层面的问题。编辑出版教育者要为高层次编辑出版人才的培养设计理想的知识和能力结构，并通过教学活动实施。当下编辑出版教育面临亟待解决的问题是确定服务对象、培养目标、知识体系和能力结构等方面相应的指标和参数[67]。

王东霞认为，数字出版对编辑出版人才提出了更高的要求，我国数字出版人才队伍存在着总量短缺、素质能力参差不齐的问题。加快人才队伍建设是数字出版发展的基础，根据当前的社会发展形势，应该“双管齐下”，加强学校正规教育与继续教育并重。重点是优化专业和课程结构，推进工学结合、校企合作的培养模式，加大师资队伍建设，并加强在职培训[68]。

张照富认为，在数字化时代，要提高编辑出版人才培养质量，就要进行传统教学模式的改革，加强学生实践能力和创新能力的培养。实践教学的课程要凸显时代性，实践教学人员要强化实战型，实践教学设施要注重融合性，实践教学方法要具备创新性[69]。

4.3 不同类型高校编辑出版教育

我国不同类型高校的编辑出版专业，由于办学历史、办学规模、办学条件、师资力量、办学宗旨等方面存在差异，所以在编辑出版学教育中，呈现出不同的专业定位和办学特色。一些学者对不同类型高校的编辑出版专业教育进行了研究。

对于应用型本科院校的编辑出版专业，尹艳华认为，应该确立正确的专业定位，设置特色课程，注重课程的广度和深度，突出技能型的应用课程[70]。宋国华从专业实训的角度提出，应用型高校的编辑出版专业应建立集教学培养、科学研究、学术交流、专业服务为一体的综合性实训中心以锻炼学生理论联系实际的动手能力[71]。对于高职层次的编辑出版专业教育，陈蔚峻认为，应明确教育理念，选用合适教材，打造“教师+编辑”双重身份，采用灵活的教学方式以培养具有理论知识和操作技能的人才[72]。刘敏提出了适合高职层次编校人才培养的工学结合、工作室制、工学交替等模式[73]。对于独立学院的编辑出版教育，唐凯芹等认为，应找准出版产业链新的就业空间，培养特色化人才，根据学生能力特长设计培养方案，紧跟出版业发展方向设置特色课程，关注业界前沿，紧跟发展动态，培养时代需求的编辑出版人才[74]。

4.4 编辑出版学教学改革

近五年来编辑出版教育的研究中，学者们大多是根据时代环境的变化，对编辑出版教学改革做出了探索，其内容主要体现在培养模式、实践教学和课程改革这几方面。

针对编辑出版学专业特点和当前出版业发展现状，人们进行了培养模式的探索：一是产学研结合模式，这是在我国经济转型、体制改革、技术发展的背景下，出版业作为文化产业发展，培养复合型、高层次出版人才的必然需求[75]。二是“一般学科+编辑出版知识”的培养模式，也可称为专业编辑学教育模式。徐会永认为，目前编辑学面临的发展瓶颈是编辑学教育与各学科专业教育脱节现象，使得编辑学研究失去了立足点[76]。牛正攀也指出我国编辑出版专业毕业生遭遇就业尴尬是由于缺乏一般学科专业知识，因此“一般学科+编辑出版知识”的模式，有利于培养既具有一般学科知识又具有编辑出版知识和技能的复合型人才[77]。三是“目标模式”。把学校看做加工厂，学生看作加工对象，课程、教材、教法看作加工工具，教师是操作工，教育过程就像生产过程，根据社会需要把学生培养成合格产品，教育过程目标性极强[78]。

编辑出版学是一门应用型学科，数字时代的到来和媒介融合的趋势更需要具有高水平实践能力的编辑出版人才。编辑出版学教学改革研究中，实践教学受到了广泛重视。杨旸认为，媒介融合背景下，编辑出版教育要建构立体化的实践教学体系，包括了浅层实践活动、普通实践活动和深层实践活动三个层次[79]。针对目前编辑出版教育存在的忽视实践能力培养、“双师型”教师缺乏、教学投入不足等问题，陈莹认为应增强专业实践教学的自主性，突出办学特色，强化校内外实训基地建设，加强校企合作[80]。张锦华从硕士研究生实践教学的角度，提出编辑出版学研究生教育要加强课程设置中的实践教学环节，建立开放的研究生编辑出版实验室，寻求出版业界配合，提供实践机会[81]。

课程改革是编辑出版学教学改革中的重要组成部分，也是编辑出版教育研究的重点之一。陈洁、陈佳根据产学研一体化的指导思想提出了学科交叉模式、第二课堂模式、专题训练模式、案例分享模式和积分制考核模式五种紧密互动的课程教学模式[82]。部分学者从微观的角度出发，以某一具体课程为例探讨课程改革方法。如张聪、郭亚文以北京印刷学院“报纸编辑”课程为个案，分析了课程的现状和问题，从教学定位、教学内容、教学方法等方面提出改革方案[83]。谢武纪则聚焦深层次课程改革，指出项目化导向课程将课程内容分解为基于实际工作情景的若干任务单元，以学生自主建构为主，侧重能力培养，有利于专业课程和职业的对接[84]。

5 中国编辑史研究

编辑史研究是编辑学研究的重要组成部分，对历史上编辑活动、编辑思想、编辑家等进行研究，有利于我们以史为鉴，吸取先进经验，促进当今编辑学科的发展和编辑事业的进步。近五年来，编辑史的研究主要包括了编辑对象——出版物、编辑主体——编辑家的编辑活动、编辑思想以及编辑思想史和编辑学家的研究几个方面。

5.1 对编辑对象——出版物的研究

对出版物的研究，一方面是从宏观角度对某一类书籍编辑活动、编辑思想的研究。吴平的《论古籍编撰活动中的编辑思想》从古代文籍的内容与形式两方面分析蕴含其中的编辑思想[85]。段乐川先生的《魏晋南北朝别集编辑思想略论》对我国魏晋南北朝时期数量巨大、内容庞杂的别集进行了考量，归纳出别集编辑中体现的传世思想、扬名思想、范文思想、言教思想和备佚思想[86]。《明人别集编辑观——以明代江苏文人存世别集为例》和《清代桐城麻溪姚氏家族的编辑刊刻及其文化价值》等文则介绍了明清时期随着文人意识的进一步成熟、编辑观的变化而出现的家族编辑模式这一新亮点[87]。

另一方面，研究者更多地是从微观的角度对某一具体出版物的编辑活动和编辑思想进行个案研究。马彦的《〈吕氏春秋〉编辑思想新探》对我国先秦历史著作《吕氏春秋》的编辑手法、编辑宗旨进行了探讨[88]。严正道在《论殷璠〈河岳英灵集〉对唐诗选本的编辑学意义》中指出盛唐时殷璠编辑的《河岳英灵集》为后来唐诗选本提供了理想的范式，成为唐诗选本编辑的高标，在编辑学上具有重要意义[89]。赵战委的《〈唐才子传〉的编辑体例及编辑思想分析》则主要探讨了自隋大业间至五代时《唐才子传》的编辑体例[90]。《〈千家诗〉的版本流传与编辑特点》研究了《千家诗》在宋元、明、清时期的版本流传和编纂特点[91]。另有学者对民国时期不同类型期刊，如《地学杂志》《麻疯季刊》《小说月报》《现代》等办刊理念、编辑特色、编辑思想和编辑理念的研究，以及对维新变法期间的《湘报》和“孤岛”时期的《文汇报》编辑特色与编辑出版文化的探索。黄洁的《浅谈〈开明国语课本〉编辑的思想倾向》则是对20世纪30年代出版的课本进行研究，从内容方面入手分析了教材的编辑思想倾向[92]。赵卜慧的《开创主题出版新路径——〈马克思主义经典导读丛书〉出版编辑思路新探》探讨了当代主题出版的编辑思路[93]。纵观这些个案研究，涵盖了从先秦到当代的诸多历史时期，研究对象包括了历史著作、诗集、蒙学读物、期刊、报纸、教材等诸多出版物类型，研究内容囊括了编辑理念、编辑活动、编辑思想、编辑特色、编辑体例、编辑文化、编辑思路等诸多方面，极大地丰富了编辑史研究的内容。

5.2 对编辑主体——编辑家的研究

对编辑主体的研究历来是编辑史研究的重要内容，近五年来对编辑活动和编辑思想的研究，是编辑史研究中成果最丰厚的部分。

对编辑家的研究既有对人们耳熟能详的从古至今的编辑大家、文化名人的编辑活动和编辑思想的研究，如对孔子、司马迁、梁启超、沈从文、萧乾、张元济、巴金、茅盾、鲁迅、孙伏园、郁达夫、王国维、毛泽东、朱光潜、胡愈之、邹韬奋的研究。尤其是在2014年叶圣陶先生诞辰120周年之际，《中国编辑》等刊物组织了专栏文章，如刘立德的《叶圣陶中小学教科书编辑理论管窥》、焦雅君的《叶圣陶的编辑力》、时群的《“为读者服务”思想对现代编辑的启示》等，从不同角度深入、细致、全面地回顾了叶圣陶先生的编辑生涯和编辑思想。

此外，研究者们也对我国历史上不同历史时期、不同领域未引起人们重视的编辑者，如陈起、元好问、戴震、周之标、陈庆年、张寿镛、柳诒徵、李求实、石评梅、孙绳武、魏金枝、邵洵美、严谔声、周振甫、谢六逸、陆文夫、郝广才等进行了一一研究。李乐的《论宋人陈起的编辑出版经验》分析了宋代出版家陈起的选稿原则、约稿方法和编辑风格[94]。姚文永的《元好问〈中州集〉编辑思想刍议》阐述了金元时期著名学者元好问编辑《中州集》时的体例布局，概括出其保存文献为主的编辑思想[95]。关燕云的《略论戴震的学术式编辑路线及其借鉴意义》分析了清朝中期著名的哲学家和考据学家戴震学术与编纂工作并举的学术研究路径，为今天的编辑工作和学术研究提供了借鉴[96]。夏凤珍、吴忠良的《试析柳诒徵的期刊编辑思想》探讨了民国时期历史学家柳诒徵注重内容和特色定位、注重作者资源培育、全心全意为读者服务的编辑思想[97]。黄敏的《孙绳武外国文学编辑出版思想与实践》探讨了我国当代知名的翻译家、出版家孙绳武在翻译出版外国文学作品时的编辑思想和对出版业的贡献[98]。这些编辑者所处时代不同、身份不同、地域不同，但却都在编辑活动中有所建树，有自己独到的见解和主张，对这些编辑者的研究扩展了编辑学研究的视野，丰富了编辑史研究的内容和成果。

与此同时，除了对编辑者的个案研究以外，还有学者对编辑群体进行了研究。白晨、梁文捷的《晚清时期中国编辑家的图书编辑思想研究》分析了晚清动荡年代，徐寿、李善兰、王韬、严复、梁启超等著名编辑家的编辑活动，概括出了晚清时期图书编辑思想的共同之处[99]。刘训华的《近代留日学生的革命性——对〈浙江潮〉编辑群的历史考察》分析了《浙江潮》编辑群的形成、革命性和历史走向[100]。《五四时期至全面抗战前的编辑出版大家之比较研究》《〈学灯〉编辑群在五四新诗传播中的贡献与意义》则分别探讨了“五四运动”以后张元济、陆费逵、王云五等出版大家对中国出版事业作出的成绩[101]和《学灯》编辑群对文化传播的贡献[102]。对编辑群体的研究是从宏观的角度，以比较研究的方法对编辑者进行分析，有利于归纳出一个时代或历史时期编辑者的整体特征。

5.3 编辑思想史研究

编辑思想的研究向来是编辑史研究的重点，五年来，对编辑思想的研究多是对某一出版物或某一编辑家的编辑思想的个案研究，从宏观角度对编辑思想进行研究的成果较少，较有代表性的是吴平的《编辑思想的实践性探讨》《中国古代编辑思想叙略》《论编辑思想形成的外部作用》等。

编辑思想史的研究历来是编辑思想研究的薄弱环节，但是在近五年的编辑学发展中，编辑思想史的研究却成为一大亮点，吴平的《中国编辑思想史的演进和特征》阐述了从先秦两汉到近代各历史时期编辑思想的特征[103]。《中国编辑思想史研究内容浅论》分析了中国编辑思想史研究的主要内容[104]。尤其是由吴平和钱荣贵两位教授主编的《中国编辑思想史》一书，于2014年10月由学习出版社出版。该书是我国第一部编辑思想通史专著，以历史朝代为序，上至先秦、下到民国，上下几千年，通过大量的历史资料钩沉，图书文献编辑思想提炼，以独特鲜明的编辑思想视野，具体入微的文本研究，勾勒了一幅丰富生动的中国编辑思想史画卷[105]，总结了中国古代编辑思想的基本面貌和特征，概括、归纳了影响编辑实践发展的主观性因素，梳理、把握了编辑主体思想形成和演变的基本规律[106]，对中国编辑历史的“思想重构”和文化赋值，具有不可忽视的历史价值、现实价值和学术价值，是一部编辑学研究的厚重之作[107]，填补了我国编辑思想通史研究的历史空白，极大地丰富了编辑史的研究，具有重大的学术贡献和意义。

5.4 编辑学家研究

编辑学在我国是一门新兴学科，在其产生、发展的60多年里，涌现出一大批编辑学家，对编辑学家进行研究，有助于理解他们的编辑思想和编辑学科建树，启迪当今，激励后人[108]。近五年来，对编辑学家的研究也呈现出一派繁荣的景象。2015年1月《河南大学学报》专门开设了“当代编辑学家研究”专题，展示编辑学家研究的成果。

刘杲是我国编辑学研究的重要组织者、指导者和参与者，对于刘杲编辑思想的研究成果颇丰，具有代表性的有王振铎的《中国特色编辑学学科体系的建构———读刘杲同志的三部文集》[109]、李频的《出版理论中几个命题关系的探讨——以刘杲命题为讨论中心》[110]、靳青万的《编辑学是一门独立学科——论刘杲先生的编辑学学科思想》[111]和段乐川的《论刘杲的编辑学学术研究》等，阐述了刘杲编辑学学科建设的成就，指出其对编辑学最大的贡献是提出了编辑学是一门独立学科的思想[112]。邵益文是我国当代著名的编辑家和编辑学家，姬建敏在《邵益文的编辑学研究及其贡献》中，从学理层面上概括了邵先生编辑学研究的重要成就，探讨了他独特而丰富的编辑思想，总结了他对编辑学研究的突出贡献[113]。段乐川在《论王振铎的编辑学研究及其理论建树》《论宋应离的编辑出版史学研究及其成就》《试论杨焕章的编辑学研究及其贡献》中，分别对编辑学研究的三位领军人物王振铎、宋应离、杨焕章的编辑学研究进行梳理，认为王振铎先生的编辑学研究形成了一个以编辑创造媒介为思想核心，编辑活动规律探究为主题脉络，编辑哲学观照为逻辑依归的相对完整的普通编辑学理论体系[114]。宋应离先生在现当代中国出版史料学建构、中国期刊发展史研究开展、中国大学学报史研究等方面，都是敢为人先的奠基者或开拓者[115]。杨焕章先生较早地阐述了编辑活动基本规律研究的哲学方法论问题，形成了学报研究相对系统的认识体系，为有中国特色编辑学的研究作出了不可忽略的重要贡献[116]。近五年来，对编辑学家的系列研究，除了总结他们在编辑学研究的重大贡献外，更有利于人们了解特定历史时期我国编辑学研究的进展，凸显了编辑学研究的成就。

6　部门编辑学研究

部门编辑学也是编辑学研究不可或缺的重要组成部分，其研究成果有利于推动编辑实践活动的开展。近五年来，部门编辑学的研究重点体现在高校学报编辑研究和科技期刊编辑研究两方面。

6.1　高校学报编辑研究

高校学报编辑研究一直是部门编辑学的研究重点，近五年来其研究主要围绕高校学报编辑素养、学报编辑队伍建设、学报编辑职业倦怠问题等几方面展开。

高校学报是科研成果传播、交流和保存的载体与平台，学报编辑的素质直接决定了学报质量的高低。杨帆从办刊导向、工作态度、策划能力、编辑业务等方面探讨了高校学报编辑在大发展时期的素质要求[117]。魏净认为在普通高校学报科研弱、经费少、学术性不高的现状下，学报编辑人员应具有思想政治素质、编辑专业素养、责任心、创造性、网络素养等[118]。朱允、赵建萍、杨晓芳等认为在数字出版时代，学报编辑在具有基本编辑素养外，还应具有哲学思辨能力和社交协调能力、信息技术能力和资源整合能力、经营管理能力和团队管理能力，以适应数字出版的要求，为学术传播服务[119]。黄燕认为，在大数据时代，学报编辑应具有更高的政治敏感性、信息处理能力、创新能力、社交能力与技巧和编辑业务水平[120]。周丽娟等则认为学报编辑对内要做"政治家""编辑家"和"学科专家"，对外要做"外交家""经纪人"和"企业家"，内外兼修才能满足学报发展要求[121]。

搞好高校学报编辑队伍建设，是提高学报编辑质量的重要保障。田峰认为，高校学报编辑队伍建设必须走职业化发展道路[122]。王庆跃、徐娟对地方高校学报编辑队伍现状、问题进行探讨，提出了创新管理体制、工作机制、建设机制等创新路径[123]。史海英、韩纪富对军校学报编辑人才队伍进行了研究，认为军校学报编辑队伍建设应把握住人才培养，创新激励机制和创造积极、融洽的工作氛围等问题[124]。卢妙清以G省为例，对学报编辑队伍进行实证考察，提出科学组合，构建"橄榄形"或"圆柱形"编辑团队，创建创新型、综合型的和谐编辑团队，以优化编辑队伍的结构[125]。王龙杰针对我国学报编辑队伍集中培训存在的诸多问题，提出了校本培训这一新的队伍职业化建设模式[126]。

职业倦怠又称职业枯竭，是指人们在行业中最易出现的情绪性耗竭症状。高校学报编辑因工作的重复性和繁琐性，容易出现职业倦怠现象，职业倦怠会严重影响工作效率和质量，这一现象近年来也引起了学者的关注。王颖在《试析高校学报编辑职业倦怠的成因与对策》中对学报编辑职业倦怠的原因进行了分析，认为工作环境、社会氛围等因素是导致编辑产生职业倦怠情绪的重要原因，并提出了相应对策[127]。李娟认为，学报编辑的职业倦怠主要是由编辑的职业性质引起的，应由学校、编辑部、编辑三方合力来解决[128]。张宜军认为，学报编辑具有编辑和教师双重身份，面临编辑工作和高校教育改革双重压力，学校管理制度不完善、编辑部人员不足和个人发展的压力是职业倦怠的主要原因[129]。仇慧在《摭谈高校学报编辑的职业倦怠现象》中，从心理、行为、生理三方面阐述了高校学报编辑职业倦怠的现象，指出社会认可度低、学校关注度不够、工作压力大、受到尊重少是主要原因，并从主客观两方面提出了缓解措施[130]。

6.2 科技期刊编辑研究

科技期刊编辑研究是部门编辑学中另一个学者关注较多的领域，近五年来其研究主要体现在科技期刊编辑的培养和科技期刊编辑工作方面。

科技期刊是科技信息和成果交流的平台，科技期刊编辑素质的高低决定了科技期刊质量高低，科技期刊编辑的培养是期刊健康发展的保障。麦帼慧在《科技期刊复合型编辑人才的素质培养》中指出，只有培养复合型人才才能适应新时代的要求和挑战，复合型编辑的必备素质包括思想道德素质、知识文化素质和编辑业务素质[131]。陈庆芝认为，应注重科技期刊编辑对信息的感受能力、收集能力和处理能力的培养[132]。青年编辑是编辑队伍的希望和生力军，对科技期刊的可持续发展起着重要作用，申轶男等从工作业务、思想心理、职业规划及编辑部环境等方面提出了关于青年编辑培养的建议[133]。马兰兰则认为，科技期刊青年编辑应有针对性地进行自我培养，并从摆正价值观、培养职业敏感性、全面提升自身素质三方面阐述了青年编辑应如何进行自我培养[134]。傅如海在《科技期刊青年编辑培养模式浅探》中探讨了青年编辑培养存在的问题，并从培养体制、学习能力、责任意识、激励机制等方面提出了培养模式[135]。

科技期刊编辑研究的另一重点集中在编辑工作方面，不同学者从不同角度对科技期刊编辑工作进行了探讨。邱源等认为科技期刊编辑要发挥主观能动性，积极联系读者、作者、媒体、同行，并强化市场意识，提高科技期刊的影响因子[136]。倪永杰等在《军事科技期刊编辑工作中应注意的事项》中结合军事科技期刊的特点，分析了在稿件政治审查和保密把关中可能遇到的问题，提出了应对措施，并就如何培育作者、丰富稿源、扩大刊物影响等方面提出了建议[137]。编辑与作者、读者、审稿者之间的有效沟通是提高科技期刊编辑质量的重要手段，刘晓涵认为学习并灵活运用各种心理效应有助于促进编辑沟通工作的顺利开展，探讨了角色效应、双赢效应、名片效应、熟悉效应、反馈效应等心理效应在科技期刊编辑沟通中的运用[138]。武建虎等结合工作实践，对科技期刊论文中错误数据的类型进行了归纳，并对编辑如何提高对数据的敏感性提出了建议[139]。吴克力等在《科技期刊编辑如何融入数字出版时代》中指出在数字出版时代，要坚持内容为王，争取优质稿件，优化选题和栏目设置，注重“查新”，进一步强化论文的质量控制，只有如此才能跟上时代步伐，融入数字出版时代[140]。针对期刊改革及国际化的发展趋势，鄢子平探讨了科技期刊英文摘要中存在的问题和解决办法[141]。总体来看，科技期刊编辑工作方面的研究涉及了工作实践的各个环节和方面，比较全面和深入。

综观近五年来我国编辑学研究，成果丰富，成绩突出，既有像《中国编辑思想史》这样具有学科建设里程碑意义的著作出版，亦有许多新人新作不断涌现。尤其是关于编辑角色转型研究、选题与组稿研究、编辑出版学教学改革研究等，理论联系实际，既有对现存问题的分析，又有对未来发展的思考，相信对推动编辑学研究发展定能有所助益。但也应当看到，编辑学内各个领域间的研究并不均衡，行业内编辑经验交流较多，编辑理论研究稍显不足，另有个别领域出现了重复研究以及研究方法比较单一等相关问题。在今后的编辑学研究中，研究者们可以借鉴传播学、文化学、心理学等相关学科理论，综合运用多种社会研究方法，以提升编辑学研究层次，更好地指导编辑实践。

参考文献

[1] 本刊记者．编辑学研究：路在何方［J］．编辑之友，2011（9）：15.

[2] 本刊记者．创新编辑概念，是理论回应还是叠床架屋［J］．编辑之友，2013（12）：8.

[3] 桂晓风．编辑要树立“大文化、大媒体、大编辑”理念［J］．中国出版，2010（13）：48-49.

[4] 吴平. 2013 编辑出版学的十大观点［J］. 编辑之友，2014（1）：15.
[5] 谭丰华，易冰源."大编辑"理念初探［J］. 出版科学，2010（1）：14-17.
[6] 邵益文，周蔚华. 普通编辑学［M］. 北京：中国人民大学出版社，2011：15.
[7] 蔡克难. 再论编辑学理论的几个基本问题［J］. 编辑之友，2014（4）：49-52.
[8] 龚维忠. 现代期刊编辑学［M］. 北京：北京大学出版社，2014：13.
[9] 禤胜修. 编辑基本规律研究的几个问题［J］. 出版科学，2014（1）：31-34.
[10] 周晓燕，杨焕章. 普通编辑学导论［J］. 清华大学学报（哲学社会科学版），2012（6）：150-159.
[11] 白建新. 论对知识文本的观照与整理［J］. 中国编辑，2013（5）：30-35.
[12] 本刊记者. 编辑学研究：路在何方［J］. 编辑之友，2011（9）：12.
[13] 黑晓佛. 从编辑的主体间性透视编辑活动的本质［J］. 甘肃联合大学学报（自然科学版），2012（5）：106-109.
[14] 周燕. 社会文化中的编辑话语［J］. 出版科学，2010（6）：28-30.
[15] 本刊记者. 编辑学研究：路在何方［J］. 编辑之友，2011（9）：10.
[16] 本刊记者. 主动、重构、共享：编辑和编辑学的价值和未来［J］. 编辑之友，2014（12）：11.
[17] 邵益文，周蔚华. 普通编辑学［M］. 北京：中国人民大学出版社，2011：8.
[18] 陈敏. 也谈编辑学学科边界的划分［J］. 中国编辑，2012（4）：16-20.
[19] 本刊记者. 编辑学研究：路在何方（续）［J］. 编辑之友，

2011（10）：9.
[20] 本刊记者．编辑学的未来要“泛化”还是“窄化”［J］. 编辑之友，2014（4）：11.
[21] 本刊记者．编辑学的未来要“泛化”还是“窄化”［J］. 编辑之友，2014（4）：12.
[22] 王振铎. 编辑学研究60年的6大发现——编辑学的理论创新与学科发展［J］. 中国出版，2010（13）：16-20.
[23] 本刊记者．编辑学研究：路在何方［J］. 编辑之友，2011（9）：14-15.
[24] 郑确辉. 编辑学理论研究解决编辑工作实际问题之能力探讨［J］. 编辑之友，2013（1）：93-96.
[25] 黄崇亚. 新媒体时代期刊编辑角色转型探究［J］. 中国传媒科技，2014（8）：27-30.
[26] 李雪，邱文静. 科技期刊编辑角色的演化与重塑［J］. 编辑学报，2014（2）：89-91.
[27] 杨舒丹. 网络媒体编辑把关角色嬗变［J］. 新闻知识，2011（4）：66-67.
[28] 吴慧娟. 浅谈数字出版环境下的编辑角色转换［J］. 出版广角，2011（10）：30-31.
[29] 刘思文. 论全媒体语境下编辑主体观念转型与功能创新［J］. 出版发行研究，2011（7）：37-39.
[30] 张炯. 基于数据新闻学的编辑理念与编辑能力的创新研究［J］. 中国编辑，2015（1）：32-35.
[31] 李军领. 编辑力“五力模型”试探［J］. 编辑之友，2011（4）：71-73.
[32] 于洪飞. 科技期刊学的编辑能力理论［J］. 编辑学报，2011（6）：194-197.
[33] 和奕. 全媒体时代的出版“编辑力”探析［J］. 中国编辑，2012（3）：24-29.
[34] 刘久平. 浅议编辑力建设［J］. 科技与出版，2013（3）：107-109.
[35] 孙志华. 运用逻辑思维 提升编辑能力［J］. 出版发行研究，

2014（4）：37-39.
[36] 潘琼. 高校学报编辑团队建设的思考［J］. 温州大学学报（社会科学版），2013（5）：96-100.
[37] 翁贞林. 在编研结合中打造高校学术期刊创新型编辑团队［J］. 中国科技期刊研究，2012（6）：1096-1098.
[38] 钟传欣. 高校科技期刊编辑人员组织认同状况分析——以江苏省为例［J］. 编辑学报，2013（5）：452-454.
[39] 顾正彤. 小议领导力在编辑团队管理中的发挥［J］. 出版广角，2014（18）：20-22.
[40] 刘红岗，付继娟. 浅析中小型出版社编辑团队核心价值观的塑造［J］. 科技与出版，2012（9）：104-106.
[41] 谭晓萍. 大学出版社竞合型编辑团队建设［J］. 科技与出版，2011（7）：17-19.
[42] 舒亚俐. 试论科技期刊的选题策划［J］. 中国出版，2011（11）：58-59.
[43] 吴芸茜，钟明奇. 选题策划要重视四个研究［J］. 现代出版，2014（2）：52-54.
[44] 胡育峰. 大数据在选题策划中的应用［J］. 出版参考，2014（30）：17-18.
[45] 董中锋. 新形势下的选题策划［J］. 编辑学刊，2011（4）：70-72.
[46] 舒刚. 数字出版时代的选题策划创新［J］. 出版科学，2013（1）：34-35.
[47] 邓春. 基于权变理论的科技图书编辑组稿工作［J］. 科技与出版，2012（10）：51-53.
[48] 陈静. 地方高校理科学报稿件匮乏的成因与对策［J］. 编辑学报，2013（2）：156-158.
[49] 赵薇，李凤学，李锋，罗偲语. 基于共生效应的学术期刊作者队伍建设探析［J］. 出版发行研究，2014（1）：71-73.
[50] 郑洁. 潜在核心作者对期刊队伍建设的启示——以四本力学期刊为例［N］. 中国社会科学报，2013-07-17.

[51] 尹玉吉. 中西方学术期刊审稿制度比较研究 [J]. 浙江大学学报（人文社会科学版），2012 (7)：201-216.
[52] 苗凌，刘杨，赵大良. 学术期刊传统审稿机制与网络化审稿机制的比较分析 [J]. 编辑学报，2011 (2)：169-171.
[53] 何玉娟，廖叶华. 学术期刊如何实现快速、准确送审 [J]. 出版发行研究，2013 (2)：91-93.
[54] 陈树. 新时期编辑审稿流程及编辑面临的挑战及对策 [J]. 黑龙江教育学院学报，2014 (10)：203-204.
[55] 陈桃珍，王树槐. 引进版科普图书选题和编校质量问题探析 [J]. 编辑之友，2011 (6)：30-32.
[56] 檀彩莲. 编校工作中应该避免的若干问题 [J]. 编辑之友，2012 (4)：99-100.
[57] 张惠芳. 图书编校差错形成的五大原因 [J]. 出版发行研究，2012 (3)：36-38.
[58] 谢金海. 综合性科技期刊应正确认识并实施编校合一 [J]. 编辑学报，2012 (6)：576-577.
[59] 刘诗发. 图书编校质量控制体系建设分析 [J]. 科技与出版，2012 (8)：50-51.
[60] 仲丛惠，赵国珍. 浅谈书籍封面装帧设计中的“虚实相生”[J]. 编辑之友，2013 (11)：88-89.
[61] 陶海峰，孙屹. 装帧设计：从纸媒书到电子书——传统文化元素在电子书籍设计中的应用研究 [J]. 文艺争鸣，2014 (3)：246-248.
[62] 肖蕾. 交互时代下的书籍装帧设计 [J]. 编辑之友，2013 (7)：90-92.
[63] 陆弦. 数字出版背景下装帧设计的发展 [J]. 编辑学刊，2012 (5)：75-78.
[64] 李建伟. 媒介融合趋势下编辑出版专业教育改革探讨 [J]. 现代出版，2011 (3)：72-75.
[65] 张琳. 试论媒介融合视角下编辑出版专业人才的培养 [J]. 科技资讯，2012 (2)：183.

[66] 于准. 融媒视域下编辑出版学教育的问题探究［J］. 新闻世界，2015（2）：180-181.

[67] 姬建敏. 数字化时代编辑出版学关注的新问题——全国编辑出版学研究分会暨数字化时代出版学高层人才培养国际研讨会综述［J］. 河南大学学报，2011（5）：152-156.

[68] 王东霞. 数字出版人才培养与高校编辑出版专业教学改革的思考［J］. 毕节学院学报，2013（3）：118-121.

[69] 张照富. 数字化时代编辑出版学的变革之道［J］. 中国报业，2014（8）：42-43.

[70] 尹艳华. 应用型本科院校专业人才培养模式研究与实践——以编辑出版专业为例［J］. 中国成人教育，2011（1）：154-156.

[71] 宋国华. 应用型高校编辑出版学专业实训中心建设研究［J］. 吉林工程技术师范学院学报，2015（4）：70-71.

[72] 陈蔚峻. 编辑学教学探微［J］. 镇江高专学报，2012（1）：95-97.

[73] 刘敏. 高职层次编辑校对专业人才培养途径研究［J］. 出版与印刷，2013（1）：39-46.

[74] 唐凯芹，郑旭. 特色与实践：独立学院编辑出版学专业人才培养研究——以中国传媒大学南广学院为例［J］. 新闻研究导刊，2015（6）：21-23.

[75] 于鸿欣. 产学研立体化，激活编辑出版教育模式［J］. 出版广角，2013（16）：60-61.

[76] 徐会永. 编辑学发展困境与专业编辑学教育模式［J］. 四川理工学院学报，2014（6）：91-96.

[77] 牛正攀. 编辑出版教育存在的问题及破解之策［J］. 新闻世界，2013（5）：328-330.

[78] 肖芒. 现代编辑的教育理念与方略——创新型编辑人才培养的“目标模式”［J］. 浙江传媒学院学报，2012（2）：111-114.

[79] 杨旸. 出版理念革新与编辑出版专业实践立体化教学改革的

思考 [J]. 吉林师范大学学报，2011 (3)：105-107.
[80] 陈莹. 数字出版背景下编辑出版专业实践教学改革探析 [J]. 职业技术教育，2011 (14)：76-78.
[81] 张锦华. 编辑出版学硕士研究生实践教学问题及对策研究 [J]. 现代出版，2012 (1)：77-80.
[82] 陈洁，陈佳. 产学研一体化视角下编辑出版学专业课程教学改革模式探索 [J]. 中国出版，2014 (1)：35-37.
[83] 张聪，郭亚文. 全媒体时代报纸编辑教学改革探议——以北京印刷学院"报纸编辑"课程改革为例 [J]. 中国编辑，2014 (2)：86-90.
[84] 谢武纪. 项目化导向课程：化解结构性就业难的有效途径——以编辑出版专业课程改革为例 [J]. 长江师范学院学报，2015 (6)：118-122.
[85] 吴平. 论古籍编撰活动中的编辑思想 [J]. 河南大学学报，2012 (2)：143-151.
[86] 段乐川. 魏晋南北朝别集编辑思想略论 [J]. 中国出版，2014 (2)：68-70.
[87] 刘廷乾. 明人别集编辑观——以明代江苏文人存世别集为例 [J]. 江南大学学报（人文社会科学版），2014 (1)：74-79.
[88] 马彦.《吕氏春秋》编辑思想新探 [J]. 中国出版，2014 (5)：65-68.
[89] 严正道. 论殷璠《河岳英灵集》对唐诗选本的编辑学意义 [J]. 成都理工大学学报（社会科学版），2013 (1)：106-109.
[90] 赵战委.《唐才子传》的编辑体例及编辑思想分析 [J]. 中国报业，2012 (4)：213-214.
[91] 丁志军，徐希平.《千家诗》的版本流传与编辑特点 [J]. 西南民族大学学报（社会科学版），2012 (4)：179-182.
[92] 黄洁. 浅谈《开明国语课本》编辑的思想倾向 [J]. 工作研究，2014 (4)：189.
[93] 赵卜慧. 开创主题出版新路径——《马克思主义经典导读丛

书》出版编辑思路新探 [J]. 中国出版，2012 (5)：59-60.
[94] 李乐. 论宋人陈起的编辑出版经验 [J]. 中国出版，2011 (2)：75-76.
[95] 姚文永. 元好问《中州集》编辑思想刍议 [J]. 山西档案，2014 (5)：110-112.
[96] 关燕云. 略论戴震的学术式编辑路线及其借鉴意义 [J]. 佳木斯大学社会科学学报，2013 (5)：186-187.
[97] 夏凤珍，吴忠良. 试析柳诒徵的期刊编辑思想 [J]. 中国出版，2012 (9)：75-77.
[98] 黄敏. 孙绳武外国文学编辑出版思想与实践 [J]. 出版发行研究，2012 (12)：104-106.
[99] 白晨，梁文捷. 晚清时期中国编辑家的图书编辑思想研究 [J]. 南宁职业技术学院学报，2012 (4)：84-87.
[100] 刘训华. 近代留日学生的革命性——对《浙江潮》编辑群的历史考察 [J]. 江西社会科学，2014 (3)：125-129.
[101] 王珂. 五四时期至全面抗战前的编辑出版大家之比较研究 [J]. 中共合肥市委党校学报，2014 (1)：59-62.
[102] 吴静.《学灯》编辑群在五四新诗传播中的贡献与意义 [J]. 出版发行研究，2012 (3)：75-77.
[103] 吴平. 中国编辑思想史的演进和特征 [J]. 图书情报知识，2012 (2)：67-107.
[104] 吴平. 中国编辑思想史研究内容浅论 [J]. 出版科学，2012 (6)：22-24.
[105] 李德全. 精研细究铸经典——评《中国编辑思想史》 [J]. 出版科学，2015 (2)：109-110.
[106] 段乐川. 以史为鉴，重构思想——评《中国编辑思想史》 [J]. 中国编辑，2015 (3)：104-105.
[107] 段乐川. 以史为鉴，重构思想——评《中国编辑思想史》 [J]. 中国编辑，2015 (3)：104-105.
[108] 姬建敏. "当代编辑学家研究" 专题 [J]. 河南大学学报，2015 (1)：136.

[109] 王振铎. 中国特色编辑出版学学科体系的建构——读刘杲同志的四部文集 [J] 出版科学, 2012 (1): 5-11.
[110] 李频. 出版理论中几个命题关系的探讨——以刘杲命题为讨论中心 [J]. 郑州轻工业学院学报, 2012 (3): 39-45.
[111] 靳青万. 编辑学是一门独立学科——论刘杲先生的编辑学学科思想 [J]. 河南大学学报, 2012 (4): 152-156.
[112] 段乐川. 论刘杲的编辑学学术研究 [J]. 河南大学学报, 2015 (1): 137-145.
[113] 姬建敏. 邵益文的编辑学研究及其贡献 [J]. 河南大学学报, 2015 (1): 146-156.
[114] 段乐川. 论王振铎的编辑学研究及其理论建树 [J]. 河南大学学报, 2015 (1): 142-148.
[115] 段乐川. 论宋应离的编辑出版史学研究及其成就 [J]. 河南大学学报, 2014 (3): 150-156.
[116] 段乐川. 试论杨焕章的编辑学研究及其贡献 [J]. 周口师范学院学报, 2014 (6): 149-153.
[117] 杨帆. 论高校学报大发展时期的编辑职业素养 [J]. 中共伊犁州委党校学报, 2012 (2): 104-105.
[118] 魏净. 论普通高校学报编辑人员的素养 [J]. 攀枝花学院学报, 2012 (4): 71-73.
[119] 朱允, 赵建萍, 杨晓芳. 数字出版时代学报编辑素质的变与不变 [J]. 出版发行研究, 2013 (4): 90-91.
[120] 黄燕. 论大数据时代高校学报编辑的职业素养 [J]. 南京晓庄学院学报, 2014 (4): 107-110.
[121] 周丽娟, 章诚, 林本兰. 内外兼修——数字化时代高校学报编辑的职业素养 [J]. 科技情报开发与经济, 2014 (23): 125-129.
[122] 田峰. 论高校学报编辑队伍的职业化 [J]. 山东理工大学学报, 2013 (6): 77-80.
[123] 王庆跃, 徐娟. 地方高校学报编辑队伍建设创新路径探讨 [J]. 四川理工学院学报 (社会科学版), 2014 (4): 105-

112.
[124] 史海英，韩纪富. 军校学报编辑人才队伍建设应把握的几个问题——以《军事交通学院学报》为例 [J]. 天津科技，2014 (2)：77-80.
[125] 卢妙清. 学报编辑队伍优化的实证考察——以 G 省为例 [J]. 四川理工学院学报（社会科学版），2014 (3)：97-103.
[126] 王龙杰. 校本培训：学报编辑队伍职业化建设的新模式 [J]. 河池学院学报，2015 (1)：124-128.
[127] 王颖. 试析高校学报编辑职业倦怠的成因与对策 [J]. 长春师范学院学报（人文社会科学版），2013 (6)：202-204.
[128] 李娟. 学报编辑职业倦怠的成因与应对策略 [J]. 连云港职业技术学院学报，2013 (4)：90-92.
[129] 张宜军. 浅谈高校学报编辑的职业倦怠 [J]. 出版广角，2014 (11)：131-133.
[130] 仇慧. 摭谈高校学报编辑的职业倦怠现象 [J]. 淮海工学院学报（人文社会科学版），2014 (11)：65-68.
[131] 麦帼慧. 科技期刊复合型编辑人才的素质培养 [J]. 韶关学院学报，2013 (10)：96-98.
[132] 陈庆芝. 论科技期刊编辑信息意识的培养 [J]. 西藏科技，2011 (1)：10-11.
[133] 申轶男，曹兵，佟建国. 论新时期科技期刊青年编辑的培养 [J]. 编辑学报，2014 (2)：79-82.
[134] 马兰兰. 科技期刊青年编辑的自我培养 [J]. 天津科技，2015 (1)：74-75.
[135] 傅如海. 科技期刊青年编辑培养模式浅探 [J]. 传播与版权，2015 (2)：58-59.
[136] 邱源，亓玉锋，邱春晖. 发挥编辑主观能动性，提高科技期刊影响因子 [J]. 科技与出版，2012 (1)：83-85.
[137] 倪永杰，孔钺，李小丽. 军事科技期刊编辑工作中应注意的事项 [J]. 编辑学报，2012 (6)：240-241.

[138] 刘晓涵. 科技期刊编辑沟通过程中心理效应的运用探析 [J]. 中国科技期刊研究, 2012 (3): 481-483.

[139] 武建虎, 李小萍, 郭青. 科技期刊编辑应培养对错误数据的敏感性 [J]. 编辑学报, 2012 (6): 302-304.

[140] 吴克力, 王丽芳, 郭学兰, 肖唐华. 科技期刊编辑如何融入数字出版时代 [J]. 江汉大学学报 (自然科学版), 2013 (4): 101-103.

[141] 鄢子平. 科技期刊编辑应重视英文摘要的编辑加工 [J]. 科技创业, 2013 (3): 161-162.

【作者简介】

吴平，华中农业大学副校长，武汉大学信息管理学院教授，博士生导师。承担武汉大学、华中农业大学“图书学”“编辑学原理”“编辑理论专题研究”等课程，目前主要从事编辑学基础理论、中国编辑思想史等领域的研究。已独立出版著作 4 部，主编著作 5 部；在国内权威、核心刊物上发表论文百余篇。曾承担国家社科基金后期资助项目、国家青年社科基金课题、教育部人文社会科学项目、湖北省重点教改课题及教育部高等教育教学改革项目。荣获国家教学成果奖一等奖 1 次、二等奖 2 次；湖北省教学成果一等奖 3 次等。

李昕烨，武汉大学信息管理学院 2014 级博士研究生。

李静，武汉大学信息管理学院 2014 级博士研究生，商丘师范学院讲师。

出版学基础理论研究进展(2010—2015)

许　洁　王　雯
(武汉大学信息管理学院)

【摘　要】近几年来，出版学基础理论研究取得了一系列新的进展。本文对2010—2015年出版学基础理论相关论著内容文本进行分析。从出版学研究客体、出版学学科体系、出版学研究方法以及出版功能作用、出版学科建设与专业教育等其他相关问题四个方面对出版学基础理论的研究探讨情况进行综合评述。

【关键词】出版学　基础理论　研究状况　综述

Advance in the Basic Theory of Publishing Study (2010—2015)

Xu jie　Wang Wen
(School of Information Management, Wuhan University)

【Abstract】 In recent years, a series of new progress has been madc in the research of the publishing basic theory. This paper analyzes the related works on the publishing basic theory between 2010 and 2015. The article is based on the four aspects, the research object of the publishing, publishing subject system, publishing research methods and other related issues, to comprehensively summarize on the research of publishing basic theories.

【Keywords】publishing science　basic theories　research status review

1 概述

自20世纪80年代中期受到业界学界的重视并快速发展以来，出版学在我国已经走过了30多年历史。出版学在理论探索、学科建设、人才培养等方面取得了令人瞩目的成就。近年来，随着国家文化体制改革的深入推进，新媒体的发展和数字技术的广泛应用，我国出版业发展面临着巨大的机遇与挑战，迫切需要相关研究对出版实践中出现的新现象进行解释，对出版工作遇到的新问题进行指导。2010—2015年，出版学基础理论相关研究取得了一批新的成果。

著作方面，先后有5种出版学专论出版。作为高等学校编辑出版学专业教材的《出版学导论》是武汉大学罗紫初教授对其研究出版学基础理论的全面总结和系统修订。著作明确了出版学的研究对象与内容，全面、系统地界定了出版学的学科性质，构建了出版学的学科体系，对出版基础理论和实践的发展均有借鉴意义。李新祥的《出版学核心》将学科范式作为核心问题，系统讨论了出版学的学科体系、研究方法、研究价值等问题，提出了将出版学分为微观和宏观层次，并分别提出了各个层次的基本范畴和研究原理，既有新意又具启发意义。浙江大学陈洁副教授所著《数字化时代的出版学》以媒介融合为背景，主要论述了数字时代出版业发生的变革，着眼于出版实务。于春迟、谢文辉所著《出版管理学》和苗遂奇改版的《出版选题学》则分别从出版企业管理和出版选题策划角度总结了实践经验，尝试对涉及的出版实践进行理论归纳。除了专著，一批新出版的综录、论文集，对已有的出版学研究进行了较系统的总结，为后来的研究者提供了较全面的参考。王鹏飞主编的《出版学》将《河南大学学报》自创刊以来发表的探讨出版理论与实务的论文结集，从一个侧面反映了出版学研究的进展。李新祥编纂的《中国出版学研究综录》收录了出版学研究著录 6779 种，含学术专著、教材、通俗读物、年鉴、工具书等，时间跨度为 1949 年至 2009 年末，甚至包括 20 世纪初的一些重要作品，地域范围还包括港澳台地区的出版学研究著录和国外出版学研究著录的中译本。此外，南京大学张志强教授将剑桥大学约翰·B. 汤普森教授的专著《数字时代的图书》译介出版。作为系统论述出版业发展、变革的著作，《数字时代的图书》被欧美许多开设编辑出版专业的高校选为教材或重要参考书。书中运用法国社会学家皮埃尔·布迪厄社会场域理论和社会资本理论解释不同类别出版的运行规律及其影响因素，已经受到西方出版学研究学者们的共同认可，对我国建立出版学基础理论具有重大意义。汤普森教授的这一著作被翻译引进，标志着我国出版学基础理论研究开辟了新的路径——向社会学借鉴研究范式，引进欧美学者观点。

论文方面，笔者以 CNKI 的中国学术期刊网络出版总库为数据源，以“出版学”或“出版研究”为检索词，用主题方式收集近五年（2010—2015 年）在国内期刊发表的出版学理论研究文献（检索时间为 2015 年 6 月 4 日，发表期限截至 2015 年 1 月 1 日），获得 2010—2015 年出版学理论研究期刊文献 238 篇，人工剔除与主题无关文献 21 篇，最终有效文献为 217 篇。通过关键词提取、同义词合并等，得到这一时间区间内，我国出版学理论研究高频关键词 21 个，词频最高为 113 次，最低为 14 次（见表 1）。

表 1　**2010—2015 年国内出版学理论研究主题关键词**

关键词	词频	关键词	词频	关键词	词频
出版学	113	中国出版	25	硕士	18
编辑出版学	80	人才培养	24	图书出版	18
电子书	78	出版	22	编辑	17
出版研究	46	编辑出版	21	出版发行	17
数字出版	37	传统出版	21	出版史	16
编辑出版专业	28	课程体系	21	发展研究	15
出版教育	28	出版专业	20	出版业发展	14

从表 1 可看出，当前出版学理论研究除了对出版学基础理论的探讨外，更关注新媒体环境下的出版学科、出版学教育、出版流程以及出版业的发展等。近五年来发表的出版学基础理论相关论文中，有反思出版核心概念和追问出版学研究对象的，如庞沁文的《出版的基本规律是什么》，李新祥的《出版定义的类型研究》等；有探讨出版学研究方法的，如徐姝莉的《略论出版学实证研究方法——以经济学实证方法为借鉴》，赵均的《编辑出版学中的“期待视野”》等；也有的研究出版学学科地位及学科体系，如刘兰肖的《三十未立的出版学——从 2009 年颁布的国家标准〈学科分类与代码〉谈起》，赵均的《论编辑学和出版学的研究范畴》等。与上述研究出版学理论构建核心问题的论文相比，更多研究关注的是出版学的专业课程设置、出版专业人才培养、出版产业发展现状与趋势等面向实践的问题，学理分析有所缺失。

从出版专著的数量和相关论文的选题不难看出，近五年来出版学理论的研究论著颇丰，取得了一定进展，但在回答什么是出版学，出版学运用什么方法研究什么问题，出版学与其他学科的关系如何等基础问题上，相关研究成果不仅数量有限，而且质量有待提高。以下我们将以分析相关论著内容文本为基础，就近五年出版学基础理论研究取得的成绩及不足进行归纳与评述。

2　对出版学研究客体的认识

每一个学科都有自己特定的研究客体。研究客体包括研究对象、研究内容等。研究对象的范围决定学科的边界与研究内容范围，研究对象的特殊性决定了研究方法。关于出版学研究客体的讨论，从 20 世纪 80 年代中期一直持续至今，可以说众说纷纭，至今没有形成统一的看法。

2.1　出版学研究的起点——出版的定义

尽管对于出版学的研究对象存在许多争论，但出版学研究解决的是有关出版的问题，这是毋庸置疑的共识。因此对出版的界定是出版学研究的起点，也是构建出版学要解决的首要问题。蔡克难2010年在《编辑之友》刊发的《试论出版活动与编辑活动的关系》一文中提出："出版活动的本质是作品的传播，因此，'出版'一词是否可以定义为：'将作品通过不同方式向公众传播'。"时隔四年，作者又在同一期刊上载文《再论编辑学理论的几个基本问题》，对自己曾对出版下的定义进行反思和修正："'出版'应该是传播的一种特殊形式，它虽然同样是信息的扩散传播，但却应该是由编辑加工并规模化复制、物化（如传统出版物的印制）生产而传播的完整作品，是编辑活动的组成部分……因而，'出版'一词可定义为：编辑活动的重要组成部分，即对他人作品（信息）进行规模化物化复制、使之有利于扩散的一种信息传播活动。"[1]蔡克难对"出版"的两次定义，反映出其对"出版"与"传播"关系认识科学化的过程，应该说，后一种定义更加合理，因为尽管"出版"与"传播"密切相关，但内涵不同，如果将"出版"定义为"将作品通过不同方式向公众传播"，则扩大了出版的内涵，一切向公众传播的活动都可以称为出版，不恰当地缩小了定义的外延，与事实不符，此其一。其二，"出版"是社会经济文化发展到一定程度、专业分工形成以后才出现的行业，西方学术语境中的"出版"一词与现代化、规模化、专业化的内容复制关系密切，脱离行业谈定义出版是不科学的。

同样基于以上原因，我们认为凤凰传媒董事长陈海燕先生在《人类与出版》一文中将出版解读为"人类智慧借助物质材料而实现的规模复制"不准确。依其理解："出版不仅使智慧大量复制，而且得以物化，成为稳定的物理存在。"[2]则课堂的教学、标准的颁布、法令的公开、工艺品的复制，甚至人类的繁衍都实现了智慧的规模化复制而且物化，都可以称为"出版"？再者，数字时代，智慧的复制和传播已经脱离了物质载体，"物化"并不是出版的必须环节。如果出版需要借助物质材料而实现规模复制，那么互联网、电子书、手机上承载的内容是不是就不能算“出版物”了？当然，陈海燕先生从出版对人类的意义来强调出版的价值，在新媒体不断抢占人们的阅读时间、挤压传统出版生存空间的当下，振聋发聩。因此，他认为出版是人类智慧的规模复制，是人类的天性，是天赋的人权，是具有文学意味的表达，饱含对出版浓重的个人情感，具有感动人心的力量，不应从逻辑和语义角度渴求定义的严谨与科学。

与上述扩大出版内涵的定义方式不同，中国新闻出版研究院的庞沁文倾向于从出版人角度对出版的内涵做出具体的限定，其在《编辑学刊》上发文指出：“出版是出版人面向社会，提出选题由作者创作出作品，或者直接选择作品，经编辑复制后向公众发行，经接受者接受后对社会产生影响的活动。”[3]以出版活动的参与者为角度，从出版流程定义出版，不免太过局限。原因在于技术的变革已经并且正在重塑出版的形态，出版人、编辑、接受者的定位逐渐模糊，传统的作品概念不断演化。例如，随着社交网络的兴起而出现的“自出版”等新的出版模式下，出版人和作者、编辑合为一体，作品的创作、选择过程融合，但“自出版”仍然具有出版的特征。

尽管没有对“出版”下明确的定义，但刘光裕认为：“出版概念要与世界接轨”，而且要“以书籍公众传播作为出版与非出版的分界线，以书籍开始面向公众传播作为出版诞生的标志”。[4]作为学术概念，与出版国际接轨无疑是正确的，但是国际上对“出版”的界定也莫衷一是，以书籍公众传播作为出版与非出版的分界线只是其中一种观点，遑论对什么是“书籍”也存在很多争议。尽管界定不清，但刘光裕将“出版”与具体的“出版物”对应，提出应与国际接轨的建议，仍然值得借鉴。

李新祥照定义文本中动态性环节的数量作为分类标准将已有的出版定义分为五种类型：“单一环节”论、“二环节”论、“三环节”论、“多环节”论和其他类（见表2）。

表2　　出版定义的类型分析

	创作	编辑（审定、选择）	复制（印刷、制作、生产）	发行（传播）	宣传、销售	购买、阅读	评论、反馈	备注
一环节论	○	○	●	●	○	○	○	2选1
二环节论	○	●	●	●	○	○	○	3选2
三环节论	○	●	●	●	●	○	○	4选3
多环节论	●	●	●	●	●	●	●	7选3以上

通过比较这五类定义，李新祥得出以下结论："第一，从'单一环节'的概念框定至'多环节'的界说，反映出人们对出版本质认识的深化；第二，出版不是一个即时性的静态范畴，而是动态的过程性范畴，'复制'属于出版的核心环节在很大程度上已取得共识；第三，载体不是衡量构成出版行为与否的关键，是否有偿也不是构成出版行为与否的标准。"并且认为："多环节论更接近出版的本质，或者说更具有解释力。"[5]李新祥对出版定义研究的归纳和总结具有创新意义，他从定义文本中涉及的环节数量为标准，对定义进行分类，思路清晰，逻辑严密，有助于我们更好地把握已有研究，对后续研究的开展提供新思路。

纵观国内外对"出版"定义的研究，经过多年的发展，已经形成了一些共同的观点，公认"出版"概念的核心一是生产制作（production），二是传播分发（dissemination）。不论是否依赖载体、对出版物如何界定、媒介环境如何变化，制作和分发都是构成出版的要件，对出版下定义，不应该抛弃这两个要件。正如北京大学肖东发教授指出的："出版就是将人类的精神成果经过选择、编辑、加工，记录在一定载体上，公之于众，向社会广泛传播的活动。出版的实质就是把人类的精神产品物质化、载体化、社会化，使知识信息由内到外，由隐性到显性，由个体到群体传播开来。至于是不是要有纸张、印刷、发行，是主体复制还是客体下载都无关主旨。"[6]

2.2 出版学研究的客体——对象与内容

多年来，不少国内外出版理论探索者都对出版学的研究对象做过描述和界定。罗紫初教授在 2014 年出版的《出版学导论》一书中，再次就已有研究对出版学研究对象的结论进行了归纳，认为其观点大致可以分为规律说、矛盾说、文化现象说、出版要素及其关系说、出版活动说五类。罗紫初教授认为，五种观点各有特色，也都有不足，但从研究对象的特殊属性角度，其认为矛盾说更能反映出版学研究对象的性质，出版学研究对象应该是出版物商品供求矛盾，理由是出版物的商品供求矛盾是出版领域特有的、主要的、基本的矛盾，在众多矛盾中，出版物商品供求矛盾最能反映出版活动的本质特征。[6] 同样支持矛盾说，庞沁文却认为，出版人与出版物的矛盾贯穿出版活动始终，是出版活动的最基本矛盾。原因在于“出版人如何出版出版物是出版学的基本问题，出版人与出版物的相互作用规律是出版活动的基本规律。出版人与出版物相互作用的过程其实就是出版物的编辑、复制、发行、接受的过程，是创造出版物的文化价值与经济价值并通过传播与读者接受实现这两种价值的过程，文化价值与经济价值的统一是出版人与出版物相互作用过程中内在的本质的联系。从本质上讲出版的基本规律是出版活动内部主客体矛盾的对立统一”。[3]

李新祥在《出版学核心》一书中，也将前人对出版学研究对象的成果进行分类，除了出版现象说、矛盾说、规律说、出版要素及其关系说之外，还总结了活动（或行为）说、管理说、存在说三种类型。比较李新祥和罗紫初两位学者的分类发现，前者将后者的出版活动说进一步分类。在总结前人研究的基础上，李新祥指出：“所谓出版学就是研究出版现象、总结出版经验、揭示出版规律的科学。”[7] 这是认同现象说、经验说和规律说，并将出版学的研究对象设定为出版现象、出版经验和出版规律。在其著述《出版学核心》中，李新祥进而又提出：“出版是一个多元的符合存在，任何一种出版现象都应该是出版学的研究对象。”[8] 从学科构建的角度来看，这种对研究对象的界定过于宽泛，不利于学科边界的形成和研究内容的确定。同样，国家社科基金项目“出版学学科体系（与教材建设）研究”形成的结论也有泛化出版学研究对象的倾向，该课题组发表在《出版发行研究》上的论文指出：“出版学本质上就是研究出版物的生产、交换和消费的科学。出版物的生产、交换和消费是出版学的基本内容。”[9]由此可见，近年来对出版学研究对象的研究仍然停留在对过去研究成果的总结、提炼、延伸上，没有创造性的研究成果，也尚未出现令人惊喜的突破。赵均一针见血地指出：“编辑出版学研究之所以难以深入，原因在于编辑出版学基础理论研究一直缺少大的突破。基础理论的无法突围，究其根本是编辑出版学的研究范畴还没有被普遍认识到，甚至是走上歧途。内涵小的概念其外延必然大，学者们仅从编辑活动的选择、加工、优化等形式上的特点出发，发现很多社会活动都具备这样的共性特征，并由此创建了具有‘中国特色’的编辑出版学。”[10]

研究内容是研究对象的具体化，一门学科的研究对象一旦确定，研究内容也就随之框定。基于对出版学研究对象是出版物商品供求矛盾的认识，罗紫初教授认为出版学的研究内容包括基础理论、书刊生产流通基本规律、出版发行事业的组织与建设规律、出版物市场营销规律、出版发行事业史和现代化技术手段在出版发行活动中的应用等6个方面。“出版学学科体系（与教材建设）研究”课题组认为，出版学的研究内容包括7个方面：一是出版物精神生产与物质生产的特点及其相互关系；二是社会效益与经济效的关系；三是编辑、复制和发行之间的内在关系；四是出版活动与社会的关系；五是出版物市场和出版物营销；六是出版队伍的建设；七是出版业的管理和经营。

分析已有研究对出版学研究内容的梳理，不难发现，大部分学者都基本同意从理论和应用两个层次划分出版学研究内容。出版学基础理论研究的内容包括出版学的性质、特征、形成、发展规律、研究范式、研究方法等，是指导整个出版学发展的相对独立的学问，其特点是不研究出版现实，只关注出版学本身。也正因为如此，也有人称其为“元出版学”[11]。而出版学应用研究的内容涉及出版活动的方方面面，如出版活动的运行规律、出版管理的方法、出版消费的特点、出版物的加工制作和传播等。就目前而言，出版学已经在应用研究方面取得了较大进展，但在基础理论方面仍然有待提高和完善。

3　对出版学的学科体系讨论

“不言而喻，一切学科的进步皆以问题和理论的分化，以及学科内部或与相邻学科联系在一起的整合关系为表征。”[12]论证出版学与其他学科的关系及其在学科系统中的位置，是出版学基础理论研究的核心内容，出版学成为一门独立学科的基础。

3.1　出版学与编辑学的关系

“与国外偏重于研究出版学的情况不同，我国是明确地将出版学研究和编辑学研究并举，所以关于出版学和编辑学关系的争论可以看成是中国编辑出版理论界的特色问题。”[13]关于出版学与编辑学关系的争论，自“出版学”一词在中国诞生以来就未曾平息过。理论界对于两者关系的看法，大致可以分为四种类型：一是认为编辑学是出版学的一门分支学科；二是认为出版学从属于编辑学；三是认为编辑学与出版学相互独立，是相关学科；四是认为编辑学等同于出版学，二者无实质差异而只是名称不同，可以将其共同称为编辑出版学。近五年来，学者们对出版学与编辑学关系的讨论仍以上述四种观点最为常见。

持编辑学是出版学上位学科观点的学者们继承了老一辈编辑家的观点，认为编辑活动的范围大于出版活动的范围，编辑活动的发生早于出版活动的发生，出版是编辑的一个环节。蔡克难认为：“出版是编辑活动的重要组成部分……换句话说，编辑学其实应当是出版学的上级学科，诸如书报画刊、音像影视、广播网络乃至未来可能出现的种种形式的出版，都不过是编辑活动结合时代发展所借助的手段而已。”[1]赵航认为：“人类的编辑出版活动是和一切学问都有着密不可分的关联的，自然，它应该是一个‘跨界学科’。

它直接涉及传播学、创造学、美学、心理学、信息理论、市场理论、法律法规、思维科学和决策科学，等等。必须融会贯通诸多成熟学科，借助并包含有关知识。”[14]

认为编辑学隶属于出版学的学者们针锋相对，对上述观点进行了反驳。赵均指出：“编辑学和出版学的关系认为出版学从属于编辑学的，是因为把出版行业出现之前的甲骨文编排等‘圈进来’；认为编辑学和出版学是并列关系的，是把广播、电影、电视、网络的编辑‘圈进来’的结果；认为编辑学从属于出版学的，最符合实际。我们用最简单的逻辑来说明这个道理：我们把编辑这个职业拿掉，出版活动仍旧可以进行，当然出版质量会难以保证；但是我们把出版这个行业整体解散，还会有编辑这个职业的存在吗？”[15]他进一步总结：“之所以辩论编辑学和出版学的关系，就是把出版行业出现之前的‘类编辑活动’和广播影视编辑活动圈进来的结果，既然研究范畴超越了出版行业，当然会认为出版学从属于编辑学。”[10]与赵均从行业角度论证编辑学对出版学的依附性不同，张志强、孔正毅等从学科分类的角度论证了出版学作为编辑学上位学科的合理性与科学性。张志强列举了美国和英国学位系统中出版学与新闻学、公共关系、信息服务等并列为一级学科的现状，认为：“出版学下可先设编辑学和出版发行学两个二级学科，随着学科的发展，增加其他专业作为其下的二级学科，如‘出版理论与历史’‘数字出版’等。”[16]在孔正毅建构出版学一级学科的理论构想中，出版学下设三个三级专业：编辑学、印刷学、发行学。[17]

由于我国重视出版工作的意识形态属性和社会文化功能，日韩编辑学著述较早被译介到国内，编辑工作从业者相对具有较高的文化水平，甚至不少老一辈编辑本身就是学者等原因，我国编辑学理论研究和学科发展比出版学起步更早，走得更远。但这并不足以说明编辑学可以包含出版学，成为出版学的上位学科。且不论编辑活动起源于何时在编辑学内部尚未形成定论，仅以编辑活动的发生早于出版活动的发生就得出编辑学包含出版学，在逻辑上犯了偷换概念的错误。反观另一派观点，基本是从产业或者教育等实践角度来寻找支撑出版学包含编辑学这一论断的论据。对学科属性和定位的认识如果仅从实践入手，不从学理角度分析，显然缺乏说服力。

第三种观点认为二者互不隶属，编辑学和出版学是既有区别又有紧密联系的相互独立的学科。李频认为："就学科开拓程度和目前的现实认知水平，可以认同编辑学是出版学的平行交叉学科。"[18]丁苗苗等指出："编辑、出版是传播活动的'一体两面'……编辑学与出版学并没有彼此从属的关系。"[19]赵树望认为：尽管目前对编辑学和出版学的区别和联系仍然有许多争论，对编辑出版学是否有"学"仍然存在分歧，但"不能将两者等同起来是基本立场"[11]。也有人甚至完全从实用主义的角度提出："出版学与编辑学是紧密联系又彼此独立的两门学科，研究之则分，应用之则合，二者不存在互相隶属的关系。"[20]

第四种观点认为编辑学和出版学本质上是同一门学科，或者可以称其为编辑出版学。赵均认为："其实编辑学和出版学也没有必要分开讨论，目前的编辑出版学研究积累还没有深厚到要内部分枝散叶的时候。而编辑出版学概念的提出，以及教育部专业调整后的'三合一'现状也进一步坚定了编辑学和出版学相互融合的发展趋势。"[15]舒叶认为编辑工作和出版工作之间确实存在差异，但是这并不足以成为编辑学和出版学独立成为两个学科的依据，并指出："应从编辑出版学科地位的角度出发来重新认识、处理编辑学和出版学的关系，而不再是拘泥于单纯的归属关系。"[13]

目前关于编辑学与出版学之间的关系以及学科地位差异之间的争论反映了出版学基础理论研究的薄弱，不仅没有形成自身的系统性、逻辑性和独立性，甚至尚未对自己的研究对象和研究内容进行清晰的界定，从而导致学科边界不清，也就无法厘清与编辑学错综复杂的关系，面对"出版无学"的质疑也就无法提出有力的反驳。我们认为，出版学和编辑学是有区别的，但两者谁包含谁，是什么关系，还有待基础理论研究者进一步探索。研究两者关系时既不能排资论辈，以学科发展先后顺序或成果多寡来评价学科地位；也不能完全从行业和实践出发，抛弃理论的统领性与前瞻性，武断地指出谁依附于谁；更不能避重就轻、避实就虚，以实用主义者的心态，根据需要强调或者忽视两者的区别。

3.2 出版学的上位学科

人类从事出版活动的历史由来已久，即使按照西方图书史学家公认的出版业诞生于15世纪晚期（古登堡印刷术发明）计起，人类出版的历史也有600多年了。[21]与出版实务相比，出版学研究历史还很短暂，理论还没有完全从实践中脱胎换骨，许多基础性的问题还没有得到解决。年轻的出版学需要向哲学、逻辑学、历史学、经济学、管理学、社会学、政治学、法学等成熟学科借鉴智慧，这些学科都可以称为出版学的“上位学科”。但近年来学者们讨论最多的是传播学与信息管理科学两门学科对出版学的影响和借鉴，因此，本文所讨论的出版学上位学科专指上述两门学科。从专业设置的角度来看，编辑出版学在许多院校被设置在新闻与传播学院或信息管理学院下；教育部颁布的《学位授予和人才培养学科目录设置与管理办法》和《授予博士、硕士学位和培养研究生的学科、专业目录》中，也将编辑出版专业或出版相关专业置于新闻传播学或图书馆学、情报学档案管理一级学科之下。尽管这里将传播学和信息管理科学视为出版的上位学科恐怕会引起异议，但为综合叙述方便，我们仍然用此标题，并在本文第五部分专门评述专业设置和学科分类问题。

关于出版学与传播学的关系。不少研究者都认为，出版学应该属于传播学的一个分支，出版学领域里各种编辑规律和编辑现象的研究都应该遵循传播学基本理论。赵均认为：“出版是一种传播活动……出版学理论与实践研究应该在传播学框架下开展……这也是1998年教育部调整高校本科专业目录、近年来一些高校自主增列研究生专业时，把编辑出版专业列为新闻传播学之下的二级学科的原因。”[15]他还指出：“从研究范畴来看，现有的编辑出版学和大众传播学是一致的。”而大众传播学显然是传播学的一个分支。[10]丁苗苗等认为，我国著名传播学者邵培仁先生对“传播”定义的五种分类（共享说、影响说、反应说、互动说和过程说）完全符合我国当前（编辑）出版学几大流派所秉持的研究视角，指出（编辑）出版“其实可以被上述几方面的‘传播’内涵覆盖，编辑学、出版学或编辑出版学，和‘新闻学与传播学’一级学科存在一定的从属关系”。[19]

另一种观点认为出版学与传播学属于同一层次的学科，出版学是一门独立的社会科学，是综合应用诸多社会科学的研究方法深入研究出版活动而形成的一门新兴的社会科学。出版学与文学、信息学、新闻传播学、管理学等属于同一学科层次的学科。[9]赵树望提出："它所具有的实践性要求必须先从学科分类入手，把编辑出版学从新闻传播学、信息管理学等学科中划分出来，作为与其并列的一级学科，使编辑出版学实至名归，成为一门独立的学科。"[11]李建伟表示："编辑出版学的发展目标是将编辑出版学建设成为与新闻传播学并列的一级学科，即成立新闻出版与传播学。或者将新闻学与传播学提升为学科门类，将新闻学、传播学、出版学等提升为一级学科。"[22]

不难看出，与前一种观点相比，持出版学一级学科论者显得底气不足，字里行间更多的是"期望"和"呼吁"，表达的是提升出版学学科地位的美好愿望和迫切需求。但从目前的出版学研究现状和学科发展现实来看，提出出版学与传播学并列显得不切实际。自20世纪30年代诞生以来，传播学从无到有，确立了自己的研究范式，拥有了独特的研究方法，形成了独立的理论体系，产生了一批具有国际影响力的学者，在全球高等院校中普遍开设了相关专业，这些成就都是出版学难以望其项背的。不论是从存在论、本体论还是方法论的角度看，出版学都需要向传播学借鉴智慧、汲取养分。

关于出版学与信息管理科学的关系，一种比较有代表性的观点是认为出版与新闻、广播电视、图书馆、博物馆都属于信息管理和知识服务的环节，因此，出版学与新闻学、图书馆学、博物馆学、档案学都属于信息管理科学。"出版学学科体系（与教材建设）研究"课题组的研究报告指出："出版学与新闻学、广播电视学、图书馆学、博物馆学、档案学、信息管理学等都是应用性学科，这些学科的范围是信息与知识传播链条中的某一传播段或某一类信息，它们在知识传播链条上以不同的位置或角度为社会提供服务。"[9]哈佛大学历史系教授安·布莱尔在其专著《工具书的诞生——近代以前的学术信息管理》中提出一个有趣的观点，她认为在16、17世纪的欧洲，信息不是原始数据，而是被摘录的书籍内容。她研究了区别于个人知识的具有公共属性的信息是如何从《圣经》、教父著作、古典著作和当代学术著作中摘录出来，脱离原文本语境，被重新包装以便供人再利用。[24]其研究结论显示，工具书的出版过程本身就是信息管理的过程。布莱尔教授的研究成果具有创新性，首次清晰而具体地论证了图书出版与信息管理的关系，大量史料的运用及旁征博引的分析使其结论令人信服。更重要的是在互联网广泛使用、电子储存技术飞速发展的今天，布莱尔教授的研究为出版学的发展开辟了一个新的领域——从知识管理和信息服务的角度理解出版的本质。但是，我们应该看到，从产业角度而言，出版分为不同的领域：大众出版、专业出版、学术出版、教育出版等，每个领域都有自己独特的运行规律和生产方式。对于专业与学术出版而言，完全可以用情报学和信息管理科学中的信息储存、检索、选择、组织等理论来解释其现象和规律。而大众出版、教育出版，尤其是文学作品的出版却不能照搬上述理论。对于大众与教育出版物而言，其内容的文化、艺术、娱乐、教化色彩更浓，社会文化属性更为突出，不完全适用信息管理相关理论。

3.3 出版学的分支学科

尽管出版学还十分年轻，发展很不成熟，作为一门独立学科，其自身建设还有许多不完善之处，但在发展过程中，出版学与其他学科相互交叉融合，产生了一些新的研究方向。从研究对象的内涵和层级来看，这些新的研究方向大多指向出版活动的规律、出版物的特征、出版企事业的管理等。基于此，我们认为可以将这些新的研究方向称为出版学的分支学科。

罗紫初教授在《出版学导论》中重申："出版学由五类分支学科组成：一是探讨出版活动基本原理与一般规律的学科，二是研究出版活动构成要素的学科，三是研究出版物生产流通过程的学科，四是研究出版活动环境的学科，五是研究出版活动组织技术与方法的学科。"[25]我们认为，这种分类方法是相对较为科学和系统的，原因在于以上五个方面，共同构成了出版活动规律的整体，完整反映了出版学应研究的全部对象，并且有较好的可拓展性。随着出版实践的发展，环境的变化，必然会出现一些新的研究热点，形成一些新的知识体系，上述分类仍然可以概括学科的发展方向。

李新祥从狭义角度理解出版学，认为出版学仅指出版基础理论研究，也就是罗紫初教授所指的第一类分支学科，也相当于一些学者所称“元出版学”。他认为出版美学、出版伦理学、出版史学、出版政治学、出版管理学、出版经济学、出版心理学、出版法学、出版传播学等学科是出版学的“交叉学科”。但又指出：“此处交叉学科是指出版学与其他相关学科交叉研究所形成的分支性研究领域或学科。……出版学与这些交叉学科的关系属于基础学科与分支学科的关系。”从这些叙述里我们可以看出，李新祥所谓的出版学的交叉学科，实际上是广义出版学的分支学科。

近年来学者们对出版学分支学科的研究，主要集中于出版史学、出版经济学等方向。武汉大学吴永贵教授的巨著《民国出版史》付梓出版，全景式展示了在中国出版史占有重要地位的民国出版史，探索了民国时期出版的内在规律。此外，断代史方面，陈矩弘的《新中国出版史：1949—1965》、程美华的《新时期（1987—2008）出版史概论》也相继出版，与《民国出版史》一道形成了描绘近现代出版史的完整图景。区域出版史方面，近五年来出版了齐峰的《山西革命根据地出版史》、隗静秋的《浙江出版史话》、金贝伦的《当代北京出版史话》，标志着出版史的研究更加完善。这一时期，除了对国内出版史的关注，学者们还从比较研究的视角，译介了不少西方优秀书史著作，如美国学者伊丽莎白·爱森斯坦的《作为变革动因的印刷机——早期近代欧洲的传播与文化变革》、英国书史学家戴维·芬克尔斯坦的《书史导论》。这些书史著作的译介出版，不仅丰富了出版史的研究，也为整个出版学的构建提供了新的借鉴和角度，有利于出版学科的构建与完善。

文化与经济是出版的一体两翼，一直以来，我们的出版学研究重视的是探讨出版的文化属性和社会价值，对出版作为产业的经济效益和运行规律研究不足。近年来，随着文化体制改革的深入，出版业转型升级的提速，实践的发展客观上推动了理论研究，产生了一批出版经济学专著。代表作有浙江大学吴赟副教授的《出版经济学的核心——基于市场机制的出版物价格问题研究》、上海师范大学王秋林副教授的《出版经济学教程》、上海世纪出版集团董事长陈昕的《出版经济学文稿》等。这些著作或者从价格、供求关系入手讨论出版经济的核心问题；或者聚焦企业讨论出版经济规律的作用及运用，用质性研究和实证研究结合的方法研究了出版产业的运行规律。出版经济学研究取得的成果，从本体论和方法论两个方面丰富了出版学的内涵，为出版学的发展贡献了十分重要的力量。

4 对出版学研究方法的探索

研究方法对于某一学科具有选择研究途径、确定研究程序、提供研究手段的功能，是一门学科获得独立的重要标志和顺利发展的前提条件。根据托马斯·库恩的观点，学科领域内的研究者是否规律性地运用某些相对较为一致的研究方法研究共同的问题，形成了这门学科的研究范式。[25]总的来说，出版学是一门起步较晚的新兴学科，其方法论的研究目前还处于非常薄弱的状况，这对学科研究的发展是十分不利的。[24]

罗紫初教授将出版学研究的综合论证方法归纳为四种，分别是分析归纳法、系统分析法、比较研究法和定量分析法。[24]石姝莉将出版研究方法分为实证研究和规范研究两类，认为出版学研究方法的不足主要体现在实证研究的缺乏上，具体来说有三点：一是对所研究问题的剖析缺乏深度；二是使用的研究方法仍比较简单；三是实证研究的理论基础还不够扎实。[26]她认为：“一门学科从起步到发展成熟，其研究方法的演进遵循问题式研究→比较分析→实证方法的道路……我国出版学研究欲取得重大进展，必须借助于包括问题式研究、比较方法、实证研究在内的多元方法论体系，实证研究方法的引入是这种多元研究方法日趋成熟并走向科学化的重要标志。”[27]李新祥指出，规范研究和质性研究的方法在构建出版学的范畴体系和学科体系、探求出版学的基本原理和基本规律的过程中具有重要作用。因为“任何使用定量方法和实证方法所做的研究都不可能完全地涵盖研究对象，只是‘部分反映全部’”。但是，他也承认：“就目前科学的发展趋势和出版学的研究状况而言，更加迫切地加强定量和实证研究。”我们认同李新祥的观点，尽管规范研究和质化研究对学科发展起着不可替代的重要作用，但是高质量的规范研究和质性分析要建立在大量定量、实证研究的基础上，要求研究者本身具有较高的抽象思维能力和广阔的理论视野。目前的状况下，我国出版学实证研究和定量研究不是太多而是太少了。正如石姝莉所总结的那样：“将实证研究方法引入我国出版学研究的重要意义可归纳为三点：一是实证研究方法是树立出版学独立品格不可或缺的中介；二是实证研究方法以事实为核心的特点与出版学的实践性相符；三是实证研究方法的规范性、科学性、实践性将彻底颠覆出版学思辨型的研究习惯定势。”[27]

从近五年公开发表的研究论文来看，出版学者常用的资料收集与分析方法有调查法、观察法、统计法、个案法、比较法等。随着计算机技术和互联网、大数据的发展，一些新的资料收集和分析方法引起了研究人员的重视，比如近两年出现的利用网站 blog 日志分析读者阅读和购买行为[28]、引入文献计量学方法评价出版物影响力[29]、借鉴计算机网络仿真方法描绘受众社交网络的形成与演化等研究[30]等令人眼前一亮的定量和实证研究成果。然而遗憾的是，这些利用新方法研究出版现状与规律的成果却鲜少由编辑出版学者发表，大多数论文都出自情报学、计算机科学等其他学科的研究者之手。这其中有出版学研究者自身的原因：一方面，我们往往受限于思维定势，习惯于就事论事地讨论理论、政策或行业现状“应该是什么”，而忽视了“是什么”的研究，对研究的逻辑起点也缺乏考虑，这就造成了出版学研究既未形成思想哲学层面的高水平研究成果，也缺乏严谨、系统可复证的实证研究结论；另一方面，对于跨学科的方法，出版学研究者还需要从头学习和了解，许多时候受困于自己的畏难情绪，而难以在方法上进行突破和创新。

关于如何加强对出版学研究方法的研究，刘兰肖认为，一要加强定量研究，二要深化比较研究，三是要推动综合研究。[31]李新祥认为，应该加强方法继承中的创新；定性和评价研究相结合的同时，加强定量和实证研究；在整体论的视野中加强案例研究；以问题意识为导向，寻求研究方法多样化。[8]石姝莉指出："我国出版学研究欲取得重大进展，必须借助于包括问题式研究、比较方法、实证研究在内的多元方法论体系……尤其要加强实证研究。"[27]

5 对其他相关问题的研究

5.1 出版的功能与作用

出版活动对文化知识的传播积累，对社会经济的繁荣与发展，以及对社会秩序的稳定、信息的沟通、人际间的交往等，都有着非常重要的意义。所以，通过探讨出版活动的基本功能以揭示出版活动的社会意义，也构成了出版学基础理论研究的重要内容。关于出版的功能与作用，经过近 30 年的出版学基础理论研究，已经形成一定理论共识。学者们普遍认同出版的功能主要包括政治功能、文化功能、经济功能和社会功能等。政治功能主要表现在思想教育与舆论导向上；出版文化功能主要包括文化选择功能、文化生产功能、文化传播功能以及文化积累功能；至于出版的社会功能，中外学者多认为其包括社会交流、社会教育、消遣娱乐三个方面。[32]

罗紫初教授在 2014 年出版的《出版学导论》一书中，再次总结归纳了出版的功能与作用，并阐述了出版几大功能之间的关系。他认为，出版活动的基本功能是传播文化，出版的经济功能是建立在传播文化的基础之上，同时又服务于传播文化这一根本目的。值得一提的是，在阐述出版活动的经济功能上，罗紫初教授提出经济功能不仅指出版创造经济价值，还包括出版"在整个社会经济发展中发挥的促进作用"。[24]我们认为这一观点的提出意义重大，突破了提及出版经济功能就局限于出版的经济效益这一思维桎梏，将出版经济功能与社会经济发展相联系，提出出版的经济促进和经济服务功能。

从近五年的研究成果来看，对出版活动的功能与作用的研究热度正在减退，相关期刊研究文章较少。我们认为这与该研究主题已经在某种程度上达成一定研究共识有关。但仍有部分学者从不同的学科和理论背景出发，对出版活动的功能做出了新的理论阐述。舒叶从知识传播的角度出发，提出“出版不仅仅具有知识传播和管理的服务功能，它还具有知识的生产创造功能。它以出版物的生产、交换与消费为核心要素，兼具知识生产、知识传播和知识管理等多种功能”。[13]厉亚等人则引入生态学理论，提出“生态出版学”的概念，并认为生态出版产业应以和谐的生态功能为目标。其将生态功能分为“社会服务功能，即通过出版物生产为社会提供出版服务；经济功能通过出版活动实现产业的生存和发展并对社会经济的发展做出贡献；其三是生态功能，通过减量化（reducing）、再利用（reusing）、资源化（resource），减少物质、能量的消耗，以最大限度地降低对自然生态系统的干扰”。[33]并指出，社会服务功能是生态出版产业的核心功能，也是出版产业区别于其他产业的本质属性。我们认为，无论是知识传播角度还是生态学理论，其对出版功能与作用的探讨仍脱离不了传统的“四功能论”基础，只是运用不同的理论视角进一步深化了对出版活动某一功能的理论认识，创新性有限。

5.2 出版学科建设与专业教育

一门学科只有通过大学的学科设置体制化，才能发展成为一种稳定的学科体系。因而出版学科的建设以及专业教育体系的构建成为出版学基础理论研究在应用实践领域的重要落脚点。出版专业教育类相关研究文章大量涌现，其研究内容大体集中在以下四个方面：

（1）对编辑出版学科建设及发展现状的探讨。

出版学的学科地位及学科归属，是关乎出版学学科建设和发展方向的重要基本理论问题。在前文对出版学科体系的讨论中，有众多学者专家从理论研究角度表述了对出版学与编辑学关系的观点看法。从专业教育实践角度来看，“编辑学与出版学存在着相互融合的发展趋势”[22]，尤其是在1998年教育部将编辑学本科专业和图书发行学本科专业合并为编辑出版学本科专业之后。罗立群认为：“此举使各自为政的编辑学、出版学得以整合，且名正言顺地成为大学本科专业，为其发展扫除了障碍。”[34]

关于当前编辑出版学学科建设及发展现状，学者们从不同角度提出了自己的看法。李建伟认为：“2000年以后，编辑出版学的发展脚步渐趋迟缓，编辑出版学正在衰落。”他从“十一五”期间编辑出版高等教育规模有所缩小、开办高校重心下移等角度论证了编辑出版高等教育影响力存在客观减弱的现状。罗立群则认为：“编辑出版专业学科地位正在提高。”他认为，2010年1月出版硕士专业学位设置方案的审议通过，以及在这个方案中，出版、新闻与传播、金融等专业并列，预示了这一点。但“前进的道路并不平坦，困难重重，困惑加剧”[34]。无论持何种观点，学者们都肯定了编辑出版学经过20多年的学科建设，从得到初步认可到现在本、硕、博三个培养层次的实现是发展现实。当前作为新闻出版高等教育的二级学科，不能算作“显学”，甚至出现一定混乱和困境也是客观现实。

面对编辑出版学科建设现状背后的致因，李建伟指出了外在的产业原因和内在的学科发展原因。他认为“出版产业市场化程度不高，其发展体制一定程度上制约了编辑出版学的发展”。[34]罗立群则持不同观点，他认为“编辑出版学有强大的出版产业作支撑，完全可以建立一级学科，理应拥有其独特的研究领域和学术地位”。但“造成这一混乱的局面，主要因为编辑出版学是一门新兴的学科，没有建构系统性、逻辑性和独立性都比较完善的编辑出版学理论。因而加剧了编辑出版学科的隶属混乱现状，严重影响这一学科的人才培养计划的实现”。[35]尽管对编辑出版学科建设的行业动因有不同看法，但学者们都表示了对编辑出版学科有着巨大的发展空间的信心。并提出编辑出版学的发展目标是将编辑出版学建设成为与新闻传播学并列的一级学科，即成立新闻出版与传播学。[22]

（2）对编辑出版专业教育及人才培养的探讨。

为实现进一步发展编辑出版学科的目标，学者们围绕编辑出版学专业教育展开了一系列研究探讨。赵均认为：“编辑出版学的专业教学紧贴着行业内容。编辑出版学专业教育的目标是培养高层次、高素质的编辑出版专业人才。”[15]李频认为：“编辑出版教育是基于对未来出版业的想象而构建未来出版人的教育。”[18]因此，编辑出版教育如何培养数字化时代需要的高层次人才，实现学界与业界的“无缝对接”成为学者们关注的热点。代杨基于SWOT分析基础，指出数字环境下编辑出版专业教育与出版行业需求错位是毕业生不能满足出版单位用人需求的重要原因。[36]徐景学、秦玉莲通过分析出版企业招聘要求的关键词，提出数字化时代下，出版企业需要既懂传统出版又懂数字技术，既懂内容加工又懂市场经营的“复合型”数字出版人才。[37]杨明、陈少志认为：“策划能力在数字出版人才的职业素质中占据核心地位，要以策划和创意能力为核心，突出培养策划创意能力、信息处理和分析能力。”[38]上海师范大学陈丽菲教授则特别强调最基本的软件制作技术和电子商务、数码印刷等实用性强的课程对数字出版人才成长所起的作用。[39]尽管对复合型数字出版人才的核心能力素养有着不同倾向性的理解，但仍能归纳出复合型数字出版人才的共性，即对海量信息的分析、整合能力，对多种媒介技术的操作应用能力，以及跨媒体传播中的策划与管理能力。

面对数字技术发展对编辑出版人才培养的新要求，罗立群提出教育界必须突破传统编辑出版学的思维框架，树立“大编辑”“大出版”的教育理念。[34]基于此，丁峰认为：“应当将编辑出版纳入到传播学的范畴，以大媒介、大传播、大出版、大编辑、大数字的理论视野来指导编辑出版的办学和教学，树立‘大出版’的办学定位，开展‘大出版’的教学管理。”[40]此外，学者普遍认为只凭借高等教育单一阶段的教育力量是不足的。王东霞、赵龙祥认为单靠某一院系、某一专业的力量不足以培养合格的复合型数字出版人才。开展数字出版教育的高校，应该根据自身的资源优势，提高人才培养的开放程度，积极开展学校内部院系合作及校际合作、校企合作、中外合作，走特色化办学之路。[41]河南大学阎现章提出要着力创造新闻出版高校培养 、在职教育和终身教育相结合的、三位一体的人才培养运行机制。[39]李敏则认为首先应该依托高等院校教育，培养数字出版复合型人才；其次是建立多样化的人才培养合作模式；最后是校企联合建立数字出版教学实践基地，培养实践创新能力。[41]张志强认为，编辑出版人才的培养要采取分层的方法，本科教育要继续保留；硕士学位以上开始分流，并提出根据国外的经验，出版专业学位和科学学位可以同时设立，专业学位类似 MBA、MPA 等，培养应用型人才。

（3）对编辑出版专业课程体系改革的探讨。

数字化时代对从业人员提出了新要求，进而对高校编辑出版学专业课程体系提出了数字化演进要求。对此，丛挺等人认为："数字时代编辑出版学专业课程体系应积极适应出版业现代化、网络化、专业化发展趋势做出相应调整。"[42]潘文年等人则通过对国内代表性的 10 所高校编辑出版学专业本科教育专业必修课、专业选修课进行分析，提出当前出版本科教育课程体系存在应用性和技术性等课程的开设数量不足，反映专业特色的课程数量开设不足，培养和提高学生实践能力的课程数量开设不足等问题。[43]罗立群从编辑出版学本科教育学科归属不明确的现状，提出当前出版学本科教育课程设置上存在课程差异化明显的问题。如南开大学在出版教学中更侧重培养学生的编辑技能；武汉大学强调书业出版与营销；北京印刷学院的课目设计以编辑出版的理论和技能为主，等等。[34]

面对出版专业教育课程体系的现存问题和改革需求，一部分学者把目光投向了国外的出版学专业教育，通过借鉴国外经验来探寻适合我国编辑出版学专业教育的模式。张志强通过对英国和美国出版学的学科归属情况分析，指出"出版学与新闻传播学，图书馆、情报与档案管理这两个一级学科之间虽有相关，但并非其下的二级学科，而应是与其并列的一级学科"。[16]周瑜对英国多所主要高等院校出版高等教育的教学体系、课程设置、教学方法等进行分析，指出英国出版学教育强调实用主义教学理念，以市场需求为导向定位学科属性和设置课程模块；突出产学结合的办学方针，为学生提供丰富的实习项目。并提出我国在编辑出版学专业教育中也应体现理论与实践并重的思想，变单一形式的理论教学为以出版实践为核心的多种形式的实践教学。[44]许洁则总结了荷兰出版专业高等教育和科研的特点，提出我国的出版学办学机构可以采取跨专业选课、双学位、聘请外专业教师授课等方式培养合格的出版人才。[45]

（4）对数字出版专业建设及人才培养的探讨。

从近五年公开发表的研究论文来看，数字化时代下编辑出版专业教育的改革与发展问题成为研究热点，其中数字出版的人才培养模式以及培养体系建设成为关注的前沿话题。陈洁、陈佳认为："数字出版学要以传统出版学科为基础，传统出版媒介在数字出版的环境下仍具有很高的参考和借鉴价值，数字出版学除要强调以数字媒介为传播载体的出版新趋势之外，还应探讨数字媒介与传统媒介的融合之道。"[46]徐景学、秦玉莲提出"产学研管一体化的培养道路"，强调开放数字出版基地和数字出版企业、深化校企合作、构建校企双主体模式等改革措施。[47]王晓光等人从武汉大学数字出版专业建设实践出发，总结了跨学科建设数字出版这一融合专业的经验。[48]衣彩天则总结了北京印刷学院数字出版人才培养的"政产学研用"为一体的人才培养模式。[49]

针对数字出版对人才的不同素养需求，学者从不同角度提出了创新性的人才培养模式和教学模式。有强调数字出版对创新性思维的需求，如王健以数字出版的特点及相关内容为分析对象，探索培养具有创新思维方法的数字出版艺术设计人才的教学模式。[50]有强调数字出版对策划能力的需求，如杨明、陈少志突出强调培养数字出版专业学生的三种意识，即市场意识、协作意识和机遇意识；以及四种核心能力，即专业能力、信息能力、表达能力和创新能力。[51]值得一提的是，陈洁、陈佳创新性地提出："数字出版专业人才的培养理应是'1+N'的新模式。'1'即传媒与文学的基本素养，不管出版的媒介发生何种改变，出版业的最终归宿仍是文化的传播与传承。'N'的范围较广，包括一定的计算机技术、管理学知识、营销学知识，甚至还要求通过辅修第二专业掌握如法律、金融、建筑等某一专门学科。”[46]

6 总结与展望

经历了30年的发展，出版学理论研究与学科建设取得了很大进展。数十所编辑出版及相关专业在国内高校相继建立；数十种编辑出版学术期刊为出版学者交流研究成果提供了良好的平台；学术专著的出版和翻译引进也取得了令人瞩目的成绩；出现了一批稳定的核心研究人员，且老中青梯队建设较理想。

但考察一个学科是否作为一个成熟学科独立存在，不能从上述现象判断，还应该从学科内涵，即：一要具有确定的研究对象，形成了相对独立、自成体系的理论、知识基础和研究方法；二是一般应有若干可归属的二级学科；三是已得到学术界的普遍认同，在构成本学科的领域或方向内有一定数量的权威学术带头人。从这个角度来看，出版学作为一门独立学科还有待发展和完善，尤其是学科基础理论建设，亟待加强。正如徐星指出的：按照库恩的科学革命与范式转移理论，我国的出版学研究还处在一个范式虚无、范式转移和范式杂乱同时存在的时期……实际上就是指一个学科研究的“前科学”阶段。[52]

发展出版学，关键是加强出版学基础理论建设。我们认为，今后一个时期的出版学基础理论研究，应从以下四个方面着力：

一是从概念着手构建理论。追根溯源，出版学学科定位不清晰、研究对象不明确、研究内容不稳定等一系列问题的根源在于学科基本概念的内涵和外延缺乏准确界定。在一门学科的草创阶段，概念本体的界定有助于学术共同体的形成，同时也有助于为自己规定一个具有合法性的言说领域，并取得在此领域的话语权。出版学界对出版、出版物、出版学等学科基本概念不能总在讨论中，需要集中力量加强研究，形成受到学界广泛认同和接受的定义。在研究概念的过程中，既不能过度追求过高层次、脱离实际、空泛虚无，也要避免缺乏理性抽象地就事论事，对具体实践工作的描述过于具体和平淡，缺乏高度和前瞻性。

二是借鉴西方书史（book history）和出版产业的研究成果。书史研究是半个多世纪以来西方学术界在突破传统文献研究藩篱的基础上兴起的一门交叉学科。它以书籍为中心，研究书籍的创作、生产、流通、接受和流传等书籍生命周期中各个环节及其参与者，探讨书籍产生和传播形式的历史演变和规律，及其与所处社会文化环境之间的相互关系。[53]书史研究涉及的诸多方面和出版学所应研究的内容有相当程度的交叉，出版学可以借鉴西方书史研究的理论视角与研究成果。除了从书史角度切入，西方学术界对出版研究的另一个视角是产业角度，研究出版产业的经济规律，用一般产业和企业理论研究出版业问题。根据出版业的特殊性，西方研究者一般将出版划分为大众出版、学术与专业出版、教育出版分别展开研究的做法值得我们借鉴，可以为出版学的分支学科发展提供新思路。

三是学习传播学和信息管理科学研究方法。传播学、信息管理科学、出版学之间紧密的联系已经引起出版学者的重视。在构建出版学基础理论，尤其是探索出版学研究方法时，我们可以向传播学借鉴规范研究和质性研究方法，可以学习信息管理科学中关于知识管理、信息组织与信息服务的研究思路，借鉴情报学、计算机科学常用的实证研究和定量研究方法。尤其是数字环境下研究出版学问题，传播学视角和信息管理科学方法将显示出越来越重要的作用。

四是以问题为导向，重视理论与实践结合。出版学是来源于实践的一门学问，与实践和行业有着密不可分的联系，这是不可否认的客观事实。出版学者应当大胆面对出版学是一门深深根植于行业的应用学科。出版学研究，必须扎根实践，以问题为导向，以服务行业为目标。强调从实践中来，到实践中去，与重视出版学基础理论研究并不矛盾，恰恰相反，复杂、抽象的理论问题，可以在实践中找到解决方案，从行业中吸取智慧。这一点上我们或许可以借鉴图书馆学形成与发展的例子，图书馆学与出版学一样也是从实践中脱胎的学问，信息技术发展到今天，实体图书馆的许多功能已经弱化甚至丧失，但是图书馆学却成功地完成了从实践到理论的华丽蜕变，在计算机网络时代焕发出蓬勃的生命力。

参考文献

[1] 蔡克难．再论编辑学理论的几个基本问题［J］．编辑之友，2014（4）：49-53.

[2] 陈海燕．人类与出版［J］．出版广角，2010（7）：51-53.

[3] 庞沁文．出版的基本规律是什么［J］．编辑学刊，2010（4）：6-10.

[4] 刘光裕．关于出版史料学［J］．出版史料，2011（1）：76-84.

[5] 李新祥．出版定义的类型研究［J］．出版科学，2011（1）：43-49.

[6] 肖东发．出版是永远的朝阳产业［J］．现代出版人，2012（9）：12.

[7] 李新祥．出版学的学科体系与学科特征［J］．出版科学，2011（1）：43-49.

[8] 李新祥．出版学核心［M］．北京：中国书籍出版社，2010：148-149.

[9] “出版学学科体系（与教材建设）研究”课题组．出版学学科属性之辨［J］．出版发行研究，2010（2）：20-24.

[10] 赵均．论编辑学和编辑出版学的研究范畴［J］．国际新闻界，2013（8）：156-161.

[11] 赵树望．反思编辑出版学：历史、学理与现实［J］．现代出版，2010（11）：76-81.

[12] 联合国教科文组织编．当代学术通观·社会科学卷：社会科学和人文科学研究的主要趋势［M］．周昌忠，等，译．上海：上海人民出版社，2004：70.

[13] 舒叶．关于编辑学、出版学、编辑出版学、传播学之学科关系研究报告［J］．长江大学学报（社会科学版），2011（12）：172-175．

[14] 赵航．《选题论》再版琐言［J］．中国编辑，2010（1）：33-35．

[15] 赵均．编辑出版学研究的原点：由行业生发而来的学科［J］．出版发行研究，2011（9）：54-58．

[16] 张志强．英美国家的出版学学科归属及对我国的启示［J］．中国出版，2009（5）：7-11．

[17] 孔正毅．出版学学科体系建构的若干思考［J］．出版科学，2009（3）：18-21．

[18] 李频．论出版学的核心与边界［J］．陕西师范大学学报（哲学社会科学版），2010（4）：31-41．

[19] 丁苗苗，孙旭．关于编辑学、出版学与传播学关系的深层思考［J］．中国出版，2011（11）：17-19．

[20] 王艳，等．论出版学与编辑学的关系［J］．合作经济与科技，2014（1）：88-90．

[21] ［英］约翰·B. 汤普森．数字时代的图书［M］．张志强，译．南京：译林出版社，2014：3．

[22] 李建伟．编辑出版学建设的“十一五”回顾及“十二五”展望［J］．中国出版，2011（2）：29-35．

[23] ［美］安·布莱尔．工具书的诞生——近代以前的学术信息管理［M］．徐波，译．北京：商务印书馆，2014：7．

[24] 罗紫初．出版学导论［M］．武汉：武汉大学出版社，2014：43．

[25] ［美］．托马斯·库恩．科学革命的结构［M］．金吾伦，胡新和，译．北京：北京大学出版社，2012：12．

[26] 石姝莉．我国出版学实证研究（2003—2013）述评［J］．现代传播，2014（8）：157-158．

[27] 石姝莉．略论出版学实证研究方法——以经济学实证方法为

借鉴［J］. 编辑之友，2014（3）：49-52.

［28］李宝刚. 基于读者日志分析的模糊聚类研究［J］. 价值工程，2011（3）：67-73.

［29］许晶晶. 基于引文分析的核心作者研究——以建筑类图书为例［J］. 图书馆，2015（5）：34-37.

［30］王莉，程学其. 在线社会网络的动态社区发现及演化［J］. 计算机学报，2015（2）：76-81.

［31］刘兰肖. “三十未立”的出版学——从2009年颁布的国家标准学科分类与代码谈起［J］. 济南大学学报（社会科学版），2011（13）：16-19.

［32］罗紫初. 改革开放30年的出版学研究［J］. 编辑之友，2008（11）：104-111.

［33］厉亚，俞涛，贺战兵. 生态出版产业内涵研究［J］. 出版科学，2012（5）：50-53.

［34］罗立群. 编辑出版学学科归属与课程设置［J］. 中国出版，2013（10）：65-67.

［35］李建伟. 编辑出版学学科建设现状与发展［J］. 中国出版，2013（3）：9-13.

［36］代杨. 数字环境下高校编辑出版学专业建设的SWOT分析及策略选择［J］. 出版科学，2011（3）：86-89.

［37］徐景学，秦玉莲. 数字出版人才培养策略研究［J］. 出版发行研究，2012（11）：56-59.

［38］杨明，陈少志. 数字出版人才策划能力构成及其培养模式分析［J］. 出版科学，2014（6）：27-30.

［39］姬建敏. 数字化时代编辑出版学关注的新问题——全国编辑出版学研究分会暨数字化时代出版学高层人才培养国际研讨会综述［J］. 河南大学学报（社会科学版），2011（5）：152-156.

［40］丁峰，米玛扎西. 新形势下编辑出版专业教育再探讨［J］. 中国出版，2012（6）：48-50.

［41］李敏．浅析数字出版产业化的人才培养策略［J］．编辑之友，2012（12）：75-76．
［42］丛挺，刘晓兰，徐丽芳．我国编辑出版学专业课程体系数字化演进探析［J］．中国编辑，2012（5）：72-77．
［43］潘文年，张岑岑，丁林．我国编辑出版学本科教育课程体系分析［J］．合肥学院学报，2012（9）：114-118．
［44］周瑜．英国出版高等教育现状及其启示［J］．出版科学，2011（3）：52-56．
［45］许洁．荷兰大学出版专业教育与研究［J］．出版科学，2012（3）：92-94．
［46］陈洁，陈佳．媒介融合视角下的数字出版人才培养模式探析［J］．中国出版，2011（11）：47-49．
［47］徐景学，秦玉莲．数字出版人才培养策略研究［J］．出版发行研究，2012（11）：56-59．
［48］王晓光，罗安娜．跨学科融合专业的开设与运营——以武汉大学数字出版专业为例［J］．中州大学学报，2012（6）：40-43．
［49］衣彩天．高校数字出版人才培养模式思考——浅谈北京印刷学院数字出版人才培养的几点经验［J］．出版广角，2013（4）：78-79．
［50］王健．数字出版设计教育创新思维与创新人才的培养［J］．艺术教育，2012（5）：127．
［51］杨明，陈少志．数字出版人才策划能力构成及其培养模式分析［J］．出版科学，2014（6）：27-30．
［52］徐星．“范式”框架下的编辑出版学研究［J］．沧桑，2010（4）：95．
［53］［英］戴维·芬克尔斯坦，等．书史导论［M］．何朝辉，译．北京：商务印书馆，2014：14．

【作者简介】

许洁，女，1983 年生，云南昆明人，武汉大学信息管理学院副教授，管理学博士。2009 年至 2010 年赴荷兰莱顿大学人文学院图书与数字媒体专业联合培养，2012 年获博士学位后经选拔留校从事教学研究工作。研究方向为出版学基础理论、网络营销、科学信息交流。先后主持国家社科基金青年课题 1 项，新闻出版广电总局课题 1 项，中国博士后基金面上资助和特别资助 3 项。参与国家社科基金重大课题与重点课题各 1 项，近五年来发表学术论文 20 余篇，其中 SSCI 收录 3 篇，SCI 和 EI 收录各 1 篇。

王雯，女，1988 年生，江西南昌人，中共党员，讲师，武汉大学信息管理学院 2014 级出版发行专业博士研究生。研究方向：数字出版、出版营销。

出版物发行研究进展（2010—2015）

陈含章

（中国新闻出版研究院）

【摘　要】本文从实体书店、网上书店、出版物物流业、发行集团、社店关系、海外发行和发行人才等七个方面，系统地梳理了2010—2015年出版物发行相关研究成果，指出研究热点，以期为出版物发行领域学术研究提供新的视角和基础资料。

【关键词】综述　实体书店　网上书店　出版物物流　发行集团　社店关系　海外发行　发行人才

Research Progress on Distribution of publications（2010—2015）

Chen Hanzhang

（Chinese Academy of Press & Publication）

【Abstract】 The paper systematically summarizes the 2010—2015 relevant research issued on distribution of publications, such as physical bookstore, online bookstore, publication logistics, distribution group, press-bookstore relationship, overseas distribution, publication talent etc. , in order to provide new perspectives and basic data for academic research of the field.

【Keywords】 summary　physical bookstore　online bookstore

publication logistics　distribution group　press -bookstore relationship　overseas distribution　publication talent

“十二五”时期是我国深化新闻出版体制改革、加快转变发展方式的重要时期。出版物发行业在新闻出版产业链条上处于最末端，但却是直面市场接受读者检阅的最前沿，因此也是最敏感的一块阵地。实体书店“倒闭潮”，网上书店“价格战”，物流中心建设热，发行集团“上市热”，海外渠道“设点热”等纷纷成为业界研究者的研究对象。与此同时，面对数字化浪潮的席卷和多元社会的发展，出版物发行业数字化转型升级及多元经营也成为研究热点。本文着重从实体书店研究、网上书店研究、出版物物流研究、发行集团研究、社店关系研究、海外发行渠道研究以及发行人才研究等七个方面，对近五年来的主要出版物发行研究成果进行综述，以期为业界及研究者提供些许参考。

1　实体书店研究

2010年以来，实体书店“倒闭潮”引起各界广泛热议，其生存与发展成为研究热点。不少学者和从业者对实体书店出现“倒闭潮”的原因进行了深入剖析，就政府如何制定政策给予扶持给出了具体建议，对实体书店如何实现自身转型升级提出了自己的观点。

1.1　实体书店倒闭原因探究

范新坤在《实体书店倒闭风潮现象背后的潘多拉魔盒》[1]一文中，对业界普遍认为的实体书店倒闭三种说法——网络书店冲击说、阅读方式改变说和实体书店过剩说——只是“替罪羊”。他认为实体书店的倒闭主要源于定价原则不合理而带来的利润流失和成本增大，即“保本微利”的定价原则下出版物价格无法保证企业合理的利润；价格战造成的利润流失已威胁到行业的再生产能力；高税负、高房租、高人力成本挤压利润空间。此外，实体书店倒闭的原因还在于缺少贴合实际的、实实在在的产业政策，例如文化产业土地政策、文化产业财税政策、文化产品的价格机制。

洪九来、蔡菁在《“活着还是死去”：拷问实体书店的生与死》[2]一文中，对“拯救书店论”的主张提出异议，认为向政府部门求救、要求行政干预的思路无助于解救书店的困局。文中指出我国实体书店的当下危机并不仅显现在民营书店身上，国有老店面临着同样严峻的问题，主要包括沉重的人员负担、行政捏合中的内耗效应，城市门店裁并、县级以下农村书店失守导致图书市场的绝对占有率萎缩，地方保护、市场分割的发行格局愈发凸显，集团化之后主业弱化、次业上升，“去书城看样，上互联网下单”带来图书销售额的下降，等等。

1.2 政府扶持政策研究

李桂君、李琳在《实体书店发展的政策支持方式选择》[3]一文中，梳理了国外实体书店发展的政策措施选择，包括信贷措施、财政拨款和补贴、出版物价格制度、税收优惠等措施，并对各种政策支持方式的优劣做了比较。按照短期、中期、长期三个阶段提出不同时期应采用的政策支持方式：短期内可通过提供财政援助、建立相关资助项目基金的方式保证实体书店存量；中期可通过鼓励实体书店资源整合、完善信贷服务体系、实行租金优惠政策，提高实体书店的经营效率；长期可通过出台税收优惠等政策、规范定价制度的方式，形成有利于行业发展的制度体系。

刘益、谢巍在《政府如何伸出对实体书店扶持之手》[4]一文中指出，扶持实体书店政策的目标是创造一种有利的环境或支持平台，促使实体书店行业内、企业内产生繁荣和发展的动力，真正形成行业前进的内在力量。文中提出三个层面的政策建议：在宏观社会层面，引导社会阅读氛围的形成，促进消费者形成良好的阅读习惯；在中观产业层面，从出版行业供应链的角度强化实体书店的重要作用，重点扶持国有发行集团和大型民营发行集团，实现发行行业格局优化，建立健全发行行业的市场体系，维护公平竞争的市场秩序；在微观企业层面，重视实体书店功能的塑造，积极推进不同类型的产业融合实践，积极促进实体书店创新经营模式。

谢巍、刘益在《民营实体书店的扶持政策建议》[5]一文中，通过对上海等多个城市的民营实体书店进行实地调研，总结出民营书店面临的主要问题包括盗版图书影响市场秩序、图书市场搬迁影响经营活动、网店低价竞争、高租金等。同时指出，民营书店具有规模小、经营散、实力弱的特点，对销售数据利用不足，缺少行业协会指导，或协会功能发挥不足，这些因素都影响了民营书店的长期发展。针对民营实体书店目前的艰难处境，他们提出三个方面的政策建议：第一，在制度环境方面，在市场秩序及市场规划、图书价格管理制度、经营场地及书店分级管理、专项资金及信贷优惠等方面制定相应政策；第二，在行业发展方面，支持建立全国图书零售数据公共平台，鼓励建立中小民营书店网络联合销售平台，建立并完善行业协会；第三，在企业发展方面，鼓励民营实体书店向集团化和特色化发展、探索产业融合模式、向出版产业上端延伸以及创新经营模式。

1.3 实体书店转型升级研究

周正兵在《实体书店向何处去？——基于巴诺书店转型经验的对比分析》[6]一文中，借鉴他山之石，对全球最大的实体书店——巴诺书店在数字化革命背景下所呈现出的生存困境以及未来路径抉择进行了深入的研究。文中认为，巴诺书店成功的两大基本经验：一是文化休闲中心理念，让书店超出了传统图书零售店的概念，而演变为一个强调文化休闲功能的文化 MALL；二是“鼠标+水泥”的数字化战略转型，即基于实体店的零售商业模式转向基于互联网和电子商务的多渠道商业模式。在此基础上，总结了国内实体书店在文化休闲中心理念与文化 MALL 方面的实践，分析了它们在数字化战略所做的尝试与面临的困境。此外，他还认为当当、京东等图书网购巨头所施加的竞争压力可能会导致图书被彻底边缘化为文化 MAIL 的人气商品，对此提出了警醒。

崔谦朔在《网店冲击下实体书店的生存之道》[7]一文中，针对网上书店的竞争，提出实体书店首先要转变观念，学习网络书店在新技术应用、读者（潜在读者）心理研究、物流配送、效率、成本等多方面的长处，取长补短。其次，要发掘潜力，积极抗争。大型实体书店（尤其是新华书店）可以参照台湾的诚品模式及凤凰模式——以“书业+多元化业态+ 营销活动”的综合开发模式，破解目前我国实体书店的困局。未来的二、三线城市以及基层的新华书店，应当逐步向具备高附加值、网络化的文化消费商品集散中心过渡。实体书店可以尝试合纵与连横两种策略。合纵就是要实体书店与上游供货商及相关书店联合起来，共对挑战。大中型实体书店可以与出版社建立伙伴关系、与主营同类品种的书店建立联盟、与本地所有（或部分）经销商联合起来谋求共同发展。连横就是实体书店可以与大型网络书店建立合作伙伴关系，利益均沾。再次，要积极转变，加快融合。实体书店要在与网络书店、数字出版企业借鉴、合作、融合的轨道上求得共同的发展，从形式到内容上兼容网络书店、数字书店。

张红卫在《因势而变，因需而变——实体书店商业模式创新实践的思考》[8]一文中提出，目前人们习惯于把传统实体书店困境都归因于网络书店的激烈竞争、人们阅读方式的变化冲击、房租金上涨和人力资源成本升高等因素，忽略了在全球化知识经济大背景下商业模式创新、文化消费、文化服务、文化市场的定位变化这一根本性成因。他认为，体验式特色书店、现代复合书店和城市文化综合体（简称“二店一体”）是区别于传统书店单一购书经营模式的现代新型商业业态，将成为未来实体书店的三种基本经营模式。未来实体书店的大格局将是以现代复合书店为基础，以城市文化综合体为骨，以体验式特色书店为补充的书业发行网络。

陈梦丽在《实体书店的现状与未来》[9]中，提出实体书店经营思路转变策略：一是突出定位，建立完善的消费者调查系统，为消费者选书，提高实体书店单店辐射功能；二是拓宽渠道，立足实体，增开网售，将实体书店的体验式阅读与网络书店的优惠和送货服务结合起来，降低实体书店的库存，节约经营成本；三是转变思路，增加客户体验，提供附加价值。

丁海猛、王鹭鹏在《从网上书店看传统实体书店的出路——

网上书店与传统实体书店比较分析》[10]中，通过网上书店与传统实体书店对比分析，指出网上书店赢得读者靠的不仅仅是价格优势，还有服务营销优势。与此相对的，传统实体书店步入困境的原因在于读者核心需求服务的缺失、书店营造氛围的偏差以及书店自身角色的认知不清，进而指出传统实体书店的真正出路在于结合当前形势与未来走势重新去梳理“角色认知决定氛围营造——氛围营造需要服务配合——服务配合强化角色认知及创造效益”的关系。

魏彬在《中国大陆国有书业电子商务经营管窥——以网上书店为视角》[11]中，总结了中国大陆国有书业网上书店经营具有多通路网络营销、经营对象一元化、能够发挥消费者主动性等特点，同时也指出了其发展困境，如在电子书等新型出版物经营中的缺位、物流能力的欠缺、忽视对用户文化意识的培养等。并据此提出国有书业要参与网络出版产业的运营、通过资本运作来加强物流能力、增加网站传播内容、使用多路径整合传播等改进策略。

1.4 线上线下融合发展研究

张琳、周晓艳在《书店线上线下协同经营探析》[12]中指出，书店线上线下协同经营已成为图书零售业发展的重要趋势；国内各大图书网络零售商频频邀请实体书店加盟，而有实力的大型连锁实体书店则在加盟各大网络平台的同时还打造自己的独立零售网站。针对这种现状，论文着重分析了书店线上线下协同经营的战略与策略，指出书店应在目标市场与经营功能上分别为实体书店与网络书店制定互补的发展战略，在沟通与宣传策略、图书展示策略、图书评价策略、定价与促销策略以及服务策略上充分利用线上与线下的特点，共同为消费者服务，实现优势互补，促进企业发展。

包一雯在《关于实体书店与网上书店如何实现融合的若干思考》[13]中，针对实体书店经营颓势状况及电子商务的崛起，指出目前实体书店同网上书店两者兵戎相见的局面不利于商业市场的多样化及良性循环，由此提出实体书店与网上书店两者互相借力以实现融合的想法，探讨两者融合发展、共同经营的可能性，并提出方案。

2 网上书店研究

在互联网蓬勃发展的大背景下，当当网、卓越网等网上书店作为新兴的图书销售渠道，一方面其发展迅猛的势头和“价格战”乱象遭到传统书店的抵制和行业的批判，另一方面也因自身发展尚不成熟而面临困境。业界专家通过对国内外网上书店、国内网上书店之间以及网上书店与传统发行渠道自办网上书店进行对比分析，找出差距，指出问题，探索方向。

2.1 国内外网上书店比较研究

甄薇、刘涛在《国外主流网上书店特色服务研究——以亚马逊网上书店为例》[14]中，着重介绍了亚马逊书店特色服务，包括给读者多种选择余地的自营与其他书商驻店经营相结合的“店中店”模式；对二手图书根据品相进行分级的“二手书”交易平台；以年龄、年级、主题为依据，对童书市场进行细分。

李海龙在《亚马逊中国网上书店经营分析》[15]中，对亚马逊中国网上书店在激烈的竞争中获得成功的原因进行了剖析。他认为原因主要是有效的低价策略、多样化的销售方式、安全的支付方式、健全的物流配送体系、良好的服务水平，并就此对国内网上书店的发展提出了相关建议。

邓勇进在《从亚马逊看中国网上书店的差距》[16]中指出，亚马逊在强大的信息搜索功能、个性化和特色服务、实惠的价格与折扣、专业的物流配送、多样便捷的支付手段五方面优于国内网上书店。国内网上书店相比较而言，尚有很大差距，需要在四个方面努力：树立以顾客为中心的理念，而不是以竞争对手为中心；坚持低价销售策略；增加出版物品种；建立快速、低成本的物流配送体系。

2.2 网上书店运作模式研究

罗紫初、秦洁雯在《当当网和卓越亚马逊网的营销模式研究》[17]一文中，对当当网和卓越网两个有代表性的网上书店的营销模式进行了研究。文中认为：快捷的信息服务，是网上书店突出的优势；众多的可供产品，是网上书店经营的基础；优惠的交易价格，是网上书店吸引读者的法宝；理想的配送条件，是网上书店发展的方向；完善的售后服务，是网上书店竞争的武器。

扑璐在《浅析网上书店的营销策略与模式》[18]一文中，通过对网上书店的销售策略与营销模式进行分析，归纳出三类十一种较具代表性的销售策略。并通过对新兴图书营销模式的总结，指出网上售书将是今后图书出版发行行业的主要发展方向，合理运用良好的销售手段，及时发现新兴的营销模式，将会有效推动我国网上书店的前进步伐；提出要想在网络图书市场营销和竞争中获得主动权，必须在营销模式上做精做细，形成科学、配套的经营管理机制；强调正确有效的营销手段将会成为出版物销售的新盈利增长点，推动整个出版业的变革。

郭帅、宫平在《网上书店价格比较优势》[19]中，把我国的网上书店分为三种模式，即以当当网、亚马逊网、京东商城网、苏宁易购网等为代表的 B2C（Business-Customer）模式；以孔夫子旧书网、淘宝网为代表的 C2C（Customer-Customer）模式；以人民文学出版社网为代表的 B2B（Business-Business）模式。对网上书店的价格优势成因，作者认为主要源于四大因素，即网上书店的规模化效应、网上书店的长尾效应、网上书店的资本远高于传统书店、网上书店与出版社达成战略联盟，并进行了分析。

张晓蕾撰写的《以当当网为例谈网上书店科技图书营销策略》[20]一文，认为网上书店的电子商务模式营销有别于传统书业。科技图书具有目标读者明确、购买弹性极小的特点，对网上书店的营销策略研究深具代表性。该文重点对当当网科技类图书销售进行个案分析，提出了网上书店科技图书的营销策略。

2.3 网上书店策略研究

陈诚、程蕾在《产业链重定位视角下对我国网上书店发展的思考》[21]中，总结出目前网上书店发展所面临的困境：数字出版产业缺乏有效的合作平台；上游内容行业，如图书馆、出版商等，发展标准不统一，行业内和行业间利益分配制度不成熟，导致网上书店交易成本上升；网上书店现存的赢利点利润增长空间有限，亟须设计新的创新服务和知识服务以发掘新的盈利点；网上书店个性化服务打造能力略显单薄，迫切需要与产业链其他各方通力合作。文中指出，网上书店要“突围”发展，必须寻求合作互利的发展路径，重新定位产业链。包括：整合上游内容机构资源，扩大网上书店书目内容的量和内容范围，主动提供第三方服务，推动合作平台的建设，介入上游企业数字化活动，打造数字版权集成管理平台，积极进行数据分析；加强自身服务功能的建设，开发新的更有针对性的用户模块，发掘新的盈利空间（如农村网络书店）；联合下游移动网络服务提供商，进一步开辟个性化服务推送业务，打造网上书店手机社区，拓宽盈利渠道。网上书店的定位不再仅仅是一个书目、数字内容甚至小百货信息服务、网购平台，而是通过利用网上书店已有的客户群体和网络平台、渠道，借助用户群体特殊性质，运用多元化盈利分成模式，联合产业链上各方形成利益共同体。

杨正光在《浅析国内网上书店问题与策略》[22]一文中对网上书店发展的现状和优势进行了描述，同时指出网上书店存在的问题，提出建议：提高售前和售后服务质量，发展“以专取胜”的个性化网上书店，完善信用卡网上支付系统，构建高效率的配送系统等。

张雨露在《我国网上书店业态与发展研究》[23]一文中，对国内外网上书店发展历程、国内网上书店发展优势及存在问题进行了系统梳理，对国内有代表性的网上书店——亚马逊中国、当当网、京东图书商城、天猫书城等进行了个案研究，在此基础上提出网上书店品牌化建设、规范化管理、增值服务、加强相关企业协同合作四个方面的发展策略。

白冰、林玉蝶在《论网上书店在农村的发展》[24]一文中引入美国学者埃弗雷特·罗杰斯的创新扩散理论，分析网上书店在农村的发展路径：培养农村中的“意见领袖”，引导培育农民文化消费习惯；依托农家书屋，通过互联网与网上书店取得联系，培育农民上网购书模式。作者认为目前中央对农村的政策和农村的地理环境满足了网上书店在农村发展的充要条件。其制约因素主要包括：薄弱的农村物流建设，农民缺乏必要的互联网技能和网上书店农村专版的缺失，需要在这些方面取得突破。

3 出版物物流研究

电子商务为出版物物流业带来新的命题，一些专家以此为研究对象对网上书店的物流模式进行了探讨。更多的研究成果集中在出版物物流业的发展现状、问题与策略研究方面。

3.1 网上书店物流模式

李民在《基于电子商务背景下的物流配送：现状、模式与对策——以网上书店为例》[25]一文中，就当前物流已成为制约电子商务发展的瓶颈问题，总结了网上书店物流配送当前存在的主要问题和三种模式：自建物流模式、第三方物流模式和将前两者相结合的混合模式。并用产业组织学的相关理论分析了三种模式的优劣，得出混合模式更为灵活，具有前两种模式的优点。

陈剑霞在《B2C电子商务物流配送模式分析——以网上书店为例》[26]一文中选取了新华书店、当当网、蔚蓝网络书店等10家国内具有代表性的B2C网上书店为切入口，分析B2C电子商务下的各种物流配送模式，如“第三方快递+邮局”“自建物流配送+邮局”或“自营配送+邮政普通邮寄+连锁店”等模式，其中重点提出新型的“快递+便利店（连锁店）物流配送模式”是今后电子商务物流的必经之路。针对我国B2C电子商务配送模式，呼吁发展“第四方物流”。

3.2 发展现状、问题与策略研究

庄玉辉在《我国图书出版行业物流现状浅析》[27]中，概要介绍了我国图书出版物流当前的模式和服务情况，着重介绍新建出版物流中心和配送基地的特点及存在的问题，并呼吁建立“绿色物流”，形成良性互动的现代化出版物流新格局。

王海云、付海燕在《北京地区出版社物流现状调查与分析》[28]中，通过对北京地区30多家出版社进行问卷调查，了解出版社物流部门设置、物流模式、物流费用等方面的情况。通过调查数据得出：出版社目前主要采用第三方物流以及第三方物流和自营物流相结合的物流模式，但所谓的第三方物流，只是将运输环节交给第三方而已，并非是真正意义上的第三方物流，因此亟待建立专业的出版物流企业。

刘灿姣、袁村平在《出版业现代物流体系重构与优化研究》[29]中，从出版物流中心地理分布、建设状态和规模、所有制结构及运作方式等方面对我国目前出版业物流体系现状进行了梳理，分析了存在的问题和难点：历史上形成的条块分割、资源分散、地区封锁，产权结构单一，城乡发展不协调，以及物流成本居高不下、信息化和标准化水平较低等。在此基础上，重点提出重构和优化出版业现代物流体系的建议：建立区域出版物流联盟，推动区域物流联动发展；打造大型出版物流企业集团，推动出版物流跨区域合作发展；构建多元化物流主体结构，推动城乡物流一体化发展；搭建物流电子商务平台，推进出版物物流标准化。

刘妮在《书业分销物流存在的问题与对策分析》[30]中，针对图书分销体制放开以后流通格局的分散化和普遍经营的低效化日益突出的问题，提出自己的见解。文中认为目前书业分销物流存在的主要问题是：出版企业分销物流供应链消耗了过多成本；信息技术运用较差，质检制度不健全，标准化程度不高；产业链各层级各自为政，难以形成具有现代化功能的图书物流系统；物流信息孤岛现象严重，影响整体产业集约化升级。由此提出对策，要树立现代物流理念，建设信息化物流体系；建立图书产业链物流系统的无缝连

接，增强服务化理念；大力发展第三方物流；培养综合性物流领域人才。

马军、赵静在《我国出版物流行业的基本现状与发展战略》[31]中，重点从宏观、微观、管理模式、信息技术及供应链等五个层面分析我国出版物流行业的基本现状。论文指出21世纪出版物流中心浮躁的繁荣背后显现的是出版物流体系宏观调控的失衡。目前大多数出版集团规模上的扩大仍然主要是低水平的数量累加，缺少根本性的业务整合，物流企业之间消息闭塞，效率低下。严重的区域壁垒及出版物流系统建设布局严重缺乏整体规划是制约我国出版物的产业化、规模化、效率化经营以及跨越式发展的瓶颈，已成为我国目前出版物流管理的软肋；出版物流网络布局不合理，因割据经营造成覆盖面局限性大以及配送能力弱，进而导致图书出版企业整体服务能力较弱；出版物物流标准化程度较低，延长了物流周期，降低了物流效率；出版物流信息化程度不够，导致出版企业库存日益增加而退货率却居高不下，“出书难”和“买书难”矛盾也愈发突出；均衡链式型的出版发行业供应链导致供应链高度分散，市场利润被摊薄，物流、资金流和信息流已经完全陷入混乱无序的状态。要利用供应链管理的思想和技术治理我国出版物流行业发展中存在的问题，需要做到打造出版业供应链的核心企业，在全国组建起若干个以国有大型“中盘”企业或大型零售企业为龙头、具有核心竞争能力和竞争优势、辐射力强、跨地区甚至跨行业经营的发行集团，区域性或全国性的连锁经营集团；加强出版企业的品牌设计和宣传推广，形成以自己为核心的出版发行供应链；出版社或集团应向前或向后整合实现价值链的扩张，突破空间限制，跨地区跨国经营，培育新的利润增长点；提高出版业的信息化水平，把作者、编辑、出版、印刷、中盘商、零售商以及读者的各类信息共享起来，实现对书店进、销、存、调、退的状况，生产节拍和运作的优化控制；传统出版社应引入数字出版进行跨媒体出版，对数字出版供应链进行重组和整合，建立以核心企业为中心的供应链系统。

林竹鸣、刘振滨在《组织经济学视角下出版物流整合路径选择研究》[32]中，针对出版物流缺乏整合的现状，利用组织经济学的原理对出版物流整合进行了分析，提出现代组织经济学中组织型资源和中间组织型资源协调是现有出版物流资源整合的两条有效途径。文中提出对策建议：打造优势明显、地位核心的出版物流龙头企业；推进出版物流优势环节的企业整合物流资源；打造多方位合作关系，构建中间组织型出版物流组织；推动出版物流联盟建设；积极导入供应链管理思想，实现出版物流一体化运作。

此外，许传久在《江苏新华发行集团图书逆向物流管理研究》[33]中，就如何降低图书退货环节所产生的物流成本进行了较为深入系统的探讨，并介绍了美、英、日等发达国家的一些有益经验。

4 发行集团研究

近五年来，针对发行集团上市热潮以及数字化浪潮大背景，不少研究者将目光集中在集团上市、资本运营、数字化转型升级、多元经营以及集团内部制度建设等领域。

伍旭升在《反思当前出版发行集团上市热潮》[34]一文中提出，要对当前出现的出版集团一哄而起、片面追求规模化、市场化的现象进行反思。文中提出要科学规划出版发行集团上市之路，正确处理总量与质量的关系；要正视资本扩张冲动，警惕主业漂移现象；要以募投方向为抓手，实施产业区域规划战略。并提出五个方面的建议，即从全局高度，对出版文化产业集团及其上市做出总体规划部署，进行总量控制，对上市集团的区域分布、产业优势、地域带动效应做出科学规划；对上市集团的募投方向、重大兼并重组项目进行总体调控；对上市集团的主业发展质量效益进行考核，避免主业漂移；加强区域协调和优势互补功能培育，尤其是对各种创意产业园区、数字出版基地、物流配送基地等重大项目的建设进行统一配置，避免重复建设与资源浪费；加大对上市集团资源统筹与标准化、信息化建设等工作。

陈强在《传统发行的运营思考与科技创新》[35]中提出，面对传统书业零售结束高速增长、图书发行业开始新一轮革命的互联网时代，全国发行集团的发展要着重强化平台科技化、打造文化高地，在终端下沉+电商融合、文化聚集+金融裂变、科技创新+移动互联等方面下功夫，由图书卖场营销向营销文化卖场转型，打造混业经营跨界效应，构建精准营销平台，实现全链细化管理和书店全员营销网络社交化，让实体书店的收缩与调适“危”“机”并存。

朱华明、朱炜文在《数字化转型：发行集团数字时代的五个策略》[36]中，就发行集团如何依托现有优势，适应数字化要求，抢占数字化制高点提出了五点战略：①树立“大出版”理念，发行集团从产品、渠道、营销、技术、服务、管理和物流支撑的不同角度，重构自己的经营和管理体系，实现多元化、多媒体、多样化经营，塑造全新的“出版物内容及知识信息提供商”。②丰富数字化产品和产业链，拓宽服务业务范围，开发增值产品，如与数字化产品设备厂商结盟，向终端读者提供电子阅读设备、学习娱乐工具、网站阅读卡、网游虚拟设备等产品，获取增值收益，以多元化、跨媒体经营来提高产品竞争力。③庞大的实体有形网络和细密的教育服务无形网络是发行集团的重大资产，如何实施有效的数字化转型，决定了发行集团的生死。为此，要完成传统业务和网络的双重改造，打造网上销售通道，形成虚拟卖场和实体书店的双轮驱动，特别要以实体的连锁和物流体系打造新的业务平台。努力在传统的实体书店基础上植入数字化内容，从产品、服务、营销、设施的不同角度增加数字化因素。④高级经营管理人才和技术人才是制约数字出版发行的重要瓶颈，因此必须通过有效改革人才激励机制、创新组织形式，激励培养数字出版发行人才。⑤相较于数字内容制作方、民营网络书商、技术服务商等，发行集团的数字化之路已略显滞缓。要做到后发制人、快速占领制高点，就必须采取联盟策略，建立同业间的商业或经营联盟，积极寻求与移动电信等其他关联产业方的战略联盟，建立外部战略合作，形成以我为主、互利共赢的有利格局。

莫振宇在《围绕城市文化综合体推进新兴文化产业发展——基于河南新华发行集团打造城市文化综合体的思考》[37]一文中，以河南新华发行集团为例，对城市文化综合体的多元特征（文化内涵的关联性、文化魅力的辐射性、文化消费的集聚性）、现实依据（是土地集约利用的必然方向，是市场优胜劣汰的自然选择，是城市文化地标的客观需要）、复合意义（是培育合格文化产业市场主体的切入原点，是促进各类文化资源合理配置的重要支点，是推进新兴文化产业发展的消费增长热点，是完善强化新兴文化产业链条的发展重点）进行了较为详尽的介绍，对出版发行集团积极引入新兴文化产业，深化出版发行体制改革，调整产业结构，优化资源配置，转变发展方式，提升出版发行产业集约度和规模化效益等具有借鉴意义。

周丹在《我国出版发行集团资本运营问题述要》[38]中，认为出版发行集团开展资本运营具有重要的战略意义，是出版发行集团做大做强的必由之路，上市融资已成大势所趋，兼并和收购将成为下一步争夺的焦点。文中对资本运营的主要方式进行了概略介绍，并提出资本运营应注意提升核心竞争力，要有清晰的发展目标、投资方向，明确的赢利模式和成长性好的项目，选择符合集团自身发展的合作对象和投资项目等。

马勤在《出版文化企业产业多元化经营研究——以海峡出版发行集团为例》[39]中，以海峡出版发行集团多元化运作的路径为例，对出版文化企业产业开展多元化经营，打造战略联盟，做大出版主业，做强数字网络，开拓文化地产，跟进资本市场等进行了探讨。

曹磊在《国有发行集团的后向一体化战略——以新华文轩为例》[40]中，指出“后向一体化战略”是一种常见的企业经营战略，反映在图书行业，表现为图书销售企业向上游出版领域的扩张。该文就新华文轩的发展历程、优势分析、实施意义三方面分析了后向一体化战略实施。

于强在《对国有企业内部控制制度相关问题的探讨——以江苏省新华发行集团为例》[41]中，以江苏省新华发行集团为例，分析了其内控制度的现状和存在的问题，提出了企业需要改善内部控制环境、积极完善监督与反馈机制、探索适合的评价体系、强化企业的预算管理、加强成本控制、完善企业集团内部控制的内部监督与反馈机制等建议。

5 社店关系研究

2010年以来对社店关系研究的成果较少，主旨在构建和谐社店关系，在新的时代背景下共创新价值。

于殿利在《社店关系——新商业生态下的价值创新》[42]中，主要论述在新的生态环境下，社店关系应该怎样进行价值创新。该文对新的商业形态进行了阐释，指出当前出版生产方式、销售方式和服务方式的变化，读者需求的变化，正在被打破的产业秩序以及文化发展上升为国家战略的大背景。文章进一步指出在新生态环境下，社店关系应与时俱进，确定新的战略和战术：以信息为核心创造价值与传播，共同把价值创新作为维持生存的共同纽带，把国家战略、产业战略和企业战略完美地结合在一起，在新的形势下，把握对产业的主动权和主导权。

王体在《用和谐营销理念构建和谐的社店关系》[43]中，针对目前出版社和经销商——社和店之间关系不和谐，互不配合，合作不力，关系松散的现状，提出和谐营销的理念，即以追求可持续发展、共同发展、建立长期的互相合作为目的，在互利互惠的原则基础上，着力于构建各方的和谐关系，实现各方的目标。主张用和谐营销理念构建和谐的社店关系，优化客户，行事规范，处事诚信，协同营销，共谋发展，共同维护市场实现社店信息共享。文章最后指出，携手共生共荣是社店关系的最高境界和终极归宿。

6 海外发行渠道研究

海外发行渠道是中国出版“走出去”的重要方面，研究者着重从渠道建设现状、问题与策略展开研究。

李松在《中国出版“走出去”的八个误区》[44]中，对中国出版“走出去”中一些常见误区做了归纳分析，并对这些误区一一进行了剖析和反驳。其中一个误区是认为海外分支机构的设立是“走出去”工作的根本保障，作者对此提出质疑：这些海外分支机构是否能生存和发展？海外分支机构是出版单位新的利润增长点还是新的费用中心？并指出：拓展市场和增长利润才是设立海外分支机构的原动力，绝非为了建机构而建机构。除了自行设立海外分支机构之外，也还有很多办法可以实现出版“走出去”。如：版权输出给海外出版商、产品出口给国外渠道商、联合出版等。文中呼吁要冷静对待“海外设点热”。

曹晓娟、方允仲在《加强海外渠道建设增强国际传播能力——落实十八大精神促进中国出版物海外渠道建设的思考》[45]中，对中国出版物海外传播渠道建设存在的问题与对策做了系统的阐述。论文认为，目前海外传播渠道自身不仅存在力量分散、功能单一、缺乏科技支撑等问题，渠道主体（企业）与国外同行业相比也存在显在的差距，主要表现在发行企业规模小、产业集中度低、管理粗放、出口企业缺乏造血机能等。文中指出要以政府为主导，加强规划、制度设计与实施，做好全球渠道网络规划布局，制定以本土化生存发展为目标的系列发展战略，充分利用政策工具打造有利的政策环境，加大对渠道建设的考核监督力度，强化对优惠政策和资金使用效益的评估等。在做大做强市场主体，推动企业走出去方面，文中主张要打造骨干企业，增强国际竞争力，加强海外传播渠道的队伍建设，引导企业完善渠道的双向流通功能，以科技进步促进渠道产业转型升级。

杨琪在《出版“走出去”的瓶颈》[46]中，针对目前“走出去”的现状，提出七点影响出版“走出去”的瓶颈问题：一是少数出版商和发行商的政策性投机行为“绑架”了政府的优惠政策，并导致国外经销商对国内出版发行企业不信任感增加；二是出版物出口价格战导致无序市场竞争加剧；三是孔子学院等一些海外学院实行教材免费赠送的行为，导致海外市场行为更为混乱；四是受内容和语言的限制，中国图书在海外仍是小众市场；五是出版质量与细节问题有待提高；六是国际运输成本高，且缺乏国际宣传手段；

七是数字化背景下，历史舞台已发生改变。

张书勤在《中国出版“走出去”的路径选择》[47]中，总结了中国出版“走出去”的四条路径：出版物直接出口、版权输出、版权合作出版和建立海外出版机构。通过对比分析，论文指出四条路径的优劣：出版物直接出口面临着较大的风险与挑战；传统单纯的版权贸易输出生命周期较短；国际合作出版能通过选择互补合作伙伴而解决市场和技术问题，但运行周期较长，规模也较大；建立海外出版机构比国际合作出版更进一步，但面临着政策、资金和机构规模的限制。

章立言在《我国出版业国际贸易状况与对策探究》[48]中，在分析我国出版业进出口状况和国际出版业市场特点的基础上，提出了发展策略：一是塑造优良的品牌效应，走集团化发展道路；二是选择有利的国际分销渠道，出版物出口企业要选择最佳的出口分销渠道；三是建立国际市场的直接分销渠道，减少中间环节；四是建立多种间接分销渠道，降低成本，提高效率；五是构建图书出口代理商等中间商的分销体系。

7 发行人才研究

专门针对出版发行人才的研究成果并不多，仅有的几篇主要是从强调重视发行人员培养和职业资格制度建设的角度展开研究。

刘大丽在《浅析发行人才培养的几点举措》[49]中指出，发行行业理论研究不足、发行人员的岗位培训严重缺位、职称评审重视不够等，直接导致发行业要直面市场处于“龙头”地位与人员素质不高之间的矛盾。论文就如何面对和改变现状，提出要建立强有力的人才培训措施、人才保障机制，从管理抓起，做好员工培训，信息资源共享，提高应对市场的能力。呼吁强化人才保障策略是解决发行人才问题的强有力保障，是出版发行企业发展的根本。

周蔡敏在《数字时代出版发行人才需求分析——基于高职院

校的视角》[50]中，就数字时代下的出版发行也对人才提出的新要求，从高职院校出版发行人才培养的角度提出了建议。论文对出版发行人才需求状况做了分析，并提出数字时代的发行人员需要具备收集、整理分析各种市场信息，并对出版产品的市场表现、发行方式做出相对准确判断的能力；需要具备信息提炼、驾驭信息、对信息进行整合的能力等。

周一波在《出版物发行员职业资格证书制度刍议》[51]一文中，着重对建立出版物发行员职业资格证书制度的重大意义进行了论述，认为这一举措有利于提高出版物发行从业人员的素质，形成科学的人才评价机制，促进人才合理流动，与国际接轨。呼吁在出版发行业开放进程加快的背景下，出版物发行员职业技能鉴定工作必须“抢先登陆”。论文就统筹协调出版物发行员职业资格证书制度的落实工作提出具体的建议。

参考文献

[1] 范新坤．实体书店倒闭风潮现象背后的潘多拉魔盒［J］．出版发行研究，2011（8）．

[2] 洪九来，蔡菁．“活着还是死去”：拷问实体书店的生与死［J］．编辑学刊，2012（1）．

[3] 李桂君，李琳．实体书店发展的政策支持方式选择［J］．出版发行研究，2011（3）．

[4] 刘益，谢巍．政府如何伸出对实体书店扶持之手［J］．中国出版，2015（8）．

[5] 谢巍，刘益．民营实体书店的扶持政策建议［J］．科技与出版，2015（4）．

[6] 周正兵．实体书店向何处去？——基于巴诺书店转型经验的对比分析［J］．出版发行研究，2011（8）．

[7] 崔谦朔．网店冲击下实体书店的生存之道［J］．华章，2013（26）．

[8] 张红卫．因势而变，因需而变——实体书店商业模式创新实践的思考［J］．出版发行研究，2012（4）．
[9] 陈梦丽．实体书店的现状与未来．东南传播［J］，2012（3）．
[10] 丁海猛，王鹭鹏．从网上书店看传统实体书店的出路——网上书店与传统实体书店比较分析［J］．科技与出版，2012（10）．
[11] 魏彬．中国大陆国有书业电子商务经营管窥——以网上书店为视角［J］．编辑之友，2010（2）．
[12] 张琳，周晓艳．书店线上线下协同经营探析［J］．出版发行研究，2015（7）．
[13] 包一雯．关于实体书店与网上书店如何实现融合的若干思考［D］．上海：上海外国语大学，2012．
[14] 甄薇，刘涛．国外主流网上书店特色服务研究——以亚马逊网上书店为例［J］．现代商业，2012（8）．
[15] 李海龙．亚马逊中国网上书店经营分析［J］．现代经济信息，2014（2）．
[16] 邓勇进．从亚马逊看中国网上书店的差距［J］．计算机光盘软件与应用，2011（5）．
[17] 罗紫初，秦洁雯．当当网和卓越亚马逊网的营销模式研究［J］．编辑之友，2010（2）．
[18] 孙璐．浅析网上书店的营销策略与模式［J］．华章，2013（26）．
[19] 郭帅，宫平．网上书店价格比较优势［J］．辽宁经济，2013（10）．
[20] 张晓蕾．以当当网为例谈网上书店科技图书营销策略［J］．出版发行研究，2012（5）．
[21] 陈诚，程蕾．产业链重定位视角下对我国网上书店发展的思考［J］．软件导刊，2011（12）．
[22] 杨正光．浅析国内网上书店问题与策略［J］．华人时刊，2014（3）．

[23] 张雨露. 我国网上书店业态与发展研究 [D]. 河南：河南大学，2013.

[24] 白冰，林玉蝶. 论网上书店在农村的发展 [J]. 中国出版，2010 (13).

[25] 李民. 基于电子商务背景下的物流配送：现状、模式与对策——以网上书店为例 [J]. 生产力研究，2011 (7).

[26] 陈剑霞. B2C 电子商务物流配送模式分析——以网上书店为例 [J]. 物流工程与管理，2013 (3).

[27] 庄玉辉. 我国图书出版行业物流现状浅析 [J]. 中国出版，2010 (8).

[28] 王海云，付海燕. 北京地区出版社物流现状调查与分析 [J]. 北京印刷学院学报，2011 (3).

[29] 刘灿姣，袁村平. 出版业现代物流体系重构与优化研究 [J]. 出版科学，2012 (3).

[30] 刘妮. 书业分销物流存在的问题与对策分析 [J]. 编辑之友，2011 (7).

[31] 马军，赵静. 我国出版物流行业的基本现状与发展战略 [J]. 出版科学，2012 (3).

[32] 林竹鸣，刘振滨. 组织经济学视角下出版物流整合路径选择研究 [J]. 中国出版，2014 (1).

[33] 许传久. 江苏新华发行集团图书逆向物流管理研究 [D]. 江苏：南京理工大学，2010.

[34] 伍旭升. 反思当前出版发行集团上市热潮 [J]. 现代出版，2011 (3).

[35] 陈强. 传统发行的运营思考与科技创新 [J]. 出版广角，2013 (15).

[36] 朱华明，朱炜文. 数字化转型：发行集团数字时代的五个策略 [J]. 出版发行研究，2010 (1).

[37] 莫振宇. 围绕城市文化综合体推进新兴文化产业发展——基于河南新华发行集团打造城市文化综合体的思考 [J]. 出版

参考，2012（5）.
[38] 周丹. 我国出版发行集团资本运营问题述要［J］. 行政事业资产与财务，2011（6）.
[39] 马勤. 出版文化企业产业多元化经营研究——以海峡出版发行集团为例［J］. 中共福建省党校学报，2011（11）.
[40] 曹磊. 国有发行集团的后向一体化战略——以新华文轩为例［J］. 编辑之友，2012（7）.
[41] 于强. 对国有企业内部控制制度相关问题的探讨——以江苏省新华发行集团为例［J］. 中国集体经济，2010（9）.
[42] 于殿利. 社店关系——新商业生态下的价值创新［J］. 全国新书目，2011（7）.
[43] 王体. 用和谐营销理念构建和谐的社店关系［J］. 科技与出版，2011（6）.
[44] 李松. 中国出版"走出去"的八个误区［J］. 出版发行研究，2011（1）.
[45] 曹晓娟，方允仲. 加强海外渠道建设增强国际传播能力——落实十八大精神促进中国出版物海外渠道建设的思考［J］. 中国出版，2013（13）.
[46] 杨琪. 出版"走出去"的瓶颈［J］. 出版广角，2012（4）.
[47] 张书勤. 中国出版"走出去"的路径选择［J］. 出版发行研究，2011（12）.
[48] 章立言. 我国出版业国际贸易状况与对策探究［J］. 中国外资，2012（5）.
[49] 刘大丽. 浅析发行人才培养的几点举措［J］. 出版发行研究，2013（6）.
[50] 周蔡敏. 数字时代出版发行人才需求分析——基于高职院校的视角［J］. 湖南大众传媒职业技术学院学报，2013（2）.
[51] 周一波. 出版物发行员职业资格证书制度刍议［J］. 科技成果纵横，2011（6）.

【作者简介】

陈含章，中国新闻出版研究院副研究员，出版发行研究室副主任。主要研究方向：出版物发行研究、新闻出版公共服务研究。主要研究成果有：《出版物发行业年度报告》《实体书店扶持政策研究》《组建大型出版物物流集团调研报告》《我国出版物流业发展现状及现代物流对出版发行业格局影响研究》《农家书屋工程建设评估报告》《基层公共文化服务数字化技术应用与示范论证报告》等。

近年来我国出版法制建设的研究进展（2011—2015）

黄先蓉　刘玲武
（武汉大学信息管理学院）

【摘　要】近年来，我国出版法制建设研究在深度和广度上有了新的进展。本文运用文献研究法、内容分析法从出版立法和出版执法两大方面对我国出版法制建设的研究进展进行了综述，总结了我国出版法制建设研究中取得的成就，并指出今后研究的方向。

【关键词】出版法制　出版立法　出版执法

Progress in Research on Construction of Publishing Legal System in China during Last years（2011—2015）

Huang Xianrong　Liu Lingwu
（School of Information Management，Wuhan University）

【Abstract】During the recent years，the depth and width of publishing legal system construction research have extended greatly. This paper gives review of the research on the construction of publishing legal system in China from legislation and law enforcement，utilizing methods of literature investigation and content analytical methods，summarizes the achievements in the research of the publishing legal system of China，and points out the research direction for the future.

【Keywords】publishing legal system　publishing legislation

publishing law enforcement

党的十八届四中全会通过的《关于全面推进依法治国若干重大问题的决定》明确强调，要“建立健全坚持社会主义先进文化前进方向、遵循文化发展规律、有利于激发文化创造力、保障人民基本文化权利的文化法律制度”。作为文化法律制度的重要组成部分，出版法制建设也受到了国家相关部门的重视，与此同时，有关出版法制建设研究也有新的进展，成果颇丰。然而相对于不胜枚举的论文而言，有关出版法制建设的专著屈指可数，代表性著作有陈丽丹的《新闻传播法概论》(法律出版社 2015 年版)，陈洁的《数字时代的出版学》(北京大学出版社 2014 年版)，黄先蓉的《出版法律基础》(武汉大学出版社 2013 年版)，魏永征的《新闻传播法教程》（第四版）（中国人民大学出版社 2013 年版)，崔明伍的《新闻传播法》（第 2 版）（合肥工业大学出版社 2011 年版）等。随着新时期新问题的出现，出版法制建设研究的热点也越来越多。纵观近五年的研究成果，笔者主要从出版立法和出版执法两个方面对其作一次回顾和总结。

1 出版立法研究

依法治国的前提是有法可依。作为党和国家管理出版业的重要手段，出版法与出版业的发展息息相关。健全、完备的出版法律制度能够为出版业的健康、有序、可持续发展保驾护航。对出版立法的研究，这一阶段的研究成果主要从清末民初出版立法的历史研究、出版立法现状研究、著作权法的研究、国外出版法制建设及中美比较研究等方面展开。

1.1 清末民初出版立法的历史研究

对出版法历史的研究主要是对清末、民国时期出版立法的研究以及对新中国成立前中国共产党在出版法制建设上的探索、成就进行评价。

（1）清末出版法制建设顺应了时代和历史的潮流。

清末民初政权交替、社会动荡不安，我国出版法制建设的萌芽恰巧出现在此时。清朝末年，政府陆续制定并颁布了一系列的出版法规，如我国历史上第一部出版法律《大清印刷物专律》以及《大清著作权律》等，揭开了我国出版法制建设的序幕，"顺应了时代和历史的潮流"[1]，但"这只是在表面上用法律的形式确立了言论出版自由，实际上是清政府用其来控制出版机构、保证朝廷的变法政策得到贯彻落实"[2]。

（2）民国时期出版法制建设呈现出新闻立法与实践、官方管理与新闻出版活动相断裂的趋势。

民国时期的著作权法律制度深受清政府《大清著作权律》影响，"虽然在措辞方面有所修改，却在整体上基本延续了清政府制定的著作权法律制度，在实质上未发生重大变化"[3]。而后，南京国民政府制定的《出版法》尽管在立法技术和立法内容上表现出较高的水平和一定程度的进步性，但因其致命的缺陷——"以钳制舆论为宗旨，为出版统制提供法律依据"[4]，最终被废弃。

有学者从其他角度研究南京国民政府时期的《出版法》。如从《出版法》与国民政权的关系分析，指出《出版法》的修订与国民党政权是同步的[5]；或从《出版法》与政党政治、媒介舆论、公民权益三者关系切入，分析《出版法》的立法背景、立法过程、立法精神、立法内容与法规实践[6]，试图为当今政府新闻出版立法提供参考与借鉴；任冬梅[7]从"社会幻想小说"的出版与传播分析清末民初的出版法规，并指出与晚清政府的《大清著作权律》相比，南京国民政府的《出版法》在"某种程度尊重了新闻出版自由，给了新闻出版部分的发展空间"，因而"社会幻想小说"获得比晚清时期更大的发展。郭毅[8]以 1948 年《报学杂志》组织的第一次座谈会为切入点，归纳当时国统区十位报界领袖、新闻学与法学专家对南京国民政府 1947 年《出版法修正草案》的三个议题，分析当时舆论界对该草案的反应。张莉[9]对南京国民政府时期的新闻出版法制进行历史逻辑与理论逻辑的考察，指出"言论出版有限自由"原则是这一时期所确立的最重要的新闻出版宪法原则，进一步指出由于受到“以党治国”的政治体制的影响，南京国民政府新闻出版法制逐渐显示出新闻立法与实践、官方管理与新闻出版活动相断裂的趋势。同时，从本质上来说，这一时期的新闻出版法律“是违反新闻出版自由的，是具有法西斯主义性质的法律”[10]，而国民政府实施的新闻统制制度在根本上违背了人民的意愿，是其失败的根本原因。

（3）新中国成立前中国共产党的出版法制建设，为新中国成立后的新闻出版政策法制建设奠定了重要基础。

新中国成立之前，中国共产党在艰苦卓绝的条件下仍颁布了相关出版法规，构建了富有时代特色的新闻出版政策法制体系，宣示了新民主主义新闻出版自由的阶级观，形成了系统的党的新闻出版基本制度，出台了兼具原则性和灵活性的非党新闻出版政策法规，为新中国成立后的新闻出版政策法制建设奠定了重要基础，“在我国新闻出版法制史上开启了崭新的篇章，树起了划时代的界碑”[11]，并“实现了中国历史上出版立法的伟大超越”[12]。

1.2 出版立法现状研究

对我国出版立法现状的研究比较分散，如有学者研究指出，在党的领导下，我国出版法制建设与中国特色社会主义法律体系的形成是一致的，并认为“从法源或广义上说，我国有出版法”[13]，然而，现实中知识产权纠纷案层出不穷，依然反映出我国出版法制建设中的不足。有学者以 2011 年发生的百度文库案为切入点分析构建我国出版法律体系的必要性，并从宏观和微观两个角度提出具体的建议[14]。还有学者从我国义务教育教科书出版监管现状出发，提出应完善我国义务教育阶段教科书出版的法律监管制度[15]。凡此种种，均折射出我国出版立法的不足与缺失。除上述几个单独的研究成果外，可将研究成果大致分为三个方面。

1.2.1 出版标准与出版法规的关系研究

（1）新闻出版标准化体系正在形成。

我国出版业标准化工作始于 1984 年，至今陆续组建了出版、印刷、发行、信息化 4 个标准化技术委员会，使标准化机构的业务范围实现了出版产业链的全覆盖[16]，完成了《中国标准书号》《中国标准连续出版物号》《中国标准录音制品编码》《图书在版编目数据》《印刷技术术语》等几十项国家标准和《出版术语》《新闻出版数字资源唯一标识符》等100多项行业标准的制定工作。随着数字化、网络化进程的加速，管理部门和各标准化组织开始开展与数字出版相关的标准化工作，2011年12月底，《数字出版标准体系研究报告》发布，我国数字出版标准化的整体框架基本形成；2012年，全国新闻出版标准化技术委员会加快了在4项数字出版格式标准、12项电子书内容标准、手机出版系列标准等方面的制定工作[18]，一个涵盖编辑、出版、印刷、发行、信息化、数字出版等领域的新闻出版标准化体系正在形成。出版标准化体系的形成与实施能够在出版领域发挥标准化的产业效益，增强我国在标准领域的国际话语权，提高我国的文化生产力、文化传播力和文化影响力[19]。

（2）出版标准与出版法规协调发展。

出版标准是保证出版物在产、供、销方面获得最佳秩序的规则；出版法规是规范出版活动的法律规范，是出版行政管理部门依法管理的依据。如何将出版标准与出版法规有效地协调起来，更好地促进我国出版产业的发展，是一个值得研究的课题。武汉大学信息管理学院黄先蓉教授承担的原新闻出版总署委托的重点课题“新闻出版标准与新闻出版法规体系的协调发展研究”于2011年启动。课题组围绕这一主题发表了一系列的研究成果，较为全面地论述了出版法规与出版标准的关系[20]、协调发展的必要性[21]、协调发展应坚持的原则[22]以及在市场经济条件下二者如何协调发展[23]，并从不同角度如出版标准与出版法规所涉概念的不同解释分析[24]、中国标准书号的规制[25]以及环境保护和工程建设行业标准与法规体系的协调发展对出版行业的启示[26]等，对出版标准和出版法规的协调发展做了深入而细致的研究。

1.2.2 数字出版立法研究

数字出版作为近几年异军突起、发展迅速的新兴产业，其产值从2006年的213亿元迅速增长到2013年的2540.35亿元，已经成为我国出版产业乃至文化产业的重要经济增长点。新技术的产生必然带来新问题的出现，数字出版产业面临的问题需要法律法规进行规范。近年来，对数字出版的研究主要集中在探讨数字出版的盈利模式、数字出版平台的搭建等，对于数字出版法律制度建设方面的专门性研究相对较少，散见于上述研究成果的部分内容中。

(1) 数字版权保护体系是整个数字出版法治领域最突出的一部分。

数字出版的法律基础是《世界知识产权组织版权条约》(WCT)与《世界知识产权组织表演和录音制品条约》(WPPT)所确立的“两权两翼”结构，即复制权条款+向公众传播权条款+技术措施反规避条款+权利管理信息条款[27]。在“两权两翼”结构的基础上，我国目前已形成了以《著作权法》为主，以《信息网络传播权保护条例》等若干行政法规、司法解释为补充的数字版权保护体系[28]。数字版权保护体系虽然是整个数字出版法治领域最突出的一部分，但就我国数字出版法律制度而言，仍存在众多问题，如现有法律制度可操作性不强、统一的数字化标准缺乏、数字出版准入许可制度尚未建立、数字出版物权利管理信息立法缺失、数字出版资源的长期保存制度缺失[29]、数字授权模式单一、集体管理功能受限[30]等。

(2) 完善我国数字出版法律制度是建立健全文化法律制度应有之义。

党的十八届四中全会提出要建立健全文化法律制度，数字出版法律制度作为文化法律制度的重要组成部分也是其应有之义。对此，有关研究人员从不同角度提出了建议。杨青、沈秋蕾[31]从数字版权交易入手对我国数字出版法律制度做出思考，认为“数字版权交易的规范化管理是完善数字出版法律法规的前提”，刘慧静[32]提出从数字出版选材、数字出版物发行和受众群体三个环节进行立法，构建完善的数字出版法律管理体系，周澍等人[33]则建议学术界应当汲取相关产业市场监管的成功经验，研究如何加强数字出版立法工作，以推动或完善相关法律、地方性法规、部门规章。

法律法规作为国家立法机关制定的用于调整人们行为关系的规范性文件，都有其追求的理想目标，即价值目标。数字出版法律法规也不例外。具体来讲，数字出版法律法规的价值目标是“追求各方主体权益上的平衡，兼顾技术、经济和社会三者的同步发展以及促进文化发展与保证文化安全的统一”[34]，为实现该目标，在制定和完善过程中，“就必须坚持效益原则、协调原则、立足国情原则、前瞻性原则和吸收借鉴原则”[35]，还应注意和解决数字出版法律法规体系的系统性问题、可操作性问题、立法部门的协调性问题、立法模式问题以及技术中立问题[36]。同时要“从国家文化安全角度构建我国数字出版法律制度”[37]，在制定数字出版法律制度时，要“树立大局意识，充分考虑对文化安全带来的影响”，以便“促进安全、长效文化保护机制的形成”[38]，通过立法措施建立文化安全屏障，切实维护我国文化安全。

1.2.3　出版自由研究

出版自由是公民的基本民主权利之一。随着印刷术的兴起与普及、时代的进步和对自由内涵的深化理解，出版自由已超越民主权利的范畴，成为当今世界的一种普世价值观。历史上，国内外都曾对出版自由进行钳制，如我国秦始皇时期的“焚书坑儒”，英国最早实行的出版审查制度等，但“恰恰是对言论与出版自由的压制，才催生出了近代意义上的言论自由与出版自由的法律制度”[39]。如今，世界各国都在宪法中有保障公民出版自由的条款。

这一时期对出版自由的研究，成果较多，大概可归纳为以下几个方面：对马列出版自由观的研究，对我国清末民初、抗战时期以及我国当代出版自由的研究，从宪法角度研究出版自由、新型传播技术下的出版自由研究等。

（1）马克思、恩格斯、列宁的出版自由观。

出版自由作为马克思思想的重要内容之一，出现在马克思恩格斯的众多著作里。马克思的出版自由观念经历了三个发展阶段，分别是抨击封建书报检查提倡出版法治、批判仍带有王权色彩的出版法和诉诸于无产阶级革命[40]，马克思最终将其提升到社会革命的层面，并将其作为指导工人运动的思想武器[41]，而马克思也从新闻人转变为革命理论家。马克思在担任《莱茵报》主编后就开始务实地思考法治与出版自由的关系，因此对于马克思出版自由的论述蕴涵着这样一种思想："新闻出版自由是相对的而不是绝对的，自由只有通过法律才能得以保障。"[42]关于"绝对的（新闻）出版自由"，恩格斯在其晚年的著作里曾两次提及，列宁也曾多次提出要将此写入俄国社会民主工党的党纲，陈力丹教授[43]指出"他们所说的新闻出版自由，是指法治条件下的新闻出版自由，它的对立面是以'人治'的任性钳制新闻出版业"，这里的"绝对""不是哲学概念，而是一个法学和政治学的概念"。关于列宁新闻出版自由的理想，陈力丹教授归结为四个"摆脱"，即"摆脱了警察的压迫，而且摆脱了资本，摆脱了名位主义，甚至已摆脱了资产阶级无政府主义的个人主义"[44]。

（2）清朝末年禁锢和压制出版自由。

清朝末年是我国历史上比较特殊的时期，一方面我国正发生着一场重大的政治转变——由君主专制向君主立宪制过渡，另一方面在"西学东渐"和"东学西渐"的交互过程中，出版业得到了不同层次的发展，出版自由也获得相应的发展。例如，在清末民初中小学政治、法制、修身、公民等教科书中，"出版自由"的概念从无到有，逐渐清晰，成为公民应该掌握的基本知识[45]。面对较为先进的思想，清末"统治者一方面不得不积极进行改良和吸纳，另一方面对于危机皇权政体的不利影响始终耿耿于怀，禁锢和压制出版自由也就顺理成章"[46]了。

（3）抗日战争时期出版自由观的三种取向。

抗日战争时期的出版自由观有三种取向：保守观点以三民主义为理论基础，认为在战争环境下应该实施新闻统制政策；激进观点认为越是处于国难越要开放出版自由，不应有所限制；折中观点认为可以有尺度地加以限制[47]。在当代，我国的出版自由应着眼于法律如何保障出版自由和如何规制出版自由，为此有人提出要制订《出版自由法》[48]。

（4）如何保障我国宪法规定的出版自由。

出版自由从提出再到观念和制度的形成，要经历一个相当漫长的发展过程，即使西方国家也不例外，而且任何国家的出版自由都是建立在与之相适应的新闻出版体制基础上的；同时，不管哪种社会条件、哪种国家制度下的出版自由，必然都要受到该国法律的规范和国情综合因素的制约[49]。

我国《宪法》第35条规定："中华人民共和国公民有言论、出版、集会、结社、游行、示威的自由。"出版自由作为我国公民享有的一项基本权利被写进宪法，"保障公民依法行使出版自由的权利应当是立法的终极目的，是第一位的"[50]。而"当言论、出版自由与法律规定的出版程序不相符合时，我们应当适当地向前者倾斜，这是民主国家法律保护公民参政议政的一项重要职能的体现"[51]。基于此，如何保障宪法规定的出版自由成为这一时期的研究焦点。

当前我国对出版业的规制，主要是国务院及相关部门颁布的行政法规、规章，"这些法规和规章所针对的个人自由绝大部分均属于宪法出版自由的保护范围"，甚至这些法规和规章所涉及的一些出版内容，受到宪法保护的强度还比较大，因此有必要对这些法规和规章"进行宪法正当性审查，以维护宪法权威"[52]。另外，范进学教授[53]从刘福堂案和杨玉圣案两个案例出发，拷问"谁才是宪法权利的真正守护者"，指出"行政机关成了对权利自由的裁判者"，因此我国新闻出版事业"不仅要立法保障出版自由，而且要立法规范新闻出版界的种种事宜，以利于人民言论通畅，新闻有序，出版有法可循"[54]。

（5）技术的发展使出版自由有了更大的实现空间。

传统印刷术的兴起催生了出版自由理念，但受制于传统印刷技术，个体表达权利必须通过受到社会复杂系统制约的出版企业来实现。数字出版时代的到来，因突破传统印刷技术的限制，人们在"表达自我实践中遇到的各种阻碍和限制被不断打破，表达自我的能力也因此逐步提升"，出版自由便有了更大的实现空间[55]，如自助出版、微博出版等的出现。"新型媒介技术使微博成为自由表达的有效工具，微博的'微'字特点便于公众实现表达自由"[56]，但由于我国还缺乏对微博的法律监控，使微博在充分给予公民出版自由的同时，也容易损害他人、社会乃至国家的权利和权益。美国、印度和韩国等国已经对微博实行了较为有效的法律管控。我国必须对微博加以规制，完善相关法律制度，使“微博从毁誉参半中走出来”[57]，为社会的发展提供正能量。

1.3 著作权法的研究

著作权即版权，是作者对其创作的作品所享有的人身权和财产权。对著作权法的研究一直是出版法制建设研究的一个重要方面，也是研究的热点领域之一。正值我国《著作权法》进行第三次修改工作，原新闻出版总署于 2012 年 3 月 31 日公布了《著作权法》(修改草案) 引起了国内外的普遍关注。因而有很多文章对著作权法的修改进行了较为深入的研究，许多专业性期刊也开辟专栏、专题刊登对著作权法修改的研究性文章，如《知识产权》《法学杂志》分别在专栏、专题中刊登了多篇文章。

(1)《知识产权》专栏研究《著作权法》第三次修改。

《知识产权》于 2012 年第 5 期开辟《著作权法》第三次修改专栏，集中刊载了一系列由著作权研究专家学者撰写的评析修改草案的文章。国家版权局副局长阎晓宏认为，第三次修订“应把产业发展与鼓励创新结合起来，把使用者与权利人结合起来”以达到新的平衡，指出修改《著作权法》的原则是在达到国际标准的前提下，充分考虑我国国情，从实际出发，使著作权法能够适应经济、社会、文化和技术进步发展的需要，有利于推动文化发展繁荣和各类文化作品的有效传播，使权利人实现自己的权益，作品得到广泛传播使用，公众获得更多的文化享受，公众收益、产业发展。[58]中国人民大学知识产权学院院长刘春田认为，《著作权法》修改工作应当秉承积极、稳妥、科学、理性的精神[59]。中南财经政法大学知识产权研究中心主任吴汉东则从修改的内容指出，本次修改草案在著作权客体、著作权内容、著作权限制、著作权集体管理、著作权保护等方面有新突破，兼具了国际化与本土化，平衡了产业利益与公共利益，同时也指出在一些具体规则的设计上，由于缺乏配套规范的支撑，可能会损害部分权利人的利益[60]。中国社会科学院知识产权中心主任李明德从修改的内容上主张废除《计算机软件保护条例》，明确规定作者的精神权利和经济权利，删除发表权和修改权等原有的精神权利，并将原有的12项经济权利归纳为复制权、发行权、演绎权、传播权、展览权和出租权6项[61]。时任最高人民法院政治部副主任罗东川从实际司法工作出发指出，《著作权法》的修改“应当突出修改的重点，尤其要从我国国情出发，从促进产业发展考虑，从有效保护著作权人的合法权益出发，着重解决著作权意识不强、权力行使较差、权力保护力度不够等问题”，在此基础上提出修改工作应确保四个“注重”，即注重著作权制度的顶层设计、注重社会著作权意识的培养、注重著作权权利的形式和运用、注重著作权的保护和救济[62]。

（2）《著作权法》的修改需本着“事预则立，事以密成”的精神。

对修改草案从整体上做出评价的同时，一些研究者则从细处着眼，对修改草案进行研究、分析：建议废除修改草案中第16条关于职务作品的规定[63]，对19条和37条的合理性和可行性进行研究[64]，“三步检验法”对图书馆合理使用范围的确定、著作权法律风险的降低以及扩展合理使用的范围空间具有重要意义[65]，从孤儿作品的利用困境[66]提出法定许可制度的可行性[67]，修改草案中关于视听作品作者利益分享权的规定打破了视听作品产业长期以来形成的利益平衡格局[68]，对著作权客体制度[69]和延伸性著作权集体管理制度的研究[70]。另有学者从“权利的行使”[71]、实用艺术作品的法律保护[72]和时事新闻条款[73]等角度完善著作权合同制度，还有学者从结构和条款等更为细节的方面着眼，呼吁“立法者以‘事预则立、事以密成’的精神来完善著作权法的法制体系。”[74]

1.4 国外出版法制建设及对我国出版立法的启示

这一阶段，既有对美国、英国及其他国家的出版法律制度建设的研究，也有对中美出版法律制度比较的研究。

1.4.1 美国为实现版权利益平衡进行多方博弈

版权法是为了平衡权利人、传播者和社会公众之间的利益，这种平衡是各国版权法立法的基础，特别在数字环境下，利益平衡的实现是版权制度中的重点和难点。对数字出版技术水平领先全球的美国来说，合理的版权利益平衡机制为其数字出版的发展奠定了基础。在 SOPA（Stop Online Piracy Act）立法过程中，美国国内各方利益的博弈以及美国与其他国家的博弈[75]，恰恰体现了美国为实现利益平衡在数字出版立法中的努力。美国数字出版法律制度的发展同样也受到一些因素的制约，如传统娱乐软件产业的强大、公众利益的忽视、版权利益的转移以及版权意识的薄弱等[76]，这也正是美国数字出版法律制度的发展方向。

1.4.2 英国版权法修订的核心在于平衡多方利益

英国作为现代版权制度的发源地，为保护和促进数字出版产业的发展，英国政府对版权法进行全面的修订，其核心在于“平衡读者、出版商、软件技术人员等和著作权人之间的利益”和“协调人类文化公共性与其版权资源合法性之间的关系”[77]。2010 年以来，英国通过政府强有力的版权制度改革和充分的社会互动机制，形成较为清晰的版权改革政策框架[78]，使版权制度更加完善。同时，为保护数字版权，英国制定了《数字经济法》，使通信管制机构的管制范围由传统媒体扩大到互联网等新媒体，并对在线版权侵权、与互联网域名注册相关的权利等做出规定[79]。“数字英国”作为英国未来发展目标，英国政府将逐渐强化对版权人的权利保护，更加明确网络服务提供商的责任，同时合理兼顾公众利益，注重公众权利保护[80]。

1.4.3 其他国家数字出版法律制度建设

法国政府在坚持“文化多样性”的原则下，陆续出台和修订一系列的法律法规及政策继续保护和发展本国出版业，特别是数字出版产业的发展[81]。德国政府出台了一系列法律法规，从立法、司法、执法、版权保护、数字内容管理等方面对数字出版进行调节，对数字出版的健康、有序发展起到了基础性的规范和保障作用[82]。日本政府为振兴数字出版产业，减少数字出版产品在流通过程中的障碍，保护数字出版产品的版权推动电子书籍的普及，通过立法赋予出版社“著作邻接权”，更好地保护出版社利益[83]。同时，日本政府还提出“数字内容立国”的发展目标，把数字出版等内容产业定位为“积极振兴的新型产业”[84]。韩国以立法为基础，以技术过滤为依托，以分级审查为辅助，初步建立了相对行之有效的互联网三级版权行政管理体系，在维护数字版权方面起到重要作用[85]。印度之所以能成为世界出版大国，很大程度上得益于印度政府为图书出版建规立制以及“刚柔并济”的管理模式，如与国际完全接轨的《版权法》及相关法律、责任明确的政府服务机构等[86]，而印度政府为新闻出版产业发展制定的柔性的、引导性的管理规定和措施，正是我国要学习和借鉴的地方。

美国、英国、日本、韩国得益于各自国家在政策和法律方面的支持，它们数字出版产业的发展领先于世界其他国家。其中，美英两国对于数字出版产业的发展，更多强调市场在产业发展中资源配置的基础性作用，政府不介入产业的运作过程；而在日韩两国，政府则起到了决定性作用，是典型的国家战略推动模式。尽管如此，四国在明确数字出版产业发展、完善数字出版产业政策法规体系、实施经济扶持政策方面具有相同点[87]。此外，他们还与时俱进地修改原有法律法规，以适应数字时代的发展潮流[88]。

1.4.4 中美出版法律制度比较

“不同法系、不同社会制度、不同历史文化背景、不同现实发展需要，出版法制必然不同”[89]，美国与我国出版法制在对出版言论自由的规定、与国际的接轨和对非法出版物的刑法保障上有共同点，然而法系、国家结构形式、行政管理力度的不同决定了判例和精神权利、法律制度体系、出版单位设立方式的不同。在版权保护意识和法律法规的执行上[90]，与美国相比，我国版权保护意识仍然缺失，法律法规的执行力度依旧较弱。就具体法律法规而言，美国《数字千年版权法》与我国《信息网络传播权保护条例》在合理使用、技术保护措施、ISP 免责条款、权利管理信息等方面的规定存在不同。这些不同虽没有优劣之分，但就其实施效果来看，美国更胜一筹。美国数字出版虽然体系庞大、支系繁多，但鲜有版权纠纷案件发生，这得益于美国严格的版权制度[91]、统一的技术标准、运营监管等一系列的监管机制[92]，对我国数字出版的发展极具参考价值。

2 出版执法研究

法律的生命力在于实施，法律的权威也在于实施。我国虽然没有《出版法》，但出版法律法规体系在"一法五条例"的法律法规框架下已相对完善，如何践行"有法必依，执法必严，违法必究"成为执法的关键。新的时期，各种非法出版物、盗版活动等依旧猖獗，并呈现新的形式，通过"私服和外挂、网络链接、网站盗版及非法下载、网络论坛、P2P 文件共享、搜索引擎"[93]等形式进行数字出版物盗版。针对新问题，广大行政管理工作者和学者纷纷对此进行了不懈研究，发表了大量的研究成果，主要包括出版行政管理法制化研究、"扫黄打非"研究、盗版出版物研究、针对网络盗版的专项"剑网活动"研究以及对伪书现象研究等。这些研究不仅在理论上丰富了出版执法的研究内容，而且在实践上也为管理和执法部门提供了理论依据。

2.1 出版行政管理法制化研究

十四大以来，我国出版行业行政管理形成了预报机制、引导机制、约束机制、监督机制、奖惩机制、责任机制六大宏观调控机制，以企业（法人）准入、市场准入、职业准入等准入制为基础的出版管理体系[94]和以"一法五条例"为基本格局的出版行政法制体系[95]。其中，国务院制定的《出版管理条例》，是出版活动和出版行政管理的基本法律规范[96]。

随着文化管理体制的进一步深化，始于 2008 年的大部制改革，终在五年后施行于出版行政管理部门。2013 年原国家新闻出版总署、原国家广电总局职责整合，组建国家新闻出版广播电影电视总局。由此也引发了众多讨论。《潇湘晨报》[97]评论："不如命名为'国家传媒总局'"，一方面使传媒总局与文化部的职能相区分；

另一方面，组建后的名字无法穷尽日新月异的媒介新品种。尽管如此，大部制管理下的新闻出版与广电体制改革，将会凸显行政减肥带来的成本压缩效应，激发多元主体创新改革的正能量，为跨媒体发展提供法规和政策的认可，提升我国新闻出版行业发展的核心竞争力[98]。

2.2 “扫黄打非”研究

“扫黄打非”是我国对出版物及相关文化市场进行管理的主要手段，是一项执法活动。党的十八大首次把“开展‘扫黄打非’，抵制低俗现象”写入报告，为进一步做好“扫黄打非”工作指明了前进方向[99]。近年来，对“扫黄打非”的研究主要体现在对“扫黄打非”工作经验的总结、对非法出版物的鉴定及犯罪量刑的研究。

2.2.1 “扫黄打非”经验总结

自1989年党中央决定开展出版物市场“扫黄打非”工作以来，“扫黄打非”已经成为适合我国国情的专项整治活动，在打击出版领域的违法犯罪活动方面取得了显著的成效，也为文化产业的发展营造了良好的环境，但“由于受社会主义初级阶段还不成熟的市场经济的限制，国内的文化产业尤其是出版业方面，出现了数量不容小觑的低俗、盗版、淫秽色情等出版物，给文化产业的良好秩序、社会主义和谐文化以及我党的精神文明建设造成恶劣的影响”[100]。从近年来研究成果看，可以分为四个方面。

2.2.1.1 “扫黄打非”工作机制创新

从历年全国“扫黄打非”办公室公布的年度十大数据可以看出，在全国“扫黄打非”力度如此之大的情况下，违法犯罪分子并没有收敛。以2011年数据为例，2011年全国查处的各类“扫黄打非”案件比2010年增长了11%，2011年全国共收缴各类非法出版物5200万件，比2010年的447.3万件增长了15%，其中淫秽色情出版物增长26%，侵权盗版出版物增长25%，非法报刊增长17%，为改变当前这种局面，要从“扫黄打非”的实际工作入手，创新工作理念和工作机制。

在工作理念方面，首先从宏观管理理念上进行创新，加强系统性宏观整体的治理[101]；中观层面，要“变局部式思维为全局型考量，变行政式思维为法制化谋略，变震慑式思维为根除式理念，变运动式思维为常规化观念，变单纯封堵式思维为封堵与发展并重的战略”[102]；微观层面，准确并合理界定“黄”与“非”，“必要时可采取分级分类管理，使‘扫黄打非’工作更具操作性、合理性和现实性”[103]。此外，在“扫黄打非”中要“摒弃阶级斗争的思维模式”，去掉“扫黄打非”四字中“攻击性较强的‘扫’和‘打’字样，改成一种正面积极的文字”[104]。

在工作机制方面，当前运动式的治理模式是“国家治理能力欠缺的表现”，而“法治较为健全的国家很少甚至没有采用运动式的治理方式”，从长远来看，应采用常规治理方式，即通过制度特别是法律制度来实现日常的管理和控制[105]。要按照科学发展观的要求建立和巩固“扫黄打非”长效机制——以“以人为本”为指导建立宣传教育和舆论引导的长效机制、以“统筹兼顾”为指导建立工作案件查处和日常监管的长效机制、以“全面协调可持续”为指导建立工作体制和运行机制的长效机制。从实际工作出发，改变以往分散的执法机制，变“九龙治水”为“一脉相承”[106]。另外，市县一级的“扫黄打非”机构和队伍设置往往存在非科学化风险，“直接危及国家意识形态和文化安全，严重影响‘扫黄打非’工作深入推进”[107]，因此在文化体制改革中，要依法科学完善市县一级的工作机构和队伍的配置。

2.2.1.2 “扫黄打非”的成本研究

历来“扫黄打非”工作只强调“产出”，很少提及“投入”，主要原因与这项活动本身是政府行使公权力有关，然而在讲究效益的今天，要正视其所产生的各种经济成本和社会成本。经济成本指这项行动所耗费的经济资源，这种资源消耗可通过精密的数学工具计算出来，社会成本指这项行动可能给社会带来的各种影响，包括积极的和消极的，但这种影响很难用经济的指标计算出具体的数值。现实中，为了节省成本，我国的部分地区一般不单独为“扫黄打非”设立固定的编制，而是由各相关部门抽调人员组成临时的班子，再指定专门负责人协调行动。这种“临时工”身份与“扫黄打非”工作的重要性极其不符[109]，还影响了工作的执行和效果。显然，以这种方式节省成本弊大于利，更为适合的路径，是“将‘扫黄打非’的部分任务授权和分解给各种自治的协会和行业组织以及其他相关的机构，发动社会的力量来解决”[110]。在对非法出版物的处置上，可以避免公开销毁的方式，“采用一种更环保、更节省经济成本的方式”[111]。

理论上讲，“扫黄打非”所需要的投入和产生的各种成本都是值得的，并且会获得更大的社会效益，但如果能采取一些措施降低其产生的经济成本和社会成本，何乐而不为？

2.2.1.3　对互联网和手机“扫黄打非”的研究

随着互联网、信息技术的发展，淫秽色情、非法侵权出版物的传播渠道，从原先传统出版物传播转向传统出版物与新媒体出版物共同传播的并行局面。其中互联网传播和手机传播是最为主要的传播路径。

（1）互联网“扫黄打非”应加强顶层设计，建立长效机制。

互联网环境下的“黄”和“非”出版物，由于传受主体界限的模糊化、传播内容的个性化、传播形式的隐匿性、传播空间的无极限性、传播速度的迅捷性以及传播行为的互动性[112]，使“扫黄打非”更加困难。不可否认，互联网在“扫黄打非”的活动中也起到了积极的作用，但“互联网在辅助扫黄打非工作的同时，也是网络违法违禁、色情淫秽、侵权盗版出版物泛滥传播的罪魁祸首”[113]。面对网络新技术给“扫黄打非”带来的挑战，应加强对新技术的了解和掌握，尽快实现对网络文化产品及其经营的有效监控，创新管理模式并建立与电信基础运营商和增值业务运营商的协作机制，成立专门机构研究配套方案，从多角度对文化产品进行内容监管，加强顶层设计，统筹考虑意识形态部门与电信部门的法律关系，统筹考虑现有法规规章的制定和修改[114]。此外，相关部门定期开展的“净网”活动“只能治标，而不治本”，这种“‘运动式’扫黄并不能从根本上解决问题”，应该“建立一套长效机制”，“斩断网络色情信息背后的黑色利益链”[115]。

(2) 手机“扫黄打非”的关键是加强法制建设，完善监管机制。

与互联网传播相似又略有不同，“手机传播具有即时性、交互性、利益链条复杂、传播边际成本低且获利变现能力强等特点”[116]，加之智能手机使用率的提高，3G、4G移动网络的普及，使手机传播越来越成为淫秽色情、非法侵权内容传播的重要通道，为此在当前的“扫黄打非”工作中，首先要进一步摸清手机传播的规律、特点，其次要开展多部委联合行动，建立完善的工作机制，但关键是加强法制建设，完善手机网络监管，清除淫秽色情、非法侵权内容生存的土壤。

2.2.1.4　与“扫黄打非”有关的研究

黄色、淫秽、色情等出版物一直是出版行政管理部门重点打击的对象，也是“扫黄打非”工作的重点，这是因为“黄色出版物在我国本身就具有违法性，即违反国家法律法规而进行的非法经营和非法消费”[117]，对社会带来了众多负面影响，同时，对人，特别是未成年人的全面发展和社会进步具有相当程度的阻碍性。“扫黄”作为治理色情的重要措施，与政治和政权存在紧要而敏感的联系，再加上没有区分成年人与未成年人的知识环境，造成我国色情治理独特而复杂的状况。为此，在“扫黄”中应“去政治化”，鼓励和引导行业机构、民间非政府组织加入到色情信息治理，发挥自律机制和共管机制，同时还应区分成年人和未成年人的媒介环境，尊重人的多样诉求，避免把成年人和未成年人“一锅煮”[118]。

高校学报作为重要的学术基地，是我国高等教育事业和科学事业的重要组成部分，随着国内外各种复杂因素以及市场机制的影响，这块学术净土也面临“黄”和“非”的威胁。面对这种威胁，高校学报除做好把关、审稿、编辑等基本工作外，还应通过宣传“扫黄打非”、发挥自律功能、建立监督体系、弘扬学术正气、打造学术精品等途径充分发挥在“扫黄打非”上的重要作用[119]。

2.2.2　非法出版物的鉴定及犯罪量刑研究

非法出版活动不仅扰乱了出版物市场的正常秩序，而且误导了广大消费者，特别是对学生、教师和科研人员产生了不良影响。“受到非法出版物污染的图书馆就不能对中小学生进行积极的人生教育，不能引导他们迈好人生的最重要的一步”[120]；教师和科研人员主要受到非法期刊的影响，“一部分教师和科研人员缺乏识别非法期刊的相关知识，往往在不知情的情况下将自己的科研论文投给非法期刊，造成了不必要的损失”[121]。

近年来，随着“扫黄打非”专项整治活动的深入，非法出版活动在一定程度上受到了遏制。这一阶段的研究注重于对非法出版的鉴定以及非法出版物犯罪及量刑的研究。

2.2.2.1　非法出版物的鉴定

“非法出版物的鉴定是非法出版物鉴定职能机构对出版物样本（包括数据）进行分析，审查其出版主体、出版过程、出版内容的合法性状况，判定其是否属于非法出版物的技术性鉴定。”[122]非法出版物的鉴定是打击非法出版活动中一项非常重要的工作。随着社会文化产品生产方式的繁荣、文化产品种类的增多、互联网技术的发展、出版技术的进步、非法出版物形态的变化、非法出版案件的复杂化、所依据法律法规适应度的降低以及统一明确规定的缺失，使鉴定工作更加困难，急需“建立规范统一的鉴定标准，解决鉴定工作中的实际问题和难题，让鉴定工作更加‘依据清晰’‘线路便捷’”。

在制定鉴定标准的过程中，要特别注意三点：一是在鉴定执行程序上要对出版物鉴定中的规范规则、流程、文件格式样式等进行标准化；二是要对鉴定工作的“物件认定规则”“法件依据规则”进行统一规范；三是要制定一个标准体系框架[123]。有了统一的鉴定标准，建立一个统一、高效、完备的非法出版物信息网络查询系统、共享出版物鉴定数据资源就显得更为迫切。“非法出版物数据库建设需要管理层面的统筹和支持，需要各地及各类相关机构、鉴定机构的通力配合”[124]，才能实现数据一体化管理，最终支持、服务于非法出版物的鉴定工作。

2.2.2.2　非法出版物犯罪量刑研究

最高人民法院《关于审理非法出版物刑事案件具体应用法律

若干问题的解释》中关于非法出版物的罪名有煽动分裂国家罪或者煽动颠覆国家政权罪，侵犯著作权罪，销售侵权复制罪，侮辱罪或者诽谤罪，歧视、侮辱少数民族作品罪，制作、复制、出版、贩卖、传播淫秽物品牟利罪，为他人提供书号出版淫秽书刊罪，组织播放淫秽音像制品罪，非法经营罪等罪名。上述这些罪名在现实生活中，有的认定比较简单，有的则比较复杂，比如，行为当事人如果既实施了非法复制发行他人享有著作权的出版物，又实施了销售非法复制的出版物的形式，这种情况下罪名如何适用？上述行为人有可能侵犯了著作权罪、销售侵权复制品罪或者非法经营罪，在司法实践中可能出现只论处一种罪名或者数罪并罚的现象，而且如何合理区分销售侵权复制品罪与非法经营罪是比较棘手的问题。北京师范大学刑事法律科学研究院刘科博士认为，“销售侵权复制品罪与非法经营罪之间存在竞合关系，销售侵权复制品行为本身也是一种非法经营行为”，而针对行为人同时实施了侵犯著作权罪的行为和销售侵权复制品罪的行为，是按一罪论处还是数罪并罚，要看情况而定，不能一概而论。如果存在“吸收关系”即“侵犯同一或相同的直接客体，并且指向同一的具体犯罪对象”，也即如果行为人销售的是行为人自己侵权的产品则按侵犯著作权罪定罪处罚，如果行为人销售的是他人侵权产品，则应按数罪并罚进行处罚[125]。

此外，刘科博士在《非法出版期刊构成非法经营罪定罪量刑情节的使用》[126]中，用案例的形式对非法出版期刊构成非法经营罪定罪量刑情节的认定，进行了详细的分析说明。

2.3 盗版出版物研究

长期以来，盗版现象存在于各个国家的各行各业，其普遍程度令人吃惊，这种普遍性的存在必然有着坚固的根基。对我国出版产业而言，盗版一直是制约其发展的重要因素。新时期，我国市场上的盗版出版物种类也“与时俱进”越来越多，同样这一阶段的研究也从多方面展开。

2.3.1 盗版出版物存在的原因及对策分析

盗版一向是个充满神秘而暴利的行业，正如马克思所言，一旦有适当的利润，资本家就会大胆起来。因而畅销书无一例外都遭遇了盗版。据史料记载，早在宋代年间，我国就出现了盗版。既然有正版和盗版，就需要对此进行相应的辨别。通常可以通过 ISBN 查找识别盗版图书[127]，随着印刷技术的发展，特别是激光照排技术的应用，从外观和质量已经很难区分出盗版书，必须使用现代化的手段进行鉴别。

2.3.1.1　盗版出版物的价格、市场和法律因素

对于盗版出版物出现的原因，不同学者有不同的观点，大致可以概括为以下几点：一是价格因素，“无论纸质盗版图书还是网络盗版图书，其价格都是得天独厚的，而且具有可以将正版图书置诸死地的绝对优势”[128]；二是市场因素，市场需求多样性多元化的特点，致使正版市场若无法满足这种需求，人们就会诉诸盗版市场，另外，市场失灵即市场存在缺陷也导致了盗版的产生[129]；三是法律因素，在立法方面，我国反盗版的法律法规不健全给了盗版钻空子的机会，在执法方面，执法部门分散、执法不严、执法者素质不高等使盗版者有恃无恐，另外“在对盗版图书行为的责任追惩机制中，对消费者并不追究责任”[130]也是很重要的原因。

2.3.1.2　打击盗版行为理论和实践探索

盗版行为不仅损害了著作权人、出版人及消费者的利益，同时也危害了整个社会的利益，严重扰乱了正常的市场秩序。有鉴于此，很多研究者们都致力于研究打击盗版行为的策略，为打盗维权工作提供了很好的借鉴。

理论方面的探索：在作者和出版商之间设立经纪人制度[131]；在法律方面，一方面要善于充分利用已有的法律法规维护自身权益，另一方面，政府应当尽快完善有关保护版权、打击盗版的法律法规[132]；在市场方面，通过建立良好的市场机制，打破现有的垄断机制，降低正版读物的价格[133]；改革责任追究机制，对购买盗版图书的消费者进行一定程度的惩罚[134]；政府要加强监管和指导，加大行政执法力度，打击盗版行为，努力创造公平的社会环境[135]。

实践方面的探索：通过防伪纸张、防伪油墨、印刷前的微缩暗

记和版纹防伪技术等防伪策略防盗[136]；通过将出版社名称和出版社 LOGO 注册为商标来打击图书盗版侵权行为[137]；有的积极探索以淘宝网为代表的 C2C 平台销售盗版图书治理模式，通过建立“淘宝网——出版社版权保护合作治理机制”来治理侵权盗版出版物的网络销售行为[138]；有的提出从实战的“威权”“维权”“委权”“卫权”四方面打击盗版的行为[139]；还有的为应对电子音像产品的盗版，提出服务多元化、载体多元化、销售载体多元化以及网络应用多元化等策略[140]。这些从理论到实践上的探索，为打击盗版行为提供了全新的思路。

2.3.2 盗版出版物经济学分析

经济学中，“一切决策都是基于理性经济人的角度出发的”[141]，盗版行为或者说消费者做出盗版这种决策时，是出于理性经济人的角度考虑的。从经济学视角分析盗版现象的产生，有两个原因：首先从供给方讲，正版商品在研发科研上的人力、物力、资本是组成其高成本的主要来源，而盗版则无需支付这些高成本即可获取与投入完全不成比例的“高回报”；其次从需求方讲，消费者会根据商品质量与价格的关系做出权衡取舍，当盗版在品质上与正版相差无几时，选择高于盗版几倍价格的正版商品显然不符合“理性经济人”的行为。

根据现代经济学原理，衡量某种资源配置效率的高低通常以帕累托最优或有效作为标准，商品市场的资源配置使得社会上每个商品的供给、消费主体的福利好到必须以牺牲他人的利益才能得到更大福利为止。如果不能满足以上这种条件，则商品市场资源的配置就不合理。盗版商品具有牢固的市场基础，只要盗版现象产生的市场基础存在，盗版就不可能人为的取消，而打击盗版的目的也不在于能彻底消灭盗版，而是在目前的社会现状下，使其与正版商分别占有合理的市场份额，达到市场资源配置的有效配置[142]，达到帕累托最优。

至于网络盗版，由于网络外部性（即如果一种产品对消费者的价值随着其他使用者数量增加而增加，这种产品就具有网络外部性，即拥有某种产品的人越多，这种产品的价值就越高[143]）的存在，正版供给者与盗版的提供者会进行大规模的协调博弈，盗版商在博弈中的收益总体上大于损失，正因如此，盗版行为才长久的持续不断。《“盗亦有道”之盗版博弈》[144]作者通过建立博弈模型分析微软公司与盗版公司的博弈，提出“在盗版公司与监督机构的信息博弈中，盗版公司博弈占优，导致盗版行为无法根治”。

之于图书盗版，郑小强[145]指出，在以往图书盗版博弈模型分析中，“传统的两两博弈已不能完整地解释我国图书盗版长期存在的原因”，基于“盗版者、出版社和作者的三方博弈能够更好地解释我国图书盗版的深层次原因”，在作者的另一篇文章中，基于以上三方的博弈，作者分析了在博弈中不同纳什均衡的实现条件及其演化均衡性，并从博弈均衡改变的条件梳理相应的反盗版策略，这三个条件分别是：“政府打击盗版力度的强弱、‘追究盗版’的收益与成本之间的关系、盗版空间的存在状况”。[146]而蔡宏波等人[147]在研究版权业的盗版与反盗版时，构建了一个由版权商、盗版商、政府和消费者组成的四方博弈模型，同时引入质量偏好和收入差异重置原有消费者效用函数，在此基础上通过模拟各主体的行为和相互影响，从福利经济分析的视角对各主体相关决策变量的作用和结果进行研究，最终得出结论为政府干预下的版权行业的规制与发展指出方向。

2.3.3 盗版出版物法律规制研究

版权作为一种特殊的民事权利，是一种无形的财产权，相对于有形的财产权，其法律保护的难度也远远高于有形财产权，而盗版的存在无疑加大了对版权的威胁。从法律方面探讨研究对盗版行为进行规制，在立法、执法方面形成较为完善的法律制度，一直是我国学者坚持不懈的追求。

2.3.3.1 立法在形式上完善，在具体内容上缺失

立法方面，除国内已有的法律、法规和相关政策性的文件外，我国还加入了《世界版权公约》、《世界知识产权组织版权公约》（WCT）、《世界知识产权组织录音制品与表演公约》（WPPT）等国际公约。毫无疑问，从形式上看我国立法的确已经趋于完善，但在具体的内容上还有很大的缺失。比如“修改后的《著作权法》

对侵犯版权的民事行为责任形式的规定还是过于简单、粗略，也没有全面概括出侵犯著作权的所有行为形态或类型”[148]，在实施过程中难以有效量刑定罪。

2.3.3.2 执法管理的低效率与量刑定罪的难操作

执法方面，随着“扫黄打非”工作常态化的进行，对打击盗版起到一定的遏制和震慑作用。在执法过程中，“初步摆脱了以往单一形式的行政执法，开始注重发动民众力量、借助宣传等形式和手段进行执法”[149]。在行政执法方面，依旧存在很多的问题，如“版权、工商、文化稽查、公安等部门存在着严重的职权不清、责任不明、职能交叉、多头管理、各自为政、信息资源不共享等现象”[150]，造成市场管理秩序的混乱和行政执法效率的低下。

执法过程中，根据现有相关法律对盗版出版物行为定罪，是较为困难和棘手的问题。如果“将销售盗版出版物行为以侵犯著作权罪定罪处罚，违背立法本意，有违背‘罪刑法定’原则之嫌”[151]，这是因为侵犯著作权罪与销售侵权复制品罪存在差别，现行立法和司法解释对二者惩处以“违法所得数额”作为量刑标准，但这种标准难以操作。一则无论理论界还是司法界对“违法所得数额”的概念没有明确的规定，甚至“一些司法解释还出现过相互矛盾的情况”[152]；二则“违法所得数额”计算相对复杂。与“违法所得数额”相比，“非法经营数额”这一概念就相对容易一些。从实践来看，在解释情节严重时，现有司法解释和相关文件会使用“非法经营数额”这一术语，“在认定擅自出版他人享有专有出版权的图书时，也需要用非法经营数额来量化和界定一般违法行为和构成犯罪的行为”[153]。因此建议在对盗版出版物行为定罪中用“非法经营数额”替代“违法所得数额”。

2.3.3.3 对购买盗版行为进行民事和行政规制

侵犯著作权行为的牟利性决定了这种行为本身就是一种市场行为，存在生产、销售、购买、使用等行为链条。大多数的研究视角集中在生产、销售上，很少会关注到购买或使用上。从违法犯罪防控的角度来看，有效控制盗版行为链条的任一环节都是预防、减少这类违法犯罪的必要手段。为从根本上切断盗版行为的利益链条，在打击盗版行为的同时，需要对购买盗版行为进行法律规制。前文就曾提到有学者提出“改革责任追究机制，对购买盗版图书的消费者进行一定程度的惩罚”[154]。对于购买盗版行为，虽然它的社会危害性达不到现行刑法要求的入罪数量标准，不宜纳入刑法调整范围，但可以通过民事责任和行政处罚进行规制[155]。

2.4 打击网络侵权盗版“剑网行动”

随着网络技术的迅猛发展，网络侵权盗版时有发生并逐步呈现集团化、专业化、高技术化的特点[156]，不仅严重侵犯了著作权人的合法权益、扰乱了网络正常秩序，而且直接威胁到相关版权产业的生存和新媒体的发展，加之我国在《信息网络传播权保护条例》引入避风港原则，且在《著作权法》第三次修改草案第二稿中进一步强化了避风港原则，使得网络侵权盗版行为泛滥。

“安全港规则（即避风港原则）不合理地降低了网络服务商的注意义务，损害了网络服务提供商预防第三方侵权的积极性，使得打击网络盗版成了不可能的任务。”[157]在避风港制度设立之前，一旦发生侵权行为，网络服务提供商无一例外地都承担责任；避风港制度设立后，网络提供商不对侵权行为承担责任。经过十几年的实践表明，避风港原则的弊端也暴露无遗，它使我国网络版权秩序持续恶化[158]。为改变这种情况，一方面需从立法方面入手，如以《著作权法》第三次修改为契机，对避风港原则做出调整；另一方面需从执法方面对网络侵权行为进行专项治理。

2005年，国家版权局、公安部、原信息产业部（后整合为工信部）为保护网络知识产权，启动了打击网络侵权盗版专项行动。2010年，网络专项行动被命名为“剑网行动”。2012年在原有国家版权局、公安部、工信部的基础上，增加了国家互联网信息办公室。“剑网行动”以查办大案要案为抓手，针对网络文学、音乐、视频、游戏、动漫、软件等重点领域，突出图书、音像制品、电子出版物、网络出版物等重点产品，集中强化对网络侵权盗版行为的打击力度。通过“剑网行动”，希望能够实现五项目标：①探索建立“先授权、后传播”的作品传播秩序，为互联网产业的可持续发展提供重要基础和版权保障；②为网络版权产业和传统版权产业的健康发展提供良好的网络市场环境；③推动实现权利人和使用人平衡发展、良性互动的生动局面；④推动版权执法制度建设，推动《网络版权执法指导意见》起草出台，提高网络版权执法的规范性、科学性和有效性；⑤进一步熟悉网络侵权盗版特点、提升打击网络侵权盗版的能力和水平[159]。

国家版权局副局长阎晓宏指出，“剑网行动”10年来，共查办案件4681起，依法关闭侵权盗版网站2676个，没收服务器及相关设备1178台，罚款人民币1135万元，移送司法机关追究刑事责任案件388件[160]。表1为2010—2014年五年来“剑网行动”的相关数据。

表1　**2010—2014年“剑网行动”数据一览表**

	2010—2011年	2012年	2013年	2014年
网络侵权盗版案件总数	1148件	282件	512件	440件
行政结案数	466件	210件	190件	—
移送司法机关数	66件	72件	93件	66件
没收服务器及相关设备	—	93台	137台	—
关闭网站	—	183家	201家	750家
罚款数额	570万元	—	—	352万元

数据来源：国家新闻出版广电总局官网、新华网、法制网。

2015年6月10日，“剑网2015”正式启动，这是自2005年以来第十一次网络专项行动。“剑网2015”将加大对网络侵权盗版案件的行政处罚力度，确定一批网络侵权盗版重点案件，提高办案的数量和质量；对侵权事实严重、社会影响大的侵权盗版网站，要依法从严查处，对构成犯罪的，要根据“两法衔接”机制及时移交公安部门立案查办[161]。

“剑网行动”以来，确实取得了一定的成果，对网络侵权盗版行为起到了遏制的作用，但专项治理工作不应是一种“短平快”的行为，应该“是一次互联网版权长效保护机制的建设过程”[162]。2013年国家版权局制定了《关于进一步加强互联网传播作品版权监管工作的意见》，进一步健全了互联网版权重点监管工作的长效机制。但打击网络侵权盗版行为的路还很长，需要国家的支持、相关法律制度的保障，更需要社会公众版权意识的提高。

2.5 伪书现象研究

出版界中，对出版资源的滥用时有发生，如买卖书号、编校质量低劣、跟风出版等，但伪书的泛滥对出版的消极影响较前述行为有过之而无不及。与“黄”“非”“盗版”等出版物相比，伪书“都出自正规出版单位，有的还是知名的出版社，销售也都是通过正规的新华书店等渠道”[163]，正因如此，伪书的危害才更显而易见。

伪书进入大众视野源于国内知名出版社机械工业出版社于2005年出版的署名为［美］费拉尔·凯普著、金雨编译的《没有任何借口》，该书出版曾轰动一时，销量一时窜到200万多册[164]，令人意外的是，这是一本实实在在的伪书。何为伪书？据原国家新闻出版总署界定，伪书是指含有虚假宣传信息的图书[165]。目前伪书大致分为三种：①伪造外国作者及虚假评论；②盗用国外已有影响或畅销的图书书名及相关信息，而中文图书内容则完全或部分由自己编写；③假冒作者。

业内人士揭秘“伪书的生产链条一般包括出版社、策划人和写手三个环节”[166]。这三个环节由五部分组成：策划人定选题，攒手（写手）攒书，书稿完成交给策划人，策划人将书稿卖给书商，书商与出版社合作出书或者买下书号自己运作。[167]可见，在伪书的生产中出版社是必不可少的，出版社扮演了助纣为虐的角色，反过来也坑害了自己。

伪书的产生过程，折射出我国出版行业存在唯利是图、缺乏诚信、把关失责、道德失范等问题，这些问题不仅导致出版物内容管理出现真空[168]，成为伪书产生的重要原因，而且反映了出版企业在市场化进程中对经济利益的过分强调和出版行业诚信建设的不足与监管的不力。

参考文献

[1] 李向东．简述清季民初的新闻出版法规［J］．内蒙古科技与经济，2014（11）：158.

[2] 李向东．简述清季民初的新闻出版法规［J］．内蒙古科技与经济，2014（11）：158.

[3] 赵志浩．《大清著作权律》及其对民国著作权法律制度的影响［J］．兰台世界，2014（35）：57-58.

[4] 刘国强．民国时期《出版法》述评［J］．中国出版，2011（20）：66-70.

[5] 虞文俊，黄萃．探析 1932 年《出版法》修正讨论［J］．新闻春秋，2012（1）：38-43.

[6] 虞文俊，黄萃．探析 1930 年《出版法》评析［J］．安庆师范学院学报（社会科学版），2013（2）：116-121.

[7] 任冬梅．清末民初出版法的变迁与社会幻想小说的想象空间［J］．海南师范大学学报（社会科学版），2012（8）：6-11.

[8] 郭毅．1947 年《出版法修正草案》颁布后的观点交锋［J］．青年记者，2013（6）：80-81.

[9] 张莉．南京国民政府新闻出版立法研究［D］．上海：华东政法大学，2011.

[10] 史永初．民国时期出版法律制度与国民党的新闻统制活动［J］．兰台世界，2013（31）：44-45.

[11] 刘国强．新中国成立前我党在新闻出版战线政策法制建设的成就［J］．中国出版，2012（11）：58-63.

[12] 李军林．出版立法：百年回顾与反思［J］．出版发行研究，2014（11）：99-101.

[13] 寇云田．试论中国特色社会主义出版法制建设［J］．辽宁师范大学学报（社会科学版），2011（3）：125-128.

[14] 李静丽．我国出版法制建设探讨——从百度文库案看我国出版法的缺失［J］．新闻世界，2012（7）：250-251.

[15] 龙正林．义务教育教科书出版监管的立法建议与思考［J］．出版广角，2014（4）：80-81.

[16] 本刊记者．数字出版标准，真的要来了［J］．编辑之友，2013（4），8-13.

[17] 邬书林．遵循规律　扎实工作　精心抓好新闻出版行业标准化建设［J］．出版发行研究，2012（8）：5-9.

[18] 2012 数字出版脉动［EB/OL］．［2015-06-16］．中华人民共和国国家新闻出版广电总局，http：//www. gapp. gov. cn/news/1658/127313. shtml.

[19] 施勇勤，陈敬良．我国出版业标准化现状与发展思考［J］．中国编辑，2013（1）：27-31.

[20] 黄先蓉，郝婷．新闻出版标准与新闻出版法规体系的关系［J］．现代出版，2012（1）：16-20.

[21] 黄先蓉，郝婷．新闻出版标准与新闻出版法规体系协调发展刍议［J］．中国编辑，2012（2）：18-22.

[22] 黄先蓉，郝婷．新闻出版标准与新闻出版法规体系的协调发展［J］．重庆社会科学，2012（1）：69-73.

[23] 郝婷．市场经济条件下新闻出版标准与法规体系的协调发展［J］．编辑之友，2013（10）：26-29.

[24] 黄先蓉，李晶晶．新闻出版标准与新闻出版法规体系的协调发展研究（一）——基于我国新闻出版标准与新闻出版法规所涉概念的不同解释分析［J］．出版科学，2012（1）：42-47.

[25] 李晶晶，黄先蓉．新闻出版标准与新闻出版法规体系的协调发展研究（二）——从中国标准书号的规制现状谈起［J］．出版科学，2012（1）：48-52.

[26] 郝婷，黄先蓉．新闻出版标准与新闻出版法规体系的协调发展研究（三）——环境保护和工程建设行业标准与法规体系的协调发展及其对新闻出版行业的启示［J］．出版科学，

2012 (1): 53-57.

[27] 陈庆，周安平．论数字出版的范式、技术构成与法律基础——兼谈《著作权法》“出版”定义的完善 [J]. 出版发行研究，2014 (5): 81-84.

[28] 周艳敏．我国数字出版产业政策法规回顾与展望 [J]. 中国出版，2013 (21): 44-47.

[29] 郝婷．我国数字出版法律制度的现状、问题及对策研究 [J]. 中国出版，2011 (16): 49-51.

[30] 民进中央．完善我国数字出版法律制度 [J]. 民主，2014 (6): 25-26.

[31] 杨青，沈秋蕾．数字版权交易视角下我国数字出版法制建设与交易环节的完善对策 [J]. 出版广角，2013 (18): 29-31.

[32] 刘慧静．关于我国数字出版管理的问题和对策分析 [J]. 新闻研究导刊，2015 (9): 119-120.

[33] 周澍，黄俊尧，毛丹．国内数字出版产业研究的检视与反思 [J]. 浙江社会科学，2013 (3): 145-150.

[34] 黄先蓉，郝婷．浅议数字出版法律法规的制定原则 [J]. 中国编辑，2012 (5): 59-63.

[35] 黄先蓉，郝婷．浅议数字出版法律法规的制定原则 [J]. 中国编辑，2012 (5): 59-63.

[36] 黄先蓉，郝婷．数字出版法律制度建设中应注意的问题 [A]. 陈丹．出版与传播学刊 [C]. 北京：社会科学文献出版社，2014: 33-41.

[37] 黄先蓉，李晶晶．数字出版法律制度构建与文化安全 [J]. 出版广角，2014 (13): 22-25.

[38] 周莉．论数字出版法律制度的构建及文化安全 [J]. 法制与社会，2014 (6): 36-37.

[39] 孙培哲．谁之代言人？——传媒帝国时代的言论自由与出版自由 [J]. 清华法治论衡，2013 (2): 339-355.

[40] 陈继静．书报检查、出版法与出版自由——马克思《普鲁士出版法案》管窥 [J]. 国际新闻界，2013 (3): 6-15.

[41] 王珏，谢誉元．浅析马克思恩格斯关于新闻出版自由的思想[J]．赤峰学院学报（汉文哲学社会科学版），2013（11）：129-131.
[42] 陈菊．马克思新闻出版自由思想及其现实意义[J]．青年记者，2012（18）：47-49.
[43] 陈力丹．恩格斯列宁论“绝对的出版自由”[J]．新闻前哨，2012（7）：86-87.
[44] 陈力丹．列宁论社会主义新闻出版自由[J]．东南传播，2014（5）：62-64.
[45] 于翠玲，郭毅．清末民初教科书中的“出版自由”概念考论[J]．吉林师范大学学报（人文社会科学版），2013（3）：87-91.
[46] 齐喜三．清末出版思想中的自由与法律规制[J]．中国出版，2013（19）：61-63.
[47] 郭毅．三种取向：抗日战争时期国人的出版自由观[J]．浙江传媒学院学报，2015（2）：65-71.
[48] 马洁．当代我国出版自由研究[J]．唐都学刊，2011（2）：125-128.
[49] 中国社会科学院中国特色社会主义理论体系研究中心．我国新闻出版事业的特色和优势[J]．求是，2011（5）：50-52.
[50] 谢军．出版行政法制体系的现状与构建[J]．三峡大学学报（人文社会科学版），2012（1）：93-96.
[51] 赵明霞．言论、出版自由与司法程序的冲突与权衡——以“渭南警察进京抓作家”为例[J]．东南传播，2011（5）：12-14.
[52] 陈征．论宪法出版自由的保护范围[J]．当代法学，2014（4）：12-19.
[53] 范进学．出版自由与宪法权利的保障——从“刘福堂案”到“杨玉圣案”之宪法思考[J]．现代法学，2013（2）：15-18.
[54] 吴江．如何保障宪法规定的出版自由[J]．炎黄春秋，2015（3）：56-57.

[55] 陆颖. 论出版自由及其权利实现的技术动因 [J]. 现代出版, 2012 (3): 17-20.

[56] 靖鸣. 微博表达自由: 言论、出版和新闻自由边界的消解与融合 [J]. 新闻爱好者, 2012 (16): 1-3.

[57] 马莉. 论微博与言论出版自由 [J]. 哈尔滨师范大学社会科学学报, 2014 (1): 175-177.

[58] 阎晓宏.《著作权法》第三次修改的几个问题 [J]. 知识产权, 2012 (5): 3-6.

[59] 刘春田.《著作权法》第三次修改是国情巨变的要求 [J]. 知识产权, 2012 (5): 7-12.

[60] 吴汉东. 著作权法第三次修改草案的立法方案和内容安排 [J]. 知识产权, 2012 (5): 13-18.

[61] 李明德. 我国《著作权法》的第三次修改与建议 [J]. 知识产权, 2012 (5): 19-25.

[62] 罗东川. 对我国《著作权法》修改的建议 [J]. 知识产权, 2012 (5): 26-29.

[63] 熊睿. 论《著作权法》第 16 条的存废 [J]. 法制与社会, 2015 (5): 23-264.

[64] 贾丽萍. 影视作品二次获酬合理性及可行性分析——兼评《著作权法》(修订草案送审稿) 第 19、37 条 [J]. 中国版权, 2015 (2): 50-53.

[65] 王本欣. "三步检验法" 对图书馆适用合理使用制度的影响——以著作权法第三次修订为视角 [J]. 图书馆杂志, 2013 (5): 17-22.

[66] 管丽丽, 代海军. 论 "孤儿作品" 的利用困境及解决机制——兼评《著作权法》(草案二) 第二十六条 [J]. 中国版权, 2013 (2): 41-44.

[67] 王本欣, 曲红. 图书馆孤儿作品利用的法定许可制度研究——以著作权法第三次修改为背景 [J]. 图书情报工作, 2013 (15): 77-82.

[68] 周园, 邓宏光. 论视听作品作者的利益分享权——以《中国

人民共和国著作权法》第三次修订为中心［J］. 法商研究，2013（3）：18-23.
［69］杨利华. 我国著作权客体制度检讨［J］. 法学杂志，2013（8）：20-29.
［70］李玉香. 延伸性著作权集体管理研究——写在我国《著作权法》第三次修订之际［J］. 法学杂志，2013（8）：11-19.
［71］冯晓青. 我国著作权合同制度及其完善研究［J］. 法学杂志，2013（8）：1-10.
［72］管育鹰. 实用艺术品法律保护路径探析——兼论《著作权法》的修改［J］. 知识产权，2012（7）：55-63.
［73］李国泉，凌宗亮. 著作权法时事新闻条款的审视、适用与追问——兼谈《著作权法》的第三次修改［J］. 科技与法律，2012（1）：24-27.
［74］孙远钊.《著作权法（修订草案送审稿）》修改与完善建议［J］. 交大法学，2014（1）：5-21.
［75］黄先蓉，李魏娟. 从 SOPA 的博弈看美国数字出版利益的平衡［J］. 现代出版，2012（6）：59-62.
［76］黄先蓉，李魏娟. 美国数字出版法律制度的现状与趋势［J］. 出版科学，2012（17）：59-62.
［77］吴琦，苏蕾. 方心未艾的英国数字出版业［J］. 编辑之友，2012（8）：123-125.
［78］季芳芳. 英国版权制度改革对我国数字出版的启示［J］. 编辑学刊，2013（2）：56-60.
［79］黄先蓉，冯博. 英国《数字经济法》及对我国数字版权立法的启示［J］. 中州大学学报，2013（1）：52-56.
［80］黄先蓉，冯博. 英国数字出版法律制度的现状与趋势［J］. 出版科学，2013（1）：81-85.
［81］黄先蓉，刘菡，刘玲武. 法国数字出版法律制度的现状与趋势［J］. 科技与出版，2015（6）：70-72.
［82］郝婷，黄先蓉. 德数字出版法律制度的现状与趋势［J］. 出版科学，2013（1）：86-89.

[83] 宫丽颖．日本政府振兴数字出版产业发展的举措分析［J］．出版发行研究，2013（4）：92-94.

[84] 黄先蓉，陈玉凤．日本数字出版法律制度的现状与趋势［J］．出版科学，2013（1）：90-93.

[85] 陈玉凤，黄先蓉．韩国数字出版法律制度的现状与趋势［J］．出版科学，2013（1）：94-97.

[86] 亢升．印度新闻出版业生存策略及启示［J］．中国出版，2013（16）：68-71.

[87] 周艳敏．国外数字出版产业政策比较研究［J］．出版发行研究，2014（11）89-92.

[88] 黄先蓉，李晶晶．中外数字版权法律制度盘点［J］．科技与出版，2012（12）：14-26.

[89] 唐伶俐，裴良婕．中美出版法律制度之比较［J］．经济发展研究，2012（20）：85-86.

[90] 李彬．中美数字出版比较研究［J］．中国报业，2015（4）：7-8.

[91] 徐曙宁．美国数字出版业对我国的启示［J］．新西部，2012（8）：187-188.

[92] 苏晓军．美国数字出版业发展模式及对我国数字出版业发展的启示与对策研究［J］．情报科学，2014（10）：104-108.

[93] 康同辉，袁勤俭，陶磊．互联网环境下数字出版物的盗版形式及治理研究［J］．科技与出版（人文社会科学版），2014（12）：115-118.

[94] 王聪，石陇辉，王颖．浅析我国出版业行政管理［J］．职业，2011（2）：39-41.

[95] 谢军．出版行政法制体系的现状与构建［J］．三峡大学学报（人文社会科学版），2012（1）：93-96.

[96] 谢军．出版行政法制体系的现状与构建［J］．三峡大学学报（人文社会科学版），2012（1）：93-96.

[97] 殷建军．人大代表：不如命名为“国家传媒总局”［N］．潇湘晨报，2013-03-11.

[98] 吴锋，屠忠俊．我国新闻出版与广电业行政管理体制改革的回顾与前瞻——2013 年“署局合并”之透视［J］．现代传播，2013（5）：1-6.
[99] 李先锋，吴化国，王小龙．积极构建“扫黄打非”全方位立体化大格局［J］．出版发行研究，2013（10）：35-38.
[100] 杨毅．“扫黄打非”：文化产业健康发展的重要保障——以出版产业为例［J］．中国出版，2013（3）：63-66.
[101] 张志强，陆高峰．“扫黄打非”体制创新的理念与策略［J］．出版发行研究，2013（9）：44-48.
[102] 余树华．论“扫黄打非”工作思路的转换与机制创新［J］．出版发行研究，2013（11）：29-32.
[103] 陆高峰．“扫黄打非”要有新理念［J］．青年记者，2012（4）：80.
[104] 张世海．论“扫黄打非”的经济成本与社会成本［J］．编辑之友，2014（5）：31-33.
[105] 雷安军．“扫黄打非”工作的完善：由运动式治理走向常规治理［J］．出版发行研究，2013（10）：38-40.
[106] 洪啸．从“九龙治水”到“一脉相承”——创新“扫黄打非”工作新机制之我见［J］．出版发行研究，2013（9）：41-43.
[107] 王绍华．市县“扫黄打非”机构和队伍设置科学化探微［J］．出版发行研究，2013（11）：35-37.
[108] 张世海．论“扫黄打非”的经济成本与社会成本［J］．编辑之友，2014（5）：31-33.
[109] 刘小标，陈春怀．新时期完善“扫黄打非”工作体制的几点思考［J］．南方论刊，2012（10）：42-45.
[110] 张世海．论“扫黄打非”的经济成本与社会成本［J］．编辑之友，2014（5）：31-33.
[111] 张世海．论“扫黄打非”的经济成本与社会成本［J］．编辑之友，2014（5）：31-33.
[112] 刘建华．网络社会“扫黄打非”的特点及内化路径［J］．

中国出版，2014（1）：62-64.
[113] 倪乐平．对我国互联网“扫黄打非”的几点思考［J］．企业技术开发，2012（12）：80-81.
[114] 沈睿．互联网新技术、新产品和新经营模式对网络“扫黄打非”的影响及其对策［J］．出版发行研究，2013（9）：37-40.
[115] 网络“扫黄”还需长效机制［J］．IT时代周刊，2014（9）：6.
[116] 万晨．手机传播中“扫黄打非”工作面临的新挑战［J］．出版参考，2013（23）：27-28.
[117] 杨毅．论“黄色出版物”对当前大众文化的影响［J］．出版广角，2013（12）：64-67.
[118] 李亚玲．色情信息治理的过去和现在——兼论我国“扫黄打非”政策的处境与出路［J］．今传媒，2014（4）：16-18.
[119] 卢妙清．如何发挥高校学报在“扫黄打非”上的作用［J］．滁州学院学报，2014（1）：134-136.
[120] 尹信．中小学图书馆如何杜绝非法出版物［J］．中小学电教，2011（6）：107.
[121] 张颖．高校图书馆应对网上非法期刊信息的服务举措［J］．农业图书情报学刊，2012（1）：198-200.
[122] 王凌．非法出版物鉴定标准化问题初探［J］．中国出版，2013（5）：65-68.
[123] 王凌．非法出版物鉴定标准化问题初探［J］．中国出版，2013（5）：65-68.
[124] 王凌．非法出版物鉴定数据库浅探——关于构建新闻出版云数据库中“鉴定库”的设想［J］．中国出版，2012（11）：41-42.
[125] 刘科．非法出版物犯罪中的罪名适用［J］．科技与出版，2011（3）：53-56.
[126] 刘科，贺献理．非法出版期刊构成非法经营罪定罪量刑情节的使用［J］．科技与出版，2011（12）：76-78.

[127] 梁爽．盗版书举例及其识别［J］．图书馆杂志，2012（3）：40-41．

[128] 王欣欣，王宏．浅析网络图书盗版现象与治理［J］．河北科技图苑，2011（2）：46-48．

[129] 陈海珠．盗版原因浅析［J］．德宏师范高等专科学校校报，2013（4）：36-39．

[130] 刘海亮，耿国强．论盗版图书“流毒”之根除［J］．法制与社会，2012（11）：244-245．

[131] 刘海亮，耿国强．论盗版图书“流毒”之根除［J］．法制与社会，2012（11）：244-245．

[132] 邹石川，黄先蓉．数字时代的盗版现象及应对策略［J］．科技与出版，2014（9）：68-70．

[133] 夏沣．电子书盗版侵权现象的防范［J］．安庆师范学院学报（社会科学版），2012（1）：65-68．

[134] 刘海亮，耿国强．论盗版图书“流毒”之根除［J］．法制与社会，2012（11）：244-245．

[135] 余人，姚怡云．从著作权法看网络盗版现象及其治理［J］．出版参考，2014（4）：20-22．

[136] 张慧．新时期下市场盗版图书的变化及出版社预防应对策略［J］．传播与版权，2014（10）：61，63．

[137] 徐昌强．如何利用商标来打击图书盗版侵权行为［J］．中国发明与专利，2013（2）：33．

[138] 田晶．探索 C2C 平台销售盗版图书的治理模式［J］．科技与出版，2012（3）：48-50．

[139] 吴健．从实战论出版社打击盗版的“四权”［J］．科技与出版，2014（4）：77-79．

[140] 杨漫．“多元化”并发应对电子音像出版的“盗版”困境［J］．科技传播，2013（3）：2．

[141] 刘现颖．从微观经济学观点看待盗版和毒品［J］．东方企业文化，2011（4）：214．

[142] 王蓬．控制盗版市场的经济模型分析［J］．知识经济，2012

（7）：118-119.
［143］黄嘉悦．“盗亦有道”之盗版博弈［J］．改革与开放，2015（5）：69-70.
［144］黄嘉悦．“盗亦有道”之盗版博弈［J］．改革与开放，2015（5）：69-70.
［145］郑小强．基于三方博弈的图书盗版问题分析［J］．出版科学，2011（6）：49-51.
［146］苑春，郑小强．图书盗版的博弈分析——基于多人及多种群演化博弈理论［J］．出版科学，2013（3）：57-60.
［147］蔡宏波，张铭洪，王斌．盗版、反盗版与版权市场演化［J］．经济管理，2012（7）：12-20.
［148］刘超．盗版法律规则探析［J］．法制与社会，2015（7）：44-45.
［149］丁春燕．对音像制品盗版的法律规制［J］．出版与版权，2014（1）：146-151.
［150］刘超．盗版法律规则探析［J］．法制与社会，2015（7）：44-45.
［151］陈齐，张建兵，陈静．销售盗版出版物行为的法律适用［J］．中国检察官，2011（5）：35-37.
［152］刘科．图书盗版犯罪中定罪情节的认定［J］．科技与出版，2011（2）：49-51.
［153］刘科．图书盗版犯罪中定罪情节的认定［J］．科技与出版，2011（2）：49-51.
［154］刘海亮，耿国强．论盗版图书“流毒”之根除［J］．法制与社会，2012（11）：244-245.
［155］姚兵．论购买盗版行为的法律规制［J］．中国出版，2012（6）：30-32.
［156］赖名芳．加大打击网络侵权盗版净化网络版权环境［N］．中国新闻出版报，2012-07-05.
［157］崔国斌．网络服务商共同侵权制度之重塑［J］．法学研究，2013（4）：138-159.

[158] 赵红仕．新技术的发展与著作权法修订——以“快播侵犯著作权案”为视角［J］. 科技与出版，2014（3）：9-11.
[159] 孙自法．官方启动 2010“剑网行动”直指网路侵权盗版［EB/OL］.［2015-06-14］. http：//www. chinanews. com/cul/2010/07-22/2417347. shtml.
[160] 陈悦．“剑网 2015”启动规范网络云存储空间版权列重点［EB/OL］.［2015-06-16］. http：//www. chinanews. com/gn/2015/06-10/7335772. shtml.
[161] 张贺．“剑网 2015”专项行动正式启动［N］. 人民日报，2015-06-10.
[162] 周春慧．剑网行动剑斩网络侵权盗版更护网络健康发展［J］. 电子知识产权，2012（1）：36-37.
[163] 王愿石．伪书问题及其治理［J］. 赤峰学院学报（汉文哲学社会科学版），2013（11）：137-138.
[164] 江曾培．又见伪书［J］. 出版参考，2011（13）：14.
[165] 黄先蓉．近年来我国出版法制建设的研究进展［A］. 黄先蓉．出版学研究进展［C］. 武汉：武汉大学出版社，2006：119.
[166] 业者揭秘“伪书”出版链条［J］. 出版参考，2011（13）：7.
[167] 何文珺．伪书泛滥出版界何为［J］. 神州，2012（10）：30-34.
[168] 张志强，何瑶琴．从伪书现象探讨出版企业的规范化发展［J］. 淮阴师范学院学报（哲学社会科学版），2012（2）：253-256.

【作者简介】

黄先蓉，管理学博士，武汉大学信息管理学院教授、博士生导师，武汉大学出版发行研究所所长，《出版科学》副主编。2009 年入选“教育部新世纪优秀人才支持计划”。2010 年入选全国新闻

出版行业领军人才。2013年获湖北省“三八”红旗手称号。兼任高等学校出版专业教学指导委员会委员，全国出版物发行标准化技术委员会委员，中国图书馆学会图书馆法律与知识产权研究专业委员会委员，湖北省编辑学会常务理事，台湾南华大学出版与文化事业管理研究所客座教授。主要研究领域：信息政策与法规、出版政策与法规、出版物市场管理、出版产业管理与版权贸易等。

刘玲武，武汉大学信息管理学院2014级博士研究生。

近五年著作权研究成果综述

王 清 陈 兵
（武汉大学信息管理学院）

【摘 要】本文从计算机字库单字字体的可版权性、第三方插件著作权侵权问题、数字环境下首次销售原则的可适用性、网络信息传播权重构、视听作品与二次获取报酬权、网络服务提供者著作权侵权、深度链接刑法入罪、社交网络的著作权问题、合理使用的法律属性及原则、合理使用立法与制度设计、数字图书馆合理使用困局、孤儿作品的使用、著作权延伸管理制度和网络环境下著作权集体管理制度等十四个方面评述近五年来著作权研究成果。

【关键词】网络环境 著作权 研究综述

Review of Literatures on Copyright During Recent Five Years

Wang Qing Chen Bing
（School of Information Management, Wuhan University）

【Abstract】This paper reviews studies on copyright in the past five years in respect to fourteen topics: the copyright protection for the fonts, infringement of the third party's plug-ins, the applicability of the first sale doctrine in the digital environment, the reconfiguration of the right of communication to the public, audiovisual works and right to second chance of remuneration, the copyright infringement of internet service provider, criminality of deep linking, copyright and social networks, legal nature and principle of fair use, the legislation and system design of fair use, dilemma on the fair use of digital library, the exploitation of orphan works, the extended collective copyright management system and copyright collective management system under the network environment.

【**Keywords**】digital network circumstances copyright research summary

网络技术、数字技术的迅猛发展对传统著作权制度带来了全方位的挑战。新技术引发的著作权新问题或者对传统著作权制度的影响是近五年著作权研究的重点，其中著作权内容、网络著作权、著作权限制与例外制度是重中之重。此外，由于恰逢《中华人民共和国著作权法》第三次修订，相关研究成果也不少见。

1 计算机字库单字字体的可版权性

随着国内计算机字体行业对企业未经许可而商业性使用其字体行为提起著作权侵权诉讼，尤其是北大方正电子有限公司与宝洁公司“飘柔”字体案被终审认定宝洁公司使用行为因获得方正公司的默示许可而不侵犯著作权之后，计算机字库单字字体的可版权性问题成为学界的研究重点。

尽管大多数研究成果均围绕单字、字库和字库程序三方面展开，计算机字库单字字体是否具备可版权性却是研究重点，且关于单字是否具有独创性，学者观点并不一致。

在肯定单字独创性方面，陶鑫良、张平在“同时具备独创性与可复制性而且没有超过法定著作权保护期限的汉字字体包括印刷字体之单字可以作为美术作品受我国著作权法保护”的前提下，认为“字形繁简”和“笔画多少”是决定其是否具备独创性的关键。[1]吴伟光则认为，由于给予字体版权保护更有利于我国字体行业的发展，“我们就应该说中文字体已经具有了独创性”。[2]黄汇认为，“单字若非依据现有字体推演而来，也非对他人已有字体的机械抄袭和模拟重合，而是在国际印刷字体上结合字体创作之特点，对字体外观重新综合、描述和刻绘之结果，体现了设计者自己的心力、判断和创造”，便具备了独创性。[3]张平认为，单字的风格进而字体的整体风格、独特风格的可识别性是判断独创性的更客观的标准。[4]李天艳在借鉴张平上述关于可识别性观点基础上认为，如果与公有领域内其他字体的单字相比，单字具有个性特征，就具有独创性；同时，若“笔画多、结构复杂，创作空间巨大，也容易与其他字体进行区别”也满足独创性要求。[5]马礼霞在其硕士论文中认为，单字的独创性体现在每个单字的“结构、个性”和“所有单字表现的统一风格”以及“单字的设计过程的独创性”。[6]

在否定单字独创性方面，黄武双认为，“由于受到文字传输信息这一核心实用功能的限制，计算机字体的艺术性较低，与已有字体设计相比所体现出的艺术独创性也很低，这些因素决定了计算机字体难以获得著作权保护”[7]。刘春田“采用劳动与创造相区分的方法，分析方正字生成的关键环节和制作过程，结果表明，方正字库和与字库互为规定的单个字型，其生成过程从始至终，都是劳动，没有创造行为。方正字制作过程与书法艺术的特殊性对比研究说明，方正字不具有书法艺术的本质属性，与书法艺术有本质区别，不是作品，无法获得著作权法保护”[8]。崔国斌认为，“单个不具备独创性的字形简单排列在一起，多起来之后也不会产生质变，因而不会使得字库字形整体上获得独创性”[9]。

2 第三方插件著作权侵权问题

2006年的珊瑚虫QQ案及2010年360公司和腾讯公司“3Q大战”等一系列案件，将互联网第三方插件侵权问题推入公众的视野，法学界亦对这一问题开展相关研究。学者们主要从第三方软件在未获得主程序开发商同意的情况下，对主程序开发商享有著作权软件进行修改和系统拦截的著作权问题进行研究，而第三方插件的修改行为涉及的软件的修改权是研究的重点。

学者们认为，关于第三方插件涉及对主软件的修改行为都可能侵犯著作权，但是需要具体情况具体分析。齐爱民、周伟萌认为《计算机软件保护条例》中的“修改权”是一项精神权利，且鉴于第三方软件有直接修改主程序软件存在情况的存在，即使第三方插件修改行为存在条例第16条的“改进功能、性能”的合法目的，“但其将第三方软件在网络平台发布并提供其他用户下载的行为是违法的”。[10]而阮开欣却认为，软件修改权不是精神权利而属于演绎权，在分析美国相关判例的基础上，其认为“第三方软件对原软件进行修改的行为是否侵犯演绎权的关键则在于个人用户在修改过程中是否产生固定永久的产物”。据此，在我国“个人用户使用第三方软件导致内存中修改原软件的行为也同样都不会构成对软件修改权的侵犯”。[11]王迁在赞同《计算机软件保护条例》中“修改权”为经济权利而非人身权的权利性质的基础上，认为“代码化指令序列”是受著作权法保护的计算程序。只有在动手修改“代码化指令序列”进而开发出“修改版”软件的行为才可能构成对修改权的直接侵权，而修改被代码化指令所调用的数据，并不侵犯修改权。在评价第三方插件开发者具体行为时，王迁认为，第三方软件开发商制作并提供能使用户在软件运行过程中对软件进行动态修改的修改工具，并不构成对修改权的直接侵权。如果这一行为仅是为了使正版软件用户能够在软件运行过程中改进其功能或性能，则并不构成帮助或教唆侵权的行为，也即不构成间接侵权。[12]而姚志伟、刘润涛同样认为，第三方插件不对宿主软件的主程序进行修改，在修改软件的功能和数据的情况下不构成侵权。他们进一步指出，根据《计算机软件保护条例》相关规定，在满足一定条件的情况下对于第三方插件修改宿主软件代码也不构成侵权，即软件的复制件的合法所有人基于自主意识利用第三方插件“为了把该软件用于实际的计算机应用环境或者改进其功能、性能而进行必要的修改”。[13]徐彦冰在分析主要国家版权法、世界知识产权组织颁布的《保护计算机软件的示范条款》以及我国《计算机软件保护条例》中关于修改权保护的客体基础上，同意王迁提出的计算机程序仅指“‘代码化指令序列’，而不包括‘代码化指令序列’调用的‘代码化数据’”，并认为在不满足用户必要修改构成要件时，第三方软件对于代码化指令序列的修改行为构成侵权，但第三方插件对于内容中指令代码进行修改，虽然可能“实现了对宿主软件功能和界面等的改变”，也不构成侵权。[14]

3 数字环境下首次销售原则的可适用性

首次销售原则是版权法的一项重要原则，数字环境下该原则的可适用性问题成为版权法法律与实务的热点和难点，亦是理论界探讨的重要问题。学者们关于数字环境下首次销售原则是否适用的态度并不是截然对立的，而是强调数字环境下首次销售原则的某种限制。

赞成数字环境下适用首次销售原则方面，唐艳认为数字环境下首次销售原则面临着所有权、复制权和有形载体等挑战，在此背景下其认为首次销售原则能否适用应该“依照数字化作品的不同类型以及移转、传播的不同方式来具体判断”。具体来说，网络传输数字产品原则上不适用首次销售原则，但是如果传输过程中不产生新的复制件除外。只有数字产品复制件的合法所有权才能适用首次销售原则，而伴有许可协议的情况可能发生复制件所有权转移，作者建议参照美国沃纳诉欧特克案确立的标准，即“许可协议是否明确表示用户被授予了许可；是否在很大程度上限制了用户转让的权利；是否施加了明显的使用限制”。[15]何怀文认为，通常所认为的“发行权”以“有形载体转让”为核心条件并无制定法上的依据，发行权的核心特征应该是以复制件的所有权转让。在严格界定网络发行行为和网络传播行为的基础上，作者认为在网络环境下，除非国家法律明确规定排除，否则“作品复制件经著作权人许可通过网络发行后，发行权理应用尽。”[16]何炼红、邓欣欣认为，数字作品的发行权用尽原则应该吸取传统著作权法中的首次销售原则的立法精神同时兼顾提高作者的创作积极性和促进社会创新与进步。在此基础上，“根据数字出版物的不同特性，在一定次数上或一定的范围内允许权利不用尽”，即强调实行数字发行权有限用尽原则。[17]魏玮认为，为平衡数字环境下版权人与版权消费者间的利益冲突，在利用相关技术解决了数字版权作品转售过程中，同一时间内只有一个人接触并实际控制数字作品的利用的情况下，可以考虑“将首次销售原则延伸适用至数字版权作品转售领域”。[18]

反对数字环境下适用首次销售原则方面，管育鹰认为，为了保护著作权人的利益，在线的数字产品发行行为原则上应该不适用首次销售原则。但是，作者同时认为，如果“在技术上能确保转售是‘上传 + 删除’、且技术服务提供者负主动审查义务的前提下，可以考虑准许有限次数的转售行为”。[19]而李晓秋、李家胜在借鉴美国 2013 年 ReDigi 案判决否定二手数字产品转让不适用首次销售原则基础上，认为我国的立法机关在二手数字音乐产品的转让上应该采取务实和审慎的态度。[20]

4 网络信息传播权重构

目前，我国在广播电视互联网领域内积极推进电信传输网、广播电视传输网、计算机互联网相互兼容合并为代表的“三网融合”并最终实现网络互联互通、各种资源共享的新型信息传播技术。根据 2010 年国务院常务会议的部署，2010 年到 2012 年，我国重点开展广播电视和电信业务双向进入试点；2013 年到 2015 年，在总结推广经验的基础上，全面实现三网融合发展。因此，“三网融合”已经成为我国信息传播领域和社会经济发展的大趋势。[21]在我国现行《著作权法》中的广播权与信息网络传播权存在规范漏洞的情况下，“三网融合”之后，广播权和信息网络传播权之间的关系更加趋于复杂，未来信息网络传播权如何构建是学者们研究的重要方面。

大部分学者均认为，目前的信息网络传播权和广播权无法涵盖新网络技术条件下的非交互式传播行为。然而，在如何构建未来信息网络传播权问题上，学者们存在较大分歧。

焦和平认为，三网融合下广播权和信息网络传播权之间的关系之所以复杂，“直接原因表现为传播技术的发展融合，但深层次分析可追溯到技术主义立法路径的弊端”。在梳理《伯尔尼公约》等国际公约及欧美等主要发达国家立法中处理广播权和网络信息管理权关系的基础上，其主张“打破现行立法在广播与网络之间存在的‘壁垒’，构建一个包括广播权和信息网络传播权的‘远程传播权’”。[22]卢海君、骆嘉鹏则认为，应当保持立法和社会的协调，既要填补漏洞又不能超前，因此建议修改网络信息传播权，使其能够涵盖非交互式传播行为即可。[23]汤辰敏也不赞成将广播权和信息网络传播权整合成“远程传播权”，认为“会对我国著作权的既有权利体系造成较大震荡，又可能因对法律的理解和适用不同而造成一些混乱和困惑”。他们建议，扩张广播权定义，使其能够控制各种非交互式传播行为是最符合我国实际、制度变更成本最小的一种。[24]针对目前我国著作权体系过于偏重技术特征、权利界定过于具体和严格、权利外延越来越窄的现状，张今、郭斯伦根据技术中立的原则，建议修改传播权使其涵盖非交互式传播行为，与信息网络传播权共同调整远程传播作品的行为。[25]梅术文主张重新审视广播权的本质特征，根据其涵盖、控制的行为性质来确认广播权的特征，进而规定“广播权是以有线、无线或其他各种手段公开传播作品，使公众可以根据其播放获得作品的权利”。[26]

5 视听作品与“二次获取报酬权”争议

2011年启动的《著作权法》(第三次修改)，视听作品及视听作品“二次获取报酬权”引起包括学界在内的广泛讨论。近五年来，学者有关视听作品问题的讨论前期主要是建议引入视听作品，后期主要对“二次获取报酬权”进行激烈的争论。

卢海君认为，根据“思想和表达二分的原则”界定作品的方式主要是以“表现形式”为依据，国外法律在界定包括电影在内的作品时采用的是“表现形式”，而我国法律却使用的是“表现形式”和“创作方法”，因而导致新技术条件下出现的动画、电脑游戏中的动画场面等新“表现形式”不能归类于电影作品。在此背景下，他主张应该去掉电影作品界定的“创作方法”，扩大电影作品的外延，采用“视听作品”概念。[27]张玉敏、曹博类似地主张以

“视听作品的概念统一影视作品与录像制品”[28]。孙瑞国持同样观点。[29]但是，王迁却认为，采用“视听作品”概念“实际上放弃了德国等大陆法系国家的独创性标准，转而采用了美国等英美法系国家的独创性标准，从而使过去被普遍认为独创性不足的录像也成了视听作品”。[30]

关于“二次获取报酬权”是否应该明确写入法律条文之问题，学者们的观点截然对立。赞成者之中，吴小评建议应该从我国国情出发，直接采用法国和德国的法定许可模式。同时，在法律条文中明确规定该权的权利主体、权利内容和权利保障。[31]依据视听作品的特殊平衡理论、知识产权劳动价值理论、公平原则以及我国文化产业发展的现状，王潇洋认为，“二次获取报酬权”可以引入《著作权法》，但是并不做强制性的规定。[32]反对者之中，胡开忠、王杰认为“二次获取报酬权”乃民事权利，其行使应该尊重当事人意思自治。当事人应该在事前就视听作品的报酬分配达成协议。若发生纠纷，当事人可以通过另行约定解决，若不能达成协议，则由人民法院审理。[33]以法律政策应当推动文化产业发展，以及现行法没有就视听作品“二次获取报酬权”的各方权利义务及利益分配明确规定为由，戴哲主张“二次获取报酬权”应当以各方“‘约定’为宜，而非‘法定’，将视听作品利益分配的决定权交给视听产业支配”。[34]周园、邓宏光认为，视听作品分享权因缺乏著作权专有性的特征而非传统意义上的著作权权项，其权利来源只能是作者所签订的合同，未约定或约定不明的只能认为无此权利。[35]

6 网络服务提供者著作权侵权问题

与互联网深深改变人类生活与工作如影随形的是诸多崭新的法律问题。在著作权法领域，数字技术与互联网技术给产生于18世纪的传统著作权法带来了严峻的挑战。如何使传统著作权制度适应技术发展的需要，乃目前各国学者普遍关注的重大问题，而网络服务提供商著作权侵权责任问题无疑是其中的重中之重。

关于网络服务提供商可能承担何种责任方面，学者们一致认为应该承担间接侵权责任。然而，就间接侵权责任的主观过错要件是采用“明知”，还是“应知”标准问题上，学者们的观点存在分歧。

吴汉东认为，“网络服务提供商‘明知’与‘应知’的主观过错，在侵害著作权责任中可适用‘通知与删除’规则来识别”。具体而言，网络服务提供者在接到侵权通知之后，应当按照通知进行处理，否则，其主观状态就是“明知”或者“实际知道”，应当对损害的扩大部分承担责任。若未收到通知，对于明显存在的侵权信息，网络服务提供者也应主动采取措施制止损害发生。若未采取该等措施，其主观状态即为“应知”或者“推定知道”状态。[36]陈锦川认为，“应知”应该是在坚守诚信善意之人的注意义务的基础上，“充分考虑到网络服务提供者系为他人信息传播提供技术等中间服务的地位和作用的特点”。网络服务提供者“应知”前提是侵权事实非常明显且其并没有事前审查的义务。[37]曹阳认为，法院对于知识产权间接侵权的判定要采取谨慎态度，“主观要件认定以知道或应当知道为基本前提。知道以行为人对侵权行为的实际认知为条件。应当知道是一种推定知道，推定知道需结合场景证据予以确认。近年来发展起来的红旗准则是判定知道的特殊方式，其强调主客观方面的结合来判定行为人的知晓情况。纳尔逊知道规则广泛用于间接侵权主观方面的判定，其可以用于证明实际知道或推定知道”[38]。

随着互联网进入以交互性、社会性为突出特点的 Web 2.0 时代，网络服务提供者已经不再具备以往的中立性、工具性和非参与性特征。许多网络服务提供者不但提供技术支持，还确定活动主题，制定交往规则，推动和引导网络用户做出选择。在这一背景下，源于美国《数字千年版权法》的“避风港”原则的缺陷日益凸显，“美国和中国的法院策略性地适用红旗标准、引诱侵权和替代责任规则，在一定程度上克服了安全港规则的制度缺陷，但代价是，网络侵权规则变得更加支离破碎，缺乏一致性”[39]。学界一致认为这些规则需要与时俱进的改变。刘文杰建议，“采纳传统的安全保障义务理论，以‘开启或加入交往空间者对其中的他人负有安全保障义务，应在合理限度内照顾他人权益'为网络服务提供者注意义务的基本原则。与物理空间中的安全保障义务一样，网络空间内的安全保障义务只是'合理的注意'，而非无限的安全保证，它并不意味着对一切信息进行24小时不间断的监控，而是要看具体情形的危险性"[40]。崔国斌建议，"中国应当果断地放弃美国式安全港规则的立法思路，恢复传统侵权法规则的适用，强化网络服务商的注意义务。网络存储和信息定位服务的网络服务商对于第三方在网络空间从事的侵权行为具备一般认知之后，应当根据实际需要采取合理措施将侵权风险控制在合理的范围内"。我们认为，随着技术的不断发展，司法实践涉及的网络服务提供方面新问题、新情况将不断出现，关于这一问题的争论也必将持续进行。

7 深度链接入罪的争论

随着网络传播技术的发展和商业模式的创新，网络链接行为引发大量侵权案件。学术界就深度链接行为是否侵权，已经取得基本共识，即深度链接侵犯著作权，但就深度链接是否可入罪，则存在巨大争议。

支持者之中，徐松林认为，若对网络视频搜索深度链接行为不加以遏制的话，将对刚兴起的网络视频行业造成毁灭性的打击。同时，现有的民事赔偿和行政手段已经无法遏制此类侵权行为的发生。他认为，视频搜索深度链接行为符合侵犯著作权罪的构成要件，"客观方面可评价为直接侵权行为，主观方面可推定其存在侵权故意，行为主体呈现犯罪独立化趋向"。[41]在行为定性上，王冠认为，因依附于被链接的内容，深度链接行为可构成帮助型的间接侵犯信息网络传播权行为。深度链接作为一种传播行为，既可以是实施行为，也可以是帮助行为，其与侵犯著作权罪的构成要件中的复制发行具有同样的刑事当罚性且间接侵权也可以上升为刑事犯罪行为，因此，深度链接行为可构成侵犯著作权罪。[42]

反对者之中，林清红、周舟认为，深度链接行为不存在双方共同的意思联络，不能认定为共同共犯。因深度链接帮助行为具有不特定性且缺乏片面共犯的故意，导致其适用片面共犯理论存在障碍。在现行《刑法》没有明文规定链接行为正犯化的前提下，同样不能将其视为侵犯著作权正犯论处。同时，链接问题在民事领域内违法性争论初步确定的情况下，应优先采用民事手段惩处违法行为。[43]王宇雯认为，深度链接因不满足通过网络向公众提供作品行为之特征，因而不是网络传播行为，设链网站只能成立间接侵权，也难以单独成立侵犯著作权罪。因2004年“两高”《关于办理侵犯知识产权刑事案件具体应用法律若干问题的解释》对“通过信息网络向公众传播”解释不明导致深度链接单独入罪困难，且“设链者仅在成立间接侵权的情况下可以成立侵犯著作权罪的片面共犯”，因此，王宇雯认为应当谨慎适用该司法解释。[44]赵少东认为，将深度链接行为作为侵犯刑法著作权的犯罪行为明显违背罪刑法定原则，因为，根据《著作权法》的“复制发行”含义，网络传播行为不可能是著作权法意义上的复制发行。[45]

8 微博等社交网络的著作权问题

以微博为代表的新型社交网络在促进信息传播和共享的同时，在其博文内容构成著作权法意义上的作品之时，因其传播内容具有碎片化、分享性、极速传播的特点，很可能给著作权制度带来巨大挑战。[46]

学者目前研究的关注点主要是集中于微博平台上转发行为的法律问题。关于该问题，大部分学者原则上认为这一行为具有合法性。刘文杰认为，只要微博平台上转发满足“社交交往例外”条件，即微博的转发发生“在明显的日常交往式对话语境”“服务于社会交往的工具性”“不是用以营利、营业的客体”可以属于合理使用的范畴。[47]而冯晓青、王瑞则从默示许可和合理使用两个方面评价这一行为，认为微博用户在注册时事实上已经知晓其微博会被转发，且博主大多数情况下期望其他用户转发其微博，因此符合默示许可的构成要件。在作者明确不得转发时，若其他人转发构成侵犯博主著作权，如果“转发的同时加以独创性评论的使用行为由于形成了新作品，能够区别于原作，应构成合理使用”[48]。尚广振认为，在微博平台上直接转发且转发主体具有非营利性可以构成默示许可。推定微博平台上编辑转发具有恶意，在无相关免责条款的情况下构成直接侵权。[49]姜颖、穆颖认为，分享是微博的主要特征，也是微博这种社交媒体的惯例。在考虑微博原文转发是否侵犯著作权问题时，要在考虑微博的价值和功能的基础上，采取更加宽容的态度。[50]但是，孙栋却认为，通过微博转发功能进行转发本质上是一种设链行为，是帮助传播行为，可构成信息网络传播权的间接侵权行为。在此情况下，可参照适用避风港规则，防止侵权发布的微博进一步扩大传播范围。[51]

9 著作权合理使用的法律属性及原则

关于合理使用的性质，目前主要存在三种观点，即“权利限制说”“侵权阻却说”“使用者权利说”。国内学者关于合理使用的法律性质也存在诸多争论。

孙山认为，合理使用是一种未上升为权利的法益，主要理由为：①合理使用无法被类型化处理，纳入到现有的著作权权利体系之中。②与著作权的主体相比，享有合理使用这一法益的主体在法律条文中并不明确，只是在著作权人认为某一使用人侵权而该使用人以合理使用否认著作权人的主张时，这一主体才得以特定。③合理使用这种法律上的利益，仅限于使用人自身的利用，无法部分移转或全部让渡给他人使用。[52]朱里认为，“在大陆法系理论中，使用者根据合理使用规定所获得利益是法律规定的反射效果，属于客观权利的范畴”，其完全符合客观权利的属性，即范围受到严格限制、权利不可转让性、无独立诉权。根据霍菲尔德的权利分析理论，使用者根据合理使用所拥有的是一种特权，即使用者没有合理使用的义务，同时他人也没有权利禁止使用者实施合理使用。目前法律出现的强制性规范和正当化根据并没有改变合理使用的客观权利属性。[53]然而，李军政认为，“合理使用在法律性质上是社会公众使用他人作品的利益，而不是一项客观权利。尽管这种利益不能得到侵权责任法的直接保护，但却可以通过客观法理论、依据著作权法一般条款，请求他人不得妨碍该利益得以实现”。[54]熊琦坚持认为，在技术变革背景下，“应恪守合理使用最初的立法理由，将其定位为对市场失灵的弥补，在利用行为有助于公共利益的基础上，考察其是否符合‘交易不能‘或‘正外部性’市场失灵，同时把对作品潜在市场的影响视为最关键的判断标准。这不但维护了著作权的私权属性，更是界定合理使用适用范围的最佳路径”。[55]此外，黄锫也从法经济学角度认为，“知识的非竞争性特质决定了效率在知识领域中的特殊形态是‘知识得到最广泛的使用’，归属于卡尔多—希克斯效率。竞争性市场机制（价格机制）是实现这一效率的最佳途径，但是两种市场失灵现象的存在阻碍了效率的实现，合理使用制度由此应运而生”。[56]

10　著作权法合理使用立法与制度设计

目前有关合理使用的立法模式主要有三种：一是以美国为代表的开放式合理使用，其特点是法官在具体案件判决中不受立法所列举的合理使用类型的限制；二是除美国以外版权法体系国家采用的合理利用模式，该模式对合理使用的目的进行限制；三是作者权法体系所采用的限制例外制度，该模式是作者享有权利是原作，作出限制是例外，这是一种完全封闭式的规范技术。[57]在我国《著作权法》第三次修订过程中，关于合理使用制度的立法技术一直存在争议。

梁志文认为，“合理使用一般条款的法律适用存在不可预测等局限性。提供详尽的例外清单不仅是大陆法系著作权法传统的延续，也是克服一般条款局限性的内在需要”。他赞成“将合理使用依不同的目标予以类型化。类型化的研究既为相关立法提供了理论支持，也为司法适用提供了可预期的解释工具”。而“判断一项作品使用行为是否属于合理使用，从整体而言，应该分别考虑市场失灵与利益平衡理论，合理使用制度的解释理论应该是两者的结合，因为它们体现的是不同的公共政策”。[58]而熊琦认为，“我国著作权合理使用制度适用范围的判定，须坚持以著作权市场效益最大化为中心，引入明确的理论前提来指导制度设计与司法判决，无论将来修法时是否会在列举式立法的基础上加入抽象性的判断要件，司法上的判定标准都应该将市场失灵理论作为价值判断的出发点，在考量相关利用行为是否属于合理使用时，以'交易不能'和'正外部性'市场失灵的成立要件为判断标准，以确保该利用行为不会在经济上给著作权人带来严重损失，以及不会破坏著作权市场的正常运作"。[59]李琛认为，现行著作权法有关合理使用立法弊病已经显现，"基于我国目前的司法经验，封闭式的'合理使用'条款形成的弊端会远远超过法制成熟的作者权体系国家"。因此，"著作权法应当改变现有的完全封闭式立法技术，但要谨慎地设计立法的表述，平衡立法的可预见性与灵活性"。她因此建议："著作权法的修订只需保证法官在特殊情况下有依据在立法列举的情形之外认定'合理使用'的机会，而不宜使立法之外的自由裁量成为常态。"[60]

随着技术的变化，尤其是数字技术和网络技术的发展，我国合理使用封闭式的立法模式越来越不适应现实的需要。目前主流观点认为我国的合理使用制度设计应将"开放式立法模式"和"封闭式立法模式"优点结合起来，采用"混合式立法模式"。但是无论我国合理使用制度采取何种立法模式，都要符合我国的国情，实现创作者、传播者和使用者之间的利益平衡，促进科学文化事业的发展，积极回应因新技术产生的类似于滑稽模仿作品等新型创作方式的合理使用问题。

11 数字图书馆的合理使用困局

在数字技术和网络技术的影响下，图书馆事业正在发生深刻的变化，以传统图书馆为主推动的公益性数字图书馆建设在公众快速、方便接触和利用资源方面发挥了巨大作用。与此同时，以谷歌公司为代表的技术公司积极构建数字图书馆，为公众提供检索服务却在全球遭遇大量诉讼。2009 年，中国作家诉谷歌数字图书馆案，最终北京高级人民法院判决谷歌公司数字化扫描行为不适用合理使用制度。[61]2013年11月，美国纽约南区联邦地区法院在美国作家协会诉谷歌公司案中，认定谷歌公司的数字图书馆计划适用美国版权法中的合理使用制度。[62]2015年10月16日，美国联邦第二巡回上诉法院维持了一审法院的判决。

然而，根据我国《著作权法》第22条关于“图书馆、档案馆、纪念馆、美术馆等为陈列或者保存版本的需要，复制本馆收藏作品”的合理使用和《信息网络传播权保护条例》第7条的规定，数字图书馆建设过程中文献的数字化、文献信息的网络传递、数据库的版权以及数字作品的技术措施在适用合理使用制度时存在很大的不确定性。[63]相关学者的研究主要集中在围绕传统图书馆推动的数字图书馆建设及商业性搜索引擎公司的数字化图书馆建设如何应对合理使用困局方面。

在文献的数字化方面，我国《著作权法》和《网络信息传播权保护条例》只是规定图书馆为了陈列或保存版本的需要才可以复制本馆馆藏或者以数字化的形式复制本馆作品。马海群认为，“我国著作权法应该借鉴美国和欧盟版权法修改建议，将图书馆的未出版作品、已出版作品和公众传播的在线内容的数字化保存视为合理使用的范畴”。[64]李钢认为，图书馆为公众提供文献检索服务和为视障人士提供无障碍使用服务而采取的馆藏文献数字化复制行为，属于著作权的合理使用范围，并认为“图书馆馆藏文献的数字化复制与提供若要构成著作权的合理使用，必须是以不替代传统文献的通常使用方式为前提，且是基于不同目的的文献利用方式”。[65]

关于文献信息的网络传递问题，马海群认为，“我国的《著作权法》明确规定图书馆只有出于陈列或保存版本的目的，才属于合理使用的范畴。这实际上就是排除了图书馆为教学、科研目的的合理使用，排除了图书馆为个人学习、研究、欣赏目的的合理使用，同时还排除了图书馆馆际互借的合理使用”。[66]龙文懋认为，“高校图书馆通过校园网向师生提供数字图书应规定为合理使用”，但是应该进行两个方面的限制：一是“对数字图书的开放对象和网站同时在线人数进行限制”，二是“严格控制作品数字形式复制件的获取”。[67]陈希南通过研究日本、英国、美国等国著作权法有关文献传递适用合理规定，发现其共同点：“使用的目的必须是出于学习、研究；这些图书馆必须是非营利的图书馆，即公益性图书馆；图书馆可以为自身或读者提供馆藏的复制品，提供的复制品一般有数量限制。”他建议，“将各级各类图书馆的各类文献的复制行为纳入法定许可的范畴，这样既维护了著作权人的利益，又方便了读者自由使用文献”。[68]

学界对于谷歌数字图书馆是否可以适用合理使用制度态度不一。冯晓青表示，“维护著作权人与传播者和社会公众利益之间的平衡，是著作权法制度安排的基本出发点，但公众利益不能反制版权人的利益，如果未经著作权人同意就进行全文扫描肯定是侵犯复制权的行为”。[69]董永飞认为，“谷歌搜索引擎使书中任何词与章节均可被检索，允许用户动态定义关键词追溯原文，使使用部分的性质不可预知，数量无法计量；谷歌为用户提供的订阅与消费者购买服务必定对图书市场造成影响，此外，该计划有形成行业垄断的危险”。根据以上分析，其认为谷歌图书数字化行为不属于合理使用，应受到法律制裁，并给予版权人经济补偿。同时，谷歌公司提出的 opt-out 策略实质上与著作权法相违。[70]姚鹤徽则从法经济学的角度认为，“著作权法合理使用制度在法经济学上的正当性在于市场失灵，主要表现为交易成本过高和正外部性无法有效地内部消化。从表面看，谷歌为构建其数字图书馆，未经授权扫描他人作品的行为构成著作权侵权，然而谷歌扫描他人图书的行为面临着著作权市场上交易成本过高和正外部性难以有效地内部化的市场失灵。由于市场无法完成作品的资源的优化配置，谷歌的行为宜认定为合理使用”。[71]阮开欣在评述美国 2013 年作家协会诉谷歌公司案一审判决时指出，法院在判决时强调在谷歌公司扫描书本和向公众提供片段信息的行为是否适用美国版权法的合理使用四要素时，要考虑版权法的立法目的。谷歌公司的数字图书馆具有重大的公共利益，这是合理使用抗辩适用的关键，也并不违背激励文化产品产生和传播的立法目的。[72]

12 孤儿作品的使用

美国谷歌公司的数字图书馆计划涉及大量无法确定作者的作品，这使得谷歌公司面临着巨大诉讼风险。2006年，美国版权局正式将“孤儿作品”描述为：使用者想以必须经过许可的方式使用某一仍受版权保护，但是权利人不明或难以联系并获得版权利用许可的作品，[73]并在2006年和2008年建议通过《孤儿作品法》。2012年9月20日，欧盟颁布了《欧洲议会与欧盟理事会关于孤儿作品许可使用特定问题的指令》，国家版权局于2012年3月31日公布了《著作权法》（修改草案），对“孤儿作品”的使用探索性地作了原则规定，即使用者可以向国务院著作权行政管理部门申请并提存使用费后使用作品。从谷歌数字图书馆推进时有关“孤儿作品”的诉讼，到各国关于“孤儿作品”立法讨论，我国学术界也开始对“孤儿作品”的立法规制进行了深入研究。

关于“孤儿作品”产生的第一个原因，即版权注册制度的缺失。阎冰清认为，版权自动保护原则在大多数国家的实施使得“佚名作品和署笔名的作品成为天然的孤儿作品”，而“署真名的作品，一旦‘真名’这个连接作者和作品的接点消失，这类作品也将成为孤儿作品”。[74]彭双五认为，自从1908年《伯尔尼公约》生效后，有关国家之前著作权注册制度的取消是“孤儿作品”产生的原因。[75]刘宁认为，注册制度取消后，在提高作者版权保护的时效性的同时，却造成“作品版权信息的公示缺失，令社会公众无从知晓确切的著作权主体，增加了确定和联系权利人的难度”。[76]王迁认为，“著作财产权的继承、继受和转让也无需登记，著作权在多次发生变动后，要找到作品的权利信息就可能变得非常困难”。[77]关于“孤儿作品”产生的第二个原因，即数字技术及互联网技术的发展。阎冰清认为，在互联网中，“版权信息与作品之间仅靠某些数据关联，在频繁及快速的传播过程之中，这些数据极易丢失或者被替换”。[78]彭双五认为，“由于没有实体作品的存在，在网络传播的任何一个环节中，作品如果没有进行版权标识，那么这些作品就可能成为‘孤儿作品’”。[79]赵力认为，“版权人在网络发表作品多采虚拟身份而非传统的实名发表，即使使用人经过大量搜寻，找到作品原出处，也难以确定版权人的真实身份或者信息”。[80]此外，还有学者提到我国公众版权意识差，十年“文革”浩劫导致大量图书信息丢失，以及我国儒家文化中的“宽容”思想也是导致我国大量“孤儿作品”产生的重要原因。

关于我国利用“孤儿作品”的立法模式，王迁认为“准强制许可 + 提存”模式较为适合我国的国情，虽然“批准程序容易导致‘孤儿作品’利用效率低下和消耗较多行政资源费，但行政机关的介入和对提存使用费的要求有利于避免随意使用他人作品的行为，维护著作权人的正当利益”。[81]管育鹰建议，我国“现阶段宜采取欧盟模式，将孤儿作品的使用主体限制在传统图书馆等公共文化机构范围内，并建立著作权补偿金制度对权利人进行弥补、辅以著作权集体管理延伸制度以便于实施”。[82]而周艳敏，宋慧献则建议，“我国可以借鉴美国有关孤儿作品建议法案的做法，采取‘勤勉寻找+自由使用+事后补偿’的原则”。“在使用者使用孤儿作品的过程中，只要能依照法定规则和机制，对相关作品的权利人尽到勤勉寻找义务，并经公示等程序之后，便可以自由使用该作品。一旦权利人复出并主张权利，双方可以依照法定程序达成作品使用与使用费支付协议。反之，如果没有权利人复出并主张权利，该孤儿作品就成为真正的孤儿作品，进入公共领域。”[83]

2012 年 12 月，《著作权法》修改草案送审稿第 51 条规定：“著作权保护期未届满的已发表作品，使用者尽力查找其权利人无果，符合下列条件之一的，可以在向国务院著作权行政管理部门指定的机构申请并提存使用费后以数字化形式使用：（一）著作权人身份不明的；（二）著作权人身份确定但无法联系的。前款具体实施办法，由国务院著作权行政管理部门另行规定。”学术界对这一草案反应热烈。赵锐认为该条规定存在如下困惑：其一，如何界定“尽力查找无果”；其二，无人继承或承受权利的作品是否应进入公有领域；其三，孤儿作品利用模式应采用法定许可还是行政强制许可。赵锐建议“草案对孤儿作品的制度设计须进一步细化与完善，明确孤儿作品范畴，细化勤勉查找义务，并确立孤儿作品的强制许可模式"[84]。管育鹰认为草案存在以下几个问题，一是使用的前提条件，孤儿作品使用的前提是"尽力查找无果"明显借鉴欧美孤儿作品方案中的"勤勉检索"的措辞。"相比而言，在法治大环境远不如欧美的我国，没有配套细则，要推行孤儿作品制度恐怕更容易使权利人的作品沦为'孤儿'，被轻易以'尽力而无果'为名随意使用，极大损害著作权人的利益。"二是使用方式，管育鹰认为，草案使用的"数字化"一词，"从著作权法角度来说，是严格限定在'复制'意义上，还是扩展到发行、网络传播，其法律后果应当是不同的，需要进一步明确"。三是使用者的范围，"'使用者'并没有特别的条件限制；换句话说，使用者可以是欧盟指令中所说的非盈利性公共文化机构，也可以是美国法案中未作限定的像谷歌这样的商业使用者"。[85]

13 著作权延伸管理制度引入与否

国家版权局2012年3月31日公布《著作权法》第三次修改草案第一稿，广泛征求社会各界的意见。修改草案在当年引发了国内外的广泛关注，质疑之声主要集中在第46条、第48条、第60条、第70条，即音乐作品法定许可和著作权延伸集体管理，权利人惊呼"被限制""被代表""被定价"。[86]音乐权利人甚至以集体退出音乐著作权集体管理协会相威胁，而有关学者则纷纷发表文章表达自己的观点，《知识产权》杂志专门开辟专栏来讨论著作权延伸管理制度。著作权延伸管理制度也成为2012—2013年理论界的一大研究热点。梳理学者观点，除了介绍延伸性集体管理制度概念、特点及在北欧五国及俄罗斯的运行状况外，我们发现，关于著作权延伸管理是否能引入我国《著作权法》呈现出泾渭分明的态度。

支持著作权延伸性管理制度的学者典型观点如下：其一，降低版权的交易成本，便于作品的利用。林秀娥认为，"延伸管理制度最重要的潜在效益在于该制度能有效降低版权的交易成本"，而在现行"选择性加入的集体管理模式下，版权交易的潜在使用者需要经历复杂的过程以获得许可。当前版权呈现时代特点（如海量使用、不同权利的商业利用、作品的跨区域流转）更增加了版权许可的交易成本”。[87]胡开忠认为，随着新技术的发展，作品使用的范围越来越大，使用的频率越来越高。尤其是在网络环境下，使用人迫切需要大量、快速地利用作品，而要求使用人在使用作品前都获得著作权人的许可很难做到。著作权延伸管理可以免除使用者获得非会员著作权人许可的义务，从而消除了法律风险。同时该制度还可以降低著作权交易的成本，促进著作权贸易的发展。[88]中国互联网协会网络版权联盟秘书长王斌表示，目前互联网著作权纠纷频发的主要原因就是以往一对一的授权模式难以适应网络时代的海量授权。而延伸集体管理为解决海量授权难题提供了一个解决方案，能促进作品的网络传播。[89]其二，著作权延伸管理可以增强作品的合法确定性。刘秀娥认为，“延伸管理制度赋予集体管理组织更广的权利覆盖领域，使用者在签订了一揽子许可后，增加了作品使用的合法确定性，降低了侵权风险，减少了版权交易的实施成本”。其三，著作权延伸管理有利于保护包括“孤儿作品”作者在内的非会员的著作权。胡开忠认为，引入著作权延伸性管理可以依法对包括“孤儿作品”在内的非会员著作权人的作品进行保护，增强非会员著作权人的博弈实力，使其在著作权交易中处于有利的地位。[90]英国知识产权局的评估报告指出：“延伸管理制度能便利使用者获取许可以利用那些现在无法使用的作品，在版权结算费用上的减少以及由新型服务和新型使用产生的附加值能够抵消（孤儿作品的）保管费用。”[91]其四，有利于解决外国作品的利用问题，促进我国文化产业的发展。胡开忠认为，“在文化产品对外贸易中，我国企事业单位通常需要获得外国作品著作权人的授权许可。但是在实践中，有些外国人未参加著作权集体管理组织，还有些外国人很难联系上，因此要获得他们的作品使用许可非常困难。而移植延伸性集体管理制度后就很容易解决这一问题”。

持反对著作权延伸性集体管理的学者，首先质疑著作权延伸集体管理制度的法理基础。丁丽瑛认为，目前著作权延伸集体管理制度的理论基础主要是经济效率说和集体协商传统说。“集体协商传统说并非理论基础层面的阐述，它只是制度起源的一种事实描述。经济效率说着重在于描述适用该制度的优势与好处，并非理论层面的根源剖析。目前的两个学说都无法从理论根源上解释集体组织何以具有代表非会员的先天合法性。延伸性著作权管理更多是特定国家特定环境下的产物，缺乏真正系统的理论基础。”[92]其次，认为著作权延伸集体管理侵犯著作权人的私人权利。中国音像协会唱片工作委员会和中国音乐家协会流行音乐学会联合发布的建议指出：“修改草案第六十条和第七十条规定严重剥夺了权利人对于自己作品的处置权和定价权。”[93]卢海君认为，“延伸性集体管理的退出机制也与著作权的私权性质相违背。从法理上讲，对私权而言，权利人没有正当理由要承担做出禁止他人处分其权利的声明的负担。因此，在延伸性集体管理制度中，即使法律规定著作权人有权事前声明或事后否定著作权集体管理组织的延伸性管理，这种规定也不符合法理”。[94]再次，认为著作权延伸性集体管理容易造成垄断。唐广良表示：“著作权集体管理的确是世界潮流，但是以中国著作权集体管理组织的实际运作状况来看，草案的规定只会使得著作权集体管理把本属于权利人的收益化为权力垄断收益，甚至成为某些个人的牟利工具。”[95]

我们认为，在目前著作权延伸集体管理制度引起音乐著作权人的强烈质疑以及理论界存在巨大争议的情况下，同时考虑到该制度只是在北欧少数国家施行的现实，立法机关就中国法律是否引入该制度应充分论证。

14　网络环境下的著作权集体管理制度

数字技术、网络技术极大地改变了作品的利用方式和传播方式，也猛烈地冲击着模拟复制时代的著作权集体管理制度，导致传统作品授权机制与大规模作品利用需求之间的矛盾日益尖锐。如何在适当保护著作权人的权利的同时，方便网络内容提供商及受众对作品的使用，也是学者们关注的焦点。

胡志海认为，应该借鉴先进国家的经验，针对网络环境下的新问题，在完善原有著作权集体管理制度的基础上，建立数字化著作权管理系统。他认为："理想的著作权管理系统应该是一个完全自动化的搜索引擎，通过该系统，权利人或集体管理组织就可以处理大量的权利资料，且授权程序也可以凭借计算机的辅助使其更为快捷。"[96]而且该系统解决网络环境下作品利用中存在的授权作品查找难、收费方式和授权等方面的问题。王萍认为："数字化和网络技术的发展，给著作权的保护和使用许可带来的挑战，使著作权集体管理更为必要，亦致著作权集体管理权利扩张成为必然，应当设立综合性、半官方性质的组织，方可实现网络环境下著作权集体管理的制度目的。"[97]陈凤兰认为，美国版权结算中心在网络环境下，不断推出定制化版权保护与商业利用解决方案，以保证内容作品的顺畅流通，满足适用，促使权利人利益的最大化举措可以为我国著作权集体管理制度发展提供有益的借鉴。[98]在数字环境下，我国"著作权集体管理组织需要重新定位自身的功能，就其运作机制而言，数字著作权管理应具备结合网络、数字库、资金管理等授权渠道；同时具备商业行为及消费者导向的组织架构、著作权人参与式的著作权交易服务性方式以及多样化的授权与利用模式"。[99]熊琦从价值定位和制度安排两个方面强调集体管理制度改进。在价值定位方面，首要的是实现维持私人自治与控制交易成本之间的正确取舍。在此基础上，"未来集体管理制度完全可以将发行权和信息网络传播权一并纳入管理范围，作为创作者的原始著作权人，则可通过集体管理组织许可网络服务提供者同时行使发行权"。在制度方面，要让网络服务提供商参与集体管理的立法规制，具体包括"实现我国集体管理组织从行政管理机构向市场中介组织的转变，使网络服务提供者得以创制面向数字化作品利用的集体管理组织。如此调整，能够使得不同集体管理组织所适用的许可模式之间产生竞争，由市场决定最能发挥数字化作品效用的许可模式，并有助于淘汰不适合产业发展的商业模式和集体管理制度"。[100]

参考文献

[1] 陶鑫良，张平．具独创性的汉字印刷字体单字是著作权法保护的美术作品［J］．法学，2011（7）：55-60.

[2] 吴伟光．中文字体的著作权保护问题研究——国际公约、产业政策与公共利益之间的影响与选择［J］．清华法学，2011（5）：68-69.

[3] 黄汇．计算机字体单字的可著作权问题研究——兼评中国《著作权法》的第三次修改［J］．现代法学，2013（5）：106.

[4] 张平．再谈计算机字体的法律保护［J］．知识产权，2011（5）：19-23.

[5] 李天艳．计算机字体的单字、字库和字库软件的著作权保护研究——从北大方正诉宝洁公司字体侵权案谈起［D］．重庆：西南政法大学，2013.

[6] 马礼霞．计算机字库中单字的著作权问题研究［D］．山东：山东科技大学，2014.

[7] 黄武双．实用功能排除了计算机字体著作权保护的可能性［J］．法学，2011（7）：40-45.

[8] 刘春田．论方正"倩体字"的非艺术性［J］．知识产权，2011（5）：7-12.

[9] 崔国斌．单字字体和字库软件可能受著作权法保护［J］．法学，2011（7）：46-54.

[10] 齐爱民，周伟萌．第三方软件法律问题剖析——从"腾讯与360之争"谈起［J］．法学杂志，2011（11）：34-37.

[11] 阮开欣．软件修改权对于第三方软件的适用问题——以美国司法实践为借鉴［J］．中国版权，2012（5）：22-25.

[12] 王迁．论软件作品修改权——兼评"彩虹显案"等近期案例［J］．法学家，2013（1）：135-147.

[13] 姚志伟，刘润涛．第三方插件与宿主软件著作权问题探讨——兼评腾讯与奇虎之争［J］．知识产权，2011（3）：61-66.

[14] 徐彦冰．论软件修改权在第三方插件侵权中的适用——兼评《著作权法（修订草案送审稿）》第13条第3款第8项[J]．交大法学，2015（1）：43-51.

[15] 唐艳．数字化作品与首次销售原则——以《著作权法》修改为背景[J]．知识产权，2012（1）：46-52.

[16] 何怀文．网络环境下的发行权[J]．浙江大学学报（人文社会科学版），2013（5）：150-159.

[17] 何炼红，邓欣欣．数字作品转售行为的著作权法规制——兼论数字发行权有限用尽原则的确立[J]．法商研究，2014（5）：22-29.

[18] 魏玮．论首次销售原则在数字版权作品转售中的适用[J]．知识产权，2014（6）：21-28.

[19] 管育鹰．版权领域发行权用尽原则探讨[J]．法学杂志，2014（10）：52-57.

[20] 李晓秋，李家胜．二手数字音乐作品转卖中的首次销售原则适用例外分析——以美国国会唱片公司诉ReDigi公司为例[J]．重庆理工大学学报（社会科学），2014（4）：72-76.

[21] 邓隆飞，澎冰，叶青．武汉率先实现"三网融合"[N]．中华工商时报，2011-05-11.

[22] 焦和平．三网融合下广播权与信息网络传播权的重构——兼析《著作权法（修改草案）》前两稿的相关规定[J]．法律科学（西北政法大学学报），2013（1）：150-159.

[23] 卢海君，骆嘉鹏．信息网络传播权的重构[J]．重庆理工大学学报（社会科学），2013（1）：30-37.

[24] 汤辰敏．论我国《著作权法》中"信息网络传播权"和"广播权"的重构——以"非交互式"网络传播为视角[J]．河南理工大学学报（社会科学版），2012（1）：40-46.

[25] 张今，郭斯伦．著作财产权体系的反思与重构[J]．法商研究，2012（4）：12-16.

[26] 梅术文．"三网合一"背景下的广播权及其限制[J]．法学，2012（2）：53-64.

[27] 卢海君．“电影作品”定义之反思与重构［J］．知识产权，2011（6）：18-25.

[28] 张玉敏，曹博．录像制品性质初探［J］．清华法学，2011（1）：56-61.

[29] 孙国瑞，刘玉芳，孟霞．视听作品的著作权保护研究［J］．知识产权，2011（10）：60-64.

[30] 王迁．《视听表演北京条约》视野下著作权法的修订［J］．法商研究，2012（6）：26-34.

[31] 吴小评．论视听作品的作者“二次获酬权”［J］．学术交流，2013（5）：70-73.

[32] 王潇洋．视听作品著作权主体权益关系重构［D］．上海：华东政法大学，2013.

[33] 胡开忠，王杰．视听作品二次使用的付酬问题探析［J］．佛山科学技术学院学报（社会科学版），2013（1）：1-5.

[34] 戴哲．视听作品“二次获酬权”研究——以《著作权法》修改为契机［J］．电子知识产权，2013（12）：45-50.

[35] 周园，邓宏光．论视听作品作者的利益分享权——以《中华人民共和国著作权法》第三次修订为中心［J］．法商研究，2013（3）：18-23.

[36] 吴汉东．论网络服务提供者的著作权侵权责任［J］．中国法学，2011（2）：38-47.

[37] 陈锦川．网络服务提供者过错认定的研究［J］．知识产权，2011（2）：56-62.

[38] 曹阳．知识产权间接侵权责任的主观要件分析——以网络服务提供者为主要对象［J］．知识产权，2012（11）：24-37.

[39] 崔国斌．网络服务商共同侵权制度之重塑［J］．法学研究，2013（4）：138-159.

[40] 刘文杰．网络服务提供者的安全保障义务［J］．中外法学，2012（2）：395-410.

[41] 徐松林．视频搜索网站深度链接行为的刑法规制［J］．知识产权，2014（11）：26-31.

[42] 王冠．深度链接行为入罪化问题的最终解决［J］．法学，2013（9）：142-151.

[43] 林清红，周舟．深度链接行为入罪应保持克制［J］．法学，2013（9）：152-159.

[44] 王宇雯．深度链接的民刑界定［J］．中国版权，2014（4）：49-52.

[45] 赵少东．深度链接行为的刑事审视［J］．山西师大学报（社会科学版），2014（11）：50-52.

[46] 熊琦．社交网络中的著作权规则［J］．法学，2012（11）：44-53.

[47] 刘文杰．微博平台上的著作权［J］．法学研究，2012（6）：119-130.

[48] 冯晓青，王瑞．微博作品转发中的著作权问题研究——以“默示授权”与“合理使用”为视角［J］．新闻与传播研究，2013（2）：44-54.

[49] 尚广振．微博转发行为类型化分析［J］．知识产权法研究，2013（9）：157-170.

[50] 姜颖，穆颖．涉微博著作权问题研究［J］．知识产权，2013（6）：28-36.

[51] 孙栋．微博转发行为的著作权法律性质分析——以微博转发的技术原理为基础［J］．中国版权，2014（6）：67-71.

[52] 孙山．未上升为权利的法益——合理使用的性质界定及立法建议［J］．知识产权，2010（3）：63-69.

[53] 朱理．合理使用的法律属性——使用者的权利、著作权的限制还是其他［J］．电子知识产权，2010（3）：11-18.

[54] 李军政．“合理使用”的法益性质及其可救济性兼与朱理博士商榷［J］．电子知识产权，2013（11）：54-59.

[55] 熊琦．论著作权合理使用制度的适用范围［J］．法学家，2011（1）：86-98.

[56] 黄锫．著作权合理使用判断的效率标准——法律经济学视角的分析［J］．浙江社会科学，2012（1）：59-65.

[57] 李琛．论我国著作权法修订中“合理使用”的立法技术［J］．知识产权，2013（1）：12-18.

[58] 梁志文．著作权合理使用的类型化［J］．华东政法大学学报，2012（3）：34-45.

[59] 熊琦．论著作权合理使用制度的适用范围［J］．法学家，2011（1）：86-98.

[60] 李琛．论我国著作权法修订中“合理使用”的立法技术［J］．知识产权，2013（1）：12-18.

[61] 赵世猛．谷歌数字图书馆：侵犯版权还是合理使用？［N］．中国知识产权报，2014-01-17.

[62] 阮开欣．美国版权法新发展：谷歌数字图书馆构成合理使用——评作家协会诉谷歌公司案判决［J］．中国版权，2014（1）：58-60.

[63] 马海群，王英．面向数字图书馆的合理使用制度改进研究——以美国版权法及其变革为视角［J］．法治研究，2010（4）：37-44.

[64] 马海群，王英．面向数字图书馆的合理使用制度改进研究——以美国版权法及其变革为视角［J］．法治研究，2010（4）：37-44.

[65] 李钢．图书馆馆藏文献数字化的著作权合理使用——基于美国 Hathitrust 案与 GoogleBooks 案的启示［J］．图书馆建设，2014（10）：16-19.

[66] 马海群，王英．面向数字图书馆的合理使用制度改进研究——以美国版权法及其变革为视角［J］．法治研究，2010（4）：37-44.

[67] 龙文懋．高校图书馆数字图书合理使用问题研究［J］．首都师范大学学报（社会科学版），2012（5）：45-50.

[68] 陈希南，修永辉．图书馆复制与著作权合理使用问题研究［J］．情报杂志，2010（3）：11-14.

[69] 赵世猛．谷歌数字图书馆：侵犯版权还是合理使用？［N］．中国知识产权报，2014-01-17.

[70] 董永飞，马海群．谷歌数字图书馆计划发展历程与版权问题分析［J］．情报资料工作，2010（4）：10-13.
[71] 姚鹤徽．谷歌数字图书馆著作权合理使用问题的法经济学分析——兼论我国著作权法相关规定的完善［J］．图书馆，2012（6）：54-58.
[72] 阮开欣．美国版权法新发展：谷歌数字图书馆构成合理使用——评作家协会诉谷歌公司案判决［J］．中国版权，2014（1）：58-60.
[73] 管丽丽，代海军．论“孤儿作品”的利用困境及解决机制——兼评《著作权法》（草案二）第二十六条［J］．中国版权，2013（2）：41-44.
[74] 阎冰清．论“孤儿作品”的利用［J］．编辑之友，2012（4）：105-108.
[75] 彭双五．试析“孤儿作品”的保护与利用［J］．江西社会科学，2013（5）：156-160.
[76] 刘宁．试论我国孤儿作品的著作权法律保护［J］．电子知识产权，2013（7）：20-26.
[77] 王迁．“孤儿作品”制度设计简论［J］．中国版权，2013（1）：30-33.
[78] 阎冰清．论“孤儿作品”的利用［J］．编辑之友，2012（4）：105-108.
[79] 彭双五．试析“孤儿作品”的保护与利用［J］．江西社会科学，2013（5）：156-160.
[80] 赵力．孤儿作品法理问题研究——中国视野下的西方经验［J］．河北法学，2012（5）：149-155.
[81] 王迁．“孤儿作品”制度设计简论［J］．中国版权，2013（1）：30-33.
[82] 管育鹰．欧美孤儿作品问题解决方案的反思与比较——兼论我国《著作权法》相关条款的修改［J］．河北法学，2013（6）：135-142.
[83] 周艳敏，宋慧献．关于孤儿作品著作权问题的立法设想［J］．

电子知识产权，2011（3）：72-75.
[84] 赵锐．论孤儿作品的版权利用——兼论《著作权法》（修改草案）第25条［J］．知识产权，2012（6）：58-62.
[85] 管育鹰．欧美孤儿作品问题解决方案的反思与比较——兼论我国《著作权法》相关条款的修改［J］．河北法学，2013（6）：135-142.
[86] 王清．2012年版权热点回眸［J］．编辑之友，2013（2）：60-64.
[87] 林秀芹，李晶．构建著作权人与作品使用人共赢的著作权延伸性集体管理制度——一个法经济学角度的审视［J］．政治与法律，2013（11）：25-35.
[88] 胡开忠．构建我国著作权延伸性集体管理制度的思考［J］．法商研究，2013（6）：18-25.
[89] 陈敦，李莉．延伸性集体管理制度在我国著作权领域中的适用［J］．滨州学院学报，2012（4）：69-73.
[90] 胡开忠．构建我国著作权延伸性集体管理制度的思考［J］．法商研究，2013（6）：18-25.
[91] 林秀芹，李晶．构建著作权人与作品使用人共赢的著作权延伸性集体管理制度——一个法经济学角度的审视［J］．政治与法律，2013（11）：25-35.
[92] 丁丽瑛，韩伟．延伸性著作权集体管理的理论基础探析［J］．中国版权，2014（1）：25-29.
[93] 陈敦，李莉．延伸性集体管理制度在我国著作权领域中的适用［J］．滨州学院学报，2012（4）：69-73.
[94] 卢海君，洪毓吟．著作权延伸性集体管理制度的质疑［J］．知识产权，2013（2）：49-53.
[95] 陈敦，李莉．延伸性集体管理制度在我国著作权领域中的适用［J］．滨州学院学报，2012（4）：69-73.
[96] 胡志海．网络环境下著作权集体管理制度研究［J］．科技与法律，2012（1）：38-42.
[97] 王萍．试论网络环境下著作权的集体管理［J］．生产力研究，

2010（2）：117-118.
[98] 陈凤兰 . CCC 版权运营模式及启示［J］. 科技与出版，2014（11）：84-88.
[99] 陈凤兰 . 数字环境下著作权集体管理组织角色重构［J］. 中国出版，2013（1）：36-38.
[100] 熊琦 . 大规模数字化与著作权集体管理制度创新［J］. 法商研究，2014（2）：100-107.

【作者简介】

王清，1965 年生，男，湖北人，武汉大学信息管理学院教授，博士生导师，法学博士，武汉大学知识产权高级研究中心副主任。主要学术研究领域为知识产权法、出版法。编著与译著包括：《知识产权原理》《著作权限制制度比较研究》《世界经济一体化进程中的国际知识产权法》，公开发表学术论文 70 余篇。

陈兵，1987 年生，男，安徽人，武汉大学信息管理学院 2015 级博士研究生。

近五年(2011—2015)出版教育研究综述

陈　丹　连星星

(北京印刷学院)

【摘　要】近年来国内学者对出版教育的研究主要围绕国内外高校的教育理念、培养目标、课程设置、师资队伍、教育模式以及人才培养策略等方面展开。根据对2011—2015年在国内核心期刊发表的近百篇关于出版教育的文献进行研究分析，本文从我国出版教育现状及存在的问题、出版教育如何应对行业人才需求、国外出版教育研究现状及对我国出版教育的启示，以及近五年我国出版教育研究的热点四个方面综合论述了近五年我国出版教育研究的基本情况，可为出版教育研究者深入了解本领域研究情况提供借鉴。

【关键字】出版教育　人才培养模式　研究热点　综述

A Review of the Research on Publishing Education in the Past Five Years (2011—2015)

Chen Dan　Lian Xingxing

(Beijing Insititute of Graphic Communication)

【Abstract】In recent years, domestic scholars' studies about publishing education have mainly focused on the education philosophy, training objectives, curriculum, faculty, educational pattern and talent cultivation model in universities at home and abroad. According to about one hundred of publishing education research literature published in domestic core journal in 2011-2015, this paper reviews the basic situation of publishing education research from four aspects: publishing education status and existing problems, how the publishing education cope with the demand of professional personnel, the introduction of the foreign publishing education and some enlightenment as well as the hot spot of publishing research in the past five years. This article aims to produce some references to related researchers.

【Keywords】 publishing education　talent cultivation model　hot spot　review

近年来，我国教育界及出版界的研究者对出版人才培养以及出版教育展开了大量研究。本文在中国知网（CNKI）以“出版教育”“人才培养”“师资队伍”“课程设置”“教育理念”“学科体系”等为关键词，设定学科领域为出版，检索2011—2015年（数据截止到2015年7月）期间在核心期刊（参考北大中文核心期刊目录）发表的文章，从中剔除出不相关文献，筛选出96篇文献。研究发现，这些文章中仅有少数几篇探讨出版业在职人员的继续教育转型问题，绝大多数文章都是针对高校的出版教育，主要内容大致可归为以下几类：分析出版教育存在的问题，研究出版教育市场需求，归纳数字出版人才特征，探索出版人才培养策略，介绍国外出版教育人才培养经验等。

1　我国出版教育的现状及存在的问题

1.1　我国出版专业教育规模及地域分布状况

经过几十年的发展建设，我国的出版专业目前已步入稳定发展期。尽管如此，编辑出版学专业教育和其他“老”的专业相比，其教育规模和数量布局、专业教学水平等均尚处于不断探索和发展之中。

陈丹、张聪、仲诚在《全国高校出版专业建设现状调查与分析》[1]中指出，目前全国有83所本科院校开设出版专业，其中5所本科院校开设数字出版专业（分别为北京印刷学院、天津科技大学、武汉大学、中南大学和湘潭大学）。在全国80所开设编辑出版专业的高校中，“985”和“211”高校有20所。其余普通高校中，一本学校有9所，二本学校有34所，三本学校有17所。2010年国家开始设置出版专业硕士，已经有14所高校开设专业硕士学位，部分高校在新闻传播一级学科下自设出版学学术型硕士点。总体来看，高校出版专业的办学层次以本科为主，其中二本高校最多，占到四成以上。约6.38%的院校接受专科生，博士和留学生比例则更低。

王彦祥在《我国编辑出版学专业教育规模调研和地域分布分析》[2]中指出，依照我国行政区划进行分析，目前全国编辑出版学专业的办学规模明显形成三个级次。中南地区为第一级次，设置本专业的密度最大，达到25个；华北地区和华东地区形成办学规模的第二级次，总数均超过10个；东北地区、西南地区和西北地区构成办学规模的第三级次，总数等于或低于5个。

1.2 我国出版教育存在问题的研究

我国的出版教育尽管在教育教学体系、人才培养模式上紧跟时代步伐不断探索和调整，但出版人才培养滞后甚至脱节出版产业发展仍是不争的事实。尤其是在数字化时代，数字出版人才的培养严重滞后数字出版产业的发展，人才需求错位，“产学研问题”突出。高校出版教育在教学理念、师资队伍、人才培养模式、学科体系建设等方面与出版行业发展没有很好地实现“无缝衔接”。

王丽媛在《数字时代编辑出版专业高等教育发展对策》[3]中指出，数字时代我国编辑出版专业高等教育的突出问题是编辑出版专业高等教育与编辑出版业务实践严重脱节，导致高校办学“热”而学生就业遇“冷”的问题。由于重理论轻实践的传统教学理念，很多高校的编辑出版专业教学忽视了其较强实践性的特征，重视对出版理论的讲授，造成了高校毕业生与用人单位人才需求的错位。

在《我国编辑出版专业本科教育的市场契合度研究》[4]中，清华大学新闻传播学院2009级课题组试图探求本科编辑出版专业教育的市场契合度，并指出关于出版市场就业环节存在的“产学脱节”这个问题，一方面，编辑出版专业的高校教育同市场需求存在矛盾；另一方面，编辑出版人才培养并不仅局限于高校范畴，业界的人才培训和实践历练同样是人才培养环节的重要组成部分。

1.2.1 出版教育中教育理念存在问题研究

传统的出版教育理念已经落后于数字出版产业的发展，与行业发展方向脱节。部分高校的教育管理者缺乏经营管理理念，教学思想跟不上出版全球化、市场化、网络化的脚步。刘灿姣、姚娟在《数字出版人才培养管见》[5]中指出，教育理念落后于数字出版产业的发展，不利于营造培养跨学科人才的氛围。很多院系大多具有传统出版教育的背景，在教育理念上还未有突破，仍旧以培养传统的编辑出版和发行人才为主要目标，没有从“大出版”“大编辑”的视角出发，培养能适应图书、报刊、电子音像、网络等传媒的综合型编辑出版人才。

杨明、陈少志、于巍在《从数字媒体编辑出版人才培养看教育观念的转变》[6]中指出，我国高等教育教学改革进行了多年，对高等专业教育人才培养而言，无论是在观念层面还是在实践层面，都还远远没有摆脱学科型教育的本质。一些地方高校，在人才培养观念、课程设置等方面依旧持有浓重的学科型培养体系味道。

1.2.2 出版教育师资队伍存在问题研究

优质的师资是提高教育教学质量的根本。当前，数字出版人才培养工作遇到一大障碍就是教师的数量短缺、专业知识与素质跟不上数字出版快速发展及人才培养的要求。高校编辑出版教育师资队伍的专业背景、知识结构等多围绕传统出版教育目标而构建，不少教师缺乏出版实践经验，对现代信息技术不够了解，导致一些数字出版类课程无法开设，或者教学效果不佳。

陈丽华、郭伟、王坤在《高校编辑出版专业人才培养模式存在的问题及对策》[7]中指出，我国编辑出版专业的专职教师以高校的在职教师为主，很少有编辑出版单位的人员参与教学，他们理论知识很强但缺少实际的编辑出版经验，很多高校往往是根据本校的师资情况决定开设的课程和由哪位老师授课。

杨明、陈少志、于巍在《从数字媒体编辑出版人才培养看教育观念的转变》[8]中指出，绝大多数地方高校的师资队伍建设中依旧存在着与当前人才培养需求不相适应的问题。绝大多数专业教师属于理论研究型人才，掌握学科知识系统全面，经历过学术型研究生教育，善于理论分析和理论讲授，表现为理论教学型特征，这对培养研究型专业人才的定位更为合适；但对于绝大多数地方以应用型、复合型人才培养的编辑出版专业而言，教师的专业知识和研究能力明显不符合培养目标的要求，而由于缺少行业岗位的实践经验和经历，大多数教师在指导学生实践方面明显不足，表现为“能说不会做”的尴尬。

1.2.3 出版教育中人才培养模式存在问题研究

高校是出版业人才的主要输送者，面对巨大的人才缺口和就业市场，不少开设编辑出版专业的高校已经开始对专业培养方案进行调整，增加数字媒体课程或相关模块。同时，数字出版人才的培养还应满足行业对不同层次人才的需求。

蔡翔、赵树旺在《出版专业硕士教育：问题、症结与制度设计》[9]中指出，学界一直把人才培养作为自己的核心价值目标，具有主动推进和实现目标的内在动力，但我们惯于闭门办学，对专业硕士的培养方向不明确，重理论轻实践，尤其是现行专业硕士教育模式基本沿用了本科教育的那一套，不关心产业前沿与实际需求，所谓与业界之间的“走出去”“请进来”，都是隔靴挠痒，流于形式。同时，现行高等教育办学体制推行的是教师终身制，业界师资引进过多还可能威胁部分在职教师的利益。

金业文、刘志军在《论“卓越出版人才”的校企协同培养》[10]中指出，长期以来，我国出版人才的培养主要是通过高校的课堂教学实现，培养途径封闭单一，基本上排除了业界在人才培养中的作用，这种模式最大的弊端是理论与实践脱节、人才培养与产业需求错位，致使很多编辑出版专业的毕业生实践动手能力差、不被业界认可、就业难，而许多求贤若渴的出版企业又难以招到合适的专业人才。

1.2.4 出版教育中学科体系存在问题研究

从国内已开设编辑出版专业的高等院校的学科设置来看，大多归属在新闻传媒学院、信息管理学院或者人文学院之下，着重培养学生的写作能力和媒介素养，突出专业的文化性与传播性。然而，这样的培养模式过于单一，学生的专业优势模糊，弊端十分明显，已经不能完全满足现今数字出版新趋势的需要。

赵金色、杨菁在《近年来我国出版学学科定位问题的研究进展》[11]中指出了我国出版学学科定位现状。在我国与学科有关的3个目录中，出版学的定位都是模糊不清的，这给高校出版人才培养带来了诸多问题。出版学到底该属于哪一学科，目前仍无统一定位。在本科教育阶段，国内的出版学专业学科归属模式主要分为两种：一种设置在新闻与传播学院之下，另一种设置在信息管理学院之下，后者更重视新兴技术环境对出版学专业的影响，突出文理融合和社会应用。在研究生教育阶段，出版学专业的研究生培养有挂靠培养和专业学位培养两种方式。出版学专业未被列入学术型研究生招生学科专业目录中，但各高校能根据自身情况挂靠在相关一级学科之下来培养出版学方向研究生。尽管出版硕士专业学位的设立标志着出版学研究生教育开始逐渐纳入我国研究生教育体系，但其专业归口问题并未得到根本上的解决。

陈丹、张聪、仲诚在《全国高校出版专业建设现状调查与分析》[12]中指出，绝大部分出版专业未达到独立建院或系部的规模，且各高校对出版专业所属二级学院或系部的划分也不尽相同。目前80所高校对出版专业学科属性定位各有不同。其中2.5%的高校（两所）偏向艺术学类；7.5%的高校（6所）偏向管理学类；88.75%的高校（71所）将出版专业定位于文学类，而在这71所高校中，又有51所将出版专业设置在“新闻传播学”一级学科之下，其余20所则设置在“中国语言文学”一级学科之下。

陈洁、陈佳在《媒介融合视角下的数字出版人才培养模式探析》[13]中指出，现阶段，高校的通常做法是将数字出版拆分，分流到电子出版、网站建设与开发等具体课程中去，尚未形成以数字出版学为中心，建立各级相关课程的体系。很多高校尽管已经有意识地将数字出版作为专业教学的一部分，但是具有针对性、时代性的数字出版方面的专业教材目前仍是稀缺。国内部分高校将数字出版纳入本科、硕士或博士的培养，但是已经或者正在逐步建立起本硕博一体式培养的学校几乎没有，这就导致数字出版学习人员面临着“半路出家”的窘境。

1.2.5　出版教育中课程设置存在问题研究

在课程设置方面，高校出版类专业目前的课程设置状况不利于培养数字出版产业所需的人才类型。重理论轻实践，实践课程所占比例偏低，这在较大程度上影响了学生实践能力的培养。潘文年、吴天翮在《我国出版硕士专业学位课程设置分析研究——兼与美国纽约大学、佩斯大学比较》[14]中，通过对国内首次开办出版硕士专业学位研究生教育的14所高校以及美国纽约大学和佩斯大学出版研究生教育课程设置的比较分析得出，美国两所学校不论是从总体上，还是从专业必修课与专业课的类别上，出版应用类课程开设比例最高，基础与理论类课程所占比例位次，同时也有一定数量的出版技术类课程，从课程设置上契合了“高层次、应用型、复合型专门人才”的专业教育目的和人才培养目标。

罗立群在《编辑出版学学科归属与课程设置》[15]中指出，综观当前我国高校的编辑出版专业的课程设置，普遍存在三个突出的问题：一是课程差异化明显，每个高校各行其是；二是开设的课目老套，跟不上技术的发展与时代的要求；三是课程与实践严重脱节，教学效果难以奏效。大多数高校的编辑出版学专业课程仍偏重传统出版，在传统出版教学中尤其重视图书编辑的培养，这种课程安排和人才培养目标偏离了现实社会的发展轨迹。

2　出版教育如何应对行业人才需求

2.1　我国出版行业发展对于人才的需求

在走向出版强国的进程中，我国新闻出版产业规模会不断扩张，产业形态会加剧升级、转型，新闻出版业对人才的需求量总体会比较大，所需的人才类型会越来越多、层次越来越高。随着数字出版时代的到来，不仅是出版业态和形态发生了新变化，更需要新型数字出版人才提供支撑。培养一批既熟悉专业出版知识又掌握现代数字出版技术和善于经营管理的复合型出版人才，是刻不容缓的艰巨任务。

在蔡翔、汪曙华、张玥的《如何应对行业发展趋势师生问答：出版教育》[16]中指出，在当前出版业快速发展变革的趋势下，行业人才需求上的变化，主要体现在三个方面：首先，应用型人才的需求量在扩大。其次，对复合型人才的需求成为趋势。出版企业现在需要的人才，不但要懂出版，还要有企业所需的专业特长。再次，人才需求的层次越来越高。如需要深谙现代企业运营的高级经营与管理人才；需要能够驾驭产业航母的领军人物；需要懂得国际贸易规则、具有全球视野的国际化人才。

王炎龙、黎娟在《我国数字出版基地建设的困局及发展路径》[17]中指出，在数字出版领域，产业发展对人才专业素质有了更高、更全面的要求，而目前我国出版人才结构多是单一型的。数字出版复合型专业人才缺乏是我国国家数字出版基地建设面临的又一大困境。高校数字出版相应师资力量匮乏，又缺乏与出版企业的交流、合作，教育教学与数字出版产业脱节，产学研断链，使得数字出版产业发展所需的既懂出版、又会技术、还善经营的复合型数出版人才供不应求。

祝兴平在《我国数字出版跨越式发展的瓶颈与短板》[18]中指出，数字出版的核心竞争力是数字技术创新能力和管理能力，而提升这些能力的关键和密钥，是具有复合知识结构的高层次数字出版人才。而目前，国内对传统出版流程和数字技术及经营管理都比较熟悉或精通的高层次、复合型出版人才极度匮乏。中国出版科学研究所的相关调查显示，各地区出版机构对技术研发型人才需求的比例最大，为50.9%。随着跨媒体数字出版的深入，出版机构对人才的新技术运用能力提出了更高的要求。

2.2 数字出版人才特征研究

数字出版时代，对于出版人才的复合能力提出了新的要求。黄先蓉、田常青在《我国出版产业国际竞争力提升战略研究》[19]中指出，在增强我国出版产业国际竞争力的战略措施方面，夯实自身实力，培养复合出版人才是重要举措之一。应着力打造一批具有国际战略眼光、精通经营管理和出版业务工作的创新型复合人才，构建包括策划人才、编辑人才、发行人才、管理人才等在内且比例结构合理的人才队伍。

孟捷在《大出版背景下出版专硕的核心竞争力培养》[20]中指出，除了传统的编辑出版技能，"大出版"对出版人的素质提出了新的要求：一是熟悉各种媒介形态和艺术表现形式；二是数字技术的研发和利用；三是提高版权经营意识；四是掌握市场调研的新方法。

中国出版工作者协会主席于友先在《迎接数字出版的时代》[21]中提出，将出版教育和出版产业结合起来培养数字出版复合型人才。数字出版的发展趋向要求出版从业者不但具备传统出版业所需的扎实的文化功底和熟练的业务技能，更重要的是具备"融合型"的专业能力，即具有多种媒介技术操作运用的能力，对数字出版产业链增值环节的快速反应，对海量数字化内容资源进行整合分析利用的能力，对跨媒体内容定制并扩大其效应的市场运作能力。

陈丽菲在《中国大学数字出版教育范围与课程之研究》[22]中，通过总结大学中培养出来的数字出版人才可能输出的企业类别，基于单位机构用人的不同需求，归纳出将从三个方面着重培养数字出版人才：数字内容创意与表达方向——数字出版编创人员；数字内容经营与推广方向——数字出版管理人员；数字出版技术应用方向——数字出版技术人员。

李云龙在《提高人才使用效能与数字出版人才培养》[23]中从三个方面阐释了数字出版人才必须具备整合专业资源的能力：第一，数字出版人才必须具备提供个性化定制服务的能力；第二，数字出版人才应立足于特定专业领域，着眼于终端读者的个性化、人性化需求，致力于数字出版“定制”服务；第三，数字出版人才必须具备执行数字化标准与开发运营数字化平台的能力。在有效利用已有图书内容资源进行定制式数字出版的基础之上，数字出版人才应该开展以数字出版为直接指向的编辑工作标准的研讨、建立和数字出版编辑平台的开发工作。

李敏在《浅析数字出版产业化的人才培养策略》[24]中指出，复合型人才基本的素质要求可以归结为知识素养和能力要求两个基本方面。知识素养包括人文社科基础知识、编辑出版专业基础知识、计算机和网络技术知识、新媒体技术知识等，这种知识素养的培养依赖于高等学校。数字出版人才能力培养要求注重数字编辑业务能力，新媒体和新技术的运用能力，市场运作、营销和开发能力等，尤其强调在实践中强化各种能力。

2.3　出版人才培养策略的研究

面对数字出版技术的迅猛发展，我国的出版教育如何通过树立新的出版理念、优化师资队伍、建立新的课程体系、加强实验室建设等举措构建新的人才培养模式，为中国数字出版产业发展培养复合型人才，已成为我国出版教育人才培养中迫切需要研究和解决的新课题，也是近年来学界和业界持续关注的问题。

2.3.1　培养理念与目标

当前，提高高校出版人才培养质量，必须先从根本上转变、更新教育理念与人才培养目标，明确学科定位，培养创新型人才。李德伟在《媒介融合趋势下的编辑出版专业人才培养模式探索》[25]中从两个方面阐述了媒介融合趋势下编辑出版专业教育的理念更新：首先，明确学科定位，树立“大出版”观。在“大出版”的视野下，编辑出版教育需要大力拓展学科领域，培养的人才不仅能够适应书、报、刊等印刷型出版产业需要，而且要能够适应广播、影视、音像、电子、网络和手机等相关产业需要，能够进行各类媒体之间的互动出版运作。其次，明确专业教育功能，树立“大教育”观。编辑出版的实践性特征，决定了学校专业教育必须结合社会资源，如出版企业、相关媒体、协会等共同开展；编辑出版人才的复合性特征，决定了学校专业教育必须结合理、工、农、医、法、政等其他专业共同开展；编辑出版业务的复杂性与开放性，决定了学校专业教育不能窄化为业务培训、技能训练、理论辅导，而应集中培养学生的学习习惯、创新思维能力，集中于规律性、通识性的教育，以提高学生的媒介素养能力。

丛挺、刘晓兰、徐丽芳在《我国编辑出版学专业课程体系数字化演进探析》[26]中指出，在培养目标上应强调继承与创新并重。首先，要继续原有传统出版教学的优势，尊重原有的学科基础，培养有特色的出版专业优秀人才；同时，又要大胆创新，跳脱出传统出版的某些思维束缚。陈洁、陈佳在《媒介融合视角下的数字出版人才培养模式探析》[27]中指出，数字出版专业的培养目标是要为出版业输送一批既有扎实的出版理论知识又有出版实务经验，特别是掌握一定数字技术、深谙出版发行营销之道的复合型专门人才。余燕在《数字出版理念下高校创新型人才培养初探》[28]中指出，创新型数字人才是我国数字出版行业急需的新生力量，培养创新型复合人才是高校教育的目标。

陈丽华、郭伟、王坤在《高校编辑出版专业人才培养模式存在的问题及对策》[29]中提出，应调整人才培养目标，树立为编辑出版"第一线"服务的教育理念。编辑出版"第一线"需要的是复合型的人才，要求具有从事编辑出版行业的综合能力。为适应行业的需要，高校要恰当地调整人才的培养目标，培养能够适应当今行业需要的高素质的编辑出版人才。

王欢在《数字出版教育误区与解决路径探析》[30]中，从数字出版人才培养存在的误区角度阐释数字出版人才的内涵。首先，培养数字出版人才不等于培养书报刊数字出版人才。数字出版产业链上的每个环节都需要高水平的数字出版人才，书报刊数字出版人才仅是数字出版人才的一部分。其次，培养数字出版人才不等于培养数字出版全能人才。一些高校基本把数字出版人才培养方向分为三个模块，即数字出版内容编创、技术应用与经营管理，采用"平台+模块"的人才培养方式。分方向培养的思路是正确的，但既分培养方向，又强调培养既懂传统出版，又掌握计算机、网络、新媒体等技术，又懂经营管理的复合型人才，在人才培养实践中是难以实现的。再次，培养数字出版人才不等于培养重技术、轻内容的数字出版人才。深厚的文化底蕴、过硬的文字表达能力、优秀的策划创意能力才是数字出版人才培养的重点。最后，培养数字出版人才不等于编辑出版学专业培养数字出版人才。大部分编辑出版学主要培养的是书报刊出版人才，而网络游戏、动漫设计、网络广告、数字音乐等数字出版人才，均非编辑出版学专业所能培养。

2.3.2 人才培养模式

科学的人才培养模式形成是编辑出版学教育成熟的标志之一，数字出版转型要求编辑出版人才培养模式积极创新。数字出版具有很强的实践性，当前需要大量技术型、应用型、复合型人才。具体到教育实践领域，培养模式的选择直接关系到人才培养的质量。学界和业界的学者们针对高校数字出版人才培养现存的问题，从多个角度对数字出版人才培养模式展开研究。

教指委主任委员、国家新闻出版广电总局人事司副司长李宏葵在《把握新形势掌握新规律大力培养高素质出版人才》[31]中指出，要深刻把握出版专业人才培养的新规律，并从四个方面阐述了在人才培养工作中需重点贯彻落实的：第一，注重宽口径、专业化的全产业链培养。培养出版专业人才，要按照宽口径、专业化的思路，以出版产业链条为参考依据，打破出版专业各个培养方向的界限，大力拓宽教学知识技能领域，使学生既熟悉掌握出版产业链全链条的各个环节、各个工种，又基本了解出版产业上游下游各个相关产业类型的情况，成为一专多能、适应性强的优秀人才。第二，注重创新型、实践型的产教一体培养。要建立学校和行业单位、教育与产业市场共同协作的一体化培养平台。将学校教师与产业优秀人才打通使用，大力加强学生的创业教育、实践训练，推动学校教育与入职培训、创业实践与见习实习、学校专业考试与职业资格考试等的衔接转换，不断提升学生的创新能力和实践能力。第三，注重国际化、网络化的开放融合培养。出版业位居社会发展前沿，对社会发展变化反应灵敏，出版专业人才培养要紧紧跟随国际化、网络化的教育趋势，探索开放融合的培养方式，加强学生国际化培养力度。积极采用网络化手段，搭建开放式培养体系。第四，注重精细化、卓越型的个性定制培养。积极探索精细化的培养方式，结合学生个性特点和行业发展需要，科学统筹各方面的教育教学资源，制定详细的个性培养方案，通过强化导师指导、实施弹性学制、集中优势资源、重点教育培养等方式，努力培养一批高精尖人才，引领带动行业更好发展。

蔡翔、赵树旺在《出版专业硕士教育：问题、症结与制度设计》[32]中指出，人才培养分类别。类别一，应届毕业生的培养。考生必须具备非出版类的专业背景，才允许攻读出版专业硕士。学生入学后，校方提供与出版业务流程和出版业务链相关的课程，同时注重安排学生的业界实习。类别二，往届毕业生的培养。出版专业硕士在招收往届毕业生时，应要求报考者在出版行业有 3～5 年的实践经验，属于出版业内人才的“回炉再造”。这两类学生一定要分开培养，并形成制度。此外，一个成熟的培养模式必须具备科学的人才价值评估体系，人才价值评估需要产业界、学界、政府合作操持。产业界、学界、政府三方对人才的衡量标准不一，故应采取多层次的评估标准对人才价值进行测评。通过评价结果，可以评估在单个人才培养的价值构成中，哪些指标还有欠缺，还没有满足学界、产业界或政府的要求，最终能针对性地调整某些方面的培养力度，以达到人才培养的共同要求。

姬建敏在《数字化时代编辑出版学关注的新问题——全国编辑出版学研究分会暨数字化时代出版学高层人才培养国际研讨会综述》[33]中指出，北京印刷学院陈丹教授认为，大力培养数字出版人才是目前社会发展和出版业转型对教育的呼唤。德国双元制教育模式对我国数字出版人才培养的启示是：创新教学内容，培养“双证式”人才（毕业证和职业上岗证）、“订单式”人才（以企业需要为前提，实现人才数量、质量上的按需培养）、“3+1”人才（3 年在校内学习理论，1 年在企业实习实训，理论实践相结合）、“产学研一体化”人才（知识、能力和素质协调发展的复合型人才）；创新培养规格，培养研究生层次人才。

肖洋、谢红焰在《数字时代出版产学研协作模式中的共性问题与对策分析》[34]中指出，数字时代背景下的出版产学研协作，关系到出版教育的人才培养。并指出出版产学研协作的主要模式：第一，省部产学研协作模式，国家部委和省份产学研协作。第二，省校协作模式。省各级政府与高校院所产学研协作多以共建的产业技术创新联盟形式出现，出版产学研省校协作模式目前主要是共建办学方式。第三，校研协作模式。校研协作模式是高校与出版研究机构在教学和研究方面强强联合的模式，多采用建立研究基地或培养基地的形式，聘任研究机构专家讲学，在人才、项目等方面实现资源及成果共享。第四，研企协作模式。研究机构与出版企业协作，采用课题组或咨询形式，提供研究开发支持。第五，校企协作模式。校企协作模式是目前出版产学研协作模式中最普遍的一种。该处还指出目前出版产业处在数字化转型的困难时期，产学研协作步履艰难，既要应对产学研协作存在的共性问题，又要考虑协作方的具体实际。要想出版产学研取得实质性的内容进展，必须从政府、企业、高校及研究机构方多管齐下。

姬建敏在《数字化时代编辑出版学关注的新问题——全国编辑出版学研究分会暨数字化时代出版学高层人才培养国际研讨会综述》[35]中指出，河南大学阎现章编审认为，科学的人才培养模式形成是编辑出版学教育成熟的标志之一，数字出版转型要求编辑出版人才培养模式积极创新。在人才培养模式上，要着力创造新闻出版高校培养、在职教育和终身教育相结合的、三位一体的人才培养运行机制。高校新闻出版人才的培养要在重视专业教育的基础上加强通识教育，突出交叉性、互补性；在职教育要突出理论性、学术性和针对性；终身教育强调其受教育和读书学习的持续性和连贯性，提倡根据个人实际采用灵活、实用的教育学习方式与方法，使知识不断得到更新。

崔波在《基于缄默知识观的全媒体编辑出版教育模式探究》[36]中，在对全媒体编辑出版教育模式研究回顾中指出，学界就全媒体时代编辑出版的教育模式，主要有四种观点或做法：第一，结构模式。以通识模块、学科基础模块、专业课程模块、专业技能模块、实践模块为内容的学分制结构模式。第二，“2+2”培养模式。即学生大一入学先在其他院系如历史系、哲学系、中文系、英语系等学习，两年以后择优选拔有编辑出版专业志向的学生，再加强编辑出版专业知识的学习，毕业时拿两个学位。第三，“3+1”培养模式。如北京大学新闻与传播学院前三个学期不分专业，以新闻与传播学院全院必修和选修课为主组织教学，第四个学期开始自选划分专业，以此开阔学生视野，扩大择业面。第四，“平台+模块”模式。以人文科学、社会科学、自然科学为培养教育的基础平台，实现文理科的大交叉，以专业原理、传播理论、数字技术、经营管理、行业法规等为模块。

2.3.3 师资队伍

出版学是实践性很强的学科，理论与实践教学同等重要。只有学界和业界互动，才能使培养出来的学生很快适应出版发展需求，在之后的几年内，这些优秀的出版专业人才有可能成为出版界的骨干。所以就学校而言，办学最重要的是要有一支学术结构合理、稳定的且具有较高水平的教师队伍作为其支柱。

刘灿姣、姚娟在《数字人才培养之管见》[37]中指出，在师资队伍建设上，要注重“强化”和“引进”。首先，高校要强化已有师资队伍建设，要求数字编辑出版知识、技能欠缺的教师参加全国性的数字出版教育师资队伍培养和培训，申请参加具备师资优势条件的国内外著名大学的短期访学；鼓励教师参与企业实践，接收数字出版企业的课题研究或者项目任务，及时了解业界最前沿的知识理论和实践要求，并与自己的研究领域相结合，避免出现“闭门造车”的学术研究，加大理论与实践的契合度。其次，要引进师资。高校可以将已在业界打拼多年已成为应用型复合人才、应用研究型复合人才、经营管理型人才等方面的专家型职员聘任到师资队伍中来。

吴鹏、程放在《数字出版转型期高校出版人才培养策略探究》[38]中指出，加强引进和培养建设高素质数字出版教师队伍。在人才引进方面，高校应拓宽渠道，完善体系制定政策，把数字出版人才作为特需人才摒弃职称资历的限制，依托数字出版建设的主体——内容服务商和大型出版集团，聘请一线数字出版的实践者为高校师资进行培训并聘请其为客座教师，把行业精英技术骨干吸引到高校任教。此外，还应当重视数字出版教育师资队伍的自身建设。首先，高校应建立系统有效的师资培训机制，加强与国内外内容服务商和网络媒体机构的合作，借助其技术力量对高校教师进行培训，定期将骨干教师送入企业顶岗工作，鼓励教师参加社会培训获取数字出版相关资质证书。同时支持教师以数字出版实训基地为依托参与企业出版项目和开展课题研究。其次，聘请科研院所、数字出版机构及互联网行业的专家和技术人员担任兼职教师，组建由教授、策划编辑、运营管理人员、技术骨干组成的多样化教师队伍，改变高校师资队伍知识结构，充实课堂教学内容。

杨明、陈少志、于巍在《从数字媒体编辑出版人才培养看教育观念的转变》[39]中指出，转变专业师资队伍类型，由理论教学型为主转变为理论教学与实践指导型并重。首先，必须大力加快目前专业师资转型，重点培训专业教师了解熟悉行情以及数字媒体条件下出版企业的新变化、新知识、新技术，使得3~5年内从事编辑出版学专业教学的教师都能成为既能讲好专业理论课，又熟悉一线企业岗位需求，具备良好的指导学生实践能力提高的“双师型”教师。其次，必须建立起一支业务素质高、专业实践能力强、具有一定管理经验的数量适当、相对稳定的来自媒体产业一线的教师兼职队伍。最后，地方高校编辑出版专业教师的发展，应该采取传帮带、学历提高与外出进修等多种方式结合，加快提升专业教师的教学研究能力和学科研究能力，教师应尽快实现由单纯的教学型转变为教学研究型。

王伟荣在《数字出版技术对现代出版教育的挑战》[40]一文中，从现代出版教育工作者面对数字技术的挑战应如何做的角度，提出两点建议：一是加强实践经验积累，熟悉业界最新的动态，才能真正地了解数字出版技术发展的现状和出版界的需求，从而培养出符合现代出版要求的人才；二是不断钻研、学习，熟悉出版技术发展的最新动态，适时地更新、完善、升级自己的知识和技术，及时、准确地把最新的技术推广运用到教学中，才能带给学生最科学和最符合实际的知识。

郭志菊在《出版业发展需要大力发展出版教育》[41]一文中从两个方面阐述了如何强化师资力量：一是加强师资结构的调整。出版学专业实践操作的性质决定了需要引进大量的出版从业人员，让这些出版社从业者把自己多年积累的丰富实践经验融入到所讲授的专业教学之中，真正做到出版经营理论与实践相结合。可以聘请一批60岁刚退休的编辑当兼职教师，费用不高，也不占编制，大概5年左右更换一批，也可以不断把出版界的最新发展引入到新闻学教学中去。二是注重教师知识结构的调整。单位应该每隔两年或一定的时间就让教师有半年的学术、学习休假，让他们去进修出版学的相关专业，从事学术研究或者到出版界进行实践。老师要不断更新知识体系，更好地掌握出版规律。

2.3.4 课程设置

课程体系的改革是人才培养方案改革的基础与核心，要着力解决好课程设置的交叉与知识结构的复合，明确课程间的主次关系、层次关系以及内在联系，注意课程设置的科学性、逻辑性、前瞻性，构建合理的课程体系。课程体系构建方面，除考虑传统出版知识与数字技术的复合交叉性外，还应搭建有效的实施平台。

陈洁、陈佳在《产学研一体化视角下编辑出版学专业课程教学改革模式探索》[42]一文中联系自身教学经验，结合国内高校教学实际，建议可将以下5种模式引入到编辑出版学专业的课程改革中来：第一，学科交叉模式。基于我国的编辑出版学专业主要在综合性大学设立的现实，应给予学生较多选择的空间。学生可结合自己的兴趣，跨专业和跨方向修读课程，其中心理学、管理学、数字媒体技术、市场营销学、传播学等都是可列入的专业。第二，第二课堂模式。通过搭建实践与实习平台、设置一定的实践课时、案例教学、筹备出版实验室等，提高学生的实际操作能力，拓展理论视野。第三，专题训练模式。就课堂设计而言，提高案例分析、专题策划、项目分析的比重，培养学生问题意识；通过小组合作的方式，就前沿领域或热点问题以课题制的方式进行项目研究，挖掘学术潜力，培养学生的基础科研能力。第四，案例分享模式。请一线出版单位资深从业人员及其他高校专业教师，共同制定培养方案和课程内容，以课堂讲学、开设讲座、实践指导等方式，共同探讨出版前沿话题。第五，积分制考核模式。学生考核中引入积分制，课堂参与情况、实习表现、科研项目合作成果以及课程考试、课程论文等都设置一定的比重，弱化书面考试所占比重，对于部分应用技术类课程则直接取消考试环节。积分制可以对学生进行全面的评价，有利于激发其积极性与创造性。

陈丽非在《中国大学数字出版教育范围与课程之研究》[43]一文中，从两个方面介绍了上海师范大学编辑出版学专业对专业课的改革与完善，秉持的定位和原则：第一，课程设置的顺序应服务于实践教学的需要。根据教育心理学的习得规律，以“学校实训—社会实践—专业实习”这三个环节和层次环环相扣，互为支撑。内容包括：学校实训=课内实训+课外实训，模拟训练约300个小时；社会实践=三个暑期实习+专业社会考察，适应训练约300个小时；专业实习，时间半年，实战训练800小时以上。同时，专业教学的顺序始终根据业界技能运作的需要调整。第二，技术的教学要服务于内容编辑教育定位。技术的教学要服务于内容编辑教育定位，即专注于数字内容生产加工与组织系统，满足特定或者专门内容的深度加工和精细化加工，为后续的数字出版服务打下基础。

曾建辉、周霞在《关于构建就业导向出版专业硕士培养模式的思考》[44]一文中，从三个方面阐释了“以就业为导向”的出版专业硕士教育课程设置的特点：第一，出版专业硕士的课程设置应突出能力培养，减少纯粹的理论课程，适当增加实践课程，争取能够达到1∶1的比例。同时采用“能力模块式”的课程体系，使各门课程相互联系起来，构成职业能力需要的知识体系。第二，出版专业硕士在课程数量的安排上，应该多于一般的学术型硕士教育。这种“高强度”的学习方式能够让学生在较短的时间里学到更多的知识，更加符合国际化的硕士教育发展趋势。第三，出版专业硕士的课程设置应有社会即时性。所谓社会即时性就是在课程设置上体现出社会潮流，如计算机网络技术、多媒体技术、数字出版趋势，避免和出版行业发展实际相脱离。此外，研究生需要懂得一些版权技术等，并需要对数字出版物的制作，以及数字出版业的信息化商业运作模式有所了解。

陈洁、陈佳在《媒介融合视角下的数字出版人才培养模式探析》[45]中谈到数字出版专业课程设置及培养目标。并指出，数字出版专业人才的培养理应是“1+N”的新模式。“1”即传媒与文学的基本素养，不管出版的媒介发生何种改变，出版业的最终归宿仍是文化的传播与传承，传媒与文学的素养始终是数字出版视角下人才培养的支撑点，文学、传播学相关课程的设置要放在突出位置，并且是专业课程的基础所在。同时，此类课程又要与社会的流行热点，特别是数字出版的新动态紧密结合。“N”的范围较广，包括一定的计算机技术、管理学知识、营销学知识，甚至还要求通过辅修第二专业掌握如法律、金融、建筑等某一专门学科知识。在课程设置上，尤其要重点培养学生的计算机能力和出版实践能力。

李建伟、杜彬在《我国数字出版研究生教育现状、问题及建议》[46]一文中从四个方面阐述了如何完善数字出版研究生教育课程：第一，课程设置要体现学院特色，培养复合型数字出版人才。因为不同高校的数字出版类专业的学科背景不尽相同，所以各高校的数字出版类专业应该结合所属学院实际情况，依托所属学院的优势，发挥所属学院的特长，加强对学生在某一领域的深层次培养，办出自己的特色。第二，课程设置应以市场为导向，紧跟时代步伐，满足业界需求。出版课程是实践性很强的课程，需要紧跟时代步伐，根据出版产业的变化对课程进行相应的调整。第三，加强与国内外高校的合作。国内高校之间可以采用以下方式进行交流和学习，如组织学术论坛、建立研究生免试互荐制度、定期举办公开课、探索远程教学模式。国内高校依据自身发展情况、专业特色，还可以和国外大学采用不同的合作办学方式。第四，紧扣行业实际，注重出版专业实践。高校只有与市场、业界保持密切关系，才能及时了解市场需求和出版行业最新动向，同时应注重实际，注重培养学生的实践能力。

2.3.5 教学模式

出版教育，既要重视理论讲授，更要重视实践教学，这样才能锻炼学生的动手和运用能力，毕业后才能很好地投身于出版业中。

李德伟在《媒介融合趋势下的编辑出版专业人才培养模式探索》[47]一文中提出了改进教学方式，重视“案例法”。编辑出版专业教育中，教师应该收集、遴选典型的融合编辑出版案例，包括成功的和失败的，提出研究主题；学生分组、分头进行资料搜索、观点提炼，经答疑纠偏，写出演讲稿，做出课件，进行现场演讲和答辩，由教师评审、打分。这一过程既是间接地深入实践的过程，也是探索性研究的过程，对学生的实践、研究能力均有锻炼。此外，还提出构建实践教学体系，需要配置相对完善的试验教学设施。管理者应积极利用校内已有的出版社、杂志社、报社、电台，并广泛联系社会同类资源，为学生创设实习基地，并以制度保障使实习实践活动充分开展。其方式包括课程实习、阶段实习、毕业实习、社会实践等，目的在于获得实战经验，为亲自进行出版媒介融合运作奠定基础。

王武林在《数字化进程中的编辑出版专业实践教学改革探索》[48]一文中提出了对实践教学环节与模式的思考，实践教学的环节可以突破现有形式，灵活设置课程实习、假期实习、专业实习；还可以依据情况设置阶段实习，也可以代之以社会实践和调查；还可以采用项目驱动的方式，指定项目后，由学生自行组织人员、自行安排时间和进度，在截止日前上交作品，进行统一评定。并从四个方面阐述了实践教学平台与内容改革：第一，建立实践基地。建立的方式有两种，其一是寻求企业的支持，请其提供实习场所和指导教师；其二是与企业合作建立基地。第二，依托现有媒体资源，强化实践教学。充分利用学校的各类报纸杂志、广播电视、网络媒体、出版社及书店资源平台，鼓励和支持学生进行实际锻炼是极好的实践教学途径。第三，建设实验中心。第四，利用老师或学生成立的工作坊。

陈洁、陈佳在《媒介融合视角下的数字出版人才培养模式探析》[49]中提出了产学研一体的全媒体应用平台的构建。认为出版社、新媒体公司可与高校的数字出版专业建立长期的合作关系，设立几个固定的学生见习基地，吸收这方面的潜在资源。依托高校的教育优势，以学生为中心、数字出版教育为核心，同时进行数字出版方面的科学研究，并以市场为导向，将研究成果和教学成果应用于数字出版产业。并提出综合性大学发展数字出版专业的模式：实现多学科之间的交叉和融合，依托各学院、各科系的资源以发展自身，是在综合性大学发展数字出版专业的优势所在。数字出版专业的发展模式是以本专业为点、其他相关专业为面，点面结合、多面开花的模式。数字出版专业可与计算机学院、软件学院等技术类学院开展稳定深度的合作，还有必要与经济学院、管理学院、公共管理学院等形成良好的互动，让学生掌握社会学、管理学、营销学等方面的理论知识。

黎海英在《高校编辑出版专业人才培养模式探究》[50]一文中，阐述编辑出版专业复合型人才培养模式的构建策略时，提出采取融合式和衔接式组织教学，将编辑出版专业的课程学习糅合其中。融合式组织教学，就是以某学科专业知识课程为主干，把编辑理论、媒介经营、传播技术、实务训练等相关课程有机地融合于每学期或学年当中，穿插安排。衔接式组织教学，就是按时间段接力式安排教学，即前一段时间学生全力与其他学科专业的学生学习学科专业知识，构建学生自身的专业特长，后一段时间，学生全力学习编辑出版专业方向所应掌握的有关理论和职业技能，包括实务训练。

陕西师范大学出版总社有限公司的陶安涛在《试论出版教育中的案例研究与案例教学——兼论出版案例库建设的原则与作用》[51]一文中指出，由于出版实践受时间、场地、人员、组织管理等因素限制，教学效果难免打折扣。而借鉴有关学科案例研究，将其与出版学教学模式结合起来，建立以出版案例教学为主导的出版学教学模式，不失为解决出版教育重理论轻实践偏颇的切实可行的办法。同时还指出案例教学法的特点：第一，教学活动的情境性。第二，学生参与的自主性。在案例教学中，学生是关注的中心。第三，在论题选择和讨论模式上，教师与学生共享控制权，且教师经常作为辅助人员或资源提供者居于次要地位。第四，面向实践的目的性。案例教学法遵循“实践—理论—实践”的模式，案例是师生的中心议题，它强调从案例中提炼出理论，继而又重归实践，成为实践的向导，为进入社会建构理想的、富有操作性的职业角色。

3 国外出版教育研究及对我国的启示

有关国外出版教育现状的文章，介绍了英国、美国、法国、日本等国家的高校出版专业的发展历程、课程设置、师资队伍与培养模式，对我国的出版教育研究与发展具有重要的借鉴意义。

3.1 英国出版教育现状研究

作为世界出版大国，英国出版学专业高等教育的起源可追溯至1961年牛津技术学院（现牛津布鲁克斯大学，Oxford Brookes University）在原有印刷课程基础上创办三年制出版学专业。50年来，英国出版学高等教育经历了从非正规培训到正规学历教育的发展过程，迄今建立了包括学士学位、硕士学位和博士学位在内的层次分明的出版学学历教育体系，同时也形成了较为完善的出版职业技能培训和继续教育体系。

英国出版教育课程设置侧重点明确，培养既有专长又有不同学科背景的学生。将新闻、语言、文化、商业、管理等专业做到有效融合，实现了全球化与跨学科的有效发展。徐丽芳、徐玲在《美、英、澳出版学专业课程体系数字化变革一览》[52]一文中分析英国出版学课程体系的数字化转型中指出，英国出版教育近几年由传统出版教育向新媒体教育转型的步伐日益明显，其他如伦敦政治经济学院、伦敦大学金史密斯学院、赫特福德大学等纷纷开设了与新媒体相关的专业课程，加快与数字时代接轨。课程设置与出版行业的紧密互动不仅促进出版教育适应行业实践发展的需要，也对出版学理论发展大有裨益。

英国的出版教育冷静务实，教学以教授可操作性的实用知识为主。英国的出版教育授课方式灵活而多样，其中实践性教学表现得最为突出。周瑜在《英国出版高等教育现状及其启示》[53]一文中分析英国出版教育的教学方法时指出，教学方式灵活多样，注重培养学生的综合技能；与出版业联系紧密，注重实践操作；实习计划丰富多彩，重视职业资源教育与引导。非常重视实践教学环节，提高学生的实践能力和创新能力。

3.2 美国出版教育现状

美国是世界上最早开展出版教育的国家之一。经过60多年的发展，美国目前有纽约大学、佩斯大学、丹佛大学、芝加哥大学、爱默生学院、哥伦比亚大学等37所高校设置了出版学专业。美国出版学高等教育十分注重行业的人才需求动向，面对出版业的数字化转型，各高校在出版学专业调整和课程设置方面作出了迅速反应。美国高校在出版学专业课程设置和课程体系数字化变革、师资队伍建设、短期教育培训等方面都取得了很大进展，形成各具特色的学科体系。

潘文年、吴天翮在《我国出版硕士专业学位课程设置分析研究——兼与美国纽约大学、佩斯大学比较》[54]一文分析比较美国纽约大学和佩斯大学的课程设置状况得出，美国的两所大学（纽约大学和佩斯大学）相对偏重于出版应用和出版技术类课程的开设，比较注重实际技能的训练和培养，但对基础与理论课程的设置存有不足。

洪九来在《美国出版专业研究生教育的特色及启示——一个以佩斯大学出版系为中心的考察》[55]一文中分析了美国佩斯大学出版专业教育课程体系的特色，并指出其注重实际操作与应用技能的课程与教学体系。佩斯出版专业已拥有一套相对稳定、特色鲜明的课程体系模式：一是课程的专业相关度高。二是业界的案例示范性强。佩斯出版系绝大多数任课教师来自于业界第一线，极少量的专职教师原先也多具有从业经验，教育者的行业身份与知识背景决定了该系整体的教学活动具有鲜活、实效的浓厚色彩。三是学生的实践意识感强。由于先期的理论课程就带有非常浓厚的实用性，再加上最后实践课程的严格训练，使得佩斯出版系的学生比较关注本专业领域的现实问题并尝试解决问题。

张美娟、张婷、徐新在《英美出版高等教育现状述评》[56]一文中从两个方面总结了英美出版教育师资队伍的特点：第一，多数教师具有出版从业经历。英美出版专业教师绝大多数有着丰富的编辑、出版工作经验，能够充分理解出版实践中存在的问题和发展方向，这就保证了教学过程中学生可以及时了解到出版业内的动态和前沿知识，并且接触到业界的人脉资源，为今后的实习和就业提供了有利条件。第二，积极利用行业资源，聘请资深出版人为兼职教师。英美一些院校甚至直接成立出版委员会，其构成往往囊括业界的重要人物，这些业界人物定期或不定期到学校来上课，给学生带来最新的行业资讯和发展动向信息。资深出版人作为兼职教师，可以使学校教学、学生学习和业界实际情况紧密结合，学校和业界保持联系。

美国的出版短期培训项目也由来已久，一直受到业界的认可和学员的关注。这些短期培训课程为学员进入出版行业提供了“许可证”。从行业角度来说，出版短期培训课程为出版业提供了人才。张志强、张可欣在《美国短期出版培训教育概述》[57]一文中总结了美国短期出版培训课程的主要特点：第一，具备长期的办学经验。第二，课程设置异曲同工。第三，师资力量雄厚，实战经验丰富。每所学校每一期的出版课程都邀请了大量来自业内一线的专家授课，每一个出版课程都力争让学员在有限的时间内充分接触和认识出版的所有环节。第四，直面行业变化，调整课程设置。第五，重视学员反馈。经过长期的发展，美国的出版培训项目都已建立起相当完善的宣传和沟通平台。历届学员的评价和意见在成为课程申请者参考意见的同时，也成为课程主办方完善课程设置的重要参考。

3.3 法国出版教育现状研究

法国是世界出版高等教育相对发达的国家之一。法国综合性大学的出版教育最主要的特征是“以职业为导向”，即教育的目的是为了应用于出版工作实践，而这正是我国出版高等教育需要意识到并贯彻到实践中去的。

王仕密在《中法综合性大学出版教育比较研究》[58]一文中指出，法国综合性大学出版专业的培养模式以短期应用型教育为主，因此各层次的培养时间都不长，分别是专科 2 年、专业本科 1 年、专业硕士 2 年，也有博士层次。法国接受出版专业所有层次教育的培养周期共为 5 年。我国出版高等教育以本科、硕士、博士三个层次为主，整个培养周期可达 10 年。此外，法国出版高等教育主要集中在硕士阶段，是定位在大类学科基础之上的专业性分支学科，且三种培养层次皆是以就业为导向的应用型教育。但应用型教育在我国并不普及，多数应用型专业仍在使用学术型专业的培养模式，虽然目前部分高校已开设出版专业硕士教育，但此种形式仍处在初期探索阶段，尚不成熟，也并未在国内出版教育界普及，至于培养层次则集中在本科阶段。

3.4 日本出版教育现状

日本出版业的相对先进与发达离不开其出版高等教育的积极贡献。日本的出版教育着重培养实用型人才，教育内容偏重实务操作，能很好地契合当前媒介融合环境下出版实践发展对于人才培养的需求。

张美娟、张婷、王仕密在《媒介融合环境下日本出版高等教育现状述评》[59]一文中，归纳和分析得出日本的出版高等教育体系的主要特征：一是将出版教育置于传媒教育的“宽口径”状态下进行，尽管这种状态的形成从历史上来看，更像是“无意”形成的，但是客观上它使得培养出来的人才能够很好地适应多媒介融合环境下的工作要求。二是整个日本出版教育体系中，其出版教育的目标定位在于培养实用型人才，职业培训的特点非常明显，其中短期大学是其中坚力量。三是日本出版教育内容偏重实务操作，师资力量不少也是来源于产业界。这三方面的特征使得日本的出版教育能很好地契合当前媒介融合环境下出版实践发展对于人才培养的需求。但是，日本的出版教育理论性不强，教材缺乏，师资队伍不稳定，出版教育体系系统化不够，这不利于出版教育和出版产业的长远发展。

4 近五年我国出版教育研究热点

文献关键词揭示了文章内容涵盖的主要方面，对某一学科内相关文献的关键词共现词情况进行研究，能够发掘这一学科内受关注较多的研究领域，即研究热点。本文在中国知网数据库以“出版教育”“人才培养”“教育理念”“学科体系”“课程设置”“师资队伍”为检索关键词，对 2011—2015 年期间中国知网数据库中所收录的核心期刊进行搜索，剔除不相关文献，筛选出被引次数 1 次及以上文章共 49 篇。并对这 49 篇文章的关键字进行分析整理发现，其中，“数字出版”“出版教育”“人才培养”“教学体系”“出版硕士”“课程设置”等关键字的使用频次最高。据此可将近五年出版教育的研究归纳为 5 个方面：一是数字出版人才需求研究；二是数字出版人才培养研究；三是出版专业硕士教育研究；四是我国出版教育存在问题研究；五是国外出版教育现状研究。此外，分析相关文献研究内容可以发现，近些年来与传统的编辑出版教育研究相比，数字出版人才的培养和数字出版教育已经成为学者研究的热点，其中，数字人才培养模式研究主要围绕办学理念、课程设置、教学体系、师资队伍、培养模式等方面展开。

在 49 篇核心期刊当中，被引次数 5 次及以上的文章有 13 篇（见表 1）。通过分析这 13 篇文章发现，其中研究我国数字出版产业发展的文章有 3 篇，占比达到 23%；研究国外出版教育现状的文章 2 篇，占比达到 15%；研究我国出版教育人才培养策略的有 7 篇，占比达到 57%；研究我国编辑出版教育规模与地域分布的文章有 1 篇（见表 2）。可见人才培养策略研究是学界关注的重点；其次，对数字出版产业发展的研究表明了学界的研究紧跟行业发展的步伐，为行业发展提供相应的理论支撑；再次，对国外出版教育的研究也反映出学界也注重对国外出版教育现状研究，在一定程度上为我国出版教育的发展提供相关的借鉴经验。此外，从发文机构上可以看出，河南大学 2 篇，武汉大学 2 篇，安徽大学 2 篇，反映出这些高校在出版教育研究中较强的科研实力。

表 1 **2011—2015 年出版教育高被引文章相关信息表**

被引次数	文章标题	被引作者	发文机构	发表年份
22	我国数字出版跨越式发展的瓶颈与短板	祝兴平	中央财经大学新闻传播系	2011
16	数字出版人才培养管见	刘灿校、姚娟	湘潭大学公共管理学院	2011
13	媒介融合趋势下的编辑出版专业人才培养模式探索	李建伟	河南大学新闻与传播学院	2011
9	数字化时代编辑出版学关注的新问题——全国编辑出版学研究分会暨数字化时代出版学高层人才培养国际研讨会综述	姬建敏	河南大学传媒研究所；河南大学学报编辑部	2011
7	从数字媒体编辑出版人才培养看教育观念的转变	杨明、陈少志、于巍	吉林工程技术师范学院文化传媒学院	2012
6	媒介融合视角下的数字出版人才培养模式探析	陈洁、陈佳	浙江大学人文学院	2011
6	我国数字出版基地建设的困局及发展路径	王炎龙、黎娟	四川大学文学与新闻学院；中国科学院大学人文学院	2013
6	我国出版产业国际竞争力提升战略研究	黄先蓉、田常清	武汉大学信息管理学院	2013
6	中国大学数字出版教育范围与课程之研究	陈丽菲	上海师范大学人文与传播学院	2011
5	数字出版转型期高校出版人才培养策略探究	吴鹏、程放	安徽新闻出版职业技术学院	2014

续表

被引次数	文章标题	被引作者	发文机构	发表年份
5	我国出版硕士专业学位课程设置分析研究——兼与美国纽约大学、佩斯大学比较	潘文年、吴天翮	安徽大学新闻传播学院	2014
5	英美出版高等教育现状述评	张美娟、张婷、徐新	武汉大学信息管理学院	2013
5	我国编辑出版学专业教育规模调研和地域分布分析	王彦祥	北京印刷学院	2011

表 2　**2011—2015 年出版教育高被引文章研究领域统计分析表**

分类	数字出版产业发展	国外出版教育现状	出版教育人才培养策略	出版教育规模地域分布
篇数	3	2	7	1
占比（%）	23	15	53	7

此外，在研究我国出版教育人才模式的 7 篇文章当中，研究角度一致，基本都从教育理念、人才培养目标、课程设置、师资队伍以及教学模式、培养模式等方面进行分析。得出观点相似：在教育理念方面，认为要树立“大出版”“大教育”的教育理念；在人才培养目标方面，认为数字出版人才培养的目标既要熟悉专业出版知识又掌握现代数字出版技术和善于经营管理的复合型出版人才；在课程设置方面，要重视实践教育，积极推动跨学科教育；在师资队伍方面，加强引进和培养，建设高素质数字出版教师队伍，聘请一线数字出版的实践者为高校师资进行培训，并到高校任教；在教学模式方面，重视案例教学法，并搭建有效的实施平台；在培养模式上，探索灵活多样的合作办学模式。

综观近五年出版教育已有的研究，对数字出版人才的研究显然已成为关注重点，其中关于数字出版人才特征的研究对调整目前我国出版人才培养目标、专业设置方向等具有一定的理论支撑意义。另外，相关研究中针对出版人才培养中存在的问题及策略的研究似乎比较全面，但是仔细考量，发现一些对策的针对性、可操作性、实践意义等不够明显，还需要进一步细化和深入。

出版教育研究在研究方法上较为单一。研究者多利用文献调研的方法，利用国内外图书馆及数据库资源，收集国内外出版教育的资料，掌握最新研究动态。在对文献进行研读的基础上提出关于出版教育研究的见解。与对文献调研方法的重视相比，研究者较少运用实证研究的方法，较少通过对高校出版教育的案例研究，来阐述出版教育的现状，总结出版教育的经验，探索出版教育人才培养策略。同时，对我国出版教育相关数据统计还有待加强，缺乏详细的出版教育统计数据。另外，在出版教育人才培养模式的研究上，缺乏教育学、社会学等相关方面系统的理论体系支撑，研究问题的广度和深度显得不够。

在今后的出版教育研究中，学界和业界可进一步提升出版教育研究的层次，改进出版教育的研究方法，使出版教育步入新的台阶，进而指导和推动出版业人才培养以及产业的发展。

参考文献

[1] 陈丹，仲诚．知识体系视角下高校出版专业核心课程体系的构建［J］. 现代出版，2015（2）：13-16.

[2] 王彦祥．我国编辑出版学专业教育规模调研和地域分布分析［J］. 科技与出版，2011（11）：83-86.

[3] 王丽媛．数字时代编辑出版专业高等教育发展对策［J］. 青年记者，2014（3）：91-92.

[4] 清华大学新闻与传播学院 2009 级课题组，蔡珩．我国编辑出版专业本科教育的市场契合度研究［J］. 现代出版，2012

（2）：73-77.
[5] 刘灿姣，姚娟．数字出版人才培养管见［J］. 中国编辑，2011（2）：69-74.
[6] 杨明，陈少志，于巍．从数字媒体编辑出版人才培养看教育观念的转变［J］. 黑龙江高教研究，2012（10）：127-129.
[7] 陈丽华，郭伟，王坤．高校编辑出版专业人才培养模式存在的问题及对策［J］. 教育与职业，2011（35）：105-107.
[8] 杨明，陈少志，于巍．从数字媒体编辑出版人才培养看教育观念的转变［J］. 黑龙江高教研究，2012（10）：127-129.
[9] 蔡翔，赵树旺．出版专业硕士教育：问题、症结与制度设计［J］. 现代出版，2013（2）：19-22.
[10] 金业文，刘志军．论“卓越出版人才”的校企协同培养［J］. 出版发行研究，2014（4）：90-93.
[11] 赵金色，杨菁．近年来我国出版学学科定位问题的研究进展［J］. 编辑之友，2013（3）：88-90.
[12] 陈丹，仲诚．知识体系视角下高校出版专业核心课程体系的构建［J］. 现代出版，2015（2）：13-16.
[13] 陈洁，陈佳．媒介融合视角下的数字出版人才培养模式探析［J］. 中国出版，2011（21）：47-49.
[14] 潘文年，吴天翮．我国出版硕士专业学位课程设置分析研究——兼与美国纽约大学、佩斯大学比较［J］. 中国编辑，2013（4）：31-39.
[15] 罗立群．编辑出版学学科归属与课程设置［J］. 中国出版，2013（20）：65-67.
[16] 蔡翔，汪曙华，张玥．师生问答：出版教育如何应对行业发展趋势［J］. 现代出版，2013（3）：14-17.
[17] 王炎龙，黎娟．我国数字出版基地建设的困局及发展路径［J］. 出版科学，2013（2）：81-84.
[18] 祝兴平．我国数字出版跨越式发展的瓶颈与短板［J］. 中国出版，2011（4）：6-9.

[19] 黄先蓉，田常清．我国出版产业国际竞争力提升战略研究［J］．中国出版，2013（1）：19-23.
[20] 孟捷．大出版背景下出版专硕的核心竞争力培养［J］．出版发行研究，2013（6）：87-90.
[21] 于友先．迎接数字出版的时代［J］．中国出版，2011（7）：31-34.
[22] 陈丽菲．中国大学数字出版教育范围与课程之研究［J］．上海师范大学学报（哲学社会科学版），2011（6）：96-102.
[23] 李云龙．提高人才使用效能与数字出版人才培养［J］．出版发行研究，2013（1）：28-30.
[24] 李敏．浅析数字出版产业化的人才培养策略［J］．编辑之友，2012（12）：75-76.
[25] 李建伟．媒介融合趋势下的编辑出版专业人才培养模式探索［J］．河南大学学报（社会科学版），2011（3）：147-151.
[26] 丛挺，刘晓兰，徐丽芳．我国编辑出版学专业课程体系数字化演进探析［J］．中国编辑，2012（5）：72-77.
[27] 陈洁，陈佳．产学研一体化视角下编辑出版学专业课程教学改革模式探索［J］．中国出版，2014（1）：35-37.
[28] 余燕．数字出版理念下高校创新型人才培养初探［J］．出版广角，2013（24）：62-63.
[29] 陈丽华，郭伟，王坤．高校编辑出版专业人才培养模式存在的问题及对策［J］．教育与职业，2011（35）：105-107.
[30] 王欢．数字出版教育误区与解决路径探析［J］．职业技术教育，2014（26）：66-68.
[31] 李宏葵．把握新形势掌握新规律大力培养高素质出版人才［J］．出版科学，2015（2）：5-7.
[32] 蔡翔，赵树旺．出版专业硕士教育：问题、症结与制度设计［J］．现代出版，2013（2）：19-22.
[33] 姬建敏．数字化时代编辑出版学关注的新问题——全国编辑出版学研究分会暨数字化时代出版学高层人才培养国际研讨

会综述［J］. 河南大学学报（社会科学版），2011（3）：152-156.

［34］肖洋，谢红焰. 数字时代出版产学研协作模式中的共性问题与对策分析［J］. 出版科学，2012（3）：68-71.

［35］姬建敏. 数字化时代编辑出版学关注的新问题——全国编辑出版学研究分会暨数字化时代出版学高层人才培养国际研讨会综述［J］. 河南大学学报（社会科学版），2011（3）：152-156.

［36］崔波. 基于缄默知识观的全媒体编辑出版教育模式探究［J］. 中国出版，2011（2）：39-42.

［37］刘灿姣，姚娟. 数字出版人才培养管见［J］. 中国编辑，2011（2）：69-74.

［38］吴鹏，程放. 数字出版转型期高校出版人才培养策略探究［J］. 出版发行研究，2014（2）：91-94.

［39］杨明，陈少志，于巍. 对编辑出版学专业毕业生的调查分析［J］. 教育与职业，2014（27）：191-192.

［40］王伟荣. 数字出版技术对现代出版教育的挑战［J］. 中国出版，2012（22）：64-65.

［41］郭志菊. 关于我国出版学发展定位的思考［J］. 编辑之友，2011（10）：81-83.

［42］陈洁，陈佳. 产学研一体化视角下编辑出版学专业课程教学改革模式探索［J］. 中国出版，2014（1）：35-37.

［43］陈丽菲. 中国大学数字出版教育范围与课程之研究［J］. 上海师范大学学报（哲学社会科学版），2011（6）：96-102.

［44］曾建辉，周霞. 关于构建"就业导向"出版专业硕士培养模式的思考［J］. 现代出版，2012（5）：69-72.

［45］陈洁，陈佳. 媒介融合视角下的数字出版人才培养模式探析［J］. 中国出版，2011（21）：47-49.

［46］李建伟，杜彬. 我国数字出版研究生教育现状、问题及建议［J］. 中国编辑，2013（5）：80-84.

［47］李建伟．媒介融合趋势下的编辑出版专业人才培养模式探索［J］．河南大学学报（社会科学版），2011（3）：147-151．

［48］王武林．数字化进程中的编辑出版专业实践教学改革探索［J］．出版发行研究，2011（12）：54-56．

［49］陈洁，陈佳．媒介融合视角下的数字出版人才培养模式探析［J］．中国出版，2011（21）：47-49．

［50］黎海英．高校编辑出版专业人才培养模式探究［J］．广西师范大学学报（哲学社会科学版），2011（3）：132-135．

［51］陶安涛．试论出版教育中的案例研究与案例教学——兼论出版案例库建设的原则与作用［J］．编辑之友，2011（11）：24-26．

［52］徐丽芳，徐玲．美、英、澳出版学专业课程体系数字化变革一览［J］．中国编辑，2012（4）：84-89．

［53］周瑜．英国出版高等教育现状及其启示［J］．出版科学，2011（3）：52-56．

［54］潘文年，吴天翮．我国出版硕士专业学位课程设置分析研究——兼与美国纽约大学、佩斯大学比较［J］．中国编辑，2013（4）：31-39．

［55］洪九来．美国出版专业研究生教育的特色及启示——一个以佩斯大学出版系为中心的考察［J］．现代出版，2011（3）：71-75．

［56］张美娟，张婷，徐新．英美出版高等教育现状述评［J］．出版发行研究，2011（12）：69-73．

［57］张志强，张可欣．美国短期出版培训教育概述［J］．编辑之友，2013（7）：102-105．

［58］王仕密．中法综合性大学出版教育比较研究［J］．出版科学，2013（4）：97-99．

［59］张美娟，张婷，王仕密．媒介融合环境下日本出版高等教育现状述评［J］．出版科学，2012（1）：18-22．

【作者简介】

陈丹，女，毕业于清华大学。教授，第十四届北京市人大代表，中国音像与数字出版协会常务理事，高等学校出版专业教学指导委员会委员兼秘书长。任北京印刷学院新闻出版学院院长。

研究专长：数字出版。主持或主要参与国家及省部级课题10余项，在核心期刊发表学术论文30余篇，主编、参编学术著作8部。曾获国家级教学成果二等奖，北京市教学成果一等奖，被评为“首都教育先锋科技创新个人”“北京市先进工作者”。

连星星，北京印刷学院新闻出版学院新闻传播专业研究生。

2011—2015年海外数字出版研究综述[①]

徐丽芳　曾　李　刘遹菡　徐志武
（武汉大学信息管理学院）

【摘　要】近五年来，数字出版一直是出版学及相关领域研究者和实践工作者共同关注的热点课题。在收集整理期间相关英文研究文献的基础上，总结了海外数字学术出版研究，尤其是开放存取出版、数字学术期刊及其质量控制、数字学术出版商业模式研究方面的成果；概述了电子书阅读器、电子书内容及相关经济问题的研究成果；分析了用户需求、态度及偏好，用户搜索、使用行为及偏好以及用户使用效果方面的研究；并勾勒了以语义出版技术和数据出版技术为代表的数字出版技术研究进展。

【关键词】数字出版　开放存取　质量控制　学术出版　用户

Advances in Digital Publishing Research Abroad During 2011—2015

Xu Lifang　Zeng Li　Liu Yuhan　Xu Zhiwu
（School of Information Management, Wuhan University）

【**Abstract**】Digital publishing has been paid close attention both

① 基金信息：本文系国家社会科学基金项目“开放获取期刊知识传播效果研究”（15BTQ068）研究成果之一。

by publishing researchers and practioners in the relevant areas during the past five years. Based on the collection of English literature about ditigal publishing, sum up digital academic publishing research abroad, esp. research results about open access publishing, digital scholarly journals and the quality control issues, the business models etc.; summarize eBook readers, the content and the related economic problems; analyze users' needs, attitude and preference, users' searching behavior and using behavior and the corresponding economic effects; and finally outline the progress of digital publishing technology, such as semantic publishing technology, data publishing technology and the like.

【Keywords】 digital publishing　open access　quality control　academic publishing　users

1　引言

数字出版是国内外出版学界和业界，乃至学术界、教育界和图书馆界共同关心的课题，但它也是一个涉及面非常广的课题。数字出版既涉及大众出版、教育出版和学术出版，也涉及这些出版领域为之服务的娱乐业、教育产业和科学研究等领域；既涉及技术，也涉及文化，法律，作者、读者及用户的心态等；既涉及内容生产，也涉及载体及其功能的改进，等等。自 20 世纪七八十年代以来，英语文献中已经积累了大量有关数字出版的研究成果。而最近五年来，数字出版尤其成为相关领域研究者和实践工作者共同关注的热点课题。在全球出版业面临数字化转型升级的当下，它们无疑是极具参考价值的。因此，本文试图综述 2011—2015 年间英语文献中关于数字出版的研究成果。

2015 年 6 月 5 日至 10 日，笔者用关键词“digital publishing”“ebook”“open access publishing”“digital journal”在科学网（Web of Science）的“主题”域中，搜索 2011—2015 年间的文献，得到

11835 个检索结果。人工排除与数字出版领域不相关的文献，获得 517 条文献记录。由于作为核心搜索词 digital publishing 的结果相对少（249 条），因此尝试多种搜索策略，发现使用检索表达式 TS = digital AND TI = （publishing OR publication）得到的检索结果相关性最好（即主题里有“digital”一词，并且题目中含有“publishing”或者“publication”等词）。将这样检索得到的结果和原来的 249 条记录进行去重后，一共获得文献数为 328 条。

在信息可视化软件 CiteSpace III 中，主题词来源选择关键词（keyword），算法选择寻径算法（pathfinder），修剪策略选择修剪合并网络（pruning the merged networks），阈值保持默认设定不变，数据抽取对象为 top20，设置时间分区为 2，对这 328 篇文献进行聚类分析。所有结果的模块值（Q 值）和轮廓值（S 值）指标均符合信度范围。根据聚类结果（图 1 所示），找出 3 个领域：industry（商业模式、媒介融合）、technology（创新、大数据、语义网）和 scholarly communication（学术出版、科学交流）。加上其他热点关键词 open access（开放存取）和 e-book（电子书），构成了本综述的主要内容。

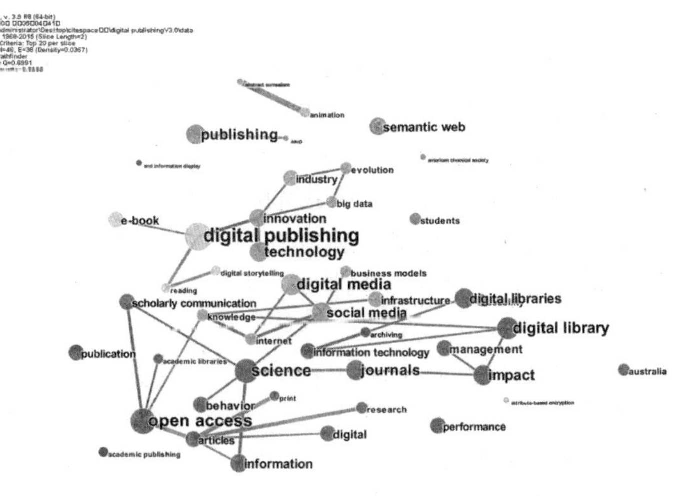

图 1　聚类结果

2 数字学术出版研究

学术出版是学术研究和知识传播体系中的重要环节，历史上承担着对科学研究成果进行质量控制、成果记载、知识传播和长期保存的功能。当前，学术研究和知识传播的基础环境、主流形态和功能需求都在发生巨大变化。其中，开放存取（open access）出版成为数字学术出版研究领域最为热门的议题，而数字学术出版的质量控制、技术采纳和商业模式也是这一阶段研究者关心的问题。

2.1 开放存取出版研究

随着网络信息技术的发展，科研人员获取文献信息的方式也发生了改变。此外，科研人员也需要一个渠道来更快速地发表论文，并且扩大论文的影响力。而传统基于订阅模式的学术期刊，随着订阅价格的不断上涨，已经不能独立、有效地服务于学术交流的使命。OA 期刊的出版模式应运而生。

本文选择科学网（Web of Science）数据库平台，使用“Open Access”作为检索词，得到 217 条相关结果，作为本文的分析来源。

2.1.1 开放存取期刊引用优势研究

OA 期刊作为一种全新的出版模式，能否最终替代传统的学术出版模式，取决于其能否在当前的学术评价体系中占有一席之地。因此，OA 期刊的影响力，尤其是引用率的研究成为一个研究热点。那么，它究竟是否能带来更高的引用率？也就是说具有引用优势（citation advantage）呢？国外采用大量实证研究来对此问题进行探索。

开放引用项目（open citation project）收集了大量有关 OA 期刊引用率的研究文献。总体结果表明，开放存取期刊在增加论文显示度、引用率和下载次数上，具有积极影响。[1]目前，对于 OA 引用率的研究，主要有以下几种方法。

（1）同一个作者在 OA 和非 OA 期刊上发表的论文，其引用率的比较。Frisch 在细胞病理学领域中，对比同一个作者在 OA 和非 OA 期刊上发表的文章 5 年间的引用情况，发现发表在 OA 期刊上的文章具有更高的引用率。[2] 但是，Ingwersen 将 10 篇未经过同行评议流程以 OA 方式出版的“工作论文”（working paper）与来自同一研究机构和同一作者的 10 篇纸质版论文的引用率进行对比，发现前者在 2004—2009 年间的引用率低于后者在该时段内的引用率。[3]

（2）某个领域中 OA 和非 OA 期刊被引频次比较。针对某一学科内部 OA 和非 OA 期刊被引频次的研究也是热点。一些针对政治学、人类学的研究证实了 OA 期刊在引用率上的优势[4][5]。

（3）OA 期刊内部不同程度、方式 OA 文章的引用率比较研究。金色 OA 和绿色 OA 是 OA 期刊的两大阵营。有研究统计，“绿色”OA 期刊比“金色”OA 期刊引用率高出 50%。[6] 但是，也有学者发现那些收取论文处理费（article processing charges）的 OA 期刊的引用率，高于其他种类 OA 期刊的引用率。[7]

对于 OA 期刊高引用率的原因，一些研究者认为并非来源于 OA 期刊本身，而是来自于所谓的“自我选择”偏见（self-selection bias）[8]：那些 OA 文章通常来自知名作者或者作者自行选择自己最好的论文放在网上，所以 OA 期刊的高引用率是来自于这些研究本身的高质量。而 Xia 否认了这一解释，他通过检查人类学领域的 OA 论文，发现总体而言 OA 期刊拥有更高的引用率。但是对比发表在高影响因子和低影响因子期刊上的两组文章，那些发表在高影响因子杂志上的文章并没有高的 OA 率，而发表在低影响因子杂志上的文章一旦进行 OA，反而会获得更高的引用率。这篇研究否认了 OA 期刊的高引用率来自“自我选择”偏见的作用。[9]

对于 OA 期刊的其他优势，Wang 除了确认 OA 期刊对非 OA 期刊具有引用优势外，还发现 OA 期刊在获取社交媒体关注度、保持长期稳定的下载量上具有优势。[10]

2.1.2 开放存取期刊质量控制研究

学术期刊出版的基石是对出版物质量的评价和控制系统。传统学术期刊在发展过程中形成了一系列的评价指标和质量控制机制。

同行评议就是其中最重要的机制。OA 期刊虽然在提高出版速度和加大论文影响力上具有优势，但是如果这种优势不能保证出版质量，则将失去其价值。甚至有研究担心 OA 出版向作者收费的模式，会导致出版商谋求通过增加文章出版数量来增加收入，从而导致低质量研究得以发表。[11]

在 OA 实践中，同行评议的标准产生了新的变化。在传统期刊的同行评议标准里，“重要性”是一个重要标准，但是在诸如 *PLoS ONE* 这样的期刊中则将这条标准去除，即同行评议只关注论文技术标准的完善，而重要性则交给读者判断，称之为轻度同行评审（light-touch peer review）。

OA 期刊的同行评议要求审议过程是开放透明的。《语义万维网学报》（*The Semantic Web Journal*）将同行审议的评价内容、编辑意见和决定、作者回复均发布在公共领域。[12]

Boldt 也认为传统的同行评议流程存在“不透明、评论者缺乏激励”等问题，而类似 ArXiv. org 这样的预印本方式的 OA 期刊可以通过扩充某些功能解决这些问题。因此，作者建议将所有的同行评议结果和作者对此的回应全部附在 ArXiv. org 的论文后面，并且永久保存在那里。[13]因此，新的同行评议模式正逐渐将论文的发表变为一个动态的过程，一篇论文从初稿到终稿，以及中间的评价、修改意见，都能向读者发布。此外，还出现了一些新的同行评议模式。比如 OA 期刊《F1000 研究》（*F1000 Research*），就采用一种先在网上发布，再进行同行评议的模式。在比较了采用开放式同行评议的期刊和没有采用的传统期刊的引用数据、经济成本和编辑出版等数据之后，研究者发现前者在这些数据上都表现得非常成功。[14]

对于质量控制，还有一些研究认为，应该加强软件系统的支持以及对于评审人员的激励。[15]

2.1.3 开放存取出版付费方式研究

开放存取免除了获取者的支付费用，但是提供开放存取服务仍然需要一定成本，因此，“谁为开放存取付费”成为一个热门研究方向。

当前，不同学科领域 OA 期刊的付费情况不尽相同，总体而言，生物、医学类 OA 期刊收费比例高。Solomon 调查了 2010 年 1370种在 OA 期刊名录上标注为收取论文加工费的期刊，发现有 59%的样本为生物医学领域的期刊；而那些商业出版商旗下的期刊，比起由协会、大学或者研究者创办的期刊，更有可能采用收取论文加工费的方式。[16] Kozak 则发现在收入开放存取期刊指南的 OA 期刊中（Directory of Open Access Journals），只有 28%的期刊对作者收费；调查也发现存在学科差别，医学、科学收费期刊比例高，而人文艺术期刊收费比例低。[17]

付费方式也有差异。有些只针对确定了要发表的论文收取，有些则在提交论文时就要收取一笔费用；还有些根据论文长度收取。[18] 还有些新方式，如开放电子出版中心（The Center for Open Electronic Publishing）采用一种新型的“免费增值”（freemium）收费模式。在该模式中，任何人都可以访问 OA 论文的 HTML 版本，但是 PDF 等格式只对订购用户开放，同时提供给订购用户一些数据分析、提醒订阅等附加功能。[19]

有研究尝试从经济角度探索何种条件下期刊愿意采用 OA 出版形式，以及采用何种 OA 形式。McCabe 认为期刊扮演了为作者和读者提供平台的角色，符合“平台市场”经济模型。通过考察期刊垄断地位、作者需求强度、读者利益等角度，探索何种条件下出版商倾向于采用 OA 或者传统期刊模式。结果发现那些具有垄断地位的、盈利性的，或者采用传统订阅模式的期刊能赚取更多利润。[20] 还有研究发现，尽管在过渡期 OA 期刊的利润较低，但是长期来看，更多的 OA 期刊将会有可观的净利润。[21]

2.1.4 开放存取发展模式研究

开放存取目前主要有两种形式：金色 OA（Gold OA）和绿色 OA（Green OA）。所谓金色 OA，是指以 OA 期刊的方式进行出版，并由论文作者承担费用的模式；而绿色 OA，则是指使用自我存档等文献存储方式将论文在开放存取仓储或作者个人主页中存档。一直以来，金色和绿色 OA 期刊被认为是可以互相补充的。然而，随着开放存取期刊运动的推进，究竟优先发展哪种模式的争论开始浮现。[22]

许多国家政府通过制定相应政策表明对 OA 发展模式的倾向性。2012 年 6 月，曼彻斯特大学的 Janet Finch 教授发布其受英国政府委托的一项关于研究经费分配的研究报告。报告认为“金色 OA 之路”有利于科学交流在英国的发展。一个月后，英国政府表示接受该报告的建议。这引起了一些研究 OA 期刊的专家的激烈反对，认为其忽视了仓储的作用并且把所有费用负担都置于作者身上。这些研究者认为，绿色 OA 期刊一方面能够让公众阅读那些并非严格意义上的期刊论文（如博士论文、工作报告等）；另一方面，对作者而言更为简单快捷，也无资金压力。Finch 在报告中所推崇的全部由作者付费的模式仅适合那些研究基金充足的国家，而对一些经费短缺的国家则不适用。他们建议，如西班牙等国家政府通过法律规定等方式支持绿色 OA 之路，并建议所有国家支持的科研项目必须存放在开放仓储里。

有研究关注当前作者对于不同模式的选择情况，如 Björk 总结那些混合型的 OA 期刊模式，即在订阅期刊中为作者提供付费的 OA 选项的模式。但发现不到 2%的作者选择这个选项。他认为这种模式已经不是主流模式，而纯 OA 期刊（Full Open Access Journals）才是未来的趋势。[23] Björk 统计目前绿色 OA 的文章占所有已经发表期刊文章的 12%，但是存在时间滞后、存储的持续性存疑等问题。[24]而 Spezi 发现作者选择绿色 OA 期刊的行为与其动机、所处领域有密切关系。[25]

对于两条路径，出版商明显是金色 OA 之路的强烈支持者。Morgan 关注在 OA 出版中出版商能提供的价值和所扮演的角色。出版商对于金色 OA 模式颇为热心，尤其对于那些具有充足资金支持的研究领域。[26]对于未来是否要进行 OA，《欧洲放射学》（*European Radiology*）的编辑给出了肯定的答案。他同时强调金色 OA 会是长期的解决方案，而绿色和混合型 OA 出版更像是一种过渡方案。[27]而对于绿色 OA，Laakso 统计各学术期刊对于绿色 OA 的政策，结果表明 81%的期刊允许作者将自己提交的论文初稿进行绿色 OA，但仅有 11%的期刊允许其将期刊发表的版本进行绿色 OA。[28]原因是，出版商担心这可能会动摇其提供高质量同行评议等服务的核心，甚至认为“绿色 OA 构成了政府对于私人机构财产的剥夺”。

2.1.5 开放存取利益相关方

开放存取的产业链上，众多利益相关方对于 OA 发展各有看法。

（1）不同规模的出版商对于 OA 的态度并不相同。Ramirez 等人探索在人文社科领域，OA 后的学位论文是否会削弱该论文的出版机会。结果表明，在出版商总体表示欢迎的情况下，小型的大学出版社和杂志会将此视为威胁，因此可能不会出版源自 OA 后的学位论文的修改稿。[29]

有出版商对 OA 反应激烈。2011 年他们曾经提交一个代号为 HR3699 的《研究成果法案》（Research Works Act），试图阻止美国联邦政府机构敦促非公共组织或个人科研成果开放存取的法令。[30]

当然，也有出版商积极探索新的 OA 出版模式。他们创造出一种新型的巨型期刊模式（megajournals）。其代表为创立于 2006 年的 *PLoS ONE*，其发表论文的数量更像一个“期刊图书馆”，通常涵盖一个较宽的学科领域，发表标准较关注科学依据而非重要性。这种出版模式被视为学术出版领域颠覆性的创新。

（2）总体而言，作者对 OA 并不十分积极。Solomon 调查了 OA 巨型期刊的作者，探讨他们的特征、提交论文的特点、选择期刊时的考虑因素、支付论文处理费用的资金来源，以及他们未来继续使用 OA 期刊服务的可能性。结果发现提交给 OA 期刊的论文超过一半是被其他期刊拒绝的论文，还有四分之一只是一个初步发现（preliminary findings）。[31]更有趣的是，即使关于 OA 期刊研究的论文也并非全部通过 OA 渠道发表，Grandbois 从文献计量的角度，在考察 9 年间发表的有关 OA 研究的文章后发现，尽管 94%的文章内容都对 OA 表示支持态度，但实际上只有 60%的文章采用了 OA 发表方式。[32]

作者态度和行为背后的原因成为许多研究关注的焦点。对于那些选择 OA 期刊的作者，期刊质量和发表速度是作者决定发表在

OA 期刊上最为重要的因素，即选择 OA 期刊的作者往往看中其引用优势和高发表速度。[33][34] Nariani 则通过对约克大学发表过 OA 期刊论文的作者进行访谈，发现期刊声誉、读者群体、发行速度、被数据库索引情况是他们选择 OA 期刊的主要考虑因素。[35] Solomon 则通过调查发现，期刊的声誉和所提供的服务是作者选择发表在何种 OA 期刊上最重要的两个考虑因素。[36] 而对于不选择 OA 期刊的原因，Nariani 发现对作者收费、对职业晋升的不利影响是作者选择 OA 期刊的障碍。[37] SOAP 项目对全球范围内 4000 多名作者对 OA 的态度进行了调查，结果显示基金来源和质量保障是阻碍 OA 发表的原因。

上述原因与作者本身对 OA 的熟悉程度、学术地位、所在领域、所在国家有密切关系。一般而言，对 OA 越熟悉则越有可能选择这种出版方式。[38] 在 OA 期刊发文与作者本身的学术地位也有关系。为了获得职业升迁和更高学术声誉的青年作者会倾向选择具有高声誉的传统期刊，而随着作者地位的提高，更有可能在 OA 期刊上发文。Eger 认为这是由于相对高地位的作者面临更少限制，因此可以自由地在 OA 上发文。[39][40] 不同领域对 OA 的态度和相关行为也存在差别。一方面，这与不同领域的评价机制有关。那些将发表成果视为非常重要的领域的作者更可能在 OA 上发表文章，因为发表更迅速。[41] 另一方面，也与不同领域的基金支持有关。对于那些具有稳定资金支持的学科，OA 费用的影响远远小于期刊影响因子等的影响；但在社会科学领域，出版费用是一个非常重要的考虑因素。因此，处于缺少稳定资金支持领域的作者可能会因为费用问题放弃 OA 出版。[42] 不同国家由于资金支持不同，作者对 OA 的态度也不同。一项针对印度研究者的调查显示，72%的研究者对自己付费的出版模式不感兴趣，这主要是由于缺乏研究基金支持导致的。[43]

2.2 数字学术期刊及其质量控制研究

传统学术期刊不仅传播科技信息和知识，它更提供了一整套质量控制、版本存储的机制。但是，当前学术期刊的生存环境发生了根本变化，其形态、功能也随之发生深刻变革。

2.2.1 学术期刊新形态

现在数字期刊已经成为学术期刊的主流形态，期刊发展已经进入新的阶段。在爱思唯尔（Elsevier）出版集团的Bradley Allen博士看来，学术期刊将进化为学术成果基于程序和程序接口的发布，它们使用数字化形式传播，通过社交网络发现和获取。[44]

数字化给学术期刊内容带来全新的组织、展示和使用方式。通过多媒体和数据库等技术，数字学术期刊可以包含更多形态的内容，甚至可以用全新的形态出版论文。

科学研究成果必须“可验证”“可重复”，因此在传播和使用科学论文时，Boulton认为，支持该论文研究过程的数据和分析等资料，也是人们理解这个论文的有机部分，应该像论文一样可被查询和检验。[45]而Lagoze强调，网络服务的发展能够让学者很容易地发表和分享他们研究中的所有证据，包括数据、图片、视频或者其他种类的材料。[46]一些先行的数字学术期刊尝试将原始数据与论文一起出版并提供下载，并且将数据转化为易读的格式。[47]

除了包含更丰富的内容，数字学术期刊将把期刊论文内容变成活的知识工具，将学术论文转换成一种学术对话，成为一种“活着的论文”（the live paper）。Penev建议，论文的出版除了包括原始的论文版本外，还应该有一个可以随时更新的Wiki页面，并且将其整合为统一地址，以方便查阅和引用。[48] Ahlqvist阐述如何让论文中的引言、数据和方法、讨论等部分“活起来”。比如读者可以修改作者内建的参数，放上自己的数据来探索新问题，等等。[49]

2.2.2 数字学术出版质量控制

质量控制是整个学术出版的核心环节。传统的学术出版通过同行评议等方式进行质量控制。在总结了当前有关同行评议的文献后，研究者认为新的质量控制方式为老问题提供了新思路，但同时也带来了挑战。[50]

（1）开放的评审系统。

针对某些对传统开放评议过程“黑箱操作”的指责，一些期刊开始尝试开放的同行评议（open peer review）实践。审稿意见要和审稿人的姓名一起随着论文公开发表，这样审稿人受到了约束，必须对自己的评议负责。[51]同时，作者也被邀请将他们对评议意见的回复提交上去。[52]

Ford总结了开放评审系统的类型，包括签名评议（signed review）、公开评议（disclosed review）、编辑协调评议（editor-mediated review）、透明评议（transparent review）、众包评议（crowdsourced review）、发表前评议（pre-publication review）、同步评议（synchronous review）和发表后评议（post-publication review）等。[53]

这种开放评审系统的好处包括"可以缩短从提交稿件到正式发表的时间""更容易识别学术不端行为""带来引用优势""增加学术出版的公正性""增加科学界的交流与对话"[54][55]，等等。甚至有研究者主张"增加交互式的评论系统，让论文读者更深度地参与到学术内容出版的流程中，并由此创建读者的网络"。[56]而"学术共同体对这种方式的接纳"和"技术上面临的困境"是该种评审系统遇到的挑战。[57]

（2）新的评价机制。

在传统学术出版体系中，主要通过引用量和引用率来评价论文和期刊的影响力。数字化的技术提供了丰富的计量方式。有研究提出要提供每篇论文的同行评议数据，比如在发表之前作者修改的次数等。[58]也有研究致力于设计新的评价框架，Shotton就设计了一种五星评价在线期刊论文的框架。包含同行评议、开放存取、内容的丰富性、可使用的数据集和机器可读元数据等5个指标。[59]

使用"替代计量学"（altmetrics）来评估影响力成为研究热点。这种方法从博客、微博等社交媒体上收集论文分享数据来进行计量。[60]研究者建议将其作为传统引用量测量的一个补充，因为它能够反映大众对其的关注程度[61]；并且能够帮助学者理解他们的作品出版后所发生的事情，去记录其作品如何被"消费"以及被谁"消费"。[62]然而，也有研究者对这种方法提出质疑，认为其只能测量关注程度，容易鼓励研究者去发表那些吸引眼球的东西，而且在社交媒体上的分享数据更容易被操控。[63]

2.3 数字学术出版商业模式研究

1990年以来，随着大型学术出版商不断地并购，学术期刊的出版被几家大的出版商垄断。有研究通过数据分析30年来WOS上索引的4500万篇论文，发现在自然科学和人文社科领域，几个大型学术出版商在论文出版市场的份额一直在增加，而且在数字时代表现更甚。[64]垄断带来竞争机会的锐减，使得学术期刊价格大幅提高，而学术期刊的消费者图书馆则面临经费增长缓慢甚至削减的境况。这种矛盾导致学术交流出现危机。

基于这种背景，不少研究对目前数字学术出版的商业模式提出质疑。Larivière等学者将学术出版看做一个高固定成本和低变动成本的信息产品。对于数字期刊出版而言，固定成本包括论文的撰写、选择和评价，以及编辑、设计、市场推广和员工薪水等，但其中最为重要的两个——论文撰写和评议，却是学术界免费提供的。[65][66]“学者免费提供自己的工作成果，然后需要高价格去购买这些成果”，Biesta认为这缺乏公平。[67]从需求方角度而言，购买者和使用者的分离使得价格波动不会影响需求。学术界因此发起了一场名为“知识的代价”的运动，号召学术界不在Elsevier期刊上发表文章，不审阅其他研究人员投给这些刊物的稿件，也不参加该公司的任何编辑工作。Withey从理论和现实的角度，断言此商业模式已经不可持续。[68]

针对当前数字学术出版的问题，不少研究探索新的商业模式。有研究从打破垄断的角度，建议将期刊的功能分散。学术期刊应该成为学术出版创新路径的协调人，而不是所有功能集于一身的垄断者。[69]Priem总结数字学术期刊具有存储、出版、标识（identity）、加工、搜索、营销和评估的功能，他提出如何利用现有的网络服务将这些功能进行重构（refactoring）。该研究认为这种变革的好处在于“有可行性、能带来根本性的变革，可以给创新者带来更多机会”。[70]

也有研究提出更为微观的解决方法。Withey、Beverungen等提出使用网络版免费、印刷版收费的模式，OA方法、公平交易（对学者的论文和评议工作进行经济补偿），能促进大学出版社发展的学术出版，以及由学术组织自我管理学术期刊等4种方式，来改善当前的学术期刊出版商业环境。[71][72]也有研究建议更为灵活的付费方式，如进行“小额购买”（little deal）的付费模式，即按照观看次数付费；或者分级定价模式（tiered pricing），即根据机构规模、上一年的使用情况来付费。[73]

而互联网商业模式的发展也给学术出版商提供了新思路，如免费增值（freemium）的商业模式：用户自由地生产内容、公司平等地来传播这些内容，但是对一些围绕该内容的服务进行收费。这个系统所提供的价值是与内容交互的方式，而不是内容本身。[74]

对于新的商业模式应该有的特征，有研究总结为：必须将之视为学术交流的一个部分、积极面对多种格式、与其他商业模式有良好的合作、合理的价格、有可持续的资本回报、对改变具有灵活性、对其效果可测量。[75]

3 电子书研究

电子书是数字出版发展过程中不断演进的新产品之一，由文本、图片、音频、视频、动画等多媒体要素组成，通过平板电脑、智能手机等终端设备进行阅读传播，能够提供对照搜索、交叉引用、超文本链接、书签、注释、高亮和交互等功能。[76]与传统出版相比，电子书的组稿、编校、生产及发行方式都发生了翻天覆地的变化。毫无疑问，这种变动中的重要对象必然会引起广泛的研究兴趣。就英文文献来看，从2011—2015年，Web of Science中以关键词“e-book”为主题的相关文献大约有141篇。从整体来看，电子书研究主要聚焦于市场状况、终端利用、经济模式、内容生产与管理和未来走向等几个方面。

3.1 电子阅读器研究

电子书阅读器是帮助人们阅读电子书的设备，它有很多潜在的使用者，被认为有可能成为纸质书的替代品。目前，电子书的类型多种多样，主要包括：亚马逊的Kindle、巴诺的Nook、索尼电子阅读器、Bookeen公司的Cybook和Opus、苹果的iPad、IREX公司的iLiad等，另外，Books WordPlayer、Textunes、Aldiko、Wattpad、eReader Pro、Classics和Ambling Bookplayer也占有一定的市场份额。[77]最近几年，电子书阅读器受到了不少关注，关注焦点主要集中在两个方面：阅读器的接受利用研究以及阅读器的改进研究。

3.1.1 阅读器接受和利用研究

电子书读者群体正不断壮大，到底哪些因素吸引用户使用电子阅读器呢？学者们研究后发现用户感知有用性、感知易用性是阅读器广泛使用的主观原因；软件和硬件优化、阅读器价格降低和大众媒体宣传则是鼓励用户广泛使用的客观原因。研究结果表明，从阅读器来看，价格下降、更好的零售模式、大众媒体的广泛宣传、电子纸显示技术（Electronic Paper Displays，EPDs）的运用、多媒体聚合功能都是阅读器销量增加的原因。[78][79] Posigha指出相关信息的快速检索功能、易于下载也是电子书的独特优势。[80]同时，大量免费的电子书满足了读者们的阅读需求，多种格式和形态的发展又促使这些电子书内容更加生动有趣。[81]从电子书在教育领域的应用来看，Boon-Chong Seet发现移动功能、软件支持功能、网络连接功能、即时性和协作性是影响学生将电子阅读器用作协作学习系统的主要原因。[82]另外，电子教材在课程教学过程中有极强的灵活性，能提高学生的学习效率，为阅读课程材料提供了新方法。[83]

电子阅读器是否拥有良好的用户体验是增强用户黏性的关键，对此也有不少学者展开了研究。Ebiwolate等人在对尼日利亚122名学术人员使用电子书的情况进行研究后发现视觉疲劳、兼容性不够、缺少合适的内容及内容获取障碍，都在一定程度上削弱了用户的阅读体验。[84]而且这些问题不仅限于尼日利亚，在全球范围内同样如此。Gibson等人将第二代电子阅读器与第一代电子阅读进行比较后提出，虽然第二代在很大程度上进行了改善，但是它在硬件和软件方面依然存在以下方面的问题：①电子书的形式（即尺寸与重量）还有改善的空间；②电池的续航能力有待加强；③电子书导航设计可以更加细化；④电子书成本有待降低；⑤闪屏现象依然存在。[85] Kor H. 等人在对土耳其不同地区的远程教育进行研究后建议，交互性和可视化的电子书更加符合用户体验，更能激发学习动力，应该是电子书产业以后的发展方向。[86]

3.1.2 阅读器优化设计研究

让电子书阅读器拥有最佳的用户体验一直是出版商追逐的目标，也是出版界、计算机领域和图书馆界共同关注的热点话题。从研究关注的问题来看，学者们积极主张解决续航能力和响应时间、易读性和视觉疲劳、显示技术、信息提示这 4 方面问题。

从续航能力和响应时间上看，Guimbretiere 等人设计了一款低电压非对称结构的双处理器。这种新的处理器包含一个高性能、低电压的应用处理微控制器，主要用于处理简单的交互操作，如翻页、文字输入等。这个过程不需要唤醒主应用程序控制器。这种结构使用简单的标记语言，很容易实现与传统用户界面的兼容。经过测试，这款处理器能使电池寿命提升 1.72 倍，书写速度提升 3.2 倍。[87] 另外，针对电子书响应时间慢的问题，Chuang 等人分析了影响数据加载的两个因素：一是 DRM 系统的应用极大地增加了时间耗费；二是 ePub 格式要通过 XML 和网络技术进行解码，也会增加 CPU 的数据加载时间。为此，他设计了一套新的加密算法，提出只加密用户需要的电子书章节，并不加密整个电子书的文档内容，从而节省加载时间。[88]

从易读性和视觉疲劳上看，电子书的效果似乎比纸质书差一些。因为电子书阅读往往持续更长时间，采用更宽的视角扫描距离和更快的眨眼速度，这一切都会让眼睛产生不适。为加强电子书的易读性，Kim 建议在设计时应该充分考虑目光固定的持续时间、眼睛扫描运动规律和背景光强弱。[89] Lim 则从文本方向、屏幕大小和字符大小 3 个方面研究了如何增强彩色液晶电子阅读器的易读性并缓解视觉疲劳。当屏幕为 6.0~9.7 英寸时，使用 12 号字体花费的视觉搜索时间最少，8.1 英寸的屏幕适合用 12 号和 14 号字体；8 号字体适合 6 英寸的屏幕，而 12~14 号字体适合 9.7 英寸的屏幕。字体越小越容易引起视觉疲劳。[90]

从显示技术上看，新的显示技术和方法是研究重点。Luo 等人对量子点增强液晶显示技术进行了研究，并提出将其运用到电子书的设计方案中。量子点技术不仅提供生动的颜色，而且能减少色彩过滤过程中光的损失，使得视觉角度更宽，响应时间和对比度适中，显示效果大大增强，是未来电子书显示技术的发展方向。[91]由于第二代电子纸显示技术在高压力环境中不可靠，Su 等人提议通过使用故障模式影响分析法（failure mode and effect analysis，FMEA）和田口方法（taguchi methods）来提高液晶薄膜晶体显示技术的可靠性。其实施方案是首先定义理想产品功能的可靠性；其次，通过 FMEA 确定可能会影响可靠性的关键参数；最后，再使用田口动态方法优化参数。实验结果显示，电子纸显示故障的平均时间已经从过去的 1867 小时提高到 3852 小时。目前，这一设计方案已付诸实践，并取得了不错的效果。[92]

从信息提示的角度看，研究人员主张通过建立导航、视觉提示图、书签、协同注释系统和个性化推荐等方式优化用户的阅读体验。Li 等人建议为学术电子书建立导航和视觉提示图，并将其纳入交互式工具栏中，提供页码与页码之间的空间线索，以反映图书的物理结构，提示页面之间的相对关系。这一方法可以大大缩短用户的搜索和阅读时间。[93]Song 等人提出，如果提示图的信息太多可能会引起用户的认知过载，一般情况下当页面超过 30 页时，并不适合使用视觉提示图，同时应尽可能减少页面按钮数量并增大页面按钮区域。[94] Robinson 等人建议注重“书签”功能的设计，并在电子书中添加全文搜索、最后一次阅读页面恢复等功能。[95] Chen 等人开发了一个以注释阅读和交互讨论为支撑的协同注释系统（CRAS-RAIDS），能有效避免浅阅读和注意力不集中等问题，增强用户的阅读理解能力。[96] Wu 和 Crespo 等人分别提出了一套电子书推荐系统，它可以有效提升读者的阅读兴趣和效率。前者开发的图书推荐系统通过对相关文章进行分析，确定文章难度，再结合读者的学习能力，为用户提供实时动态的个性化文章推荐；后者则主要对用户的交互数据进行挖掘后，为读者智能推荐电子书。[97][98]

电子阅读器的交互性这些年也受到了不少关注。不少学者谈到交互式电子书在优化用户体验、增强用户黏性、激发学习动力和强化学习效果上所发挥的重要作用。但是，目前的研究中，对于到底应该如何设计电子书的交互性功能，相关研究还很少。随着电子书市场竞争日趋激烈，交互功能必然会成为增强竞争力的要素之一，它也应该成为电子书优化设计研究的一个重要方向。

3.2 电子书内容研究

内容是电子书的核心。关于电子书内容，学者们的兴趣点主要集中于内容格式、内容生产技术和形态、内容保护三个方面。

3.2.1 电子书格式

电子书格式多种多样，其中 ePub 和 PDF 是主流格式。关于它们的特点，业界讨论得较多。ePub 格式是一种广泛应用且被大部分阅读设备支持的格式。它包含 HTML 和 CSS 文件，允许文档中融入视频、音频、动画等多媒体要素，具有较强的适应性、开放性和交互性，而且 ePub3.0 已于 2011 年被国际数字出版论坛（International Digital Publishing Forum）定义为新的电子书标准。[99] PDF 是一种易于描述、打印和广泛应用的共享文档格式，能够实现跨平台阅读。与 ePub 格式相比，它的缺点较为明显。首先，缺乏有效的文档逻辑结构信息，使得检索和再利用较为困难；其次，现有搜索引擎无法高效地检索文章的内容，尤其是结构；再次，它难以为用户提供个性化的界面；最后，它不利于对内容进行分析，用户若要对文章进行分析，不得不把先内容提取出来后放到其他工具中。[100]

为此，已有专家提出了一些解决 PDF 不足的策略。Marinai 等人设计了一套将 PDF 格式电子书转换为 ePub 格式电子书系统。这套系统首先对 PDF 文档进行语法分析，提取文本位置、字体、字号等信息；在此基础上，对文章目录、注释、插图进行识别和分析；然后将识别后的内容通过 ePub 格式输出。Lu 等人针对目前图书馆中存在大量 PDF 资源的现状，探索将 PDF 界面集成到 JAVA 应用程序中。他首先设计了能够兼容 PDF 文档的特定 JAVA 应用程序；然后将 PDF 文档转换为更易于存储和交换的 XML 文档；在此基础上为句子、段落和页面建立 XML 索引机制，并将其集成到

JAVA 应用程序中，实现了在同一界面上对 PDF 文档进行查看和操作。[102]

3.2.2 内容生产

随着数字技术的发展，电子书与新技术融合的趋势越来越明显。3D 技术与电子书的结合就是典型。Ju Seong Yeon 通过提取用户的手势并进行识别，设计了一套手势控制系统。用户可以依靠手势在虚拟空间中选择电子书，并实现打开、翻页等功能。[103] Alam 等人也设计了一套 3D 环境下移动触屏视听交互系统，实验结果证明这种 3D 系统在阅读、学习和娱乐上的效果明显优于传统电子书。[104] Prasetyadi 也探讨了 3D 电子书信息开发方案，通过 3D 电子书指导印尼公众认识除大米以外的可替代主食。[105] 除了 3D 技术，还有一些 DIY（do it yourself）技术也广泛应用在电子书中。Book Builder 是一个简单易学的电子书 DIY 平台，用户可以根据需要将词汇、文本、图片、音频、视频等内容嵌入类似于 Book Creator 的应用（APP）中，很多老师已经开始通过该平台设计电子教科书。[106]

在图书数字化过程中，一些传统生产技术如光符识别（optical character recognition，OCR）等，表现得并不完美。Kichuk 就针对 OCR 技术的可靠性和精确性展开了探讨，他指出目前电子书生产商主要通过众包工具（crowdsourcing tools）、分布式校对（distributed proofreaders）等方式解决这一问题，但是效果还未达到预期。在未来的研究中，OCR 技术的可靠性和精确性仍然是一个值得讨论的话题。

生产技术进步和用户需求的变化，也带来了图书形态的多样化，电子短书就是其中之一。电子短书是一种介于图书和杂志文章之间的以电子单行本和短文为主的图书形态，字数大约在 5000～30000，内容主题涉及各个方面，具有快速写作、快速阅读和快速出版等特点，它很好地适应了网络时代大众的即时阅读需求。[108] 但对于这种新的图书形态也有人提出质疑，由于作者不得不把文章分割成片段，很多重要的信息可能会漏掉。[109] 另外，新的电子书形态还有自动演示插图电子书（automatic illustration ebook）、动态电子书（dynamic ebook）和交互式电子书等。

3.2.3 内容保护

版权保护一直是阻碍电子书产业发展的症结之一。关于它的讨论由来已久。最近几年，学者们对于电子书非法下载的原因和版权保护策略进行了研究。

到底是哪些因素促使公众通过非法下载方式获取电子书？Camarero 等人从技术、伦理道德和价格视角对这一问题进行了分析。首先是用户对下载技术的使用和精通促进了非法下载。同时，电子书易于下载和阅读的特性使公众感受到了电子书比纸质图书具有更大的实用性。这种实用性吸引更多用户购买电子阅读设备，这些设备的使用则又加剧了公众的非法下载。其次，从伦理和道德因素看，用户的规范意识和价值意识不强导致了盗版行为加剧。实验发现当用户内心尊重政府、业界、朋友的指导或建议反对盗版时，非法下载的数量往往会明显减少。最后，个人对于电子书的支付意愿也有影响。人们的支付意愿越小，就越容易通过非法下载渠道获取电子书。[110]

为改善电子书盗版猖獗的严峻局面，一些作者也提出了自己的见解。从宏观方面看，Nkiko 针对尼日利亚的盗版形势提出了一系列建议。他建议国家可以实行鼓励电子书产业发展的政策，增加产品供应；降低电子书的制作成本，使其符合受众的经济承受能力；利用特殊算法从技术上遏制非法下载；加强公众的版权和法律意识；抑制国民对于反盗版成功的自满情绪；从道德上对公众进行劝告等。[111] 从微观方面看，Wu 等人提出了一种信息隐藏技术，主张通过重新设计 CSS 文件中的选择规则和财产申明等方式，将 ePub 文件中的信息隐藏起来，这样可以更好地保护电子书版权。[112] Camarero 等人则试图运用“胡萝卜+大棒”的策略破解版权保护的困局。一方面，生产商可以从设计、质量和附加服务方面增加电子书价值，使其得到用户的欣赏；销售商则可以通过网站提供快速简单的产品购买服务，使用户享有愉快的购物体验。以此作为“胡萝卜”，这样用户才有更强的支付意愿。另一方面，要强制执行版权保护法律法规，让用户真正意识到盗版行为违法的严重性，增强违法行为受罚的确定性，以此作为“大棒”。同时，将“胡萝卜”和“大棒”结合起来，双管齐下，保护版权。[113]

但是，目前较为严格的版权保护机制，也遭到了一些人的质疑。Guo等人大胆提出了自己的看法：过度遏制盗版行为并不会增加生产商和分销商的盈利。因为过于严格的版权保护政策将使消费者对企业提供的消费盈余（consumer surplus）期望值降低。这会对他们搜索使用电子书的意愿产生负面影响，从而减少电子书需求。同时，过度的版权保护会让生产商产生安逸意识，电子书产品和服务的质量也可能会随之降低。[114]另外，数字权利管理系统（digital rights management，DRM）虽然在版权保护中起到重要作用，但是它也有较强副作用，如限制用户的合理使用权、侵犯用户的隐私权等。[115][116]

关于电子书的版权保护，业界更多注重技术及其相关问题研究，但是对于那些引起版权问题的侵权行为本身的研究并不多。所以，在未来的研究中，或许可以更加深入地去探索用户的非法下载行为，如用户参与非法下载的动机还有哪些？用户非法下载电子书后是否还会购买纸质书？非法下载是否真的会导致图书销量急剧下降？等等。深入地理解这些问题，或许有助于政府和出版商制定更加合理的版权保护政策。

3.3 经济问题研究

经济要素是电子书产业发展的重要推动力。学者们对经济问题的研究聚焦于电子书市场和产业发展现状、不同定价方式和定价影响因素以及电子书商业模式变化、创新及案例等内容。

3.3.1 市场和产业研究

电子书产业作为新兴的经济体，其市场份额和产值增长势头强劲。从欧美和韩国的情况看，美国出版商协会（Association of American Publishers，AAP）2012年公布的数据显示，2011年美国电子书销售额的净收入比2010年增加了两倍，而且成人小说电子书的销量首次排在了销量排行榜的第1位。从2011年4月开始，亚马逊平台中的电子书销量开始超过纸质书。[117]美国出版商协会

2013年公布的数据显示，2012年电子书将近占美国图书贸易市场销售额的四分之一（22.25%），与2011年（17%）相比增长了5.2%。[118]2014年Rudigerd的全球电子书市场报告指出，2014年仅美国成人小说电子书这一种产品的市场份额就占整个图书市场的21%。西班牙2010年电子书销售量首次超过了纸质书，而且到2012年，电子书占新书发行量的22%，产值达7200万欧元。同时，西班牙数字化图书的数量也在以200%的速度增长。英国在2012年共售出8000多万册电子书，价值5.145亿欧元。最近，大约有84%的德国出版商开始提供或打算提供电子书。而欧洲其他国家如比利时、意大利等，电子书产业也已经在2011年左右超过了传统出版。[119]韩国2010年电子书产值为8000万美元，2011年增长到了4.2亿美元。[120]

随着电子书产业的发展，电子阅读设备的拥有量和读者群体也在逐步增长。2011年5月，美国成年人电子阅读器拥有量从2010年11月的6%增长到12%，增长近两倍。[121]此外，电子书的读者群体也正在扩大。皮尤研究中心（Pew Research Center）的网络调查显示，2012年16岁以上阅读电子书的美国人数量从16%增加到了23%，而阅读纸质书的读者数量下降了5个百分点。[122]

电子书市场的快速发展也给整个出版产业、图书馆和读者带来许多变化。如出版商正逐步变得乐观，积极研究市场变化，向数字出版转型；图书馆预算和读者偏好逐步从纸质资源转向电子资源；教育界已经开始掀起“教材革命”，将电子教材引进课堂，大学生电子教材的销量也已经开始腾飞。这一切意味着电子书市场比我们想象的更大更广。[123][124]

虽然整个电子书产业欣欣向荣，但是从地域来看发展极不均衡。2011年台湾地区电子书销售额仍然低于整个出版产业的1%，与北美相比简直微乎其微。[125]而在韩国，虽然电子书产值增速快，但其2010年专用电子书阅读器的销售量还不到5万台。2011年，韩国最大图书分销商的电子书销售额还不到它整个图书销售额的两成。[126]尼日利亚由于盗版严重，电子书产业的发展也并不理想。[127]受限于法律问题、获取方式、编辑模式、公众兴趣和价格等原因，法国的电子书市场发展也相对缓慢。[128]

3.3.2 定价研究

电子书价格一直都是学者们热议的话题，各种定价方法一直都处于交错共存的状态。从文献中可以看出，有几种定价方法得到业界的青睐，如单位定价法、捆绑定价法、歧视定价法、时差定价法、智能定价法等。除了这些定价方法，还有成本定价、心理定价、高位定价、低位定价以及个性定价等。[129] 2010年，出版商麦克米兰（Macmillan）和零售商亚马逊（Amazon）掀起了定价策略之争。到底“批发模式”（wholesale prices）和“代理模式”（revenue-sharing contract）哪个更好？Dantas运用一系列数学模型计算后发现，对零售商和读者而言，“代理模式”是一种更加有利的定价方法。[130]

在产品定价过程中，除了成本外还需要考虑其他因素。首先，产品的替代水平会影响电子书价格，可替代水平越低，电子书定价可以越高；其次，在电子阅读器和内容捆绑销售中，内容价格会依据利润率和需求弹性系数的不同，增加或降低电子阅读器的价格；再次，垂直产品差异（vertical product differentiation）和产品质量水平也会对电子书价格造成影响；最后，定价还需要考虑用户的价格预期，如台湾读者希望电子书的价格为传统纸质版本的一半。[131] 目前，有很多人希望实行“一次性付费”方式，这样自己可以在固定时间内从阅读平台上自由获取感兴趣的内容。[132] 还有很多用户认为市场上的电子阅读器价格太贵，他们能够接受的价格在200美元以下。[133]

随着电子书市场的不断发展，出版商和图书馆面临着机遇和挑战。在财政预算有限且资金向期刊采购倾斜的背景下，图书馆要想购得更多电子书会非常不容易。[134] 而出版商和集成商则要在提升议价能力的同时，继续提供新颖、灵活、有吸引力的定价模式。

3.3.3 商业模式研究

商业模式一直是业界关注的焦点，数字出版给电子书的商业模式带来很多变化。从理论层面看，学者们提出要注重内容和平台打造以及实行社交网络营销。Pinto等人指出，为适应不同类型读者的需求，出版商新的商业模式应该注重灵活性，如将内容进行分解，按章节或者按篇销售，同时实行个性化定制服务。出版社应该依据不同的课程、主题、学历水平、资质等建立专业的销售网站，促进用户通过互联网和其他移动终端直接购买。未来还需要开发尖端电子书，在作者许可的情况下，为作品整体或者部分添加多媒体内容，将内容、服务与社交网络联系起来，提高用户购买的可能性。[135] Antonio 等人强调，要注重社交网络在电子书营销中的作用。一方面因为社交网络是信息传播过程中非常重要的渠道，能加大用户信息获取的几率；另一方面，社交网络已经将电子书转变成为一种服务，它使得读者可以和出版商、作者进行合作，允许读者与读者之间交流阅读信息。接下来这几年，这种社交化阅读将成为流行趋势。它也将成为一种附加服务，让出版商在激烈竞争中获胜。[136]

从实践层面看，西班牙的一些大型出版平台，如 Todoebook、Leer-E、Laie and Libranda 等，都积极开发了包括自助出版模式、流阅读模式和电子短书出版模式等在内的多种出版模式：①自助出版模式。在这种出版模式中，作者完全掌握包括封面设计、版式设计、格式、价格、发行以及市场在内的全部出版要素及过程，由电子书出版、按需印刷和虚荣出版（vanity publishing）三种类型组成。②流媒体模式。这种商业模式建立在免费增值服务的基础上：一方面普通用户可以免费阅读其内容，但不得不接受强制的关联广告；另一方面高级订户支付一定费用后，可以免于阅读强制广告。它的盈利来源于广告投放费用和用户订阅费用。③较短文本出版模式。随着新的书面交流系统的出现，内容篇幅缩短已经成为交流体系中的趋势。这也使得较短文本、图示等碎片化内容的使用成为常态，并逐渐形成了一种以较短内容出版盈利的新商业模式。④音乐流模式（music streaming）。这种模式下，用户只要付出很少的费用，就可以在一段时间内享有自由聆听大量歌曲的权利，不需要将它们下载到终端设备上。[137] 据估计，2013 年有超过 2800 万人订阅了这种服务，获取了近 3700 万首数字歌曲。[138] 对于用户来说，音乐流服务可以以较低成本享受更多的内容和服务。所以，出版商也对这种商业模式寄予厚望，希望能减少一直困扰他们的音乐盗版问题。[139]

Oiestad 和 Bugge 则阐述了“刀片模式”（razor-blade model），这种模式下产品最初的价格非常便宜，但随着用户深入使用，价格会逐渐增加，出版社以此从中获利；“多元收入来源模式”（multiple revenue stream model），以音乐产业为例，出版商可以通过唱片发行、内容经销及许可等多种模式获利；“免费增值模式”（freemium model），这种模式内容免费，出版商收入来源于广告或者其他付费内容；以及“众包模式”（crowdsourcing model），出版商可以充分利用受众群体的知识资源，用于解决各种问题和内容创作。[140]

对于出版企业而言，采用两种或两种以上平行的商业模式非常重要，这样才能获取更多利润，抵抗更大的风险。[141] 随着产品和技术的发展，商业模式也在不断改变。任何一种商业模式所能提供的优势也只是暂时的。为此，出版企业需要深入理解产业环境变化的方方面面，积极开发新的数字内容产品、研发相应的数字基础设施、创新产业标准和分销渠道等要素，并深刻反思已有的商业模式是否需要改变，什么时候改变，往哪个方向改变等问题。[142]

3.4 电子书与纸质书优劣与消长研究

关于电子书和纸质书的争论由来已久。两者的使用效果哪个更好？纸质书会消失吗？电子书会取代纸质书吗？这些问题都引起了业界广泛而持久的研究兴趣。

3.4.1 两者利弊

关于纸质书和电子书孰是孰非的争论一直都在持续。一种观点认为，纸质书比电子书更易于理解，拥有更加舒适的阅读体验；而电子书的主要优势在于便携，读者阅读起来更加方便，节省研究人员的时间，节约图书馆的馆藏空间，增加出版商在线产品的附加值。[143][144] 另一种观点主张，年轻人在电脑和 Kindle 上阅读叙事或说明文本时的理解效果与纸质阅读差不多，甚至学生读者在认知学习、情感学习和心理学习上的效果比纸质书更好。[145][146]

电子书阅读作为一种新的阅读形式，它的一些弊端也受到了研究人员的关注。一方面，电子书很容易引起视觉疲劳，易读性方面比纸质书差，同时也容易使读者分心，精力无法集中；另一方面，电子书的环保性能也受到了质疑。[147] Jeswani 等人估算，购买一个电子阅读器，用户至少需要利用它阅读 40 本书、340 份报纸、130 份报告才能抵消电子书阅读器生产过程中产生的碳排放量，所以，电子书只有在使用率很高的时候才能起到保护环境的效果；否则，阅读器的生产只会产生更多的污染。[148]

3.4.2 发展趋势

大部分作者相信电子书会挑战纸质书的地位。他们持有这种观点基于以下几种理由：首先，电子书的普及率越来越高。增强版本公司（Enhanced Editions）的首席执行官 Peter Collingridge 预测电子书将成为充分利用新技术的优质产品，受到越来越多人的追捧。其次，图书馆采购策略的转向。SWETS 的产品经理 Maxim van Gisbergen 表示最近几年它的图书馆客户希望花两倍的支出购买电子书。电子书和在线资源的使用已基本渗透到了每一个学科。同时，随着读者驱动采购模式（demand-driven acquisitions，DDA）的运用，电子书在图书馆馆藏中所占比例肯定会大幅增加。[149]

随着电子书的日益发展，纸质书会被完全取代吗？对这一问题似乎难以达成一致意见。一部分研究人员认为纸质书不会被电子书取代。虽然一些人建议图书馆以采购电子书为主，甚至完全使用电子书。但是，这种完全取代在短时间内不可能完成。首先，纸质书和电子书各有利弊，满足了不同群体的阅读需求。只要有需求，纸质书就不会被取代。[150] 其次，从读者偏好看，多数读者似乎更喜欢阅读纸质书。因为纸质书不仅更易于理解，也能带给他们舒适的阅读体验。[151] 再次，从媒介转换成本看，用户大规模从纸质媒介转换为电子媒介需要受到强烈社会影响的冲击，以及付出较高的转换成本。这些都成为转换工作的一大障碍。[152] Martin 等人根据 Rogers 的创新决策过程模型对 10 所大学图书馆进行调研后发现，电子书和纸质书在图书馆中并行使用，并没有出现替代迹象。[153] 而澳大利亚的图书馆也只拥有 33%图书的电子版，其中只有 26%

的电子书很容易被用户获取。[154]

还有一部分研究人员持有电子书会取代纸质书的观点。他们之所以这么认为，是因为很多用户对电子书的黏性越来越高。Chaudhry 选取部分科威特小学生为样本进行研究后发现，学生们更加喜欢电子书而非纸质书，他们阅读电子书的时间也越来越长。[155]马里兰大学人文社会科学师生们表示相比较专业文件、应用手册和设计指南等，他们在学术研究中也更加喜欢电子书。[156]

上述作者表达的观点表明，在未来一段时间内，两种媒介之间的争论仍将继续。电子书虽然已经成为图书馆馆藏的重要部分，但纸质书依旧还是图书馆的核心部分。未来很长一段时间内两者应该是一种共存的局面。[157]

4 用户研究

人们如何利用数字出版物？他们的需求、态度、偏好有何区别？了解和掌握这方面的情况对于出版商、图书馆等改进产品和服务质量都是有益的。因此，相关研究成为近年来出版界、学术界和图书馆界热切关注的话题。

4.1 用户需求、态度及偏好研究

不同层次、不同类型和不同地域的用户对于不同种类数字出版物的需求、态度及偏好都有显著差异。小学生及儿童比较注重高质量的内容和适当的技术。高质量的内容意味着作者应有较强的写作能力，用风趣幽默的语言表达主题，吸引孩子们的注意力；同时，产品应配备音频朗读、可视化文本、背景知识介绍、词汇学习等数字出版物特征。[158]适当的技术是指尽量减少阅读的技术障碍，如台湾地区小学生希望在阅读网站电子图书过程中，减少注册账号，安装浏览器等环节。[159]与小学生相比，本科生和研究生更加看重实用、舒适的用户体验和低廉的价格。舒适的用户体验包括视觉体验好、感知移动性佳、感知行为可控且具有易读性等，其中视觉体验和易读性是影响用户体验最重要的因素。[160]台湾大学生选择专

用电子课本应用程序的标准包括感知有用性、感知易用性、感知便利性和兼容性。[161]类似地，感知有用性和感知易用性对马来西亚大学生使用电子书的意向和态度也有非常重要的影响。[162]此外，成本也会影响用户对电子书的态度。西班牙大部分大学生希望电子书能够免费使用。他们觉得目前电子书和阅读器的价格都偏高，限制了用户的资源获取。[163]

不同的阅读和使用目的也会对用户的需求、态度及偏好产生影响。在学术阅读中，大学生们希望电子书能具备章节概要、下画线、保存、注释、标记等实用性功能，这样能有效地完成学术工作。[164]而把电子书用于协作学习系统的人们则希望电子书具备移动功能、兼容功能、连接功能、即用功能以及协作功能，能实现彩页显示和网络浏览。[165]以休闲阅读为目的的韩国人对电子书的多媒体、无线（WiFi）连接、触摸屏、电子墨水等功能比较看重，其中多媒体功能是其最看重的特征。[166]大型在线网络游戏用户追求的价值目标是希望游戏能带给他们欢乐、成就感、温暖的人际关系、归属感和安全感；同时，游戏中的竞争、合作、认可、幻想和好奇又能让他们拥有主体和客体高度融合的“心流体验”（flow experience）。[167][168]

开放存取出版作为一种新兴的出版形式，得到了部分用户的认可。但是，不同职业、不同地域人员关注开放存取出版的侧重点是不同的。坦桑尼亚大学教师注重出版速度、公正的同行评审体系、作者付费方式、版权和剽窃等问题。[169]伊朗医学研究者则更看重开放存取出版的学术地位、便利性、公信力和社会影响等。[170]学术研究者对待开放存取出版模式的态度与他们对开放存取的熟悉程度、学术环境和专业地位等因素有关。[171]当然，也有部分用户并没有完全理解开放存取如何操作及其影响。而这种不理解存在代际差异，年长作者似乎比年轻作者更难以接受开放存取出版。[172]

4.2 用户搜索、使用行为及偏好研究

现在人们可以利用各种不同的信息源寻找电子书，但不同地方用户偏好的搜索方式也不尽相同。如西班牙大学生更多地使用谷歌

（Google）获取电子书，因为西班牙很多图书馆在2011年才实现电子书的采购和借阅，电子书数量较少，借阅模式还不够成熟。[173]韩国大学里的大部分研究人员很少使用谷歌等门户网站搜索电子书，而是使用图书馆网站。[174]在使用图书馆网站获取电子书的过程中，马来西亚大学生更多依照电子书的“主题”或“题名”检索，并从搜索列表中筛选出相关电子书；再根据目录从中查找相关内容；对这些内容浏览之后确定是否相关；如果这些材料非常重要，他们会将文档打印或者保存，以备参考。[175]

对电子论文的获取也存在显著的地区差异。克什米尔地区因为冲突原因造成资源偏少、网络堵塞，研究人员获取的电子资源数量与和平地区相比要少很多。[176]大部分美国奥本大学本州的学生通过登录学校网站的馆藏主页访问电子论文资源库，并利用内部导航页面查找相关内容。而大部分州外的学生则使用网络搜索引擎访问电子论文库。为了更快查找资源，他们经常直接登录目录信息页（bibliographic information pages），使用内部导航页的频率比本地用户要少。[177]另外，关于电子论文的搜索行为，Wu等人对台湾地区研究人员进行访谈后发现，他们很少使用元搜索工具（meta-search tool）检索图书馆的电子资源，而且也很少使用提醒服务获取更新信息。[178]

关于电子资源利用的话题一直备受研究人员关注。不同群体的资源利用行为差异较大。Genc指出，土耳其有很多学龄前儿童流行使用智能手机，但是他们使用的目的不是为了学习，而是为了游戏。这也引起了家长们的担心。[179]台湾地区的小学生在阅读过程中使用标签进行导航。[180]对于交互式电子书，具有挑战精神的孩子会通过点击回应互动。这种学习方式不仅没有限制他们的语言学习，相反，还有利于他们对语言的感知和接受。[181]从研究生的行为看，台湾地区的研究生使用电子书的主要目的是为了学习和研究。专著是其首选，其次是教材，再次是参考书。他们比较喜欢电子书的关键词搜索功能，很少从头到尾对一本书进行完整阅读。大部分时候他们都只是在线浏览一些句子、段落、部分章节等，然后将重要的部分打印出来阅读。[182]

对于音乐的使用，用户已经对订阅模式失去了兴趣，转而青睐捆绑广告的免费下载方式。[183]对于 OA 出版，尼日利亚人和阿根廷人都还没有改变传统思维方式，参与率比较低。[184][185]同样地，尽管学术研究者认同机构知识库在信息传播中所发挥的作用，但是大多数人并没有完全接受机构知识库的自我存档功能。[186]

4.3 用户使用效果研究

关于不同群体使用电子资源的效果，Ihmeideh 通过实验收集了约旦学龄前儿童对印刷出版物的意识、词汇水平、字母知识、声韵意识等数据来确定电子书的使用效果，结果发现阅读电子书儿童的读写能力与阅读纸质书的儿童相比，表现要好得多。[187]而对患有严重语言障碍的幼儿园小朋友来说，在阅读电子故事书的过程中，视频图像和静态插图具有同样的学习效果。但是，背景音乐会干扰他们学习。因此，在教学过程中要考虑嘈杂环境对他们语音感知的影响。[188]Crossland 等人在试验中发现，132 名视觉障碍人群中有 81%的人使用智能手机，其中 59%的人表示智能手机的语音功能对他们来说非常有用。他们还将智能手机中的照相机和屏幕当作放大镜，将闪光灯当作聚光灯。但实验样本中只有 48%和 17%的人分别使用平板电脑和电子书，他们表示成本过高和兴趣缺乏是阻碍他们使用的重要原因。[189]Joo 等人设计了一套声音注释浏览系统，阅读障碍人士不仅可以通过这个系统用声音对电子书进行注释并保存，而且还能够轻易地将这些注释检索并播放，大大提高了他们阅读电子书的效果。[190]澳大利亚新南威尔士大学 71%的医学研究人员表示，在完成学术研究过程中电子书极大地提高了他们的生产力水平。[191]

关于图书馆电子资源的使用效果，Nam 等研究发现，韩国大学生对图书馆电子书服务的满意度一般，主要原因在于服务内容，比如搜索结果不充分、导航失效、界面不直观、不愉快的阅读体验等。电子书使用越频繁，用户对电子书服务的满意度也越高。其中大三、大四以及研究生院的学生比大一、大二的学生对电子书服务的满意度更高。[192]Walters 则指出影响用户在大学图书馆借阅电子书满意度的因素主要有：限制性的许可规定、专用软件问题、文件格式问题、数字权利管理以及单用户商业模式问题等。另外，一部分用户抵制电子书，一方面因为电子书的易碎性、不确定性和复杂性阻碍用户对电子书的价值感知；另一方面则是由于转换成本太高。[193]

新形态电子书在形式与功能上都各有特点，其使用效果也各不相同。交互式电子书是新形态电子书之一，Smeets 等在研究中发现，幼儿园小孩使用交互式电子故事书后，他们的词汇水平得到了显著增长。这主要得益于故事书中嵌入了文本外的词汇说明及提问式互动方式。[194]3D 电子书是另一种新的图书形态，它能为用户的阅读体验提供可触摸的视听资料。Alam 等人在测试读者的阅读体验后发现，3D 电子书能让用户注意力更集中、记忆更持久、使用更愉快，因此其阅读、学习及娱乐效果均要优于传统电子书。[195]

5 数字出版技术研究

科学技术的发展给数字出版带来的影响是全方位的，并且具有持续性。Sara Øiestad 等人指出，新的科学技术将重建整个出版产业结构，并且取代之前最普遍的商业模式。[196]

5.1 通用数字出版技术研究

最近五年，数字科技为出版行业带来了新的技术、为读者带来了新的体验。数字出版中的创新可分为内容创新和技术创新。显而易见，技术创新给出版业带来的刺激是巨大的。研究者在这一时期的关注焦点主要集中在以下方面：

首先，是作为网络基础设施的万维网等的进化对数字出版的影响。Qi 等人指出，Web 2.0 的缺陷使其不能很好地支持科学研究的探索流程以及对科研成果即论文和专著等的循环利用。相对而言，Web3.0 不仅改变了出版流程，而且还改变了出版流程中包含的角色。它可以方便读者，改变内容生产商的想法以及提高内容传播的效率；同时可以让计算机懂得文章中内容的含义并挖掘出隐形知识。[197]

其次，增强型电子书也是研究者关注的热点。自 2010 年哈珀·柯林斯和兰登书屋以及各大型出版商先后发布自己的首部增强版电子书后，此类电子书开始大量涌现。[198]以往普通电子书只能提供阅读功能，增强型电子书则在普通电子书的基础上增加了动态交互文本、音频以及视频材料，并将这些多模式材料以一个完整文件的形式出版。随着增强型电子书的发展，辅助制作工具大量涌现，使得任何人通过简单的操作就能创建有增强型功能的电子书。例如，Vook 开发了将视频集成嵌入电子书中的工具包 Mother Vook。[199]美国图书装订公司查理·梅尔契（Charlie Melcher）推出被称为 Push Pop Press 的数字出版平台，适用于苹果操作系统的跨媒体创作。[200] Yapper 的新公司自称为“你的应用程序制造商”，和美国另一家电子书出版和发行平台供应商 Smashwords 相类似；Touch Press 能使操作对象“旋转”起来以实现从各个角度观看的功能。[201][202] Blio 是一款跨平台软件，能够在电子书中插入一段动画或其他互动内容，让电子书变得更有趣。[203]美国 ZooBurst 网站声称能让对 3D 技术一窍不通的人独立完成增强型电子书的制作。[204]这些强大工具的出现意味着每一个拥有各类数字资源并且有权使用它们的“用户”可以发挥自己的聪明才智来亲自完成富媒体、多交互链接的电子书的制造。

最后，Suen 等几位学者在研究中提到了电子科技对于字体设计的影响，以及给日常生活和阅读带来的好处。目前的电子书与以往相比，字体设计更符合读者看书的习惯和感觉。研究结果表明：①排版设计对易读性体验有积极的影响。②在人类的认知过程中，字体在字母识别中可能扮演着某种角色。我们的直觉系统似乎能够容忍字体的变化，除非它们被改变得过于极端。字体之间存在着多维差异，如重量、对比、比例、基本形状、衬线等都让字体在电子设备上的呈现偏离人们原有的阅读习惯。③在修改了字体行间距和空格之间的距离以后，阅读过程变得更为顺畅。④一种新的形状识别符号将有助于古字体的识别和认知。[205]

5.2 语义出版技术

语义网是用一种结构化的方式来标注网络上出版的信息，其语义信息能够被计算机自动读出。尽管严格意义上的语义网非常难以实现，但是务实的、一定领域内的方法还是被认为能增加重要的价值。对于数字学术出版而言，数字化期刊中每一个层次的内容都可以作为具体的知识单元被解析、描述、重组，而将每篇论文中的这些知识单元及其语义类型和语义关系揭示出来，并且与其他知识资源中的知识单元进行关联，就可以深度揭示知识内容，方便地支持基于动态关联的知识发现。

一些研究分析了语义技术在学术出版中的功能与影响。这些研究认为，语义网技术能够通过改善搜索发现、改善用户体验、方便内容和数据挖掘，从而提高研究效率。[206]同时，它也能带来期刊评议流程的改变。智能提取信息的语义引擎则可以给论文评审人员提供评估一篇论文的多种备选意见，并标注论文的关键领域。[207]

各大学术出版商对语义出版技术表现积极。爱思唯尔（Elsevier）提出了语义出版路线图。从半结构化内容到结构化内容，再到富含语义的灵活内容，从而阐释了语义出版的内涵和实现路径。[208]自然（Nature）出版集团首席技术官Ratner也指出，未来科技、医学（Scientific, Technological and Medical, STM）学术期刊将从发现内容向操作内容演变，这就需要语义技术的深度参与。[209]

语义网用于数字学术出版已经成为必然的趋势，一些研究注重其具体的实现细节。Hu的研究基于语义技术，将数字期刊里的数据转换为资源描述框架（Resource Description Framework，RDF），并且通过关联数据（Linked Data）的方式进行发布，从而可以分析、评估学术成果，探索作者、评议者、编辑三者的网络，甚至尝试预测研究主题的动态发展趋势。[210]Peroni根据学术出版的特征设计了两种本体：出版角色本体和出版状态本体。这两种本体能够随着论文状态的改变（比如从提交变成接受）、作者身份的改变而进行适应。[211]还有不少研究在诸如开发增强型学术出版物、给学术

出版物进行语义标注等方面取得了进展。[212][213]

5.3 数据出版技术

计算机、网络科学等学科中，数据生产成为重要的研究环节。这不仅仅是开发数据管理软件的问题，更是整个科学研究方式发生的变化。传统研究中，研究者首先提出假设，再用数据验证它。而在数据驱动的研究中，却是收集大量数据，再通过这些数据来提出和检验新的假设。[214]研究者希望获得研究中能被机器读取的数据，而且能够进行数据挖掘。数据库可能成为出版物的一个主流组成部分，就和同行评议一样。

而数据驱动型研究的发展，要求学术出版商创造新的方法来链接最新数据、促进数据挖掘和将数据库管理作为出版物一个有潜力的组成部分。目前，一些大型出版集团已经积极开展数据出版技术的应用，如自然出版集团、威利（Wiley）等均有相关产品上市。[215]

5.4 数字教育出版技术

最近5年来，数字教育出版的发展势如破竹，并已成为当前出版界研究和实践的热点领域之一。许多出版企业开始从教育内容提供商向教育内容服务提供商转变。这里面包括全球知名的出版集团如圣智学习出版集团、培生教育集团、爱思唯尔等。对它们来说，现在最重要的不是内容——因其本来就是全球领先的内容提供商，而是要通过技术来为学生和学者提供服务，以便他们能够通过最简单、最便捷的方式来获取资料。因此，新技术的应用对于数字教育出版来说是近几年最重要的话题之一。

近年来，越来越多的新科技和新概念开始运用到数字教育出版中；同时，国外学者对于这一主题的研究也越来越多。其中，数字化学习（E-learning）技术是与数字教育出版息息相关的新技术，其发展可谓日新月异。Akhmetova 等人提到 E-learning 是一种基于知识的综合学习，它运用数字科技来建立学习环境。E-learning 环境是一种大部分或全部基于信息和传播技术来实现教育实践的环境。它可以是即时和远距离教学、线上和线下、个人和团体这些学习方式的结合。[216] 美国 E-learning 研究专家罗森伯格认为 E-learning 是利用网络技术传送强化知识和工作绩效的一系列解决方案。他指出 E-learning 应基于三大基本标准：①E-learning 互联成网，能即时更新、储存、利用、分配和分享教学内容或信息；②E-learning 利用标准的网络技术，通过电脑传送给终端学员；③E-learning 注重最宏观的学习，是超越传统培训典范的学习解决方案。[217]

Zazaleena Zakariah 等几位学者对马来西亚的 120 名学生进行了调查。结果显示，E-learning 比传统的教育模式更容易让学生接受。因为它可以根据学生的情况以及当下的教育环境和背景作出调整，并且能提供给学生多元化和交互的学习环境。[218] 而在印度，数字化学习系统的普及情况有所不同。根据 Sarita Kumar 和 Ravi Toteja 两位学者所做的调查研究，只有 15%的学生倾向于使用完全数字化的教学模式；33%的学生更喜欢传统的教学方式；另外，37%的学生则认为把两种教学模式结合起来比较好。其中，70%的学生认为数字化学习系统的确能带来一些好处，例如更高的教学效率（61%）、弹性的管理时间（60%）、学习者承担更多责任（65%）、能接触到更多学生（81%）等；但它的缺点也很多，例如老师在教学过程中缺乏解决由设备或其他因素带来的故障的能力（72%）、缺乏团队合作（69%）、不适当的监控（63%）、作业碎片化（58%）、不深入和肤浅的教学（50%）等问题。[219] 由此看来，印度现有的数字化学习形态并不能完全让学生和老师全面接受。

在哈萨克斯坦，数字化学习系统在全国的普及和应用是这个国家计划于 2020 年以前实现的目标，并为此启动了专门项目。项目于 2011 年开始实施后，哈萨克斯坦本国的很多学者开始对这个系统进行研究。Artikbayeva 认为应该为老师以及学生寻找新的途径去解决信息以及文化交流问题，同时要积极开发在教育环境中的应用软件。[220] Nurgalieva 则指出，数字化学习的概念包含了以下部分，即学前教育游戏、中等教育电子课本，学院院校虚拟培训以及大学电子实验室，并且分别为这几个不同的分支设计了细致的发展规划和目标。截至 2012 年，哈萨克斯坦已经有 7698 所学校的292000名老师接受培训并开始使用数字化学习系统，但这仅仅占到全部老师数量的 2.7%。因此，要在该国普及数字化学习系统还有一段很长的路要走。[221] 为此，Sapargaliyev D 认为哈萨克斯坦应该邀请全世界的专家来为其数字化学习系统提供意见和咨询；而数字化系统项目若能成功实施，那么将能够在很大程度上提高该国未来 10 年的教育质量。[222] 2014 年，哈萨克斯坦的两名学者针对数字化学习系统在该国教育领域的应用进行了深入研究。[223]

Stuart Wise 等人提到数字科技给中学音乐教育带来了新的教学方式和工具。随着数字科技的发展和应用，新的音乐教学科技可以包括电子琴键、声音模块、多轨道录音器、合成器、硬件音序器，以及一个包含定序、注释、编辑和基于 MIDI 及原声乐器录音的多功能软件应用。在他们的研究中，受试的 9 位音乐老师及其学生都认为音乐教学科技能够最大程度上符合音乐教学的多种需求。如学生通过一种叫做 GarageBand 的应用来演奏不同的虚拟乐器并且能够录制自己创作的旋律；老师可以通过电脑，而不用通过各种不同的实体乐器及音乐设备就可以达到教学目的。但是，要掌握不同软件的使用方法对老师们来说仍是一种挑战。[224]

除了数字化学习系统之外，移动通信技术也给教育出版带来了新气象。其中，在初等教育中的运用尤其广泛。Salim 对移动教育平台在肯尼亚小学教育中应用的增长情况进行了研究。他提到使用移动技术可以让孩子们在课堂上的表现更加积极，并且一台设备就可以提供多种电子书籍给学生分享；但是，高昂的设备以及对于教师使用设备的培训等方面还存在一定问题。不仅学校的老师运用移动技术在教学方面取得了良好效果，父母也可以利用电子设备在家庭环境中对孩子进行教学。[225] Fezile Özdamlı 等人对 790 位父母运用移动设备与他们的孩子进行教育互动的情况进行了调查和分析。他们认为应用移动科技用于教育目的，让父母与他们的孩子进行互动，能为家庭和学校之间的紧密联系起到积极作用。因为除了通过移动设备教给孩子知识以外，家长也可以通过设备时时关注到孩子在学校里的教育情况和发展。[226]

在专业教育领域，移动技术近两年来的发展也非常迅速。Christoph Pimmer等学者对移动技术在南非乡村护理教育中的运用和实践情况进行了研究。从2012年6月至8月，他们选取了来自南非不同乡村区域的16名受试者进行访谈。这些学生认为：①通过移动通信设备，他们的问题能够得到真正解决。因为这些平台让不同医学院和医院之间建立紧密的联系，从而形成了一个即时、互动的学习环境。②反思性实践。学生在他们自己的学生社区里分享学习成果、与其他同学进行讨论和专业知识学习的反馈，这样能让学生随时随地对他们即时学到的知识进行深层次学习和反馈。③学生能够时刻掌握最新的课程变更通知和客座教授讲学情况。④终身学习。有了移动电子设备，学生不用再依赖学校和老师，可以通过网络社区和线上教育来实现自我的提升。⑤在临床实践中遇到的问题能即时与老师和其他同学进行讨论。[227] Janet Raman也研究了移动技术在护理教育中的应用。并且总结了2009—2014年美国、新加坡、瑞典、西班牙等国学者对于这个题目的研究结果。结果发现大部分学者通过定性研究方式测量学生以及老师在运用移动设备进行教学和临床试验中的体验以及遇到的问题。例如，信息和移动技术如何影响他们在临床课程学习中的信息寻求行为、如何提升学生的学习质量和效率、与计算机相比移动设备的优势在哪里，等等。很多护理课程和项目已经把移动技术运用到临床、教室以及实验室的设置当中，但是仍然有许多困难需要克服，例如成本高昂、缺乏信息技术支持、缺乏教职工的接受度和融入度、系统的任务设置无法鼓励和驱使移动设备很好的应用等。而且在临床应用中也有限制，如屏幕太小、电池续航时间不够长以及会让学生和教职工花费大量时间去学习如何运用这个设备等。[228] 由此看来，移动技术在专业教育和专业教育出版方面的应用还有待开发和改进。

参考文献

[1] The effect of open access and downloads（‘hits’）on citation

impact: a bibliography of studies [EB/OL]. [2015-07-11]. http: //opcit. eprints. org/oacitation-biblio. html.

[2] Frisch N K, Nathan R, Ahmed Y K, et al. Authors attain comparable or slightly higher rates of citation publishing in an open access journal (CytoJournal) compared to traditional cytopathology journals-A five year (2007-2011) experience [J]. CytoJournal, 2014, 11 (1): 10.

[3] Ingwersen P, Elleby A. Do open access working papers attract more citations compared to printed journal articles from the same research unit? [C] //Proceedings of the ISSI 2011 Conference. 2011: 327-332.

[4] Atchison A, Bull J. Will open access get me cited? an analysis of the efficacy of open access publishing in political science [J]. PS: Political Science & Politics, 2015, 48 (1): 129-137.

[5] Xia J, Nakanishi K. Self-selection and the citation advantage of open access articles [J]. Online Information Review, 2012, 36 (1): 40-51.

[6] Miguel S, Chinchilla-Rodriguez Z. Open access and Scopus: a new approach to scientific visibility from the standpoint of access [J]. Journal of the American Society for Information Science & Technology, 2011, 62 (6): 1130-1145.

[7] Solomon D J, Laakso M, Björk B C. A longitudinal comparison of citation rates and growth among open access journals [J]. Journal of Informetrics, 2013, 7 (3): 642-650.

[8] Davis P M. Author-choice open-access publishing in the biological and medical literature: a citation analysis [C] // European Political Science, 2009: 3-8.

[9] Xia J, Nakanishi K. Self-selection and the citation advantage of open access articles [J]. Online Information Review, 2012, 36 (1): 40-51.

[10] Wang X, Liu C, Mao W, et al. The open access advantage

considering citation, article usage and social media attention [J]. Scientometrics, 2015, 103 (2): 555-564.

[11] Salem D N, Boumil M M. Conflict of interest in open-access publishing [J]. New England Journal of Medicine, 2013, 369 (5): 491-491.

[12] Janowicz K, Hitzler P. Open and transparent: the review process of the Semantic Web journal [J]. Learned Publishing, 2012, 25 (1): 48-55.

[13] Boldt A. Extending ArXiv. org to achieve open peer review and publishing [J]. Journal of Scholarly Publishing, 2011, 42 (2): 238-242.

[14] Pöschl U. Multi-stage open peer review: scientific evaluation integrating the strengths of traditional peer review with the virtues of transparency and self-regulation [J]. Frontiers in Computational Neuroscience, 2012, 6 (1): 33.

[15] Janowicz K, Hitzler P. Open and transparent: the review process of the Semantic Web journal [J]. Learned Publishing, 2012, 25 (1): 48-55.

[16] Solomon D J, Björk B C. A study of open access journals using article processing charges [J]. Journal of the American Society for Information Science and Technology, 2012, 63 (8): 1485-1495.

[17] Kozak M, Hartley J. Publication fees for open access journals: different disciplines—different methods [J]. Journal of the American Society for Information Science and Technology, 2013, 64 (12): 2591-2594.

[18] Björk B C, Solomon D. Pricing principles used by scholarly open access publishers [J]. Learned Publishing, 2012, 25 (2): 132-137.

[19] Mounier P. Freemium as a sustainable economic model for open access electronic publishing in humanities and social sciences

[J]. Information Services & Use, 2011, 31 (3-4): 225-233.

[20] McCabe M J, Snyder C M, Fagin A. Open access versus traditional journal pricing: using a simple "platform market" model to understand which will win (and which should) [J]. The Journal of Academic Librarianship, 2013, 39 (1): 11-19.

[21] Houghton J. Exploring the costs and benefits of alternative publishing models [C]. International Conference on Electronic Publishing, 2009: 207-208.

[22] Abadal E. Gold or green: the debate on open access policies [J]. International Microbiology, 2013, 16 (3): 199-203.

[23] Björk B C. The hybrid model for open access publication of scholarly articles: a failed experiment? [J]. Journal of the American Society for Information Science and Technology, 2012, 63 (8): 1496-1504.

[24] Björk B C, Laakso M, Welling P, et al. Anatomy of green open access [J]. Journal of the Association for Information Science and Technology, 2014, 65 (2): 237-250.

[25] Spezi V, Fry J, Creaser C, et al. Researchers' green open access practice: a cross-disciplinary analysis [J]. Journal of Documentation, 2013, 69 (3): 334-359.

[26] Morgan C, Campbell B, Teleen T. The role of the academic journal publisher and open access publishing models [J]. International Studies Perspectives, 2012, 13 (3): 228-234.

[27] Guenther R W, Dixon A K. Radiological journals in the online world: should we think Open? A response [J]. European Radiology, 2013, 23 (5): 1178-1180.

[28] Laakso M. Green open access policies of scholarly journal publishers: a study of what, when, and where self-archiving is allowed [J]. Scientometrics, 2014, 99 (2): 475-494.

[29] Ramirez M L, Dalton J T, McMillan G, et al. Do open access electronic theses and dissertations diminish publishing

opportunities in the social sciences and humanities? findings from a 2011 survey of academic publishers [J]. College & Research Libraries, 2013, 74 (4): 368-380.

[30] Camargo Jr K R. The publishing industry against open access journals [J]. Revista de Saúde Pública, 2012, 46 (6): 1090-1110.

[31] Solomon D J. A survey of authors publishing in four megajournals [J]. PeerJ, 2014 (2): e365.

[32] Grandbois J, Beheshti J. A bibliometric study of scholarly articles published by library and information science authors about open access [J]. Information Research, 2014, 19 (4): 23.

[33] Solomon D J. A survey of authors publishing in four megajournals [J]. PeerJ, 2014 (2): e365.

[34] Solomon D J. A survey of authors publishing in four megajournals [J]. PeerJ, 2014 (2): e365.

[35] Nariani R, Fernandez L. Open access publishing: what authors want [J]. College & Research Libraries, 2012, 73 (2): 182-195.

[36] Solomon D J. A survey of authors publishing in four megajournals [J]. PeerJ, 2014 (2): e365.

[37] Nariani R, Fernandez L. Open access publishing: what authors want [J]. College & Research Libraries, 2012, 73 (2): 182-195.

[38] Xiao L, Askin N. Academic opinions of Wikipedia and Open Access publishing [J]. Online Information Review, 2014, 38 (3): 332-347.

[39] Eger T, Sohcufen M, Meierrieks D. The determinants of open access publishing: survey evidence from Germany [J]. European Journal of Law and Economics, 2013, 39 (3): 475-503.

[40] Publishing: Open to possibilities: Naturejobs [EB/OL]. [2015-07-21]. http://www.nature.com/naturejobs/science/articles/

10. 1038/nj7442-539a.

[41] Eger T, Scheufen M, Meierrieks D. The determinants of open access publishing: survey evidence from Germany [J]. European Journal of Law and Economics, 2013, 39 (3): 475-503.

[42] Solomon D J. A survey of authors publishing in four megajournals [J]. PeerJ, 2014 (2): e365.

[43] Singh H P. Knowledge and attitude of health researchers from India towards paying to publish and open access journals. [J]. Indian Pediatrics, 2015 (52): 252-253.

[44] Innovation and the STM publisher of the future (SSP IN Conference 2011 [J]. 2011 (23): 33 UTC.

[45] Boulton G, Campbell P, Collins B, et al. Science as an open enterprise [J]. Royal Society, London, 2012, 104.

[46] Lagoze C, Van de Sompel H, Nelson M, et al. A web - based resource model for scholarship 2. 0: object reuse & exchange [J]. Concurrency and Computation: Practice and Experience, 2012, 24 (18): 2221-2240.

[47] Smith V, Georgiev T, Stoev P, et al. Beyond dead trees: integrating the scientific process in the Biodiversity Data Journal. [J]. Biodivers Data J, 2013 (1): e995.

[48] Penev L, Hagedorn G, Mietchen D, et al. Interlinking journal and wiki publications through joint citation: working examples from ZooKeys and Plazi on Species-ID [J]. ZooKeys, 2011 (90): 1.

[49] Ahlqvist O, Harvey F, Ban H, et al. Making journal articles 'live': turning academic writing into scientific dialog [J]. GeoJournal, 2013, 78 (1): 61-68.

[50] Souder L. The ethics of scholarly peer review: a review of the literature [J]. Learned publishing, 2011, 24 (1): 55-72.

[51] Shotton D. The five stars of online journal articles: a framework for article evaluation [J]. D-Lib Magazine, 2012, 18 (1): 1.

[52] Janowicz K, Hitzler P. Open and transparent: the review process of the Semantic Web journal [J]. Learned Publishing, 2012, 25 (1): 48-55.

[53] Ford E. Defining and characterizing open peer review: a review of the literature [J]. Journal of Scholarly Publishing, 2013, 44 (4): 311-326.

[54] Boldt A. Extending ArXiv. org to achieve open peer review and publishing [J]. Journal of Scholarly Publishing, 2011, 42 (2): 238-242.

[55] Bornmann L, Schier H, Marx W, et al. Is interactive open access publishing able to identify high-impact submissions? a study on the predictive validity of Atmospheric Chemistry and Physics by using percentile rank classes [J]. Journal of the American Society for Information Science and Technology, 2011, 62 (1): 61-71.

[56] Sheffield J P. Digital scholarship and interactivity: a study of commenting features in networked books [J]. Computers and Composition, 2015 (37): 166-181.

[57] Ford E. Defining and characterizing open peer review: a review of the literature [J]. Journal of Scholarly Publishing, 2013, 44 (4): 311-326.

[58] Beall J. The "metric" system: yet more chaos in scholarly publishing [J]. The Journal of Physical Chemistry Letters, 2015, 6 (11): 2020-2021.

[59] Shotton D. The five stars of online journal articles: a framework for article evaluation [J]. D-Lib Magazine, 2012, 18 (1): 1.

[60] Beall J. The "metric" system: yet more chaos in scholarly publishing [J]. The Journal of Physical Chemistry Letters, 2015, 6 (11): 2020-2021.

[61] Eysenbach G. Can tweets predict citations? metrics of social impact based on Twitter and correlation with traditional metrics of

scientific impact [J]. Journal of medical Internet research, 2011, 13 (4).

[62] Stewart J, Procter R, Williams R, et al. The role of academic publishers in shaping the development of Web 2.0 services for scholarly communication [J]. New Media & Society, 2013, 15 (3): 413-432.

[63] Crotty D. Altmetrics: finding meaningful needles in the data haystack [J]. Serials Review, 2014, 40 (3): 141-146.

[64] Larivière V, Haustein S, Mongeon P. The oligopoly of academic publishers in the digital era [J]. PloS one, 2015, 10 (6): e0127502.

[65] Beverungen A, Böhm S, Land C. The poverty of journal publishing [J]. Organization, 2012, 19 (6): 929-938.

[66] Larivière V, Haustein S, Mongeon P. The oligopoly of academic publishers in the digital era [J]. PloS one, 2015, 10 (6): e0127502.

[67] Biesta G. Knowledge/democracy: notes on the political economy of academic publishing [J]. International Journal of Leadership in Education, 2012, 15 (4): 407-419.

[68] Withey L, Cohn S, Faran E, et al. Sustaining scholarly publishing: new business models for university presses [J]. Journal of Scholarly Publishing, 2011, 42 (4): 397-441.

[69] Stewart J, Procter R, Williams R, et al. The role of academic publishers in shaping the development of Web 2.0 services for scholarly communication [J]. New Media & Society, 2013, 15 (3): 413-432.

[70] Priem J, Hemminger B M. Decoupling the scholarly journal [J]. Frontiers in Computational Neuroscience, 2012, 6.

[71] Withey L, Cohn S, Faran E, et al. Sustaining scholarly publishing: new business models for university presses [J]. Journal of Scholarly Publishing, 2011, 42 (4): 397-441.

[72] Beverungen A, Böhm S, Land C. The poverty of journal publishing [J]. Organization, 2012, 19 (6): 929-938.

[73] Bosch S, Henderson K. Coping with the terrible twins: periodicals price survey 2012 [J]. Library Journal, 2012, 137 (8): 31.

[74] Fitzpatrick K. Giving it away: sharing and the future of scholarly communication [J]. Journal of scholarly publishing, 2012, 43 (4): 347-362.

[75] Withey L, Cohn S, Faran E, et al. Sustaining scholarly publishing: new business models for university presses [J]. Journal of Scholarly Publishing, 2011, 42 (4): 397-441.

[76] Jin C H. Adoption of e-book among college students: the perspective of an integrated TAM [J]. Computers In Human Behavior, 2014 (41): 471-477.

[77] Dougherty W C. E-readers: passing fad or trend of the future [J]. The Journal of Academic Librarianship, 2010, 36 (3): 254-256.

[78] Harris L E. E-book publishing creates new responsibilities [J]. Information Outlook, 2010, 14 (1): 55.

[79] Harris S. Device independence and mobility help e-book growth [J]. Research Information, 2010 (47): 18-19.

[80] Posigha B E. The use and future of electronic books in academic institutions in Nigeria [J]. Electronic Library, 2012, 30 (6): 796-808.

[81] Kennedy S D. E-books by the numbers [J]. Information Today, 2010, 27 (9): 15-17.

[82] Seet B C, Goh T T. Exploring the affordance and acceptance of an e-reader device as a collaborative learning system [J]. Electronic Library, 2012, 30 (4): 516-542.

[83] Nie M, Armellini A, Witthaus G, Barklamb K. How do e-book readers enhance learning opportunties for Distance Work-Based

learners？[J]. Research in learning Technology, 2011, 19 (1): 19-38.

[84] Ebiwolate Posigha B. The use and future of electronic books in academic institutions in Nigeria [J]. The Electronic Library, 2012, 30 (6): 796-808.

[85] Gibson C, Gibb F. An evaluation of second-generation ebook readers [J]. Electronic Library, 2011: 29 (3): 303-319.

[86] Kor H, Aksoy H, et al. Comparison of the proficiency level of the course materials (animations, videos, simulations, e-books) used in distance education [A]. Procedia Social and Behavioral Sciences [C]. Amsterdam: Elsevier Science BV, 2014 (141): 854-860.

[87] Guimbretiere F, Liu S, et al. An asymmetric dual-processor architecture for low-power information appliances [J]. Acm Transactions On Embedded Computing Systems, 2014, 13 (984): 98.

[88] Chuang C, Lin Y, et al. A chapter preloading mechanism for e-reader in mobile environment [J]. Information Sciences, 2013 (230): 56-63.

[89] Kim J Y, Min S N, et al. Legibility difference between e-books and paper books by using an eye tracker [J]. Ergonomics, 2014, 57 (7): 1102-1108.

[90] Lin H, Wu F G, et al. Legibility and visual fatigue affected by text direction, screen size and character size on color LCD e-reader [J]. Displays, 2013, 34 (1): 49-58.

[91] Luo Z Y, Xu S, et al. Quantum dots enhanced liquid displays [J]. Journal Of Display Technology, 2014, 10 (12): 987-990.

[92] Su C T, Lin H C, et al. Improving the reliability of electronic paper display using FMEA and Taguchi methods: a case study [J]. Microelectronics Reliability, 2014, 54 (6-7): 1369-

1377.

[93] Li L Y, Chen G D, et al. Construction of cognitive maps to improve e-book reading and navigation [J]. Computers & Education, 2013, 60 (1): 32-39.

[94] Song Y C, Chen G D, et al. Improving e-book reading with information cues: an user investigation and suggestion [A]. IEEE International Conference on Advanced Learning Technologies [C]. New York: IEEE, 2013: 261-263.

[95] Robinson J, Stan J, et al. Using linked data to reduce learning latency for e-book readers [J]. Lecture Notes in Computer Science, 2012 (7117): 28-34.

[96] Chen C M, Chen F Y. Enhancing digital reading performance with a collaborative reading annotation system [J]. Computers & Education, 2014 (77): 67-81.

[97] Wu T T. English reading e-book system integrated with guidance mechanism [A]. IEEE International Conference on Advanced Learning Technologies [C]. New York: IEEE, 2014: 171-175.

[98] Crespo R G, Martinez O S, et al. Recommendation system based on user interaction data applied to intelligent electronic books [J]. Computers In Human Behavior, 2011: 27 (4SI): 1445-1449.

[99] Gailer C, Ebner M, et al. Potential of EPUB3 for digital textbooks in higher education [M]. Graz: Open Learning And Teaching In Educational Communities, 2014.

[100] Lu Q, Liu C, et al. Integrating PDF interface into Java application [J]. Library Hi Tech, 2014, 32 (3): 495-508.

[101] Marinai S, Marino E, et al. Conversion of PDF books in ePub format [A]. Proceedings of the International Conference on Document Analysis and Recognition [C]. Los Alamitos: IEEE Computer Soc, 2011: 478-482.

[102] Lu Q, Liu G, et al. Integrating PDF interface into Java application [J]. Library Hi Tech, 2014, 32 (3): 495-508.

[103] Ju Seong Yeon. A hand gesture interface for controlling 3D e-books [J]. Journal of The Korean Society for Computer Game, 2012, 25 (4): 119-127.

[104] Alam K M, Rahman A S M M, et al. Mobile haptic e-book system to support 3D immersive reading in ubiquitous environments [J]. Acm Transactions On Multimedia Computing Communications And Applications, 2013, 9 (4): 27.

[105] Prasetyadi A, Nugroho D W A, et al. Information package development of alternative primary foods on 3D e-book media [A]. The Emergence of Digital Libraries - Research and Practices [C]. Switzerland: Springer International Publishing, 2014: 227-232.

[106] Dalton B. DIY e-books designing enhanced e-texts [J]. Reading Teacher, 2014, 67 (7): 543-546.

[107] Kichuk D. Loose, falling characters and sentences: the persistence of the OCR problem in digital repository e-books [J]. Portal-Libraries And The Academy, 2015, 15 (1): 59-91.

[108] Moller J. Comparing electronic short books from the USA and the UK to South Africa: can they be successful in the South African trade book sector [J]. Electronic Library, 2014, 32 (4): 508-521.

[109] Van der Merwe K. Kortboek spring in sy kinderskoene [EB/OL]. [2015-07-26], www.beeld.com/By/Nuus/Kortboek-spring-in-sy-kinderskoene-20121116.

[110] Camarero C, Antón C, Rodríguez J. Technological and ethical antecedents of e-book piracy and price acceptance: evidence from the Spanish case [J]. The Electronic Library, 2014, 32 (4): 542-566.

[111] Nkiko C. Book piracy in Nigeria: issues and strategies [J]. Journal Of Academic Librarianship, 2014, 40 (3-4): 394-398.

[112] Wu D, Su H. Information hiding in EPUB files by rearranging the contents of CSS files [A]. 2013 Ninth International Conference on Intelligent Information Hiding and Multimedia Signal Processing (IIH-MSP 2013) [C]. New York: IEEE, 2013: 80-83.

[113] Camarero C, Anton C, et al. Technological and ethical antecedents of e-book piracy and price acceptance Evidence from the Spanish case [J]. Electronic Library, 2014, 32 (4): 542-566.

[114] Guo L, Meng X. Digital content provision and optimal copyright protection [J]. Management Science, 2015, 61 (5): 1183-1196.

[115] Sudler H. Effectiveness of anti-piracy technology: finding appropriate solutions for evolving online piracy [J]. Business Horizons, 2013, 56 (2): 149-157.

[116] Zimerman M. E-books and piracy: implications/issues for academic libraries [J]. New Library World, 2011, 112: 67-75.

[117] Daniel D B, Woody W D. E-textbooks at what cost? Performance and use of electronic v. print texts [J]. Computers & Education, 2013 (62): 18-23.

[118] Jin C H. Adoption of e-book among college students: the perspective of an integrated TAM [J]. Computers In Human Behavior, 2014 (41): 471-477.

[119] Rudiger W. Global eBook: a report on market trends and developments [EB/OL]. www. global-ebook. com, 2014-11-14.

[120] Koreastock co kr. E-book Outlook [EB/OL]. [2015-07-26], http: //www. koreastock. co. kr/n _ frame. jsp? /research/

main. html.

[121] Schomisch S, Zens M, Mayr P. Are e-readers suitable tools for scholarly work? Results from a user test [J]. Online Information Review, 2013 (3): 388-404.

[122] Rainie L, Duggan M. E-book reading jumps, print book reading declines [EB/OL]. [2015-07-27], http://libraries. pewinternet. org/2012/12/27/e-book-reading-jumps-print-book-reading-declines. NE. Rep.

[123] Balas J I. Has the e-book's time finally come [J]. Computers in Libraries, 2010, 30 (2): 40.

[124] Kaser D. Publishers get bullish on e-books in context [J]. Information Today, 2010, 27 (11): 1-4.

[125] Lin C, Chiou W, et al. The challenges facing e-book publishing industry in Taiwan [J]. First International Conference On Information Technology And Quantitative Management, 2013 (17): 282-289.

[126] Bloter. net. Kyobo: The 59% sales of e-books were sold in mobile devices [EB/OL]. [2015-07-26], http://www. bloter. net/archives/57565.

[127] Nkiko C. Book piracy in Nigeria: issues and strategies [J]. Journal Of Academic Librarianship, 2014, 40 (3-4): 394-398.

[128] Nawrocki F. The e-book in France—overview and perspectives of market development [J]. Documentaliste - Sciences de l' Information, 2010, 47 (2): 30-3.

[129] Kumbhar R. E-books: review of research and writing during 2010 [J]. Electronic Library, 2012, 30 (6): 777-795.

[130] Dantas D C, Taboubi S, et al. Which business model for e-book pricing [J]. Economics Letters, 2012, 125 (1): 126-129.

[131] Yu A, Hu Y, et al. Pricing strategies for tied digital contents and devices [J]. Decision Support Systems, 2011, 51 (3):

405-412.

[132] Lin C, Chiou W, et al. The challenges facing e-book publishing industry in Taiwan [J]. First International Conference On Information Technology And Quantitative Management, 2013 (17): 282-289.

[133] FIND. Beyond reading: a comprehensive study of ebook [M]. Institute for Inforation Industry, Taipei, 2011.

[134] Bucknell T. The 'big deal' approach to acquiring e-books: a usage-based study [J]. Serials, 2010, 23 (2): 126-134.

[135] Pinto M, Pouliot C, et al. E-book reading among Spanish university students [J]. Electronic Library, 2014, 32 (4): 473-492.

[136] Antonio Cordón-García J, Linder D, Gómez-Díaz R, et al. E-book publishing in Spain: the paradoxes of a dual model [J]. The Electronic Library, 2014, 32 (4): 567-582.

[137] Antonio Cordón-García J, Linder D, Gómez-Díaz R, et al. E-book publishing in Spain: the paradoxes of a dual model [J]. The Electronic Library, 2014, 32 (4): 567-582.

[138] IFPI. Lighting up new markets [N]. London: International Federation of the Photographic Industry (IFPI), 2014.

[139] Borja K, Dieringer S, et al. The effect of music streaming services on music piracy among college students [J]. Computers In Human Behavior, 2015 (45): 69-76.

[140] Oiestad S, Bugge M M. Digitisation of publishing: exploration based on existing business models [J]. Technological Forecasting And Social Change, 2014 (83): 54-65.

[141] Smith W K, Binns A. Complex business models: managingstrategic paradoxes simultaneously [J]. Long Range Plann, 2010 (43): 448-461.

[142] Wirtz B, Schilke O. Strategic development of business models: implications of the Web 2.0 for creating value on the Internet

[J]. Long Range Plann, 2010 (43): 272-290.

[143] Jeong H. A comparison of the influence of electronic books and paper books on reading comprehension, eye fatigue, and perception [J]. Electronic Library, 2012, 30 (3): 390-408.

[144] Pölönen M, Järvenpää T, Häkkinen J. Reading e-books on a near-to-eye display: comparison between a small-sized multimedia display and a hard copy [J]. Displays, 2012, 33 (3): 157-167.

[145] Dobler E. E-textbooks a personalized learning experience or a digital distraction [J]. Ournal Of Adolescent & Adult Literacy, 2015, 58 (6): 482-491.

[146] Rockinson-Szapkiw A J, J Courduff et al. Electronic versus traditional print textbooks: A comparison study on the influence of university students' learning [J] . Computers & Education, 2013 (63): 259-266.

[147] Dobler E. E-textbooks a personalized learning experience or a digital distraction [J]. Ournal of Adolescent & Adult Literacy, 2015, 58 (6): 482-491.

[148] Jeswani H K, Azapagic A. Is e-reading environmentally more sustainable than conventional reading [J]. Clean Technologies and Environmental Policy, 2015, 17 (3): 803-809.

[149] Kumbhar R. E-books: review of research and writing during 2010 [J]. Electronic Library, 2012, 30 (6): 777-795.

[150] Zhang Y, Kudva S. E-books versus print books: readers' choices and preferences across contexts [J]. Ournal of the Association for Information Science and Technology, 2014, 65 (8): 1695-1706.

[151] Daniel D B, Woody W D. E-textbooks at what cost? Performance and use of electronic v. print texts [J]. Computers & Education, 2013 (62): 18-23.

[152] Chiang H S, Chen C C . Exploring switch intention of users'

reading behaviour an e-book reader case study [J]. Electronic Library, 2014, 32 (4): 434-457.

[153] Martin K, Quan-Haase A. Are e-books replacing print books tradition, serendipity, and opportunity in the adoption and use of e-books for historical research and teaching [J]. Ournal of the American Society for Information Science and Technology, 2013, 64 (5): 1016-1028.

[154] Anderson C, Pham J. Practical overlap: the possibility of replacing print books with e-Books [J]. Australian Academic & Research Libraries, 2013, 44 (1): 40-49.

[155] Chaudhry A S. Student response to e-books: study of attitude toward reading among elementary school children in Kuwait [J]. Electronic Library, 2014, 32 (4): 458-472.

[156] Corlett-Rivera K, Hackman T. E-book use and attitudes in the humanities, social sciences, and education [J]. Portal-Libraries and the Academy, 2014, 14 (2): 255-286.

[157] Kumbhar R. E-books: review of research and writing during 2010 [J]. Electronic Library, 2012, 30 (6): 777-795.

[158] Zipke M. Building an e-book library [J]. Reading Teacher, 2014, 67 (5): 375-383.

[159] Tsai P, You M. Interface evaluation of web-based e-picture books in Taiwan [J]. Lecture Notes in Computer Science, 2011 (6772): 94-102.

[160] Schneider J J, Kozdras D, et al. Environmental e-books and green goals changing places, flipping spaces, and real-izing the curriculum [J]. Journal of Adolescent & Adult Literacy, 2014, 57 (7): 549-564.

[161] Wu D, Su H. Information hiding in EPUB files by rearranging the contents of CSS files [A]. 2013 Ninth International Conference on Intelligent Information Hiding and Multimedia Signal Processing (IIH-MSP 2013) [C]. New York: IEEE,

2013：80-83.

[162] Letchumanan M，Tarmizi R A. E-book utilization among mathematics students of Universiti Putra Malaysia（UPM）[J]. Library Hi Tech，2011，29（1）：109-121.

[163] Pinto M，Pouliot C，et al. E-book reading among Spanish university students [J]. Electronic Library，2014，32（4）：473-492.

[164] ChanLin L J. Reading strategy and the need of e-book features [J]. Electronic Library，2013，32（3）：329-344.

[165] Seet B C，Goh T T . Exploring the affordance and acceptance of an e-reader device as a collaborative learning system [J]. Electronic Library，2012，30（4）：516-542.

[166] Min S H，Kim H Y，et al. Conjoint analysis for improving the e-book reader in the Korean market [J]. Expert Systems With Applications，2011，38（10）：12923-12929.

[167] Lin Y，Lin H. A study on the goal value for massively multiplayer online role-playing games players [J]. Computers in Human Behavior，2011，27（6）：2153-2160.

[168] Hainey T，Connolly T，et al. The differences in motivations of online game players and offline game players：a combined analysis of three studies at higher education level [J]. Computers & Education，2011，57（4）：2197-2211.

[169] Lwoga E T，Questier F. Open access behaviours and perceptions of health sciences faculty and roles of information professionals [J]. Health Information and Libraries Journal，2015，32（1）：37-49.

[170] Khalili L，Singh D. Factors influencing acceptance of open access publishing among medical researchers in Iran [J]. LIBRI，2012，62（4）：336-354.

[171] Xiao L，Askin N. Academic opinions of Wikipedia and open access publishing [J]. Online Information Review，2014，38

(3): 332-347.

[172] Rodriguez J E. Awareness and attitudes about open access publishing: a glance at generational differences [J]. Journal of Academic Librarianship, 2014, 40 (6): 604-610.

[173] Pinto M, Pouliot C, et al. E-book reading among Spanish university students [J]. Electronic Library, 2014, 32 (4): 473-492.

[174] Hwang J Y, Kim J, et al. Usage patterns and perception toward e-books: experiences from academic libraries in South Korea [J]. Electronic Library, 2014, 32 (4): 522-541.

[175] Letchumanan M, Tarmizi R A. E-book utilization among mathematics students of Universiti Putra Malaysia (UPM) [J]. Library Hi Tech, 2011, 29 (1): 109-121.

[176] Gul S, Shah T A, et al. Digital user behaviour of academicians in a conflict zone, Kashmir: comparing log analysis of electronic resources in the times of conflict and peace [J]. Program-Electronic Library and Information Systems, 2014, 48 (2): 127-139.

[177] Mildred Coates. Electronic theses and dissertations differences in behavior for local and non-local users [J]. Library Hi Tech, 2014 (32): 285-299.

[178] Wu M, Chen S. How graduate students perceive, use, and manage electronic resources [J]. Aslib Proceedings, 2012, 64 (6): 641-652.

[179] Genc Z. Parents' perceptions about the mobile technology use of preschool aged children [A]. Procedia Social and Behavioral Sciences [C]. Netherlands: Elsevier Science Bv, 2014, 146: 55-60.

[180] Hwang J, Kinshuk, et al. Investigating e-book reading patterns: a human factors perspective [A]. IEEE International Conference on Advanced Learning Technologies [C]. New

York: IEEE, 2014: 104-108.

[181] Smeets D J H, Bus A G. Interactive electronic storybooks for kindergartners to promote vocabulary growth [J]. Journal of Experimental Child Psychology, 2012, 112 (1): 36-55.

[182] Wu M, Chen S. How graduate students perceive, use, and manage electronic resources [J]. ASLIB Proceedings, 2012, 64 (6): 641-652.

[183] Papies D F, Eggers, et al. Music for free? How free ad-funded downloads affect consumer choice [J]. Journal of the Academy of Marketing Science, 2011, 39 (5): 777-794.

[184] Bolarinwa O, Utulu S. Open access: perceptions and reactions of academic librarians in Nigerian Private Universities [J]. African Journal of Library Archives and Information Science, 2011, 21 (2): 121-131.

[185] Bongiovani P, Gomez N D, et al. Argentinian researchers' opinions and habits regarding open access publishing. A study based on the SOAP survey data [J]. Revista Espanola De Documentacion Cientifica, 2012, 35 (3): 453-467.

[186] Singeh F W, Abrizah A, et al. Malaysian authors' acceptance to self-archive in institutional repositories: towards a unified view [J]. Electronic Library, 2013, 31 (2): 188-207.

[187] Ihmeideh F M. The effect of electronic books on enhancing emergent literacy skills of Pre-school children [J]. Computers & Education, 2014 (79): 40-48.

[188] Smeets D J H, Dijken M J van, et al. Using electronic storybooks to support word learning in children with severe language impairments [J]. Journal of Learning Disabilities, 2014, 47 (5): 435-449.

[189] Crossland M D, Silva R S, et al. Smartphone, tablet computer and e-reader use by people with vision impairment [J]. Ophthalmic and Physiological Optics, 2014, 34 (5): 552-557.

[190] Joo Hyun Park, Lim, et al. A voice annotation browsing technique in digital talking book for reading-disabled people [J]. Journal of Korea Multimedia Society, 2013, 16 (4): 510-519.

[191] Wilson C S, Ambra J D', et al. Exploring the fit of e-books to the needs of medical academics in Australia [J]. Electronic Library, 2014, 32 (3): 403-422.

[192] Young-Joon Nam. A study on user satisfaction with e-book services in university libraries [J]. South Korean Literature Information Society Magazine, 2011 (45): 287-310.

[193] Walters W H. E-books in academic libraries: challenges for sharing and use [J]. Journal of Librarianship and Information Science, 2014, 46 (2): 85-95.

[194] Smeets D J H, Bus A G. Interactive electronic storybooks for kindergartners to promote vocabulary growth [J]. Journal of Experimental Child Psychology, 2012, 112 (1): 36-55.

[195] Alam K M, Rahman A S M M, et al. Mobile haptic e-book system to support 3D immersive reading in ubiquitous environments [J]. ACM Transactions on Multimedia Computing Communications and Applications, 2013, 9 (274).

[196] Sara Øiestad, Markus M. Bugge. Digitisation of publishing: exploration based on existing business models [J]. Technological Forecasting & Social Change, 2014 (83): 54-65.

[197] Huiying Qi, Yazi Li, Design of publishing information service system based on Web 3.0 [J]. IERI Procedia, 2012 (2): 543-547.

[198] United States District Court Southern District of New York [EB/OL]. [2015-08-05], http://media.publishersmarketplace.com/wp-content/uploads/2013/05/AppleFacts. pdf.

[199] Book Business. Enhancing the E-book Business [EB/OL].

[2015-08-06], http: //www. bookbusinessmag. com/article/vook-enhanced-e-book-video-multimedia-titles-ipad-kindle-desktop/all/.

[200] News Gallery. The Next Generation of Digital Books by al Gore is Our Choice [EB/OL]. [2015-08-06], http: //www. thenewsgallery. com/2011/04/next-generation-of-digital-books-by-al. html.

[201] SiliconANGLE. New Yapper App from Kids Book Author Taps Younger, Savvy Markets [EB/OL]. [2015-08-06], http: //dev. siliconangle. com/2010/12/07/new-yapper-app-from-kids-book-author-taps-younger-savvy-markets/.

[202] Automatic Hidden Standard Power Socket Touch Press 180 Degree Rotating [EB/OL]. [2015-08-06] http: //www. lcdmotorizedlift. com/sale-9239162-automatic-hidden-standard-power-socket-touch-press-180-degree-rotating. html.

[203] PCWorld. Blio Seeks to Redefine E-books, But It's Missing Some Elements [EB/OL]. [2015-08-06], http: //www. pcworld. com/article/212314/blio. html.

[204] Eden Central School. ZooBurst 3D Pop-Up Books [EB/OL]. [2015-08-06], http: //www. edenschool. net/links/teacher-sites/zooburst.

[205] Suen C Y, Dumont N, Dyson M, et al. Evaluation of fonts for digital publishing and display [C] //Document Analysis and Recognition (ICDAR), 2011 International Conference on. IEEE, 2011: 1424-1436.

[206] Hu Y, Janowicz K, McKenzie G, et al. A linked-data-driven and semantically-enabled journal portal for scientometrics [M] //The Semantic Web-ISWC 2013. Springer Berlin Heidelberg, 2013: 114-129.

[207] Abeles T P. The fate of academic publishing and academia in a semantic environment [J]. On the Horizon, 2014, 22 (4):

221-228.

[208] Elsevier Smart Content and the Next Generation of Clinical Information [EB/OL]. [2015-08-05]. http://info.clinicalkey.com/docs/Smart_Content. pdf.

[209] STM Future Lab Committee. STM publishing industry: 2012 technology trend watch [EB/OL]. [2015-08-09]. http://www. stm-assoc, org/2012 05 01 Innovations US Ratner_2012 Future Lab TrendWatch. pdf.

[210] Hu Y, Janowicz K, McKenzie G, et al. A linked-data-driven and semantically-enabled journal portal for scientomctrics [M] //The Semantic Web-ISWC 2013. Springer Berlin Heidelberg, 2013: 114-129.

[211] Peroni S, Shotton D, Vitali F. Scholarly publishing and linked data: describing roles, statuses, temporal and contextual extents [C] //Proceedings of the 8th International Conference on Semantic Systems. ACM, 2012: 9-16.

[212] Jankowski N W, Scharnhorst A, Tatum C, et al. Enhancing scholarly publications: developing hybrid monographs in the humanities and social sciences [J]. Available at SSRN 1982380, 2012.

[213] Ciccarese P, Ocana M, Clark T. Open semantic annotation of scientific publications using DOMEO [J]. Journal of Biomedical Semantics, 2012, 3 (S-1): S1.

[214] Ware M, Mabe M. The stm report: an overview of scientific and scholarly journal publishing [R]. Oxford: Prama House, 2009.

[215] Murphy F. Data and scholarly publishing: the transforming landscape [J]. Learned Publishing, 2014, 27 (5): 3-7.

[216] Akhmetova D, Vorontsova L, Morozova I G. The experience of a distance learning organization in a private higher educational institution in the Republic of Tatarstan (Russia): from idea to

realization [J]. The International Review of Research in Open and Distributed Learning, 2013, 14 (3): 508-518.

[217] Ani Matei, Catalin Vrabie, E-learning platforms supporting the educational effectiveness of distance learning programmes: a comparative study in administrative sciences [J]. Procedia: Social and Behavioral Sciences, 2013 (93): 526-530

[218] Zazaleena Zakariah, Nursyahidah Alias, Mohd Norafizal Abd Aziz, Nor Zalina Ismail. E-learning awareness in a higher learning institution in Malaysia [J]. Procedia-Social and Behavior Sciences, 2012 (67): 621-625.

[219] Kumar S, Toteja R. Print to digital: a study of students' psychosomatic cost in traditional and e-learning [J]. Procedia-Social and Behavioral Sciences, 2012 (67): 553-560.

[220] Kapezovich K G, Toktarbekovna D T. E-learning in the system of the pedagogical education in Kazakhstan [J]. Procedia-Social and Behavioral Sciences, 2014 (152): 179-183.

[221] Nurgalieva G K. Model of Kazakhstan e-learning system [J]. On Virtual Learning, 2012: 433.

[222] International conference—the future of education. The Future of E-Learning in Kazakhstan [EB/OL]. [2015-08-05]. http: //conference. pixel-online. net/foe2013/common/download/Paper _pdf/365-ELE21-FP-Sapargaliyev-FOE2013. pdf.

[223] Kapezovich K G, Toktarbekovna D T. E-learning in the system of the pedagogical education in Kazakhstan [J]. Procedia-Social and Behavioral Sciences, 2014, 152: 179-183.

[224] Stuart Wise, Janinka Greenwood, Niki Davis. Teachers' use of digital technology in secondary music education: illustrations of changing classrooms [J]. British Journal of Music Education, 2011 (28): 117-134.

[225] Salim A. Growth of mobile education platforms and the impact on learning in primary schools in Kenya [C] //Edulearn13

Proceedings. IATED, 2013: 2450-2455.

[226] Fezile Özdamla, Ezgi Pelin Ylldlz. Parents' views towards improve parent-school collaboration with mobile technologies [J]. Procedia-Social and Behavioral Sciences, 2014 (131): 361-366.

[227] Christoph Pimmer, Petra Brysiewicz, Sebastian Linxen, Fiona Walters, Jennifer Chipps, UrsGröhbiel. Informal mobile learning in nurse education and practice in remote areas—a case study from rural South Africa [J]. Nurse Education Today, 2014 (34): 1398-1404.

[228] Janet Raman. Mobile technology in nursing education: where do we go from here? [J]. Nurse Education Today, 2015 (35): 663-672.

【作者简介】

徐丽芳，教授、博士生导师，武汉大学信息管理学院出版科学系主任，武汉大学数字出版研究所所长。2010 年入选教育部“新世纪优秀人才支持计划”，2014 年入选“全国新闻出版行业领军人才”计划，2011 年获第九届“武汉大学杰出青年（教职工）”称号。兼任高等学校出版专业本科教学指导委员会委员，“国家出版物发行术语标准”起草人之一，全国科学技术名词审订委员会第一届编辑出版学名词审定委员会委员，武汉大学首批社会科学“70 后”学者学术团队带头人。主要研究方向为数字出版、英美出版业研究和科学信息交流。历年来共主持和参与国家社科基金项目、国家自科基金项目、文化部和科技部等部委项目 20 余项，承担企业委托项目多项，出版《数字科学信息交流》《哥伦比亚数字出版导论》《数字出版概论》等著作、教材 20 余部（含翻译和参编），在国内外学术期刊发表论文 100 余篇。

曾李，女，1988 年生，湖南邵阳人，中共党员，武汉大学信息管理学院 2014 级出版发行专业博士研究生。研究方向：数字出版。

刘通菡，女，1989 年生，湖北武汉人，中共党员，武汉大学信息管理学院 2014 级出版发行专业博士研究生。研究方向：数字出版。

徐志武，男，1990 年生，安徽安庆人，中共党员，武汉大学信息管理学院 2015 级出版发行学博士研究生。研究方向：数字出版。

语义出版研究综述*

王晓光　宋宁远
（武汉大学信息管理学院）

【摘　要】语义出版是解决当前由科学文献数量激增而带来的知识检索、知识发现困境的必经之路。语义出版的概念产生不久，本文从语义出版的概念出发，分别从文献内容结构化、出版本体、语义出版物模型、增强型出版物等四个方面对近年来语义出版领域的相关研究成果进行了梳理和评述，最后对语义出版的未来趋势进行了展望。

【关键词】语义出版　篇章结构　出版本体　语义出版物模型　知识集成　出版物语义增强

Review on Semantic Publishing Research

Wang Xiaoguang　Song Ningyuan
(School of Information Management, Wuhan University)

【Abstract】Semantic Publishing is the essential way to overcome the dilemma of knowledge retrieval and knowledge discovery caused by the sharply increased scientific literatures. After several years of study,

* 本文得到中组部“青年拔尖人才支持计划”项目、教育部“新世纪优秀人才”项目和武汉大学“中央高校基本科研业务费专项资金”资助。

some progress has been made in the field of semantic publishing research. This article begins with the clarification of the concept of semantic publishing, then reviews the literatures from four aspects which are document structuring, publishing ontology, semantic publication model, and semantic enrichment of publication. Finally, the research trends in the field of semantic publishing are discussed.

【**Keywords**】 semantic publishing　discourse structure　publishing ontology　knowledge integration　semantic enrichment of publication

1　语义出版概述

1.1　语义出版的概念

语义出版（semantic publishing）的概念最早由 David Shotton 在 2009 年提出，他认为，语义出版的目标是实现在线文档资源中数据、信息和知识的识别、抽取、整合与再利用[1]。之后，语义出版的概念逐渐扩散开来，并得到学界认同。Peroni 在分析了多人关于语义出版的观点之后指出，语义出版是借助语义网技术及其他相关技术对科学文献进行语义增强，以实现对文章信息可操作性和交互性的提升，文章关联度的提高，文献内知识资源聚合程度的提高以及出版流程的改进，进而在机器可读的基础上实现知识的自动发现[2]。2011 年，语义出版的概念被引入我国，王晓光介绍了语义出版形式和研究进展，并指出语义出版是运用语义网相关技术向用户提供科学知识的智能发布、个性化获取和共享处理的一种新兴科学交流系统模型，它有四种明显的特点，分别是内容结构化、数据融合化、信息可视化以及对象关联化[3][4]。同年，徐丽芳等人在总结全球科技出版发展趋势时认为，语义出版的理想状态是在庞大语义网基础之上，利用相关技术将科学论文文献与数据关联，并引入相应的领域本体，支持用户的非线性阅读[5]。张晓林认为，语义出版需要在科学内容创作与出版时，对其中的知识对象与知识关系进行鉴别和标引，并把逻辑解析与结果作为内容出版的有机组成部分[6]。

语义出版的概念虽然产生时间不长，但其目标是信息资源组织者的长期追求。从本质上讲，语义出版是对文献学家 Paul Otlet、情报学先驱 Vannevar Bush、情报学家 Bertram C. Brookes 等人的知识网络概念的具象化实现。在实际操作上，语义出版借助数据清洗、数据挖掘等手段，使用自然语言处理、本体、语义网等技术，自动识别文本中出现的实体、概念术语、命题观点，并建立跨篇章的语义链接，在词、篇章、内容的逻辑结构 3 个层面上实现对期刊论文的精确分析和关联[7]。

语义出版在自然科学和人文领域的应用，正在配合 e-science、数字学术（digital scholarship）以及数字人文（digital humanities）的发展推动现代科学知识生产和科学交流走向新的高度。

1.2 语义出版的模型

构建语义出版的系统模型是实现语义出版系统落地的基础。从语义出版概念产生之初，研究者就十分关注其核心——语义出版系统模型。Anita de Waard[8]在关于语义出版的介绍性文章中提到了语义出版的发展路径，并提出了语义出版的层次体系。他认为语义出版的基础是经过语义增强后的实体，这些语义实体之间以三元组（triples）的形式互相连接，而在这些基础之上需要更加深入的理解科学文献语篇的结构及其构成，提供一种结构化的实体重组方式。Shotton[9]在有关论文评价研究中，将文章内容一项按照增强程度，分为无增强内容（no enhancement）、动态网页链接内容（active web links）、文本语义增强内容（semantic enrichment of the text）、实时内容（“Lively” content）、数据聚合内容（data fusions，“mash-ups”）等几种层次，显示了内容增强的层次差异。Stefan Gradmann[10]则在对文献（document）深入理解的基础上，指出传统出版到语义出版的过程，是一种由容器（container）到内容（content）再到情境（context）的转变，即是一种由传统的文献个体的链接，到文献内容的链接，最后到更细粒度的实体链接的发展。由此可见带有语义标注的实体是构建语义出版系统的根基。

在国内学者看来，语义出版物中的实体也就是长期以来所谓的“知识单元”或者“知识元”的具体表现形式。李楠、孙济庆[11]等人在论述语义出版技术体系时指出语义出版技术存在“特征描述—特征抽取—知识关联”三层架构，其中文献特征的定义和描述是基础，文献特征的抽取方法是关键。然而，应当看到语义出版系统的构建是一个系统工程，它不同于以往的科学交流系统。基于多粒度的实体构建的知识网络是一个全域关联、分布耦合的知识资源存储与利用系统，为了开发此类系统，我们需要更具整体性的系统认知和设计，为此王晓光[4]等人曾提出一个更为宏观的语义出版系统层次模型，将语义出版系统的架构分为了四层，分别为数据层（data）、业务层（business）、交互层（interaction）和用户层（user），简称 DBIU 模型。语义出版系统的整体实现必须在每一层上都实现技术突破，并进行有机集成。

1.3 语义出版相关理论与技术

为了实现语义出版的目标，必须首先在数据层面上理解文本内容的结构和功能，这是实现各种粒度的实体识别、特征描述和知识关联技术的基础。

1.3.1 文本结构相关理论

语言学以及人工智能领域的相关研究，对文献结构和功能的理解提供了丰富的理论基础。其中较有代表性的是 Mann 提出的修辞结构理论（rhetorical structure theory，RST）[12]，该理论认为语篇是由不同的文本块（text span）构成。在语篇分析的基础上，修辞结构理论发现文本块之间存在约 30 种不同的修辞关系（rhetorical relations），承担着构建文本的功能。Sanders 等人则从认知心理学的角度出发，更加侧重于对文本间关联性的探究，形成了认知关联关系理论（cognitive coherence relations，CCR）。这两种理论都是从根本上对文献构成元素及其关系进行的研究，是文本表示理论及模型的基础，也是语义出版基础理论的重要组成部分。

除此之外，Swales[13][14]从体裁的角度出发，提出了引言部分的 CARS 模型并对其进行了修正。Zhang Lei[15]在此基础上，结合了用户阅读科学文献的偏好，提出了功能单元（functional unit）的观点，并识别出了科学文献中的 41 个功能单元。Anita de Warrd 提出了科学文献的 ABCDE 模型[16]，将科学文献划分为注释（annotation）、背景（background）、贡献（contribution）、讨论（discussion）以及实体（entities）等部分。harmsze[17]提出了科学文献模块化结构的模型，认为科学文献是由内在关联的六个模块构成，分别是元信息（meta-information）、位置（positioning）、方法（methods）、结果（results）、解释（interpretation）以及结论（outcome）。除了以上几种理论之外，在科学论文写作理论中，通常把论文结构称为 IMRAD 结构，既引言（introduction）、方法（method）、结果（result）、讨论（discussion）四部分，该结构是最常见的文本结构模型。

1.3.2　语义出版相关技术

语义出版的相关技术是开发语义出版系统的基础，这些技术包括基础性的可扩展性标记语言（XML）、资源描述框架（RDF），关键性的语义标注技术（semantic annotation）、实体链接技术（entity linking）和关联数据技术（linked data）。

XML 语言是一种用于标记电子文件使其具有结构性的标记语言，其主要目的是用于提供统一方法来描述和交换结构化数据。RDF 是 W3C 组织推荐使用的用来描述资源及其之间关系的语言规范，定义了资源的描述方式，具有简单、易扩展、开放性、易交换等特点。RDF 由 RDF Data Model、RDF Schema 以及 RDF Syntax 三部分构成。RDF 语言提供了一套简易的数字资源组织发布方式，成为了本体（ontology）、关联数据（linked data）等技术的基础。

语义标注[18]就是将文献资源中涉及的实体（作者实体、术语实体、机构实体等）与其对应的本体概念相关联，利用本体中定义的概念、属性以及语义关系揭示文献资源的语义。语义标注需要将语义标签添加到传统文档上，并生成相应的语义内容（semantic content），由此实现机器可读。张晓林[19]对语义标注方法进行了总结，认为主要分为三类：①人工标注。由专门人员确定网页的使用概念集、对网页内容结构进行解析、选择元数据元素、建立用RDF或HTML语言标记的语义数据。②利用DTD和XML Schema进行概念集映射和标注。③利用词汇语义分析进行标注。随着技术的不断进步，语义标注技术，尤其是自动语义标注技术也逐渐丰富起来[20]：基于规则学习的标注方法，诸如Ciavegna提出的LP2（规则自动学习算法）；基于分类模型的语义标注方法，如支持向量机模型、感知器模型以及贝叶斯模型等；基于序列模型的语义标注方法，如隐马尔科夫模型（HMM）、最大熵模型（MEM）以及条件随机场模型（CRFs）等。此外，还有基于语言依存关系的分析方法、基于语义排歧的统计方法、基于文档结构的分析方法等。

实体链接是指将文档中出现的文本片断，即实体指称（entity mention）链向其在特定知识库中相应条目（entry）的过程[21]。实体链接在文本分类和聚类、信息检索等领域都十分重要。在语义出版系统构建过程中，构建实体之间以及与领域知识库间的链接十分重要，它是对文本内容进行语义增强的重要方法。实体链接主要包含两项关键技术，分别是指称识别和实体消歧。指称识别的任务是在科学文献中识别出在知识库中存在相应条目的实体并自动归类。指称识别的研究大多利用维基百科中的信息构建实体别名词典，得到实体指称与其候选实体之间的一对多映射关系。实体消歧与词义消歧类似，是指给定实体指称及其所在上下文、候选实体，判断其在当前上下文中所指向实体的过程。目前，实体消歧的方法主要有分类方法、机器学习排序方法、基于图的方法、模型集成方法等。

关联数据（linked data）是W3C推荐的一种建立在现在Web通用标准上的结构化数据发布与共享方法，用来发布和连接各类数据、信息和知识，并提供适宜人和机器理解的语境信息，从而实现多源数据的语义融合[22]。Tim Berners-Lee[23]曾提出了关联数据的四个原则，对关联数据的基本特性进行了概括，成为了关联数据的基石。关联数据的语义化和关联化的链接机制，能够为语义出版提供一种更为灵活的数据发布及共享方式，实现外部知识库链接、文献知识单元语义聚合等更高层次的语义出版需求。关联数据的发布是关联数据技术的核心。夏翠娟、刘炜[24]等人曾以 Drupal 为例对关联数据发布技术及其实现进行了梳理与介绍，提出关联数据的发布模式有静态发布、批量存储、调用时生成、事后转换（D2R）等四种，关联数据发布的工具包括 VOID 词表、前端转换工具、OWL 及 SKOS 相关工具、CMS 及 RDFa 等。沈志宏等[25]认为关联数据的发布包括数据建模、实体命名、实体 RDF 化、实体关联化、实体发布、开放查询六个关键步骤。

目前，关联数据技术在数字图书馆领域得到了广泛的应用，尤其是在数字资源的语义聚合上[26]。牟冬梅等[27][28]针对数字资源，提出了基于关联数据的语义聚合策略，并探究了相关的语义互联模式。郑燃等[29]基于关联数据构建了图书馆、档案馆和博物馆的数字资源整合模式。王忠义、夏立新等[30]针对数字图书馆馆藏资源目录数据的中层关联数据，提出了相应的创建与发布方法。此外，夏立新等[31]基于关联数据初步设计了科技报告语义共享框架及实现机制。马费成等[32]则提出了基于关联数据的网络信息资源集成框架，并设计了一套网络学术资源集成系统。

2 语义出版主要研究方向

为了综述语义出版相关研究的进展，需要首先进行文献检索。我们以 semantic publishing、semantic publication 为关键词在 Web of Science 的“主题”域中，检索 1999—2015 年间的文献，分别返回 3299 及 827 条记录，经过分析发现相关性较差。故以主题：(semantic publication) AND 主题：(semantic publishing) 为检索条件，共得 210 条记录；同时尝试检索策略：TS = semantic AND TI = (publishing OR publication)，时间设定为 1999—2015 年，共得检索结果 239 篇。笔者认为出版本体同样涵盖在语义出版内，故而以主题：(semantic publication) AND 主题：(semantic publishing) AND 主题：(ontology) 作为检索条件进行检索，共返回 59 条记录。将这三条检索式以 OR 进行组配，获得 387 条文献记录。通过人工排除不相关文献，最后共得到 338 篇文献，作为我们的分析样本。

基本的统计显示自 2009 年以后，语义出版相关主题研究文献数量及引用数量增长速度很快，如图 1 和图 2 所示。

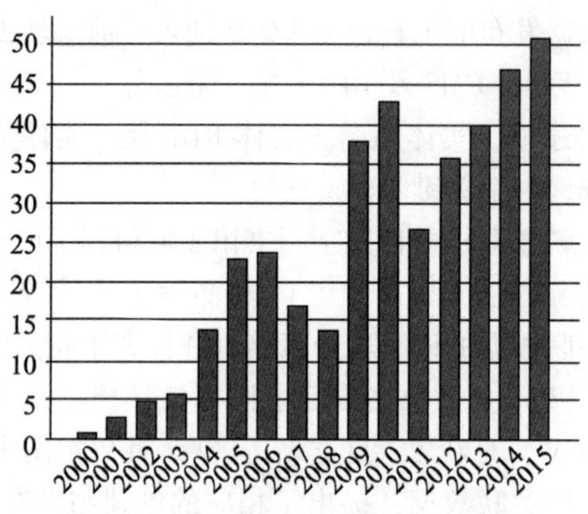

图 1　2000—2015 年相关文献数量

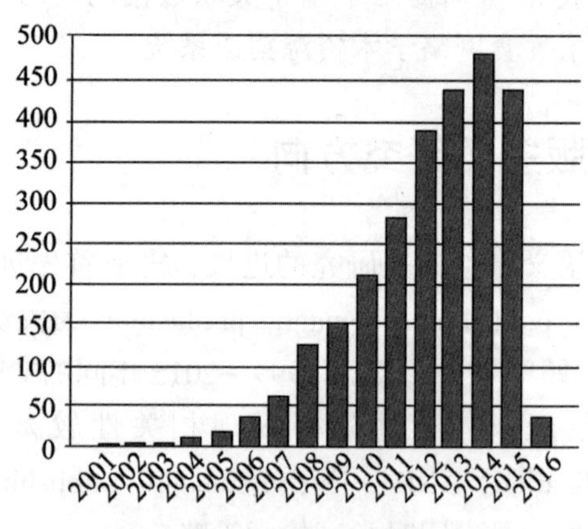

图 2　2001—2016 年文献引文数

接着，我们利用信息可视化工具 CiteSpace Ⅱ对这 338 条文献记录进行了主题分析，主题词来源选择关键词（keyword），算法选择寻径算法（pathfinder），修剪策略选择修剪合并网络（pruning the merged networks），阈值保持默认设定不变，数据抽取对象为

top20，设置时间分区为 1，对 338 篇文献进行聚类分析。所得模块值（Q 值）和轮廓值（S 值）指标均符合信度范围，聚类结果如图 3 所示。

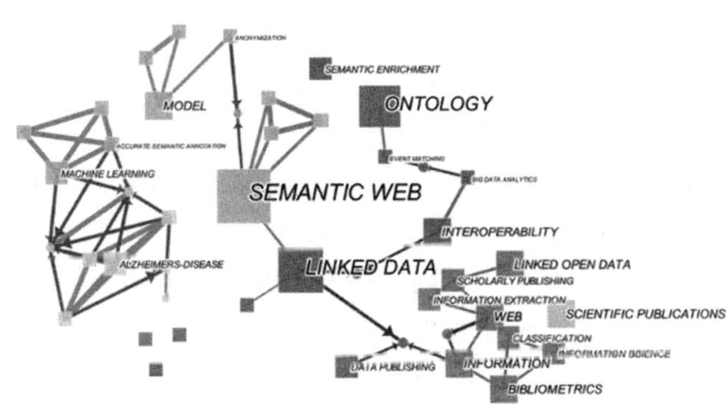

图 3　基于 Citespace Ⅱ的文献聚类结果

根据聚类结果，我们可以发现在语义出版研究中语义网络（semantic web）、关联数据（linked data）、本体（ontology）、语义增强（semantic enrichment）、科技出版物（scientific publication）等主题都备受关注，是语义出版研究中的核心概念。

根据我们前期提出的 DBIU 模型，语义出版系统的发展必须从四个层面展开研究。下面我们就基于此分析框架，并结合文献计量分析的结果，分别从文献内容结构化处理、出版本体、新型出版物模型与知识集成、出版物语义增强与数据论文四个方面介绍语义出版研究最新的研究进展和成果。

2.1　文献内容结构化

2.1.1　文献结构化表示模型与标准

文献内容的结构化处理是实现语义出版的资源基础。文献内容只有经过结构化处理生成半结构化的 XML 数据，之后才能便于实现内容的重组与多元发布。目前，对于文献内容结构化处理的相关研究相对丰富，并已经形成了若干具有代表性的标准。

科技期刊文章标签集（The Journal Articles Tag Suite，JATS）[33]是由美国国立医学图书馆（NLM）下的国家生物技术信息中心（NCBI）开发，是一组集 XML 元素、期刊文献标记属性、三种 DTDs 的标准，用来描述期刊及一些非论著材料如书信、述评、书籍以及产品评论的正文及表格内容。JATS 标签集包含三套标准，所有标签与标签属性的定义都是从 JATS 标签集中抽取的，这些标签构成了存储、出版、创作三大模型。

除了 JATS 外，NLM 同时也针对图书的结构化处理发布了图书交换标签集（The Book Interchange Tag Suits，BITS）[34]，这被视为 JATS 标准在图书结构化领域内的拓展。BITS 主要用于描述 STM 领域的图书结构信息，同时也可以用于政府报告、会议文集等的结构化描述。BITS 吸收了 NCBI Book DTD 的设计理念，将书视为一个单独的 XML 文档，并通过对部分（section）、章节（chapter）等元素的定义和划分实现了对图书的结构化处理。

DocBook[35]是一种主要用于技术文档的标记语言，其核心是 DocBook DTD，由 OASIS 的 DocBook 小组维护。该标准对文档结构进行了详细的定义，按文献篇章结构特征由大到小依次分为集、书、文章、部分、章、节、段落，不同层次的文献内容由不同的元素进行描述。

达尔文信息版式架构（Darwin Information Typing Architecture，DITA）[36]是一种面向主题的出版架构。在 DITA 定义的出版流程中，内容组织的最细粒度单元是以 XML 格式描述的结构化内容模块。这种内容模块在 DITA 标准中被称作主题（topic）。根据出版物的结构组织要求，描述相同对象的主题通过对象映射（mapping）机制进行逻辑顺序组织，形成内容完整的统一体。组织完成的出版内容经样式渲染（rendering），形成交付终端展示的数字出版物。

文本编码协议（Text Encoding Initiative，TEI）[37]是另一广泛应用于人文领域的文档编码规范。它包含了版本、出版信息、文本大小、题名等多个复合元素，同时也对 500 种不同的标签及相关概念进行了定义。目前，TEI 除了相关的 DTD 标准外，也有使用可扩展标记语言的下一代正规语言（Relax NG）的相关模型。

目前，文献内容结构化处理研究主要集中在两个方面。首先，是对这些标准在不同领域内的运用的研究，尤其是在文献管理与存储方面。Eliot Kimber[38]探讨了在 DITA 标准的基础上，实现对超文档（hyperdocument）进行管理与发布的可能性，并在此基础上提出了一个简要的超文档管理系统。Zhao Wei[39]等则在加拿大 21 所高校的学者门户（scholars portal，SP）系统开发中，使用 JATS 对超过 4000 万篇文献进行了结构化处理与存储，同时采用 BITS 代替 MARC21 作为对电子图书资源进行管理的标准。除此之外，Charles O' Connor[40]等人以及 Kaveh Bazargan[41]等都对如何借助 JATS 实现出版流程以及出版生态系统的再造做出了相应的研究。李万勇[42]等人讨论了 S1000D 规范与 DocBook 规范转换问题。

其次，是对现有标准的补充、扩展与完善，包括相应的改进方法以及在多语种环境下的应用。例如，Jeff Beck[43]提出了完善 JATS 重用性的方法，Daniel Mietchen[44]则提出了使用 JATS 支持数据引用的机制，并提出了通过增加<version>以及<data-title>两个元素的方式对 JATS 进行改进的方式加以实现。同时，Hidehiko Nakanishi[45]探讨了使用 JATS 对日语文献的标注策略。此外，Chandi Perera[46]、Wei Zhao[47]等还对 JATS 在图书范畴内的使用进行了探讨。Dana Wheeles[48]探索了 BITS 在非标准化图书内容环境下的使用情况。

2.1.2 结构化摘要和结构化关键词

结构化数字摘要（structured digital abstracts，SDA），不同于传统科学文献中摘要的概念，结构化摘要是一种对文献关键数据及结论的、机器可读的总结。其概念最早由 Gerstein 和 Seringhaus 提出，目的是为了加强科学文献文本与存储在数据库中的科学数据之间的关联，并实现文本挖掘[49]。Gerstein 和 Seringhaus 认为 SDA 应当包含三个主要元素，分别是翻译表、使用本体等受控词表表示的重要结果清单，以及相关的标准证据编码。在此概念的基础上，《欧洲生化学会联合会快报》（FEBS Letters）[50]以及 MINT 数据库（The Molecular INTeraction Database）[51]均对其进行了延伸，将数字化摘要运用到了涉及蛋白质化学反应的结构化描述文献中。结构化摘要通常是一系列对传统摘要的 XML 编码，重点是对文献中出现的蛋白质、化学反应等进行详细描述，通过 XML 将文章中的关键数据及结论以机器可读的方式展现，这种描述通常包括固定标识符以及相关的预设受控词表。

目前，结构化摘要研究已经成为文献结构化研究的重要组成部分。Shotton[52] 等人曾做过结构化数字摘要的实验，Kei-Hoi Cheung[53] 等人也在 SDA 的基础之上提出了语义网环境下结构化数字表格的表现形式及结构化方法。

关键词结构化是文档结构化的另一个研究领域。以往的论文中，关键词的语义功能并没有得到特别区分，这使得检索过程中，不同语义功能的关键词被一视同仁的处理，不利于提高检索的精准度。美国印第安纳大学的 Xiaozhong Liu[54] 等利用自然语言处理和机器学习技术，提出了一种构建科学文献结构化元数据，也就是结构化关键词（structured keyword）的方法。结构化关键词是一种方便知识检索，具有机器可读性的框架，能够区分关键词在论文中的语义功能，并表示论文中的主要论断和实验结果。武汉大学信息管理学院的陆伟教授也在自科基金项目“面向词汇功能的学术文本语义识别与知识图谱构建”的支持下进行这方面的研究。

2.2 出版本体

出版本体是用于对出版物内容和出版过程的规范化描述，是对文献内的细粒度知识单元进行有序组织的关键，也是构建语义出版系统的核心。出版本体的发展是一个逐渐细化的过程，最早的出版本体是领域性的，与特定的领域知识结合非常密切，更多的服务于领域知识组织。随后出版本体逐渐独立出来，提供了适应于不同领域的文献结构描述手段。随着本体间协同作用的增强，出版本体集也开始产生。

在领域性出版本体中最具有代表性的是 SWAN 本体。SWAN[55]（Semantic Web Applications in Neuro-medicine）是神经医学领域表示生物医学文本一般性语义结构的本体。SWAN 最初是建立在奥尔兹海默症（Alzheimer Disease，AD）的相关研究基础上，整合了诸如 OBO（Open Biomedical Ontologies Foundry）、NCBO（National Center for Biomedical Ontology）等领域本体，具有非常鲜明的领域属性。除此之外，SWAN 还包含一些通用元素，如人物、组织、机构、篇章单元、引用及参考文献、版本及出处信息等。其中，最核心的部分是篇章元素部分，它又涵盖了研究声明、研究问题以及结构性注解三类。这里的研究声明具体指代断言或假设，研究问题是指科学研究的主题，结构型注解则是对发布在数字资源上注释的结构性表述。由此可以看出，SWAN 对于出版物内容结构的理解还十分有限，更侧重于将领域知识与篇章内容结合在一起。

全域性出版本体以 SALT（Semantically Annotated LaTex）为代表，SALT 由 Croza[56]等人提出。SALT 摆脱了领域知识的限制，而专注于出版内容及相关信息。SALT 本体包括语义层和语法层两部分，其中语义层居于核心地位，包括文档、修辞及标注三大部分。文档本体用来描述文档的内部结构，诸如段落、语句等。修辞本体用来描述文章的修辞结构及修辞单元，如断言、证据等。标注本体则连接了文档内部结构与修辞结构，给文档内部结构单元赋予了修辞功能的属性，又将文档功能单元与具体文档组成成分相关联。全域性出版本体虽然在使用上摆脱了特定领域的限制，但在功能上过于全面而无法对某一方面进行更为深入细致的描述。

出版是一个系统工程，其中涉及了出版物内容、相关的引用及参考文献，还有具体的出版流程，这就需要不同目的的本体进行协同工作，由此产生了出版本体集合的需求。

出版本体集以 SPAR（Semantic Publishing And Referencing Ontology）以及语义棱镜（Semantic Lenses）为代表。SPAR[57]是一套整合了出版过程本体（PRO、PSO、PWO）、出版物参考文献本体（FaBio、CiTO、C4O）以及描述出版物内容结构和修辞功能的 DoCO 本体的本体集。该本体集的各个部分既可以同时使用，也可以单独使用，还可以与其他本体协同使用。语义透镜也是一组由不同功能的本体组成的本体集合，通过不同语义本体构成诸如研究背景、出版环境、结构、修辞、引用、论证等八个不同的分析维度，并通过对这些不同维度的组合以实现对文献背景信息、论文结构信息以及论文内部各功能块作用的定义。与 SPAR 不同的是，Semantic Lenses[58]对于不同功能的区分更加明确，尤其是在对文本内容的描述上。相比于 SPAR 使用 DoCO 对文献内容从修辞结构方面进行描述，语义透镜则将论证结构引入到文本结构描述上来，通过使用论证本体（argument ontology）定义文档的论证要素及论证结构，使其与引文关系、修辞结构等互相作用。

2.2.1 出版物内容与结构本体

对出版物内容和结构的描述在各出版本体中通常从两个角度出发，一是文献修辞结构，二是文献论证结构。这两者均是从文献功能单元的定义起步，以文献结构深层次理解为基础，侧重于对文献知识单元的链接。下文将对这两类本体进行详细介绍。

文献修辞本体最早的雏形是 SALT 本体中的修辞本体（SALT-Rhetorical Ontology）[59]，SALT 的修辞本体总共分为修辞关系、修辞结构以及论证三个层次。其中修辞关系（rhetorical relations）主要用来表示文献内断言（claims）及相关解释之间的关系。SALT 借鉴了修辞结构理论（rhetorical structure theory，RST）中对修辞关系的解释，选取了其中与科学文献关联度较高的几种修辞关系，如环境（circumstance）、判断（justify）、证据（evidence）等。修辞结构（rhetorical structure）主要关注文献结构单元的功能识别及定义，它借鉴了 waard 提出的 ABCDE 结构模型，并在此基础上进行了扩充，形成了更细粒度的功能单元，如摘要（abstract）、动机（motivation）、讨论（discussion）、结论（conclusion）、背景（bsckground）等。

修辞块本体（ontology of rhetorical blocks，ORB）①[60]是 W3C 提出的用以表示篇章修辞结构的推荐标准，其目的是为了建立一个跨学科的、具有普适意义的科学修辞模块定义。ORB 本体既定义了具有描述一般修辞单元的粗粒度结构，又可以根据具体的篇章进行更细粒度的结构划分，所以 ORB 具有较强的可扩展性。ORB 的核心结构包括三个部分：头部、主体和结尾。头部主要是对出版物

① ORB：http：//www.w3.org/2001/sw/hcls/notes/orb/#ontology.

附加信息的描述，包括题目、作者、机构及出版地等条目。主体则借鉴了科学文献的 IMRAD 结构，分为引文（orb：introduction）、方法（orb：method）、结果（orb：results）及讨论（orb：discussion）四个部分。尾部的信息包括致谢（orb：acknowledgement）及参考文献（orb：reference）。

篇章元素本体（discourse element ontology，DEO）① 是 Peorni 和 Shotton 等人对 SALT 本体及 ORB 本体的完善。相比于 ORB 和 SALT，篇章元素本体专指性更强，更加针对科学文献的修辞结构，因而对修辞单元的划分也更为细致。该本体使用 RDF 语言描述了 30 多种修辞单元，如致谢（acknowledgement）、背景（background）、方法（method）、模型（models）、结果（results）、讨论（discussion）、数据（data）等。

文献构件本体（document component ontology，DoCO）② 是 Peroni 等人对 DEO 的改进，它使用了 OWL2 作为描述语言，整合了 SALT、ORB 等本体的相关部分，因此该本体有类似于 ORB 关于头部、主体、尾部的划分[61]。DoCO 最主要的特点是整合了文献结构模式本体（Pattern Ontology，PO），用以描述诸如段落、语句等文献外部结构框架。

除了以上关注文献修辞结构的本体外，关于文献论证结构的本体也受到了越来越多的关注。在出版本体发展初期，文献论证结构通常是与修辞结构一起，作为对修辞结构及修辞功能的补充。但这两者之间存在本质区别，相比于修辞结构更注重对文本单元功能的定义及描述，论证结构侧重对逻辑推理和科学论证过程的描述，是科学文献内的隐性知识。在论证结构得到关注之后，相关的论证本体也开始出现。

SALT 修辞本体中的论证框架是较早将论证关系引入对文献结构描述的实例之一。论证部分并不是独立存在的，而是作为修辞本体的一部分，用以说明不同修辞块之间存在的支持与反对关系。受

① DEO：http：//purl. org/spar/deo.

② DoCO：http：//purl. org/spar/doco.

制于使用目的，该部分只定义了论证（argument）及反证（counterargument）两种论证。

论证模型本体（argument model ontology，AMO）① 是相对完整的论证本体，是使用 OWL 语言对图尔敏论证模型的形式化表达。AMO 定义了图尔敏论证理论中包含的 6 个元素，包括断言（claim）、证据（evidence）、保证（warrant）、限定词（qualifer）、反驳（rebuttal）、支援（backing），同时也定义了包含支持（support）、证明（proves）等在内的 21 种关系。

学术本体项目（sholarly ontologies project，ScholOnto）[62] 从 sanders 的认知关联关系（cognitive coherence relations，CCR）理论出发，由内容片断的一致性（coherence among content segments）入手，侧重于对文本块之间关系的定义。ScholOnto 通过一系列参数的设置定义了丰富的关系，最主要的关系有六类，分别是：因果（causal）关系、问题相关（problem related）关系、相似性（similarity）关系、通用（general）关系、支持/挑战（support/challenges）关系、分类（taxonomic）关系。每一类关系都包含了极性（正向或负向），以及具体的权重。

2.2.2 引用及参考文献本体

出版内容本体提供了对文献内容细粒度单元功能及其关系的解读，而文献之间的关联以及文献内部文本块的联系除了由自身功能决定之外，还受到引用关系的影响。对引文及参考文献进行语义解读，能帮助研究者理解引用关系的实质。目前，对引文的语义解读通常体现在参考文献特征、引用的语义关系以及引用的上下文环境三方面。具有代表性的出版引用本体如下：

引文类型本体（citation typing ontology，CiTO）② 是 Peroni 等人提出，借助 RDF 表示引用关系的同时对其语义属性进行了定义。在 CiTO 中，引文语义主要从修辞（rhetorical）关系及事实（factual）关系两方面进行定义，修辞关系主要指作者的引用情感，

---

① AMO：http：//www. essepuntato. it/2011/02/argumentmodel.

② CiTO：http：//purl. org/spar/cito.

包括积极（positive）、中性（neural）、消极（negative）三类；事实关系则体现引文的作用，即引用数据（uses data from）、引用方法（uses method in）等[63]。CiTO 具有较强的扩展性，可以同 FOAF（Friend of a Friend）本体、都柏林核心元数据集一起使用，以表示引用文献的作者信息。同样也可以与 ORB、DoCO 等出版物内容本体有较好的协同作用。

引用数量及引用环境本体（Citation Counting and Context Characterization Ontology，C4O）① 主要用来对同一参考文献在不同文献中的引用位置、引文环境进行定义，同时也与谷歌学术等相关联，实现对总体引用次数的描述。

书目信息本体（the Bibliographic Ontology Specification，BIBO）与 FRBR 对应书目信息本体（FRBR-aligned Bibliographic Ontology，FaBiO）② 则对施引文献与被引文献的具体特征信息进行了描述。BIBO 共定义了 69 个元素，其中最主要的是对文献类型的定义。[64] FaBiO 在 BIBO 的基础上，融合了 FRBR（Functional Requirement of Bibliographic）框架中关于作品（work）、内容表达（expression）、载体表现（manifestation）和单件（item）的分类，同时也包括了对创作者和创作团体描述，最终形成了整合性的本体。

FaBiO 的元素主要分为四类，其中，作品（work）中包括 69 个子类，诸如模型（model）、数据集（dataset）等；内容表达（expression）包括图表（figure）、章节（chapter）、表格（table）、专利文献（patent document）等 92 个子类；载体表现（manifestation）则定义了诸如云（cloud）、博客（blog）、网页（web page）等 10 个子类；单件（item）则定义了 4 个子类，诸如数字单件（digital item）、模拟单件（analog item）等[65]。相较于 BIBO、FaBiO 关于参考文献的定义结构更为清晰。

2.2.3 出版流程本体

出版是一个流程，对出版物生命周期的描述十分重要，这其中

① C4O：http：//purl.org/spar/c4o.

② FaBiO：http：//sempublishing.sourceforge.net/fabio.

包括出版工作流程，与之相对应的出版物状态和在不同环节中扮演不同角色的实体与代理。SPAR 中通过出版流程本体（the Publishing Workflow Ontology, PWO）、出版物状态本体（the Publishing Statuses Ontology, PSO）、出版物角色本体（the Publishing Roles Ontology, PRO）三个本体对其进行了描述[66]。

出版角色本体（PRO）① 用来描述在出版过程中，人、机构及计算机代理所扮演的角色信息。通过这个本体可以将书目实体（作者、边际、审稿人等）与特定机构（出版商、图书馆等）及其在特定时期所扮演的具体角色相关联。其中主要的元素包括作者（author）、编辑（editor）、出版商（publisher）、同行评议者（peer reviewer）等。

出版物状态本体（PSO）② 是对出版过程中出版物所处不同状态的描述。在该本体中，一个实体是指在特定出版项目中，特定时间序列及特定状态下的出版物。该本体的主要元素包括草稿（draft）、递交（submitted）、审阅（under review）、拒绝录用（rejected for publication）、录用（accepted for publication）、同行评议（peer reviewed）等。

出版流程本体（PWO）③ 是对出版流程的描述。PWO 本体相对简单，其主要目的是将文献的出版工作流程的主要阶段进行形式化表达，诸如送审（under review）、XML 处理（XML capture）、页面设计（page design）、Web 发布（Web publication）等。

2.3 新型出版物模型与语义集成方法

出版本体是在对出版物和出版过程深度理解基础上进行的形式化定义和表达，从根本上来说，出版本体更多的是对当下出版物形式和出版过程的描述。目前，相关研究开始探讨一些新颖的出版物模型，如纳米出版物模型和微型出版物模型。

① PRO：http：//purl. org/spar/pro.

② PSO：http：//purl. org/spar/pso.

③ PWO：http：//purl. org/spar/pwo.

2.3.1 纳米出版物模型

纳米出版物（Nanopublication）是概念网络联盟（Concept Web Alliance）在2009年提出的，以“科学声明”为单位的具有科学意义、机器可读的、最小的可出版单元模型[67]。该模型包含了核心科学声明和相关语境，对科学信息进行形式化表达，进而方便科学声明层面的知识处理工作，诸如科学声明的整合、查询、推理等。

具体的纳米出版物模型是由Barend Mons和Jan Velterop[68]提出的。随后，Paul Groth[69]对纳米出版物的结构进行了更深入的分析。概括来说，纳米出版物主要由内容性组成部分及功能性组成部分构成。其中，内容性组成部分以概念三元组（triples）为基础，将每一个具有实际意义的三元组视为一条科学声明（assertion）。科学声明与其出处信息（provenance）构成了一条最基本的纳米出版物。除此之外，出版物信息（publication information）（包括归属、整合时间、引用情况等）、支持性信息（supporting）等则对纳米出版物起到了附加解释作用。其核心模型如图4所示。

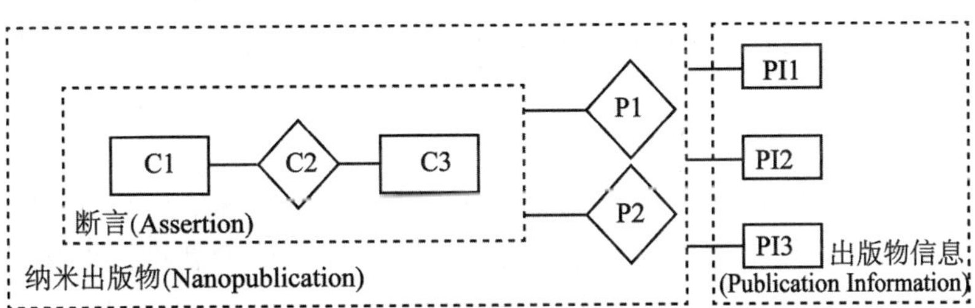

（C：概念，P：出处信息，PI：出版物信息）

图4 纳米出版物核心模型

纳米出版物的功能性组成部分是纳米出版物ID，也就是纳米出版物的URI。其中包含完整性密钥（Integrity Key），用于保证纳米出版物的不变性与完整性，帮助用户检查纳米出版物是否被修改。纳米出版物的基本模型由概念出发，概念在此处即为细粒度的知识单元，是具有领域知识属性的知识实体。纳米出版物模型提供了一种对知识实体进行链接的方式，从本质上说是对细粒度知识单元的表示和集成。

除了概念模型的提出及解释以外，纳米出版物模型也在不同项目中得到了广泛应用，其中最知名的是 Open PHACTS（Open Pharmacological Concept Triple Store）项目，该项目利用不同来源的信息资源集成药物数据，采用纳米出版物作为数据通用表达方式，提供相关的数据服务工作。2012 年，Open PHACTS 推出了纳米出版物指南并构建了 Nanopub. org 网站，提供纳米出版物构建的实例[70]。除此之外，纳米出版物在蛋白质知识平台 neXtPro[71]、哲学事实集成项目 EMTO Nanopub 等项目中也得到了运用。在学界，近年来关于纳米出版物的研究也较为丰富。Croset[72]对纳米出版物的构建及应用进行了归纳，同时对科学声明、科学结论等知识资源如何在创建者、使用者以及计算机之间传递进行了描述。Tobias Kuhn[73]对纳米出版物模型进行了扩展，提出了一个新的框架 AIDA（Atom，Independent，Declarative，Absolute）Nanopublication，该模型将英语语句与相应的纳米出版物进行关联，借此提高纳米出版物模型的描述能力。Mina 及 Thompson[74]借助纳米出版物模型，对亨廷顿氏舞蹈症（Huntington's Disease）的相关研究数据进行了集成与发布。

2.3.2 微型出版物

微型出版物（micropublication）[75]是由 Tim Clark 等人在 2015 年新提出的一个用以促进生物医学领域科学交流的新型出版物模型。微型出版物模型从科学文献的角度出发，以论证结构为基础，提出了一种既能适应人阅读，又能满足机器可读性的模型。

Tim Clark 等人总结分析了图尔敏的论证模型[76]及其在人工智能领域内的应用，然后在 Verheij-Toulmin 模型[77]的基础之上，提出了微型出版物的论证结构模型。微型出版物在论证结构方面进行了精简，并将论证的元素扩充至三大类，包括实体、声明、数据及实验等，论证元素之间主要通过支持（support）以及质疑（challenge）两大类逻辑关系相连接。围绕同一断言的所有元素及其之间的关系，共同构成了一个论证框架，清晰地表示了一个论证过程。

具体来说，微型出版物模型的组成成分按照功能可划分为四大类别：

（1）实体。表示客体及讨论对象，前者包含机构（agents）、人物（person）、活动（activity）、表述（representation）等，后者指数据、方法、声明、断言等。

（2）关系。表示微型出版物各元素之间的关联，其中最主要的关系为支持（support）与质疑（challenge）两种。

（3）语句。该类主要从语句功能出发，定义了语句（sentence）、声明（statement）、断言（claim）以及修饰词（qualifier）并加以区分。在微型出版物模型中，语句主要是指有意义的符号，不一定具有语法完整性，可以是单词、短语等。声明则是指陈述性的语句，包含了有意义的符号及符号之间的关系。断言则是起到核心论点作用的声明，是微型出版物模型论证框架的核心。

（4）数据及方法。表示科学实验过程中采用的实验方法以及得出的实验数据，还有实验过程中所需的材料等。

微型出版物的一般结构完整地表述了一条科学论断的论证过程，包含有一系列声明、引用以及包括数据、方法在内的实验过程等，其结构如图 5 所示。

Clark 等人在提出微型出版物概念及模型之后，又对基于微型出版物模型构建以科学论断为连接点的全域性论证网络，以及微型出版物模型与纳米出版物模型互相转化、嵌套的可能性做了研究。Schneider，Ciccarese 和 Clark 还利用微型出版物模型和开放标注模型（open annotation data model）对潜在药物互作用（potential drug-drug interactions，PDDI）相关研究中的证据进行了尝试性形式化表达[78]。

微型出版物模型的构建非常具有启发性。从本质上看，微型出版物模型是一种新的文档表示结构。微型出版物模型把科学文献拆分成了各种论证单元，随后又根据论证结构进行了重组，这一过程与纳米出版物模型十分相似，都提供了新的知识聚合框架。对于语义出版来说，这是传统的叙事性论文向结构化知识库转变的关键。

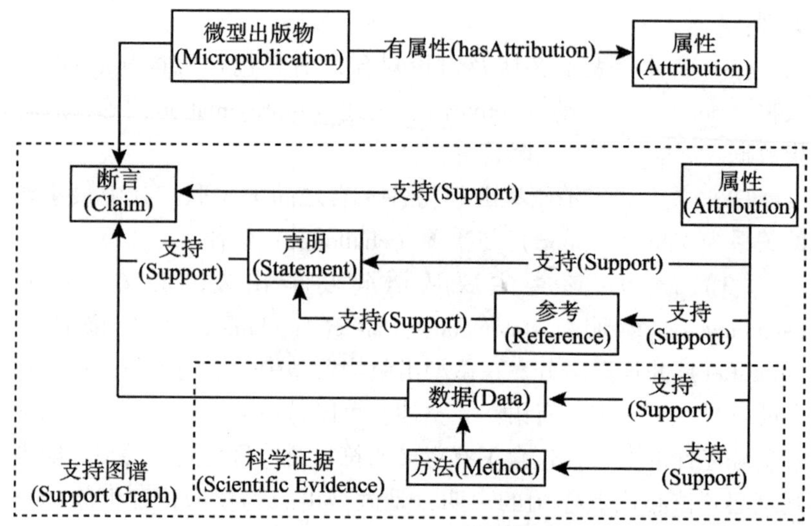

图 5　微型出版物的一般结构，包括由实验数据（Data）和实验方法（Method）组成的证据（Evidence）、声明（Statement）及其参考文献（Reference）[75]

2.3.3　科学知识对象及流体出版物

科技知识对象（scientific knowledge objects，SKO）是由 Fausto Giunchiglia 等[79][80]提出的一种科学知识表示模型，其核心是一种三层结构的表示方法，定义了 SKO 节点（SKO Nodes）、SKO、SKO 集合（SKO Sets），并通过设定 SKO 模型（SKO Models）、SKO 类型（SKO Types）、SKO 模式（SKO Patterns）对科技知识对象的种类、结构、关系、组成模式等进行了定义，同时也规范了相应的元数据标准。

SKO Models 是 SKO 的基础，是一种对于普遍科学知识对象结构化表示的形式化定义，由文件层、语义层、序列层以及表现层等四个层次组成。文件层用于表示科技知识对象的实际内容，即其所包含的实际物理数据。语义层用以表示科技知识对象的语义信息，即所包含对象的元数据，用以描述数据整体或部分的属性。语义层构建在文件层之上，通过属性（attribute）和关系（relation）的定义，用于内容、背景知识以及概念的描述。序列层则定义了 SKO 节点（SKO Nodes）之间的排列顺序及其组成结构。表现层用于描述科技知识对象的可视化部分。

在 SKO Models 的基础上，SKO Types[81] 通过借鉴都柏林核心元数据集、SALT 本体等标准，定义了科技知识对象的元数据标准，具体包括相关的实体（entity）、关系（relation）、属性（attribute）和服务（service）的定义，借此实现对 SKO 语义层的描述，提供机器可读的科技知识对象语义信息，进而提高检索和阅读效率。SKO Types 强调对科技内容语义结构及语义关系的定义，定义了诸如摘要（abstract）、背景（background）、动机（motivation）等文本修辞单元（rhetorical block），同时也定义了 isAbstract、isBackground 等语义关系。

SKO Patterns 为科技论文表示提供了一个粗粒度的语义结构，结合在 SKO Types 中定义的修辞单元，并在此基础上借鉴逻辑推理（logical reasoning）的几种方式，提出了三种语义序列模式，包括演绎模式（deduction pattern）、归纳模式（induction pattern）和溯因模式（abduction pattern）。

在科技知识对象的基础之上，Giunchiglia[82] 等提出了流体出版物（liquid publication）模型。流体出版物是一种具备可协作、多样性、动态性等特点的知识对象，以 SKO 作为主要组成分子，可在不同层次上进行重组以形成新的出版物。该模型具备了协同创作、多形态、多来源等特点，从而实现了创新观点的高效传播、版本迭代、创作进程控制、关联外部知识等较高层次的要求。流体出版物主要由科技知识对象（SKO）、人物（people）、进程（process）三部分组成。其中，SKO 实现了对文献内部知识对象的识别并提供了语义关联的模式。人物则指在科学知识处理进程中扮演一定角色的个人或机构，诸如作者（authors）、审稿人（reviewers）等，同时也包括社交网络环境下产生的新角色，诸如博主（bloggers）、内容聚集者（content aggregators）等。进程则涉及科技知识对象生产、加工、聚合等生命周期中的各个环节。在流体出版物的基础上，Baez 和 Casati[83] 等还提出了“流体期刊”

（Liquid Journal）的概念，并提出了相应的概念模型。

2.3.4 语义集成方法

文献本身就是知识的容器。一篇论文往往聚合了某个特定研究主题的多个研究环节的多种知识与发现。在文献被结构化处理和语义标注后，必然会出现二次重组的需要，这就产生了知识集成的问题。如何在知识对象的基础上开展面向用户需求的语义集成是当前语义出版研究的核心问题之一。Khalid Belhajjame[84]等人提出了研究对象套件模型（research object suit，RO），该模型旨在提供一种结构化的容器，将研究数据与对应的研究方法以及相关的元数据封装起来，形成一个围绕特定主题的套件。

Christian Bölling[85]等人提出了语义证据（Semantic Evidence，SEE）的表示方法及模型。该模型借由 RDF 和 OWL 对论证框架下科学论断、证据和相关支撑材料进行了形式化表达。与微型出版物模型类似，SEE 也提供了一种以相关证据（evidence-related）为线索的知识聚合方式，将特定主题的科学论断、证据与相关材料、方法、假设、推理及其他外部知识库相连接，进而形成一种相互连接且机器可读的表达。

Kevin Livingston[86]等人提出了一个基于本体的生物医学数据库语义集成模型 KaBOB（the Knowledge Base Of Biomedicine）。KaBOB 借助本体，提供了一种将不同生物医学数据库中的数据集成化表示的方法，并能实现简单的逻辑推演。

Ovopub[87]则是 Alison Callahan 等人提出的用以表示数据及数据来源的模块化模型。与纳米出版物结构相似，但 Ovopub 侧重于对数据的整合与应用。Ovopub 模型提供了对数据、数据来源及相关的授权信息进行结构化描述的方法，同时也提供了构建更加复杂的声明及论证的方法，并在此基础上实现了对数据来源进行信息检索以及相关数据的整合发布。

Trójcazk[88]等人以科学规律本体（ontology of scientific laws）为基础，提出了从农业食品科学文献到知识库的知识转移及转换方法。

以上是对 2013 年以来几种具有代表性的文献单元聚合及语义

集成模型的介绍。这些模型与纳米出版物、微型出版物在形式上有所不同，但都在一定程度上实现了不同细粒度文献单元及实体的聚合。综合来看，这种语义集成和知识聚合是实现知识对象非线性重构和再利用的关键。

2.4 出版物语义增强

出版物语义增强也是属于语义出版研究的一部分，其目标是通过一系列诸如数据可视化、可变图表、外部知识库链接等手段，实现 STM 出版从单一的 PDF 文章或 HTML 页面向动态更新、扩展性强、集成多种多媒体资源的出版形式转变，形成各种增强型出版物或 Rich HTML 格式文档。

2.4.1 出版物语义增强的基本形式

2009 年，SURF 基金会在一份报告中第一次明确定义了增强型出版物（Enhanced Publication）的概念[89]。增强型出版物是以集成研究数据、辅助材料、数据记录、公开发表的出版物等为增强手段，实现对传统出版物的延伸与扩展。Hoogerwerf 认为增强型出版物的结构是以对象为基础（Object-based Structure）的，不同对象之间存在着显性关联，对象泛指各种多媒体要素和文本块，如声音、图像、视频、用户评论以及数据库等[90]。

Rich HTML 是近年来最常见的出版物语义增强形式。英国皇家化学学会（RSC）[91]、爱思唯尔（Elsevier）[92]、自然（Nature）等出版机构均基于 Rich HTML 进行了初步的出版物增强实验，并开发了相应的富语义出版模型，诸如 the future article、anywhere article、smart content 等。目前，《细胞》（*Cell*）、《分子生物系统》（*Molecular BioSystems*）、《自然·化学》（*Nature Chemistry*）等期刊均对论文内容的描述能力进行了增强，并提供了所有参考文献的链接，同时也采用通用的数据描述规范发布文献信息，实现开放访问。除此之外，部分期刊还对文献内部知识实体提供语义标注，同时也借助诸如 JavaScript、HTML5 等技术，实现文献内容的可计算、可视化、可交互。

总的来说，出版物语义增强按增强目标的不同可以分为两类：

一类是面对文献信息的语义增强，包括文献内容的关联与集成、文献基本信息及文献内容的规范化描述、文献内容知识实体的语义标注等；另一类则针对文献内容的多维展示，借助多媒体实现文献内容的可计算、可视化，增强文本的交互性。

2.4.2 增强型出版物

增强型出版物的研究最早可追溯到1998年，Kircz等人提出了文献的模块化模型（modular model）[93]。在将数字出版视为一系列文本、图像、音视频的组合之后，Kircz认为文献可以拆分成诸如摘要、问题描述、方法论等一系列独立的模块，每个具有相同属性的模块之间可以进行聚合，这是增强型出版物的基础模型。Hunter等人在2008年提出了科学出版物包（Scientific Publication Packages，SPPs）的概念[94]。与模块化模型类似，SPPs也强调出版物是由不同模块构成，但更加重视在文献内部的工作流模块，如实验过程。SPPs以实验数据为核心，将与之关联的基础知识、背景信息、实验方法、实验过程、实验反馈等信息集中在一个包裹（packages）内，进而将其视为一个数字对象（digital object），便于进一步的重组。SPPs打破了传统文献的界限，集成了文献内与文献外的多种信息。

2010年以来，学界与业界逐渐就增强型出版物的作用及增强手段达成了共识，主要包括：集成研究材料、内容的不同形式表达、科学实验的重现及评价等。最近几个具有代表性的增强型出版系统均不同程度地实现了以上几点要求。

Utopia[95]是由牛津大学的Attwood等人开发的一款阅读器。它是为了将科学文献与研究数据连接起来而开发的一种增强型出版物系统。Utopia系统主要实现了以下几种功能：① 添加解释。Utopia与领域知识本体以及维基百科等网络资源相结合，可以对文献内的术语、实体进行解释。② 可交互内容及辅助性数据。Utopia可以将静态的内容转变为动态内容，传统PDF文档中静态的图表、图像通过Utopia系统中可转化为动态、可交互的对象，以提高数据的利用程度。③链接源文献。Utopia自动将参考文献与源文献相连接，简化了科研人员寻找相关文献的过程。

2009 年，爱思唯尔曾实施了 Article of the Furture 项目[96]。该项目确定了三个着力点，分别是丰富文献展示形式、丰富文献内容和添加文献背景信息。爱思唯尔使用了三栏式的用户界面设计，将检索、正文阅读、附加信息集成在同一阅读环境内，以丰富文献展示形式。文献内容的丰富则是通过将特定领域的研究工具和实验内容嵌入文章来实现。文献背景信息包括了参考文献、知识实体的详细解释、相关的数据集等。

2014 年，Bardi 及 Manghi 提出了一个管理特定领域内增强型出版物的信息系统模型（如图 6 所示），即增强型出版物信息系统（Enhanced Publication Information System，EPISs）[97][98]，同时也提出了增强型出版物的一般性数据模式以及元数据格式。

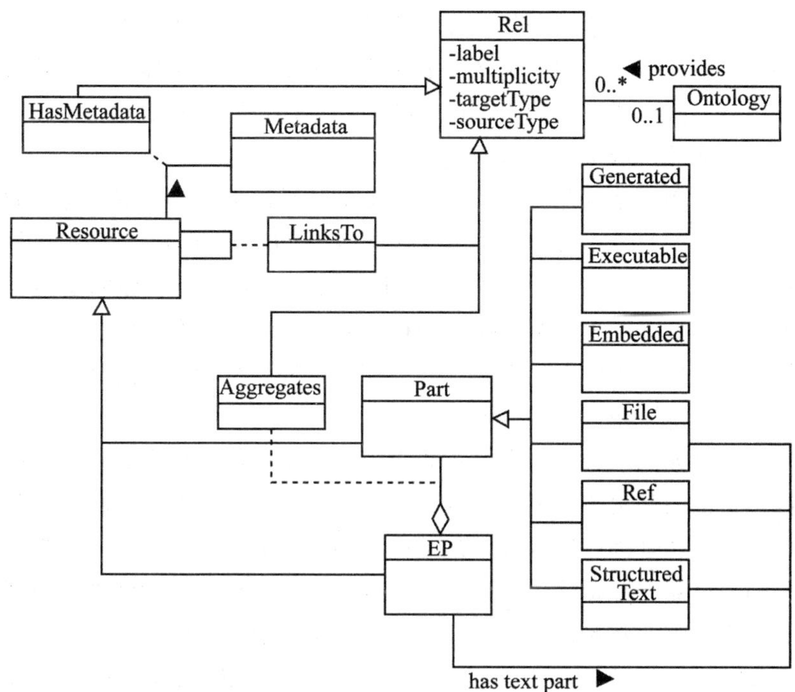

图 6　增强型出版物元模型[98]

除以上研究外，Garcia 等人还提出了 BioTea 模型[99]。Breure 等人的 Rich Internet Publications[100]也在一定程度上实现了增强型出版物的核心功能。

3 语义出版发展趋势

语义出版是一个综合性的系统工程，是多层次协调发展的结果。在对语义出版近期的发展进行综述之后，下面我们将对该领域目前的不足和未来学界应该重点关注的几个方向作出判断。

3.1 文献内容结构化工作与现有编辑流程的整合

从实际的发展过程来看，文献内容的结构化处理工作在语义出版概念诞生之前早已开始。文献内容结构化处理多以 XML 语言为基础，通过一系列预先定义的 DTD 作为处理规范。因侧重点不同，分别有了面向科学期刊文献的 JATS，面向图书的 DocBook、DITA、BITS 和面向人文资料的 TEI 等标准。

文献内容结构化处理是构建语义出版系统最底层数据资源层的必经之路。只有对原始的文献进行结构化处理，形成半结构化的 XML 文档，才能便于上层的语义化深加工。从出版业界的实践来看，目前对于历史遗留数据的结构化处理工作已经在业内展开。出版业已经投入了大量的人力、物力和财力进行存量资源的结构化处理，并取得了相当大的进展。

尽管如此，如何将出版物的内容结构化工作与现有编辑流程进行整合仍旧是出版业面临的巨大挑战。事实上，现有的编辑流程和多数科学文献创作软件都不是结构化创作与编辑系统，而多数学术期刊的投稿与编辑管理系统也不支持结构化文档的自动处理。很多文档依旧需要在编辑处理完毕后，甚至以 PDF 发布之后，再反解成 XML，这就产生了巨大的人力和财力浪费。如果在文档进入编辑流程初期就进行结构化处理和编辑，必将节约大量的成本。所以，目前已有部分科技创新机构开始了结构化创作与编辑系统的开发工作，如 Digital Science 的 Overleaf 系统。

3.2 出版本体与领域本体的结合

出版本体因功能不同而具有不同的发展态势，最成熟的是出版物内容本体和引文及参考文献本体。出版物内容本体本质上是对科学文献结构及表示的理解，相关理论在情报学、科学修辞学、人工智能领域有较深入的研究。引文及参考文献本体建立在引文作用和引文情感分析的基础上，在图情领域也有了较为细致的研究。相对而言，出版流程本体，因为科学交流系统的迅速变化，导致研究不够深入。虽然出版本体近几年一直是学界研究的重心，也提出了不少具有代表性的语义本体，但仍然存在研究空间。对于出版物内容本体来说，如何分领域（如科技报告、判决书、小说等）建设更细粒度的出版本体，以及可以广泛适用的核心集尤为重要。SPAR已经在此方向迈出了坚实的一步，有待进一步扩展。

出版本体是对文献特征的定义，是文献对象语义描述的基础，但要实现较高层次的文献特征抽取以及较细粒度的知识关联，仍然需要对文献内部蕴涵的领域知识进行描述，这就需要出版本体与领域知识本体协同作用。Bahar Sateli 等[101]曾借助 DoCO、SALT 本体以及其他领域知识本体实现了对文献内断言（claim）和贡献（contribution）的自动抽取与关联。这一领域的工作才刚刚开始，未来有待进一步加强。

3.3 新型出版物模型的实例化应用与复合型内容的管理

出版本体定义了构成出版物内容的元素以及元素之间存在的关系，但没有描述出版物的完整结构。出版物是有一定结构的知识集成产物，语义出版物更是如此，新型出版物模型正是基于这种结构框架的功能性知识单元的新型聚合产物。可以推断，随着出版本体的不断完善，这种新型出版物模型的具体实例化应用将成为语义出版研究的下一个重点。

从增强型出版物的发展路线来看，它主要还是建立在传统出版物线性结构的基础上。随着内容的增强，特别是业界对于 Rich Html 格式的应用增多，多模态复合型内容资源的管理问题也逐渐受到关注。如何建立一套良好的系统模型，以实现多模态内容的集成化管理和利用是该研究方向必须考虑的关键问题。

3.4 多粒度知识单元的语义标注、集成与关联

语义出版融汇了对文献内外部语义特征的识别、描述，以及多维知识的集成与关联，其中文献功能单元的识别和定义是基础，单元语义特征的自动化描述和标注是技术关键，知识集成和关联则是文献价值增值和语义出版成功的要义。

当前，文献功能单元的自动化语义标注在粗粒度文档结构层面已有较理想成果，但是在细粒度实体层面仍有较大发展空间。知识语义集成的相关研究多集中在生物医学领域，该领域的科学文献结构清晰，领域本体构建相对完善，知识集成基础好。但是，其他领域，如人文社科领域，知识语义聚合的基础较差，聚合面临的难题更多，如细微的语义冲突、交叉、叠加、蕴涵等，这些难题都对面向语义出版的自动语义集成形成了重大挑战。

此外，就结构化知识的再组织而言，如何在新的出版物模型（如纳米出版物、微型出版物）基础上构建跨篇章、跨领域的知识网络将是未来一段时间知识网络构建研究的重点。同样，如何在语义网络的基础上构建富语义出版物模型，并借助多种方式实现出版物内容的可交互、可计算也是未来发展趋势之一。

4 总结

语义出版是近年来图情和出版领域共同关注的研究热点，它是专业与学术出版由内容提供向知识服务转型的必经之路，而对出版物结构与功能的深层次理解是实现这一转型的理论基础。

本文在对语义出版的概念、模型及相关技术进行了概括性介绍之后，结合语义出版系统模型，重点从文献内容结构化、出版本体、新型出版物模型、出版物语义增强四个方面，对近年来语义出版领域的相关研究进展进行了梳理。最后，文章在分析了现有研究的不足之后，还对未来值得关注的研究方向进行了展望。

从涉及范围来看，语义出版的研究与应用已经不再局限于专业与学术出版领域，在大众出版和教育出版领域已有蔓延趋势。限于时间和精力，本文的研究主要针对专业与学术出版领域进行，其他领域的进展情况仍需特别关注和梳理。毋庸置疑，语义出版的兴起已经改变了我们对科学交流系统的认识。作为一种新的系统模型，语义出版系统的发展必将推进现有的科学交流系统的升级换代。

参考文献

[1] Shotton D. Semantic publishing: the coming revolution in scientific journal publishing [J]. Learned Publishing, 2009, 22 (2): 85-94.

[2] Peroni S. Semantic publishing: issues, solutions and new trends in scholarly publishing within the Semantic Web era [D]. Universita' di Bologna, 2012.

[3] 王晓光，陈孝禹．语义出版的概念与形式 [J]. 出版发行研究，2011 (11): 54-58.

[4] 王晓光，陈孝禹．语义出版：数字时代科学交流系统新模型 [J]. 出版科学，2012，20 (4): 81-86.

[5] 徐丽芳，丛挺．数据密集，语义，可视化与互动出版：全球科技出版发展趋势研究 [J]. 出版科学，2012，20 (4): 73-80.

[6] 张晓林．颠覆数字图书馆的大趋势 [J]. 中国图书馆学报，2011，37 (5): 4-12.

[7] 周杰，曾建勋．数字环境下的语义出版研究 [J]. 情报理论与实践，2013 (8): 32-35.

[8] De Waard A. From proteins to fairytales: directions in semantic publishing [J]. Intelligent Systems, IEEE, 2010, 25 (2): 83-88.

[9] Shotton D. The five stars of online journal articles: a framework for article evaluation [J]. D-Lib Magazine, 2012, 18 (1): 1.

[10] Gradmann S. From containers to content to context: the changing

role of libraries in eScience and eScholarship [J]. Journal of Documentation, 2014, 70 (2): 241-260.

[11] 李楠，孙济庆，马卓．面向学术文献的语义出版技术研究 [J]. 出版科学，2015，23 (6)：85-92.

[12] Mann W C, Thompson S A. Rhetorical structure theory: a theory of text organization [M]. University of Southern California, Information Sciences Institute, 1987.

[13] Swales J. Genre analysis: English in academic and research settings [M]. Cambridge University Press, 1990.

[14] Swales J. Research genres: explorations and applications [M]. Ernst Klett Sprachen, 2004.

[15] Zhang L, Kopak R, Freund L, et al. A taxonomy of functional units for information use of scholarly journal articles [J]. Proceedings of the American Society for Information Science and Technology, 2010, 47 (1): 1-10.

[16] De Waard A, Tel G. The ABCDE format - enabling semantic conference proceeding [C]. Proceedings of 1st Workshop: "SemWiki2006 - From Wiki to Semantics" at ESWC2006, Budva, Montenegro (2006) 12.

[17] Harmsze F A P. A modular structure for scientific articles in an electronic environment [D]. Universiteit van Amsterdam, 2000.

[18] 戴维民，等．语义网信息组织技术与方法 [M]. 上海：学林出版社，2008.

[19] 张晓林．Semantic Web 与基于语义的网络信息检索 [J]. 情报学报，2002，21 (4)：413-420.

[20] 王亚斌．基于本体的语义标注研究 [D]. 兰州：兰州理工大学，2010.

[21] 陆伟，武川．实体链接研究综述 [J]. 情报学报，2015 (1)：105-112.

[22] 刘炜．关联数据：概念，技术及应用展望 [J]. 大学图书馆学报，2011 (2)：5-12.

[23] Bizer C, Heath T, Berners-Lee T. Linked data-the story so far [J]. Semantic Services, Interoperability and Web Applications: Emerging Concepts, 2009: 205-227.

[24] 夏翠娟, 刘炜, 赵亮, 等. 关联数据发布技术及其实现——以 Drupal 为例 [J]. 中国图书馆学报, 2012 (1): 49-57.

[25] 沈志宏, 刘筱敏, 郭学兵, 等. 关联数据发布流程与关键问题研究 [J]. 中国图书馆学报, 2013 (2): 53-62.

[26] 黄永文. 关联数据在图书馆中的应用研究综述 [J]. 现代图书情报技术, 2010, 26 (5): 1-7.

[27] 黄丽丽, 牟冬梅, 张然. 基于关联数据的数字资源语义互联模式研究 [J]. 图书情报工作, 2013, 57 (17): 11-15.

[28] 牟冬梅, 王萍, 张艳侠. 基于关联数据的数字资源语义聚合策略 [J]. 情报资料工作, 2015, 36 (5): 18-23.

[29] 郑燃, 唐义, 戴艳清. 基于关联数据的图书馆, 档案馆和博物馆数字资源整合研究 [J]. 图书与情报, 2012, 143 (1): 71-76.

[30] 王忠义, 夏立新, 石义金, 等. 数字图书馆中层关联数据的创建与发布 [J]. 现代图书情报技术, 2013 (5): 28-33.

[31] 夏立新, 李成龙. 基于关联数据的科技报告语义共享框架设计与实现 [J]. 数字图书馆论坛, 2015 (9): 2-9.

[32] 马费成, 赵红斌, 万燕玲, 等. 基于关联数据的网络信息资源集成 [J]. 情报杂志, 2011, 30 (2): 167-170.

[33] 包靖玲, 霍永丰, 顾佳, 等. 美国国立医学图书馆期刊文档标签集概述 [J]. 中国科技期刊研究, 2013, 24 (4): 624-627.

[34] Beck J. What JATS Users should Know about the Book Interchange Tag Suite (BITS). In: Journal Article Tag Suite Conference (JATS-Con) Proceedings 2013 [Internet]. Bethesda (MD): National Center for Biotechnology Information (US); 2013.

[35] Walsh N, Muellner L. DocBook: the definitive guide [M].

O'Reilly Media, Inc. , 1999.
[36] 范炜 . 达尔文信息类型架构 DITA 研究 [J]. 情报杂志, 2009 (11): 172-175.
[37] Stührenberg M. The TEI and current standards for structuring linguistic data: an overview [J]. Journal of the Text Encoding Initiative, 2012 (3).
[38] Kimber, Eliot. "Hyperdocument Authoring Link Management Using Git and XQuery in Service of an Abstract Hyperdocument Management Model Applied to DITA Hyperdocuments." Presented at Balisage: The Markup Conference 2015, Washington, DC, August 11-14, 2015. In Proceedings of Balisage: The Markup Conference 2015. Balisage Series on Markup Technologies, 2015 (15).
[39] Zhao W, David R H, Khwaja S, et al. JATS for Ejournals and BITS for Ebooks—Adopting BITS for Scholars Portal Ebook Repository. In: Journal Article Tag Suite Conference (JATS-Con) Proceedings 2015 [Internet]. Bethesda (MD): National Center for Biotechnology Information (US); 2015. Available from: http://www.ncbi.nlm.nih.gov/books/NBK280069/.
[40] O'Connor C, Haenel S, Gnanapiragasam A, et al. Building an Automated XML-Based Journal Production Workflow. In: Journal Article Tag Suite Conference (JATS-Con) Proceedings 2015 [Internet]. Bethesda (MD): National Center for Biotechnology Information (US); 2015. Available from: http://www.ncbi.nlm.nih.gov/books/NBK279927/.
[41] Bazargan K. A complete end-to-end publishing system based on JATS. In: Journal Article Tag Suite Conference (JATS-Con) Proceedings 2015 [Internet]. Bethesda (MD): National Center for Biotechnology Information (US); 2015. Available from: http://www.ncbi.nlm.nih.gov/books/NBK279828/.
[42] 李万勇, 许丰娟 . 基于 Docbook 标准的 IETM 发布平台 [J].

软件, 2014 (5): 25.

[43] Beck J, Chodacki J, Eaton A, et al. JATS4R Working Group Improving the reusability of JATS. In: Journal Article Tag Suite Conference (JATS-Con) Proceedings 2015 [Internet]. Bethesda (MD): National Center for Biotechnology Information (US); 2015. Available from: http: //www. ncbi. nlm. nih. gov/books/NBK279901/.

[44] Mietchen D, McEntyre J, Beck J, et al. Force11 Data Citation Implementation Group Adapting JATS to support data citation. In: Journal Article Tag Suite Conference (JATS-Con) Proceedings 2015 [Internet]. Bethesda (MD): National Center for Biotechnology Information (US); 2015. Available from: http: //www. ncbi. nlm. nih. gov/books/NBK280240/.

[45] Nakanishi H, Naganawa T, Tokizane S, et al. Creating JATS XML from Japanese language articles and automatic typesetting using XSLT. In: Journal Article Tag Suite Conference (JATS-Con) Proceedings 2015 [Internet]. Bethesda (MD): National Center for Biotechnology Information (US); 2015. Available from: http: //www. ncbi. nlm. nih. gov/books/NBK279832/.

[46] Perera C. Book Publishing with JATS. In: Journal Article Tag Suite Conference (JATS-Con) Proceedings 2011 [Internet]. Bethesda (MD): National Center for Biotechnology Information (US); 2011.

[47] Zhao W, Chengan J. JATS for both journals and books: A case study of adopting JATS to build a single search for Ejournals and Ebooks. In: Journal Article Tag Suite Conference (JATS-Con) Proceedings 2012 [Internet]. Bethesda (MD): National Center for Biotechnology Information (US); 2012.

[48] Wheeles D. Using BITS for Non-standard Content. In: Journal Article Tag Suite Conference (JATS-Con) Proceedings 2015 [Internet]. Bethesda (MD): National Center for Biotechnology

Information (US); 2015.

[49] Gerstein M, Seringhaus M, Fields S. Structured digital abstract makes text mining easy [J]. Nature, 2007, 447 (7141): 142.

[50] Ceol A, Chatr-Aryamontri A, Licata L, et al. Linking entries in protein interaction database to structured text: the FEBS Letters experiment [J]. FEBS letters, 2008, 582 (8): 1171-1177.

[51] Licata L, Briganti L, Peluso D, et al. MINT, the molecular interaction database: 2012 update [J]. Nucleic Acids Research, 2012, 40 (D1): D857-D861.

[52] Shotton D. Semantic publishing: the coming revolution in scientific journal publishing [J]. Learned Publishing, 2009, 22 (2): 85-94.

[53] Cheung K H, Samwald M, Auerbach R K, et al. Structured digital tables on the Semantic Web: toward a structured digital literature [J]. Molecular Systems Biology, 2010, 6 (1): 403.

[54] Liu X, Guo C, Zhang L. Scholar metadata and knowledge generation with human and artificial intelligence [J]. Journal of the Association for Information Science and Technology, 2014, 65 (6): 1187-1201.

[55] Ciccarese P, Wu E, Wong G, et al. The SWAN biomedical discourse ontology [J]. Journal of Biomedical Informatics, 2008, 41 (5): 739-751.

[56] Groza T, Möller K, Handschuh S, et al. SALT: weaving the claim web [M]. Springer Berlin Heidelberg, 2007.

[57] Peroni S. Semantic Publishing: issues, solutions and new trends in scholarly publishing within the Semantic Web era [J]. 2012.

[58] Peroni S, Shotton D, Vitali F. Faceted documents: describing document characteristics using semantic lenses [C] // Proceedings of the 2012 ACM symposium on Document engineering. ACM, 2012: 191-194.

[59] Groza T, Handschuh S, Clark T, Buckingham Shum, S, De

Waard A. A short survey of discourse representation models. In: Proceedings 8th International Semantic Web Conference, Workshop on Semantic Web Applications in Scientific Discourse. Lecture Notes in Computer Science, Springer Verlag: Berlin, 26 Oct 2009, Washington DC. 2009.

[60] 马雨萌，祝忠明. 科学篇章修辞块本体标准及其应用分析[J]. 情报杂志，2012，31（10）：112-116.

[61] Shotton D, Peroni S. DoCO, the document components ontology [J]. 2011.

[62] Shum S B, Motta E, Domingue J. ScholOnto: an ontology-based digital library server for research documents and discourse [J]. International Journal on Digital Libraries, 2000, 3 (3): 237-248.

[63] Ciccarese P, Shotton D, Peroni S, et al. CiTO + SWAN: the web semantics of bibliographic records, citations, evidence and discourse relationships [J]. Semantic Web, 2014: 295-311.

[64] D'Arcus B, Giasson F. Bibliographic ontology specification. Specification document, 4 November 2009 [J]. Retrieved August, 2009 (10): 2011.

[65] Peroni S, Shotton D. FaBiO and CiTO: ontologies for describing bibliographic resources and citations [J]. Web Semantics: Science, Services and Agents on the World Wide Web, 2012 (17): 33-43.

[66] Peroni S, Shotton D, Vitali F. Scholarly publishing and linked data: describing roles, statuses, temporal and contextual extents [C] //Proceedings of the 8th International Conference on Semantic Systems. ACM, 2012: 9-16.

[67] 吴思竹，李峰，张智雄. 知识资源的语义表示和出版模式研究——以 Nanopublication 为例 [J]. 中国图书馆学报，2013（4）：102-109.

[68] Mons B, Velterop J. Nano-Publication in the e-science era

[C] //Workshop on Semantic Web Applications in Scientific Discourse (SWASD 2009) . 2009.

[69] Groth P, Gibson A, Velterop J. The anatomy of a nanopublication [J]. Inf. Services and Use, 2010, 30 (1-2): 51-56.

[70] The open PHACTS Nanopublication guidelines [EB/OL]. [2015-08-10]. http: //www. nanopub. org/2013/WD-guidelines-20131215/.

[71] Chichester C, Gaudet P, Karch O, et al. Querying neXtProt nanopublications and their value for insights on sequence variants and tissue expression [J]. Web Semantics: Science, Services and Agents on the World Wide Web, 2014 (29): 3-11.

[72] Croset A C S, Kafkas S, Liakata M, et al. Exploring the generation and integration of publishable scientific facts using the concept of nano-publications [C]. SePublica - Workshop on Semantic Publishing, 2011.

[73] Kuhn T, Barbano P E, Nagy M L, et al. Broadening the scope of nanopublications [M] //The Semantic Web: Semantics and Big Data. Springer Berlin Heidelberg, 2013: 487-501.

[74] Mina E, Thompson M, Kaliyaperumal R, et al. Nanopublications for exposing experimental data in the life-sciences: a huntington's disease case study [C] //SWAT4LS. 2013.

[75] Clark T, Ciccarese P, Goble C. Micropublications: a semantic model for claims, evidence, arguments and annotations in biomedical communications [J]. Journal of Biomedical Semantics, 2014, 5 (1): 28.

[76] Toulmin S E. The uses of argument [M]. Cambridge University Press, 2003.

[77] Verheij B. The toulmin argument model in artificial intelligence [M] //Argumentation in artificial intelligence. Springer US, 2009: 219-238.

[78] Schneider J, Ciccarese P, Clark T, et al. Using the Micropublications ontology and the Open Annotation Data Model to represent evidence within a drug-drug interaction knowledge base [C] //Workshop on Linked Science 2014—Making Sense Out of Data (LISC2014) at ISWC 2014. 2014.
[79] Giunchiglia F, Xu H, Birukou A, et al. Scientific knowledge object patterns [C] //Proceedings of the 15th European Conference on Pattern Languages of Programs. ACM, 2010: 15.
[80] Xu H. Managing ubiquitous scientific knowledge on semantic web [M] //Advances in Computer Science and Information Technology. Springer Berlin Heidelberg, 2010: 421-430.
[81] 徐昊. 科技知识对象的语义模式研究 [D]. 长春: 吉林大学, 2013.
[82] Casati F, Giunchiglia F, Marchese M. Liquid Publications: Scientific Publications meet the Web [J] . 2007.
[83] Baez M, Mussi A, Casati F, et al. Liquid journals: scientific journals in the Web 2.0 era [C] //Proceedings of the 10th Annual Joint Conference on Digital Libraries. ACM, 2010: 395-396.
[84] Belhajjame K, Zhao J, Garijo D, et al. The Research Object suite of ontologies: sharing and exchanging research data and methods on the open web [J]. ArXiv preprint ArXiv: 1401.4307, 2014.
[85] Bölling C, Weidlich M, Holzhütter H G. SEE: structured representation of scientific evidence in the biomedical domain using Semantic Web techniques [J]. Journal of Biomedical Semantics, 2014, 5 (Suppl 1): S1.
[86] Livingston K M, Bada M, Baumgartner W A, et al. KaBOB: ontology-based semantic integration of biomedical databases [J]. BMC bioinformatics, 2015, 16 (1): 126.
[87] Callahan A, Dumontier M. Ovopub: modular data publication

with minimal provenance [J]. ArXiv preprint ArXiv: 1305.6800, 2013.

[88] Trójczak Rafa, Trypuz Robert, Mazurek Anna, Kulicki Piotr. Knowledge transfer from agri-food scientific papers to a knowledge base [C]. The Federated Conference on Computer Science and Information Systems, 2015.

[89] Woutersen-Windhouwer S, Brandsma R, Hogenaar A, et al. Enhanced publications: linking publications and research data in digital repositories [M]. Amsterdam University Press, 2009.

[90] Hoogerwerf M. Durable enhanced publications [C]. Proceedings of African Digital Scholarship & Curation 2009, 2009.

[91] 翁彦琴，李苑，彭希珺．英国皇家化学会（RSC）——科技期刊语义出版模式的研究 [J]. 中国科技期刊研究，2013，24 (5): 825-829.

[92] 翁彦琴，彭希珺．爱思唯尔（Elsevier）语义出版模式研究 [J]. 中国科技期刊研究，2014，25（10）：1256-1261.

[93] Kircz J G. Modularity: the next form of scientific information presentation? [J]. Journal of documentation, 1998, 54 (2): 210-235.

[94] Hunter J. Scientific publication packages—a selective approach to the communication and archival of scientific output [J]. International Journal of Digital Curation, 2008, 1 (1): 33-52.

[95] Attwood T K, Kell D B, McDermott P, et al. Utopia documents: linking scholarly literature with research data [J]. Bioinformatics, 2010, 26 (18): i568-i574.

[96] Aalbersberg I J J, Heeman F, Koers H, et al. Elsevier's Article of the Future enhancing the user experience and integrating data through applications [J]. Insights: The UKSG Journal, 2012, 25 (1).

[97] Bardi A, Manghi P. Enhanced publications: data models and information systems [J]. Liber Quarterly, 2014, 23 (4): 240-273.

[98] Bardi A, Manghi P. A framework supporting the shift from traditional digital publications to enhanced publications [J]. D-Lib Magazine, 2015, 21 (1/2).

[99] Castro L J G, McLaughlin C, Garcia A. Biotea: RDFizing PubMed central in support for the paper as an interface to the Web of Data [J]. Biomedical Semantics, 2013, 4 (Suppl 1): S5.

[100] Breure L, Voorbij H, Hoogerwerf M. Rich internet publications: "show what you tell" [J]. Journal of Digital Information, 2011, 12 (1).

[101] Sateli B, Witte R. Semantic representation of scientific literature: bringing claims, contributions and named entities onto the Linked Open Data cloud [J]. PeerJ Computer Science, 2015 (1): e37.

【作者简介】

王晓光，博士，珞珈特聘教授，博士生导师，出版科学系副主任。2007 年毕业于武汉大学，2008 年 4 月至 2009 年 3 月在日本立命馆大学做博士后，2013 年 8 月至 2014 年 8 月在美国伊利诺伊大学香槟分校（UIUC）进行访问研究。2011 年入选中组部首届“青年拔尖人才”支持计划，2013 年入选教育部“新世纪优秀人才”支持计划。先后主持国家自科基金、教育部留学归国科研启动基金等各类国家级、省部级和企业科研项目近 10 项，承担科技部 973 计划、科技支撑计划等各类科研项目 20 余项。在 *Journal of Information Science*、*Journal of Knowledge Management*、《中国图书馆学报》、《情报学报》、《出版科学》、International Conference on

Information Systems（ICIS）等知名学术期刊和国际会议发表论文60余篇，出版著作和教材4部。目前担任国内外多个知名同行评审期刊审稿人、国家自科基金与社科基金通讯评审人。

宋宁远，男，编辑出版学专业博士研究生，研究方向：语义出版、数字资产管理。

近五年来电子书出版研究述评*

郭　晶[1]　张志强[2,3]
（1. 河南大学新闻与传播学院；
2. 南京大学信息管理学院；3. 南京大学出版研究院）

【摘　要】电子书强势的市场表现以及存在的诸多问题带动了相关研究的发展，国内外新闻传播学、法学、出版学、图书情报学等领域的学者纷纷将电子书纳入研究视阈。在明晰电子书、电子书出版产业等相关概念的基础上，论文从电子书的版权保护、格式标准与书号、定价、产业宏观研究、相关新技术、终端与平台、图书馆服务、硕博士学位论文、中外对比研究以及其他研究等十个研究主题切入，对近五年（2009—2014）国内关于电子书出版研究的论文成果进行了述评。

【关键字】电子书　出版研究　研究述评

A Review of E-book Publishing Studies in Recent Five Years

Guo Jing[1]　Zhang Zhiqiang[2,3]
(1. School of Journalism and Communication, Henan University;
2. School of Information Management, Nanjing University;
3. Academy of publishing, Nanjing University)

【Abstract】The strong market and the relative issues of E-books

* 本文系国家社科基金项目“中外电子书产业比较研究”（项目编号12ATQ006）、教育部哲学社会科学发展报告资助项目（11JBGP052）、江苏省教育厅“中国出版转型与发展创新”团队阶段性成果之一。

contribute to the development of correlative studies, with scholars in such fields as Journalism and Communication, Jurisprudence, Publishing Studies, and Library and Information Science at home and abroad studying E-books enthusiastically. On the basis of the clarification of such concepts as E-books and the industry of E-book publishing, the paper reviews the theses on E-book Publishing at home in recent five years, which covers the following topics concerning E-books: copyright protection, format standard and ISBN, the price, macro-study of the industry, the relative technologies, terminals and platforms, library service, MA and Doctoral dissertations, comparative studies at home and abroad and other studies.

【**Keywords**】e-book　publishing studies　review of studies

电子书是数字出版产业的核心业务元素，它从产品形态和运作模式上丰富了出版业的多重面相，其在出版业总产值中占据的比率也越来越大。电子书蕴含的社交功能及多媒体显示特征已经重构了读者的阅读场景，各式的阅读终端设备也以海量存储和便捷性诱惑着读者的购买欲望，其产生和发展对传统出版进行着一次次的颠覆。近年来亚马逊 Kindle 阅读器和苹果 iPhone 智能手机、iPad 平板电脑的热卖，掀起了国内电子书发展的新热潮。“自 2001 年电子图书开始出版以来，电子图书出版数量逐年攀升，从 2005 年开始，电子图书每年出版数量都在以两位数的百分比递增，且增长比例越来越高。中文电子图书资源库总量不断刷新纪录。”[1]

电子书发展迅速、市场环境多变的特征，为出版企业带来了新的挑战。我们不难看出国内的电子书出版产业存在着诸多问题：版权保护不完善、统一标准和规范缺失、商业盈利模式不清晰、出版社转型成本高、优质内容资源难以获取等。

强势的市场表现和存在的诸多问题也带动了相关研究的发展，国内外新闻传播学、法学、出版学、图书馆学、情报学等领域的学者纷纷将电子书纳入自己的研究视域。不少学者和业界人士对电子书及其相关概念、电子书版权保护、电子书书号与格式标准、电子书出版产业、电子书采纳新技术等问题进行了积极的探索，形成了一批研究成果。本文在明晰电子书、电子书出版产业相关概念的基础上，选取近五年（2009—2014）国内关于电子书出版研究的论文成果进行述评。

1 电子书相关概念界定

国内关于电子书以及电子书产业的概念、内涵与外延的探讨一直在进行，概念及内涵的不确定会造成从业者在此领域“跑马圈地”，不利于产业商业模式、盈利模式的探索和积累。本文在展开研究述评前，对几个电子书相关概念进行界定，以明晰讨论的对象和研究范畴。

1.1 电子书的概念界定

关于电子书的定义，因为观察角度的不同，学界和业界存在着多种声音。比如到底什么是电子书？其究竟是脱离物质载体而存在的文本或是具有物理属性的阅读终端，还是兼而有之？阅读软件包含在电子书定义中吗？对于研究者来说，电子书的概念和电子书产业内涵的厘定有助于在概念上形成“共识”，从产业的发展现状总结规律、找出问题，夯实电子书出版的研究基础。

电子书的英文全称为“electronic book”，简称为 e-book 或者 ebook，亦有称呼为 digital book。国外关于电子书概念的讨论随着产业的发展不断进行且逐渐深入，出现了一些较具代表性的定义。这些定义倾向于从内容、格式、终端、传播以及媒介属性几个层面来展开。国内对于电子书的概念分歧很大，主要有以下几种角度。

首先，从传统出版业的角度来审视电子书的本质，有的认为电子书是纸质书的延续，只是使用电子媒体呈现书的内容。如夏立新指出：“电子图书，也称数字图书，是在计算机技术、通讯技术、网络技术等现代化信息技术飞速发展与不断融合的今天，纸质图书的数字化表现形式。”[2] 也有学者认为，将书籍内容予以电子化，并以图文、影像、声音等形式以互动方式呈现，才是电子书的精髓。如李勇的定义为："以数字形式存放内容（包括文字、图片及影音），通过互联网、软盘、光盘或其他网络出版及发行的'书本'。"[3]

其次，以产业的视角来看，电子书又有三个维度的定义争论。

第一种是硬件论，指电子书就是一种传播信息的载体或终端。持这种观点的多为业界人士及政府管理者。史领空[4]认为，电子书是一种硬件阅读工具。原新闻出版总署《关于电子书产业发展的意见》（2010）将电子书认定为"植入或下载数字化文字、图片、声音、影像等信息内容的集存储介质和显示终端于一体的手持阅读器"。[5]

第二种是文本论，指电子书就是电子版本的书籍，是一种数字文本。如张其中认为："这里所说的电子图书，是指以数字编码形式存贮于可用计算机读写的磁性介质上的文献信息记录载体，又称机读型文献或电子数据库。"[6]王启云认为："电子书是利用现代信息技术创造的全新出版方式，将传统的书籍出版发行方式以数字化形式通过计算机网络实现。电子书通常是指内容，而不是硬件（电子阅读器）。"[7]

第三种是双重内涵或者多重内涵说，即电子书既可以指内容也可以指载体；或者内容、载体、阅读软件、格式都算是电子书的内涵及概念构成。如周劲认为："电子书是指将信息以数字形式，通过计算机网络进行传播，并借助于计算机或类似设备来阅读的电子图书。它由三要素构成：①内容，它主要以特殊的格式制作而成，可在有线或无线网上传播；②阅读器，它包括桌面上的个人计算机、个人手持数字设备（PDA）、专门的电子设备；③阅读软件，如 Apabi Reader 等。"[8]

从以上的讨论不难看出，关于电子书的内涵及其外延的探讨从未停止；国内外关于电子书的定义呈现多样化的状况，且有更加多样化的态势；学界的概念界定较为谨慎，对电子书的界定涵盖面较窄；业界出于产业发展需要，喜欢把电子书的内涵及外延向外扩展。

本文认为，将电子书的内容、电子书阅读器、阅读软件混为一谈，对于研究和发展产业都会造成南辕北辙的不利影响。学术研究一定要指向明晰，严格确定研究对象，但也不能因为概念的界定而遮蔽产业发展的多样性及关联度。尤其在对融合度极高的电子书产业进行研究时，不妨以整个电子书产业链的视角来审视电子书的内涵及外延。将电子书的内容、阅读软件、阅读设备同时放入研究的视野。只有数字化的内容与阅读软件、阅读设备三者结合使用，读者才能体会到真正意义上的电子书，而且从产业角度看电子书出版产业的发展也离不开电子书的内容、平台、格式、阅读软件、阅读设备等各个要素的发展。

综上所述，本文认为，电子书应该是内容和载体的集合体，既可以指装载数字内容的电子阅读设备，也可以指通过数字技术存储于以光、电、磁为介质的设备中，并需通过专门的阅读设备或者阅读软件来阅读的电子文件。

1.2 电子书出版产业的概念界定

产业作为一个经济学意义上的概念，在不同的历史时期，依据不同的理论视角，有着多种不同的含义和分类方法。在产业组织学中，产业是指具有高度替代性的产品或服务的生产活动的集合。它涵盖了提供有关产品或服务的全部专业化企业，又包括多角化企业中的相应产品或服务的生产业务。[9]

随着电子书这种媒介的技术进步以及社会属性的不断发展，与电子书相关的各企业很难只从事内容的生产，或者只关注硬件的研发，电子书领域的各企业为了争夺更多的话语权，纷纷向产业链上下游拓展，呈现出涵盖多业务，甚至业务融合的趋势。电子书的内容生产、设备生产、技术服务等产业不断发生交叉、融合。比如亚马逊除了提供海量的电子书、构建电子书营销平台外，其电子书阅读器 Kindle 也是行业发展的标杆；方正除了提供电子书阅读技术解决方案外，也提供电子书流通销售平台的搭建。亚马逊的阅读终端产品同方正的技术产品虽不存在替代关系，但其各自的电子书平台却具有高度的替代关系和很强的竞争关系。因此，亚马逊和方正也是同一产业中业务相关、具有高度竞争关系的企业。

同时，各个企业的竞争关系及其带来的相关市场行为变化一直是产业组织经济学研究最为重要的视角及切入点，电子书内容生产商、终端生产商、技术提供商、平台提供商之间的定位界限越来越不清晰。本文对于电子书出版产业的研究是置于产业组织学的研究视域下，在产业融合与技术更新速度超快的背景下，将传统产业下分属于不同领域的产业纳入电子书出版产业的研究视域内，本文认为是合理的。

本文比较认同原国家新闻出版总署在2010年出台的《新闻出版总署关于发展电子书产业的意见》的认定，“电子书产业包括内容提供商、技术提供商、设备制造商和渠道运营商等产业环节，其产业链由内容原创、编辑加工、数字转换、芯片植入、平台投送、设备生产、市场销售和进出口贸易等环节构成，是出版发行和互联网、数字化等高新技术相融合的产物”[10]。即电子书出版产业应该包括围绕电子书展开的内容生产、流通传播、销售平台、阅读设备、版权保护和贸易等在内的诸多生产活动和服务活动。本文对电子书出版产业诸多研究的述评也主要从以上几个方面展开。

1.3 电子书出版企业的概念界定

本文在对电子书出版企业进行概念界定时，依据上述对电子书、电子书出版产业进行概念界定的思路，将电子书内容生产企业、平台运营企业、技术提供企业、终端设备生产企业、通讯运营企业纳入研究视野。这是因为这些企业虽属于不同的业务领域范围和不同的产业范畴，但在电子书出版领域，它们纷纷向产业链上下游拓展，其产品和服务也不再局限于某一专属企业，其业务范围已经完全交叉融合在一起。各个企业的产品和服务具有很强的替代性，各个企业之间具有高度的竞争关系。

综上所述，本文研究的电子书出版企业主要包括电子书内容生产商、平台运营商、终端生产商、技术服务商以及通信运营商等。具体可参考国家新闻出版广电总局的“首批获准电子书从业资质单位名单（具体参考表1）”[11]、“互联网出版单位名单”[12]、传统出版社名录等。企业类别及各自代表性企业可参考表2（表中会有些代表企业同时出现在两种或多种分类中，比如当当，既是分销平台代表，也是终端设备制造商。这也从一个角度反映了电子书出版企业及整个产业的特殊性)。

表 1　　首批获准电子书从业资质单位名单

获准电子书出版资质单位	获准电子书复制资质单位	获准电子书总发行资质单位	获准电子书进口资质单位
1. 中版集团数字传媒有限公司 2. 人民出版社 3. 上海人民出版社 4. 甘肃人民出版社	1. 中版集团数字传媒有限公司 2. 汉王科技股份有限公司 3. 北京纽曼理想数码科技有限公司 4. 爱国者数码科技有限公司 5. 北京方正飞阅传媒技术有限公司 6. 北京汉龙思琪数码科技有限公司 7. 天津津科电子系统工程有限公司 8. 广州金蟾软件研发中心有限公司 9. 读者甘肃数码科技有限公司 10. 上海盛大网络发展有限公司 11. 上海世纪创荣数字信息科技有限公司 12. 湖南省青苹果数据中心有限公司 13. 方正国际软件有限公司	1. 中版集团数字传媒有限公司 2. 汉王科技股份有限公司 3. 北京纽曼理想数码科技有限公司 4. 爱国者数码科技有限公司 5. 北京方正飞阅传媒技术有限公司 6. 广州金蟾软件研发中心有限公司 7. 读者甘肃数码科技有限公司 8. 上海盛大网络发展有限公司	1. 中国图书进出口（集团）总公司 2. 中国教育图书进出口公司 3. 中国国际图书贸易总公司 4. 北京中科进出口有限责任公司 5. 上海外文图书公司

表 2　**中国电子书出版企业分类及代表性企业**

通信运营商	中国移动、中国联通、中国电信
技术提供商	超星、方正阿帕比、汉王科技
分销平台	当当网、卓越亚马逊、京东商城、APP Store、汉方等
终端生产商	汉王、方正、当当网、爱国者等
内容生产商	传统出版社、民营出版公司
原创内容平台	盛大文学、腾讯文学、中文在线等

2　电子书版权保护研究

电子书在带来巨大商机的同时，也带来了出版权、数字版权、信息复制权、汇编权及改编权等划分与归属的难题。同时，当下的图书出版合同中极少有信息网络传播权的相关条款或条款不完整，许多图书的数字版权不在出版社手中。出版社与作者没有达成共识，电子书分销平台获取双方共同的授权很难实现。《中华人民共和国著作权法》等法律法规对此也无明确规定，出版社不敢轻易授权。几种因素综合起来，造成了目前电子书版权保护的复杂现象。

近五年来，在研究者对于电子书版权问题的研究中，既有宏观的现状探讨，也有微观的具体案例分析。法理分析、计量分析、交易成本分析等研究视角也引入该领域。

2.1　电子书版权问题、产生原因及其表现形式研究

近五年来，研究者不再只聚焦于对电子书版权保护的现状及宏观市场表现进行研究，对于版权问题的产生原因及具体表现形态也有了较多的成果。黄仕杰[13]认为，版权利益矛盾是制约电子书发展的瓶颈。电子书在版权管理的对象、涉及的版权类型、版权许可使用等方面，同纸质图书相比有其特殊性；电子书版权保护的关键

是平衡产业链条中各主体的利益关系，核心是解决内容资源版权的授权问题。刘静雯[14]从电子书的营销模式着手，探讨了其核心竞争力与内容版权的关系，阐述了授权障碍表象下电子书产业链上各主体利益失衡的本质，并对创新授权策略提出了建议。谭世强、高嵩[15]认为，版权保护意识薄弱、版权权利归属制度与版权保护制度缺失是电子书盗版泛滥的原因，并从技术和法律层面对电子书的保护策略提出建议。张革新[16]认为，电子书产业发展中主要涉及作品数字化使用的许可授权及其许可使用费等著作权问题。电子书经营者可以通过出版企业的转授权和著作权集体管理组织的授权获得使用许可，许可使用费应由行业协会或行业主管部门统一制定标准。张慧春[17]认为，第三次著作法修改表明专有出版权最终向合同权利回归，应当重新审视电子书版权许可使用合同，明确权责；最重要的是建立起适用于电子书版权许可使用的报酬机制，促进电子书版权法律体系的发展和完善。台湾著名出版人陈颖青[18]认为，电子书应该放弃 DRM（数字版权管理），原因有二：一是自由的书才是对读者友善的书；二是电子书是数位化的档案，应该善用数位世界的力量，不应该自我封锁。朱榕[19]从电子书的竞争策略出发，阐述了著作权保护与电子书核心竞争力的关系，探讨了授权瑕疵对电子书产业价值链中相关主体权益的影响。通过分析电子书授权障碍原因，提出了相应解决对策：提高保护著作权的自律性、通过多渠道取得权利人的授权、开展电子书出版资质认证工作等。王志刚[20]指出，创作者身份的不确定性、维系手段的相对薄弱、使用者在面对大量信息时存在过度限制和过分滥用的矛盾三方面原因，使得数字出版的版权利益平衡面临挑战。数字出版商将成为重构版权利益平衡的推动主体，原因有二：一是政府管理部门推动刚性有余和弹性不足；二是数字出版商的版权交易市场调节相对灵活而且自觉。汤小辉[21]指出，电子书侵权行为具有多样性、隐蔽性、后果的严重性以及手段的技术性等特征。侵权电子书的最大来源是信息技术时代的数据安全漏洞，而不是个人行为。大数据时代，应加强权利主体的数据安全意识和法律监督，强化互联网服务提供商的审核义务。

2.2 电子书版权问题的案例研究

对电子书版权问题进行多样化的案例研究也是当前研究的一大特点。

(1) 对某一本具体电子书版权问题的研究。如陈媛媛[22]针对《古炉》电子书版权纷争事件，从内容资源、读者群体和优势地位方面，对传统出版社应对数字出版的策略进行了归纳，提出了包括建立产业战略联盟、适当应用国家政策以及推动技术升级等建议。

(2) 针对某一侵权事件的研究。如张远帆[23]从哈伯柯林斯与开放之路公司、美国司法部与苹果公司的两起诉讼谈起，探讨数字版权的“游戏规则”。苏江丽[24]通过对盛大文学与百度的版权纠纷进行案例研究，提出了建立健全法律法规体系、规范发展环境、强化版权执法、加强行业诚信体系建设等路径来创新版权保护体制机制。李云[25]通过对亚马逊删除电子书事件的案例研究，提出了关于电子书的内容与载体的可分离性、首次销售原则的适用性、版权保护技术的平衡性、应用豁免规则的责任性等问题。

(3) 有部分学者从其他角度为电子书的版权研究增砖添瓦。如万丽慧[26]以美国新制度经济学派的交易成本理论为理论基础，探讨了出版社在从事数字出版著作权交易时对交易管理制度的选择问题。何宇杰[27]以电子书和数字音乐行业为例，通过博弈建模方法，分析了数字内容行业的 DRM 策略，指出决定供应商 DRM 策略的因素包括静态因素和动态因素，并认为电子书行业取消 DRM 的可能性将不断增大。段春英[28]运用文献计量等方法，从各年论文数量、地区及机构、期刊情况、主题这四大角度对新千年来国内关于电子书 DRM 研究的期刊论文做了定量分析。

3 电子书格式标准与书号研究

3.1 电子书格式标准研究

电子书的格式标准直接关乎电子书平台和终端设备的选取，各从业者在产业初创阶段就将焦点聚集于此。它们或开发不同的电子书格式，或设计专用的阅读软件和阅读设备，试图成为产业标准的制定者，争取产业中绝对的话语权。近五年来学界对电子书格式标准的研究主要集中在以下几个方面：

一是对某种格式的应用研究，对 ePub 格式的研究占据了大多数。如李金城[29]总结归纳了影响 ePub3.0 推广应用的因素，包括其他格式的影响、阅读系统支持与数字版权保护机制等。施勇勤、须海茵[30]通过实例分析了 ePub 电子书格式的结构，归纳了其新格式的功能和特征，指出 ePub 格式规范对我国电子书产业和电子书标准制定工作具有重要的启示作用，并提出借鉴国外的发展优势可为我国电子书平台建设提供技术标准和内容标准的支持。唐翔[31]回顾了 ePub 电子书标准的发展历程，重点分析了其标准结构；通过一本电子书的脚本语言来进行实例具体分析，概括了 ePub3.0 在国内外的应用情况和特点。胡畔、王冬青[32]利用 HTML5、CSS3 和 Java Script 技术，设计并实现了一种支持 ePub3.0 电子书的在线阅读软件，讨论了 ePub3.0 标准的开放容器文档和内容文本的解析算法，以及 EPUBCFI 规范的实现原理。郑滢瑜等[33]概括了国内外电子书格式的发展现状，分析 ePub 格式及其应用情况，指出电子书开放格式标准的发展趋势及其难点，并提出相应的解决对策。

二是从出版业和政府层面如何应对电子书标准化的难题、电子书之间的格式分析与转换、电子书标准化的发展策略等方向展开研究。如张书卿[34]认为，电子书格式标准混乱，是电子书阅读器制造商、平台商、内容提供商之间利益博弈的结果。我国出版业在电子书的标准化活动中基本处于缺位和被动状态。张大伟、杨丽娟[35]指出，政府强制推行电子书格式标准使得价格机制与技术竞争难以在标准化的过程中发挥作用，可以通过行业（产业）协会来制定开放性标准。中国应与国际标准保持一致与互通，积极吸引各方力量参与制定标准。黄先蓉、郝婷[36]指出，当前我国数字出版标准的研制主要集中在标准体系、电子书标准、手机出版标准、MPR 出版物标准及元数据、标识类标准等方面。政府、标委会及行业协会等应在标准的宣传推广阶段发挥积极作用，在标准执行阶段，企业应注意积极采用或通过修订企业标准来适应新标准，在执行标准的同时实现技术积累和科技创新。

3.2 电子书书号研究

在我国传统出版产业中，书号这个核心资源牢牢掌握在经政府批准成立的国有出版机构手中。而电子书出版产业，从业者基本都是非传统国有出版机构的通信运营商、平台服务商等，如何对他们出版的电子书进行书号标识管理，是一个亟待解决的难题。目前，我国电子书号管理现状较为混乱，既有政策法规的缺失，也有技术瓶颈的局限，亦有业界实际运作缺乏自律等诸多乱象。目前的研究成果主要集中在学者的个人思考以及对国外现状及经验的介绍层面。

杜恩龙[37]认为，数字图书实行书号管理有益于数字图书国际交流、图书馆管理、国家数字出版政策的制定、数字出版行业数据的统计与研究等。针对未获得互联网出版资质的单位是否颁发数字图书号、现有 ISBN 难以容纳、数据库出版如何给号、开放式交流平台的数字图书如何颁发书号、连载图书如何颁发书号等方面内容，提出了数字图书实行书号管理的难题。李镜镜、张志强[38]从关于沿用 ISBN 的争论、管理规定与业界操作、其他标识系统的探索三个方面梳理了国外电子书书号管理的现状，并分析了大陆地区和台湾地区电子书书号管理现状，从规范电子书标准书号的使用、明确出版主体和电子书书号适用范围、开拓电子书书号管理的新路径、加快电子书标识系统管理的行业标准建设等方面给出了结论和建议。

4 电子书定价研究

电子书的价格是电子书出版企业最基本的竞争手段，电子书价格的高低不仅直接影响企业的竞争力、市场占有率以及销售量，还决定着企业的收入与利润。电子书定价的具体方法主要有参照纸质图书法、阅读期限收费法、流量章节或字数计费法等。目前国内对电子书的定价问题主要从定价博弈、免费动因、国外定价模式介绍等方面来展开。

郑丽芬[39]由各介入主体之于电子书定价的博弈来探索现有市场格局下，如何平衡各方利益以实现电子书的理性发展。骆双丽、徐丽芳[40]分析了电子书的成本主要包括制作成本、生产成本、管理成本以及营销成本，发现其成本并不比纸质书低。电子书的成本并不是其定价的决定性因素，市场定位、竞争环境和稀缺程度才是主要因素。张养志、叶文芳[41]指出，当前电子书市场出现低价竞争现象，国外通过采用固定价格制度来纠正恶性竞争行为，我国现阶段应该采用“先低后高”的电子书定价制度。巫国义[42]通过对电子书定价模式、影响电子书定价的因素进行分析，梳理了我国当前几种主要的定价策略：差别定价、尾数定价、包月制定价、流量计价、低价渗透等，并进行述评。刘晖[43]指出，电子书的定价权已被产业中各从业企业争夺，如出版商与销售商之间、作家协会与出版商之间、网站之间以及电信运营商之间的争夺。在电子书定价机制中，引入读者主体是当务之急。何承斌[44]分析了目前电子书利用率低下的主要原因，通过构建模型提出了按使用结果付费的电子图书获取方式。刘银娣[45]指出，电子书价格跌宕起伏，围绕价格主导权的争夺也愈演愈烈。这些市场表现与电子书定价模式混乱有极大关系。论文重点分析了批发制定价模式与代理制定价模式的适用条件和利弊，并由此提出了建议。她还对我国电子书价格的现状，对读者、市场、版权、价值和成本等电子书价格的相关影响要素及其重要程度进行了分析，总结了我国电子书定价的方法，包括渗透定价法、差别化定价法、捆绑定价法和尾数定价法等[46]。张大伟、陈璞[47]分析了美国亚马逊引发的电子书定价风波，并对电子书逐渐下降的价格趋势做出了预测。亚马逊凭借“内容、平台、终端”的全面布局，成功主导了美国电子书业的发展。企业、作者、读者、政府共同参与到电子书的价格大战中。

5 电子书出版产业宏观研究

电子书出版产业发展初期，各企业很难找准自己在产业链中的位置和分工，纷纷“跑马圈地”，试图打通整个产业链。研究者也多从整个产业的发展现状和趋势预测、问题与对策等宏观角度来展开研究，这一时期这类主题的文章占据了研究成果的大多数。随着产业朝着精细化的方向发展、产业链分工趋于明确，对于宏观研究的论文数量已开始减少。近五年来关于电子书出版产业宏观研究的主题集中在产业链整合优化、电子书出版产业盈利模式、产业困局与发展模式研究等方面。

大数据技术为电子书出版产业提供了技术保障和新商机。周子渊[48]在分析了大数据及其特点、大出版与出版的大数据的基础上，探讨了大数据背景下，我国电子书出版产业目前存在的市场、商业运营规则、版权、人才等问题，并提出了突围之策。张立、石昆[49]从电子书的定义、数字内容提供模式对电子书出版产业做了全景式扫描，从内容资源问题、版权保护问题、市场准入问题、内容监管问题、市场价格问题等七个方面点出电子书出版产业目前存在的问题，最后预测了电子书发展的五大趋势。张美娟等[50]从动力机制、技术机制和市场机制三个层面探讨了电子书产业整合的机制问题，认为政府的宏观协调、行业的监督规范和企业的理性参与，是电子书产业链整合机制实施的前提和保障。

案例研究方面，黄荣华[51]从分析消费者不愿为电子书付费的原因入手，引出台湾凌网科技建立的 B（book）to L（library）to C（customer）模式，指出该模式适应了市场形势，满足了出版社、图书馆、消费者三方的需求。赖洋助、黄荣华[52]从科技业者与非出版业者的介入、饱读的兴起、大量免费内容的加入、盗版平台的影响几个方面分析了台湾读者为何不愿为电子书付费，指出数字出版并非造成台湾出版业销售下滑的原因，官方的资金支持和出版业真正走出去参与竞争才是出版业健康发展的必然之路。

张兢[53]从电子书阅读器、内容资源、经营模式三个方面入手，对电子书出版市场博弈中的误区进行了分析，并给出了建议。刘灿姣、姚娟[54]从战略定位和赢利模式两个方面对我国电子书的商业模式提出了改进建议——差异化的战略定位和多元化的赢利模式。李镜镜、张志强[55]立足于文献研究和网络调查，从市场规模、发展趋势、发展模式和产业链四个方面总结了我国电子书发展的现状及困境，并提出了促进产业发展的建议。

张美娟等[56]对"十一五"以来我国电子书产业研究中研究规模、研究队伍和研究内容等基本状况进行全景式梳理，对电子书产业链、电子书价格和商业模式、国外电子书产业等产业经济方面的研究进行了重点考察，指出目前研究中存在的不足和进一步研究需要注意的问题。吴雷[57]通过分析我国电子书产业存在的问题，提出可建立数字出版产业联盟来应对，并对联盟建立的任务、运作机制以及建立的意义作了介绍。徐丽芳、陆璐[58]预测了增强型电子书的四个发展趋势：增强型电子书的创作群体趋于多样化、渠道和载体趋于普及和多样、特定类型的增强型电子书将获得更快发展、赢利模式仍需进一步探索。安小兰[59]指出目前中国电子书发展的三种商业模式：以电子阅读器为主导、以复制亚马逊为特征的全产业链模式，利用平台优势、专注于提供资源的平台服务模式，优化阅读软件、提供极致阅读体验的精品策略模式，并指出电子阅读器客户端开发、阅读体验与服务的提升是未来电子书产业发展需要解决的重要问题。

程三国、马学海[60]将电子书分为三类：Ebook1.0 是指传统印刷图书对应的电子版，Ebook2.0 是指从生产到发布都只有数字化形态的原生电子书，Ebook3.0 即增强型电子书。并指出美国电子书的发展是 Ebook1.0 为基础，Ebook2.0 是补充，Ebook3.0 正在起步；中国电子书市场表现为 Ebook2.0 的热闹和 Ebook1.0 的纠结。此文关于电子书的分类对学界和业界具有较强启示，对中美电子书产业发展模式的异同梳理也比较精彩。

6 电子书相关新技术研究

电子书的阅读离不开终端阅读器、阅读软件以及流通平台，这些阅读条件离不开技术的支撑，电子书出版产业具有较高的技术门槛。近五年对电子书相关新技术的研究成果不断增多，这标志着该领域的研究已朝着精细化的方向发展。此外，该领域研究的另一特点为研究人员并不局限于本专业研究者，图书馆学、情报学、计算机科学等学科的研究者纷纷将此领域纳入研究视野。

这些研究主要集中在电子书版权保护技术、电子书检索技术、电子书阅读体验增强技术等方面。如版权保护技术层面，张惠春[61]指出技术措施保护、商业模式创新以及消费观念的改变已经成为确保电子书版权制度良性发展的重要影响因素。李学莲[62]介绍了数字指纹的功能和特征，分析数字指纹的编码方案及协议，提出一种用于电子书版权保护的数字指纹系统模型，并探讨了通过用户注册、许可验证、电子书发放等方式来实现电子书的版权保护。

电子书检索技术层面，毕艳芳、曹学艳[63]设计开发了一种基于 Delphi 语言的通用型电子书选书系统，该系统为图书馆电子资源的科学采购、筛选提供了可靠性较高的技术辅助工具。

在电子书的阅读体验增强技术层面，章惠[64]介绍了渥太华大学和纽约大学的多媒体通信实验室提出的一种触觉电子书（HE-Book）设计方案，总结了多媒体增强型电子书的关键特征，并从市场需求、技术和商务可行性等几方面分析该技术在我国的现实可行性。王勉[65]从 MPR 技术的基本特征出发，通过数字编码符号技术、符合出版需求的编码方案、MPR 出版物制作技术及相关软件开发、以网络平台为系统支撑的运行模式几个方面，分析 MPR 出版物在市场推广中所具备的技术创新。

7 电子书终端与平台研究

7.1 电子书阅读终端研究

对于电子书阅读终端的研究主要集中在电子书阅读器以及阅读客户端两方面，绝大部分的研究者更关注电子书阅读器。如任殿顺[66]对电子书阅读器产业的竞合关系和发展趋势进行了分析，认为：电子书的定价模式将决定电子书阅读器产业的发展方向；如果脱离平台竞争，电子书阅读器将面临“山寨化”威胁；传统出版业一次性售卖内容的模式将会被打破，“二次售卖”模式或可成形。王志刚、宗贝贝[67]指出，电子书阅读器受到制约的原因不仅有其他多功能阅读终端的强力冲击，更主要的原因在于自身市场开发策略存在问题。电子书阅读器要积极发挥专业阅读的技术层面优势，整合内容资源平台，提升阅读体验，规范版权管理，实现电子书阅读器的精准化营销，强化与电信运营商的合作。王洁、李晓萌[68]借助管理学的战略分析方法，全面地分析电子阅读器在出版市场中的竞争地位，并探讨了其发展趋势：电子阅读器将成为个人阅读平台，内容生产将成为主要发展领域，商业模式仍需继续发展成熟。叶兰[69]从年代分布和主题分布两方面分析国内外电子书阅读器的研究现状。研究显示，国内较多研究电子书阅读器对图书馆的影响、在图书馆中的应用及存在的问题；国外则较多研究电子书阅读器试验项目的评估、电子书阅读器在图书馆及教学和科研环境中的应用。国内学者应加强实际应用案例、应用满意度与效果、电子书阅读器在教学和科研环境中的应用、解决措施等主题的研究。李法宝[70]指出，当前电子阅读器产业链存在不少隐忧：一是电子书同质化现象严重；二是市场准入门槛偏低；三是电子书行业标准规范滞后，应加强电子书阅读器产业链的模块化整合，创新盈利模式。安小兰、李腾龙[71]指出未来中国电子书市场的发展问题：内容供应商与硬件制造商的协作不足；盈利模式的单一与价格瓶颈；电子书市场发展应注重内容供应商与硬件制造商的协作，改变盈利模式，降低阅读器的价格，实行数字内容有偿服务。方亭[72]认为 Kindle 电子书具备形式创新与内容丰富的阅读优势，官网下载、网站推送、论坛交流的分众化传播方式为其赢得了稳定的中文受众群体。降低读者阅读器购买费用并提升电子书网络平台建设成为 Kindle 全球盈利的成功策略。

还有一些研究关注的是电子书阅读客户端。如朱小阳、朱冰清[73]讨论了电子书阅读客户端在形式和传播过程方面的发展，以及在出版传播过程中所体现出的特点：门户网站、电子商务网站、网络社区等纷纷涉足电子书阅读领域；意见领袖的传播作用显现；适应碎片化的阅读方式和社会化阅读的趋势；生产流程的变化；提供新型的出版传播策略。

7.2 电子书阅读平台研究

胡诗瑶[74]抽取现有国产电子书为样本，对电子书内容平台的存在数量、内容资源建设、平台开放程度和版权保护机制等进行调查，指出电子书内容平台应加大内容资源建设，大力推动内容平台开放性进程以及完善内容平台版权机制。吴雷、毕昱[75]提出了由出版企业共同建立数字内容投送平台的方案，并对该平台的建设机制及核心问题作出阐述。王砾凡[76]对付费阅读潮流下不断涌现的电子书平台进行梳理，比较了各电子书平台间的特色，并对其发展提出展望：平台构建者多样化、平台运营模式统一化和差异化、功能流的实现和交互、支付方式多样化和快捷化。

8 图书馆电子书服务研究

对于电子书，图书馆系统关注的焦点是馆藏建设、借阅方式、检索、使用体验等用户服务层面，这同出版业关注如何实现产业盈利、产业升级、销售等领域截然不同。

8.1 图书馆电子书服务整体研究

郝群等[77]认为，图书馆需要变革传统工作模式，有效提升自身的服务价值。未来电子阅读器终端市场可能会出现两极分化，电子书阅读器外借虽然大受欢迎，但相关的借阅细则还不够完善。今后图书馆的研究热点将是“移动阅读”。现阶段图书馆的工作重点应是探究如何达成电子书和纸本书服务模式的适当平衡。颜芳[78]指出，电子书对图书馆提供的阅读方式、图书馆服务、传统图书馆工作流程以及图书馆保存人类文化职能的影响，同时也探讨了电子书对图书馆形态、图书馆资源可信性的挑战。肖红琳[79]在总结电子书阅读器的发展状况及在国内外图书馆的应用基础上，从服务内容和服务方式两方面进一步探究电子书阅读器引发的图书馆服务模式变革，并从价格门槛、版权制约、技术受限和管理体制等方面分析电子书阅读器开展服务的主要障碍。

王念祖、隋鑫[80]指出，图书馆在出版产业价值链中的角色发生了变化，并开始尝试提供电子书外借服务。图书馆在提供电子书借阅服务时，存在缺乏数字编辑能力、电子书种类无法满足读者借阅需求、馆员能力的提升程度未能与阅读器更新换代同步等问题，并在电子书的采访、电子书的流通、服务能力等方面面临挑战。陈文革[81]认为，“数字阅读”随着电子书和电纸书的普及而大行其道，其对图书馆的各个层面产生广泛而深远的影响，图书馆需要从以下几个方面进行服务创新：树立数字阅读意识；建设面向数字阅读的馆藏；畅通网络渠道，丰富服务项目等。

刘炜、谢蓉[82]指出，图书馆电子书服务需要满足一些基本原则：全面获取原则 、内容独立原则、体验优先原则、性价比最优原则、隐私保护原则、长期保存原则、馆际互借原则。图书馆电子书服务平台的演化大致可分为三个发展阶段：积木模式阶段、整合模式阶段、中介模式阶段。

8.2 高校图书馆电子书服务研究

胡振华[83]认为，高校图书馆可以通过建立样本馆藏、核心馆藏和虚拟馆藏，采用藏阅分离的空间布局，建立多种合作获取图书资源的模式，提供纸质图书与电子图书一体化检索，建立纸质图书与电子图书整合评价体系等策略进行馆藏建设与服务策略的调整，以应对电子书产业的发展和读者阅读新趋势。梁宵萌、王雪莲[84]从电子书的内涵界定、采购经费及方式、采购使用模式等方面进行论述，提出高校图书馆电子书采购过程中的问题：电子书采购内容、电子书版权、电子书价格。

郑文晖[85]以“211”院校为调查对象，对112所高校图书馆电子书服务现状进行调查分析，结果显示：电子图书在馆藏结构中的比例逐步加大、电子图书检索不够便利、电子教参资源的建设得到重视、开展电子书外借服务的图书馆极少。该文提出一些建议，如：制定馆藏发展策略、改进图书检索系统、引进电子阅读器等新型移动媒体。毕艳芳等[86]将高校图书馆增强型电子书的采购范围划分为增强型电子课本/电子书包、增强型电子工具书和休闲类增强型电子书 3 个类型，阐述增强型电子书的建设模式，特别是 PDA、联盟采购和用户自建等方式，认为高校图书馆对不同类型的增强型电子书应采取建立学习中心、移动图书馆模式、互动体验模块等不同的宣传推广方式进行推广。

王素芳等[87]以浙江大学本科生和研究生为研究对象，运用问卷调查和访谈方法，考察大学生对电子书的知晓度、使用行为、态度和接受程度。结果显示，大学生在休闲类和学术类电子书的认知和使用行为上存在差异，年级、学科、经济状况等因素对于电子书使用和电子书阅读器使用有重要影响，高校图书馆需要在宣传推广、激发大学生需求、与教师教学结合等方面改进电子书服务。

8.3 中外图书馆电子书服务对比研究

钟声[88]分析了美国 5 所典型图书馆应用电子书阅读器的情况，探讨美国图书馆应用电子书阅读器的经验，提出对我国图书馆的发展建议：引进合适的电子书阅读器，并把阅读内容放在首位；制定电子书阅读器的管理制度，确保借阅流通服务的安全；开展电子书阅读器的培训与推广工作；重视电子书的版权问题。马昱[89]介绍国外电子书版权、流通及馆际互借的相关政策与权益，以及基于图书馆、基于在线电子书平台的电子书馆际互借模式。借鉴国外经验，提出国内电子书馆际互借服务的具体建议：建立图书馆联合采购联盟，按需采购电子书；在保护版权的前提下，合理转化电子书；建立统一的电子书馆际互借平台。李金波[90]认为图书馆提供电子书借阅服务是其正当权利，出版商限制图书馆电子书借阅是对版权的扩张，侵害了图书馆及其用户的权利，不符合知识自由原则。我国图书馆界应强调图书馆等公有利益在版权法中的地位，构建完善的图书馆法律政策体系，培养和提高我国图书馆界和民众的图书馆权利意识以及图书馆界的职业道德。杨岭雪[91]通过考察国际图联、美国图书馆协会、英国政府的相关文献，总结了英美两国公共图书馆电子书借阅的共同点，也体现了公共图书馆电子书借阅制度的基本轮廓：公共图书馆向读者免费借阅电子书的权利应该得到保障；公共图书馆电子书的借阅模式包含三个组件，即一书一借，提供远程服务，限定借阅次数；公共图书馆电子书的借阅模式设计应考虑图书馆电子书的衍生服务以及与出版商的合作两方面。

8.4　图书馆电子书服务具体问题、案例研究

这些研究主要关注馆际互借、电子书利用率、电子书查询系统、电子书评价、电子书采购等具体问题的研究。如蹇瑞卿、胡海燕[92]通过分析电子书馆际互借的现状及影响其发展的主要因素，对传统的馆际互借模式和基于在线电子书平台的新馆际互借模式进行探讨，指出要充分利用在线电子书平台，综合考虑电子书的不同来源、版权保护、读者获取电子书的方式等状况，开展图书馆电子书馆际互借服务。陈铭[93]从电子书阅读器的特点及市场情况入手，分析目前图书馆电子书资源的利用状况，对于目前电子书资源在图书馆利用率低的情况进行了原因的探析。陈铭[94]分析了“全评价”体系在图书馆电子书评价中的运用，研究了图书馆电子书的评价主体、评价客体、评价目的、评价标准、评价指标、评价方法和评价制度，并深入研究了图书馆电子书形式评价、内容评价和效用评价的指标体系构建。余育仁等[95]针对目前电子资源编目不详，ISBN收录不全的现象提出一种新的查重策略，通过 SQL 语句对书目字段进行规范、自查重和查重，筛选出可以购买的电子资源。

顾立平[96]介绍了一项推广读者利用电子书的图书馆服务，该项目对不同电子书数据库进行使用测试，以结构化电子书服务模式，并且比较不同数据库的服务，讨论了如何运用编目系统整合不同类型的服务内容。王慧堃[97]对图书馆电子书用户虚拟阅读社区（又称 EVR 社区）的构建设想和功能目标进行了初步探讨，通过用户阅读信息输出、用户阅读信息交互、用户阅读信息推荐，图书馆能对用户的电子书阅读行为方式进行引导，促使大众电子书阅读行为向泛在化和纵深化方向发展。蹇瑞卿等[98]认为现阶段图书馆引进电子书阅读器应该遵循“积极主动、循序渐进”的原则，并指出在引进过程中需注意以下几个问题：可供阅读的电子书内容，阅读器在馆内的具体应用，可供阅读文件格式、性能和对 DRM 的支持，引进的数量和价格。

9 电子书研究的博硕士学位论文

针对电子书进行专题研究的博士论文很少，少数几篇论文也仅有一定篇幅涉及电子书研究。其中，袁琳[99]的博士学位论文提出数字图书不同于传统图书的新属性，把数字图书分为电子书1.0、电子书2.0和电子书3.0，继而对三种形态电子书所对应的三个数字图书市场的生产者、消费内容和定价策略等进行分析，重点描述了中国数字图书消费市场的发展状况和存在的问题，提出中国数字图书出版问题以及未来危机的症结在于原有的以行政区域划分为基础的出版体制。

相关专题研究的硕士学位论文较多。研究者的学科背景跨越新闻传播学、情报学、心理学、管理学、教育学等学科；内容方面，基本涵盖了电子书的格式、版权保护、界面设计优化、产业链、电子书包等各个研究热点，显示了电子书研究丰富的内涵以及越来越宽广的研究视野。

万冬朝[100]阐述了我国电子书版权保护的现状，指出电子书存在着版权人对其权力控制能力减弱、版权保护的权利位次发生了改变、版权保护技术依赖性增强、保护成本和难度加大等特殊性，并从授权转让、法律保护和侵权防范三个维度论证如何构建完整的电子书版权保护机制。宋雪雪[101]认为电子教材是指符合特定内容标准（课程标准）的集成了文字、图片、声音、影像等多种信息形式的一类特殊的电子书，其使用必须同时考虑教材内容、阅读软件和电子阅读终端三个核心要素。该研究通过编制教师和学生问卷，从基本认知、硬件技术、个人因素、教学支持、环境因素以及教材选择等维度对高校推广电子教材的影响因素进行调查，并使用SPSS18.0对调查结果进行统计分析，并尝试为电子教材在高校中的推广提供建议。

蓝飞燕[102]概述了电子书的定义、特点、其产业链的构成以及目前电子书的发展状况；以产业链为切入点，在对比传统图书与电子书出版流程的基础上，分析电子书产业链的继承和发展以及具有哪些发展趋势；指出目前电子书产业链的上中下游三方势力相互牵制，在出版传播中体现为内容、平台和硬件商三方的相互牵制。应佳纯[103]通过对电子书发展过程中宏观以及微观上的动力和阻力进行分析，梳理电子书的发展轨迹，指出电子书发展过程中最大的阻力还是版权问题；着重分析了电子书环境下，编辑活动及纸介质图书是否会继续存在；电子书在短期内不可能完全取代纸介质图书，两种介质载体将会并存一段时间，而纸介质图书在优势转弱的情况下，将退出载体的主导位置。

郭自宽[104]对具有代表性的一些图书馆进行了实地考查，并对读者进行了问卷调查，指出由于电子书格式标准不统一、内容缺乏新颖性、销售模式不成熟、著作权保护不够等原因，图书馆在电子书的购置和利用上存在诸多问题；图书馆应大力改善软硬件环境，加强电子书的采访、编目工作和著作权的保护，实行馆际合作，促进电子书资源共享。杜建华[105]从微观信息组织模式角度把电子书信息组织模式分为四类：顺序组织模式、超链接组织模式、超媒体组织模式和知识库组织模式。顺序组织模式电子书是电子书 1.0 的代表，超链接组织模式电子书是电子书 2.0 的代表，超媒体组织模式电子书和知识库组织模式电子书是电子书 3.0 的代表。

王黎黎[106]结合针对 EPUB 电子书阅读软件开发工程中的实际项目经验，反映电子书阅读软件开发过程中的一些问题和要点，在展示电子书阅读软件机制的同时也完成了 EPUB 电子书阅读器的基本功能的开发。李玥[107]从电子书相关概念出发，分析了目前电子阅读器市场面临的机遇和挑战，以及对数字阅读的影响程度；同时以问卷调查的方法了解用户阅读行为与需求，分析了国内外电子书市场发展的不同之处，对未来的发展进行预测，并尝试提出适合国内电子书市场发展的道路。梁宵萌[108]总结了目前国内外图书馆电子书服务相关问题的研究现状；分析了高校图书馆电子书采购、管理、资源建设等方面内容；从高校电子书用户角度出发，得出用户对电子书的利用特征、偏好等；总结出目前国内高校电子书服务的主要模式，提出电子书服务的建议；最后总结出高校图书馆电子书服务与图书馆发展的关系。

尚振巍[109]指出，电子书阅读软件、电子书阅读器在不断追求更加美观舒适的界面以满足用户体验中审美方面的需求时，忽略了阅读者个性化阅读中内容层面的需求。结合个性化服务、阅读者分析以及资源推送等相关机制，设计并实现了“个性化可定制电子书格式”。谢冰[110]对汉王科技做案例研究，从终端竞争、平台大战、自身短板、产业链不完善等方面着手，同时与其他发展良好的企业（如苹果、亚马逊、盛大等）作对比，分析汉王科技电子书不同时期的不同状况，并提出汉王发展过程中存在的问题短板，试图给予同行业以借鉴。

谢国栋[111]的毕业设计以 ALIENTEK MiniSTM32 开发板为硬件平台，在硬件驱动的基础上，移植 μC/OS-II 操作系统以及 uC/GUI 图形化界面工具，设计出一种支持 TXT、PDF 格式，可以查看图片，并拥有电子时钟和画图程序的嵌入式电子书阅读器。刘健[112]以 Web 电子书城信息检索平台为项目背景，通过潜在狄利克雷分布（LDA）的过程对电子书文档进行主题挖掘，将电子书-标签文本转变为电子书-主题分布及主题-特征词分布；进一步通过用户在电子书城的一些浏览、购买、收藏、分享、评论等行为，结合该行为所涉及的电子书主题的概率分布情况，通过用户偏好量化算法（UPMA）计算出用户在各主题之上的兴趣分布。

黄现云[113]介绍了 Android 电子阅读的项目背景及发展现状、Android 操作系统架构及相关开发技术，对电子阅读的功能性需求和非功能性需求进行了详细分析，提出了项目架构设计、模块划分，主要划分为六个模块：推荐模块、订阅模块、本地阅读模块、在线书城模块、评论和分享模块以及设置模块，设计了数据库表以及表与表之间的关系，然后介绍了项目的功能性测试和非功能性测试的结果以及测试优化的方法。黑红武[114]以 BaSS 模型为主要实证分析工具，定量分析了市场现状和产品结构，定性分析了影响我国电子书市场扩散的主要因素，利用历史数据进行了 BaSS 模型的参数估计，建立了中国电子书市场的 BaSS 扩散模型，应用 BaSS 模型实证分析了我国电子书市场的扩散过程，验证了 BaSS 模型的有效性。

初洪洋[115]以电子书为研究对象，引入媒介生态系统、媒介生态位、媒介生态环境等相关概念，全面地考察电子书的生存状态和成长过程，分析电子书与网内外媒介之间的竞争融合关系，剖析电子书的生存和发展困境，探索电子书可持续发展的道路，并对电子书的未来进行了预测和展望。丁建飞[116]对 SVG 相关技术、WordNet 本体库及文本表示模型进行了介绍，提出了与数字阅读相结合的语义检索方法，并设计了基于语义（检索）的电子书交互阅读平台的详细设计方案，最后利用上面提出的方案编码实现了系统，并经过测试证明了该方案的可行性。

孔梅[117]比较了纸质阅读与电子阅读的交互差异，并通过分析人们的阅读需求、阅读行为、阅读动态，提出了崭新的电子书阅读界面的设计理念，并根据这个理念提出了电子书阅读界面的设计模式。彭琳[118]通过对国内外电子书发展状况进行分析、比较，参考国外电子书赢利模式的解决方案，探讨在数字版权环境下，我国电子书的最佳赢利模式走向。

张兴超[119]在阐述数字互动教室、数字出版平台、数字版权保护原理的基础上，设计出一个完整的关于电子书数字版权保护的解决方案。设计重点是各个子系统的架构与实现，涉及加密服务子系统、密钥管理服务子系统、内容服务子系统、认证服务子系统、授权服务子系统等。通过对 DRM 系统的剖析，阐述了 DRM 系统的内容加解密机制、业务工作流程、许可证的生成与解析、版权控制与分发等。孙强[120]指出，网络空间中非法传播电子书的现象日益严重，研究将法律现象和一般生活现象作严格的界分。对于电子书内涵、网络传播行为实质等问题的思考，均是运用法学知识对一般生活现象进行法律抽象的结果。该文还指出，电子书绝不等同于其专用阅读器本身，司法解释将网络传播行为定性为“复制发行”的做法是不科学的。

朱婧[121]梳理了电子书产业的发展沿革及其特点，对电子书产业及现有的电子书经营模式存在的问题进行分析，并给出相应的对策和建议。最后引入三网融合的理论，分析了在三网融合背景下电子书产业的发展趋势，并构建其运营模式。韩存齐[122]根据无标识增强现实电子书系统的特点，设计出了无标识增强现实电子书系统的整体结构、系统框架结构和系统相关模块，并详细阐述了每一模块的具体功能，根据框架结构和模块功能设计出了系统的工作流程。

许山杉[123]分析了增强现实电子书开发过程中所不容忽视的影响因素，设计了增强现实电子书开发的过程模式。在项目设计阶段，设计了增强现实电子书的整体结构，并对其中的纸质图书、三维模型与多媒体资源，以及应用程序部分进行了详细设计。姚娟[124]以商业模式的构成要素为基础，将数字出版企业的商业模式划分为战略定位、核心资源、业务网络、赢利模式四个模块，并在此基础上增加产业环境因素，以电子书为例构造起中美数字出版商业模式的比较框架。

李冰茹[125]主要从案例分析的角度入手，着重分析了国内外几大主要电子书经营商的经营电子书现状，归纳并总结出了它们之间的异同点，分析了当前我国电子书阅读器产业发展过程中存在的不足，并提出了几点建议。张杰[126]开发了一款在 Android 平台上使用的 EPUB 格式电子书阅读器。该项目在已有的 Linux 版本 EUPB 电子书阅读器系统的基础上开发，实现了 Linux 系统管理模块向 Android 平台移植的工作，以及电子书阅读器的显示和交互功能。

周晓明[127]对国内外著名电子书制作公司的电子书格式做了调研，分析了近年来高校教材的发展现状和成人学习者的学习特征，提出了一种新型的电子教材形态；在基于用户体验的原则上，构建了电子教材的学习者体验模型，并依据此模型开发了全新的 EPUB 格式电子教材。

10　国外电子书及电子书中外对比研究

近五年来，对欧美等出版强国的电子书产业发展现状、存在的问题及发展趋势的研究已成为学界一个持续的热点。既有从宏观上来整体介绍国外电子书发展概况的研究，也有从阅读器载体、格式和相关技术标准等具体问题入手对中外电子书产业进行对比研究。

在全球电子书市场持续火爆、中国电子书市场挑战机遇并存的今天，这些研究有助于学界拓宽电子书研究领域的视野，也有助于业界审视自身问题，吸收别国发展经验。

练小川在《出版参考》中发表的一系列文章值得关注。文章通过对美国的电子书与传统出版业的关系[128]、电子书版税[129]、电子书定价[130]、自助出版[131]、电子书阅读器[132]等方面的研究，将中美电子书产业进行全方位的对比分析，对国内电子书产业吸收借鉴美国的发展经验具有很强的指导意义。

有研究者着眼于全球的电子书产业对比的研究。如傅西平、尚颜[133]从全球电子书机遇、电子书全球化的挑战、最优策略仍待开发、国际供应链的发展等几方面全景扫描了全球的电子书市场，并指出，创造理想的电子书需求市场，既要考虑所有相关者利益，更要考虑消费者阅读兴趣和有价信息的传递。王洁[134]选取国内外具有代表性的电子书商业模式，并结合我国电子书发展遇到的问题，深入本质分析，为我国电子书市场的良性发展提出建议。沈明[135]通过对美、英、法、德、日、韩等几个国家的具体情况进行统计分析，指出中国电子书零售定价比较混乱，国外电子书发展中的做法和经验值得国内参考借鉴。

也有研究者选取一个国家或者一家外国企业作为比照对象来展开研究。中美对比研究方面，邵萍[136]从信息服务、电子书品种和价格三方面对当当与亚马逊（美国）的电子书运营情况进行比较分析，并对当当网的发展提出建议：提升基础服务；以开放与合作的理念做大做强；在电子书定价上，采取一些公关措施，让读者对电子书成本有一个合理认知。安小兰[137]对谷歌公司的电子书商业模式进行分析，总结出基本特征：支持各种设备，实现无缝切换阅读，自由选择书店；多元化的盈利模式。在此基础上依据价值主张、产业价值链结构、盈利模式等三个因素进一步分析其创新性所在。安小兰[138]的另一篇文章，对美国电子书阅读器价格大战进行深入的分析：外因市场竞争、内因功能单一决定了阅读器之必然降价，最后指出强大的内容资源对于电子阅读器产业的意义。裴永刚[139]从电子书理念快速变革还是逐步演进、电子书市场格局开放式或封闭式、电子书规模呈现快速跃升态势、电子阅读器的竞争四方逐利、电子书商业模式由渠道向终端过渡等几方面分析了美国电子书出版现状。郝景东[140]归纳总结了美国电子书市场近年来的发展特点：电子书市场份额不断扩大，发展趋势放缓；经营模式不断创新，基于大数据的垂直经营策略或成新宠；图书馆订阅成为新的盈利增长点；以电子书为代表的移动终端促使数字出版不断深化。并指出美国电子书未来发展的趋势。刘灿姣、姚娟[141]在对中美具有代表性的电子书商业模式进行分析的基础上，从产业环境、战略定位、业务网络、核心资源、赢利模式五个商业模式的要素对中美电子书商业模式进行比较分析，最后提出改进我国电子书商业模式的建议。郭晶、张志强[142]分析了培生集团电子书出版的总体概况、在售电子书的类别、定价以及格式和版权保护等，从集团业务运作的三个方面具体分析了其电子书发展战略：频繁并购实现数字化转型、多样化的电子书出版模式和业务模式、专注于技术的发展与更新。指出培生集团的数字化转型之路及电子书出版经验，对困局之下的我国出版企业具有重要借鉴意义。

在中日电子书对比研究方面，张志强、李镜镜[143]分析和总结了日本电子书产业的市场规模、市场结构、发展模式、发展阶段、管理制度及管理政策，提出了促进我国电子书产业发展的五条建议和措施：明确产业发展战略和规划、加速产业融合和协调、完善版权授权和保护机制、加强内容平台建设、推动产业链各方合作分工。傅西平、尚颜[144]指出，2011 年日本电子书产业活动泛滥，但市场推广进展却不大；数字出版物因为缺少内容支撑，致使买方市场兴趣索然，人们开始期待推送。最后指出，日本电子书市场会快速增长，虽然未来五年收入仍以漫画为主，但行业结构会大为改观，未来五年电子出版之路将逐渐明朗。

在中俄电子书对比研究方面，徐永平[145]指出，俄罗斯电子书阅读器市场前景被看好；俄罗斯阅读器市场、电子书市场与国外市场有着根本的不同，受盗版市场的刺激，即使在金融危机期间，俄罗斯的阅读市场依然销售火爆。欧阳向英[146]指出，近年来电子出版在俄罗斯的增长势头迅猛：国家出台了一系列政策，扶持电子出版的发展；电子阅读器市场快速增长；电子图书的读者需求正在迅速增长；此外，国家制订统一规划并协调政府各个部门兴建电子图书馆，未来几年电子出版在俄罗斯将取得跨越式发展。

11　其他相关研究

关于电子书的研究，除了上述主题集中的十个方面外，还有一些其他主题的研究。主要分散于电子书与在线教育、电子书质量保障、电子书内容标准与质量评价、电子书研究文献的计量分析等研究领域。

电子书与在线教育方面，两位台湾研究者的成果值得关注。黄崇华[147]指出电子书的成功离不开新阅读习惯的培养，重点培养对象是新阅读人口，即当下的台湾大学生，而大学教科书的改革与其密切相关。进而提出大学教科书数字化转型的可行性方案，包括推出纸版的同步电子版、提升产品附加值、建设数字平台、出版模式多元化、定制化和个性化销售等，以及两岸应达成合作共识，互取所长，为教科书市场创造新的契机。杨聪仁、林巧雯[148]探究了影响学龄儿童使用电子书服务平台的因素。以放声思考法对学龄儿童进行电子书服务平台使用因素定性数据搜集，发现影响学龄儿童电子书服务平台的使用因素有：响应性、稳定性、系统设计、操作接口设计、电子书设计、认知个人化、内容相关性、充足性等。

传统出版机构如何应对电子书浪潮，如何实现数字化转型，也是研究者关注的话题。谭晓婷[149]认为出版社应当在网络出版和电子书产业中占据主导地位，因为出版社是天然的内容提供商，是最为专业的出版者，是最积极的版权保护者。刘鲲翔等[150]分析了传统出版社在电子书生产中面临的主要问题：内容资源储备难以满足电子书生产需要、生产环节无标准可循、产品格式单一、版权保护机制不完善等。出版社为了掌握电子书生产和销售的主动权，应建立起一套完整、高效、低成本、兼容性强、与纸质书同步的电子书生产线。周清华[151]以中国出版集团为例对传统出版业的数字化转型进行了研究，总结出中国出版集团在数字化方面做出的探索有：

通过编制《中国出版集团公司数字化标准规范》，规定各子公司数字内容的上缴、入库、存储、电子书元数据内容、版权页信息、制作格式、标识、内容标准、电子书流通、销售等数据的存储与流通规范；制定《中国出版集团数字资源管理办法》，启动中国出版集团数字出版资源总库建设，计划实现格式化存储，一次制作，多元发布。

还有一些研究者对电子书研究进行了计量分析。李镜镜、张志强[152]对中国知网中收录的有关电子书研究的学术论文，从文献增长、著者、期刊、关键词等方面进行较为详细的统计分析。梳理国内电子书研究发展现状，揭示该主题研究论文的分布规律，并通过关键词词频统计分析，建立高频词共词表，归纳国内电子书的研究重点和研究热点。王伟等[153]利用全球最大的硕博士论文数据库PQDT，统计了1984—2012年国际电子书研究方向的硕博士学位论文，并结合文献定量及定性分析的研究方法，对这些论文进行了文献数量、国家分布、语种使用、学位类型、机构情况、主题词和学科概况及趋势的分析，探析国际电子书研究的发展概况与趋势。余波等[154]以CNKI数据库中收录的关于国内数字阅读领域的2639篇论文为样本，从文献分布趋势、核心作者分布和高频关键词等方面进行了计量分析。发现研究热点主要体现在“网络阅读”“数字阅读”“阅读方式”“数字化”和“电子书”等词上，同时，通过社会网络工具对数字阅读领域研究进行了可视化展示，探讨了热点之间的关系和特征。

研究者对于特定类型的电子书也给予了足够的关照。陈然、刘琼[155]采用问卷调查与深度访谈相结合的方法，对儿童阅读增强型电子书的基本情况、家长对增强型电子书的态度以及影响家长态度的关键因素展开实证研究。吴瑶、何志武[156]认为，增强型儿童电子书给儿童带来了一场前所未有的“阅读”革命：它将培养儿童阅读兴趣作为首要阅读目的；强“交互”功能的设计弥补了儿童传统阅读中“图式”解析的缺失，并搭建起阅读交流平台；“认识流”式阅读大大加深了阅读的广度与深度。徐丽芳、陆璐[157]梳理了增强型电子书（即电子书3.0）的发展趋势：创作群体呈现多样化趋势、渠道和载体越来越普及与多样、特定种类的增强型电子书将获得更快发展、盈利模式仍需进一步探索。陈敏[158]以化学工业出版社为例对专业类电子书的特点及其消费者行为做了实证研究，指出专业类电子书具有内容专业、产品制作繁琐、专业渠道明晰、内容更新速度快、利于专业内容传播等特点，指出专业类电子书的发展方向是优化平台、向特定领域提供优质服务、优化购物流程。郭晶、张志强[159]指出，目前我国大多数出版社的电子书业务的进展并不顺利。电子书阅读器的昙花一现、智能手机和平板电脑等移动阅读终端的横空出世，以及 APP 与电子书的完美契合，使得进军 APP 类电子出版物已成为出版社开发电子书业务的新趋势。出版社不断尝试各类运作模式，规模较大、资金充足的出版社组建附属的新媒体部门来进行 APP 的开发，也有出版社以委托外包或者联合开发的形式，进行 APP 的开发或推广。然而，出版社的 APP 之路还存在着投入大于产出、盈利难、内容资源的授权与整合难等问题。

对于电子书的商业运营模式，包括信息组织模式、订阅模式、发行营销模式、盈利模式的研究，也是这一时期研究者关注的重要部分。安小兰[160]预测，未来网络世界中会出现多种形态的独立书店，它们也会成为电子书零售领域的“长尾”；随着产业发展、竞争环境的变化以及人们对电子书产业本质不断深入的理解，电子书产业的商业模式必将从封闭走向开放，并最终导致产业的再次升级。杜建华、王京山[161]从电子书的信息组织模式入手，依据传播学和信息管理学等学科的相关知识，对现有的电子书信息组织模式进行总结概括，重点分析电子书的超媒体信息组织模式所特有的优势与不足，并在此基础上提出优化方案。贺子岳、张天竹[162]通过对不同类型电子书的发行情况进行探析，研究了内容分销平台、程序应用商店及客户端三种主要发行模式，并对不同发行模式的市场现状、价值主张、竞争力和赢利模式等进行了分析。李鹏、刘益[163]结合电子书的营销特性，探讨了以出版商为版权所有者的营销模式和以作者为版权所有者的营销模式的不同特性，对电子书的营销也提出了五点具体的对策与建议。刘一鸣[164]等认为，iPad 等各种智能终端的问世和普及，使得主要靠卖终端赚取收益的电子书企业深受重创。指出目前电子书行业的盈利模式较为单一以及存在的问题与原因，并提出了四种电子书盈利模式创新策略。

在电子书阅读界面设计方面，孙洋、张敏[165]以百阅和 iReader 为例，应用眼动追踪记录的注视点、眼动轨迹和持续时间、兴趣区、热点图等生理数据，结合被试者的主观感受，进行电子书移动阅读界面可用性研究。

还有一些学者对电子书的概念辨析、购阅现状、质量保障机制、阅读等方面进行研究。安小兰[166]对电子书概念的发展及基本要素进行了分析，指出电子书是数字化的、电子化的书；电子书具有“类书性”；电子书须借助一些软件、硬件进行阅读。刘银娣[167]梳理了我国电子书质量管理的现状：缺乏良好的数据源、质量管理成本高于效益、编审环节缺失、质量监管困难等。并指出要解决我国电子书的质量问题，就要借鉴传统图书质量保障机制，并结合电子书独有的特点，建立完善的质量保障机制，从制度层面上提高电子书产业的质量管理效率。黄昱凯等[168]借由二元罗吉特模式，探讨影响读者选用电子书的因素及其选择行为所造成的影响：电子书价格高低、职业及每周上网时间等对于选择行为有显著的影响；电子书价格变化对市场占有率影响较大，纸质书价格上涨对电子书市场占有率影响较小，电子书价格上涨对纸质书影响较大。王军、张志强[169]以“多看阅读”2013 年月度销售榜为例，运用文献计量学的理论与方法，从电子书的主题内容特征和外在形式特征两大方面进行分析，分析了我国电子书购阅与出版的现状。

12 展望

随着电子书出版产业的发展，未来的电子书研究成果将越来越多，研究内容仍会沿上述分类深入进行。尤其是在国外电子书出版及其产业发展方面，成果可能越来越多。

参考文献

[1] 中国新闻出版研究院．2013—2014 中国数字出版产业年度报告［M］．北京：中国书籍出版社，2014：39.

[2] 夏立新．我国网络型电子图书的发展［J］．电子出版，2001（10）：36.

[3] 李勇．试析电子书的定价策略［J］．图书情报知识，2005（2）：56-57.

[4] 史领空．数字时代的出版［J］．编辑学刊，2000（4）：11-15.

[5] 新闻出版总署．新闻出版总署关于发展电子书产业发展的意见［EB/OL］．http：//www.gapp.gov.cn/news/798/76915.shtml. 2010-10-10.

[6] 张其中．公共图书馆馆藏电子图书论［J］．四川图书馆学报，2001（2）：49.

[7] 王启云．电子书发展的瓶颈与前景［J］．情报科学，2003，21（4）：373-375.

[8] 周劲．电子书产业发展状况［J］．出版发行研究，2007（1）：15-18.

[9] 史东辉．产业组织学［M］．上海：格致出版社，上海人民出版社，2010：1.

[10] 新闻出版总署．新闻出版总署关于发展电子书产业的意见［EB/OL］．（2010-10-10）［2014-06-29］．http：//www.gapp.gov.cn/contents/1663/103238_2.html.

[11] 国家新闻出版广电总局．首批获准电子书从业资质单位名单［EB/OL］．（2010-11-05）［2014-12-29］．http：//www.gapp.gov.cn/news/798/76919.html.

[12] 国家新闻出版广电总局．互联网出版单位名单［EB/OL］．（2014-11-26）［2014-12-29］．http：//www.gapp.gov.cn/govservice/1628/232702_8.shtml.

[13] 黄仕杰．电子书版权保护问题思考［J］．图书情报论坛，

2011（6）：55-58.
[14] 刘静雯．电子书版权保护与版权授权模式的创新［J］．图书馆工作与研究，2011（8）：86-88.
[15] 谭世强，高嵩．电子书版权现状考察及其保护策略［J］．编辑之友，2011（4）：100-102.
[16] 张革新．电子书产业发展中的著作权问题［J］．兰州商学院学报，2012（1）：115-120.
[17] 张慧春．电子书带来的版权新问题——以著作权法第三次修改为视角［J］．编辑之友，2013（1）：89-92.
[18] 陈颖青．电子书为什么应该放弃 DRM——“书渴望自由”倡议［J］．出版广角，2011（1）：34-35.
[19] 朱榕．电子书著作权授权研究［J］．情报科学，2012（7）：980-984.
[20] 王志刚．论数字出版语境下版权利益平衡的重构［J］．中国出版，2014（19）：19-22.
[21] 汤小辉．也谈信息时代著作权的法律保护——以电子书的网络传播为观察视角［J］．科技与出版，2014（11）：48-51.
[22] 陈媛媛．《古炉》电子书版权纷争背后的思考：数字时代出版社的生存法则［J］．出版发行研究，2011（4）：28-31.
[23] 张远帆．数字版权的“游戏规则”——从两起海外诉讼谈起［J］．出版广角，2012（7）：38-39.
[24] 苏江丽．电子书产业版权保护机制创新研究——以盛大文学与百度的版权纠纷为例［J］．新闻界，2011（1）：92-94.
[25] 李云．电子书版权保护与最终用户利益的平衡——对亚马逊删除电子书事件的思考［J］．图书馆建设，2011（1）：23-26.
[26] 万丽慧．数字著作权交易管理制度的选择［J］．现代出版，2013（2）：26-30.
[27] 何宇杰．基于博弈的数字内容行业 DRM 策略分析——以电子书和数字音乐行业为例［J］．绍兴文理学院学报，2014（9）：89-95.

[28] 段春英．新千年国内关于电子书 DRM 研究的期刊论文分析［J］．长春教育学院学报，2014（3）：29-30，39.
[29] 李金城．ePub3.0 电子图书格式标准应用研究［J］．中国印刷与包装研究，2014（6）：65-68，74.
[30] 施勇勤，须海茵．EPUB 电子书格式标准的启示［J］．出版发行研究，2012（3）：49-52.
[31] 唐翔．EPUB 电子书标准研究［J］．出版科学，2013（2）：89-94.
[32] 胡畔，王冬青．一种支持 EPUB3.0 标准的电子书阅读软件［J］．华南师范大学学报（自然科学版），2014（1）：32-36.
[33] 郑滢瑜，丛挺，缪婕．电子书格式标准研究［J］．出版科学，2010（4）：90-93.
[34] 张书卿．出版业应如何面对纷纷扰扰的电子书格式之争［J］．出版发行研究，2010（8）：48-50.
[35] 张大伟，杨丽娟．电子书标准化中的政府角色与“后发国策略”［J］．新闻大学，2011（4）：141-144.
[36] 黄先蓉，郝婷．数字出版标准化工作的策略研究［J］．编辑之友，2013（7）：64-67.
[37] 杜恩龙．关于数字图书实行书号管理的若干思考［J］．出版广角，2013（3）：28-31.
[38] 李镜镜，张志强．国内外电子书书号管理现状及建议［J］．中国出版，2013（21）：39-43.
[39] 郑丽芬．从定价博弈看电子书产业发展［J］．中国出版，2014（4）：11-14.
[40] 骆双丽，徐丽芳．电子书成本与价格［J］．出版参考，2013（31）：46.
[41] 张养志，叶文芳．电子书的固定价格制度研究［J］．现代出版，2013（4）：43-47.
[42] 巫国义．电子书定价策略评析［J］．科技与出版，2014（10）：95-98.
[43] 刘晖．电子书定价难题之解：引入读者主体的定价机制［J］.

编辑之友，2010（10）：39-41.
[44] 何承斌. 电子图书获取按使用结果付费模式研究［J］. 图书馆理论与实践，2013（8）：18-19.
[45] 刘银娣. 我国电子书定价现状及模式探究［J］. 中国出版，2014（8）：37-39.
[46] 刘银娣. 我国电子书定价的影响因素及方法探析［J］. 华南理工大学学报（社会科学版），2014（6）：37-42.
[47] 张大伟，陈璞. 亚马逊为何主导美国电子书定价——兼论美国电子书的代理制和批发制之争［J］. 编辑学刊，2014（2）：10-15.
[48] 周子渊. 大数据背景下电子书出版困局及其突围［J］. 编辑学刊，2014（6）：16-21.
[49] 张立，石昆. 电子书产业发展状况及趋势［J］. 现代出版，2010（9）：40-44.
[50] 张美娟，潘涵，黄龙舟. 电子书产业链整合机制研究［J］. 出版科学，2014（4）：60-64.
[51] 黄荣华. 电子书新商业模式探索——以台湾凌网科技 Hyread 独特的 BtoLtoC 为例［J］. 科技与出版，2014（7）：9-11.
[52] 赖洋助，黄荣华. 台湾电子书与纸质出版发展路径探析［J］. 科技与出版，2014（7）：4-6.
[53] 张兢. 对电子书出版市场博弈的冷思考［J］. 中国出版，2011（10）：64-66.
[54] 刘灿姣，姚娟. 改进我国电子书商业模式的对策研究［J］出版发行研究，2011（7）：53-56.
[55] 李镜镜，张志强. 国内电子书发展现状及困境分析［J］. 科技与出版，2013（8）：4-9.
[56] 张美娟，潘涵，黄龙舟. 近年来我国电子书产业研究述评［J］. 出版科学，2013（6）：48-50.
[57] 吴雷. 依托产业联盟重构数字出版价值链［J］. 出版科学，2013（5）：85-88.
[58] 徐丽芳，陆璐. 增强型电子书的发展趋势［J］. 出版参考，

2014（2）：23-24.
[59] 安小兰．中国电子书发展商业模式类型分析［J］．出版发行研究，2014（2）：63-67.
[60] 程三国，马学海．把握电子书产业的发展步伐［J］．出版发行研究，2012（2）：10-14.
[61] 张惠春．使用技术措施保护电子书版权的新趋势［J］．编辑之友，2014（6）：82-84.
[62] 李学莲．一种基于数字指纹的电子书版权保护方案［J］．情报探索，2014（7）：89-91.
[63] 毕艳芳，曹学艳．通用型电子书选书系统的设计［J］．图书馆论坛，2014（3）：124-129.
[64] 章惠．基于沉浸式触觉反馈技术的多媒体增强型电子书探究［J］．出版发行研究，2014（9）：49-51.
[65] 王勉．纸质有声数字出版技术分析及 MPR 技术发展趋势［J］．中国出版，2014（1）：50-53.
[66] 任殿顺．电子书阅读器产业链竞合博弈分析［J］．中国出版，2010（6）：38-41.
[67] 王志刚，宗贝贝．电子书阅读器发展前景探析［J］．新闻爱好者，2014（8）：40-43.
[68] 王洁，李晓萌．电子阅读器的 SWOT 分析及商业模式［J］．中国出版，2010（17）：52-54.
[69] 叶兰．国内外电子书阅读器研究综述［J］．图书情报工作，2012（21）：131-137.
[70] 李法宝．论电子书阅读器产业链的模块化整合［J］．编辑之友，2010（12）：62-64.
[71] 安小兰，李腾龙．我国阅读器电子书市场发展现状评述［J］．文化产业研究，2010（4）：163-168.
[72] 方亭．亚马逊 Kindle 及其在中国的市场分析［J］．出版发行研究，2013（6）：49-51.
[73] 朱小阳，朱冰清．电子书阅读客户端的发展及其出版传播特点［J］．编辑学刊，2014（6）：27-31.

[74] 胡诗瑶．国产电子书内容平台建设调查分析［J］．出版发行研究，2011（1）：50-54.

[75] 吴雷，毕昱．破冰数字出版——数字内容投送平台的建设研究［J］．编辑之友，2013（1）：79-82.

[76] 王砾凡．浅析付费阅读潮流下的电子书平台［J］．中国报业，2013（2）：122.

[77] 郝群，陈超群，徐琳．2000—2001 国内外图书电子服务研究及实践［J］．上海高校图书情报工作研究，2011（3）：17-22.

[78] 颜芳．电子书对图书馆的影响与挑战［J］．图书情报工作，2010（19）：94-97.

[79] 肖红琳．电子书阅读器影响下的图书馆服务模式之变革［J］．情报资料工作，2012（2）：85-87.

[80] 王念祖，隋鑫．价值链视角下图书馆电子书服务的问题与挑战［J］．图书馆建设，2013（8）：40-43.

[81] 陈文革．数字阅读与图书馆服务创新［J］．科技与出版，2012（4）：83-84.

[82] 刘炜，谢蓉．图书馆电子书服务宣言：原则与最佳实践［J］．图书馆杂志，2014（2）：10-13.

[83] 胡振华．电子书产业发展下的高校图书馆馆藏建设研究［J］．图书馆建设，2011（3）：36-39.

[84] 梁宵萌，王雪莲．高校图书馆电子书采购问题研究［J］．图书馆学研究，2013（19）：24-27.

[85] 郑文晖．高校图书馆电子书服务现状的调查与建议——以“211 工程”院校为例［J］．图书馆工作与研究，2013（2）：40-44.

[86] 毕艳芳，李泰峰，曹学艳．高校图书馆增强型电子书馆藏建设模式探讨［J］．图书情报工作，2014（6）：75-78.

[87] 王素芳，白雪，崔灿．高校学生对电子书的认知、使用和态度研究：以浙江大学为例［J］大学图书馆学报，2014（5）：61-72.

[88] 钟声. 电子书阅读器在美国图书馆中的典型应用及思考 [J]. 图书馆学研究, 2012 (4): 98-100.
[89] 马昱. 国外电子书馆际互借经验与启示 [J]. 图书馆研究, 2014 (6): 72-75.
[90] 李金波. 国外图书馆权利案例研究——电子书借阅限制事件分析 [J]. 图书与情报, 2012 (6): 52-56.
[91] 杨岭雪. 寻求双赢: 美英公共图书馆电子书借阅机制探索 [J]. 中国图书馆学报, 2014 (209): 110-117.
[92] 蹇瑞卿, 胡海燕. 电子书馆际互借及其实现 [J]. 图书情报工作, 2012 (1): 98-101.
[93] 陈铭. 电子书阅读器演进下的图书馆电子书利用率的提高 [J]. 新世纪图书馆, 2013 (1): 68-72.
[94] 陈铭. 基于"全评价"体系的图书馆电子书评价研究 [J]. 图书与情报, 2012 (1): 22-26.
[95] 余育仁, 刘悦如, 陈欣. 电子书资源查重系统 [J]. 图书馆杂志, 2013 (4): 39-44.
[96] 顾立平. 提升电子书使用效率的图书馆服务——让读者不用等待的服务 [J]. 图书馆杂志, 2010 (4): 25-29.
[97] 王慧堃. 图书馆电子书阅读虚拟社区构建研究 [J]. 图书馆学研究, 2013 (22): 40-43.
[98] 蹇瑞卿, 胡海燕, 崔恒燕. 图书馆引进电子书阅读器的思考 [J]. 图书馆杂志, 2011 (8): 29-32.
[99] 袁琳. 中国数字图书消费市场研究 [D]. 上海: 上海大学, 2012.
[100] 万冬朝. 电子书版权保护机制研究 [D]. 广州: 华南理工大学, 2011.
[101] 宋雪雪. 电子教材在高校中的推广研究——基于 X 高校的调查分析 [D]. 开封: 河南大学, 2013.
[102] 蓝飞燕. 电子书产业链研究 [D]. 南宁: 广西大学, 2011.
[103] 应佳纯. 电子书的未来 [D]. 南宁: 广西民族大学, 2011.
[104] 郭自宽. 电子书对图书馆的影响与挑战研究 [D]. 南宁:

广西民族大学，2011.
[105] 杜建华．电子书信息组织模式研究［D］．北京：北京印刷学院，2014.
[106] 王黎黎．电子书阅读软件的设计与实现［D］．南京：南京大学，2011.
[107] 李玥．电子阅读器对数字阅读的影响及未来趋势发展分析［D］．上海：华东师范大学，2011.
[108] 梁宵萌．高校图书馆电子书服务研究［D］．长春：东北师范大学，2014.
[109] 尚振巍．个性化可定制电子书格式研究［D］．北京：首都师范大学，2014.
[110] 谢冰．汉王科技电子书现状与问题研究［D］．兰州：兰州大学，2014.
[111] 谢国栋．基于μC/OS-II嵌入式电子书阅读器的设计与实现［D］．成都：电子书科技大学，2012.
[112] 刘健．基于用户行为挖掘的搜索优化研究［D］．北京：北京邮电大学，2013.
[113] 黄现云．基于Android平台电子阅读客户端的设计与实现［D］．北京：北京交通大学，2014.
[114] 黑红武．基于Bass模型的中国电子书（EPD）市场扩散研究［D］．济南：山东大学，2011.
[115] 初洪洋．媒介生态视野下的电子书研究［D］．天津：天津师范大学，2013.
[116] 丁建飞．基于语义的电子书交互阅读［D］．北京：北京交通大学，2013.
[117] 孔梅．书·非书——电子书的阅读界面设计研究［D］．南京：南京艺术学院，2012.
[118] 彭琳．数字版权环境下的电子书盈利模式研究［D］．北京：北京印刷学院，2010.
[119] 张兴超．数字教室环境中电子书数字版权保护的应用研究［D］．上海：华东师范大学，2011.

[120] 孙强. 网络空间中非法传播电子书的刑法学思考 [D]. 北京：中国政法大学，2011.
[121] 朱婧. 我国电子书产业发展研究 [D]. 北京：北京印刷学院，2010.
[122] 韩存齐. 无标识增强现实电子书系统研究与实现 [D]. 武汉：华中师范大学，2014.
[123] 许山杉. 增强现实电子书的开发 [D]. 上海：华东师范大学，2011.
[124] 姚娟. 中美数字出版商业模式比较研究——以电子书为例 [D]. 湘潭：湘潭大学，2011.
[125] 李冰茹. 中外电子书发展现状及对策研究 [D]. 武汉：华中师范大学，2013.
[126] 张杰. Android 平台 EPUB 电子书阅读器的设计与实现 [D]. 南京：南京大学，2013.
[127] 周晓明. EPUB 格式电子教材用户体验模型设计研究 [D]. 大连：辽宁师范大学，2013.
[128] 练小川. 电子书：传统出版业的喜或忧? [J]. 出版参考，2011 (33)：37.
[129] 练小川. 电子书版税的争议 [J]. 出版参考，2013 (19)：53-55.
[130] 练小川. 美国电子书的定价 [J]. 出版参考，2012 (9)：39-44.
[131] 练小川. 企鹅重金“协助”自助出版 [J]. 出版参考，2011 (34)：47.
[132] 练小川. 阅读器，巴诺书店的救星 [J]. 出版参考，2011 (16)：47.
[133] 傅西平，尚颜. 电子书全球扩张新动向 [J]. 出版参考，2010 (19)：42.
[134] 王洁. 中外电子书商业模式对比分析 [J]. 新闻传播，2013 (1)：49.
[135] 沈明. 中外数字图书发展现状及定价机制比照 [J]. 出版广

角，2013（13）：82-83.

[136] 邵萍．当当与亚马逊（美国）电子书运营比较［J］．出版科学，2013（3）：98-102.

[137] 安小兰．谷歌开放性电子书商业模式及其创新性分析［J］．山东师范大学学报，2012（2）：141-145.

[138] 安小兰．美国电子阅读器降价潮及其意义分析［J］．出版发行研究，2010（10）：65-69.

[139] 裴永刚．美国：电子书现状和出版业走势［J］．编辑学刊，2011（6）：57-60.

[140] 郝景东．美国电子书发展现状及前景分析［J］．编辑之友，2014（11）：109-112.

[141] 刘灿姣，姚娟．中美电子书商业模式比较研究［J］．中国出版，2011（11）：48-51.

[142] 郭晶，张志强．培生集团电子书业务发展现状及战略探析［J］．中国出版，2014（15）：63-67.

[143] 张志强，李镜镜．日本电子书产业的发展及启示［J］．编辑之友，2013（12）：109-112.

[144] 傅西平，尚颜．日本电子书市场的现在与未来［J］．出版参考，2012（12）：42.

[145] 徐永平．俄罗斯：电子书阅读器市场渐入佳境［J］．出版参考，2011（3）：47-50.

[146] 欧阳向英．俄罗斯电子出版现状［J］．对外传播，2011（1）：60-61.

[147] 黄荣华．电子书掀起的教育革命［J］．科技与出版，2014（7）：6-8.

[148] 杨聪仁，林巧雯．儿童电子书服务平台使用因素探讨［J］．出版科学，2014（2）：12-16.

[149] 谭晓婷．出版社应成为电子书产业的主导者［J］．中国出版，2010（11）：56-59.

[150] 刘鲲翔，邱恋，毕海滨．传统出版社构建电子书生产线策略探析［J］．现代出版，2012（9）：47-49.

［151］周清华．数字化转型是传统出版业的必由之路——中国出版集团数字化的思考和探索［J］．出版科学，2014（2）：9-11.

［152］李镜镜，张志强．国内电子书研究的文献计量分析［J］．出版科学，2013（4）：85-90.

［153］王伟，张志强，李镜镜．国外电子书研究硕博士学位论文分析［J］．科技与出版，2013（8）：77-80.

［154］余波，李伶思，赵兴．国内数字阅读研究领域的计量分析［J］．浙江传媒学院学报，2014（4）：56-61.

［155］陈然，刘琼．增强型儿童电子书市场扩散的影响因素与策略探析——基于儿童家长的实证研究［J］．出版发行研究，2013（10）：19-22.

［156］吴瑶，何志武．增强型儿童电子书：新媒体语境下儿童的“阅读”革命［J］．出版发行研究，2014（12）：54-57.

［157］徐丽芳，陆璐．增强型电子书的发展趋势［J］．出版参考，2014（3）：23-24.

［158］陈敏．专业类电子书的特点及其消费者行为分析——基于化学工业出版社的实证研究［J］．科技与出版，2014（5）：64-67.

［159］郭晶，张志强．我国出版社 APP 类电子出版物的发展历程及其评价［J］．科技与出版，2014（2）：66-69.

［160］安小兰．从封闭走向开放：电子书商业模式的演进［J］．现代出版，2011（4）：35-38.

［161］杜建华，王京山．电子书的超媒体信息组织模式研究［J］．北京印刷学院学报，2014（3）：10-12，32.

［162］贺子岳，张天竹．电子书发行模式研究［J］．科技与出版，2012（10）：76-79.

［163］李鹏，刘益．电子书营销模式研究［J］．科技与出版，2012（10）：86-89.

［164］刘一鸣，黄细英，罗雪英．我国电子书盈利模式研究［J］．科技与出版，2013（8）：18-22.

[165] 孙洋，张敏．基于眼动追踪的电子书移动阅读界面的可用性评测［J］．中国出版，2014（5）：48-52.
[166] 安小兰．电子书概念辨析及其意义［J］．中国出版，2012（12）：52-55.
[167] 刘银娣．电子书质量保障机制建设初探［J］．出版发行研究，2014（8）：48-51.
[168] 黄昱凯，万荣水，范维翔．影响读者选择电子书行为因素初探［J］．出版科学，2011（3）：12-17.
[169] 王军，张志强．我国电子书出版与购阅现状分析——以“多看阅读”2013 年月度销售榜为例［J］．出版科学，2014（8）：42-45.

【作者简介】

郭晶，男，1986 年 2 月生。南京大学博士，河南大学新闻与传播学院讲师，从事编辑出版学的教学科研工作，研究领域为电子书出版与出版转型、出版理论与历史。参与国家社科基金重点项目 1 项，国家社科基金青年项目 1 项，教育部人文社会科学研究青年项目 2 项。《谷腾堡在上海：中国印刷资本业的发展 1876—1937》（商务印书馆 2014 年版）与《数字时代的图书》（译林出版社 2014 年版）校译。

张志强，男，1966 年 3 月生，南京大学信息管理学院教授、博士生导师，南京大学出版研究院常务副院长，美国哈佛大学博士后。研究领域为：出版理论与历史、社会转型与出版发展、数字出版与文化产业发展。至今已主持 5 项国家社科基金项目（其中重点项目 1 项）、15 项省部级基金项目。已出版《面壁斋研书录》

《现代出版学》《20 世纪中国的出版研究》《图书宣传》《图书出版面面观》《文献学引论》《中国出版业发展报告：新千年来的中国出版业》《数字时代的图书》《谷腾堡在上海》《文化商人：21世纪的出版业》等著作（含合著、译著）20 余部。在 CSSCI 刊物发表论文100 余篇。研究成果曾获得“中国图书奖”“江苏省哲学社会科学优秀成果一等奖”“教育部中国高校人文社会科学优秀成果二等奖”（均为第一完成人）等省部级奖励 10 余次。曾获国家百千万工程国家级人选暨国家级有突出贡献中青年专家称号、第三届中国出版政府奖（优秀出版人物奖）、江苏省教育厅青蓝工程科技创新团队带头人、新闻出版总署新闻出版领军人才、江苏省优秀哲学社会科学工作者、教育部新世纪优秀人才、江苏省中青年科技领军人才、南京大学优秀中青年学科带头人等称号。

我国数字期刊研究进展*

唐凯芹[1]　张志强[2,3]

（1. 中国传媒大学南广学院；2. 南京大学信息管理学院；
3. 南京大学出版研究院）

【摘　要】本文运用文献计量学的方法进行统计与分析，从年度发文量、著作者、文献下载次数和被引频次、作者单位来源、刊文来源期刊以及关键词出现频次等方面，对我国数字期刊的研究现状进行了分析，揭示了我国数字期刊研究的演进历程、研究水平和未来走向。

【关键词】数字期刊　研究特点　趋势

The Development of Digital Journal & Periodical Research in China

Tang Kaiqin[1]　Zhang Zhiqiang[2,3]

(1. Communication University of China, Nanjing;
2. School of Information Management, Nanjing University;
3. Academy of Publishing, Nanjing University)

【Abstract】This paper emphatically studies the data of quantity of

* 江苏省教育厅高校哲学社会科学基金项目“江苏省期刊业数字化发展与人才需求研究”（项目编号：2013SJD860011）、教育部哲学社会科学发展报告资助项目（项目编号：11JBGP052）、江苏省教育厅中国出版转型与发展创新团队阶段性成果之一。

theses, the number of download and citing, authors and their institutions, the original journals and the frequency of keywords, applying bibliometric statistical methods to statistics and analysis. It summarizes the features of the deep researches, and reveals the history, research level and trends of the digital periodical research status in the digital periodical research status in China.

【Keywords】 digital periodical　research feature　trend

1　引言

以微电子技术、计算机技术、网络技术为代表的信息技术对出版业产生了巨大影响，引发了传媒领域的巨大变革[1]。1992 年，中国科技信息研究所西南信息中心将其开发的《中文科技期刊数据库》软盘形式改为光盘形式发行，将模拟信号转化为数字信号传播，这种对期刊内容的数字化加工与传播成为我国数字期刊的发端。发展至今，富媒体、互动性、综合化的新型数字期刊这一媒体形式越来越受到读者的欢迎，同时也引发了学者们的普遍关注。

1.1　对于数字期刊概念的辨析

对于“数字期刊”，学界尚未形成约定俗成的名词界定。笔者对中国知网（CNKI）数字期刊出版领域的相关研究论文做了一个统计，发现这些论文基本分布在不同的检索词之下，如“电子期刊”“网络期刊”“数字杂志”“网络化期刊”等，如表 1 所示。虽名词界定不统一，但事实上大部分研究者确定的研究对象具备这样的特征：第一，绝大多数基于互联网发行；第二，可以是光盘形式的数据库，但不包含软盘、磁带等模拟信号的出版物。研究者普遍认同“数字期刊”本质上着眼于数字技术。

从技术层面上来说，信息电子技术包括早期的 Analog（模拟）电子技术和 Digital（数字）电子技术，分别催生了以模拟信号存储在光磁介质（如录音带和录像带等）上的电子期刊和以数字信号

(二进制)存储或传播的电子期刊，后者即为数字期刊；而数字期刊又包含通过互联网传播的期刊出版物和线下以光盘封装的数据库形式的数字期刊两种。从归属关系来说，电子期刊包含数字期刊，数字期刊包含网络期刊和非网络化数字期刊，如图1所示。较为复杂的归属关系使得数字期刊的研究主体呈现出多样化，研究过程中常用的“数字杂志”“电子期刊”“网络期刊”等名词往往基于数字技术这一本质属性，也指向“数字期刊”一意。因此，“数字期刊”可以定义为：基于二进制数字信号技术的，有固定刊名，汇集了众多作者作品，定期或不定期发行的出版物[2]。

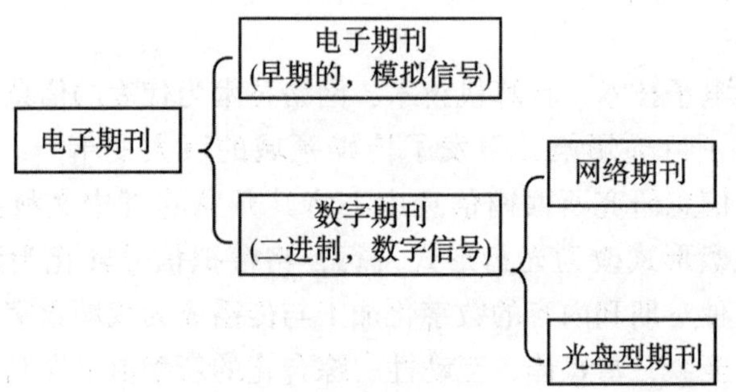

图1　电子期刊、数字期刊、网络期刊的归属关系

1.2　数字期刊综述性研究成果回顾

从20世纪80年代第一篇数字期刊的研究文献发表以来，此领域的研究成果不论在数量还是质量上都有了飞速的提升，一些学者针对数字期刊的研究整体状况进行了总结性的阐释，为我们提供了数字期刊领域全景式的研究视角。首先，在着眼不同阶段的数字期刊研究方面，方宝花于2002年对新兴的数字期刊进行了总结，撰文《我国20世纪的电子期刊研究》，其利用布拉德福定律分析了这一领域核心作者及核心期刊的分布，并倡导针对这一新型文献载体的优势和发展，探讨网络环境下数字期刊的生产、传播、管理与开发利用。[3]谈海蓉分析了2000—2005年的电子期刊研究论文，认为在21世纪最初的五年里，关于电子期刊的研究已经从对电子期

刊的概念、特点、数据库等的简单介绍，深入到电子期刊导航系统的设计、著录等功能应用方面，并对电子期刊的长期保存问题，知识产权保护、组织、整合等多角度、全方位开展了研究。[4]董爱辉和郭普安不约而同地在同期对十年电子期刊研究状况做了分析，分别发表了《我国近十年电子期刊研究现状分析》和《近 10 年我国电子期刊研究综述》研究论文，这两位研究者中一位基于前人的研究成果进行了理论研究，试图从电子期刊的概论、类型及应用方面建立一套系统的理论体系；而另一位则侧重从实际出发探讨电子期刊当前的研究成果对图书馆的工作的影响。[5][6]据彭年冬、贺卫国研究论文的计量统计分析，1994—2012 年电子期刊的基础理论、电子期刊管理开发和利用以及数据库应用与技术等七个方面的问题被广泛关注[7]。其次，随着时间推移，不同类型的数字期刊及对数字期刊不同发展侧重点进行深入研究的成果越来越多。如靳红、朱江岭的《我国网络型电子期刊研究》立足电子期刊网络发展环境的特点，对网络型期刊在技术依托、出版方式、版权问题及对图书馆工作的影响等方面的研究进行了总结和梳理。[8]李世蕴、陆和建在 2008 年发表的《国内电子期刊采购研究论文述评》一文认为，关于国内电子期刊采购的研究成果整体研究水平有待提高，当时的研究成果主要集中在图书馆电子期刊采购的原因及步骤方面，难以满足图书馆工作的实际需求，同时在借鉴和利用国外相关研究成果方面做得不够。[9]李贺、周金娉的《国外开放获取期刊研究综述》一文对近年来广受关注的开放获取期刊的研究成果进行了梳理，提出应针对每个学科领域、对比不同发展阶段的情况，采用大样本量进行体系构建与模型分析。[10]刘春艳的《基于知识图谱的电子期刊研究领域可视化分析》一文运用数字信息可视化技术揭示电子期刊领域研究的演进过程，认为电子期刊的交流模式、电子期刊时代科学家们获取知识的行为变化、图书馆员在电子期刊时代对知识传播所起的作用是这个研究领域的知识基础，并对相关的研究成果进行了图谱式的分析和展示。[11]最后，立足全面性和未来发展的角度，对数字期刊研究进行总结与趋势预测的成果也有一些。如黄欣的《电子期刊研究综述》主要从图书馆等信息服务机构的角度出发，详细梳理了数字期刊研究成果中对于图书馆实践工作有价值的主要内容[12]。刘梅申、武旭在《电子期刊研究趋势预测》一文中重点谈到图书馆文献资源建设方略、公众文献信息需求的变化和电子技术的发展是影响电子期刊研究的重要因素，并基于此对电子期刊管理、电子期刊资源共享、著作权保护及电子期刊评价方面的研究方向做了预测。[13]这些综述性研究文献呈现出不同时期数字期刊领域的研究状况和热点，从不同侧面对这一领域的研究方向提出了期望和建议，对数字期刊的发展和研究起了重要的推动作用。随着数字期刊技术的迅速发展，现有的综述性成果显现出研究视角狭窄和局限的一面，定期对数字期刊的研究成果进行总结梳理及预测展望将对数字期刊的研究起到指引作用，并昭示出数字期刊时代发展的特性。

本文着眼于数字技术基础，通过对数字期刊的相关研究文献运用定量与定性两种研究方法进行统计与分析，全面考察年度发文量、作者、文献引用、来源期刊、关键词等方面的情况，揭示出数字期刊的研究脉络、研究状况、特点和发展规律，分析出当前研究存在的问题及未来的研究方向，为数字期刊的发展提供可借鉴的参考。

2 基于 CNKI 文献计量的我国数字期刊研究状况分析

2.1 数据来源与分析方法

基于查全率和查准率的考虑，本文选取了目前我国收录中文研究文献最为全面的中国知网 CNKI 数据库作为文献来源数据库，在其“中国学术期刊出版总库”中进行检索。

首先，选择“篇名”作为检索入口，通过本文研究主体“数字期刊”这一检索词进行精确检索；其次对通过检索所得部分代表性文献进行内容分析，以“数字期刊”的概念和特征进行界定，确定了 14 种扩展词进行共同检索，如表 1 所示；随后，运用“高级检索”方式对14种扩展词进行“或”“与”关系的检索，获取“数字期刊”相关研究文献3689篇（截至2014年11月27日）；最后利用文献管理和分析软件NOTEEXPRESS、bicomb和Excel等工具以及手工测算方式进行去重、数据清洗和数据挖掘提炼的工作，剔除掉资讯报道、杂志声明以及会议通知等干扰性文献，最终获得有效文献2429篇。

表1　与“数字期刊”具有同义关系的14组扩展词

	“数字期刊”													
	期刊								杂志					
具有同义关系的篇名检索词	电子期刊	电子化期刊	数字期刊	数字化期刊	网络期刊	网络化期刊	互联网期刊	期刊数据库	电子杂志	电子化杂志	数字杂志	数字化杂志	网络杂志	网络化杂志

注：14组扩展词均选择“篇名”检索路径，并进行拆词和“并含”关系的检索，以最大限度地保证查全率和查准率。

2.2　计量统计与分析

对检索所得研究文献的出版年份、著作者、来源期刊、关键词等加以统计分析，运用文献计量学的方法统计分析数字期刊领域的研究状况，总结此领域研究进程中取得的成果、存在的问题和可供参考的研究方向。

2.2.1　年度发文量分析

一个领域研究论文年度发文的数量变化在一定程度上反映了该领域的发展状况和研究者关注的热度及方向。CNKI数据库收录的我国数字期刊领域第一篇研究论文为蔡曙光编译的《科学交流系统的发展前途——从传统的杂志到电子杂志》一文，刊载于1986年第五期《图书馆学研究》，文中较为系统地介绍了1978年F. W. 兰开斯特在《关于无纸信息系统》一文里对未来杂志的预言，这篇文献能突破当时环境与技术的囿见，对电子杂志诞生的必然性进行介绍与阐释，具有一定的前瞻性[14]。此后，随着数字技术的发展，学术型期刊的数字出版、传统纸质期刊的数字化转型和大众化的纯数字期刊的诞生都对数字期刊的研究起了推动作用，数字期刊的研究有了突飞猛进的发展。

从统计信息来看，数字期刊领域的研究文献数量随年份增长呈波动性递增的态势，如图 2 所示。在 1986—1994 年，每年数字期刊的相关研究文献均为个位数；20 世纪末的最后五年，论文数逐年成倍增长，并在 2001 年达到 100 篇；此后的十来年间，除在 2004 年和 2010 年出现了研究文献数的波谷现象，其余年份的研究数量基本都是稳步增长或者持平状况。与年度发文数的变化密切相关的为该领域发展情况的变化，数字期刊本身发展的变化明显地反映在数字期刊的研究走势上。我国数字期刊的发展经历了几个阶段，每个阶段的跌宕起伏直接影响到数字期刊的研究状况：首先，数字期刊的研究从发端到 20 世纪 90 年代初，正是国内数字期刊发展的准备阶段，相关的研究文献非常少，主要以介绍国外的期刊数据库和探讨国内数据库的建设等方面的研究为主；随着维普、CNKI 和万方三大国内数据平台建设的推进，国内学术界对于期刊数据库的研究热情高涨，进入 21 世纪之后发文量持续上升；而 2001 年中国加入世界贸易组织，又引发了国内数字期刊界对版权问题的关注热潮，这一领域的研究文献急剧增多；2003 年后国内出现了一种新型数字期刊，业内俗称“多媒体互动杂志”或“电子杂志”，该类型数字期刊发展持续升温，直至 2006 年为发展高潮，被业界称为“电子杂志元年”，相关研究在 2007 年达到了最高峰，但此类杂志发展后续乏力，盈利模式难寻，很快便萎缩并被其他新型数字媒体形式的发展热潮掩盖，关于数字期刊的研究逐渐走低，在 2010 年呈现出小幅下降的状况[15]；近年来，数字技术的持续发展和移动阅读的兴起，使得数字期刊的发展又表现出强大的生命力，激发了学者们的研究热情[16]。总的来说，目前数字期刊的研究在波折中增长，不管是数字化的学术期刊还是大众类数字期刊的研究，目前都步入了相对稳定的研究期，研究主题逐渐向纵深拓展。

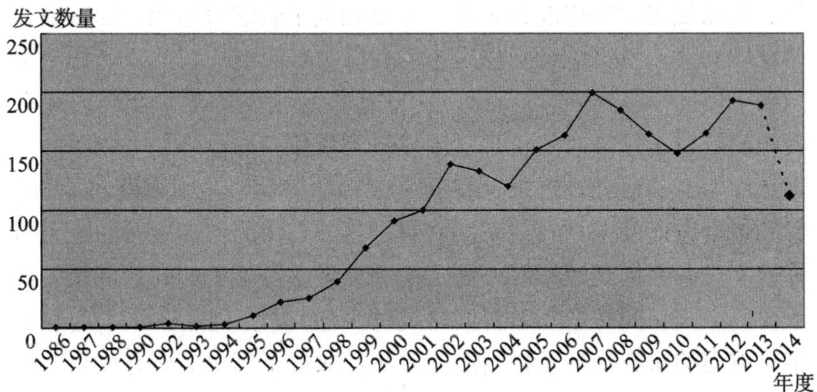

图 2　文献量逐年变化曲线图

注：本文文献检索时间截止于 2014 年 11 月 27 日，鉴于 CNKI 收录文献有一定的滞后性，因此 2014 年此领域的发文总数并不是本年度最终数量，仅具有一定的趋势参考性，以虚线表示。

由年度发文数量的曲线图看出，我国数字期刊领域研究文献量的变化集中反映了数字期刊本身发展的程度和趋势，体现了研究者紧跟行业发展步伐，突出行业发展热点的特点，但也从侧面体现出研究者的研究前瞻性不够、指导性不足。提前预见与引导业界的发展应是学界进行科学研究的重要责任与使命。

2. 2. 2　作者分析

本次检索所得的 2429 篇论文共涉及 3048 位作者，未署名的文献为 23 篇。从单个作者来看，发文最多的为上海大学图书馆的鲍国海，一共发文 19 篇，发文数量远远领先于其他作者，发文主题集中在期刊数据库文献的统计与分析方面，着眼于分析中国科技类期刊被国外知名数据库收录的情况，其文全部刊载于《中国科技期刊研究》，其关于期刊数据库的研究论文集中刊发于 2000—2009 年。发文数排名第二位的作者为解放军医学图书馆的陈建青，共发表 8 篇论文，其侧重于期刊专门领域数据库的应用型研究，主要是医学领域的中外数据库的特色与建设的比较研究。陈建青所写研究论文往往涉及多位作者，为团队合作完成，说明在专门性期刊数据库的研究中，需要多门学科的综合应用，团队合作能发挥更强的优势，文献发表时间跨度为 8 年，主要刊载于医学研究期刊和情报学研究期刊上。发文数量同样为 8 篇的研究者为天津石油职业技术学院图书馆的于新国，他在 2004—2010 年持续关注学术期刊的免费资源的获取，这段时间正是学术界研究开放获取电子期刊资源的一段热潮期，其研究成果被《科技文献信息管理》《图书情报论坛》等图情学方面的期刊刊载。发文数量排前三位的作者所做的相关研究基本集中在期刊数据库方面。期刊数据库是学术期刊数字化的最重要的方式，同时也是学者们研究的“重地”，我国在学术期刊数字化方面的研究受到了相当多的关注，取得了不少的研究成果。此外统计还表明，其他研究者的发文数量依次递减（如图 3、表 2 所示），除仅发表 1 篇文章的边缘作者外，发表多篇论文的研究者数量不少，可见不少研究者认为数字期刊很有研究价值，并围绕这一领域开展了深层次多视角的研究。

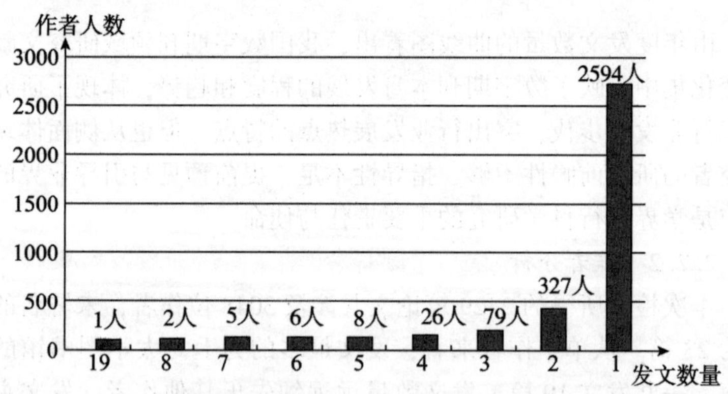

图 3　作者人数与发文数量对应图

表 2　**发表文献数量 5 篇（含）以上的作者统计**

作者	发文数	作者	发文数	作者	发文数	作者	发文数
鲍国海	19	陈建青	8	于新国	8	张静	7
李莉	7	李静	7	梅海燕	7	秦珂	7

续表

作者	发文数	作者	发文数	作者	发文数	作者	发文数
曾凡斌	6	王颖	6	诸平	6	陈丹	6
雷春炳	6	颜世刚	6	余树华	5	刘洪	5
刘继荣	5	刘蓉	5	刘雪立	5	叶继元	5
罗艺	5	袁琳	5				

注：鉴于文献检索查全率与查准率的综合考虑，此表中作者与发文数量有可能为不完全统计。

2.2.3 文献下载频次及被引情况分析

文献的下载数量、引用和被引频次往往能从量和质上反映研究文献的受关注度和学术影响力，下载和被引相对集中的论文反映了该领域的研究热点。研究文献的引文数量及引文关系，会凸显出高质量的核心文献，被引用频次越多，与引用文献的关系就越紧密，同时，核心文献的凸显也能反映当前的研究集中点。

从下载次数和被引频次居前 20 位的文献来看（如表 3、表 4 所示），数字期刊的市场现状、数字期刊的盈利模式、期刊数据库的建设以及数字期刊与图书馆工作等方面的主题，是当前学者们关注的热点。同时位列两张统计表格的文献只有两篇，即程维红等所作《我国科技期刊由传统出版向数字出版转型的对策建议》一文和曾凡斌的《多媒体互动电子杂志发展的瓶颈及出路》一文，说明所做研究既要紧跟学术研究热点，又要有较高的内容质量被同行所认可，难度较大。纵观 20 世纪 90 年代末至 21 世纪初的 10 年，高下载量和高被引文献呈均匀分布，数字期刊研究领域的研究呈现较为稳定和持续性的一面，目前尚未凸显出核心作者和核心文献。

表 3　**下载次数居前 20 位的文献情况统计**

序号	下载次数	篇名	作者	来源期刊	刊载日期
1	2619	网上三大中文期刊数据库特点功能比较	顾立茵	现代情报	2005/1

续表

序号	下载次数	篇名	作者	来源期刊	刊载日期
2	2099	我国科技期刊由传统出版向数字出版转型的对策建议	程维红,任胜利,路文如,严谨,王应宽,方梅	中国科技期刊研究	2011/4
3	1568	中国期刊网在线检索模式与检索技巧	钱树云	江苏工业学院学报(社会科学版)	2004/2
4	1522	EBSCO 和 SpringerLink 外文期刊数据库比较研究	聂应高	晋图学刊	2005/1
5	1449	清华同方(CNKI)与重庆维普(VIP)数字期刊全文数据库的比较与分析	李丽	甘肃科技	2006/11
6	1361	国内两大全文电子期刊数据库的比较与分析	李军英,潘洁	图书馆学研究	2003/5
7	1338	电子杂志受众研究	陈刚,陈经超,宋文婕,周钊	广告大观(理论版)	2008/2
8	1335	电子杂志广告效果探析——基于消费者的广告效果实验比较分析	陈经超,李雨芩,杨帆	广告大观(理论版)	2008/1
9	1047	电子杂志市场分析	严威,谷燕	中国传媒大学学报(自然科学版)	2008/1
10	1010	中文学术期刊数据库的比较研究	谭捷,张李义,饶丽君	图书情报知识	2010/4

续表

序号	下载次数	篇名	作者	来源期刊	刊载日期
11	977	Metrosexual 潮流在中国——对男性时尚电子杂志商业广告的内容分析	周雨,岑清	新闻大学	2009/1
12	974	我国期刊数字出版盈利模式研究	王秋艳	中国出版	2010/18
13	974	多媒体互动电子杂志发展的瓶颈及出路	曾凡斌	编辑之友	2007/1
14	934	迎接电子杂志时代——电子杂志市场与读者现状分析	传立媒体 insight 部门	中国广告	2006/10
15	866	电子杂志产业发展研究	陈刚,陈经超,李世凡,程晓博	广告大观(理论版)	2008/3
16	799	开放获取期刊数据库的评价	刘辉	大学图书馆学报	2007/1
17	790	国内三大期刊全文数据库优势与特色评述	王平南,吴娅娜	图书馆	2008/5
18	787	中文四大全文期刊数据库比较分析	许芳敏	图书馆工作与研究	2005/2
19	773	电子杂志的发展现状及趋势	聂华	大学图书馆学报	1999/4
20	772	电子杂志市场调查分析报告	伍凌燕	新闻爱好者	2009/22

注：按照1%左右的比例，选取了2429篇文献的前20篇进行分析，旨在考察文献下载频次和被引情况对数字期刊领域核心文献的凸显状况（表4同）。

表 4　　被引频次居前 20 位的文献情况统计

序号	被引频次	篇名	作者	来源期刊	刊载日期
1	94	数字时代期刊媒体的整合趋势	丁乃刚	编辑学报	2002/11
2	61	我国科技期刊由传统出版向数字出版转型的对策建议	程维红,任胜利,路文如,严谨,王应宽,方梅	中国科技期刊研究	2011/4
3	53	关于电子期刊的几点思考	赵丹群	图书情报工作	1998/5
4	53	电子期刊收集策略探微	叶继元	中国图书馆学报	1998/5
5	52	网上电子期刊研究	彭伟	情报科学	2000/4
6	49	优先数字出版是提高学术期刊出版速度的一种新模式	汪新红	中国科技期刊研究	2011/1
7	46	如何利用中国期刊网审稿	王淑华	编辑学报	2001/4
8	45	现阶段大学图书馆印刷型与电子型外文期刊订购现状分析及建议	谢泽贵	大学图书馆学报	2006/1
9	45	电子期刊及其对图书馆工作的影响	承欢	大学图书馆学报	1996/3
10	44	纸本期刊与电子期刊：国家图书馆与公共图书馆的两难选择	陈力	中国图书馆学报	2003/6
11	39	高校图书馆电子期刊资源利用现状与对策——基于复旦大学图书馆读者调查实证研究	叶琦	图书馆学研究	2007/6

续表

序号	被引频次	篇名	作者	来源期刊	刊载日期
12	38	电子期刊导航系统的建立与维护	黄美君，姜爱蓉	大学图书馆学报	2001/6
13	35	多媒体互动电子杂志发展的瓶颈及出路	曾凡斌	编辑之友	2007/1
14	33	网络电子期刊出版模式研究	臧国全	中国图书馆学报	2003/1
15	32	国外电子期刊发展研究	罗良道	图书馆杂志	2001/3
16	31	高校图书馆电子期刊与纸质期刊的比较研究	谢桂芳	图书馆论坛	2004/5
17	31	清华同方（CNKI）与重庆维普（VIP）网络版中文期刊全文数据库的比较研究	韩红，朱江，王桦，柴苗岭，郑甦	现代图书情报技术	2003/6
18	31	互联网上3种中文期刊全文数据库比较研究	王欣，孟连生	图书情报工作	2002/6
19	31	电子期刊与印刷型期刊的特点及收藏结构初探	罗小平	国家图书馆学刊	2000/2
20	29	网络电子期刊对图书馆期刊工作的影响及对策	刘学燕	图书馆工作与研究	2001/4

2.2.4 作者单位来源分析

根据发文作者的单位来源看，2429篇论文作者分别来自2014家单位，分布比较分散，一方面说明数字期刊的发展涉及各行各业方方面面，受到了来自不同单位不同部门甚至不同领域的众多研究者的关注；另一方面也说明并没有出现数字期刊出版的权威研究部门。各高校的研究人员发文最多，为1031篇；图书馆（含大学图书馆）发文量次之，为921篇，上海大学图书馆则是此领域发文量最多的单位；各期刊编辑部（含大学学报编辑部）一共发文245

篇；研究所发文54篇，另外，其他单位的研究文献各有散见（如图4所示）。可见，目前数字期刊的研究机构以各高校及图书馆为主，其所属研究人员的发文量占全部文献的80%，各高校的研究人员主要来自图书情报与档案、编辑出版、新闻传播、计算机、艺术设计及医学等学科专业的教师，研究文献的主题分布较广；同时图书馆研究人员的研究行为活跃，成为研究期刊数字化检索、收藏和利用等方面的主力军。

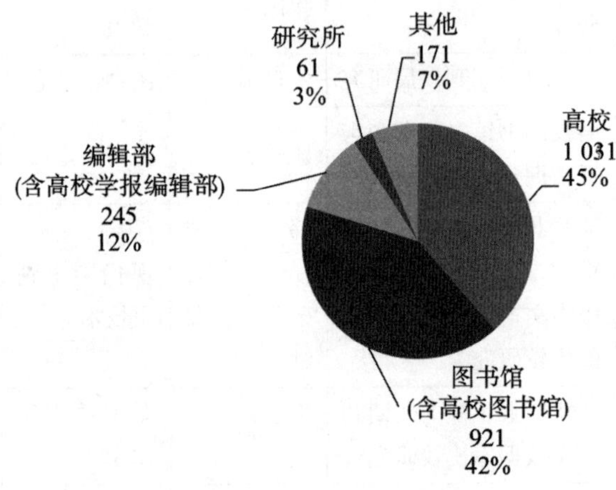

图4　发文作者的单位来源构成

2.2.5　文献来源期刊分析

发表数字期刊研究论文的期刊一共有690种，涉及多门学科专业。其中发文数为两位数以上的期刊仅有49种，显示出对数字期刊研究关注的期刊平台相对集中。在所有刊文期刊中，《中国科技期刊研究》发文数最多，为132篇，占所有此领域研究论文的5.43%，符合其刊物定位与宗旨："立足于中国科技类期刊发展规律的研究，以促进期刊事业繁荣。"[17]发文数量超过20篇的29种期刊（如图5所示），主要以图书情报学与新闻传播领域的期刊为主，其中图书馆、情报与文献学学科领域的学术期刊占19席，新闻传播学学科的学术期刊占9席，其他学科只有1种；尤其是图书馆、情报文献学对于数字期刊关注度非常高，主要侧重在学术期刊的数据库的建设和使用等方面。根据 CSSCI（2014—2015）发布的来源期刊收录目录，在这 29 种期刊中，图书馆、情报与文献学学科领域占有 10 种，新闻传播学学科则为 6 种，可见在数字期刊的出版领域中，不少具有权威性和影响力的期刊给予了数字期刊研究较多的关注，也反映出此领域的问题是业界和学界关注的热点。

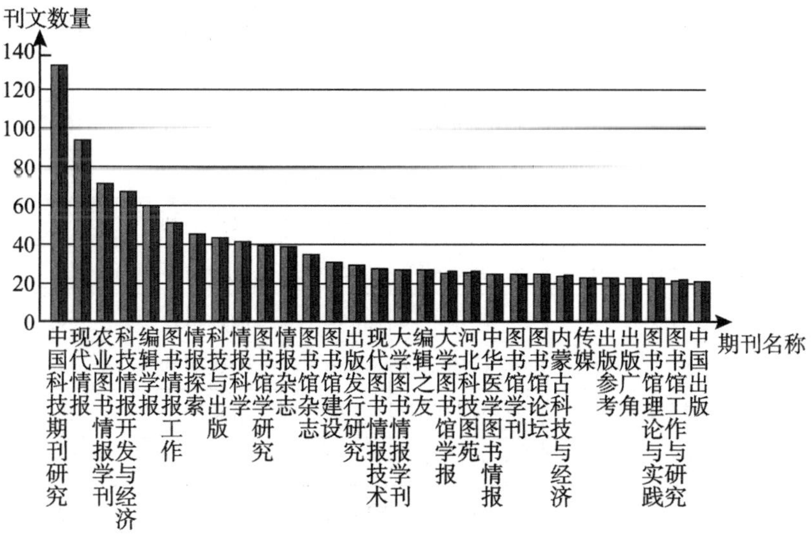

图 5　刊文数量超过 20 篇的期刊统计

2.2.6　关键词出现频次分析

论文中关键词出现的频率，常常用来分析判断研究领域的关注热点。从本文检索的 2429 篇文献来看，关键词涉及范围很广，排名前 60 位的高频关键词（如表 5 所示）中，代表细分化研究主体的“科技期刊”“学术期刊”“数据库”“图书馆”等词出现频率最高，说明学术、科技期刊相关领域最受关注；其次关于数字期刊的工作、管理信息服务、发行等流程方面的研究也颇受瞩目；同时在个案研究方面，龙源期刊网、中国知网等知名期刊数据库平台频频被提及；与产业发展相关的盈利模式、发展趋势、期刊评价等方面的研究也较多；另外，医学专业期刊方面的数字出版进入了高频词关键词范围，说明专业性较强的学术期刊的数字化也有不少学者在研究。总的来说，数字期刊领域的研究有集中的热点，也有一定的广度，但是研究的同质化程度相对较高，创新性研究不足。

表 5　**数字期刊研究文献前 30 个高频关键词统计**

关键词	出现频次	关键词	出现频次	关键词	出现频次
电子期刊	733	电子杂志	258	科技期刊	161
数据库	146	图书馆	133	学术期刊	110
期刊	107	高校图书馆	104	数字出版	101
纸质期刊	79	全文数据库	72	印刷型期刊	72
期刊工作	64	期刊管理	64	数字期刊	53
网络电子期刊	51	期刊数据库	50	网络杂志	44
中国期刊网	43	网络	42	信息服务	36
出版发行	36	检索	36	中文期刊	35
外文期刊	32	龙源期刊网	30	利用	28
数据库建设	27	核心期刊	27	医学期刊	27

注：2429 篇研究文献的关键词共 4684 个，其中 4545 个关键词出现频次低于 10 次，认定为低频关键词；而从出现频次超过 10 次的 138 个关键词中，根据“二八定律”提取了前 30 个最核心的高频关键词。

当前数字期刊的研究文献呈现出来的年度发文量、作者发文数量、文献下载频次及被引情况、作者单位构成、文献来源期刊、关键词频次等信息，展示出当前我国数字期刊研究起点及发展峰谷值的客观镜像，并为系统分析和了解当前数字期刊研究的状况、特点、规律及趋势提供了具体依据。

3　我国数字期刊研究类型的差异和现状

经过 20 多年的发展，数字期刊的研究文献数量增长快增幅大，研究的主题和内容呈现纵深化趋势，不同类型数字期刊的发展研究日渐突显，且渐成规模。

3.1 以“期刊”与“杂志”为核心词的研究有明显差异

学界关于“期刊”与“杂志”的概念的探讨由来已久，本文对“数字期刊”相关研究的分析，立足于期刊在数字化方面研究成果的总结，并未着墨在“期刊”与“杂志”的辨析之上，但现有统计数据呈现出一个值得关注的研究现象。

研究者在进行科学研究时候，更倾向于用“期刊”二字来凸显研究的学术性，搜索篇名以“期刊”为核心词的文献篇数为1901篇，而搜索篇名以“杂志”为核心词的文献为528篇，在数量上，含“期刊”核心词的“数字化”的研究文献比含“杂志”核心词的“数字化”研究文献数量要高出近四倍。

此外，通过分析包含两类不同核心词的文献类型和主题，以“杂志”为核心的“数字化”研究文献往往以大众化期刊为研究主体，比如一些市场化程度较高的期刊《时尚》《财经》等，以及一些互动多媒体的纯电子期刊，如徐静蕾的《开啦》等；而以“期刊”为核心词的“数字化”研究文献，主题词往往集中在学术期刊、科技期刊以及期刊数据库等方面。

以上现象，一方面映射出当前人们心目中关于“期刊”与“杂志”固有印象的区分：不少学者认为“期刊”往往是指学术性较强的杂志，而“杂志”的内容则体现了五花八门的“杂”，所以常用来指那些易被普通大众阅读的消费类期刊；另一方面，这种现象反映在数字期刊研究领域，含“期刊”二字的研究论文数量远远多于含“杂志”二字的研究论文数量。可见，国内对学术期刊的数字化研究相比于大众类期刊来说，成果更为丰富，研究行为更加积极。

3.2 数字期刊纵深化的类别研究脉络

从数字期刊的分类来看，学术型期刊数据库、传统期刊的数字化形式以及多媒体数字期刊等不同类型数字期刊的特性差异明显，研究的针对性也不同，目前国内学者已经针对不同类型数字期刊的发展提出了不同的建议。比如针对学术期刊的数字化研究方面，有数据库的建设与发展的策略研究，有优化数字期刊编审机制的研究，有掌握学科态势提高刊物的影响力的研究等；在传统期刊的数字化转型方面，有积极探索数字期刊版权、数字期刊的阅读需求及国外数字期刊发展之道等研究；在大众类多媒体杂志方面，探讨了杂志广告的新型盈利模式，视觉设计效果的实现以及内容与形式的相互关系等，不同类型数字期刊的研究逐渐细化深入。

3.2.1　学术型期刊数字化出版研究

以小众读者群为主的学术型期刊一般依托数据库平台进行数字出版。这一类专业学术期刊数量众多，研究者队伍庞大，研究成果也非常多，随着中文科技期刊数据库、中国知网（CNKI）及各类专业性期刊数据库逐步发展，相关研究成果层出不穷。最早的研究文章为 1987 年 12 月汪季贤等发表的《期刊文献数据库管理系统》，从期刊管理工作的角度，详细介绍了利用汉字 DBASEI 开发期刊数据库实现期刊自动化管理的步骤。[18] 根据前文统计结果显示，下载量最大的前五篇文献均为关于学术期刊数据库的研究。其中，顾立茵的《网上三大中文期刊数据库特点功能比较》一文从收录范围、信息发布、检索系统、全文浏览器等方面对常用的三种中文数字期刊库进行了对比分析，指出了它们的优势和不足，并提供了这三种主要电子期刊库的使用指南。[19] 钱树云在《中国期刊网在线检索模式与检索技巧》中论述了中国期刊网的在线检索模式和九大检索技巧，探讨了高效率的知识生产与应用的方式和途径。[20] 邓修权等人发表的《核心能力构成要素的调查分析——基于中国期刊全文数据库》一文则侧重于对中国期刊全文数据库中有关核心能力的文献构成要素进行分类分层，就其认同程度做了调查分析。[21] 王欣、孟连生发表的《互联网上 3 种中文期刊全文数据库的比较研究》，从收录范围、标引质量、更新频率、检索功能、输出形式和用户界面对比了 CNKI、维普和万方三大数据库的优劣，并提出数据库的建设与发展的策略[22]。

此外，有学者基于数字技术对于类型化的学术期刊的办刊策略也进行了思索，如王宏江的《信息时代体育学术期刊的办刊策略——基于CNKI数据库的实证分析》提出科学利用数据库信息，掌握学科态势，优化编审机制，提高刊物的影响力[23]。在数字期刊的著作权问题方面，官文娟的《试析期刊全文电子数据库的著作权问题》一文建议从建立期刊著作权集体管理组织入手，采取“著作权法+反不正当竞争法+合同法”的保护模式以及尽快制定独立的数据库特殊权利保护制度来解决著作权问题，也颇引人关注。[24]下载次数和被引频率都居前列的由程维红等人撰写的《我国科技期刊由传统出版向数字出版转型的对策建议》一文是较新的研究成果，其对专业性较强的科技期刊的数字化发展提出了更具综合性的几大深化策略：在完善数字产业链方面，要创新期刊数字出版体制机制；在期刊经营的多元化方面，要创新期刊数字出版盈利模式；在集成规模化的出版发行平台方面，要建好期刊网站，树立期刊网络品牌；在科研成果的广泛传播和利用方面，提倡学术期刊的开放存取出版；在实现向内容服务商角色的转变方面，增加服务意识；在人才培养方面，注重懂出版、懂新技术、懂管理的复合型人才的培养；同时，还要重视和掌握期刊内容的“信息网络传播权”和优化出版流程，实现期刊的复合出版。[25]

3.2.2 传统期刊数字化出版研究

数字时代下，传统纸质期刊纷纷通过自办网络出版或者加入公共数字期刊出版平台等方式谋求新发展，引起学者关注。在个案研究方面，黄玉蕾《财经期刊的数字化生存——以〈财经〉杂志为例》一文以《财经》杂志为切入点分析了我国期刊数字化的背景与现状，从新闻生产流程的数字化改造、传播功能的数字化改造和传媒经营管理的数字化运作三个层面着眼，提出差异化策略、内容提供商和跨媒体整合资源是财经杂志的数字化生存之道。[26]在数字化阅读方面，陈丹、辛晓磊在《基于龙源期刊网的数字期刊阅读差异化》一文中提出，“不同类型的用户在进行期刊数字阅读时，会体现出一定的阅读差异性；个人付费阅读市场尚需培育；网络传播的软硬件环境对数字化表现形态的选择有影响；期刊品牌的影响力在数字图书馆的用户中体现非常明显”。[27]在编辑环节应对数字化的变革方面，吴嘉睿、张子中提出传统的期刊编辑应顺应数字化转型潮流，做出适当调整，明确转型中自身职能的“变”与“不变”。期刊编辑应改变编辑加工思路，多样化策划、个性化定制版本，注重读者的阅读体验；学习新技能迎接挑战，掌握多媒体的运用、提升内容精编能力和展示效果。[28]传统期刊数字化的侵权问题较为严重，不少研究者基于此提出了解决方案，马睿在《期刊数字化出版与著作权保护》一文探讨了期刊数字化出版作为一种新的出版方式，其信息容量大、传播速度快、检索便捷等优点与网络开放性带来的轻而易举的侵权行为的缺点并存。在此背景下，文章认为作者、传统期刊的主办者、网络出版商三方在增强著作权保护意识的同时，应签订合同，理清各自的权利和义务，同时采取有力的技术防范措施，以适应新形势下著作权保护。[29]罗艺的《国外杂志的数字化生存之道》则是数字期刊发展“他山之石”的研究之作，该文探讨了出版业在数字化过程中的路径和技术渠道之间的关系，并谈及了日本在新旧媒体共融时对商机的把握、美国传统杂志改进内容生产的方式以顺应新技术潮流的做法以及国外的网络增值模式的策略。[30]

3.2.3　以多媒体互动为主的纯数字期刊出版研究

2003年《酷乐志》的诞生掀起了新一轮的数字期刊的发展高潮。这类融文字、图像、音频和视频一体的数字化互动杂志，人们习惯称之为“多媒体互动杂志”或“电子杂志”。这类杂志的审批程序与制作方式相对简单，受到制作者的欢迎。一时间涌现出大量电子杂志，从早期的《爱美丽ME》《男人志》及徐静蕾的《开啦》等草根、名人类电子杂志纷纷面世；到多家大型电子杂志发行平台迅速崛起，风靡一时的XPLUS、ZCOM、POCO相继包装上线；再到当前大热的数字杂志移动端的各类应用和产品层出不穷，研究者纷纷对这一新鲜事物投以热切的关注，开展了各种角度的研究。严威、谷燕在《电子杂志市场分析》一文中，对电子杂志发展的历史和国内外主要的电子杂志商做了介绍，分析了电子杂志读者特征、阅读终端方式以及网络发行等盈利模式的构成。[31]高冬成的《电子杂志的主流化之路》一文认为，新兴的多媒体互动型电子杂志应“在整合产业资源，打造内容精品，精准设计广告投放方式等方面开放设计”，并通过与传统杂志的对接来发展电子杂志的主流化之路。[32]曾凡斌的《多媒体互动电子杂志发展的瓶颈及出路》一文则更具有代表性。立足PC端的多媒体互动电子杂志自经历了2006年发展高峰之后停滞不前，甚至有人发出了“电子杂志已死”的哀叹，主要就是因为电子杂志这一形式遭遇技术障碍、盈利模式不明朗。曾凡斌针对这一现象指出电子杂志要突破发展瓶颈，就“要与信息媒体合作提高内容质量；将技术的提高作为电子杂志发展的保障，强化互动功能；扩展除广告之外的其他盈利模式，如通过电子杂志增值服务、开展电子商务等多种方式来进行”，这一思考至今仍有启发作用。[33]多媒体互动型电子杂志发展至今，在移动终端焕发出了新的生命力，并引起了研究者的关注。崔颖在《杂志APP的背景研究》一文中，对杂志APP在满足受众阅读习惯的改变、缓解传统杂志业的生存困境等方面的重要意义进行了阐述。[34]而徐霖杰、龚伟丽的《移动电子杂志〈ONE·一个〉的运营模式探析》中更为具体地总结了韩寒团队运营《ONE·一个》这一电子杂志的成功经验，从品牌战略、产品内容、发行渠道、广告营销、盈利方式等方面分析其移动端数字化互动杂志的运营模式。[35]这些研究均带有前瞻性和指导意义，也揭示了数字期刊未来的发展方向。

4 数字期刊研究的特点

现有的数字期刊领域的研究成果，在质和量上都有了突飞猛进的提升，兼顾了研究层次上宏观的指导和微观的实践，观照了时代的发展和科技的创新。数字期刊的研究日益深化，体现了理论与实践的结合。不同类型的数字期刊出版活动在不同的阶段表现出不同的特点，这一现象同样反映在数字期刊出版活动的研究中。总的来说，数字期刊的研究特点在以下两个方面表现明显：

4.1 遵循传统的思路——关注期刊本身的出版流程

4.1.1 思考数字期刊如何体现编辑特色

较新的一些研究成果显示，不少研究者开始透过数字期刊绚丽的外表来关注数字期刊与传统期刊的共性，他们认为编辑环节仍然是数字期刊要关注的重点，好的编辑决定好的内容，好的内容才能吸引读者。李海燕在《关于我国电子杂志的新特点及编辑过程的研究》一文中，认为电子杂志的新特点体现在写作风格、编辑风格和内容选材等方面，编辑过程应该突出这些新特点。[36]王轩的《浅谈电子杂志的编辑理念与视觉传达》一文提出数字期刊可以发挥超文本链接优势，利用多媒体手段，借鉴影视、广播的编辑理念，选择合适的信息传达方式。[37]孙珏在《〈物志〉数字杂志编辑思想小议》一文中具体统计和分析了 11 期《物志》刊物，他认为这一依托电子杂志平台发行 7 万份的电子杂志用“跟踪”思想追踪读者的点击行为和阅读习惯，坚持原创性的内容与形式的配合赢得读者，注重了全流程与整体化的编辑思路。[38]这些针对数字期刊新特征提出的创新性的编辑手段的研究，对于数字期刊的发展有具体而实际的帮助。

4.1.2 重视数字期刊的设计美感与技术实现

数字期刊面世即以绚丽的表现形式和突破常规的技术形式吸引了人们的眼球。在数字期刊的设计和技术方面实践探索者颇多，也引起了研究者的关注。比如王愿石的《多媒体电子杂志的色彩设计研究》对电子杂志色彩上的特性进行了总结，认为其色彩无限变化、响亮明快，设计自由度高，但同时又难于掌握，使用不当容易造成色彩泛滥而影响美观。[39]张剑的《电子杂志的视觉导向设计方法初步研究》认为在视觉上读者的阅读视线从简单的线性变为多维的超链接，从选读精读到随意浏览，从静态发展为动态，从被动到互动选择的变化，决定了电子杂志在设计上要强化引导、规划流程设计和整体布局。[40]蒋永华等学者在《电子杂志版面编排与网格设计》中着重谈到电子杂志的版面网格问题，从读者阅读感受和电子杂志特性来说，在版面编排上合理安排“破格”与“合格”

会达到和谐的效果。[41]

4.2 围绕数字期刊发展展开——关注数字期刊的建设与盈利模式探讨

数字期刊自诞生以来，业界一直在“如何盈利、如何发展”之路上孜孜探索，不仅因为学术型期刊数据库要实现可持续发展，传统期刊要进行数字化市场的开拓，也因为这是多媒体数字期刊亟须突破的发展瓶颈。盈利模式这一问题伴随着数字期刊发展困境和现存问题的研究频频被提及，从数量上来说，这一领域的研究成果占据了几乎一半的比例。沈剑虹在《机会与策略——数字杂志的广告盈利分析》一文中根据艾瑞市场咨询（iReserch）的数据，提出电子杂志具有经营广告的优质平台，却并没有打造出属于自己的天空。他认为知名度不大的数字期刊平台可以借鉴名人电子杂志的经营广告的策略创新广告服务模式赢得客户，从而解决利润的问题。[42]魏彬与麦尚文等学者则一致认为解决数字期刊盈利等问题需要从深层次找原因提对策，前者认为寻求资本的运营、内容深度开发以及规制创新是解决策略[43]；后者提出以全新的杂志内容融合理念贯穿至跨媒体资源共享、跨平台信息发布和交互性产品设计中，做好“互动”与“聚合”，才能做好数字期刊的核心业务，从而赢得客户获得利润。[44]

5 数字期刊研究中的不足和未来的研究方向

5.1 研究的不足

我国数字期刊的研究状况及当前数字期刊研究进程中呈现的特点，折射出研究者的研究行为及偏好，反映了在这一领域中研究的缺陷及需要调整的方向，主要表现在以下几方面：

5.1.1 研究人员的构成失衡，亟须构建合理的研究队伍

高校一直是数字期刊研究的主要阵地，不管是在学术类期刊的研究还是在大众类期刊的研究领域；其次，图书馆的工作人员进行

科学研究的参与度也较高，研究成果较为丰硕。期刊的直接生产部门——期刊编辑部的人员在研究上有参与，但是研究文献的产出明显少于高校与图书馆界，尤其在大众化的数字期刊的研究方面，期刊界的研究者参与甚少。业界的丰富经验对于数字期刊研究的推动作用不可小觑，更为合理的研究队伍的构成将会有利于数字期刊研究和数字期刊本身的发展。

5.1.2 出版流程研究的着力点不够均衡，需要强化出版前、中端工作的研究

数字期刊作为出版物的一种形式，其出版的整个流程分为出版前、出版中、出版后三个阶段，出版前期工作包括策划组稿，出版中包括审稿、编辑加工、校对、装帧设计等，出版后则是直接面向读者和用户的发行和利用。从本文所统计的研究文献情况来看，出版后期的数据库的研究、面向读者和用户使用的研究成果最多，这点从图书馆工作人员作为为读者服务的机构人员，积极参与数字期刊的科研，出版了大量的研究成果中得到了印证。相比较而言，对数字期刊的内容开发、编辑工作的研究略显薄弱，出版前和出版中的行为研究较为欠缺。随着数字期刊越来越受到读者的关注，对数字期刊内容的研究和工作规律的探索必将会迎来新的研究热潮。

5.1.3 研究视角广阔性和前瞻性不足，应加强研究的指导性以促进行业发展

从文献数据分析来看，数字期刊的研究往往是紧跟热点，反映热点，能够提前预示和指导数字期刊发展的研究不多。当前数字技术的发展日新月异，数字期刊在关注前沿、以研促产方面还有很大的空间，比如数字期刊与移动终端相结合如何为数字期刊发展找到新契机；读者的阅读行为如何与数字期刊的服务功能相关联[45]；基于媒介融合基础上的数字期刊的发展的广阔空间何在[46]，等等，这些都是期刊发展与数字技术紧密结合的问题，相关的指导性研究不应缺失。另外，当前的数字期刊，总的来说投入大于产出，盈利模式的探索仍然不明朗，针对数字期刊的盈利与发展模式的研究，直接关系到数字期刊的生存，与这一领域相关的研究涉及方方面面，虽取得了一些成果，但随着信息时代的推进，还需进一步的探

索，以指导业界继续前行。

5.2 数字期刊出版研究展望

目前数字期刊的发展状况和研究情况均反映出，数字期刊的以研促产还有很大的发展空间。在未来的数字期刊出版研究领域，有这样三个重要课题值得我们关注。

5.2.1 数字期刊与移动终端相结合的研究可以为数字期刊发展找到新契机

随着 iPhone 和 iPad 的推新、亚马逊 Kindle 上市，智能化的手持阅读技术开创了阅读新时代。目前，超过 80%的城市人口使用智能手机与平板电脑等手持移动终端，在一线城市，这一数据甚至高达 90%以上，并显示出持续上升的态势[47]，这意味着知识人群越来越习惯于使用手持阅读设备进行阅读。数字阅读开始慢慢从 HTML 平台转向 APP 互联网。

相比于图书，期刊更适宜浏览阅读和休闲阅读，而在色彩和阅读愉悦性方面又远胜于报纸，因此，期刊天然地具有适合手持阅读、移动终端阅读的特性。但从实际使用状况来看，慧聪网发布的《中国智能机用户使用习惯调查报告》显示，读者对于电子书和电子报的阅读比率远比数字期刊的要高，说明这一领域的发展与研究尚未引起数字期刊出版界的重视。目前一些数字期刊平台如 POCO、XPLUS、龙源期刊网等已经开发了 APP 手机应用，传统纸质期刊如《中国新闻周刊》《中国国家地理》《时尚》也有同步 APP 应用供读者手机下载阅读，但绝大部分的期刊并没有开发此项业务。数字期刊与移动终端的结合作为未来数字期刊发展的一大契机，研究者应加大研究的力度，以促进产业发展。

5.2.2 数字期刊读者阅读习惯与倾向的研究

大部分的研究者都认同不管技术如何变化，数字期刊都不可放弃对内容的重视，而内容的编辑与制作又要密切贴合读者的需求。因此，对于读者的阅读行为习惯和倾向的研究就显得尤为重要。

在数字信息时代，研究者可以从更多层面对读者的阅读习惯与倾向进行研究。读者使用鼠标点击文章的顺序，页面停留时间的长短，点击广告的观看时间，进入论坛浏览与发言等行为习惯都能通过后台管理系统获知，这就从技术角度加强了搜集和分析读者的阅读行为、流程、习惯、兴趣的精准度，据此可以建立起针对性强的读者数据库，根据数据库信息提升内容品质，并进行广告营销。与此相关的研究论文有一些，但并没有明确提出应如何测算并分析读者的阅读行为。因此，数字期刊读者的阅读行为研究是研究者们应该也必须要加强研究的重要课题。

5.2.3 多元化的数字期刊盈利模式研究

数字期刊自诞生以来，业界一直在"如何盈利、如何发展"之路上孜孜探索，研究者们围绕着学术型期刊数据库要实现可持续发展，传统期刊要进行数字化市场的开拓，多媒体数字期刊亟须突破的发展瓶颈进行了广泛的研究。无论哪一种类型的数字期刊的发展，本质上追求的仍然是如何获得读者青睐、如何可持续发展；而在不同的数字期刊的发展和盈利模式上，可以寻求更多的可能性，以供数字期刊发展参考。比如在借鉴国外成功的期刊数据库的经营经验方面，寻求资本运营、内容深度开发和规制创新方面；与数字期刊的盈利模式密切相关的整合营销、品牌塑造等方面的研究；开发数字杂志周边衍生产品，并配合加强移动端的电子商务支付功能等方面的研究，都是值得探索的方向。

数字期刊的研究者们应该立足理论与实践的结合，努力提升研究价值，更加明确地将研究的出发点立足于为数字期刊发展服务、为读者服务，以推动数字期刊的进一步发展。

参考文献

[1] 张志强．现代出版学［M］．苏州：苏州大学出版社，2003：247.

[2] 唐凯芹．我国数字期刊出版活动的研究进展及未来动向［J］．科技与出版，2013（1）：91-94.

[3] 方宝花．我国20世纪的电子期刊研究［J］．情报科学，2002，20（4）：445-448.

[4] 谈海蓉 .2000—2005 年我国电子期刊研究论文的统计分析 [J]. 大学图书情报学刊，2007，25（6）：87-90.
[5] 董爱辉 . 我国近十年电子期刊研究现状分析 [J]. 现代情报，2005（6）：21-24.
[6] 郭普安 . 近 10 年我国电子期刊研究综述 [J]. 河南图书馆学刊，2005，25（1）：19-22.
[7] 彭年冬，贺卫国 . 我国近二十年电子期刊研究综述 [J]. 大学图书情报学刊，2013，31（2）：86-90.
[8] 靳红，朱江岭 . 我国网络型电子期刊研究 [J]. 情报理论与实践，2000，23（6）：468-471.
[9] 李世蕴，陆和建 . 国内电子期刊采购研究论文述评 [J]. 图书馆建设，2008（9）：34-37.
[10] 李贺，周金娉 . 国外开放获取期刊研究综述 [J]. 图书情报工作，2013，57（9）：135-144.
[11] 刘春艳，基于知识图谱的电子期刊研究领域可视化分析 [J]. 情报杂志，2011，30（12）：84-89.
[12] 黄欣 . 电子期刊研究综述 [J]. 情报科学，2002，20（8）：865-868.
[13] 刘梅申，武旭 . 电子期刊研究趋势预测 [J]. 农业图书情报学刊，2010，22（4）：206-210.
[14] 蔡曙光 . 科学交流系统的发展前途——从传统的杂志到电子杂志 [J]. 图书馆学研究，1986（5）：7-11.
[15] 曹志平，魏超 . 电子杂志及其盈利模式 [J]. 中国出版，2001（21）：40-43.
[16] 陈鹏，叶宏玉，梁凯，等 . 移动阅读环境下学术期刊的发展启示 [J] 中国科技期刊研究，2015，26（3）：300-304.
[17] 颜志森，邓友娥，邵晓军 .《中国科技期刊研究》创刊以来载文量及栏目分析 [J]. 中国科技期刊研究，2012，23（1）：72-75.
[18] 汪季贤，汪韶林，张文星，柳建乔 . 期刊文献数据库管理系统 [J]. 河南大学学报（社会科学版），1987（6）：107-110.

[19] 顾立茵．网上三大中文期刊数据库特点功能比较［J］．现代情报，2005（1）：135-137.

[20] 钱树云．中国期刊网在线检索模式与检索技巧［J］．江苏工业学院学报，2004，5（2）：42-43.

[21] 邓修权，吴旸，上官春霞，王林花．核心能力构成要素的调查分析——基于中国期刊全文数据库［J］．科研管理，2003，24（3）：110-115.

[22] 王欣，孟连生．互联网上3种中文期刊全文数据库的比较研究［J］．图书情报工作，2002（6）：90-92.

[23] 王宏江．信息时代体育学术期刊的办刊策略——基于CNKI数据库的实证分析［J］．成都体育学院学报，2012，38（4）：26-29.

[24] 官文娟．试析期刊全文电子数据库的著作权问题［J］．闽江学院学报，2012，33（1）：125-128.

[25] 程维红，任胜利，路文如，等．我国科技期刊由传统出版向数字出版转型的对策建议［J］．中国科技期刊研究，2011，22（4）：467-473.

[26] 黄玉蕾．财经期刊的数字化生存［D］．北京：北京工商大学，2010：25-30.

[27] 陈丹，辛晓磊．基于龙源期刊网的数字期刊阅读差异化［J］．图书与情报，2012（2）：10-17.

[28] 吴嘉睿，张子中．数字化转型下期刊编辑职能的变与不变［J］．编辑学刊，2014（1）：68-71.

[29] 马睿．期刊数字化出版与著作权保护［J］．政法学刊，2014，31（4）：45-47.

[30] 罗艺．国外杂志的数字化生存之道［J］．青年记者，2010（4）：15-16.

[31] 严威，谷燕．电子杂志市场分析［J］．中国传媒大学学报（自然科学版），2008，15（1）：75-80.

[32] 高冬成．电子杂志的主流化之路［J］．互联网周刊，2006（6）：60-61.

[33] 曾凡斌．多媒体互动电子杂志发展的瓶颈及出路［J］．编辑之友，2007（1）：59-61.

[34] 崔颖．杂志 APP 的背景研究［J］．新闻传播，2014（3）：122.

[35] 徐霖杰，龚伟丽．移动电子杂志《ONE · 一个》的运营模式探析［J］．新闻研究导刊，2014，5（16）：95-96.

[36] 李海燕．关于我国电子杂志的新特点及编辑过程的研究［J］．内蒙古科技与经济，2012（2）：133-134.

[37] 王轩．浅谈电子杂志的编辑理念与视觉传达［J］．科技与出版，2012（1）：71-73.

[38] 孙珏．《物志》数字杂志编辑思想小议［J］．科技与出版，2006（11）：58-60.

[39] 王愿石．多媒体电子杂志的色彩设计研究［J］．中国包装，2009（11）：35-37.

[40] 张剑．电子杂志的视觉导向设计方法初步研究［J］．艺术教育，2012（1）：150-151.

[41] 蒋永华，陈昱西．电子杂志版面编排与网格设计［J］．包装工程，2011（6）：22-25.

[42] 沈剑虹．机会与策略——数字杂志的广告盈利分析［J］．传媒，2008（5）：64-66.

[43] 魏彬．浅议我国数字期刊业发展的问题和对策［J］．出版广角，2008（3）：51-53.

[44] 麦尚文，陈佳之．数字期刊发展模式探析［J］．中国编辑，2010（9）：44-47.

[45] 马云彤．利用 PC 制作并利用 Android 平板电脑阅读电子科技期刊［J］．中国科技期刊研究，2014，25（10）：1271-1276.

[46] 赵宇，赵锡平，丁嘉羽．多媒体融合环境下学术期刊数字出版质量提升策略［J］．中国科技期刊研究，2014，25（2）：237-239.

[47] 艾媒咨询．2015 年中国移动营销价值与趋势报告［EB/OL］．［2015-09-14］，http：//www. 199it. com/archives/384354.

html? from=timeline&isappinstalled=0.

【作者简介】

唐凯芹，女，1980年2月出生，南京大学信息管理学院博士研究生，中国传媒大学南广学院副教授，新闻传播学院编辑出版学专业负责人。近年来，在《中国科技期刊研究》《科技与出版》《编辑之友》等发表专业学术论文20余篇，其中CSSCI来源期刊4篇；主持及参与国家省部级等各类科研项目12项；参与编写图书2部，编校图书4部；多次在校级和行业内比赛中获奖。

张志强，男，1966年3月生，南京大学信息管理学院教授、博士生导师，南京大学出版研究院常务副院长，美国哈佛大学博士后。研究领域为：出版理论与历史；社会转型与出版发展；数字出版与文化产业发展。至今已主持5项国家社科基金项目（其中重点项目1项）、15项省部级基金项目。已出版《面壁斋研书录》《现代出版学》《20世纪中国的出版研究》《图书宣传》《图书出版面面观》《文献学引论》《中国出版业发展报告：新千年来的中国出版业》《数字时代的图书》《谷腾堡在上海》《文化商人：21世纪的出版业》等著作（含合著、译著）20余部。在CSSCI刊物发表论文100余篇。研究成果曾获得“中国图书奖”“江苏省哲学社会科学优秀成果一等奖”“教育部中国高校人文社会科学优秀成果二等奖”（均为第一完成人）等省部级奖励十余次。曾获国家百千万工程国家级人选暨国家级有突出贡献中青年专家称号、第三届中国出版政府奖（优秀出版人物奖）、江苏省教育厅青蓝工程科技创新团队带头人、新闻出版总署新闻出版领军人才、江苏省优秀哲学社会科学工作者、教育部新世纪优秀人才、江苏省中青年科技领军人才、南京大学优秀中青年学科带头人等称号。

学术数据库出版资源推荐研究进展

袁小群　童晓雯　杨　文
（武汉大学信息管理学院）

【摘　要】 学术数据库出版资源推荐针对用户特征和用户需求信息，利用各种推荐技术为用户提供快捷有效的学术资源，是解决信息过载环境下信息快速获取的有效手段，对于提升信息价值密度，解决学术用户的个性化出版服务诉求，促进学术数据库出版由内容提供向知识提供转变有着重要意义。本综述详细分析了当前推荐技术的发展状况，并选择武汉大学电子图书资源中的十种国内外典型学术数据库出版为研究对象，详细调研了这十种数据库出版的资源推荐发展现状。

【关键词】 学术数据库　数字出版　资源推荐　内容检索

The Evolution of Academic Database Publishing Resources Recommendation

Yuan Xiaoqun　Tong Xiaowen　Yang Wen
(School of Information Management, Wuhan University)

【Abstract】 Academic database publishing resource recommendation which provides users with academic resources efficiently and effectively with a variety of recommendation technology based on users' demand information and user features is an effective solution to deal with how to acquire effective information quickly under the information overload environmental. It is great significant for the academic publishing database content providers to enhance the value of information density, to address academic users personalized demand publishing services, transform into the knowledge providers. This review investigates the development of the recommended techniques, chooses tens of domestic and foreign typical academic publication database of Wuhan University Library as the sample to study the development of database publishing resources recommended in detailed.

【**Keywords**】academic database digital publishing content resources recommendation content retrieval

1 引言

随着互联网络规模的不断扩大，信息量的急剧膨胀引起了“信息迷向”“信息孤岛”现象的产生，而用户阅读的广泛普及使得读者阅读碎片化和个性化成为一种普遍需求，导致利用各种智能程序和计算机算法来挖掘信息资源，并对其进行二次深度加工，最后为终端提供个性化阅读服务，成为学术出版的必然趋势。尤其对于学术数据库出版，这种个性化出版服务的诉求更为明显。科学技术的进步使得学术研究的专业细化和跨学科融合成为常态，学术出版呈现多样化的特征。出版资源的爆炸式扩张，更易带来信息迷向和信息孤岛的现象，使得资源获取效率和获取的准确性降低。为此，需要利用相关数据库技术对学术资源进行检索、关联和重组，重点挖掘资源与资源之间更深层次的关系，整合表面上看似孤立的信息资源，使其围绕着某一学科主题或某一关键词形成逻辑性和系统性较好的知识包，以提高检索效率和检索准确性。而大数据时代的到来，信息数量、类型迅猛增长，信息价值密度的提升促进学术数据库出版由内容提供向知识提供转变。学术用户在当下环境中的学术任务和研究工作也发生了变化，合理存储期刊论文、专利、标准、报告等资源的学术数据库成为了他们搜寻知识的主要途径，为尽可能缩小用户的感知质量与期望质量之间的差距，有必要根据用户的偏好设计相应的出版资源推荐系统，以提高用户获取资源的快速性和准确性，实施贴近用户的出版策略。

事实上，推荐技术自问世之初，便获得了学者的广泛注意，尤其20世纪90年代起，推荐系统及推荐技术更是成为信息领域的一个热点和分支而获得深入研究，形成众多研究成果和现实系统，其研究成果也被广泛应用于推荐电影、音乐、电视节目、书、文档、网站、会议、旅游信息和学习材料等各行各业，深刻影响到人们的日常生活和工作，为人们生活工作带来诸多便利。总体来说，推荐系统根据用户特性以及信息需求的特点，利用各类推荐算法，找出用户兴趣点，并根据其兴趣推荐相应的资源[1]。而事实上，绝大多数关于推荐系统和推荐算法的研究并不是针对学术数据库出版资源推荐，而是涵盖各行各业，这导致大多数推荐系统并不能直接应用到学术数据库出版资源推荐应用，只能为学术数据库出版资源推荐研究和系统设计提供借鉴。另一方面，虽然数字出版是信息技术和传统出版相结合的产物，具有较强的技术特性，但由于传统出版产业受文化传播特性等特点的影响，社会科学特性较为明显，仍然属于技术推动应用型的产业，整体上信息技术应用程度是滞后于IT产业技术应用程度的，学术数据库出版也不例外。鉴于此，本综述从当前推荐技术发展和目前国内外出版产业对推荐技术的应用程度两方面入手，通过对比目前推荐系统和学术数据库出版资源推荐应用的发展状况，找出当前学术数据库出版资源推荐存在的问题，并指出学术数据库出版资源推荐研究和应用未来可能的发展方向。

本文整体结构安排如下：在简要介绍文章目的和意义之后，在第二部分详细分析当前推荐系统和推荐技术的发展现状，使读者能全面了解目前推荐系统研究的发展现状。在第三部分以国内外10家典型学术出版为例，详细分析这10家学术数据库出版资源推荐的应用状况，使读者对当前学术数据库出版资源推荐的发展状况有较为直观的了解。在第四部分，对目前学术数据库出版资源推荐发展现状进行详细分析，指出学术数据库出版资源推荐的发展前景以及可能采取的措施。在最后一部分，即第五章，对全文进行系统总结。

2 推荐系统研究进展

推荐系统旨在为用户提供个性化在线产品和服务的推荐，以解决在线信息过载的问题，加强用户关系管理。自 20 世纪 90 年代这一概念被提出，各类推荐系统技术及针对各种应用的推荐系统纷纷被研发出。各类推荐系统被广泛应用到不同领域，为商业、政府和其他领域提供越来越多的便利和机会，甚至成为影响日常生活的一种有效手段。从本质上讲，推荐系统利用用户、资源及信息间的相互关系信息，通过预测用户对资源的兴趣点来为特定用户推荐适合的资源，并通过从巨量数据中恢复出相关服务和信息来减少信息过载问题，为用户提供个性化的服务[1]。因此，推荐系统最重要的特点在于它能通过分析用户和其他用户的行为来猜测用户的兴趣点和偏好，并做出相应的个性化推荐。

推荐系统的研究起源于信息恢复和过滤搜索，自 20 世纪 90 年代起，当研究者开始明确研究推荐问题之后，推荐系统便成为一个独立的研究领域。典型的推荐包括协同过滤[3][4][5][80]、基于内容[2][3]、基于知识[6][7]以及混合过滤[8][9]四类方法。每一种推荐方法各有其优缺点。例如，协同过滤推荐算法特有的稀疏、可扩展性以及冷启动等问题，而基于内容的推荐技术则要求初始条件过于苛刻[81]。为了解决这些问题，各类改进推荐方法纷纷被提出，例如基于社会网络的推荐系统[11][12][82][83]、基于内容识别的推荐系统[13][14][84][85]和基于智能计算的推荐系统[15][16]等。当前，推荐系统研究重点关注当前网络环境下的推荐研究，尤其是在大数据和社会网络环境下的资源推荐的研究和开发，其应用包括电影、音乐、电视节目、书、文档、网站、会议、旅游信息和学习材料的推荐等，涉及电子政务、电子贸易、E-learning、数字资源推荐等领域的应用服务。

2.1 推荐技术

早期的推荐技术起源于认知科学、近似理论、信息恢复、预测理论、管理科学和客户选择模型等领域的相关理论，最初是为了解决各领域信息恢复和信息过滤的问题。但自20世纪90年代中，学者开始系统解决比例结构中的推荐问题，使得推荐问题成为一个独立的研究领域。在大多数对推荐系统的形式化描述中，推荐问题被看成估算还未被用户关注的条目的估计比例问题。直观来看，这种估计很多时候依赖于用户给定的已知条目的信息与其他信息间的比率。因此，推荐问题可被描述成如下：假定C为用户集，S为可能被推荐的条目集。设定一个效用函数u用来测量条目s到用户c之间的无用性：u：C＊S→R。在这里，R表示总的有订阅的集合。显然，对于每个属于集合C的用户c，推荐系统企图选择属于集合S的最大效用条目，即：∀c∈C，argmaxu（c，s）。在推荐系统中，条目的效用通常用表示用户特殊爱好的条目率来表示，而效用可以是包括利润函数的任意函数。这类函数依赖于具体应用，即能被特定用户定义。用户空间C中每一个元素被定义为轮廓，包括各种用户特性，如年龄、性别、收入、社会地位等。当然，轮廓也可以仅包括一个简单元素，如用户ID。类似的，条目空间的每个元素也可以被定义为特性集合。例如，在电影推荐应用，S是电影集合，每一个电影能被其ID代表，但也可以被其名字、类型、导演、发布年份和主要演员来表示。其核心问题在于效用函数u不能定义在整个空间C＊S中，而仅仅在其子集中，这意味着u需要扩展到整个空间C＊S中。此外，在推荐系统中，效用通常用比率表示。当然，这种比率最初由用户定义，而将已知比率推广到未知，需要规范效用函数并根据经验评估其效用，同时要利用某一标准如最小均方误差来优化效用函数。一旦获得未知比率，可利用∀c∈C，argmaxu（c，s）计算出最高比率值作为用户推荐的条目。当然，也可以为用户推荐若干个最高比率值的条目。根据其采用的方法不同，推荐系统可被划分成多种类型，本文简要介绍其中较为常见的六种。

2.1.1 基于内容的推荐[6]

基于内容的推荐技术通常根据特定用户之前对产品的偏好，推荐相似的产品给该用户。其基本原则在于：（1）针对特定用户分析其偏好（一般存储在用户的 profile 中），以此来决定偏好特性与其他属性间的区别。（2）将每个条目的属性与用户 profile 中的属性进行对比，选择具有最高相似度的用户条目来推荐。

在基于内容推荐系统中，通常采用两类技术来产生推荐。第一类技术通常利用传统信息恢复技术中的启发式技术来实现推荐。另一类技术利用统计学习和机器学习方法来产生推荐条目，即通过构建模型来从历史数据中获得用户的兴趣点，并加以推荐。

2.1.2 协作过滤推荐技术

协作过滤推荐技术有助于用户在与之具有相似兴趣点的基础上做出合适的选择[4]。通常，协作过滤技术又可被划分成基于用户的协作过滤[4]和基于条目的协作过滤两类[5]。在基于用户的协作过滤技术中，用户会被推荐与之相似的用户偏好的条目。在基于条目的协同过滤技术中，系统会根据其过去偏爱的信息向其推荐相应的产品。用户与条目的这些相似性能根据用户相似度、受约束的个人相似度、cosine 相似度以及自校正的 cosine 相似度等方式来计算。在使用这些方式计算条目间的相似度时，只有与这些条目相关的用户才能被考虑进去。显然，这种方式会因为仅有少量条目获得用户明确的偏好而影响到相似度的准确性。为了提高相似度的准确性，学者们提出在权重框架下，综合利用自校正 cosine 相似性和 jaccard 准则，设计出一种增强型的基于条目的协同过滤技术[16]。

2.1.3 基于知识的推荐技术

基于知识的推荐技术能向用户提供基于用户以往偏好的产品推荐。通常情况下，基于知识的推荐系统包含一个知识功能库来描述每一个条目如何与特定用户需求相匹配。这种知识功能库能有效将用户需求与可能的推荐在基于用户偏好的情况下进行形式化。基于事实推断技术是基于知识推荐系统最常见的技术，它将条目看做是一个案例，并通过查询的方式找到与该案例最相近的所有案例，以此结果作为推荐。此外，作为知识表述的形式化方式，本体能有效地表述领域概念和不同概念间的关系[6]。因此，可以利用本体来表述推荐系统中的领域知识，然后在基于领域本体中利用语义相似性来推荐合适的商品[7]。

2.1.4 混合推荐技术

为了克服上述推荐技术的缺点，获得高性能的推荐技术，学者提出混合推荐技术，这种技术融合了上述三类技术中的两种或两种以上技术的优点。Burke对各类混合推荐技术进行了系统总结，将所有混合推荐技术划分为七类基本原型，分别是基于权重、混合、转换、特性融合、特性扩展、级联和元层级联的混合推荐技术[8][9]。虽然学术界提出上述七类混合策略，但在绝大多数现实情况下，推荐系统采用协同过滤技术与其他技术相融合的方式进行设计，以避免冷启动、稀疏性和扩展性等问题[17]。

2.1.5 基于智能计算的推荐技术

智能计算技术包括贝叶斯技术[15]、人工神经网络技术[18]、聚类技术[86]、基因算法和模糊技术。在推荐系统中，这些智能计算技术被广泛应用到构建各类推荐模型中。贝叶斯分类器利用似然方法来解决分类的问题，常被用来推导基于内容的推荐系统模型。利用贝叶斯网来构建推荐系统时，每一个节点对应于一个条目，其状态对应于每一个可能的投票值。在网络中，对于每一个条目而言，存在一个母条目集来作为它的指示器。基于这种思想，学者们提出一个分层贝叶斯网络来融合内容和协作过滤两种推荐技术。人工神经网络受大脑神经网络的启发，利用互联的节点以及带权重的边来构造推荐系统模型。Hsu等人利用ANN来构造TV推荐系统，利用后向传播神经网络方法来训练三层神经网络[18]。Christakou等人提出一种融合内容和协作过滤两种方法的混推荐模型来为电影产生精准推荐。在该模型中，内容过滤部分是基于受训练的人工智能神经网络，用来获取用户个人偏好[19]。聚类方法将条目分配到特定组群中，这样保证每个群组的条目具有较大的相似性，而不同组群的条目间的相似性较小。聚类能以较小的计算成本来发现最近的邻居，做出较为合理的推荐。例如，Xue等人将聚类应用到推荐系统中，他们利用聚类方法将每个没有被标记的条目划分到与之相近的组群中，然后将相应的没有被推荐的条目推荐给用户[20]。基于聚类方法自身的特性，这种方法还被经常应用到推荐系统的冷启动过程中[21][22]。而基因算法是一类随机搜索技术，适合那些目标函数带有硬软约束的参数优化问题[23]。它通常被应用于推荐系统中解决如下两个问题[24]：聚类和混合用户模型[25]。例如，学者将基于基因的 K-means 聚类技术应用到真实世界的在线购物的个性化推荐系统，以提高推荐性能[23]。另一些学者提出一种基因算法来获得最优相似函数，为用户提供快速准确的推荐信息[24]。模糊理论为具有非随机的不确定性事物的管理问题提供了广阔的空间，被广泛用于非准确信息、非稳定状态或偏好没有明确分界用户类的问题处理[26]。利用该理论，推荐系统的条目被形式化为模糊集，其属性或特性值也被设定为与这些属性或特性相关的数值集。用户内部偏好则通过一个基础的偏好模型加以形式化。用户外部偏好则通过一个与该用户好友度相关的行为条目组成的模糊集来表示[27]。基于上述表示方式，曹和李等人利用语义学术语来评估电器产品的用户特性，并允许用户利用语言学的术语来表达其对不同特性的需求[28]。另外一些学者则将用户偏好表示为用户与条目间正面或负面的模糊关系，然后利用基于内容的相似度来计算条目间的相似性，最后通过比较上述模糊关系来产生条目的正面或负面推荐[29]。Procel 等人设计了一款基于模糊语言的推荐系统，该系统综合利用了基于内容的过滤技术和善于处理不同量化概念的多规则模糊语言模型技术。张等人则利用模糊集技术来处理语言率问题和模糊协同过滤技术，为不确定性的电信产品和服务提供推荐解决方案[30]。

2.1.6 基于社会网络的推荐技术

近年来，随着社会网络工具的快速发展，社会网络分析被广泛应用到基于 Web 应用的推荐系统中。为了提升用户体验，推荐系统在为用户提供社会交互活动方面做了大量贡献，对形如在线交友、社交评论和社会标签等社会网络应用有明显的推动作用[88]。在社会网络研究中，信任是一个热点问题。例如在现实生活中，我们进行交易的时候，来自朋友的建议会比广告更有影响力。显然，社会网络中的增加推荐系统，会比简单网络中的推荐系统更有效率。类似的，在简单网络中，标准协同过滤方法无法从稀疏数据集中发现足够的邻居，而用户社会关系的出现则有利于增加推荐系统的准确性和解决数据稀疏问题。研究表明，在线社区的用户相似性与其信任间是呈正相关的[31]。为此，学者们提出一些基于信任的推荐框架，通过在信任网络中离源用户越近的用户的信任值越高这一假设来对那些未被定义的信任参数进行预估。为此，Golbeck 等人提出了一种综合算法 TidalTrust 来解决基于信任率的预测问题，并通过多种网络来验证该算法的有效性[32]。Ben-Shimon 等人通过利用宽度优先搜索算法来为主动用户构建了个人社会关系树，并用该树来计算主动用户与其他用户间的距离，以反映用户间的信任关系[10]。Hwang 等人详细分析了推荐系统的本地信任矩阵和全局信任矩阵，结果表明，增加本地信任认知和全局信任认知都能有助于提高推荐系统的覆盖面和准确度[33]。因此，基于信任的方法被认为能在维持推荐系统准确度的前提下，增强推荐系统的信任覆盖范围。

除了信任关系之外，社会关系的其他类型也被广泛应用于推荐系统的产生。例如社会标签、身份识别和协同合作关系等被用于替代信任和相似矩阵，以便于过滤数据和预测用户偏好。Shiratsuchi 等人在基于在线书签的交叉引用网络基础上，开发出一种推荐系统。在这种方法中，交叉书签应用的数量被看做是社会关系的权值[34]。Woerndl 和 Groh 抽取完整的与社会关系相关的内容作为矢量，并将该矢量融入到数据中来产生多维用户条目内容矩阵，并用该矩阵来产生个性化推荐[35]。Ma 等人尝试将概率矩阵和社会信任信息进行融合来进行推荐。而在工作中，作者关注学术活动中的推荐问题，提出一种基于合作作者的社会关系[36]。

除此外，研究者还提出几类基于用户条目矩阵的社会网络推荐系统。Palau 等人构建社会网络来描述协作关系，并提出几种衡量指标来解释在推荐框架下是如何实现合作的[37]。O'Donovan 则声称用户相似性的作用可能被过估了。他们基于信任的推荐系统从推荐数据中提出一种信任计算模型，在不降低预测准确度的前提下使系统更简单明了[38]。

2.1.7 基于内容认知的推荐技术

通常，内容被定义为任何能描述实体状态特征的信息。在这里，实体可以是与用户或应用相关的人、地点或对象。事实上，形如时间、地理位置和一些人（如朋友、家人、同事）的内容信息近年来被迅速应用到推荐系统中[83][87]。例如，通过移动设备能获取为推荐系统提供了众多额外信息的内容信息。而这些额外信息，能有效地为用户推荐准确产品提供必要补充。同时，这些内容信息还有利于在特定环境下为用户推荐其所需产品。例如，利用内容信息，旅行推荐系统可以针对夏天和冬天为用户提供截然不同的推荐。Adomavicius 和 Tuzhilin 通过调研发现，推荐系统领域的内容在不同原则下，具有多种含义，并且每种原则适用特点的视角，给内容赋予的含义也各不相同。为了合理处理推荐系统中的内容信息，Adomavicius 和 Tuzhilin 提出一种三步处理的推荐系统方法，使得内容信息计算更为有效和可行，即内容过滤、内容预过滤和内容建模。通过这三步，系统能发现有利于产生信息推荐的内容信息，从而达到提高信息推荐的性能的目的[39]。

2.2 推荐系统应用发展现状

近年来，推荐系统被广泛应用于社会不同领域，为了方便起见，本文从电子政务、电子贸易以及数字资源三个角度对推荐系统的应用现状研究做介绍。

2.2.1 推荐系统与电子政务

电子政务是指政府通过 Internet 和其他电子通信技术来完成信息发布和政务服务以及商务活动。电子政务的快速发展导致信息过载，使得用户和商户难以有效获取所需信息，降低政务的服务效率，影响到用户对电子政务推广和使用的信心。显然，利用推荐系统向用户推荐其所需的信息，能有效解决上述因信息过载导致的各种问题，有利于电子政务的健康快速发展。接下来，本文将从政府对市民（G2C）和政府对商业（G2B）两个方面，介绍电子政务推荐系统在电子政务网站的个性化和自适应服务推荐的应用和发展。

对于推荐系统在 G2C 的应用，De Meo 等人首先提出利用政务推荐系统来为市民提供高效快速的个性化政务服务。这种推荐系统根据市民的配置文件以及使用配置文件的设备，为市民提供其感兴趣的政务服务[40]。Terán 等人利用模糊分类技术，根据候选人与选民的偏好相近程度，提出一种推荐系统，以辅助选民在电子选举中做出选择[41]。

与 G2C 不同，大多数 G2B 服务具有一次性和信息不确定等特点，例如突发事件。这意味着推荐打分在事件结束即完成，也就是说传统的协同过滤技术由于评分矩阵的稀疏性问题而无法使用。为了解决这一问题，Guo 和 Lu 将语义相关技术融入到协同过滤技术中，提出一种新的基于属性特性的推荐方法，并以此为基础设计出一种能应用于展览贸易活动的推荐系统 Smart Trade Exhibition Finder（STEF）[42]。Cornelis 则关注 G2B 领域中如何解决不确定信息的问题，并将这种情况下的用户和评估间的相关性形式化为模糊关系。在此基础上，他们提出一种新型的基于 CF-CB 的推荐方法。该方法基于已有事件的特性来反映未来可能发生事件的特性，并做出相应的信息推荐[43]。Lu 等人则提出一种基于模糊逻辑的混合推荐框架，为电子政务的贸易展览活动提供信息推荐。为了解决政府如何有效地向个体商户推荐合适的合作伙伴的问题，学者们提出一种名为 BizSeeker 的推荐系统，利用该系统，用户能获得潜在合作伙伴的推荐列表，并选择适合自己的合作伙伴。现实应用表明，BizSeeker 推荐系统有助于解决推荐系统矩阵稀疏的问题，能有效提高推荐的准确性。虽然 BizSeeker 采用了语义技术，但其语义处理能力较弱，无法胜任复杂的语义处理，例如对同一件产品的专家观念与用户兴趣间的相关性等问题。为了解决这一问题，学者对 BizSeeker 推荐系统进行了改良，提出一种基于模糊语义测量的方法和一种混合模糊语义推荐系统[45]。

2.2.2 推荐系统与电子商贸

电子商贸是推荐系统发展活跃的另一个领域，也是近期推荐系统研究的热点之一，包括 Business-to-Consumer（B2C）和 Business-to-Business（B2B）两类。

对于 B2B，其核心目的是为了便于用户管理商品，维护市场和更新产品数据库。为此，学者们提出基于本体的产品推荐系统。这种系统采用了基于关键词、本体和贝叶斯网络等技术，以便准确快速地进行信息推荐[46]。为了帮助用户选择值得信赖的在线拍卖者，学者们提出利用交易关系来计算推荐等级，并设计出相应的推荐系统[47]。为了构建稳定的数字商贸生态系统，研究者引入计算生态技术，构建出一种基于生态监测和谈判类型的推荐系统[48]。还有一些学者关注私人银行的投资问题，引入语义技术和模糊逻辑技术，并提出一种名为 PB-ADVISOR 的多投资推荐系统[49]。除了信息推荐外，客户关系管理也是 B2B 的主要关注点。为了保证公司能向其贸易伙伴或客户推荐合适的产品，Zhang 等人设计出相应的个性化推荐系统。该系统能根据客户的具体情况，为客户推荐相应的服务计划和相应的产品[50]。可以看出，在电子商贸推荐系统中，基于 KB 的方法，如本体和语义技术，被广泛应用到 CF 和 CB 推荐方法中，形成相应的混合推荐技术，其主要原因在于电子商贸是高度依赖于领域知识来实现推荐的。

从狭义上讲，电子商务是 B2B 的一种特殊形式，是一种直接针对客户销售商品的特殊 B2B 形式。在电子商务系统中，评分是一种常见的方式，尤其对于一些电子产品。例如在 iTunes 商店，客户可以通过对自己购买的商品进行评分的方式来实现用户对商品的反馈。这种评分数据为系统推荐提供相应的依据。除了评分之外，打标签也是一种与商品直接相连的常用方式。如电影网站 Movielens 的用户可以通过简单的文字来描述对应的电影，以表达该用户对其打标签的电影的态度和评价。鉴于此，研究者综合利用 CF 和社会标签分析的方法来提升推荐系统的性能[51]。在现实系统中，一些大型电商网站在详细分析客户过去的购买行为以及商品总的销售情况下，对客户的购买行为进行预测，并以总的销售多少为基准向客户进行推荐[52]。与业界不同，学者提出一些新的预测模型，并以此为基础构建推荐系统[91]。比如 Wasabi Personal Shopper (WPS) 推荐系统应用 KB 分析技术来收集用户评分数据，以获得更好的推荐效果，然后设计出相应的推荐系统[53]。此外，模糊技术也被广泛应用到基于 CB 的电商推荐系统中。Cao 和 Li 提出一个基于模糊的推荐系统。它是一款基于多组件的电子产品推荐系统，能根据组件性能特点和用户需求，为用户提供相应的产品推荐[28]。Mooney and Roy 利用机器学习和信息抽取的方法来进行文本分类，并提出一种基于内容的图书推荐系统[54]。最后，贝叶斯文本分类方式也被应用到数据抽取，以构建图书特性和用户的配置文件，并以此为用户推荐相应的图书。新媒体的出现能为用户提供更多的富媒体信息，也给卖家为客户提供更准确的产品提供可能。为此，一些学者利用这些富媒体信息，引入超图模型，构建基于社交媒体信息的音乐推荐系统[53]。

除了上述两类应用，近年来为移动用户提供推荐也是推荐系统的一个研究热点。与上述推荐系统不同，为移动用户提供推荐的推荐系统需要满足用户的移动性能，适应移动网络环境和移动设备的特性，如网络环境复杂和连接的不连续性等[55]。

2.2.3 数字资源推荐

广义上讲，数字资源是指各类以数字形式存储和传播的各类信息资源，包括电子图书[90]、各类学习和教育资源以及各类音视频和文档图片等内容资源，是推荐系统最重要的应用领域之一。利用推荐系统，能有效地向用户推荐其所需资源，或者向用户准确展现其所需资源的位置，便于用户快速获取所需资源。

首先是图书推荐，斯坦福大学开发出一个数字图书馆推荐系统 Fab，该系统采用的是一种融合 CB 与 CF 的混合推荐系统，其目的是为读者提供个性化定制推荐服务，以便更好地为读者提供个性化服务[56]。斯坦福在该系统基础上，进一步研发出了 CYCLADES 的个性化推荐系统。该系统的算法根据读者个人信息和所属社团信息，综合了 CB 和 CF 两种方法，能根据读者所处的环境及其所属的社团，为读者提供个性化的推荐服务[57]。此外，Porcel 等人针对学术研究的特点，设计并研发出一种推荐系统。该系统在利用多规则模糊语义模型来表示并处理语义标签的含义基础上，融合 CB 和 CF 技术，实现基于模糊语义的图书阅读推荐[58]。而 S Guerrero 等人则引入模糊语义技术来表示用户的阅读偏好，并利用基于模糊语义的推荐技术，设计出相应的图书推荐系统，以提高输入内容过少时推荐的准确度不高的问题[59]。在线学习推荐是电子资源推荐的另一个重要方面，也是近年来随着新兴技术发展而快速发展的一个领域。在该领域，推荐系统主要关注帮助学生制定学习课程、学习目标和相应的学习材料等工作。Zaiane 利用数据挖掘技术来构建用户网上行为模型，并设计出相应的推荐系统，为学生在线推荐学习资源[60]。Lu 利用计算分析模型，设计出在线学习个性化推荐系统 Personalized E-learning Material Recommender System（PLRS）。该系统能根据读者注册信息、学习材料数据库以及学习活动数据库来为学生定制学习内容和推荐学习材料[61]。此外，学者们还研发出一种个性化学习材料推荐系统。该系统利用模糊条目响应理论来收集学习者的初始偏好数据，然后进行相应的学习资料推荐。除了图书推荐和学习资源推荐之外，各种数字资源形如音视频和图片文字的推荐也是当前推荐系统研究的热点。对于音频，研究者利用用户会使用标签来表示和管理上传到网络上的音频资源的现状，利用标签来构建用户的习惯和偏好，并以此设计出相应的推荐系统[89]。Zheng 和 Li 设计出一个基于标签的 Web 推荐系统，根据标签和时间关系来构建相似矩阵，利用 CF 来进行推荐[63]。Gemmell 等人也设计出一款基于标签的推荐系统 FolkRank。该推荐系统利用标签来计算资源间的距离，并利用图论的理论，利用 CF 算法来实现音频资源的推荐[64]。至于视频推荐，最常用的推荐系统是利用描述视频的信息如男女主角的内容而设计出的基于 CB 的内容推荐系统。与音视频推荐系统相比，文本推荐的研究则要长久一些，主要原因在于文本内容一直都是互联网资源的主要部分。通常，文本文件都会通过一系列关键词进行描述，这些关键词可以从历史数据、URLs 和搜索引擎中获取[86]。因此，基于关键词的推荐方法是文本推荐最常用的方式，信息恢复中常用的概率模型也被广泛应用到文本内容的推荐系统中。这种方式往往将文本资源转换成矢量。矢量中每个元素通常用来描述关键词，包括其使用频率和所在位置。例如，AMALTHAEA 通过检查主机的浏览记录来提取关键词，然后通过信息恢复来找出用户的兴趣点。在此基础上，系统引入 CB 的方法来比较 Web 和浏览页面的相似性[65]。除了用 CB 之外，CF 方法也经常用来对用户评估的内容进行打分[66][67]。例如新闻推荐系统News Dude采用CF来为用户的短暂兴趣进行建模，笑话推荐系统Eigentaste也采用CF来获取用户的兴趣点。在利用关键词的推荐系统中，除了采用CF和CB方法之外，k临近方法、贝叶斯方法和基于图的方法也经常采用。近年来，一些研究者开始使用本体和语义知识的方式来分析数据，并构建相应的基于关键词的推荐系统，以提高系统的准确性[68]。除了关键词之外，一些学者还利用用户的反馈信息来构建相应的推荐系统。ACR News Vectors则构建页面推荐模型，该模型是建立在用户对页面的浏览频率和停留时间的基础上的[69]。

显然，上述资源服务推荐系统旨在管理和组织Web服务内容，节约用户繁重的搜索时间和工作。对于音频，利用标签和CF的方法在各类推荐系统中占据主导地位。对于视频，基于贝叶斯分类器、二分树和语义分析的人工智能技术被广泛使用，这些方法通常需要结合CF与CB一起使用，共同构建推荐系统。而对于文本内容，常见的几类推荐方法，如CB、CF、基于记忆的和基于模型的方法都被广泛使用。近年来，基于社会网络分析、内容认知技术和传统的CF和CB技术融合使用，共同构建推荐系统逐渐开始成为热点。

3 学术出版内容推荐现状调研

推荐系统被广泛应用于信息领域的各个行业，已成为一种解决当前信息过载和信息爆炸导致各行各业用户资源精确查找困难的问题的主要方式，作为以内容服务为主的出版产业，在当前信息过载和内容庞杂的信息环境下，尤其需要为读者提供快速准确的内容定位服务，以提高读者的阅读体验和阅读激情。为了掌握出版产业对推荐系统的应用程度，本文以信息化和数字化最为彻底的学术数据库出版对象，通过武汉大学图书馆入口，从国内外较为典型的学术数据库出版服务平台各选择五种较为典型的服务平台，对其内容检索现状以及内容推荐进行详细的调研。其中十种平台分别是：阿帕比[70]，万方[71]，维普[72]，中国知网[79]，CALIS 联合目录中心数据库[73]，超星数字图书馆[74]，EI[75]，ScienceDirect[76]，Web of Science[77]，SpringerLink 电子期刊，以及电子图书[78]。由于调查无法深入到系统内部，从后台了解各平台所采用的检索和推荐算法，本文从检索和推荐系统用户接口入手，通过对检索提供的功能和所需信息以及检索之后的推荐结果呈现情况进行调查分析，力图找出各种学术数据库平台推荐系统的应用情况。因此，本文的调查内容包括内容检索和内容推荐两类。其中内容检索主要调研系统检索和推荐的人机接口，通过调研系统检索包括的各类功能以及对用户输入的要求，力图分析推荐系统对技术的应用程度，这部分包括基本检索、高级检索和语义相关检索三种，而内容推荐则包括内容呈现和知识关联两部分，主要从内容推荐的准确性和语义相关性的角度来说明学术数据库出版对推荐技术的应用程度。接下来，文章将分别从学术数据库出版内容检索以及内容呈现两个方面，对上述十种出版平台的调查进行分析。

3.1 学术出版内容检索现状

3.1.1 基本检索

基本检索是各类检索技术的最初形式，能从数据库中获得信息，也是内容推荐的基础，调查的十种学术数据库出版平台都提供这一功能，但从表现形式上来看，存在一定差别。阿帕比主要提供电子图书的检索，用户可以在“全部资料”和“全部图书”两类资源库中依据书名、作者、出版社、ISBN、目录和正文限制检索范围。进入页面后，左侧按中图法分类，选择某一细分类别后，该类图书默认按出版年份从久到近排列。特色功能：用户注册后，可拥有自己的个人图书馆，管理自己的借阅、检索器、评论、打分、推荐等个人信息。万方提供的基本检索依据数据库类型进行了细分，包括学术论文、期刊、学位、会议、外文文献、专利、标准、地方志、成果、法规、机构、图书、专家、学者，以提高内容检索和推荐的准确性。此外，万方检索基础页面左侧边栏支持按学科分类、论文类型、年份、按刊分类等条件细分检索范围。维普的基本检索中资源库限制包括时间、期刊范围（核心期刊，EI，SCI 等）、学科；检索词可以为任意字段、题名、关键字、文摘、作者、第一作者、机构、刊名、分类号、参考文献、作者简介、基金资助、栏目信息。二次检索时可以选择在结果中检索、在结果中添加和在结果中去除，相当于在两个检索条件中的“与”“或”“非”的关系。CALIS 联合目录中心数据库的简单检索提供按照全面检索、题名、责任者、主题、分类号、所有标准号码、ISBN、ISSN 搜索。在页面的左侧，用户可进一步筛选中文/日文/西文数据库、责任者、资源类型、丛书题名、统一题名、学科分类、出版日期和语种，并标有相应的信息数量，操作方便，为不会使用“与”“或”“非”的用户提供人性化服务。超星数字图书馆将基本检索简化为快速检索，以异常简单的方式并以书名、作者、主题词和中图法的全部图书分类目录进行检索。也可点击“在结果中检索”进行二次查询。从超星快速搜索栏右下角可直接超链接到读秀图书检索系统。EI（Engineering Compendex）的基础检索则有所不同，它在 compendex（计算机化工程检索）数据库中设置三个检索词，范围可以是不限、题目摘要、作者、作者所属单位、题名、EI 分类码、分类编号、会议信息、会议代码、ISSN、EI 控制项等；此外，它还可在三个检索条件之间设置“与”“或”“非”三种逻辑，以提供相应的逻辑关系检索。ScienceDirect 的简单检索界面分为上下两个区，即检索策略输入区和检索结果的限定区。检索策略可在输入区中选择所有字段、文章标题、文摘、作者、期刊名等字段输入，再利用限定区，限定检索结果的出版时间、命中结果数及排序方式，而后点击“Search the Collections”按钮检索。左侧有出版年份、期刊名、话题、文档类型（期刊、图书、参考文献）等过滤条件，方便进一步筛选。如图 1 以“digital publishing”为关键词，共搜索到 221008 条信息，点击“See image results”则文章中的相关图片被单独摘出，共 1079 条记录。

Web of science 的基本检索界面简洁，可以自主增加检索词，且检索语句间为“与”“或”“非”的布尔逻辑运算，并列的检索条件数量不限，可限制主题、标题、作者、作者识别号、团体作

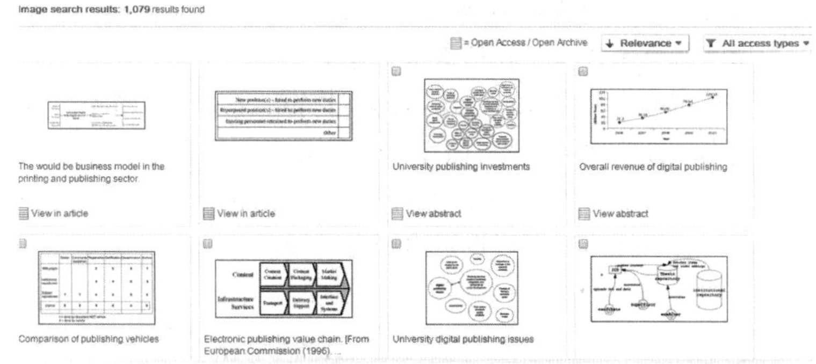

图 1　ScienceDirect 基本检索界面

者、编者、出版物名称、DOI、出版年、地址、机构扩展、会议、语种、文献类型等，另外可在下方设置时间跨度，如本周、最近 2 周、最近 4 周、本年迄今、最近五年以及年份跨度。例如检索 2015 年出版的主题为“digital publishing”的论文，可得到 800 多条信息，默认按照时间顺序排列，如图 2 所示。如在结果中检索，限制在“social science”类型中，则只剩下 9 条记录，按相关性排列后，仔细观察可知 Web of science 是基于关键词的相关性检索。

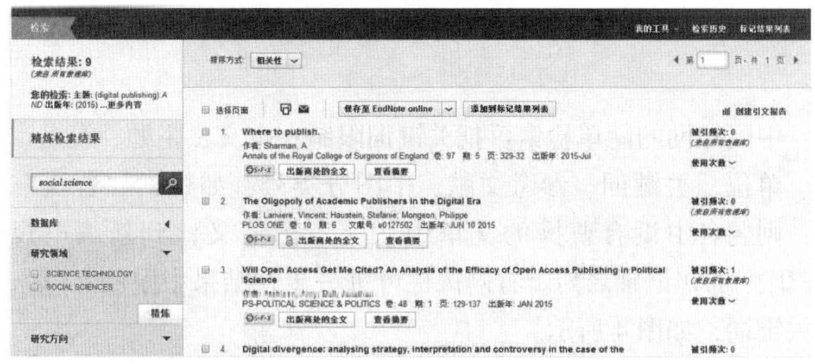

图 2　Web of science 基本检索界面

SpringerLink 电子期刊数据库是德国施普林格世界著名科技出

版集团公司的产品，通过 SpringerLink 系统提供学术期刊及电子图书的在线服务，主要收录 1996 年至今的期刊，按学科分为 12 个在线图书馆。其基本检索是在检索主页左上角的一个基本检索框，输入检索词后可在右边栏选定不同的文档类型（文章、章节、参考书、系类书、期刊等）、学科门类、学科分支、语言等进一步筛选检索记录。例如搜索大数据，可得 505553 条记录，如图 3 所示，点击“data published”可以选定出版时间段。

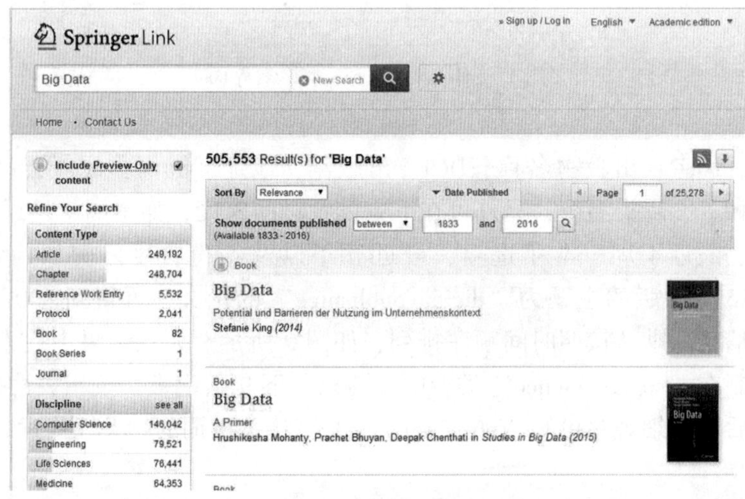

图 3　SpringerLink 电子期刊数据库检索基本页面

中国知网的简单检索可把关键词限制在全文、主题、篇名、作者、单位、关键词、参考文献、中图分类号，如检索“曹操”全文，则题名中没有曹操的文章中从《三国演义》到新编电视剧《三国》也在记录之列。右侧边栏可进一步在结果中限制文献来源和关键词，如图 4 所示。

3.1.2　高级检索

高级检索属于各平台为用户提供的内容检索和推荐功能的新研究成果的体现，反映各平台对当前推荐技术应用的程度，包括高级检索和语义关联两部分。从用户界面来看，阿帕比的高级检索包含

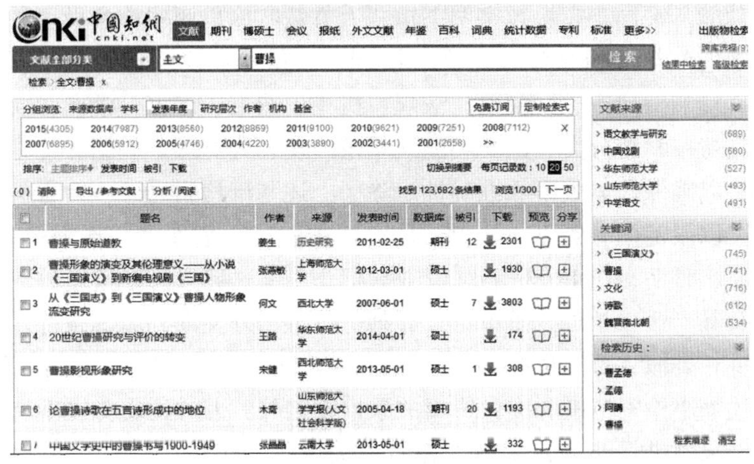

图 4　中国知网检索基本界面

书名、作者、出版社、ISBN、目录、正文等检索条件，且条件间可选择“与”和“或”的逻辑。出版时间有前推时间点、时间区间和后退时间点三种限制方式。万方的高级检索可以限定期刊类型，高级检索中可限定主题、题名、关键字、创作者、作者单位、摘要、日期、DOI（数字对象唯一标识符）、期刊刊名和期数、学位及其专业、学位授予单位、导师等信息、外文期刊名等条件。三条检索条件之间，可设置“与”“或”“非”的检索逻辑。另外，还为有能力输入检索语句的用户提供“专业搜索”框。同时，支持在现有检索结果中进一步限定标题、作者、关键词、年份区间进行二次检索。亦可导出检索历史（txt 格式）。

从检索页面的显示上看，超星主要提供电子图书的检索，用户可以在“全部资料”和“全部图书”两类资源库中依据书名、作者、出版社、ISBN、目录和正文限制检索范围。进入检索页面后，左侧按中图法分类，选择某一细分类别后，该类图书默认按出版年份从久到近排列。除了上述基本检索功能外，超星数字图书馆还提供了“与”和“或”两种逻辑关系与前推时间点、时间区间以及后退时间点等三种时间限制的检索，以提高检索的准确度。此外，超星还对注册读者的借阅、检索、评论、打分等功能提供个性化管理动能。不同于超星数字图书馆，万方数字库出版对检索做了较为详细的细分，包括学术论文、期刊、学位、会议、外文文献、专利、标准、地方志、成果、法规、机构、图书、专家、学者，而且还支持按学科分类、论文类型、年份、按刊分类等条件细分检索范围，以确保检索效率和准确性。除了上述基础检索之外，万方甚至还可以限定期刊类型、主题、题名、关键字、创作者、作者单位、摘要、日期、DOI（数字对象唯一标识符）、期刊刊名和期数、学位及其专业、学位授予单位、导师等信息、外文期刊名等条件。与超星相类似，万方也提供了“与”“或”和“非”等检索逻辑。在上述缩小检索范围和提供逻辑关系检索之外，万方还支持在现有检索结果中进一步限定标题、作者、关键词、年份区间进行二次检索。亦可导出检索历史（txt 格式），如图 5 所示。维普的高级检索支持五个检索条件，且检索之间可限定“与”“或”“非”，在更多检索条件中可以限定时间区间和更新时间、专业、期刊范围，或直接输入检索式。由此可见，维普的检索功能做得相当全面、细致人性化，如图 6 所示。其语义关联检索包含在高级检索之中，即高级检索框的右侧按钮支持同义词、同名/合著作者、分类表、相关机构、期刊导航等相关字段推荐。能较为准确地根据关键词的语义分析推荐相关的一些词汇，以备用户检索参考。

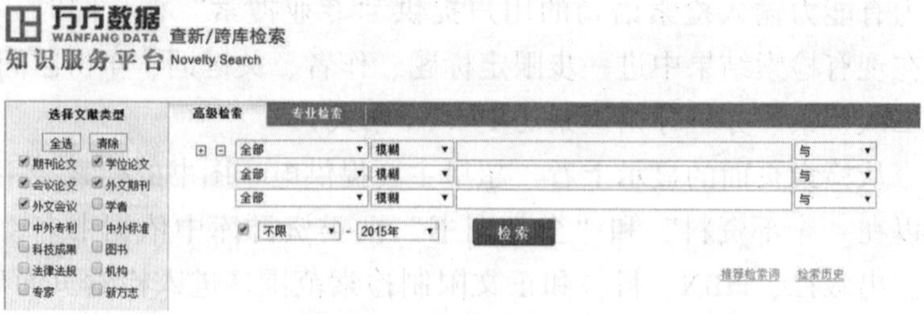

图 5　万方高级检索页面

CALIS 联合目录中心数据库的高级检索可以按照全面检索、题

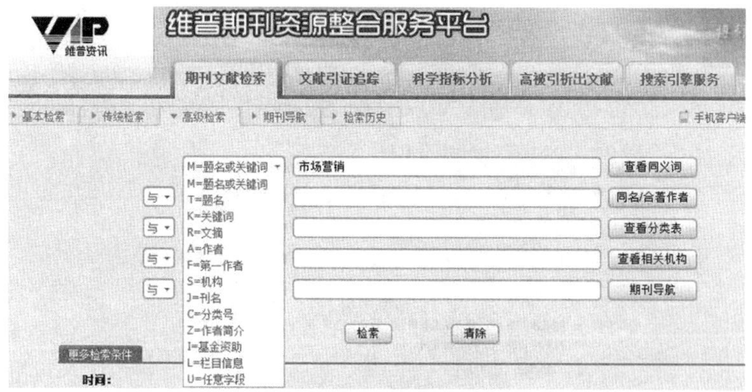

图 6　维普高级检索页面图

名、责任者、责任者模糊、主题、出版者、出版地、期刊题名、丛编题名、统一题名、个人责任者、团体责任者、会议名称、分类号、所有标准号码、ISBN ISSN ISRC、记录控制号等检索词查询，最多可输入三项检索词，默认逻辑运算方式为“与”，也可以在复选框中选择“或”“非”。默认的检索匹配方式为前方一致，也可以在复选框中选择：精确匹配或包含；选择分类号检索点，可以点击“中图分类号表”按钮浏览，选中的分类号将自动填写到检索词输入框中；支持限制性检索，限制性检索的文献类型可选择：普通图书、连续出版物、中文古籍，默认为全部类型；限制性检索的内容特征可选择：统计资料、字典词典、百科全书，默认为全部；可通过输入出版时间对检索结果进行限定，例如：选择“介于之间”并输入“1998—2000”，即检索 1998 年至 2000 年出版的文献；检索词与限制性检索之间为“与”的关系，如图 7 所示。CALIS 联合目录中心数据库也使用语义相关检索，以“曹阿瞒”为关键词，前十条均有“曹操”直接相关，说明系统可以识别“曹阿瞒 = 曹操”。若换成“曹孟德”，除第一条因责任者叫“曹孟德”以外，其他都与曹操有关。

超星数字图书馆的高级检索检索项有书名、作者和主题词三

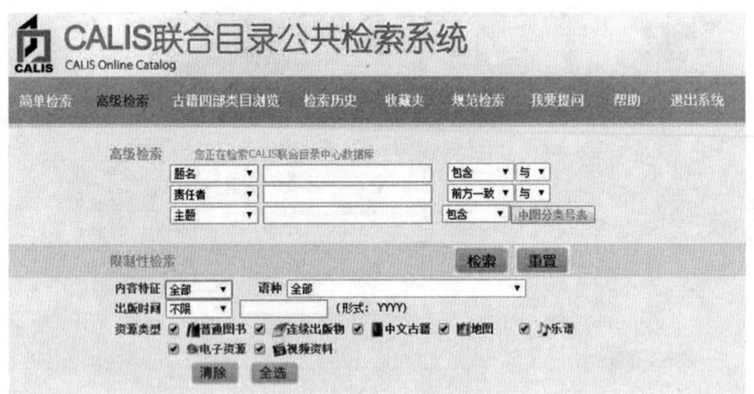

图 7　CALIS 联合目录中心数据库高级检索界面

项，三条检索句之间的逻辑关系是“并且”和“或”，可以限制出版年代区间和每页显示记录条数，并依照出版日期或书名，按升序或降序排列。检索范围为中图法的全部图书分类目录。EI 提供专业检索和同义词检索选定数据库后，用户可输入检索词，设定时间段、排序方式，并设置历史检索语句之间的“与”“或”“非”关系，实现多步骤精确查找。同时，右侧浏览目录中包含了对作者、作者所属单位、语言、来源文章、文档类型、出版商、处理类型的索引功能。选择“browse”可浏览与检索词相关的其他推荐词汇，以方便后续的检索操作。ScienceDirect 也提供高级检索，在简单检索的界面或检索结果的界面中，点击左侧的“advanced search”进入高级检索界面。高级检索除了摘要、关键词、作者、来源期刊、题名、参考文献、ISSN（国际标准刊号）、所属单位等检索字段外，还包含两个检索条件，检索条件间是“与”“或”“非”的逻辑关系。用户可选择在所有数据库中检索，可以选择期刊、报纸、参考书、图片等具体的类型。并可将检索范围进一步限制在收藏、订阅的出版者、开放存取的文章中。最下面还提供了常用的学科类别。Web of Science 除了基本检索之外，还提供高级检索和作者检索。其高级检索使用字段标识、布尔运算符、括号和检索结果集来创建检索式。字段标示表在界面右侧已经给出，检索框下方可通过语种、文献类型和时间跨度来限制检索结果。作者检索是 Web of Sciencc 中比较特殊的一项检索功能，通过输入作者姓名、研究领域和所属单位来查找在库的作者信息。SpringerLink 电子期刊及电子图书服务平台在使用高级检索时，点击搜索框旁边的“设置”按钮，可进入高级搜索，SpringerLink 电子期刊数据库的高级检索项简单明确，一问一答，内容全名、关键短语、至少一个词、排除某词、标题所含地点、作者/编者姓名、出版时间段。需要限制就填写，检索条件越多搜索越精确。中国知网在提供基础检索的基础上，还提供高级检索、专业检索和语义关联检索等三种高级模式。使用高级检索时，输入内容检索条件主题、主题、篇名、作者、单位、关键词、参考文献、中图分类号等，选择词频和检索词间的“与”“或”“非”布尔逻辑关系，输入检索控制条件：发表时间、文献来源、支持基金、作者、作者单位，可以直接检索也可在结果中检索。输入专业检索语法表达式，用户亦可定制直接的专业检索式；另外检索功能还包括作者发文检索、科研基金检索、句子检索、文献来源检索。以“曹孟德”和阿瞒为关键词都可以搜到与曹操高度相关的信息，说明中国知网运用了语义检索。点开第二条记录“阿瞒如意十二生肖系列”所讲内容是一种阿瞒酒而不是曹操，由此可见语义检索和关键词检索兼而有之，语义还不是很精确。

3.2 学术出版内容推荐呈现现状

本文从检索内容呈现和关联知识推荐两方面来调研上述十种学术数据库出版平台出版资源内容推荐的发展状况。

3.2.1 检索内容呈现

阿帕比以默认按相关度排序，用户亦可按出版时间升/降序，但没有关联知识推荐，也不会根据用户习惯智能优化推荐顺序。万方的检索内容默认依照相关度排序，用户也可手动选择依照出版时间、被引次数排序。多次检索后，推荐内容顺序未变。维普的呈现方式基本以时间顺序为主。以曹操为例，文献中关键词为“曹操”

的相关内容逐条呈现，题名中有搜索词的条目并不优先出现，因此可能依据时间降序排列。用户可按时间筛选一个月内、三个月内、半年内、一年内和当年内的期刊文章。点击第一条“论新旧电视剧《三国演义》的曹操形象”，在详细信息的下方有10篇相关文献的推荐，但与该条检索的学科有关，而与关键词“曹操”关系不大。CALIS联合目录中心数据库的呈现方式则按照题名的首字母顺序排列（若有数字开头和字母题名，则数字优先，字母次之，汉字再次）。超星数字图书馆默认按相关性排序，用户可选择“按列表显示”和“详细信息显示”两种方式，按书名或出版日期排序，也可设置每页记录数量。EI检索结果默认按相关性呈现，也可选择按日期、作者名、来源、出版者的升序或降序排列；用户可在界面左侧增加限制或排除条件，更换推荐的检索词或限制作者、作者所属单位、国家、文档类型、出版年、出版商等信息，以备精确检索。此外，用户可选择显示或隐藏预览，并可点击链接获取全文信息。用户还可以在内容呈现界面新建检索、编辑检索结果、保存检索信息、创建检索词提示、订阅并查看检索历史。ScienceDirect可以呈现图、文、视频内容，可依据相关性/时间以及所属的数据类型如所有数据/开放获得/开放存储的数据。它默认基于相关性排列，也可按日期和数据权限排列。单击论文题录下的“Abstract”按钮，可浏览该文章的标题、作者、作者单位、关键词、文摘等进一步信息；单击PDF，即可看到论文全文（PDF格式），并支持不同的存储方式。Web of Science是基于关键词相关性的查找，默认按照出版日期排序，也可按照时间、被引频次、使用次数、第一作者字顺、来源出版物名称、会议标题（升序/降序）排列。支持保存、添加到标记结果列表和在线打印。每条记录内容包括题名、作者名、来源期刊、卷数、页码、出版年，点击“出版商处全文”可查看PDF全文，点击“查看摘要”可得摘要。其中，全文推荐又进行了结构化，包括要点（highlight）、摘要、关键词、关键公式图形、结果模拟、安全分析、结论等多个部分。另外，用户可以选中一些论文导入引文分析功能，从而分析检索结果，进而判定所选论文的权威程度及该领域的研究热点。

SpringerLink 电子期刊及电子图书的基本检索内容推荐默认每屏 20 条记录，按照相关度排列，也可按出版时间先后排列；每条记录内容包括书籍封面、关键词摘要、作者及出版年；点击记录下方，对于需付费的内容可获得付费入口 access，免费文档可以直接下载 PDF 版。与 SpringerLink 电子期刊及电子图书的检索内容呈现方式相似，中国知网也默认每屏 20 条记录，默认按主题排序，也可按发表时间、被引频次和下载量排序；支持按来源数据库、学科、发表年度、研究层次、作者、机构、基金分组浏览，如图 8 所示。

图 8　CNKI 检索资源推荐页面

点击论文标题，可见论文的基本信息、链接的文献网络图示和参考文献来源，用以说明该文的研究背景和依据，同时 CNKI 支持导出参考文献和创建引文分析。

3.2.2　关联知识推荐

关联知识推荐根据用户检索内容进行扩展，并将扩展后的出版资源对用户推荐，以便于用户获得潜在的或未关注但有用的出版内容资源信息。但这种推荐手段需要一定的语义关联技术，具有较高的技术门槛，目前还只能为一些出版企业掌握并应用到实际系统中。在本文进行的十种出版平台的内容检索和推荐服务中，阿帕比、维普、CALIS 联合目录中心和 EI 没有应用这种知识推荐方式，其他七种平台均应用了关联知识推荐。其中，万方智能推荐相关的检索词和相关学者，且通过互动百科推荐与关键词直接相关的词条或文章。超星数字图书馆虽然有“阅读排行”和“图书推荐”专栏，阅读排行可显示各月最热的 100 本好书，而图书推荐内嵌检索功能，根据检索词推荐相应的图书，但基于一次检索呈现的条目没有其他关联知识的推荐。ScienceDirect 采用了多种关联知识进行出版资源推荐，包括期刊的浏览途径、相关图书推荐和学科 Top25 的热文推荐三类。其中相关图书推荐是推荐与检索主体相关图书。期刊的浏览途径则提供按字顺（Alphabetical List of Journals）和按分类（Category List of Journals）排列的期刊目录，分别组成期刊索引页或期刊浏览页界面。用户可在期刊索引页中选择浏览的途径（字顺或分类），在期刊浏览页中选择自己所需的刊名。选中刊名后，单击刊名，进入该刊所有卷期的列表，进而逐期浏览。单击目次页页面右侧的期刊封面图标，可链接到 Elsevier Science 出版公司网站上该期刊的主页（此为国外站点）。用户点击"journal"可在左侧检索框中输入检索词，再利用右侧下拉菜单选择检索字段。检索字段包括："All Fields（所有字段）""Citation & Abstract（题录和文摘）""Author Name（作者）""Article Title（文章标题）""Abstract（文摘）"等。在期刊浏览页上方的检索区中，还可利用另一下拉菜单选择"All of Electronic Journals（所有电子期刊）""Just This Category（某一学科分类）"或"Just This Journal（某种期刊）"检索字段，进行期刊种类的限定。检索策略确定后，点击"Search"按钮，进行检索，如图 9 所示。

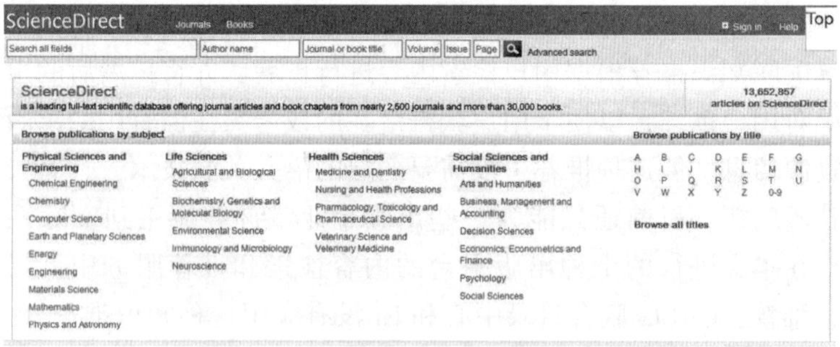

图 9　ScienceDirect 内容相关推荐呈现页面

学科 Top25 热文推荐是指用户可以根据自己的兴趣选择不同的学科，设置检索的时间段，即可获得某一时间内的 Top25 的热门文章，可以订阅、打印或 blog 分享，点击"Show extended"即可紧凑排版，隐藏作者、引用者信息、期刊名等。可以申请文献传递，也可把该功能通过社交媒体传播给其他人，如图 10 所示。

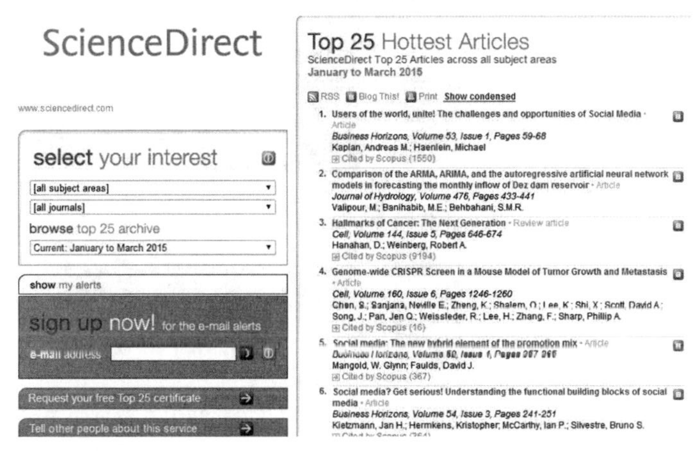

图 10　ScienceDirect 学科选择和研究热点资源推荐

Web of Science 在检索时提供内含索引可供参考，高级搜索中推荐了相关字段标示表等辅助检索的关联信息，但显示过程中并未提供明确的关联知识推荐方法。SpringerLink 电子期刊及电子图书的关联知识推荐应用表现在首页和检索内容两方面。其首页有学科门类浏览、新的图书期刊推介、特色期刊、特色图书推荐；另外，针对用户的某条检索，还有相关主题的论文或图书推荐，如图 11 所示。

中国知网在检索内容之后，系统会自动推荐与检索词相关的搜索信息，如与曹操有关的人物，如刘备、袁绍、曹丕、孙权，与曹操有关的典故，如唯才是举、赤壁之战，与曹操有关的文学分析，如曹操诗歌、曹操人物形象、三国志等，如图 12 所示。另外，检索同一主题的用户近期关注的关键词也在界面右侧予以推荐，说明 CNKI 的数据分析和推荐功能比较智能，如图 13 所示。

显然，通过对上述十种学术数据库出版系统用户检索和内容推荐用户界面的调查分析可以看出，所有数据库均有简单检索和高级检索功能，而且高级搜索包含布尔逻辑运算“与”“或”“非”，

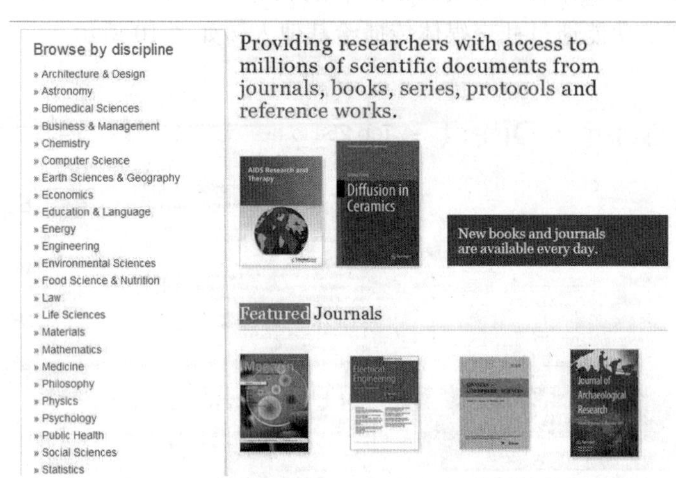

图 11　SpringerLink 电子期刊及电子图书关联知识推荐页面图

相关搜索：	曹操诗	《曹操与杨修》	刘备	袁绍	三国志
	唯才是举	《三国演义》	曹丕	孙权	赤壁之战
	曹操墓	曹操诗歌	曹操形象	曹操用人	曹操人物形象

图 12　CNKI 相关知识推荐

即支持一定程度的逻辑运算和一定的逻辑推理功能。大多数平台支持在结果中检索即二次检索的功能，即使没有“结果中检索”也支持分组筛选，以便提高检索的针对性。在检索结果呈现方式上，检索项排序多为按相关度（标识主题）、出版时间（标识新旧）和被引频次（标识权威性）的准则进行排序，表明大多数学术数据库出版系统已掌握基本的推荐技术。但大部分数据库依然是基于关键词检索，部分体验较好的数据库融合了语义检索，但精确性和智能化仍需提高，而且大部分数据库支持在线预览，授权后可免费下载，Web of Science、CNKI、万方等大型的集成化专业数据库支持引文数据分析，有利于用户了解学科发展脉络，判别所选文章的权威性。

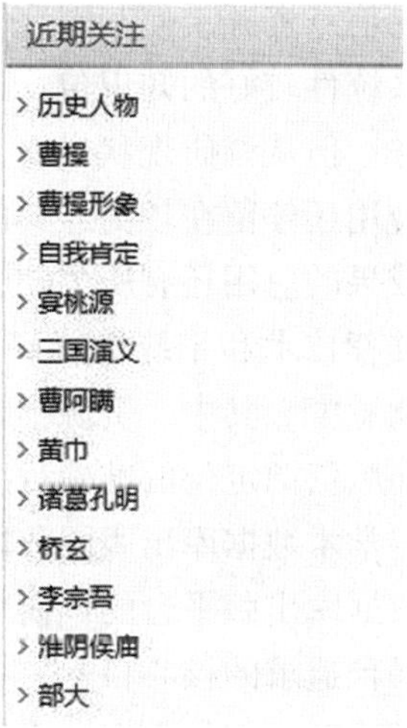

近期关注

> 历史人物
> 曹操
> 曹操形象
> 自我肯定
> 宴桃源
> 三国演义
> 曹阿瞒
> 黄巾
> 诸葛孔明
> 桥玄
> 李宗吾
> 淮阴侯庙
> 部大

图 13　CNKI 知识图谱呈现

4　学术出版内容推荐发展展望

自 20 世纪 90 年代成为独立研究领域起，推荐系统和推荐技术得到快速发展，从针对最初的信息恢复和内容检索所出现的基于内容、基于知识、协同过滤以及混合推荐等四类推荐技术，发展到当前针对移动网络和社交网络的各类新兴推荐技术和算法，推荐系统和推荐技术的研究一直紧随信息技术发展的前沿，其应用领域和应用范围也随信息技术对社会的深入应用而得到扩展，为人们快速有效获得所需信息提供了有力帮助，成为信息技术得以深刻影响人们日常生活和工作的必要手段和技术之一。另 方面，信息爆炸和信息发展导致“信息孤岛”“信息迷向”现象更易发生，而信息技术导致网络服务个性化趋势明显，客观上要求出版产业能为用户提供高效快捷的个性化出版服务。作为出版产业与信息技术结合最为紧密，最能反映信息技术到出版产业应用的学术数据库出版，也受到了数字出版浪潮的冲击，它正在形成以数字技术为支撑，对学术资源进行检索、关联和重组，挖掘资源与资源之间更深层次的关系，整合表面上看似孤立的信息资源，使其围绕着某一学科主题或某一关键词形成逻辑性和系统性较好的知识包，进而为用户提供精准和全方位的出版资源服务。但从调研现状来看，学术数据库出版对推荐系统和推荐技术的应用还停留在较为经典的推荐技术和推荐手段上，对目前最新研究成果的应用还有所欠缺，有待进一步提高。

一般来说，衡量推荐技术和系统性能好坏的指标包括准确度、流行性和多样性以及满意度。其中，资源推荐的准确度反映学术数据库出版对用户所需出版资源定位的准确程度，是学术数据库出版服务的核心指标，决定学术数据库出版服务能力和竞争力的核心要素。通过对十种学术数据库出版平台的调研可以发现，资源推荐的准确度是各出版服务平台追求的核心目标，各出版平台采用多种方式来提高检索内容的准确度，例如大多数出版平台对出版资源都有较为规范的分类，甚至有些出版平台还对不同的学科构建相应的数据库。通过用户自己选择数据库或选择所需资源种类，来缩小检索范围，提高内容获取的准确性。此外，一些出版平台还提供在检索中继续检索的功能，以提高资源获取的准确性。虽然各出版平台采用不同形式来提高内容推荐的准确性，但受采用推荐技术的限制，大多数出版尤其国内出版平台，其内容推荐的准确性还有待提高。调查发现，大多数出版平台还没有采用语义或采用较少的语义技术，对自然语言构成的检索内容的辨识度存在欠缺，因此无法获得用户对内容获取的准确含义，导致推荐的内容无法满足用户的真正需求。至于流行性和多样性，这两种特性是学术活动的重要特征。

一方面，学术活动需要站在时代的前沿，讨论社会和自然亟待解决的问题，以有利于人们掌握自然规律，进而推动社会发展。另一方面，随着各类科学的快速发展，学术呈现出明显的多元化和不同学科的融合特性，导致学术活动有必要从不同学科吸收有用知识，推进本学科和自身研究的发展。因此，当前学术数据库出版有必要根据用户需求，在准确把握其检索意图的基础上，除了推荐新颖且经典的内容之外，还有必要推荐与之相关的学术资源，以便于用户获得更广阔的资源。对十种典型学术数据库出版服务平台的调研发现，一些出版平台已经意识到全方位为用户提供新颖且经典学术资源的重要性，也开始做出一些尝试。例如中国知网通过多种方式为用户提供推荐资源的形如下载量和引用数等信息。同时，中国知网还对推荐的各种资源进行统计，便于用户了解该资源在国内学术研究过程中的总体趋势，也有利于用户把握该资源的利用情况并做进一步的判断。但总的来说，出版平台对出版资源推荐的多样性和流行性还不够，无法满足用户的需求。目前，各出版平台还无法为用户推荐其所需内容的经典资源。一些出版平台虽然依照时间或资源主题名字母排序，但还没有平台能为用户提供其检索议题中最为经典的学术资源。甚至有些出版平台还依然采用随机排序的方式向用户推荐其检索的资源，无法满足用户需求。

另一方面，随着网络信息技术和科学研究的快速发展，学术出版也面临信息爆炸和信息孤岛等问题，加之个性化服务成为信息服务的必然趋势，客观上要求出版产业能为用户提供高效快捷的个性化出版服务。纵观推荐技术和推荐系统的发展过程，研究者除了协同过滤、基于内容、基于知识和混合推荐四类经典推荐方法外，为了应对复杂网络环境、社会网络环境和移动网络环境等各种随着信息技术出现而出现的新型网络环境，而提出基于智能计算、基于社会网络和基于内容认知三种新型推荐技术。这三类技术充分利用了神经网络、人工智能、语义技术以及硬件设备的计算能力，在一定程度上有效解决了个人偏好的分析和构建，能有效地为用户提供个性化的推荐服务。显然，上述研究成果对于学术数据库出版有较大的借鉴意义，其综合利用社会化分析方法和数据挖掘技术，能有效获得用户个人信息。并在此基础上构建用户的学术资源获取偏好和阅读偏好，挖掘用户内容需求的真实目的，进而采用合适的推荐技术，为用户推荐准确的经典学术资源。在此基础上，利用语义关联技术，为用户推荐潜在的能扩展用户研究兴趣和研究领域的学术资源，实现学术资源全方位扩展，提高推荐的多样性和新颖性，最终提高用户的资源获取的满意度，实现学术资源个性化定制推荐的目的。

5 结语

本文以十种典型学术数据库出版为例，对当前学术数据库出版内容推荐现状进行调查和研究，并对当前资源推荐系统和推荐技术以及应用进行深入调研。在此基础上，文章分析当前学术数据库出版资源推荐存在的问题以及未来可能的发展方向。调研结果显示，与当前主流的推荐技术相比，学术数据库出版的推荐技术无论从资源推荐的准确度还是从资源推荐的流行性和多样性，都无法满足用户对资源获取的需要。而且各服务平台多采用经典推荐技术，少数平台融入少量的语义等流行技术，难以满足当前社会发展导致的用户个性化资源服务的需求。因此，学术数据库出版有必要引入当前流行的社会网络、大数据分析、语义技术和人工智能等先进技术，构建基于用户偏好的个性化推荐技术，为用户提供个性化出版资源推荐，以满足用户对学术资源的需求，促进学术数据库出版的快速发展。

参考文献

［1］ J Bobadilla，F Ortega，A Hernando，A Gutiérrez. Recommender systems survey ［J］. Knowledge-Based Systems，2013，46（1）：109-132.

［2］ M Pazzani，D Billsus. Content-based recommendation systems ［B］. in：P Brusilovsky，A Kobsa，W Nejdl（Eds.），The Adaptive Web，Springer，Berlin Heidelberg，2007：325-341.

［3］ 李忠俊，周启海，帅青红．一种基于内容和协同过滤同构化整合的推荐系统模型［J］. 计算机科学，2009（12）：142-145.

［4］ M Deshpande，G Karypis. Item-based top-N recommendation algorithms ［J］. ACM Transactions on Information Systems（TOIS），2004，22（1）：143-177.

[5] B Sarwar, G Karypis, J Konstan, J Riedl. Item-based collaborative filtering recommendation algorithms [C]. Proceedings of the 10th International Conference on World Wide Web, ACM, 2001: 285-295.

[6] B Smyth. Case-based recommendation [B]. in: P Brusilovsky, A Kobsa, W Nejdl (Eds.), The Adaptive Web, Springer, Berlin Heidelberg, 2007: 342-376.

[7] S Middleton, D Roure, N Shadbolt. Ontology-based recommender systems [B]. in: S Staab, R Studer (Eds.), Handbook on Ontologies, Springer, Berlin Heidelberg, 2009: 779-796.

[8] R Burke. Hybrid web recommender systems [B]. in: P Brusilovsky, A Kobsa, W Nejdl (Eds.), The Adaptive Web, Springer-Verlag, Berlin Heidelberg, 2007: 377-408.

[9] B Mobasher, X Jin, Y Zhou. Web mining: from Web to Semantic Web [B]. Springer, Berlin Heidelberg, 2004: 57-76.

[10] D Ben-Shimon, A Tsikinovsky, L Rokach, A Meisles, G Shani, L Naamani. Recommender system from personal social networks [J]. Advances in Intelligent Web Mastering, Springer, 2007: 47-55.

[11] C-N Ziegler, G Lausen. Analyzing correlation between trust and user similarity in online communities [J]. Trust Management, Springer, 2004: 251-265.

[12] A K Dey, G D Abowd, D Salber. A conceptual framework and a toolkit for supporting the rapid prototyping of context-aware applications [J]. Human-Computer Interaction, 2001 (16): 97-166.

[13] W Woerndl, M Brocco, R Eigner. Context-aware recommender systems inmobile scenarios [J]. International Journal of Information Technology and Web Engineering, 2009 (4): 67-85.

[14] X Amatriain, A Jaimes, N Oliver, J Pujol. Data mining methods

for recommender systems [B]. Recommender Systems Handbook, Springer, US, 2011: 39-71.

[15] K Yu, V Tresp, S Yu. A nonparametric hierarchical bayesian framework for information filtering [C]. Proceedings of the 27th Annual International ACM SIGIR Conference on Research and Development in Information Retrieval, ACM, Sheffield, United Kingdom, 2004: 353-360.

[16] M Nilashi, O B Ibrahim, N Ithnin. Multi-criteria collaborative filtering with high accuracy using higher order singular value decomposition and Neuro-Fuzzy system [J]. Knowledge-Based Systems, 2014, 60: 82-101.

[17] A Bellogin, I Cantador, F Diez, P Castells, E Chavarriaga. An empirical comparison of social, collaborative filtering, and hybrid recommenders [J]. ACM Transactions on Intelligent Systems and Technology (TIST), 2013 (4): 1-29.

[18] S Hsu, M-H Wen, H-C Lin, C-C Lee, C-H Lee. AIMED: a personalized TV recommendation system [B]. in: Interactive TV: a Shared Experience, Springer, Berlin Heidelberg, 2007: 166-174.

[19] C Christakou, S Vrettos, A Stafylopatis. A hybrid movie recommender system based on neural networks [J]. International Journal on Artificial Intelligence Tools, 2007, 16 (5): 771-792.

[20] G-R Xue, C Lin, Q Yang, W Xi, H-J Zeng, Y Yu, Z Chen. Scalable collaborative filtering using cluster-based smoothing [C]. Proceedings of the 28th Annual International ACM SIGIR Conference on Research and Development in Information Retrieval, ACM, Salvador, Brazil, 2005: 114-121.

[21] S K Shinde, U Kulkarni. Hybrid personalized recommender system using centering-bunching based clustering algorithm [J]. Expert Systems with Applications, 2012, 39 (1): 1381-1387.

[22] M A Ghazanfar, A Prügel-Bennett. Leveraging clustering approaches to solve the gray-sheep users problem in recommender systems [J]. Expert Systems with Applications, 2014, 41: 3261-3275.

[23] K-j Kim, H Ahn. A recommender system using GA K-means clustering in an online shopping market [J]. Expert Systems with Applications, 2008, 34 (2): 1200-1209.

[24] J Bobadilla, F Ortega, A Hernando, J Alcalá. Improving collaborative filtering recommender system results and performance using genetic algorithms [J]. Knowledge- Based Systems, 2011, 24 (8): 1310-1316.

[25] M Y H Al-Shamri, K K Bharadwaj. Fuzzy-genetic approach to recommender systems based on a novel hybrid user model [J]. Expert Systems with Applications, 2008, 35 (3): 1386-1399.

[26] A Zenebe, A F Norcio. Representation, similarity measures and aggregation methods using fuzzy sets for content-based recommender systems [J]. Fuzzy Sets and Systems, 2009, 160 (1): 76-94.

[27] R R Yager. Fuzzy logic methods in recommender systems [J]. Fuzzy Sets and Systems, 2003, 136 (2): 133-149.

[28] Y Cao, Y Li. An intelligent fuzzy-based recommendation system for consumer electronic products [J]. Expert Systems with Applications, 2007, 33 (1): 230-240.

[29] C Cornelis, J Lu, X Guo, G Zhang. One-and-only item recommendation with fuzzy logic techniques [J]. Information Sciences, 2007, 177 (22): 4906-4921.

[30] C Porcel, A G López-Herrera, E Herrera-Viedma. A recommender system for research resources based on fuzzy linguistic modeling [J]. Expert Systems with Applications, 2009, 36 (3): 5173-5183.

[31] C-N Ziegler, G Lausen. Analyzing correlation between trust and

user similarity in online communities [J]. Trust Management, Springer, 2004: 251-265.

[32] J A Golbeck. Computing and applying trust in web-based social networks [B]. University of Maryland, 2005.

[33] C-S Hwang, Y-P Chen. Using trust in collaborative filtering recommendation [J]. New Trends in Applied Artificial Intelligence, Springer, 2007, 4570 (4): 1052-1060.

[34] K Shiratsuchi, S Yoshii, M Furukawa. Finding unknown interests utilizing the wisdom of crowds in a social bookmark service [C]. Proceedings of the 2006 IEEE/ WIC/ACM International Conference on Web Intelligence and Intelligent Agent Technology, IEEE Computer Society, 2006: 421-424.

[35] W Woerndl, G Groh. Utilizing physical and social context to improve recommender systems [C]. Proceedings of the 2007 IEEE/WIC/ACM International Conferences on Web Intelligence and Intelligent Agent Technology-Workshops, IEEE Computer Society, 2007: 123-128.

[36] H Ma, T C Zhou, M R Lyu, I King. Improving recommender systems by incorporating social contextual information [J]. ACM Transactions on Information Systems (TOIS), 2011, 29 (2): 9.

[37] J Palau, M Montaner, B López, J L De La Rosa. Collaboration analysis in recommender systems using social networks [J]. Cooperative Information Agents VIII, Springer, 2004: 137-151.

[38] J O'Donovan, B Smyth. Trust in recommender systems [C]. Proceedings of the 10th International Conference on Intelligent User Interfaces, ACM, San Diego, California, USA, 2005: 167-174.

[39] G Adomavicius, A Tuzhilin. Context-aware recommender systems [B]. in: Recommender Systems Handbook, Springer, US,

2011: 217-253.

[40] P De Meo, G Quattrone, D Ursino. A decision support system for designing new services tailored to citizen profiles in a complex and distributed e-government scenario [J]. Data and Knowledge Engineering, 2008, 67 (1): 161-184.

[41] L Terán, A Meier. A fuzzy recommender system for elections [B]. in: Electronic Government and the Information Systems Perspective, Springer, Berlin Heidelberg, 2010: 62-76.

[42] X Guo, J Lu. Intelligent e-government serviceswith personalized recommendation techniques [J]. International Journal of Intelligence Systems, 2007, 22 (5): 401-417.

[43] C Cornelis, X Guo, J Lu, G Zhang. A fuzzy relational approach to event recommendation [C]. Proceedings of the Second Indian International Conference on Artificial Intelligence (IICAI-05), Pune, INDIA, 2005: 2231-2242.

[44] J Lu, Q Shambour, Y Xu, Q Lin, G Zhang. BizSeeker: a hybrid semantic recommendation system for personalized government-to-business e-services [J]. Internet Research, 2010, 20 (3): 342-365.

[45] D Wu, G Zhang, J Lu. A fuzzy preference tree-based recommender system for personalized business-to-business e-services [J]. IEEE Transactions on Fuzzy Systems, 2015, 23 (1): 29-43.

[46] T Lee, J Chun, J Shim, S-g Lee. An ontology-based product recommender system for B2B marketplaces [J]. International Journal of Electronic Commerce, 2006, 11 (2): 125-155.

[47] J-C Wang, C-C Chiu. Recommending trusted online auction sellers using social network analysis [J]. Expert Systems with Applications, 2008, 34 (3): 1666-1679.

[48] J L De la Rosa, N Hormazabal, S Aciar, G Lopardo, A Trias, M Montaner. A negotiation-style recommender based on

computational ecology in open negotiation environments [J]. IEEE Transactions on Industrial Electronics, 2011, 58 (6): 2073-2085.

[49] I Gonzalez-Carrasco, R Colomo-Palacios, J L Lopez-Cuadrado, Á García-Crespo, B Ruiz-Mezcua. PB-ADVISOR: a private banking multi-investment portfolio advisor [J]. Information Sciences, 2012, 206 (16): 63-82.

[50] Z Zhang, H Lin, K Liu, D Wu, G Zhang, J Lu. A hybrid fuzzy-based personalized recommender system for telecom products/services [J]. Information Sciences, 2013, 235 (9): 117-129.

[51] A Nanopoulos, D Rafailidis, P Symeonidis, Y Manolopoulos. Musicbox: personalized music recommendation based on cubic analysis of social tags [J]. IEEE Transactions on Audio, Speech and Language Processing, 2010, 18 (2): 407-412.

[52] Z Huang, W Chung, H Chen. A graph model for e-commerce recommender systems [J]. Journal of the American Society of Information Science and Technology, 2004, 55 (3): 259-274.

[53] S Tan, J Bu, C Chen, B Xu, C Wang, X He. Using rich social media information for music recommendation via hypergraph model [J]. ACM Transactions on Multimedia Computing, Communications, and Applications, 2011 (7): 1-22.

[54] R J Mooney, L Roy. Content-based book recommending using learning for text categorization [C]. Proceedings of the Fifth ACM Conference on Digital Libraries, ACM, 2000: 195-204.

[55] T Ruotsalo, K Haav, A Stoyanov, S Roche, E Fani, R Deliai, E Mäkelä, T Kauppinen, E Hyvönen. Smartmuseum: a mobile recommender system for the web of data [J]. Web Semantics: Science, Services and Agents on the World Wide Web, 2013, 20 (2): 50-67.

[56] M Balabanovic, Y Shoham. Fab: content-based, collaborative recommendation [J]. Communications of the ACM, 1997, 40

(3): 66-72.

[57] M E Renda, U Straccia. A personalized collaborative digital library environment: a model and an application [J]. Information Processing & Management, 2005, 41 (1): 5-21.

[58] C Porcel, J M Moreno, E Herrera-Viedma. A multi-disciplinary recommender system to advice research resources in university digital libraries [J]. Expert Systems with Applications, 2009, 36: 12520-12528.

[59] J Serrano-Guerrero, E Herrera-Viedma, J A Olivas, A Cerezo, F P Romero. A google wave-based fuzzy recommender system to disseminate information in university digital libraries 2.0 [J]. Information Sciences, 2011, 181 (9): 1503-1516.

[60] O R Zaiane. Building a recommender agent for e-learning systems [C]. Proceedings of 2002 International Conference on Computers in Education, 2002, 51: 55-59.

[61] J Lu. A personalized e-learning material recommender system [C]. Proceedings of the 2nd International Conference on Information Technology and Applications, Harbin, China, 2004: CDROM.

[62] N Capuano, M Gaeta, P Ritrovato, S Salerno. Elicitation of latent learning needs through learning goals recommendation [J]. Computers in Human Behavior, 2014, 30 (1): 663-673.

[63] N Zheng, Q Li. A recommender system based on tag and time information for social tagging systems [J]. Expert Systems with Applications, 2011, 38 (4): 4575-4587.

[64] J Gemmell, T Schimoler, M Ramezani, L Christiansen, B Mobasher. Improving folkrankwith item-based collaborative filtering [C]. Proceedings of the ACM RecSys'09 Workshop on Recommender Systems & the Social Web, ACM, New York, NY, USA, 2009.

[65] A Moukas. Amalthaea: information discovery and filtering using a

multiagent evolving ecosystem [J]. Applied Artificial Intelligence, 1997, 11 (5): 437-457.

[66] D Billsus, M Pazzani. User modeling for adaptive news access [J]. User Modeling and User-Adapted Interaction, 2000 (10): 147-180.

[67] K Goldberg, T Roeder, D Gupta, C Perkins. Eigentaste: a constant time collaborative filtering algorithm [J]. Information Retrieval, 2001 (4): 133-151.

[68] T Nguyen, H Lu, J Lu. Web-page recommendation based on web usage and domain knowledge [J]. IEEE Transactions on Knowledge and Data Engineering, 2013: 1041-4347.

[69] C I Chesnevar, A G Maguitman. ArgueNet: an argument-based recommender system for solving Web search queries [C]. 2nd International IEEE Conference on Intelligent Systems, 2004, 281: 282-287.

[70] 阿帕比数字资源平台. http://www.lib.whu.edu.cn/dc/urlto_1.asp?id=337&url=http%3A%2F%2Fapabi.lib.whu.edu.cn%2FUsp&source_id=WHU03899&u=%D6%D0%CE%C4&title=Apabi%B5%E7%D7%D3%BD%CC%D1%A7%B2%CE%BF%BC%CA%E9.

[71] 万方数据知识服务平台. http://g.wanfangdata.com.cn/.

[72] 维普期刊资源整合服务平台. http://lib.cqvip.com/.

[73] CALIS 联合目录公共检索系统. http://opac.calis.edu.cn/opac/simpleSearch.do.

[74] 超星数字图书馆. http://cx.hbdlib.cn:8080/markbook/GetIndex.jsp?NetUser=2.

[75] Engineering Village. http://www.engineeringvillage.com/search/quick.url.

[76] Elsevier ScienceDirect. http://www.sciencedirect.com/.

[77] Web of science. http://apps.webofknowledge.com/WOS_GeneralSearch_input.do?product=WOS&search_mode=

GeneralSearch&SID=4AzqupD8RpP8U3L4xNr&preferencesSaved=.

[78] SpringerLink电子期刊及电子图书. http://link.springer.com/.

[79] 中国知网. http://www.cnki.net/.

[80] 马宏伟, 张光卫, 李鹏. 协同过滤推荐算法综述 [J]. 小型微型计算机系统, 2009, 30 (7): 1282-1288.

[81] 刘鲁, 任晓丽. 推荐系统研究进展及展望 [J]. 信息系统学报, 2008 (2): 82-90.

[82] 张海燕, 孟祥武. 基于社会标签的推荐系统研究 [J]. 情报理论与实践, 2012, 35 (5): 104-106.

[83] 刘树栋, 孟祥武. 基于位置的社会化网络推荐系统 [J]. 计算机学报, 2015, 38 (2): 222-335.

[84] 安悦, 李兵, 杨瑞泰, 胡沥丹. 基于内容的热门微话题个性化推荐研究 [J]. 情报杂志, 2014 (2): 155-160.

[85] 王立才, 孟祥武, 张玉洁. 上下文感知推荐系统 [J]. 软件学报, 2012, 23 (1): 1-20.

[86] 赵鹏, 耿焕同, 王清毅, 蔡庆生. 基于聚类和分类的个性化文章自动推荐系统的研究 [J]. 南京大学学报 (自然科学版), 2006, 42 (5): 512-518.

[87] 孟祥武, 胡勋, 王立才, 张玉洁. 移动推荐系统及其应用 [J]. 软件学报, 2013, 24 (3): 91-108.

[88] 孟祥武, 刘树栋, 张玉洁, 胡勋. 社会化推荐系统研究 [J]. 软件学报, 2015, 26 (2): 1356-1372.

[89] 陈雅茜. 音乐推荐系统及相关技术研究 [J]. 计算机工程与应用, 2012, 48 (18): 9-16.

[90] 谢琳惠. 推荐系统在高校数字图书馆的应用研究 [J]. 现代情报, 2006, 26 (11): 72-74.

[91] 梁昌勇, 冷亚军, 王勇胜, 戚筱雯. 电子商务推荐系统中群体用户推荐问题研究 [J]. 中国管理科学, 2013, 21 (3): 153-158.

【作者简介】

袁小群，湖北孝感人，现就职于武汉大学信息管理学院出版科学系，工学博士，副教授。主持并参与自然科学基金、国家科技支撑计划、国家文化产业发展专项基金和中国博士后基金等多项国家级、省部级项目的研究工作，在*Future Generation Computer Systems*、*The Journal of Supercomputing*、*Learned Publishing* 等国际知名期刊以及《计算机学报》《出版科学》《科技与出版》等国内 CSCI 期刊上发表文章 20 余篇。

童晓雯，江苏盐城人，武汉大学信息管理学院研究生，研究方向为知识服务、云计算和数据分析。

杨文，河南人，武汉大学信息管理学院研究生，研究方向为数字出版、文化产业。

近五年出版电子商务研究进展

张美娟　孙晓翠　陈　冲　张　琪
（武汉大学信息管理学院）

【摘　要】出版电子商务的兴起与发展正深刻改变着出版业业务结构乃至整个出版市场经营管理环境，引起广泛关注并成为近年来出版理论与实践发展中的一个新的热点和焦点。本文立足于近五年出版电子商务相关研究文献的普查与分析统计，从基本理论、系统及构成、网站建设、营销管理、物流管理、问题及对策6个方面总结了近五年有关出版电子商务研究的基本现状与特点；并指出跨学科、跨专业和跨领域研究以及出版电子商务运营管理等实践研究将成为未来的重要发展趋势与方向。

【关键词】出版　电子商务　研究　进展　2010—2014年

Research Progress on Publishing E-commerce in the Last Five Years

Zhang Meijuan　Sun Xiaocui　Chen Chong　Zhang Qi
（School of Information Management, Wuhan University）

【Abstract】Based on the research status of publishing e-commerce in the last five years, this paper analyzed 184 effective literatures and sum up the key points and hot spots of research over the last five years. Which were 6 aspects, as the basic theory, system and its constitution, website construction, marketing management, logistics management, problems and solutions of publishing e-commerce. On the basis, it is concluded that there is a certain degree of improvement in the scale and depth of research on publishing electronic commerce, but theoretical research is not enough compared to applied research. In the future, cross disciplinary, cross professional, cross domain research and the practice research of publishing e-commerce operation management will be the trend.

【**Keywords**】publishing e-commerce research progress

以计算机、移动端通信和网络技术等为代表的信息技术革命，给整个社会经济带来了前所未有的挑战与机遇。出版领域中的网络书店、网站平台、微博营销、手机微信销售等电子商务的兴起与发展，正深刻改变着读者的阅读与购书心理和行为习惯、出版业业务结构乃至整个出版市场经营管理环境。这些变革与创新引起了业内广泛关注，并很快成为近年来出版理论与实践发展中的一个新的热点和焦点。本文以数据库中普查检索到的近五年内 184 篇有效文献为研究样本，通过比较具体的分析统计，从基本理论、系统及构成、网站建设、营销管理、物流管理、问题及对策等 6 个方面比较系统地梳理和总结了出版电子商务领域的研究重点和基本现状，并探讨了本领域未来可能的主要发展趋势与方向。

1 出版电子商务相关研究的基本现状

通过对近五年研究出版电子商务的成果进行统计整理，本文从以下四点进行分析，即研究规模、时间分布、研究层次和研究内容。

1.1 研究规模

目前学术界对出版电子商务内容研究的成果相对较少，特别是相关学术著作存在缺失状态。笔者通过使用中国知网中“高级检索”，以主题精准检索“出版”并含“电子商务”等相关主题检索方式，时间设定为2010年1月1日至2014年12月31日，共搜索到文献276篇。剔除不相干文献92篇，最后得到有效文献184篇。在读秀网上检索关于“出版”并含“电子商务”的相关内容书籍，未发现研究成果。

1.2 时间分布

从2010—2014年有关出版电子商务的文献分布来看，文献成果整体上呈现明显上涨趋势，但是各年文献数量起伏不定（如图1所示）。2010—2011年和2012—2013年这两个时间段的研究文献年度数量呈上涨趋势；但到了2011—2012年和2013—2014年这两个时间段，又出现年度研究文献数量呈下降趋势。在2010—2014年这5年中，文献成果数量最多的为2013年，该年研究文献达到54篇，较前一年足足增长了一倍之余；随后在接下来的2014年，文献年度研究数量虽稍有减少，但仍产生了48篇研究文献。

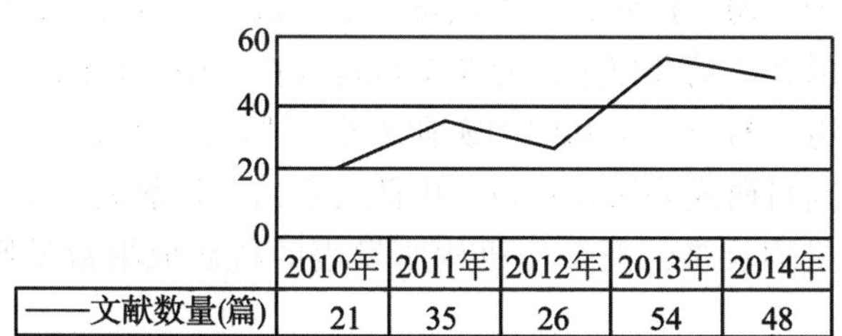

图1　2010—2014年出版电子商务研究文献数量

1.3 研究层次

1.3.1 文献类型分析

统计的184篇有效文献中，来源最多的是期刊文章，为137篇，占总量的74.4%；文献来源仅次于期刊的是硕士学位论文，为41篇，占总量的22.3%；博士学位论文3篇，其他包括国内外会议论文、报纸文章等（如图2所示）。由此可见，目前学界对于出版电子商务的研究并不深入。

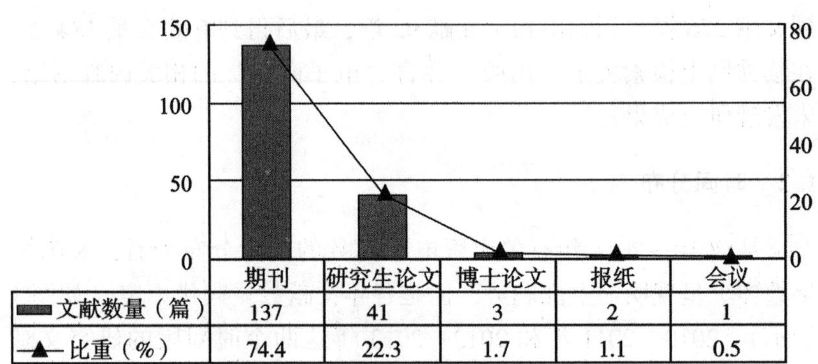

图 2　2010—2014 年出版电子商务研究文献类型分布

1.3.2　按研究机构分布

本文对作者所在机构的发文量进行了统计，得出目前对于出版电子商务研究发表科研成果的机构主要有 40 家。其中，以高校科研机构最为普遍。按研究成果数量对这些机构进行排序，经统计得出研究成果在 3 篇及以上的有 7 个机构。位于前三位的分别是：武汉大学、电子科技大学和中国矿业大学（如表 1 所示），其中武汉大学以 5 篇科研成果居于首位。由此可看出，目前关注出版电子商务研究的机构较多，但每个机构所发表的科研成果数量则相对较少。

表 1　　出版电子商务研究机构分布

序号	机构	发文量（篇）
1	武汉大学	5
2	电子科技大学	4
2	中国矿业大学	4
3	西安电子科技大学	3
3	北京印刷学院	3

续表

序号	机构	发文量（篇）
3	河南大学	3
3	湖南师范大学	3

1.3.3　按学科领域分布

经统计得出：184 篇有关出版电子商务研究的文献中，属于出版领域的有 95 篇，涉及贸易经济的有 36 篇，涉及计算机软件及计算机应用的有 30 篇，此外还有企业经济、工业经济、新闻与传播和互联网技术等领域类别的文献。总体来说，出版领域对于出版电子商务的研究最多，占成果总量一半以上。研究数量的学科领域前三甲，即出版、贸易经济、计算机三大领域的研究，共占总量的 87.5%，其他学科领域的研究相对较少。

1.4　研究内容

近五年针对出版电子商务研究的内容，主要集中在三大部分：基础理论、体系建设和实践应用。本文的研究分析也是主要从这三点进行分析整理：基础理论主要包括出版电子商务的概念和分类、发展概况和发展趋势；体系建设主要分析出版电子商务的体系构架，分别从“四流”的角度进行研究；实践应用方面，侧重于对出版电子商务网站建设、营销管理、物流管理、存在问题及对策等方面进行研究。这些研究内容代表着近五年出版电子商务理论和应用方面的热点和难点。可以说，无论在实践中还是在理论上，出版电子商务还很年轻，它的成长必然会和实践、理论相结合。

2　出版电子商务基本理论研究

笔者通过对近五年来学者们研究出版电子商务基础理论的文献资料进行分析，发现有关出版电子商务的基础理论研究主要集中在三点：出版电子商务的概念和分类、发展概况和发展趋势。

2.1 出版电子商务的概念与分类研究

相对出版电子商务的概念和分类研究来说，有关电子商务的研究比较成熟。特别是国外发达国家学者的研究，更是走在了我国电子商务研究进展的前面，这与国外发达国家电子商务实践应用较成熟有关。

2.1.1 电子商务的概念与分类

目前，国内外对电子商务尚未形成统一、权威的定义。比较有代表性的是陈岑[1]，他在总结国内外专家学者对电子商务定义的基础上，将电子商务的概念分为广义上的和狭义上的：广义上是指各行各业各种业务的电子化、网络化，狭义上指人们利用电子化手段进行以商品交换为中心的各种商务活动。爱德华·J. 迪克[2]则认为电子商务就是在互联网上“做生意”。塔菲克·杰拉希[3]将电子商务定义为使用电子的方法处理组织的内外部活动。总体来说，有关电子商务的概念主要侧重在两点：一是从主客体的角度认为电子商务包含各行各业的活动；二是从手段的角度突出电子商务以互联网电子技术为中心。

国内外对电子商务的分类比较有代表性的有两种：一是侧重交易双方主体的形式。谈国鹏[4]认为电子商务的买卖双方可以是个人与消费者（C2C）、企业与个人（B2C）和企业与企业（B2B）等。在此基础之上，孙晓清[5]认为电子商务的形式有四种，增加了政府与消费者之间的电子商务，即 G2C 电子商务。于世刚[6]比较全面地将电子商务模式分为七类，在前者基础上又增加了企业对职业经理人（B2M）之间的电子商务、职业经理人对消费者（M2C）之间的电子商务、企业对政府（B2G）之间的电子商务。二是侧重交易产品的类型。李琪[7]将电子商务分为有形商品电子商务、数字商品电子商务和服务商品电子商务三类。

2.1.2 出版电子商务的概念与分类

关于出版电子商务的概念，没有专门的著作理论研究。专家学者多是在研究相关问题时对“出版电子商务”其相关概念进行界定，如图书网络营销、网络书店等。史海娜[8]对图书网络营销的定义强调信息交流、互联网与线下物流的整合、客户关系管理为核心、电子书的经营。罗晓[9]从供应链的角度提出电子商务供应链的图书营销是以供应链管理为指导思想，运用现代电子商务技术，实现图书网络营销的利益最大化。刘维佳[10]对网络书店的定义比较有代表性，认为网络书店是基于互联网利用信息技术进行图书的信息发布和查询、完成图书交易的一种电子商务类型，具有种类众多、方便快捷、价格低廉等特点。

对于出版电子商务的分类，目前的研究主要集中在对网络书店、出版社电子商务的分类研究。如于世刚[11]按照网络书店开办主体的方式进行划分，将我国的网络书店划分为三种：出版社类网络书店、实体书店类网络书店和纯网络书店。张巍[12]从交易主体的角度将出版社电子商务平台的模式分为三种：企业之间直接进行的电子商务（如出版社可以通过本社的电子商务平台在线向造纸厂采购纸张，将出版社的印制权在线投标等），通过第三方电子商务网站平台进行的商务活动，个人与企业之间的电子商务（如读者可以通过出版社的电子商务平台订购图书等）。

2.2　出版电子商务的发展概况研究

出版电子商务的发展概况研究侧重于对其重要性的研究，以及传统出版社、新华书店等企业类型的电子商务进展现状；同时，还有出版企业电子商务实践中有关物流和盈利模式的研究概况。整体来说，有关发展概况的研究，缺乏从整个行业角度的宏观视角，而更多的仅从具体某种类型主体或者某个环节的发展来进行分析。

2.2.1　开展出版电子商务的必要性和重要性研究

电子商务对出版产业产生了深刻的影响。专家学者普遍认为发展出版电子商务对整个出版产业来说，必要性和重要性不言而喻。只有顺应信息经济时代的步伐，大力开展出版电子商务，才能促进出版产业的发展。

于世刚[13]分别从消费者角度和书店角度阐述了书店开展电子商务活动的必要性。其认为计算机普及与互联网的发展，使得消费者的购物习惯有所改变，为适应消费者的需求与习惯，书店应开展电子商务活动；同时，电子商务具有突破营业时间的限制、拓展覆盖范围、节约成本等众多优势。陈娜、谷慧琳[14]从出版产业和市场的角度认为电子商务可以简化出版工作流程，促进传统产业优化重组；扩大出版市场，刺激消费渠道；减少盗版盗印，有效维护市场秩序等。于秀丽[15]从大数据背景出发，指出图书电子商务可以通过分析其他平台和软件提供的数据，得到用户的阅读习惯、阅读时间、阅读要求等，针对不同的需求进行策划设计，满足读者的个性化需求，对抢占市场作用明显。

2.2.2 传统出版企业电子商务发展现状研究

目前，对传统出版企业电子商务现状的研究主要集中在对出版社、新华书店及其他实体书店的研究，期刊电子商务也略有涉及。专家学者普遍认为传统出版企业的电子商务逐渐受到重视，但仍处于初级阶段。

在传统出版社电子商务开展方面。秦必瑜[16]指出，现在大多数传统出版社电子商务的应用现状基本处于狭义电子商务即电子交易阶段，且电子交易平台仍不完善，网站仅有基本的网络营销功能。杨松涛[17]进一步指出，我国大多数出版社将出版社网站和网上书店外包出去，出版社对图书商务软件的应用还不到位。章毅、张岩、付继娟[18]采用对比方法，认为与图书网站相比，出版社电子商务平台的图书数量较少。

在新华书店等实体书店的电子商务方面。杨育芬[19]指出，目前实体书店正在加强自身的信息化建设，加速向网络化转型，同时加强与互联网上较成熟的销售渠道的合作，线上线下融合发展。袁健[20]对新华书店的电子商务做了介绍，指出各级新华书店对运用微机管理图书营销的重视程度越来越高，但对电子商务及全面信息化的认识比较肤浅，且虚拟消费市场支撑系统还没有建立、高科技人才较少等问题突出。在期刊电子商务领域，学者基本上仅对科技学术类期刊进行了研究。何长华、刘长青[21]等以电力科技期刊为例，指出目前我国许多科技期刊编辑部都建立了网站，但绝大部分只是实现了作者在线投稿等数字化办公功能；极少数科技期刊编辑部同时为读者提供免费过刊全文检索与下载，但这些网站几乎还都不具备网上支付等电子商务功能。

2.2.3 电子商务环境下的图书物流概况研究

近几年来，专家学者对电子商务环境下图书物流的研究比较多，源于图书物流对于出版电子商务的重要作用。有关图书物流的研究，集中在物流配送模式、书业物流企业的发展环境等方面。

在物流配送模式方面，陈岑[22]的观点比较有代表性，其认为目前电子商务环境下的书业物流发展模式主要有三种：企业自营物流模式、第三方物流模式（全外包、部分外包）、物流联盟模式。大型的网站如当当网、卓越网都采用了自营与第三方物流共有的模式，较小的企业都直接选择了物流外包，而物流联盟模式只在少数网站中使用，如博客书城。

李晓龙[23]对电子商务环境下的书业物流做了SWOT分析，认为我国书业物流具有物质、地理交通、网络方面的优势，观念束缚、人才缺乏、模式落后等方面的劣势，市场潜力大、政府的重视以及入世的机遇，国外物流企业、国内其他物流企业以及第四方物流的挑战。另外，陈岑[24]通过对当当网、中国互动出版网等12家购书网站的介绍，归纳出我国书业物流的现状：主要通过中国邮政和第三方物流服务商提供配送服务；图书物流因受限于自身利润及国内物流水平不够的情况，仍然需要实体仓库的存在；图书物流的模式较单一。

2.2.4 出版电子商务盈利模式研究

目前，我国专家学者对出版电子商务盈利模式研究这一领域的研究较多，特别是在研究出版电子商务平台时多有提及。但研究仍不够深入，针对出版电子商务盈利模式的研究仅涉及总结归纳实践应用层次，在具体模式的盈利绩效方面，缺乏定量的统计分析。

张巍[25]立足于传统出版社的角度，认为开展电子商务有两种盈利模式：一是创办自己的网上书店；二是销售电子出版物，即将出版社大量的、丰富的纸质图书（尤其是独版书、绝版书）转化为电子书、数字出版物、互联网出版物、手机出版物出版。张成伟[26]则总结出图书电子商务网站的盈利点有三种：一是在线购买；二是用户不买书，但是通过充值在线阅读；三是在线投稿功能，吸引作者投稿，把优秀作品推荐给出版社，从中提取佣金。并从实体产品、数字产品和中介服务三种交易产品来说明。

2.3 出版电子商务的发展趋势研究

出版电子商务的发展趋势研究，专家学者主要关注四点：合作和竞争日趋融合，规范化、标准化建设，重视物流建设，注重客户服务和客户价值挖掘的趋势研究。这四点既有对整体产业环境的宏观发展趋势分析，也有针对企业具体经营过程的微观操作发展趋势研究。

2.3.1 合作与竞争日益融合的趋势研究

专家学者普遍认为出版企业、实体书店、纯网络书店、电商企业等主体之间的关系由竞争趋于合作，这是出版电子商务的必然趋势。杨育芬[27]从大平台的视角出发，认为实体书店、网络书店、综合电子商务平台之间的合作与竞争日益融合，大平台电子商务是未来图书销售发展的趋势。胡松杰、贾业增[28]从企业竞争的角度认为，出版业的实体书店要想在激烈的竞争中生存，必须建立一种跨出版业的协作，覆盖出版“编印发”全过程，构成一个出版电子商务价值链网络。李珉[29]提出了跨界整合，实现多方共赢的电子商务模式的构想，即搭建一个集版权商、出版社、技术支撑供应商和第三方合作于一体的商务交易平台。

2.3.2 规范化、标准化建设的趋势研究

目前出版电子商务仍存在不规范、标准不统一等问题。考虑到规范化、标准化建设的重要作用，以及产业融合背景下对于标准统一化的迫切性，规范化、标准化建设是未来的发展方向。

专家学者对这一趋势的研究集中在电子信息数据的规范化和标准化。如蒋良富[30]认为 EDI 在图书电子商务中具有很重要的作用，可减少纸面作业，提高效率，降低成本，减少供应链系统的冗余性。许林[31]强调国家政策的指导意义，指出全国出版物标准化技术委员会制定的中国第一个书业管理信息系统的对话标准——《图书流通信息交换规则》的预期目的是实现企业间数据库的相互兼容，实现信息轻松共享，使出版业发行供应链、信息链的数据传

输大为简化，尽早实现异构系统电子信息交换。

2.3.3 重视图书物流建设的趋势研究

大多数专家学者认为，图书物流的建设趋于现代化、信息化、规模化，第四方物流发展前景广阔。蒋良富[32]认为，图书物流在电子商务的影响下必须引进现代物流管理理念和技术设备，加强图书配送中心的建设，提升物流管理水平，使物流配送朝信息化、自动化、网络化、柔性化方向发展。丁红姣、谭光兴[33]运用博弈论中的伯特兰德寡头模型，证明新华书店走差异化战略的必要性，提出新华书店应以连锁店与网上书店为依托，率先实现网上书店全国连锁的经营模式，走规模化的发展道路，发挥集群优势。王海云、费秀红[34]则以发展的眼光，认为利用第四方物流做大中盘，对加强供应链协作、稳定供应链、提高供应链效率和促进信息共享非常有益，也是电子商务发展的必然趋势。

2.3.4 注重客户服务和客户价值挖掘的趋势研究

客户服务在电子商务发展过程中的重要性不容忽视，也是出版电子商务平台未来努力的方向之一。邹晓蕾[35]以网络图书团购企业为例，认为电子商务模式指导下的网络图书团购企业，开创出全新的电子商务售后服务模式才是王道。张岩、章毅、付继娟[36]以满足客户个性化需求为出发点，认为出版企业应利用电子商务环境下信息沟通和生产的低成本，实施按需出版。王亮、孙昱[37]结合图书电子商务的特点，提出了一种通过对图书电子商务网站的客户浏览、购买等行为记录进行数据挖掘而建立的客户身份信息模型。

3 出版电子商务系统及其构成研究

电子商务中的任何一笔交易，都包含着四种基本的“流”，即信息流、商流、物流、资金流，它们相互作用，构成了一个完整的电子商务交易过程。出版电子商务也不例外。本文从这一角度出发，分别对出版电子商务系统及其信息流、商流、物流和资金流的研究现状进行梳理与分析。

3.1 出版电子商务的系统构架研究

综合出版电子商务体系和系统构成的研究现状来看，以有形出版物产品的电子商务为对象的研究文献较为常见，尤以研究出版社网站、网上书店的系统构建为多，而在电子书等数字产品类以及出版服务类电子商务方面的研究则比较空缺，是未来需要关注的研究领域。

3.1.1 系统构成要素研究

不少学者对出版行业电子商务体系和系统的构成进行了探讨。彭广宇[38]以出版社的业务流程和信息管理为依据，认为出版社电子商务包括供应链管理模块（SCM）、信息整合模块（ERP）和客户关系管理模块（CRM）三大功能模块，并分别指出了三大模块的作用所在。秦必瑜[39]认为，出版社的电子商务平台系统由前台系统和后台系统构成，前台的主要功能是发布信息、接受顾客需求，后台的主要功能是处理和满足顾客需求。章毅[40]等人则强调，客户因素是出版社电子商务平台建设成功的首要关键因素，因此出版社电子商务平台的组成应该包括读者信息平台、作者信息平台、图书信息平台三部分，从而使读者和作者更好地交流。邹国彪[41]提出图书发行企业的电子商务可分为对内交易平台和对外交易平台两部分，前者用于 B2B 业务，主要为企业与出版社之间开展网上交易提供商务信息服务；后者用于 B2C 业务，主要为企业向广大读者提供图书零售服务。

3.1.2 对具体组成部分 ERP 的研究

立足于出版电子商务系统具体的组成部分，对 ERP 系统在出版行业的应用与实施的研究已较为充分。赵宇[42]指出，将出版电子商务与 ERP 系统进行集成，主要包括与物料管理和财务会计的集成、EDI 电子商务、发行系统与 ERP 系统的财务模块嵌入三个方面。裘骐[43]提出了一套以财务为核心，将选题编辑、出版印刷、库存管理、出版发行四大模块与财务模块充分结合的 ERP 系统实施策略。此外，李信[44]详细分析了出版行业 CRM 系统的设计，认为出版行业 CRM 系统包括基本数据管理、市场营销管理、销售管理、客户服务管理和渠道管理五大功能结构。

3.1.3 技术角度的系统构成研究

另有部分学者从技术等角度出发，提出了出版业电子商务系统的构建方案。孙建军[45]从信息集散地、客户管理、交流平台以及网上商城四个方面进行了版权贸易电子商务总体功能的设计。史毅[46]将网络期刊出版的电子商务平台划分为客户平台、交易平台、支付平台三个部分，并提出了每部分的构建思路，形成了较为完整的构建模型，对出版业电子商务平台的建设具有一定的借鉴意义。赵志刚[47]、雷利香[48]、韩强[49]分别对网上书店的系统进行了设计，且在设计方案中均将整个系统划分为前台用户系统和后台管理系统两大功能模块。

3.2 出版电子商务的“信息流”研究

整体而言，目前对出版电子商务中信息流的研究在数量上偏少；在研究对象上基本上以网上书店为主，其他方面鲜有涉及；在研究内容上多为分析信息流的现状、作用、问题、影响因素等，而对出版电子商务信息流的构成、流向、特点等内容研究不足。此外，关于出版电子商务中消费者购买行为影响因素的研究较多，但缺乏对出版者与购买者之间、购买者与购买者之间信息交流的研究。

3.2.1 信息流的内容研究

出版电子商务中的信息流主要包括出版产品信息的提供、促销、行销、售后服务、买卖双方的交流等内容。程曾[50]认为，基于网络的图书发行的信息流主要有图书商品流信息化、图书发行财务电算化、购物电子化、管理自动化四个方面。艾依璇[51]根据网页功能的设置，将图书电子商务网站的信息流分为单向传播、双向互动和信息聚合三种类型，其中单向传播的信息流主要表现在图书内容介绍、促销信息以及信息内容的呈现；双向信息传播赋予了消费者发生网络行为的权利，包括书评、论坛、留言等；信息聚合是指网站让受众参与到信息制造，例如定制化服务、社区、个性化页面等。胡松杰、贾业增[52]以当当网为例，认为与传统书店相比，网上书店信息的全面覆盖和快捷查询与否往往关系到网店的流量和交易量。廖春[53]对湖南新华书店集团的电子商务实施方案进行了解析，指出其在信息流方面组建了数据中心，为电子商务提供了标准的、唯一的信息源泉。

3.2.2 信息流中的消费者信息研究

消费者信息是出版电子商务活动中最关键的信息资源，同时也是出版电子商务经营绩效的基础信息。在出版电子商务信息流方面的研究中，与消费者相关的研究较为常见。万君[54]等人通过实证分析指出，系统因素、个人因素和图书因素会影响网络用户对在线图书关联推荐服务的接受意愿，因此商家应符合用户的体验要求。吴慎振[55]指出网站易用性、安全性、互动性以及内容性均与顾客满意度呈显著正相关关系。卫佳[56]提出了通过建立功能完善的虚拟社区和网上商店来获取客户信息的网络出版企业客户信息收集模型。

3.3 出版电子商务的“商流”研究

出版电子商务“商流”一般是指出版物由出版者或发行者向读者转移时，出版物资社会实体的流动。当前，与出版电子商务“商流”直接相关的研究文献数量明显偏少且偏于浅层次的探讨。事实上，李琪[57]认为商流是电子商务交易的核心，是电子商务的最终目的。商流是出版电子商务中的重要环节，其研究意义重大。

尤爱国[58]在探讨图书的电子商务时谈到，顾客在网上浏览商品后，点击鼠标购物并进行电子支付，瞬间完成商品所有权转移的现象为商流，但是只有在商品和服务真正转移到消费者手中时，网络交易活动才告结束，而物流与商流之间存在较大的速度差距。苏磊[59]在研究新华书店的原有物流渠道及信息流通时指出，物流渠道构建中的信息流包括商流信息，也就是图书的订单信息。程曾[60]研究了网络环境下图书的发行模式，指出图书网上发行中的商流与传统发行相比，最大的不同在于交易平台的改变，在网络环境下，出版商、批发商或零售商均能够通过网络平台直接与读者进行交易，从而实现商流的运转。

3.4 出版电子商务的“物流”研究

通常认为，在出版电子商务的环境中，信息流、资金流、商流均可以通过互联网快速方便地实现，只有物流只能在网下延时实现，因此物流成为制约电子商务发展的瓶颈，引发了各方学者的多层面思考和探索。

3.4.1 物流基本概念研究

鞠海燕[61]对书业物流系统的构成和分类进行了细致剖析，特别是关于物流系统的划分十分全面，基本覆盖到所有的物流相关流程，但缺乏对各个子系统之间的相关性分析。苏磊[62]指出随着网上图书销售模式的开展，图书物流中的电子中盘应运而生，它能将实体中盘图书配送物流转变为虚拟图书信息流，并提出新华书店开展网上业务应注重电子中盘和实体中盘相结合。该作者在研究中提出了电子中盘的概念，并结合新华书店实体进行分析，立足点较为新颖且针对性较强。

3.4.2 物流实践研究

薛双英[63]提出，要加快现代化物流管理信息系统建设，使之与电子商务爆发式的扩张模式相匹配。刘灿姣、袁村平[64]从地理分布、建设状态和规模、所有制结构及运作方式三个方面，分析了我国出版物流体系建设现状，指出当前出版业物流体系建设的难点。其研究对我国出版物流体系建设现状进行了定量分析，以数据展现事实，具有较强的说服力。陈剑霞[65]通过对多家具有代表性的网上书店进行分析，指出其配送模式以“第三方快递+邮局”为主，个别采用“自建物流配送+邮局”或“自营配送+邮政普通邮寄+连锁店”的模式。

3.5 出版电子商务的“资金流”研究

资金流主要是指资金的转移过程，包括付款、转账等过程。出版电子商务中的资金流是指在出版产品或服务的商流过程中，通过网络实现实际资金的转移运动，即购买者的货币通过一定的支付平台向出版者转移的过程。

3.5.1 资金流类型研究

程曾[66]研究了网络环境下的图书 B2C 发行，将其资金流模式归纳为在线支付和线下支付两种，并指出前者包括第三方支付平台模式、会员电子账户模式、网上银行模式，后者包括线下转账汇款模式、快递货到付款模式和自提式现金支付模式。艾依璇[67]同样将网上书店的支付系统分为线上和线下支付两个环节，特别是在网上支付方面，添加了网站礼品卡、积分和优惠券支付等网站促销性质的支付方式，以及中国移动手机支付的方式。张雨露[68]则强调，虽然网上书店有网上支付、银行转账或汇款、货到支付等三种支付方式，但半数顾客还是选择传统的货到支付，变相否定了电子商务的方便快捷，由此看出我国电子商务支付的安全系数还有待提高，多数网购者存在担忧。

3.5.2 资金流交易安全研究

出版电子商务资金流的交易安全问题，是专家学者关注的焦点。杨丽[69]指出，用户在网上书店进行交易活动时，可以通过核对正确网址、做好交易记录、管理好数字证书、与银行合作使用 U 盾等安全设备、采用货到付款的支付方式等措施，来避免自身信息泄露，保证网上支付的资金安全。邹国彪[70]则以我国国有图书发行企业为对象，提出其在电子商务平台的交易系统构建方面，宜采用第三方支付平台以保证交易安全，维持电子商务诚信，并应建立完善的资金回收与账款评估体制，根据偿还能力、付款时间、资金流失风险等方面事先评估与分析订单和账款。

4 出版电子商务网站建设研究

对出版电子商务网站建设的研究，在于其对实践操作层面的指导作用。经过对研究文献内容的分析，可以看出无论其研究角度如何，最终的落脚点都是为了更好地服务于出版企业本身，要求网站的建设符合出版企业自身的定位及需求。这一部分的研究侧重实践探讨，而轻理论研究。

4.1 出版电子商务网站的构建与构成研究

学者对出版电子商务网站的构建与构成研究的角度呈现多元化形式。总体来看，主要从四方面入手，即不同的出版类别、技术、网站评价、出版业务链及出版服务。

4.1.1 不同的出版类别

这一部分的研究占多数，而且多是以具体的实践案例分析为主，其中包括：

(1) 具体的某一种类别的出版社网站的研究。石雄[71]以人民卫生出版社的数字出版网站建设的实践谈专业出版社的网站建设路径。汤定军[72]立足于大学出版社网站分析国内现有的大学出版社网站在交互性方面的不足。宋其义[73]以时代出版传媒网站为例分析其网站的构建与构成，立足于时代传媒企业自身的定位与受众，以介绍性的文字为主。

(2) 期刊社网站建设的实践。栾奇[74]选取国外五个以期刊图书为主的网站作为样本，指出其值得我国出版企业网站建设学习和借鉴的地方。何长华[75]介绍了基于电子商务的电力科技期刊网络出版平台，指出进行电子商务网站建设要立足于自身的专业性。史毅[76]提出由于网络期刊出版的整个交易过程基本电子化，故需要建立客户平台→交易平台→支付平台→客户平台的循环系统。

(3) 出版发行集团的电子商务平台构建。邹国彪[77]指出，为了加快中国图书发行产业的发展，需要推进信息化建设，全面开展电子商务并迅速介入数字出版物发行，在网站的构建中，提出了中国图书发行行业进行电子商务建设的方案。

4.1.2 技术

从构建出版电子商务网站的整体技术支持来说，周元璋[78]以上海世纪出版集团的网站改造过程为例，提出个性化电子商务模式的技术支持。相关的图书检索技术在网站建设中的应用研究中，金安[79]介绍了科学出版社建立相关性评价算法模型的思路。金安[80]将“碎片化”引入搜索引擎的设计中，将碎片化作为内容结构化处理的一种方式，指出专业词库建设的基础性作用。金安[81]

侧重分类技术的研究，其立足于科学出版社的实践，总结了构建网站科技图书分类体系的七项原则与经验。杨玲[82]在推荐方法创新设计的基础上构建图书推荐服务系统，包括个性化推荐、智能化图书检索和社会化推荐三大内容。

4.1.3 网站评价

从网站评价的角度分析主要侧重于对出版电子商务网站的评价指标，以此为基准进一步促进网站功能的优化，引起消费者注意，提高浏览量、点击量等，这也是网站建设所要考虑的重要方面。米云[83]从网站评价的角度来了解出版社网站的建设，运用链接分析进行网站评价，分别采用层次分析法、主成分分析法两种方法处理评价指标。张志林[84]在前人评价指标的基础上，构建了由主观和客观指标组成的出版业网站评价指标体系，主要优化了网站影响力、增加了出版物认可度指标，并将此指标应用于网站建设中。

4.1.4 出版业务链及出版服务

彭广宇[85]指出，出版社的业务链主要由研发、制造、分销以及销售四部分组成，它们构成出版社发展的有机组合。其电子商务网站的构建也要从业务链的角度入手，出版社电子商务平台模型的建立主要是依据出版社业务的流程和信息管理两方面的内容建立。秦必瑜[86]根据电子商务的功能划分，拟设计出版社电子商务平台为三大功能模块。章毅[87]提出面向出版服务的高校出版社电子商务平台构建，其组成包括读者信息平台、作者信息平台、图书信息平台三部分，对框架和业务流程做了大致的介绍。

4.2 出版电子商务网站的整体设计研究

关于出版电子商务网站整体设计的研究主要集中在对网站网页设计、功能设计以及整体设计三个方面。整体来说，这部分的研究较少，且未形成有代表性的理论著作，多为介绍性论述。

4.2.1 网页设计

冒海燕[88]在对国内现有出版网站的页面设计进行介绍的基础上，指出出版社网站首页设计多为平面，常规图书广告占较多的内容，对出版社品牌建设加分不多。而且，多数出版社网站缺少创意，流于简单化。孔晓梦[89]以广西师范大学出版社网站的网页设计为例，指出其具有简洁、纯粹的风格，彰显出浓厚的人文气息，在形象设计和内容设计上均有突出特色，是国内出版社网站中获得较多好评的网站之一，但其也存在板块分布杂乱、文字过多等问题。

4.2.2 功能设计

在出版业面临市场挑战、重组团队、整装待发之时，应该重视在发行信息化建设中对网站功能设计的应用。进行功能设计时应充分考虑出版企业建设该网站的用途：以展示功能居多，还是以交易功能居多，或者两者兼之。徐喆[90]强调将在线网站与出版发行系统进行有效整合具有重要的实践价值，这是由出版社网站功能自身决定的。对于出版社而言，内联网是较为先进的信息管理组织方法。

4.2.3 整体设计

整体设计反映的是出版电子商务网站建设的宏观理念。米云[91]采用链接分析法对出版社网站进行定量分析评价，并据此讨论出版社网站板块功能如何进行整体设计的问题。黄伟成[92]在调查访问武汉地区四所大学出版社的基础上，分析了大学出版社的现状、特点和问题，并根据这些问题提出了大学出版社电子商务网站建设中如何进行整体设计的建议。

4.3 出版电子商务网站的发布与推广研究

对于出版电子商务网站发布推广的研究集中在网站推广上，特别是在数字化发展的背景下，出版社都在寻求更好的推广路径，以使得更多的读者能方便快捷地找到出版社网站并进行浏览、购买活动。其研究主要集中在三个方面。

4.3.1 推广策略

网站的建设与推广是数字化转型期中小型出版社新旧业务的重要衔接点。张文秀[93]指出在加强网站内容建设的同时，出版社必须综合运用搜索引擎优化、友情链接、软文推广和微博营销等网站推广策略，以网站为起点培育网络运营的综合能力，培养优秀网络编辑人才队伍，形成发挥本社优势的可盈利数字出版模式。肖洋[94]指出目前中小型出版社网站存在的问题，认为除了加大投入力度强化网站内容平台建设外，出版社网站也需借助新技术的渠道宣传推广。并在此基础上提出了推广策略：搜索引擎优化、建立友情链接、策划软文推广、注重微博营销。

4.3.2 基于电子商务平台的推广

电子商务平台的推广是出版企业进行电子商务活动的重要环节。江霞[95]指出在科技期刊出版业由传统的出版与经营管理转变为数字化出版的背景下，利用电子商务平台进行数字化和网络化营销已成为科技期刊的发展方向。她认为：可开展基于科技期刊自建网站的电子商务营销；通过专业的电子商务平台开通科技期刊的旗舰营销店；通过手机付费平台进行科技期刊的网络化营销；科技期刊利用电子商务平台营销过程中需重视多方合作并加强管理；加大培养电子商务专业化营销与管理人才的力度。

4.3.3 基于技术角度的发布

基于J2EE的出版类企业电子商务系统平台的建设已经成为出版类企业管理应用领域的新型模式，该平台会渗透到出版类企业电子商务活动的各个方面和环节，直接或者间接影响到企业的运营效率。刘喜敏[96]提出了基于J2EE的出版类企业电子商务系统平台的出版发布策略。田旸[97]总结了电子商务系统应用开发方法和过程，并详细剖析了选取的开发技术——基于B/S的三层架构技术、JZEE核心技术和数据库技术。并结合出版类企业电子商务系统的具体需求，重点研究了出版类企业电子商务系统的总体架构设计。

4.4 出版电子商务网站的管理与维护研究

出版电子商务网站一旦建成并推广使用，网站的管理维护便成为企业实现长期发展的重点工作，其重要性不言而喻。相关研究主要涉及网站的后台管理、内容管理、客户服务、数据库维护和安全维护五方面内容。

4.4.1 网站的后台管理

后台管理是出版电子商务的保障。陈玉霞[98]指出网上书店系统有用户和管理员两个面向，管理员在网上书店系统中要实现会员管理、书籍管理、留言板管理、评论管理以及订单管理等功能。王骁[99]指出网上书店系统后台管理主要是对用户进行查询、删除，对书籍进行增加、修改、删除、查询，对订单进行查询和执行。这些研究通常是在研究网站的构建时对系统后台管理模块及其工作内容有所涉及，相关的独立研究较少。

4.4.2 网站的内容管理

出版电子商务网站的内容，是出版社对外宣传和交易的门面，展示的是出版企业产品的基本信息。网站内容更新慢是目前出版社的电子商务普遍存在的现象，该研究反映的问题具有实际意义。李宝玲[100]对北京地区出版社网络营销现状进行了调查，指出出版社网站建成后需对网站进行及时更新和维护，特别是对读者的一些反馈意见和提出的问题及时给予回应和处理。

4.4.3 网站的客户服务

网站的客户服务是网站服务管理的发展趋势，但同时也应完善基本的客户服务。李梦莹[101]以当当网为例研究了我国网络书店管理的一般规律和模式，指出当当网存在售后服务手续复杂、耗时长，并欠缺专业客户服务等问题。张立燕[102]认为网上书店当前的个性化服务系统存在方法内容单一、需要用户显式提供数据及需要安装插件等问题，影响系统运行效率和服务质量，进而在Apriori算法基础上提出了基于决策的数据挖掘和推荐方法，用于网上书店为客户提供个性化推荐服务。

4.4.4 网站的数据库维护

数据库维护对网站的正常运行和未来发展至关重要，因而是出版电子商务网站研究的重点内容，可结合案例开展实证研究，发挥实践指导作用。徐枫[103]指出网上书店系统的数据库维护有四方面工作内容：提供核实货物库存信息和库存报警数据；新书上架、图书下架及图书信息的修改；订单的查看、价格修改及订单状态修改；用户的添加、删除及基本资料查看。冯志强[104]探讨了大数据时代网上书店在图书信息运维和精准营销方面的新观念和新思路，指出基于网站用户行为特征数据库、海量数据挖掘技术和智能推荐算法，可建立个性化推荐系统，在商品库或用户特征库发生改变时智能更新，提高电子商务活动的有效性，实现精准营销。

4.4.5　网站的安全维护

电子商务在为人们带来便利的同时，也埋下了安全隐患，加强网站的安全维护成为出版电子商务网站的重要研究内容和方向。杨丽[105]指出网上书店存在客户和订单信息的非法修改、泄露或盗取等信息安全以及支付抵赖等支付安全问题，认为网上书店应加强身份验证、提高数据加密技术、完善网上支付手段、建立实名制和信用制度、提高管理人员的技术素质。吴云英[106]结合 B/S 与 C/S 结构模式，设计了书籍类电子商务网站安全管理系统，同时对软件加密和硬件加密客户端进行了技术分析。毕秋敏、曾志勇[107]则着力研究了支付安全问题，指出支付安全涉及顾客资金安全与支付过程中个人身份及金融账号信息安全两方面。由于我国出版电子商务处于发展初期，网站构建、设计和推广是目前出版电子商务网站研究的热点，而与网站管理维护相关的专门研究较少，作为网站发展的重要支撑，在未来的研究中应予以重视。

5　出版电子商务营销管理研究

出版电子商务营销管理是电子商务活动中最重要的一个环节，也是能否顺利实现出版物销售的保证。专家学者对其的研究随市场环境的变化有所侧重，从之前的互联网 PC 端电子商务营销管理研究到如今的移动互联网移动端电子商务营销管理研究，但客户关系管理（CRM）等仍然是出版电子商务营销管理的重点之一。

5.1　网络书店

网络书店是出版电子商务营销活动重要的市场主体之一，一直以来在出版电子商务市场中占据着重要的地位。有关网络书店的研究，专家学者主要侧重在三方面：网络书店营销数据、营销模式和营销策略。

5.1.1 网络书店营销数据的研究

许波[108]以当当网为数据采集对象，利用网上书评对销量预测影响因素进行分析，得出评论数量与图书销量存在明显的正相关关系，并据此构建了销量预测模型。在网上图书关注度研究中，利用时间序列模型中的ARIMA模型对各类别图书在畅销榜前500名的占有量进行了短期预测，显示各类图书搜索量和书本数目比例基本对应，这可以用来反映人们对各类图书的需求变化。

5.1.2 网络书店营销模式的研究

班业香[109]从网络书店的页面设计、网络书店的书目查询系统和网络书店的支付方式三个方面对网络书店的营销模式建构提出了建议。安小兰[110]对亚马逊的“阅读+社交+推荐+售书”经营模式进行了介绍，该经营模式以“图书社交”为特征，兼具商业意义与文化意义，为未来网络书店的发展方向提供了指引。

5.1.3 网络书店营销策略的研究

孙煜[111]以当当网为例，运用PEST、SWOT分析模型等分析工具，系统分析了当当网的营销策略，重点研究了需要调整和完善的策略选择，从产品、价格、促销和渠道四个方面对当当网的营销策略进行设计，并提出使营销策略落到实处的保障措施。张凤涛[112]以网上书店的现状及我国现有图书发行市场的问题为背景，对网上书店的市场细分、产品和价格提出了策略分析。

5.2 网络营销

网络营销是出版电子商务的基础和核心，电子商务营销是在网络营销的基础上发展起来的，是其高级阶段。所以说，对出版网络营销的研究，于研究整个出版电子商务营销来说意义重大。专家学者对网络营销的研究主要关注：网络营销平台、网络营销渠道和网络营销策略。

5.2.1 网络营销平台的研究

近五年来，研究者们对出版网络营销的平台研究主要从网络书店、微博、微信、官网、论坛和社区等方面展开。网络书店方面在前一节已有详细说明，不再赘述。

5.2.1.1 微博营销方面

周国清、曹世生[113]提出，出版业微博营销主体有六类：传统出版社、各大民营图书公司、实体书店、网上书店、图书作者和图书编辑；微博出版营销方式有四种：利用微博平台发布图书消息、让利促销、举行线上线下活动和开发长尾市场。王颖[114]以出版社为出发点探讨出版业微博营销的策略，通过对人民文学出版社和磨铁图书公司的微博样本与营销案例的分析，得出我国出版社微博营销在营销方式、传统与网络营销渠道的整合等方面存在一定不足的结论，并从微博话题分类、微博公关、微博发布技巧等十二个方面对出版社微博营销提出了相应的建议。李潇[115]以图书为出发点探讨出版业微博营销策略。

5.2.1.2 微信营销方面

吴荆棘、王朝阳[116]通过微信与微博的对比，得出微信营销的核心竞争力和优势，并从几个方面对出版社微信营销提出了建议。张聪[117]分析了微信出版的现状及特点，指出微信出版尚存在的问题并提出相应的展望。李晶[118]分析了出版业微信营销以其潜在精准的互动性、社交的即时性、个性化等特点成为出版业电子商务的新宠，对微信出版的未来发展之路提出了展望。

5.2.1.3 官网营销方面

张琼[119]指出官网营销在出版网络营销中的重要性，其发布信息的权威性、完整性和及时性，对本社出版图书的了解程度以及与读者在官网平台的互动优势都是其他平台无法比拟的。

刘隽、张金龙[120]指出论坛、社区营销的隐蔽性和间接性，建议出版社根据论坛、社区的特点进行目标市场的划分和热点话题的引领与创造，有针对性地开展图书营销。

5.2.2 网络营销渠道的研究

专家学者有关网络营销渠道的研究主要涉及两个方面：一是网络营销渠道的分类研究，二是网络营销渠道建构的重要性。这方面研究的成果不是很多，但研究的内容和角度值得关注。

周建存和刘益[121]分别按经营范围和渠道层级对网络营销渠道进行分类，提出网络营销渠道的评估指标：库存能力、资金实力、促销能力、诚信度和服务能力，并根据各指标强弱程度对不同网络营销渠道和其适应的图书类型进行匹配，最后构建了出版社网络渠道评估体系。毛润政[122]介绍了大学出版社网络营销的主要模式，分析其建设网络营销渠道的优势和意义，指出其网络营销渠道中仍存在的问题和不足，并提出相应的完善意见。

5.2.3 网络营销策略的研究

研究者们主要从传统出版和数字出版两方面分别对出版网络营销策略进行研究。研究的内容侧重对营销策略的内容进行分析，特别是对如何进行网络营销给予了相对系统和完整的阐述。

在传统出版方面，蔡凌[123]从营销观念、组织机构、物流体系、政府作用、成功经验、具体图书营销工作等六个方面对我国传统出版网络营销进行了策略指导。在数字出版方面，许建礼[124]从产品、价格、渠道和促销四个方面对我国数字出版网络营销进行了策略指导。两种策略虽然指导对象不同，但仍存在一定的相通之处。

5.3 网络客户关系管理（CRM）

客户关系管理（CRM）是现代管理科学与先进信息技术结合的产物，以获取、保持和增加可获利客户为目标，是以客户为中心的经营管理模式和信息技术解决方案的总和。随着科学技术的日新月异和电子商务的进一步发展，客户关系管理的重要性越来越突出。网络时代环境下，客户关系管理逐渐发展成为出版电子商务营销新模式。

5.3.1 客户关系管理概念界定研究

客户关系管理是出版电子商务营销过程中重要的一个环节，只有科学、有效地对潜在客户进行关系营销，才能提高客户忠诚度，增强客户黏度。有关客户关系管理的研究，以对其概念的界定为始。

唐璐瑶[125]认为，客户关系管理是指企业活动面向长期的客户关系，以求提升企业成功的管理方式。并指出在客户群基础很大的情况下，需要对客户群进行细分，不同的 CRM 行为对应不同的客户群体。王民[126]认为，网络时代的客户关系管理是企业利用信息技术和互联网技术实现对客户的整合营销，是以客户为核心的企业营销的技术实现和管理实现。李信[127]探讨了出版行业客户关系管理系统的设计与实现，并强调出版业的客户关系管理其实是一种关系营销，而关系营销的核心概念就是定制营销。

5.3.2 客户关系管理对出版业的作用研究

随着客户关系管理在出版行业应用实践的增多及其重要性的凸显，对客户关系管理在出版行业的作用的探讨也得到了相应的发展，研究层次更加深入。

杨立涛[128]分析了 CRM 在读作者资源管理中的应用与实践，指出通过 CRM 系统在读作者管理中的技术应用，可以长期地、不断地培养让用户满意的经历，体现企业服务质量的一致和优秀，从而提高用户满意度，提升用户对企业的忠诚度。史海娜[129]提出，电子客户关系管理的优势在于为书业企业实施"一对一"营销或"以客户为中心"的营销创造了理想的环境，可以根据每一个读者需求为他们提供定制化的服务。马文娟、陈珂[130]认为，客户关系管理可以帮助出版社维持、优化已有作者资源，增强争取新的作者资源的能力，提高工作效率，改善业务流程，从而最终提升出版社的图书质量和盈利能力。

5.3.3 实施网络客户关系管理的策略研究

客户关系管理的策略研究主要侧重出版电子商务中客户关系管理策略的内容以及实施方法，前提是基于出版行业在客户关系管理方面存在的问题以及出版行业的特色。

赵朋举、周立钢[131]在关系营销理论基础上，指出图书出版机构的关系营销应以图书出版机构与其利益相关者，包括读者、分销商和竞争者为核心展开，建立出版社的关系营销数据库，重点对读者和分销商这两大群体信息进行搜集、分析和利用，以实现图书销售和客户管理。刘菲[132]在探讨在数字化模式下如何改进 A 出版社价值链时，指出该社应以将客户价值链与出版社价值链协调对接为价值目标，在引进 ERP 系统的基础上，以 CRM 系统的引入为中心，结合常规信息源的开发，建立起动态客户信息库，加强客户需求分析能力，提高服务客户的反应能力，增强产品差异性，扩大作为国内领先出版社在科技出版的市场份额。

5.3.4 客户关系管理系统的构建研究

实施客户关系管理的一个重要方面是构建客户关系管理系统。如何建立合理、科学、有效的出版企业客户关系管理系统，相关的理论和实践仍在探索中，有待进一步的发展。

蔡巍、曲生伟[133]重点研究了教育出版企业的客户关系管理，指出其CRM系统需具备市场营销管理、销售管理、客户服务与支持四大功能，基于上述功能需求，相应的CRM系统应由五个模块构成，即用户交互模块、业务接口模块、数据定义模块、业务逻辑模块、数据访问模块。付小苏[134]指出，出版企业微信平台CRM系统分为自定义菜单、呼叫中心及后台数据库三大平台模块，其中自定义菜单可视为营销平台、呼叫中心是读者管理平台、后台数据库是数据分析平台。该研究紧密联系出版企业微信平台营销实践，具有现实指导意义。

5.4 移动互联网环境下的出版营销

移动互联网的营销环境，使越来越多的出版企业更关注移动端的出版电子商务活动，利用手机APP页面、微店、微信平台公众号等形式参与移动互联网市场。由此引发专家学者针对移动互联网环境下的出版营销新业态进行一系列的研究和分析。

5.4.1 移动互联网环境下出版营销的特点及优势研究

有关移动互联网环境下出版营销的特点。姚成丽[135]认为，移动互联网环境下，阅读从单向、线性、顺时模式转变为交互式、体验式和个性化的模式。任晓敏、刘丛[136]指出，随着网络社交的发展，阅读也进入了社交的时代。而移动互联网的发展，进一步推动了阅读的社交化发展。阅读社交时代，人们的阅读行为由个人行为向集体行为转变。

有关移动互联网环境下出版营销的优势研究。龙源期刊网络传播研究中心穆广菊[137]认为，移动互联网催化了新老媒体深度融合。他从深度融合的标志、产品、模式三个角度解读，表示移动互联网是整个生态的改变。刘薇[138]总结得出移动互联网的营销优势，包括：能随时随地地传播信息、LBS 模式下位置影响营销价值、构建新型消费关系、实现全媒体化的媒介大融合等。

5.4.2　移动互联网出版营销现状及策略研究

有关移动互联网出版营销现状的研究，专家侧重现有问题的阐述。聂静[139]以出版社作为研究对象，分析我国出版社移动互联网营销尤其是微信平台营销的现状，分析出其存在的三个问题，在此基础上提出了一些优化建议，如对读者在其他交互平台的交流评论行为进行有效引导，加强交互功能等。

有关移动互联网出版营销的策略研究是专家学者研究的重点，这方面的研究成果较多。郑燕[140]提出，基于互联网（Internet）和移动互联网（Mobile Internet）的并网营销策略，将是数字出版物营销攻城略池的决胜之道。刘薇[141]结合移动互联网的特点，对移动广告、微博营销、APP 营销以及 O2O 营销进行分析，提出在移动互联网时代出版营销应采取的策略。任晓敏、刘丛[142]基于社交化阅读背景，提出了图书营销的转型与发展的四点策略，即融入阅读社区，与目标读者连接；充分发挥阅读社区"意见领袖"的作用；以读者为中心，提升用户体验；与阅读社区合作，分析读者数据。

5.4.3　移动互联网出版营销案例研究

案例研究是专家学者常用的社会科学研究方法之一。针对移动互联网出版营销，利用具体的案例分析来对其进行研究，这方面的研究成果相对较少，但是对业界的启发作用重大。

李北平[143]针对《中国国家地理》面临的发展困境，从《中国国家地理》杂志社本身所拥有的优势资源入手，参照国际传媒杂志市场先进的互联网营销理念，提出大数据时代《中国国家地理》整合营销传播战略，该战略包括三个组成部分。任丽平[144]结合自己所在的同方知网（北京）有限公司的相关工作经验，分析指出当前形势下出版业应充分利用微信，结合微信的功能制定自己的发展战略。

6　出版电子商务物流管理研究

可靠高效的物流运作是出版电子商务企业取胜的关键，建设现代化的出版电子商务物流是我国出版市场竞争实现深层次突破的必然趋势。对出版电子商务物流管理进行讨论和研究，有利于出版企业在进行物流管理时提出合理的决策，从而提高出版电子商务物流的整体运行水平和竞争力。

近五年出版电子商务物流管理的研究主要涉及出版电子商务物流基本理论、出版电子商务物流技术、出版电子商务配送管理、第三方物流、出版电子商务与供应链管理这五个方面的内容。

6.1　出版电子商务物流的基本理论

出版电子商务物流是一项实践性的工作，并且处于发展初期，因此目前相关的理论研究很少，多是在进行实证研究前对其有所涉及，研究内容由出版物流、电子商务对出版物流带来的变化，逐渐向出版电子商务物流发展。

6.1.1　出版物流相关理论

近几年出版物流这一概念已基本为业界认同，随着出版的产业化发展，出版物流逐渐进入供应链管理阶段，对供应链的理解和认识成为出版物流新的理论研究内容和主要研究方向。

王海云、费秀红[145]认为，现行出版业物流是形式上的而非实质性的供应链、集中式的内部供应链、顺序式的纵向一体化供应链，并基于信息共享组织模式、信息共享站概念、联合库存管理模式和战略联盟思想，提出互惠式供应链的概念。该研究引入相关理论解决出版物流效率低、成本高的实践问题，构建互惠式供应链具有一定的必要性和可行性。张岩[146]提出闭环供应链概念，在循环经济的思想下，将物流过程看作一个封闭的环，由正向和逆向物流两部分组成，物质在其中多次循环运动。逆向物流与正向物流在供应链中同样重要，学界应重视并加强对逆向物流的研究。

6.1.2 电子商务给出版物流带来的变化

出版电子商务物流是出版物流在电子商务环境下逐渐变化发展而来，因此亦有学者探讨电子商务对出版物流的影响及其带来的变化。这一研究多侧重于与之前的传统出版物流进行比较，并在此基础上，进一步阐述电子商务环境下出版物流的特点及优势。

陈岑[147]认为，电子商务环境推动了书业物流运作方式、企业经营形态、企业竞争状态的改变，物流基础设施和技术的革新以及物流管理水平的提升，并对书业物流环节的网络构建和信息传递两个方面产生了影响。如薛双英[148]认为电子商务环境下图书物流具有信息化、自动化、网络化特点，并具有时空效益，正改变着消费习惯。除了上述特点外，鞠海燕[149]还指出电子商务环境下的书业物流更加人本化，会根据消费需求的变化灵活组织和实施书业物流配送作业，并预测了书业物流未来的发展趋势是全球化、专业化、社会化、一体化和绿色物流。

6.1.3 出版电子商务物流的概念及特点

出版电子商务物流缺少专门性的理论研究，因而研究层次较浅，有的研究甚至简单地对电子商务和物流内容进行拼凑，并未真正将两者相互融合来理解，且对于出版电子商务物流的定义尚未形成统一认识。

陈岑[150]在对电子商务环境下的书业物流含义进行探讨时引入“物联网”的概念，认为电子商务环境下的书业物流是针对图书在出版发行中的需求，采用现代网络信息技术和先进的硬件设备、软件系统及完善的管理手段，对其原材料、半成品、成品、服务及相关信息从供应地到需求地的正向和反向的物理性流动及存储，进行基于效率和效益的计划、实施与控制过程。蒋良富[151]认为，出版电子商务物流是一整套的电子物流解决方案，具备信息化、自动化、网络化、智能化和柔性化特征。田润娴[152]探讨了电子商务环境下图书的物流系统的含义，即在一定的时间和空间，由所需位移的物资与包装设备、装卸机械、运输工具、仓储设施、人员和信息库等若干相互制约的动态要素所构成的有机整体，并指出电子商务环境下的图书物流具有信息化、自动化和系统化的特点。

6.2 出版电子商务物流的主要技术

出版物架构于电子商务环境下的物流运输，类似于其他实物的流转，相关的物流技术主要包括机械设备、运输工具、通信网络设备等硬技术和系统工程技术、价值工程技术、配送技术等软技术。专家学者对物流技术的研究也相应地从这两个方面展开。

6.2.1 硬技术方面的研究

魏玉杰[153]认为，应用于书摞自动裹包与捆扎的书本打包机具有广泛的应用前景，并从现代图书物流中心、新华书店和大型图书印刷厂对书本打包的多方面需求出发，着力研究了打包机结构系统的设计技术及其优化方法。该研究的针对性强，具体到了包装环节，研究成果可应用到实际生产经营中，具有现实意义。

陈岑[154]提出在仓储信息系统中使用 RFID 技术，可以快速准确地采集图书信息，能在一定程度上提高图书仓储管理的及时性和准确性；但朱旗、张世军[155]认为 RFID 技术本身存在着一些缺陷，比如信号屏障和错误读取。两者都侧重于对优势或劣势进行单面分析，比较具体深入。

程晏萍、沈绪明[156]等指出构建图书业物流标准和规范的重要性，提出在实际操作中应积极推进托盘、包装、印制等各种物理量的标准化，并逐渐与国际出版业成熟的电子标杆、立体仓库、水平与垂直运输线以及无纸作业等操作方式和先进技术相接轨。

6.2.2 软技术方面的研究

陈岑[157]认为，电子商务带来对信息的强依赖性，迫使传统书业物流各环节的信息系统发生转变。其变化主要体现在，运用 GIS、GPS 和 RF 三大技术实现对书业物流中货品运输状态的实时监控，目标是随时了解货物的位置情况，达到货物运输方案合理化、路线最短化、载货量多。

薛双英[158]总结出国际图书物流供应链管理主要存在供应商管理库存（VMI），联合库存管理（JMI），合作计划、预测与补货模式（CPFR）这三种模式，图书企业必须根据自身特点有针对性地选择最合理的物流供应链管理技术。其中，联合库存管理（JMI）

模式有利于上游企业和下游企业权利责任平衡和风险共担，比较适合我国的新华书店采用。该研究注意对国外理论的探索，并进一步联系我国的实际情况提出可借鉴发展的方向。

周瑞景[159]对新华书店图书物流信息化建设的背景及其中存在的问题进行了分析，认为 MRP、ERP、CRM 等信息系统能完善物流管理，使图书种类数据库化、代码识别化、电子处理信息化和计算机化，图书物流信息在传递上达到标准化、规范化、实时化、信息存储数字化，所以需大力加强相关建设。

整体而言，对出版物流技术的研究覆盖面较均匀，软硬技术兼有，也比较善于结合现实的出版物流企业运作情况进行分析，其中以新华书店案例居多；但研究方向多为某项技术的特点、重要性、当前缺陷等浅层次的面的分析叙述，较少能够进一步地提出解决或改进技术的方法。

6.3 出版电子商务配送管理

近年来，我国关于出版电子商务配送管理的研究相较以前有一定的增长，但研究成果仍旧不多，研究内容主要涉及配送体系、配送中心、配送信息化建设，以及配送模式、配送服务和系统创新。

6.3.1 配送体系建设

薛双英[160]提出系统的图书配送体系尚未建立，信息网络系统也比较落后，应建立完善的物流配送系统，加强物流配送中心的建设，同时加快现代化物流管理信息系统的建设。刘明[161]提出电子商务环境下，物流配送系统要改变不合理的粗放管理模式，实现集约型发展，提高物流配送服务质量和效率，实现出版社与客户之间高效畅通的沟通，降低退换货的成本。

6.3.2 配送中心建设

尤爱国[162]提出共建配送中心的想法，将多个货主的货物和商品集中在一起，由一个物流业者使用一个物流配送系统进行统一配送。目前许多学者都提出共建配送中心这一创新思路，但具体实施还有待深入研究。田润娴[163]在研究甘肃新华书店物流现状时提出，集团应加快建立电子商务环境下的图书物流配送中心，合理选址，规模适度，缩短运输路线，保证配送及时准确。

6.3.3 配送信息化建设

金志敏[164]提出了基于 RFID 技术的图书仓储配送方案；李云[165]重点研究了图书配送中心的波次分拣模型，提出改善图书配送中心分拣效率的对策；吴洪燕[166]则基于约束理论对图书配送中心效率提升进行研究。基于各种技术的研究和设计方案有一定的可操作性，为出版物流配送的信息化建设提供了技术基础，但研究还不够详尽细致，许多细节上的做法需通过实践来验证。

6.3.4 配送模式

配送模式研究主要侧重于出版企业采取哪些物流形式，以某种物流形式居多，还是采取多种物流形式。实践中，多元化的物流配送模式采用得较多，因而研究上也多关注这种模式。

陈剑霞[167]指出，目前我国网上书店对于配送模式的选择还是以“第三方快递+邮局”为主，个别网上商店采用“自建物流配送+邮局”或“自营配送+邮政普通邮寄+连锁店”多种配送模式相结合使用，并建议采用多种配送模式相结合，优势互补。刘红梅[168]通过研究湖南新华书店集团图书物流配送情况，提出新华书店要利用现有的物流配送中心和相关物流节点，选择发挥其优势的符合自身的经营模式，并加快建立电商环境下的图书物流配送网络体系、缩短配货时间，提高配送的及时性和准确性。该研究通过实际案例分析为新华书店物流的发展提出了可取的意见。

6.3.5 配送服务及系统创新

6.3.5.1 配送服务方面

这方面的研究成果很少，但必要性和重要性却很大。刘灿姣、袁村平[169]指出应支持物流平台发展，促进传统、分散的物流服务模式变革。该研究具有一定可行性和应用性，可在实践中分区域试验。

6.3.5.2 系统创新方面

刘明[170]等人提出实现配送、结算、仓储过程中的物流、信息流、资金流等“三流”的系统协调性，形成低成本、高效率、管理到位、决策及时、通畅、科学的现代物流配送系统。赵芳[171]指出培养现代化物流从业人员的重要性，应对物流配送行业人员进行物流知识的系统培训和实际操作锻炼。最近几年关于出版物流配送系统创新性的研究逐渐增多，大家逐渐开始关注技术、系统、体制、人员培养等各方面的创新。

6.4 第三方物流

第三方物流又称外协物流，是由相对“第一方”发货人和“第二方”收货人而言的第三方专业物流单位来承担企业物流活动的一种物流形态。相关研究主要涉及第三方物流的作用和优势、第三方物流的选择和管理、第三方物流存在的问题等方面的内容。且研究大部分是将自营物流、第三方物流和混合物流进行对比研究，对于专门的出版电商领域内的第三方物流的研究较少，尤其是对出版企业如何评价和选择第三方物流的研究很少，可将其作为未来研究重点发展的方向。

6.4.1 第三方物流的作用和优势研究

陈剑霞[172]指出，第三方物流因其具有的专业化、规模化等优势，在分担企业风险、降低经营成本、提高企业竞争力、提高配送服务质量、加快物流产业的形成和再造等方面发挥了巨大的作用。其选取了具有代表性的10家网上书店进行调研，研究较具有说服力。尤爱国[173]也指出图书物流企业发展第三方物流，可利用规模化效应降低物流成本，利用较高的物流技术和信息技术提高对图书需求的预测，提升分拣和配送效率。该研究从图书本身的特点出发，说明了发展第三方物流的必要性。徐鹏远[174]则站在供应链的角度探讨第三方物流对整个供应链起到的重要作用。

6.4.2 第三方物流的选择和管理研究

出版企业在对第三方物流进行选择的同时，也要考虑许多影响因素。郑进科、司维鹏[175]等基于对亚马逊物流外包客户满意度的研究，提出了出版电商企业在选择第三方物流外包商时要把客户满意度作为评定的重要因素，其中对客户满意度影响较大的服务指标有包裹能否准时、包裹完好度和包裹正确送达程度三个方面。陈琴[176]指出出版电商企业在与第三方物流企业建立合作关系之后，应重视其管理并进行适当的监督与管控，让物流外包能够真正给企业带来优势。这些研究对于出版企业选择第三方物流和对其管理起到了指导作用，具有现实意义。

6.4.3　第三方物流存在的问题研究

林传立、蒋丽华[177]指出外包给第三方物流仍然存在着服务质量的问题，主要体现在时效、差错率等方面，事后的弥补会使经济成本、时空成本变得很高。高辉[178]以当当网采取的第三方物流配送模式为例，指出当当网的物流配送存在配送速度慢，配送成本高，仓储费用高，物流配送的电子化、集成化管理程度不高等问题，并提出了相应的完善配送机制、建立完善的信息管理系统和物流管理系统等优化策略。目前关于第三方物流的研究对其正面和负面效应均有涉及，说明业界对第三方物流已经能够客观辩证地看待，今后的研究应该针对如何选择第三方物流继续深入下去，增强相关研究的实用性。

6.5　出版电子商务与供应链管理

供应链管理是电子商务领域的重要内容，直接影响电子商务的发展状况，电子商务的发展也给供应链管理带来了变化，电子商务和供应链管理互相影响，共同改变了出版企业的运作模式，因此对供应链管理的探讨必不可少。近几年随着出版电子商务的迅猛发展，供应链管理的重要性日益凸显，相关研究逐渐增多，主要从以下两个方面展开。

6.5.1　出版电子商务环境下供应链管理的研究

这是对供应链管理的问题及策略、供应链管理的发展趋势、供应链管理的具体环节的研究。林传立、蒋丽华[179]以当当网为例介绍了图书销售的供应链结构及其实际运行架构，指出其存在的问题，但尚未提出卓有成效的解决方案。王兴伟[180]指出在网络营销环境下，传统图书供应链暴露出节点企业协作性差、缺少核心节点、库存控制不合理等问题。该研究总结出的问题有代表性，相应的建议具有指导意义。鞠海燕[181]认为电子商务环境下要实现书业供应链的一体化管理，我国可采取纵向一体化（所有权控制模式）和横向一体化（业务外包模式）两种途径，结合国内外理论和实践经验，对出版电子商务下的供应链管理策略进行了较为全面详尽的描述。

王海云、费秀红[182]指出，要通过建立契约约束、实现信息共享和形成激励机制等加强出版业供应链管理，而引入第四方物流并利用其做大中盘是供应链管理发展的必然趋势。刘溯[183]对我国B2C书店的库存管理进行了深入探讨，建立了供应链下的库存成本模型和时间模型，分析了影响供应链成本和响应性的制约因素，对我国出版电子商务供应链的库存管理建设具有实践指导意义。

6.5.2　基于电子商务供应链管理的出版电子商务策略研究

该研究探讨供应链管理作为出版电子商务策略的重要性以及供应链视角下出版电子商务的发展策略。艾依璇[184]以亚马逊和当当网的营销策略为例，认为产品和供应链策略是图书网络营销的根本。姜红德[185]研究了快书包的物流运作方和亚马逊的供应链管理，认为相较于价格竞争，供应链管理才是网上书店应该重点发力的方向。这方面的研究多通过案例来说明供应链管理的重要性，具有说服力，相关案例的研究可进一步深入以指导实践。

罗晓[186]指出，电子商务供应链下的图书营销要以供应链管理为指导思想，运用现代电子商务技术，实现供应链中的物流、资金以及信息流的高效运转，从而实现图书网络营销的利益最大化。赵健炳[187]基于电子商务供应链角度，认为可以从转变企业思想、选择适合的物流模式、发挥政府协调作用以及借鉴国外成功经验几个方面来解决图书网络营销中的问题与不足。这些研究提出的发展策略具有一定的参考作用，但多缺乏具体的解决方案，实际指导意义不大。

7　出版电子商务问题及对策研究

对于出版电子商务的实践而言，在具体的建构和经营过程中，仍然存在着很多的问题。如何应对这些问题，也成为业界一直在努力解决的关键。专家学者对于出版电子商务问题和对策的研究成果较多，且涉及内容呈现多元化趋势。可见，问题和对策研究是近年来比较重视的研究内容。

7.1 出版电子商务问题研究

针对出版电子商务问题的研究在许多研究成果中均有提及。经过笔者的统计分析，得出其研究内容主要涉及五个方面的问题，分别是：应用方面、信用方面、物流方面、综合服务水平和人才方面。

7.1.1 出版电子商务应用问题

秦必瑜[188]认为我国出版社的电子商务还处于初级阶段，并且指出在应用方面存在的四点问题，即信息和数据繁杂混乱，无法系统化管理，出版社与供应商、经销商的供求关系仍处于原始状态，基础信息资源库建立不完善等。章毅、张岩、付继娟[189]针对出版电子商务工作中的平台应用情况进行了分析，指出我国各出版社自建的电子商务平台功能较少，尤其是高校出版社的电子商务平台，定位均为产品提供商，只是传统意义上的图书出版商，而不是出版服务商。

7.1.2 出版电子商务信用问题

尤爱国[190]认为缺乏消费者的信任已成为阻碍电子商务快速发展的关键因素。他指出影响图书电子商务信用的主要原因有：消费者因素、卖方因素和结构保证因素三大因素。罗晓[191]在其研究成果中指出我国网民的诚信度普遍偏低，这对图书网络营销造成一定的影响。我国要现实图书网络营销健康有序的发展，必须健全信用机制。

7.1.3 出版电子商务物流问题

魏彬[192]认为我国书业电子商务的物流能力较为欠缺，特别是一些经济欠发达地区和偏远地区，物流能力更是落后。其以甘肃消费者在北京图书大厦的网上书店选购图书时面临的物流问题为例，指出这种物流能力上的欠缺，与国有书业企业网店的覆盖不足有一定关系。尤爱国[193]认为我国图书物流方式不发达、物流服务发展速度跟不上用户期望、物流与商流之间存在较大的速度差距，这限制了我国出版业电子商务的发展。鞠海燕[194]认为电子商务环境下我国书业物流发展中存在以下五点问题，即：标准化问题、书业物流中心建设布局问题、专业人才缺乏问题、物流信息技术应用问题和物流结构失衡的问题。

7.1.4 出版电子商务综合服务水平问题

肖倩、董占山、张聪[195]通过调查得出我国出版电子商务的综合服务水平存在很大问题，特别是网站方面。在其研究成果中，指出网站综合服务水平存在四点不足：新注册用户难以享受精确的个性化推荐服务，过于频繁的邮件或短信推送易引起用户反感，组合搭配推荐板块所推荐内容与用户实际需求不符，以及缺少改善和调整推荐结果的板块。冒海燕[196]认为出版社网站策划水平较低，品牌认知度不高，特别是出版社网站首页设计多为平面，常规图书广告占较多内容，对出版社品牌建设加分不够。

7.1.5 出版电子商务人才问题

人才问题是出版电子商务发展的重要因素之一，但是我国出版电子商务在人才培养方面，存在很大的不足。鞠海燕[197]认为提高物流从业人员的素质是使物流系统有效运转的根本，电子商务时代的发展要求事业物流人员具备传统事业的知识与技巧，同时还应掌握较高的电子商务方面的知识与技能，以及专业的物流知识。尽管我国物流教育近年来越来越受重视，但目前依然处于落后水平，物流人才缺乏。

7.2 出版电子商务对策研究

有关出版电子商务对策方面的研究，主要还是针对实践中存在的问题进行分析。经统计，专家学者对于对策的研究，主要涉及人才队伍建设、信用建设、平台建设、安全技术和物流发展研究五部分。

7.2.1 注重人才队伍的建设

针对物流人才的缺乏，鞠海燕[198]认为在目前的电子商务环境下提升新型书业物流人才素质主要依靠以下四种方式，即对现有的人员进行有针对性的培训，提升教学质量，书业企业和院校合作建立教学实践基地或物流实验室，以及积极引进其他行业乃至国外的物流人才。汤定军、周福娟[199]认为要打造数字出版精英团队，引导企业转型。这支队伍一方面要能与产业链上的合作伙伴顺利开展业务合作；另一方面要能创新全社员工数字出版思维，协助社里各部门数字化转型，为出版企业的数字出版工作提供有价值的战略性指导和方向。刘喜敏[200]认为现阶段可以通过高校教育、职业教育和改革课程安排等方式来培养出版类电子商务系统平台的专业人才。

7.2.2　加强出版电子商务信用建设

信用建设是解决出版电子商务中存在的信用问题最关键的步骤。尤爱国[201]针对出版电子商务的信用问题，提出了提高法律约束力、监控力度、核实力度和反馈力度四个方面的解决对策。罗晓[202]认为我国要实现图书网络营销健康有序的发展，必须健全信用机制体系，为个人或企业建立信用制度，为图书网络营销创造良好的发展环境。

7.2.3　加强出版电子商务平台建设

平台建设是针对出版电子商务应用方面问题的解决。史毅[203]对网络期刊出版的电子商务平台构建做出了自己的探讨，他从客户平台、交易平台、支付平台三个层面对电子商务平台的构建提出了意见。秦必瑜[204]对出版社电子商务平台构建进行了研究，给出了相应的构建模型，其中包括 ERP 模块、供应链管理模块、客户关系管理模块这三大关键模块。

7.2.4　强化出版电子商务的安全技术

国内专家学者大多认为出版电子商务的发展很大程度上取决于出版业电子商务的安全技术，强化出版电子商务的安全技术是必要且紧急的，其中包括产品安全、支付安全、物流安全、个人信息安全、提供退换服务等内容。以雷利香[205]的研究为例，其指出要确保出版电子商务网站的安全，必须在系统运行架构、用户名和密码、下载安装系统补丁、关闭不用的服务端口、保护 IP 网址以及安装防火墙和防病毒软件这六个方面进行完善。

7.2.5 出版业电商物流发展对策

物流发展一直是出版电子商务活动的重中之重，只有保证了物流的健康有序进行，才能够促进电子商务的顺利发展。许林[206]认为在出版物流方面，要结合中国图书物流业和图书业电子商务发展的特点，促进图书业的电子商务信息标准化建设，同时，建立图书业物流的供应链管理。魏彬[207]提出资本运作在加强出版物流能力方面的关键作用，他认为产业资本的运作可以使国有书业网上书店由自身一家单独完成网站销售、运输等一系列服务，转变为和产业链上其他环节共同完成电子商务交易的相关工作。

8 研究述评

笔者通过对近五年我国出版电子商务研究中的184篇有效文献进行分析，总结出有关这方面的研究内容，并将其进行了系统化的整理。在此过程中，展现了这些研究成果的特点和不足，即研究分析，以及对于未来有关出版电子商务研究的发展趋势的预测。

8.1 研究分析

8.1.1 研究规模和深度有所提升

整体上来说，随着互联网环境下新出版商业模式的发展，对出版电子商务的理论和实践成果、规模和深度研究都有了一定程度的提升。规模上表现为随着时间的推移，有关出版电子商务的年度研究文献数量的增长。以近五年为例，2011年之后年度文献数量呈增长趋势，特别是2013年出现了重大突破。深度上表现为研究层次的深入，特别是研究文献的类型分布所表现出来的研究层次。经统计，近五年有74.4%的文章属于期刊文献，其次是占比22.3%的硕士学位论文，更深层次研究水平的博士学位论文有3篇。

8.1.2 多现象研究而少理论研究

针对出版产业新业态和电子商务信息技术等的发展，有关出版电子商务的科研成果更多的是现象研究，缺乏理论研究。经过对近五年来出版电子商务研究成果的分析可看出，有关出版电子商务构建和商业模型等现象的研究较多，特别是对于网站建设、物流管理以及盈利模式等与实践紧密结合的应用实践分析占文献成果的绝大多数。但对于出版电子商务的定义、要素、特征等，缺乏专业性的理论研究，并未形成专业的学术著作；学者进行相关研究时多直接引入电子商务、网络营销、物联网等概念，但契合度不够严密，有待在接下来的进一步研究中进行深化，特别是要注意结合出版产业的性质和我国出版业的特色。

8.2 发展方向

8.2.1 跨学科、跨专业和跨领域研究渐成规模

现代电子商务是一项真正意义上的跨行业、跨地区的系统工程，它是整合各个环节和多种功能而形成的系统商业活动。根据笔者对近五年有关出版电子商务的研究文献成果进行分析，可以看到有关出版电子商务研究属于出版领域的仅占一半，有许多研究成果涉及出版、计算机应用以及贸易经济等领域的交叉研究，这与电子商务的特性是一致的。特别是随着互联网和移动互联网信息时代的到来，出版电子商务在更广范围内成为了出版学与信息经济学和信息技术学的结合体。可以说，未来从经济学角度出发，关于网络经济对传统出版经济特别是出版电子商务理论和实践影响的研究具有较大的发展空间。

8.2.2 出版电子商务运营管理等实践研究越来越受重视

通过对近五年的研究分析来看，有关出版电子商务的实践应用研究较多，但这些研究更多的是对应用中的一些现象问题进行罗列，特别是对出版电子商务的前期建构情况进行阐述。未来随着出版产业有关电子商务构建的逐步普及，针对构建之后的运营管理等研究显得更为重要。运用国内外对比研究、案例分析等研究方法，对我国出版电子商务的应用发展情况，尤其是运营管理过程中的信用问题、技术安全等保障机制研究越来越重视。同时出版电子商务盈利模式、图书销售平台的商业模式等，以及传统出版主体与产业链上游开展电子商务的模式研究也会成为热点。

参考文献

[1] 陈岑．基于电子商务的书业物流发展模式研究［D］．湘潭：湘潭大学，2011.

[2]［美］爱德华．电子商务与网络经济［M］．大连：东北财经大学出版社，2006.

[3]［法］塔菲克·杰拉希，［德］艾布里特·恩德斯．电子商务战略［M］．大连：东北财经大学出版社，2006.

[4] 谈国鹏．基于电子商务的学术期刊辅助发行［J］．大众文艺，2014（3）：266-267.

[5] 孙晓清．C2C 电子商务发展及潜力［J］．科技信息，2012（29）：112.

[6] 于世刚．实体书店转型中电子商务应用研究［D］．北京：北京邮电大学，2011.

[7] 李琪．电子商务导论［M］．北京：电子工业出版社，2010.

[8] 史海娜．图书网络营销研究［D］．武汉：武汉大学，2010.

[9] 罗晓．电子商务供应链下图书网络营销模式的探讨［J］．出版广角，2014（8）：58-59.

[10] 刘维佳．电子商务环境下实体书店与网络书店的比较研究［D］．郑州：郑州大学，2014.

[11] 于世刚．实体书店转型中电子商务应用研究［D］．北京：北京邮电大学，2011.

[12] 张巍．出版社电子商务平台的构建研究［J］，中国电子商务，2012（9）.

[13] 于世刚．实体书店转型中电子商务应用研究［D］．北京：北京邮电大学，2011.

[14] 陈娜，谷慧琳．电子商务对传统出版业的影响及应用［J］．出版广角，2013（12）：31-33.

[15] 于秀丽．数据背景下图书出版电子商务营销路径分析［J］．科技经济市场，2014（10）：61.

[16] 秦必瑜. 出版社电子商务平台构建研究 [J]. 现代商贸工业，2011 (16): 245-247.

[17] 杨松涛. 出版社图书营销现状及思考 [J]. 科技与企业，2014 (16): 327，329.

[18] 章毅，张岩，付继娟. 面向出版服务的高校出版社电子商务平台构建探讨 [J]. 科技与出版，2014 (7): 74-77.

[19] 杨育芬. 大平台电子商务是图书销售渠道未来趋势 [N]. 中国新闻出版报，2013-05-20 (8).

[20] 袁健. 电子商务在新华书店应用的分析 [J]. 科技信息，2011 (8): 246.

[21] 何长华，刘长青，何鹏，费兰花. 基于电子商务的电力科技期刊网络出版平台研究及构建 [J]. 编辑学报，2011 (5): 447-450.

[22] 陈岑. 基于电子商务的书业物流发展模式研究 [D]. 湘潭: 湘潭大学，2011.

[23] 李晓龙. 基于电子商务的图书业物流发展对策与研究 [J]. 商业文化 (下半月)，2011 (10): 305.

[24] 陈岑. 基于电子商务的书业物流发展模式研究 [D]. 湘潭: 湘潭大学，2011.

[25] 张巍. 出版社电子商务平台的构建研究 [J]，中国电子商务，2012 (9).

[26] 张成伟. 浅谈图书电子商务网站的用户体验 [J]. 硅谷，2010 (22): 107.

[27] 杨育芬. 大平台电子商务是图书销售渠道未来趋势 [N]. 中国新闻出版报，2013-05-20 (8).

[28] 胡松杰，贾业增. 低碳经济背景下出版业电子商务发展——基于当当网与新华书店的对比分析 [J]. 中国人口. 资源与环境，2013 (S2): 431-434.

[29] 李珉. 电商时代传统出版业生存与发展的思考 [J]. 传播与版权，2014 (11): 47-48，50.

[30] 蒋良富. 电子商务环境下的图书物流模式初探 [J]. 城市建

设理论研究，2011（36）.
[31] 许林. 电子商务下图书业的物流模式研究［J］. 经济研究导刊，2013（16）：219-220.
[32] 蒋良富. 电子商务环境下的图书物流模式初探［J］. 城市建设理论研究，2011（36）.
[33] 丁红姣，谭光兴. 基于博弈论的新华书店进军电子商务市场的差异化战略分析［J］. 黑龙江对外经贸，2010（9）：37-39.
[34] 王海云，费秀红. 电子商务环境下图书出版业供应链管理与发展预期［J］. 中国出版，2012（10）：23-28.
[35] 邹晓蕾. 新型电子商务模式下的网络图书团购问题研究［J］. 中国商贸，2011（31）：180-181.
[36] 张岩，章毅，付继娟，电子商务环境下，创新出版供应链建设——《出版大崩溃》对我国出版业的启示. 出版广角，2013（5）：76-77.
[37] 王亮，孙昱. 图书电子商务中的客户信息挖掘［J］. 科技与出版，2012（10）：99-101.
[38] 彭广宇. 出版社电子商务平台构建体系研究［J］. 出版广角，2013（22）.
[39] 秦必瑜. 出版社电子商务平台构建研究［J］. 现代商贸工业，2011（16）：245-247.
[40] 章毅，张岩，付继娟. 面向出版服务的高校出版社电子商务平台构建探讨［J］. 科技与出版，2014（7）：74-77.
[41] 邹国彪. 中国国有图书发行企业信息化建设研究［D］. 武汉：武汉大学，2011.
[42] 赵宇. ERP 系统在辽宁出版集团出版管理中的整合应用［D］. 成都：电子科技大学，2010.
[43] 裘骐. 出版社 ERP 系统实施策略研究［D］. 上海：上海外国语大学，2014.
[44] 李信. 出版行业客户关系管理（CRM）系统的设计与实现［D］. 上海：复旦大学，2013.

[45] 孙建军．版权贸易电子商务平台的构建与运营［J］．科技与出版，2011（10）．
[46] 史毅．网络期刊出版的电子商务平台构建［J］．黑龙江教育(高教研究与评估)，2011（9）．
[47] 赵志刚，赵丹婷．校园电子商务平台——网上书店系统的构建［J］．电子商务，2011（11）．
[48] 雷利香．网上书店系统的设计与实现［D］．青岛：中国海洋大学，2011．
[49] 韩强．基于JSP的网上书店系统的设计与实现［D］．吉林：吉林大学，2010．
[50] 程曾．基于网络环境下的纸介质图书发行模式研究［D］．成都：西南交通大学，2010．
[51] 艾依璇．新数字平台下的网络图书营销［D］．上海：复旦大学，2010．
[52] 胡松杰，贾业增．低碳经济背景下出版业电子商务发展——基于当当网与新华书店的对比分析［J］．中国人口．资源与环境，2013（S2）：431-434．
[53] 廖春．浅析湖南省新华书店集团电子商务实施方案［J］．中国管理信息化，2010（9）．
[54] 力君，秦宇，赵宏霞．网络用户对在线图书关联推荐服务接受意愿影响研究——基于用户认知视角［J］．情报杂志，2014（8）．
[55] 吴慎振．购书网站质量与顾客重购意愿关系研究［D］．成都：西南财经大学，2013．
[56] 卫佳．基于Web的网络出版企业客户信息收集模型的研究［J］．科技信息，2011（6）．
[57] 李琪．电子商务导论［M］．北京：电子工业出版社，2010．
[58] 尤爱国．图书电子商务所遇到的瓶颈及对策［J］．长春理工大学学报，2010（6）．
[59] 苏磊．新华书店向网络销售转型的物流渠道研究［J］．信息与电脑，2011（1）．

[60] 程曾．基于网络环境下的纸介质图书发行模式研究 [D]. 成都：西南交通大学，2010.

[61] 鞠海燕．电子商务环境下书业物流的发展策略研究 [D]. 南京：南京农业大学，2010.

[62] 苏磊．新华书店向网络销售转型的物流渠道研究 [J]. 信息与电脑，2011 (1).

[63] 薛双英．电子商务环境下的图书物流发展研究 [J]. 物流技术，2014 (7).

[64] 刘灿姣，袁村平．出版业现代物流体系重构与优化研究 [J]. 出版科学，2012 (3).

[65] 陈剑霞．B2C 电子商务物流配送模式分析——以网上书店为例 [J]. 物流工程与管理，2013 (3).

[66] 程曾．基于网络环境下的纸介质图书发行模式研究 [D]. 成都：西南交通大学，2010.

[67] 艾依璇．新数字平台下的网络图书营销 [D]. 上海：复旦大学，2010.

[68] 张雨露．我国网上书店业态与发展研究 [D]. 河南：河南大学，2013.

[69] 杨丽．网上书店信息安全问题与对策 [J]. 中国管理信息化，2011 (7).

[70] 邹国彪．中国国有图书发行企业信息化建设研究 [D]. 武汉：武汉大学，2011.

[71] 石雄．专业出版社的垂直门户数字出版路径——以“卫人网”的实践和规划设计为例 [J]. 出版广角，2011 (5)：45-47.

[72] 汤定军，周福娟．大学出版社网站建设刍议 [J]. 出版参考，2012 (11)：25-10.

[73] 宋其义，马磊，谢芸．出版企业门户网站的多元化应用——以时代出版传媒网站为例 [J]. 出版参考，2013 (36)：15-16.

[74] 栾奇，蒋晓晖．国外出版网站功能分析 [J]. 科技与出版，

2011（3）：61-63.
［75］何长华，刘长青，何鹏，费兰花．基于电子商务的电力科技期刊网络出版平台研究及构建［J］．编辑学报，2011（5）：447-450.
［76］史毅．网络期刊出版的电子商务平台构建［J］．黑龙江教育（高教研究与评估），2011（9）.
［77］邹国彪．中国国有图书发行企业信息化建设研究［D］．武汉：武汉大学，2011.
［78］周元璋．基于出版企业的个性化电子商务平台分析与设计［D］．成都：电子科技大学，2011.
［79］金安．搜索引擎技术在网站图书检索中的应用——科学出版社网站建设经验谈之一［J］．出版参考，2014（18）：14-15.
［80］金安．搜索引擎技术在网站图书检索中的应用——科学出版社网站建设经验谈之一［J］．出版参考，2014（18）：14-15.
［81］金安．搜索引擎技术在网站图书检索中的应用——科学出版社网站建设经验谈之一［J］．出版参考，2014（18）：14-15.
［82］杨玲．图书推荐服务系统构建与应用研究［D］．广州：华南理工大学，2014.
［83］米云．基于链接分析的网站评价研究［D］．大连：大连理工大学，2013.
［84］张志林，何志成．出版业网站评价指标的优化与应用分析［J］．中国出版，2013（7）：40-45.
［85］彭广宇．出版社电子商务平台构建体系研究［J］．出版广角，2013（22）.
［86］秦必瑜．出版社电子商务平台构建研究［J］．现代商贸工业，2011（16）：245-247.
［87］章毅，张岩，付继娟．面向出版服务的高校出版社电子商务平台构建探讨［J］．科技与出版，2014（7）：74-77.
［88］冒海燕．出版社网站功能定位和模式探究［J］．出版广角，2010（1）：56-57.
［89］孔晓梦．浅谈出版社的网站建设——以广西师范大学出版社

为例［J］. 新闻世界，2013（8）：290-291.
［90］徐喆. 出版社在线网站与发行管理系统的融合［J］. 科技资讯，2011（27）：18.
［91］米云，金英伟. 基于链接分析法的出版社网站评价研究［J］. 现代出版，2012（3）：39-44.
［92］黄伟成. 大学出版社网络营销分析［D］. 武汉：华中师范大学，2010.
［93］张文秀. 网站推广：出版社数字化转型的新路径［J］. 出版广角，2013（16）：69-71.
［94］肖洋. 中小型出版社数字化转型路径研究——基于网站推广策略的视角［J］. 编辑之友，2013（7）：21-23，31.
［95］江霞，颜志森. 数字出版时代科技期刊利用电子商务平台营销的构想［J］. 编辑学报，2015（2）：172-174.
［96］刘喜敏. 基于J2EE的出版类企业电子商务系统平台研究与设计［J］. 出版广角，2013（10）：26-27.
［97］田旸. 基于J2EE的出版类企业电子商务系统平台研究与设计［D］. 上海：华东师范大学，2010.
［98］陈玉霞. 网上书店的管理［J］. 电子制作，2013（16）：94.
［99］王骁. 基于B/S架构的网上书店系统的设计与实现［D］. 吉林：吉林大学，2013.
［100］李宝玲. 北京地区出版社网络营销现状调查与分析［J］. 北京印刷学院学报，2014（1）：38-40.
［101］李梦莹. 新媒体环境下网上书店的营销管理——以当当网为例［J］. 企业研究，2010（20）：16-18.
［102］张立燕. 智能推荐方法的研究及其在网上书店的应用［D］. 杭州：浙江工业大学，2010.
［103］徐枫. 浅析网上书店系统的数据库设计［J］. 数字技术与应用，2013（9）：131.
［104］冯志强. 大数据时代网上书店信息运维和精准营销［J］. 科技与出版，2015（1）：41-44.
［105］杨丽. 网上书店信息安全问题与对策［J］. 中国管理信息

化，2011（7）：57-58.

[106] 吴云英．基于 Delphi+PHP 书籍类电子商务网站安全系统设计与实现 [D]. 长沙：湖南大学，2013.

[107] 毕秋敏，曾志勇．网上书店的支付管理研究 [J]. 中国商贸，2014（14）：26-28.

[108] 许波．基于网络口碑的网上书店销售研究 [D]. 合肥：合肥工业大学，2010 .

[109] 班业香．网上书店营销模式的建构——网上书店与传统书店 4P 营销的比较 [J]. 新闻世界，2011（5）：119-120.

[110] 安小兰．亚马逊“阅读+社交+推荐+售书”新经营模式分析 [J]. 编辑之友，2014（2）：46-49.

[111] 孙煜．当当网营销策略研究 [D]. 西安：西北大学，2013：31-41.

[112] 张凤涛．网上书店的营销策略分析 [J]. 中国科技财富，2012（18）：289-289.

[113] 周国清，曹世生．微博出版营销论 [J]. 现代传播：中国传媒大学学报，2013，35（11）：100-103.

[114] 王颖．出版社微博营销策略研究 [D]. 武汉：华中科技大学，2013.

[115] 李潇．图书微博营销的策略与原则 [J]. 新闻前哨，2013（6）：102-103.

[116] 吴荆棘，王朝阳．出版业微信营销研究 [J]. 中国出版，2013（8）：15-19.

[117] 张聪，刘晓宇，张志成．浅析微信出版 [J]. 科技与出版，2014（7）：99-101.

[118] 李晶．微信营销，数字时代出版营销渠道探析 [J]. 新闻界，2013（20）：50-52.

[119] 张琼．加强图书网络营销的途径 [J]. 科技与出版，2012（6）：78-79.

[120] 刘隽，张金龙．关于图书网络营销的思考 [J]. 辽宁经济，2013（5）：80-81.

[121] 周建存，刘益．出版社网络营销渠道的评估与选择［J］．科技与出版，2013（10）：68-70.
[122] 毛润政．大学出版社的网络营销渠道研究［J］．出版科学，2013，21（4）：65-68.
[123] 蔡凌．基于网络的图书营销攻略［D］．合肥：安徽大学，2013.
[124] 许建礼．4P 视角下数字出版的网络营销策略［J］．出版广角，2014（5）：82-84.
[125] 唐璐瑶．浅析大数据时代网络营销的客户关系管理［J］．现代经济信息，2015（8）：145.
[126] 王民．浅析网络时代的客户关系管理［J］．网络财富，2010（20）：176.
[127] 李信．出版行业客户关系管理（CRM）系统的设计与实现［D］．上海：复旦大学，2013.
[128] 杨立涛．CRM 在读作者资源管理中的应用与实践［J］．图书情报工作，2010（S2）：320-323.
[129] 史海娜．图书网络营销研究［D］．武汉：武汉大学，2010.
[130] 马文娟，陈珂．大学出版社作者资源的客户关系管理［J］．编辑学刊，2013（4）：80-83.
[131] 赵朋举，周立钢．营销数据库——出版社开展图书关系营销的引擎和支柱［J］．新闻传播，2010（1）：50-51.
[132] 刘菲．数字化模式下 A 出版社价值链改进研究［D］．北京：北京工业大学，2014.
[133] 蔡巍，曲生伟．教育出版企业的客户关系管理［J］．科教导刊（中旬刊），2013（9）：214-215.
[134] 付小苏，沈阳．出版企业微信 CRM 建设研究［J］．现代出版，2014（4）：39-41.
[135] 姚成丽．大数据时代，且“读”且珍惜［J］．艺术科技，2014，27（3）：120-120.
[136] 任晓敏，刘丛．阅读社交时代图书营销转型与发展［J］．中国出版，2014（21）：54-57.

[137] 穆广菊．移动互联网催化新老媒体深度融合［J］．出版参考，2014（9）：20-21.
[138] 刘薇．移动互联网时代下的出版营销策略探究［J］．出版广角，2014（12）：82-83.
[139] 聂静．出版业的微信营销优化策略研究［J］．中国集体经济，2015（12）：62-63.
[140] 郑燕．中外数字出版物营销策略研究［J］．出版广角，2013（10）：22-23.
[141] 刘薇．移动互联网时代下的出版营销策略探究［J］．出版广角，2014（12）：82-83.
[142] 任晓敏，刘丛．阅读社交时代图书营销转型与发展［J］．中国出版，2014（21）：54-57.
[143] 李北平．大数据时代《中国国家地理》营销战略研究［D］．天津：天津师范大学，2014.
[144] 任丽平．浅谈移动互联网出版［J］．科技创新导报，2014（36）：213-214.
[145] 王海云，费秀红．电子商务环境下图书出版业供应链管理与发展预期［J］．中国出版，2012（10）：23-28.
[146] 张岩．基于闭环供应链的图书逆向物流研究［J］．中国出版，2010（10）.
[147] 陈岑．基于电子商务的书业物流发展模式研究［D］．湘潭：湘潭大学，2011.
[148] 薛双英．电子商务环境下的图书物流发展研究［J］．物流技术，2014（7）.
[149] 鞠海燕．电子商务环境下书业物流的发展策略研究［D］．南京：南京农业大学，2010.
[150] 陈岑．基于电子商务的书业物流发展模式研究［D］．湘潭：湘潭大学，2011.
[151] 蒋良富．电子商务环境下的图书物流模式初探［J］．城市建设理论研究，2011（36）.
[152] 田润娴．浅析甘肃新华书店图书物流现状与发展对策［J］.

甘肃广播电视大学学报，2012（2）：63-65.
[153] 魏玉杰．全自动书本打包机系统设计方法研究［D］．南昌：南昌航空大学，2012.
[154] 陈岑．基于电子商务的书业物流发展模式研究［D］．湘潭：湘潭大学，2011.
[155] 朱旗，张世军．RFID 技术在图书发行业的应用［J］．现代出版，2012（2）：30-33.
[156] 程晏萍，沈绪明，艾振．图书物流标准化浅析［J］．物流技术，2014（16）：112-115.
[157] 陈岑．基于电子商务的书业物流发展模式研究［D］．湘潭：湘潭大学，2011.
[158] 薛双英．电子商务环境下的图书物流发展研究［J］．物流技术，2014（7）.
[159] 周瑞景．浅析新华书店图书物流信息化建设［J］．科技资讯，2014（9）：36.
[160] 薛双英．电子商务环境下的图书物流发展研究［J］．物流技术，2014（7）.
[161] 刘明．传统出版业的物流配送系统发展现状及创新策略［J］．中国报业，2012，20（8）：154-155.
[162] 尤爱国．图书电子商务所遇到的瓶颈及对策［J］．长春理工大学学报，2010（6）.
[163] 田润娴．浅析甘肃新华书店图书物流现状与发展对策［J］．甘肃广播电视大学学报，2012（2）：63-65.
[164] 金志敏．基于 RFID 技术的图书仓储配送方案概述［J］．中国防伪报道，2013（2）：52-54.
[165] 李云．基于波次分拣的图书配送中心分拣效率研究［D］．武汉：华中科技大学，2013.
[166] 吴洪燕．基于约束理论的图书配送中心效率提升研究［D］．武汉：华中科技大学，2012.
[167] 陈剑霞．B2C 电子商务物流配送模式分析——以网上书店为例［J］．物流工程与管理，2013（3）.

[168] 刘红梅．新华书店协同物流配送模式分析——以湖南新华书店为例 [J]．中国出版，2014 (6)：40-43.
[169] 刘灿姣，袁村平．出版业现代物流体系重构与优化研究 [J]．出版科学，2012 (3).
[170] 刘明．传统出版业的物流配送系统发展现状及创新策略 [J]．中国报业，2012，20 (8)：154-155.
[171] 赵芳．网络环境下传统图书出版物流配送系统的发展对策 [J]．新闻世界，2010 (4)：143-144.
[172] 陈剑霞．B2C 电子商务物流配送模式分析——以网上书店为例 [J]．物流工程与管理，2013 (3).
[173] 尤爱国．图书电子商务所遇到的瓶颈及对策 [J]．长春理工大学学报，2010 (6).
[174] 徐鹏远．基于供应链思想的新型图书物流模式研究 [J]．商场现代化，2013 (4)：90-91.
[175] 郑进科，司维鹏，任圆．基于客户满意度的电商企业物流外包研究——以亚马逊为例 [J]．物流技术，2015 (34)：158-160.
[176] 陈琴．我国图书物流配送模式的选择与策略分析 [J]．大众科技，2012，14 (158)：198-200.
[177] 林传立，蒋丽华．网上图书销售的供应链管理研究 [J]．商业时代，2010 (15)：36-37.
[178] 高辉．当当网物流配送问题研究 [J]．现代经济信息，2014 (18)：390.
[179] 林传立，蒋丽华．网上图书销售的供应链管理研究 [J]．商业时代，2010 (15)：36-37.
[180] 王兴伟．网络营销环境下的图书供应链分析 [J]．科技与出版，2012 (12)：54-56.
[181] 鞠海燕．电子商务环境下书业物流的发展策略研究 [D]．南京：南京农业大学，2010.
[182] 王海云，费秀红．电子商务环境下图书出版业供应链管理与发展预期 [J]．中国出版，2012 (10)：23-28.

[183] 刘溯．中国 B2C 网上书店的供应链库存控制研究［D］．北京：对外经济贸易大学，2011.
[184] 艾依璇．新数字平台下的网络图书营销［D］．上海：复旦大学，2010.
[185] 姜红德，网上书店的供应链管理［J］．中国信息化，2011（22）：16-17.
[186] 罗晓．电子商务供应链下图书网络营销模式的探讨［J］．出版广角，2014（8）：58-59.
[187] 赵健炳．基于电子商务供应链的图书网络营销策略分析［J］．商场现代化，2011（11）：64-66.
[188] 秦必瑜．出版社电子商务平台构建研究［J］．现代商贸工业，2011（16）：245-247.
[189] 章毅，张岩，付继娟．面向出版服务的高校出版社电子商务平台构建探讨［J］．科技与出版，2014（7）：74-77.
[190] 尤爱国．图书电子商务所遇到的瓶颈及对策［J］．长春理工大学学报，2010（6）.
[191] 罗晓．电子商务供应链下图书网络营销模式的探讨［J］．出版广角，2014（8）：58-59.
[192] 魏彬．中国大陆国有书业电子商务经营管理——以网上书店为视角［J］．编辑之友，2010（2）.
[193] 尤爱国．图书电子商务所遇到的瓶颈及对策［J］．长春理工大学学报，2010（6）.
[194] 鞠海燕．电子商务环境下书业物流的发展策略研究［D］．南京：南京农业大学，2010.
[195] 肖倩，董占山，张聪．图书类电子商务网站上的个性化推荐应用研究［J］．数字无线，2014（8）.
[196] 冒海燕．出版社网站功能定位和模式探究［J］．出版广角，2010（1）：56-57.
[197] 鞠海燕．电子商务环境下书业物流的发展策略研究［D］．南京：南京农业大学，2010.
[198] 鞠海燕．电子商务环境下书业物流的发展策略研究［D］．

南京：南京农业大学，2010.
[199] 汤定军，周福娟，大学出版社网站建设刍议［J］，出版参考，2012（11）：25-10.
[200] 刘喜敏．基于 J2EE 的出版类企业电子商务系统平台研究与设计［J］．出版广角，2013（10）：26-27.
[201] 尤爱国．图书电子商务所遇到的瓶颈及对策［J］．长春理工大学学报，2010（6）.
[202] 罗晓．电子商务供应链下图书网络营销模式的探讨［J］．出版广角，2014（8）：58-59.
[203] 史毅．网络期刊出版的电子商务平台构建［J］．黑龙江教育（高教研究与评估），2011（9）.
[204] 秦必瑜．出版社电子商务平台构建研究［J］．现代商贸工业，2011（16）：245-247.
[205] 雷利香．网上书店系统的设计与实现［D］．青岛：中国海洋大学，2011：48-49.
[206] 许林．电子商务下图书业的物流模式研究［J］．经济研究导刊，2013（16）：219-220.
[207] 魏彬．中国大陆国有书业电子商务经营管理——以网上书店为视角［J］．编辑之友，2010（2）.

【作者简介】

张美娟，管理学博士，教授、博士生导师，武汉大学信息管理学院出版科学系副主任。中国编辑学会会员，台湾南华大学管理学院华文出版趋势研究中心客座研究员，中国科学评价研究中心研究员和武汉大学媒体研究中心研究员。2000—2001 年在法国 Robert Schuman 大学访学。曾主持国家社科基金后期自助项目、教育部留学归国科研启动基金、湖北省科技攻关项目等多项国家省部级课题和横向项目。2011 年作为主要负责人与中国物资出版社合作向中国物流学会成功申请“新闻出版业物流产学研基地”；2015 年主持国家新闻出版广电总局新闻出版重点课题“移动互联经营模式下我国出版发行管理问题研究”（项目编号 2015-16-1）。主要研究方向有出版经济与出版产业、数字出版、出版电子商务与物流、新媒体营销、传媒评价研究。

孙晓翠，武汉大学信息管理学院 2014 级博士研究生。

陈　冲，武汉大学信息管理学院 2014 级硕士研究生

张　琪，武汉大学信息管理学院 2014 级硕士研究生。

【说明】参加本文资料收集与整理的有：武汉大学信息管理学院 2015 级博士研究生叶阳；武汉大学信息管理学院 2015 级硕士研究生柏雯、杜诗卿、张良晗和刘芳明；武汉大学信息管理学院 2014 级硕士研究生谢奕、王雄蛟；武汉大学信息管理学院 2013 级硕士研究生潘涵。

近五年出版传媒集团发展研究综述（2010—2015）

朱静雯　陆朦朦　陈梦玲
（武汉大学信息管理学院）

【摘　要】近五年是出版传媒集团深化改革、加快发展，扩大产业规模的见证期，出版传媒集团在战略管理、资本运营、公司治理等方面的发展成为业界研究热点。本文从近五年出版传媒集团发展研究基本情况、出版传媒集团发展进程回顾、出版传媒集团战略管理研究、出版传媒集团资本运营研究、出版传媒集团公司治理研究五方面，对近五年出版传媒集团的相关研究专著和论文进行综述。

【关键词】出版传媒集团　战略管理　资本运营

Research Review about the Development of Publishing Media Group in Recent Five Years（2010—2015）

Zhu Jingwen　Lu Mengmeng　Chen Mengling
（School of Information Management，Wuhan University）

【Abstract】The last five years witnesses the deepening reform and accelerating development of publishing media group，the development of strategic management，capital operation，corporate governance of publishing media group has become a focus concerned by publishing industry. This article reviews date publications and papers related on the development of publishing media group from the following five aspects: basic situation of the researches, process of development, strategy management, capital operations and corporate governance.

【**Keywords**】 publishing media group　strategic management　capital operation

自从1999年初中宣部、新闻出版署批准成立上海世纪出版集团以来，我国的出版传媒集团化建设已走过十六年的历程，并取得了长足进步。出版传媒业的集团化是出版传媒业实践中最重要的课题之一，出版传媒集团的组建和成功运作，对我国出版传媒集团的发展有着深刻的现实意义。

近20年来，我国出版业集团化建设经历了三个阶段：第一阶段是20世纪90年代末开始，以行政捏合的方式，在各地出版总社的基础上组建出版集团，根据政府管理部门的规定，这个阶段的出版集团是事业单位性质，但实行企业化管理；[1]第二阶段是从2003年文化体制改革试点之后，出版集团开始进行公司制改造，事业单位性质的出版集团转制为出版集团公司；第三阶段是从2005年开始，出版集团公司把部分或者整体主营业务剥离出来，成立由出版集团公司控股的股份有限公司，并且启动了股份公司的上市进程。[2]

1　近五年出版传媒集团发展研究基本状况

2012年，原新闻出版总署发布《关于加快出版传媒集团改革发展的指导意见》（下文简称为《指导意见》），提出具体的改革发展目标。即到“十二五”期末，进一步做强做优国家层面人文、教育、科技三大出版传媒集团，培育多个年销售收入超过200亿元的大型骨干出版传媒集团；推动新华书店跨地区兼并重组，组建全国性国有大型发行集团；基本形成核心竞争力强、主业挺拔、品牌突出、管理科学的出版传媒集团集群；基本形成南北与东中西部布局合理，中央与地方、图书出版与报刊出版、单一媒体与多种媒体、综合型与专业型、大型集团与专、精、特、新各类出版传媒企业优势互补、合作竞争的新格局。

根据《指导意见》的政策指导，出版传媒集团在进一步深化出版文化体制改革，完善法人治理结构、推进股份制改造、转换内部经营机制；推进出版集团战略性改组，进行集团间的兼并重组、开展战略性合作、转变发展方式；应用高新技术推动产业升级，发展数字出版产业、建立科技创新体系；加强出版传媒集团科学管理，健全内部管理机制、科学整合内部资源、加强人力资源规划与开发；提升品牌竞争力，拓展国际传播渠道，采取多种方式走出去等集团发展重点领域都取得了创造性突破。与之相对应的出版传媒集团相关议题的研究著作、论文、课题也普遍关注其体制改革、公司治理、战略管理、转型发展、资本运营、数字出版等焦点领域，从2010年以来关于公开发表的著作、论文、课题等的数据、研究主题的统计中可见一斑。

1.1 近五年出版传媒集团发展研究论文数量统计

1.1.1 国内出版学期刊刊载论文统计

通过对出版学领域几大专业期刊近五年来刊发论文数量的统计，可以看到，2011年国内主流出版学期刊刊载出版传媒集团相关主题论文达190篇之多，2010年至2015年上半年，关于“出版传媒集团”议题的文章共820篇。由此可见，学者近5年对出版传媒集团保持着较高的研究热情与关注。

表1 **近五年来国内出版学期刊刊载相关研究论文统计①**

期刊源	2010年	2011年	2012年	2013年	2014年	2015年
《出版发行研究》	20	12	10	11	14	3
《中国出版》	29	34	42	19	36	9

① 以“出版传媒集团”和“出版集团”为关键词在知网搜索2010—2015年的论文数据，搜索时间：2015-6-20。

续表

期刊源	2010 年	2011 年	2012 年	2013 年	2014 年	2015 年
《编辑之友》	4	22	12	3	2	0
《科学与出版》	10	12	10	11	10	4
《出版科学》	1	6	5	0	6	1
《出版参考》	90	77	87	63	23	9
《出版广角》	22	15	12	23	21	8
总计	176	190	178	130	112	34

1.1.2 国内以出版传媒集团为研究主题的学位论文统计

除主流期刊刊载的论文持续关注出版传媒集团发展的最新热点与发展趋势外，每年的出版专业学位论文对出版传媒集团的系统与深入研究同样保持着热情与关注。仅从每年的硕士与博士学位论文来看，基本与期刊论文的数据一致，2011 年为“出版传媒集团”议题研究的大年，这与 2010 年来出版传媒集团转企改制初见成果，各省级出版集团涌现上市热潮联系紧密，可见学者对出版传媒集团发展实践的关注与探索。

表 2 近五年来以“出版传媒集团”为研究主题的学位论文统计①

年份	学位论文总量	硕士学位论文	博士学位论文
2010	18	15	3
2011	28	24	4
2012	22	21	1
2013	18	16	2
2014	9	9	0
总计	95	85	10

① 以“出版传媒集团”和“出版集团”为关键词在知网搜索 2010—2015 年的论文数据，搜索时间：2015-6-20。

1.1.3 出版传媒集团相关研究课题研究成果统计

对某一学科研究主题的关注与研究，除期刊论文与学位论文的数量外，以课题组形式展开的深入研究是又一有力佐证。2012 年中国新闻出版研究院成立“出版传媒集团研究”课题组，对我国出版传媒集团的具体发展展开系统研究，并发布 2012 年出版传媒集团创新发展报告。

表 3 **2012 年“出版传媒集团研究”课题组研究成果一览表①**

主题分类	研究成果
国际地位/产业地位	《出版传媒集团在国际出版业发展中的地位分析——与国外出版集团的差距正在逐渐缩小》
	《出版传媒集团在出版产业、文化产业、国民经济中的地位分析——正变得越来越重要》
上市集团运营	《2012 年上半年出版传媒集团上市公司的经营状况分析——出版业绩增长，广告报刊业绩下滑》
	《2012 年上半年出版传媒集团上市公司在整个资本市场的地位分析——规模中等偏下，成长性良好》
改革与发展	《2012 年出版传媒集团的改革发展分析——启动二次改革，建立完善的现代企业制度》
	《2012 年出版传媒集团文化影响力分析——凸显时代精神，释放正能量》
	《2012 年出版传媒集团的资本运营分析——打破地区壁垒，拓展新的经济增长点》
	《2012 年出版传媒集团多媒体发展分析——既要提供内容，也要提供数字文化产品》
	《2012 年出版传媒集团“走出去”分析——输出中国概念，注重资源整合》

① 笔者根据《2012—2013 中国出版业发展报告》整理。

除中国新闻出版研究院成立“出版传媒集团研究”课题组外，近五年来，《出版发行研究》期刊自组的课题组对出版传媒集团资本运营状况进行系统剖析，先后发表《2010年出版传媒集团主要困难与问题研究》《出版传媒集团资本运营：成绩、问题、建议》《出版传媒集团资本运营如何更上层楼——来自上市出版传媒集团老总的声音》等研究成果。

除国内出版传媒集团发展的研究外，学者的关注视角也逐渐转向国际出版传媒集团，以期从海外出版传媒集团的发展历程中攫取宝贵经验。魏玉山率“欧美出版传媒集团研究课题组”对欧美重点出版集团的发展进行梳理，并发表《欧美重点出版传媒集团发展研究》等研究成果。此外，该课题组对出版传媒集团未来发展的趋势予以关注，并发表《出版传媒集团发展十大趋势》一文；与此同时，还关注出版传媒集团的发展趋势问题，重点聚焦出版传媒集团的创新发展领域，发表研究成果《出版传媒集团的地位与创新发展状况分析》一文。

1.1.4　近年来出版传媒集团相关研究著作统计

出版传媒集团研究著作同样与出版传媒集团的实际发展脉搏相契合。从2010年出版的《传媒集团战略与管理体制研究》着重探讨转企改制后集团的管理与战略制定，到2011年刘伯根所著《出版集团战略投资论》将研究视角与上市融资、资本运营相连接；2012年《我国出版集团核心竞争力研究》一书，作者宋学军从集团竞争力出发，着重研究出版传媒集团的品牌与竞争力在发展中的重要作用；2015年杨海平所著《中外出版集团管理案例与分析（2015）》将中外出版集团对比分析，更凸显我国出版集团发展向海外出版传媒集团学习借力、展开合作的趋势。梳理近年来出版传媒集团相关主题的研究著作，可发现其与我国出版传媒集团发展实践结合之紧密。

战略和体制在出版传媒集团发展中居于关键地位，而且伴随着出版传媒集团规模的日益壮大以及传媒业步入大变局时代，战略和体制决定着传媒集团的发展空间和生存。郭全中所著《传媒集团战略与管理体制研究》作为国内第一本系统研究传媒战略与管理体制的著作，从管理的视角，以实战的笔法，理论联系实际，系统地解答了传媒集团发展中的种种困惑和难题。

刘伯根所著《出版集团战略投资论》从战略投资角度剖析出版集团的角色定位及演变，并对出版集团战略投资的准备工作和投资方向进行系统研究，在此基础上，提出其战略投资的评估标准。

宋学军所著《我国出版集团核心竞争力研究》从研究出版集团核心竞争力的基本理论入手，围绕我国出版集团核心竞争力这一主题展开，落脚点在培育和提升出版集团核心竞争力的政策选择和对策建议。该著作借鉴企业核心竞争力理论，系统研究我国出版集团的发展历程、发展现状和核心竞争力中存在的主要问题，全面深入地分析我国出版集团的核心竞争力。

杨海平所著《中外出版集团管理案例与分析（2015）》收录近 50 个典型的出版集团管理案例，所研究的对象均为国内外具有标杆意义的出版集团，内容涉及出版集团的发展战略选择和战略模型、出版集团的多元化研究等。

1.2　近五年出版集团发展研究主题概览

纵观近五年来以“出版传媒集团”为主题开展的研究著作、论文、课题，可以较为清晰地看到我国出版传媒集团在每一阶段的发展路径，围绕出版传媒集团展开的研究可大致概括为四个突出方向：出版传媒集团发展进程的回顾、出版传媒集团战略管理研究、出版传媒集团资本运营研究以及出版传媒集团公司治理机制探讨（见表 4）。

表 4　**2010—2015 年我国出版传媒集团发展主题一览表**

出版传媒集团发展研究	细分研究领域
集团发展研究	出版传媒集团发展问题研究
	出版传媒集团发展趋势研究
	出版传媒集团发展进程回顾

续表

出版传媒集团发展研究	细分研究领域
经营模式研究	多元化经营模式研究
	跨媒介经营模式研究
战略管理研究	出版传媒集团发展战略研究
	数字出版战略研究
	国际化发展战略研究
	出版集团品牌战略研究
资本运营研究	出版传媒集团资本运营总体概况研究
	资本投向及效果研究
	上市融资情况研究
公司治理研究	人力资源管理研究（绩效管理）
	治理机制研究（管理策略）
	产权制度研究
	出版传媒集团高管团队研究
	出版集团信息管理研究

对2010年以来以“出版传媒集团研究”为主题的主要文献资料进行梳理后，可大致将出版传媒集团的发展研究分为两个阶段，两个阶段的学术研究有着较为明显的分界线及自身特色。第一阶段为2010—2012年，此阶段出版传媒集团的研究更加关注转企改制后的集团管理、公司治理等问题，同时积极探讨出版集团的上市出路及后续的资本运营状况；第二阶段为2012年以后的研究，此阶段的学术研究关注焦点逐渐转向战略管理层面的国际化发展、数字化转型和多元化经营。出版传媒集团的发展也从内部管理规范向外部资源整合、战略发展转换。

1.2.1 出版传媒集团研究（2010—2012年）

中国新闻出版研究院《出版发行研究》课题组在《2010年出版集团的八个发展大势》一文中指出，2009年年底，所有出版集团已按中央要求基本完成转企任务，2010 年出版集团整体进入转企改制后的新的发展阶段，进入了后转企时代。这一阶段的主要特点是转企改制工作进一步深化，具体表现在两个方面：一是进一步落实解决以往转制过程中遗留的一些具体问题，如养老保险对接问题、员工身份转换问题等；二是进行股份制改造，建立现代企业制度。[3]

2012 年魏玉山[4]在《出版集团改革的若干问题研究》中总结了我国出版业的集团化建设经历的三部曲。他认为出版集团的公司制改造和把主营业务上市，是出版集团改革的重要步骤。出版集团公司是改革的产物，也是出版产业发展的必然结果，随着改革的不断深入，出版集团的功能、定位仍然会有所调整，有所创新。出版集团公司在出版业国有资产经营管理和出版企业的发展壮大中，处于核心的地位，建设好出版集团公司，是出版体制改革与出版产业发展的关键。

这一阶段除对集团体制改革成果，改革后出版集团的重新定位有较多研究外，集团公司治理也是研究的热点，这一领域较为突出的研究成果是武汉大学出版学博士胡誉耀的博士学位论文《我国出版集团公司治理研究》一文，其对我国出版集团公司治理情况进行了整体性、系统性的考察、审视与研究。同时通过归纳、汇集我国出版集团相关的公司治理结构建设案例和治理行为的实践经验，总结、分析出我国出版集团公司治理建设与发展方面所取得的成就和不足，进而归结出版集团公司治理的自身特点、规律，在此基础上，提出符合我国具体国情和专业属性的出版集团公司治理模式。[5]

1.2.2 出版传媒集团研究（2012 年以来）

出版传媒集团研究的第二阶段，主要集中在对出版传媒集团数字化转型、数字化战略实践、外部资源整合、跨媒介经营等新的实践热点上，研究方法上也更多地采用集团个案研究。在中国知网中以“出版集团数字化”为关键词进行主题搜索，2012 年以后发表的论文共 448 篇，其中 2014 年多达 211 篇，较之 2012 年以前对的论文数量增长了将近一倍。

何国军[6]在《出版集团数字化转型的特色化路径探析》一文中指出，当前国内出版集团已经在数字化转型发展方面进行了一系列卓有成效的探索，如重新设立数字出版组织机构，研发数字产品，不断加大与技术商和运营商的产业合作和协作等。但是，出版集团的数字化转型基本上选择了同样的发展模式和产品形式，在特色性和个性化方面体现不足，从而为出版集团的数字化转型以及长远发展留下隐患。

以单个出版集团为研究个案的出版传媒集团数字化相关主题论文中，中南出版传媒集团的案例尤为受到学者们的关注。林峰在《中南出版传媒集团数字化出版实施方案设计》一文重点研究了中南传媒的数字出版战略产业体系构建，分别从总体构建目标，以及出版社、报社、期刊社、新媒体等全流程的数字化构建等方面进行研究。

除对出版集团数字化转型的关注外，学者对出版集团跨媒介经营的研究著作也颇多。魏晓丽[7]以中南传媒集团为例，认为在新媒介发展势头迅猛的今天，传统出版行业要想在这样的背景下走出一条适合自身发展的道路，就必须改变以往的陈旧经营模式，实行跨媒介经营的方式。通过分析和研究中南出版集团的跨媒介经营方式，总结出跨媒介经营方式对传统出版集团发展的利与弊，以及出版行业在实行跨媒介经营方式中所面对的困境和解决方法。对于出版集团来说，实行跨媒介经营方式，可以充分地利用自身资源和社会其他资源向不同的媒介方向发展，这样既可以提高自身的经济效益，也可以提高出版企业在行业中的口碑以及市场竞争力。孙铭欣[8]则在《出版传媒集团多元化经营模式探析》一文中指出，从产业发展的一般规律来看，多元化经营和专业化经营都是企业为了发展所采取的不同路线。但国际国内形势的不断变化、各种新兴技术的不断涌现以及人们需求的不断变化，都对出版行业提出严峻的挑战。要想加快壮大企业规模，采取多元经营成为众多出版集团发展战略的重要一环。

随着出版传媒集团发展的不断深入，不断诞生出新热点与新需求，结合以往在体制改革、公司治理、资本运营、数字化战略、多元经营等领域的诸多研究成果，期待出版业内人士挖掘更富有研究价值的议题。而下文是对上述 2010 年以来出版传媒集团研究文献和研究成果进行的一个简要的回顾与综述。

2　出版传媒集团发展进程研究

2.1　出版传媒集团发展进程回顾

2.1.1　出版传媒集团发展成就回顾

朱静雯、李靓[9]在《塞马一声嘶 蔽日大旗飘——中国出版集团十年考》一文中总结道，2001—2010 年是我国出版业全面深化改革转换经营体制，实现集约化、产业化的十年，也是我国出版业应对数字化、国际化挑战，实施“走出去”战略，扩大发展平台的十年。我国出版集团在规模数量、发展战略上都取得了长足的进步。

在这十年间，我国出版传媒集团的数量从 10 家增加到 31 家，我国出版领域集团化建设有了长足的进展。其中主要出版集团的资产总额在逐年递增（除 2009 年资产总额与 2008 年相比有所下降），销售收入整体呈现上升趋势。

在发展战略上，我国出版传媒集团借力国家出版工程的政策，启动了大量重点图书重点项目。2001 年中国加入 WTO 以来，出版传媒集团随之踏上“走出去”的道路，与国外出版传媒集团合作的领域不断扩大，从版权合作、技术引进到内容资源的借鉴与融合，再到在海外设立分支机构，越来越多的出版传媒集团通过多元化的方式取得了阶段性的成果。此外，数字出版在我国新闻出版行业的增长也令人瞩目，成为了我国出版传媒集团的发展方向和新的经济增长点。

体制改革同样是我国出版传媒集团发展过程中取得的重大成就。冯文礼[10]在《集团化让新闻出版改革发展驶上快车道》中提到，近年来，新闻出版体制改革一直走在文化体制改革的前列，新闻出版产业牢牢占据着文化产业主力军的地位。在加快推进体制改革和产业发展的同时，组建了一大批出版传媒集团。在中央层面，充实中国出版集团，先后组建中国教育出版集团和中国科技出版集团。在地方层面，各地出版集团加快联合重组和上市融资的步伐，已有出版传媒、时代出版、新华传媒、新华文轩、皖新传媒、中南传媒、中文天地、长江出版等一批出版发行集团通过 IPO 及借壳等方式登陆资本市场，一批出版传媒集团正在发展成为文化产业的战略投资者。

出版传媒集团研究课题组[11]在《出版传媒集团的地位与创新发展状况分析》中还提到，跨地域重组和跨行业合作成为了新景观。早在 2007 年，江西出版集团就和中国和平出版社签署了改制合作协议，开跨地区重组的先河。次年，江苏新华发行集团重组海南新华书店的零售业务，成立海南凤凰新华发行有限公司。此后，出版传媒集团的跨地域合作开始不断开展。在跨行业合作方面，青岛出版集团与海尔集团、山西出版集团与太原钢铁集团、山东出版集团与山东移动通信公司等签订战略合作协议，出版传媒集团利用引入其他行业战略投资者的方式，延伸产业链，拓宽市场。

2.1.2 出版传媒集团发展障碍

相较发达国家而言，我国出版传媒集团的发展起步晚，基础薄弱，在成长过程中遭遇到一些困难与障碍。郝振省、魏玉山、刘拥军[12]等学者在《2010 年出版传媒集团主要困难与问题研究》一文中，全面精练地总结了我国出版传媒集团在发展历程的前十年中遭遇的困难，包括现代企业制度流于形式，兼并、重组与合作障碍重重，专业化发展程度欠缺。一些出版集团股份制改革的目的是为了上市，这就导致股改偏离其固有的含义和目的，使现代企业制度建设流于形式。从表面上看，出版集团的兼并重组如火如荼，但这些重组的规模级别并不大，对中国出版业的整体格局影响有限，尚没有引起质的变化。地方保护、行业保护对兼并重组形成的阻力依旧非常强大，地域分割、媒介分割、行业分割、所有制分割的现象还没有根本改观。出版传媒集团经营的专业化程度很低，集团成立之后，出版主营业务的增长相对缓慢。同时，出版集团的出书结构基本上都是综合化的，社科、科技、教育、少儿、文艺样样具备，但专业化程度低，没有自己的特色。

2.2 出版传媒集团现阶段发展问题研究

伊静波[13]在《关于我国出版产业集团化的思考》一文中，曾对政府主导下出版传媒集团存在的问题做过总结，新闻出版领域的体制改革是我国文化体制改革的一个重要组成部分，出版传媒企业一直以“事业单位，企业管理”的形式存在，这种形式阻碍了我国出版传媒行业的良性发展，削弱了产业创新能力，并造成严重的资源浪费。政府主导下的集团化，存在名实不符、资源整合时间长、整合效率低下、损耗严重、整合效果差等问题。

张云峰[14]在《出版传媒集团发展的路径选择》一文指出出版传媒集团的三大主要问题。一是现代企业制度没有真正建立，有的出版传媒集团虽然名称改为出版传媒集团，但只能算是一家翻牌公司，集团内部的劳动、人事、分配制度等方面都不符合现代企业制度的要求；二是主业不够突出，全国各类出版传媒集团虽然已经组建，但组建后的出版传媒集团在主业方面并没有实质性的突破，集团出版传媒主业对其利润贡献率仍需提高；三是跨地区兼并重组困难重重，已经组建的大型出版传媒集团急需进行跨地区的兼并重组，但地方出版传媒集团资产和人事任命权都隶属于地方主管部门，这就造成跨地区兼并重组难度加大。

刘培锦[15]在《加快出版传媒集团改革发展的思考》中指出，出版传媒集团主要面临着四个问题。一是现代公司治理结构不健全，我国出版传媒集团的前身是事业单位出版社，市场化意识相对淡薄，建立健全现代公司治理结构尚有很长的路要走；二是我国的出版传媒集团规模较小，地域化、行业化特征明显，阻碍了出版传媒集团的发展壮大，不利于形成全国统一的出版发行市场；三是我国出版传媒集团在社会上和国际上的影响力较小，与世界一流的传媒集团差距明显，限制了我国文化在国际上的传播；四是应对数字化和信息化的准备不足，数字化阅读对以纸质出版物为主业的出版传媒集团提出了严峻的挑战，出版传媒集团在文化与技术融合上的力度不够，应对出版数字化稍显乏力。

2.3 出版传媒集团发展趋势研究

出版传媒集团发展研究课题组[16]在《出版传媒集团发展十大趋势》一文中全面地总结了出版传媒集团未来的发展趋势。第一，出版传媒集团探索特殊管理股制度试点将会有所突破，有助于出版传媒集团发展混合经济，建立完善的法人治理结构；第二，混合经济将助推出版传媒集团实现较快发展，民营企业与国有出版集团可以有效地整合资源，实现优势互补，强强联合；第三，跨媒介经营将会有新的进展，2013 年国家新闻出版广电总局的挂牌成立，为广播、电视、电影和新闻出版的融合发展指明了方向，未来出版传媒集团拓展产业链、跨媒介发展的步伐会越来越大；第四，股份合作公司将成为地方出版集团突破地域壁垒的重要力量，不同地域的出版传媒集团组建股份制公司可以整合各种资源，突破地域局限，跨地域组建的股份公司将成为出版传媒集团跨地域发展的主要力量；第五，对出版传媒集团监管机制的探索将会见成效，完善出版传媒集团的监管，其核心是探索建立主管主办制度与现代企业出资人制度有效衔接的工作机制和具体方式；第六，出版传媒集团自我裂变式发展将会有新进展，自我裂变是我国出版传媒集团运作进入成熟阶段的标志，未来将有更多的出版集团通过裂变产生新的子集团，进一步增强实力；第七，专业出版传媒集团将会在中国出版业发展格局中占有比较大的分量，中国出版传媒集团格局中综合性居多，近年来随着专业化出版传媒集团的发展，这一格局正在不断变化，专业化发展是出版传媒集团发展的必然趋势；第八，出版传媒股票将受到股民的持续关注，政策扶持是出版传媒股票受到资本市场青睐的原因，国家对出版传媒企业的政策扶持力度也会进一步加大，出版传媒股票受资本市场欢迎的程度将进一步提高；第九，出版传媒集团进军新领域，业绩增长空间将被打开，出版传媒企业介入手机游戏市场的探索正在进行中，进入新媒体领域也已初见端倪；第十，移动阅读将成为出版传媒集团关注的焦点，手机已经超越了台式电脑，成为第一大上网终端，正在成为最重要的阅读媒体，中国出版集团、山东出版集团、凤凰传媒等已经在此领域进行了尝试与创新，移动阅读将成为出版传媒集团关注的焦点。

张雨晗[17]在《全媒体出版：现状与未来》一文中提到，全媒体出版是国内出版业的热点问题，也是全球出版业的发展趋势。全媒体出版是真正意义上的跨媒体、跨行业、跨国界的出版形态，它将带来“出版业—传媒业—文化产业”逐级增大的业务范围和管理权限，全媒体出版将会使文化的行政凝聚力、经营凝聚力、传播凝聚力和资本凝聚力产生质的飞跃。

刘博[18]在《出版传媒集团人才管理发展趋势——以凤凰出版传媒集团为例》一文以凤凰出版传媒集团为例，全面总结我国出版传媒集团在人才管理上呈现的发展趋势。首先，大规模大资本的集团化发展迫切地需要“企业家”式的管理人才，“企业家”式的管理人才，具备行业战略预见能力、大规模资本投资决策能力和大规模资源的调控能力；第二，数字化转型和业态创新带动出版传媒集团资本投资显著增长，出版集团之间的竞争，不仅是商业上的竞争，更是一场科技人才、理论人才和管理人才的竞争；第三，多元化全产业链发展打造多维度的人才管理模式，经营决策权的下放、公开竞聘的直选策略将锻炼出一批适应全产业链管理的全能型人才，让企业增强适应市场变化的核心竞争力。

2.4 出版传媒集团上市融资研究

随着新闻出版体制改革的不断深入，越来越多的新闻出版单位完成身份转变，成为市场主体，政府也大力推动出版传媒集团的上市进程。2012 年，通过整合中央各部门各单位出版社，组建成 4 个大型出版传媒集团，即中国出版传媒集团、中国教育出版传媒集团、中国科技出版传媒集团和中国国际出版传媒集团。国家新闻出版总署重点推动这四家出版传媒集团的股份公司上市，同时，也支持地方报业和出版集团的上市。[19]截至 2014 年，我国已上市出版传媒集团基本情况如表 5 所示。

表 5 **我国已上市出版传媒集团基本情况**[20] 单位：亿元

公司	总资产		营业收入		净利润		总市值	布局行业种类	并购案件次数
	值	增速	值	增速	值	增速			
天舟文化	20.31	218.08%	5.15	56.99%	1.22	498.56%	89.23	出版发行、新媒体、教育服务、文化创意、手游	0
皖新传媒	72.06	15.30%	57.33	24.74%	6.94	14.53%	236.60	出版、文化消费、教育服务、现代物流	1
中南传媒	84.68	5.66%	16.47	0.67%	1.44	-34.46%	369.98	出版、数字出版、电商、教育、文化金融	0
凤凰传媒	—	—	—	—	3.02~3.61	-8%~10%	369.79	—	1
大地传媒	—	—	—	—	6.2~6.6	117%~131%	130.3	新闻、出版、教育、文化、广播、电影、电视	1
赛迪传媒	—	—	—	—	-0.25~-0.29	—	45.40	文化、网络、手游、医药、电商	0
中文传媒	—	—	—	—	—	—	251.62	文化、互联网、游戏	1
时代出版	—	—	—	—	—	—	102.52	出版、教育、影视、科技孵化	0
出版传媒	—	—	—	—	—	—	77.64	出版	0
长江传媒	—	—	—	—	—	—	139.49	教育、图书发行、影视、动漫	0

2.4.1 出版传媒集团的上市模式

上市融资是全球企业资金运作的重要方式和首选渠道。许天骆[21]在《我国出版集团上市模式博弈分析》文中，结合我国出版集团上市的特点，总结了我国出版传媒集团的四种上市方式，分别是借壳整体上市、主营资产借壳上市、IPO 整体上市和优质资产 IPO 上市。借壳上市可以使出版传媒集团充分利用自己的优势，尽快跨进资本市场，同时也可利用借壳方案的运作迅速改变企业传统运营模式，借用资本的力量快速推进企业的转型。主营资产借壳上市在实现了整体上市的同时，最大限度地避免了同业竞争、减少了关联交易，有利于增强上市公司的独立性。IPO 整体上市模式的最大优点是能够建立彻底、规范的股份制公司，自我主导性较借壳上市强，且一经上市便可融资。优质资产 IPO 上市则适合实行多元化综合经营的大型、特大型出版传媒集团，大型出版传媒集团往往涉足多个行业或业务板块，众多企业必然会有盈利能力高低之分、业务规模大小之别，优质资产独立上市是较为理想的方案。

2.4.2 出版传媒集团上市后的优势

出版传媒集团上市以后有何优势，是判断出版传媒集团是否应该上市的标准之一。郝振省、魏玉山、刘拥军等学者[22]在《出版传媒集团资本运营如何更上层楼——来自上市出版传媒集团老总的声音》中提出，出版发行研究了出版传媒集团上市的最大优势，就是上市后资本更加充裕。此外，出版集团上市还能够推进企业自身运作的更加规范，成长为更加优质的企业，从而进一步打造精品、形成品牌。

张瑞稳[23]在《安徽出版集团借壳科大创新重组上市绩效分析》一文中提到，集团上市募集了充足的资金后，资本结构得到了改善，企业负债率降低，信用评价等级提高，为以后企业负债融资打好了基础。企业上市的过程，就是一次大规模广告活动，使得企业的知名度和竞争力迅速提高。

何煜[24]在《时代出版的上市和上市后的运营分析》中以时代出版传媒集团为例，总结出了出版传媒集团上市的意义。转企改制之后的出版社往往存在着资产不完整和体系链条不健全的问题，时代出版传媒集团整体上市的方式能够解决上市公司资产不完整，独立性差的问题，有利于促进出版传媒集团的企业深化改革。

3 出版传媒集团战略管理研究

战略管理在企业发展中占据着主导地位，其具有的全局性、谋略性、预见性、方向性特征，可帮助企业在着眼未来的基础上优化自身资源配置，以达成既定目标。随着出版业集团化大潮推进，战略管理成为出版业长期关注的研究方向。2010 年以来，出版传媒集团发展又迎来新一轮高潮，相关的出版传媒集团战略管理研究著作、论文也同样聚焦这轮集团发展的热点领域，集中探讨出版传媒集团关于数字化、国际化、品牌建设、资源整合等战略。

3.1 出版传媒集团数字化战略研究

数字化对于传统企业而言，是近几年投入注意力最多的发展方向，出版传媒行业也不例外。近五年来，关注出版传媒集团数字化战略的研究论文较多，其研究主题主要涵盖数字化战略发展瓶颈，数字化战略实施必要性、实现方式及出版集团数字化战略个案探究。

3.1.1 数字化战略发展瓶颈研究

关于出版集团在数字化战略转型过程中遇到的发展瓶颈，周百义[25]早在 2010 年发表的论文《论出版集团如何应对数字化挑战》中就有过精辟的总结。他从市场布局、盈利模式、市场竞争环境、内容资源拥有状况、产业竞争手段、市场发展风险六方面总结了出版集团数字出版探索中的发展瓶颈。最后，他认为出版集团作为开始涉足数字传播领域的新生力量，对新媒体的市场运行规律有一个探索、实践、认识的过程。

在数字出版细分领域——数字教育方面，陈兰枝、范军[26]在《教育出版数字化转型的困境与对策研究》一文中指出：“出版商、技术商、渠道商各自为营，教育数字出版难觅可靠的盈利模式。与美国等西方国家不同的是，我国的数字出版是由技术商来推动的，这导致传统出版企业并没有在数字出版价值链中占主导地位。技术变革在前，出版转型在后，技术短板一度困扰着整个传统教育出版行业。在教育领域，电子书包、智慧教室、在线教育及云教育的发展如火如荼，而教育教学理念和精良教育内容的缺失，直接导致种类繁多的各种线上和线下教育数字化平台形同‘空中楼阁’。”[27]面对读者阅读及购买习惯的转变，出版社不得不转向与京东、当当、亚马逊等电商以及移动、百度、腾讯等掌握大量用户资源的移动互联网渠道商合作，而渠道商的低价策略及一定程度上存在的“点击欺诈行为”，不仅直接导致实体书店日渐凋零，更致使传统出版企业进入只能靠拼品种赚小钱的微利时代。

李鹏飞、陆嘉琦[28]从产业链角度探讨了出版集团数字化战略实施的困境，他们认为，出版集团数字出版发展之路在短短几年实现了快速的跨越。很多出版集团为了更好地促进数字出版的发展，纷纷成立数字出版公司，实现集团范围内数字出版的集成化经营。但事实上，出版集团仍未脱离传统出版商的身份，数字出版地位有所提升，但数字出版的产业链整合困难重重。依靠信息技术进军的数字出版，在数字版权内容上资源有限；传统阅读习惯的难以改变使得数字化阅读难以占有一席之地；资金、技术难度、传统编印和商业模式的束缚，使得真正意义上的全流程数字化产品的加工和运营常常力不从心。

3.1.2 数字化战略实施必要性研究

出版传媒集团在数字化战略实施层面的瓶颈揭示出企业战略制定的重要性，在数字化战略实施必要性与重要性的相关研究中，何国军[29]认为，目前，我国出版集团已充分认识到数字化转型的重要性，国内大部分出版集团数字化转型已进入到业务运作层面，如建立资源数据库、建设在线教育网站、开发电子书包、搭建不同的数字化运营和交易平台，等等。各出版集团全力以赴推进出版数字化发展进程，但是，从各出版集团数字化发展的具体规划和实施举措中可以看出，出版集团的数字化转型体现出一定的趋同性特征，特色化不突出，个性化不鲜明，这无疑将导致出版数字化资源的重复建设，不利于提高出版集团数字化转型后的竞争力，从而影响我国出版数字化产业的可持续发展。

关于出版集团数字化战略的重要性，周清华在《数字化转型是传统出版业的必由之路——中国出版集团数字化的思考和探索》一文中，从国际与国内两个层面探讨数字化战略转型的必要性。他认为，当前，数字化浪潮所带来的产业融合日益加剧，出版、传媒、网络、电子、电信等行业的边界被渐次打破，内容行业逐渐被纳入更为宏观的服务业范畴，并不断产生更加创新的商业模式。传统出版正处在与数字出版相互结合、相互交叉和相互促进的转型期。从国际层面看，谷歌、微软等国外大型 IT 公司相继介入数字出版领域，苹果、亚马逊等既有的数字出版企业向产业链的上下游大举扩张，培生、企鹅、爱思唯尔、施普林格等跨国传统出版企业数字化转型成就斐然。在国内，近两年数字出版产业总体呈现蓬勃发展之势，在各个领域表现出持续发展的良好势头，数字出版产值屡创新高，内容产业获得较快增长，数字化阅读队伍不断扩大，数字产品消费增长迅速。[30]

3.1.3 数字化战略实现方式研究

任晓宁[31]在《出版集团数字化转型如何“获利”》一文中指出，自第一家出版集团成立数字传媒公司以来，如何能成功转型并顺利盈利，始终是压在数字传媒公司头上的最大难题。他总结了出版集团在实现数字化转型的过程中具有实践意义的尝试：搭建平台、吸引投资、着力数据库建设、嫁接数字教育服务。

除此之外，张富梅[32]在其硕士学位论文《传统出版业数字出版业务体系的建立与实践》中总结了出版传媒集团实现数字化战略转型的基本路径，她认为，首先，要成立专门的数字出版事业部，负责一切与数字出版相关的业务；其次，成立数字出版事业部的同时，要做好数字出版人才库的工作；再次，进行集团内部资源整合，内部资源整合包括对报、刊、书、音像出版物、影视及广告等所有相关的内容进行整合；接着，制定资源加工标准，在适当引入已成为行业标准的一些数字加工、制作工具（例如数据加工 SCHEMA 等标准）外，要制定较为完善的数据监理方案，使集团的资源逐步规模化；最后，建立数字产品的服务渠道，包括数字产品的销售渠道和销售服务渠道。

3.1.4 出版传媒集团数字化战略个案研究

对出版传媒集团战略管理的研究通常以某一传媒集团为研究个案，有针对性地探索有数字化战略实践经验的出版传媒集团。在个案研究中，数字化战略的研究对象主要集中在近五年来实现上市且数字出版业务发展良好的中南出版传媒集团、长江出版传媒集团、时代出版传媒集团、凤凰出版传媒集团等出版传媒集团。

林峰[33]在《中南出版传媒集团数字化出版实施方案设计》一文中提到，中南出版传媒的整体构建目标是拟打造以数字阅读、新闻聚合、社区综合服务、动漫游戏、电子商务为主的五大自有平台来推动集团数字出版工作的发展。除此之外，中南出版传媒集团数字化战略的重心——由中南出版传媒和华为技术有限公司合资成立的天闻数媒科技（北京）有限公司，是中南出版传媒数字内容资源的唯一运营主体和数字资源对外合作的唯一窗口。在中南出版传媒数字化战略的整体框架中，天闻数媒将以数字出版及数字内容全屏服务的开发与运营为主营业务，致力于打造一个技术领先、营销导向、产品有竞争力的数字资源出版与运营平台，成为面向全球华语市场的首屈一指的数字资源全屏营销传播运营服务商。

林清发[34]在《项目带动数字出版转型发展——以时代出版传媒公司为例》一文中总结了时代传媒集团在数字化战略实施中的规划。他认为，在全新的、巨大的数字出版战略发展机遇面前，只有跟随转型升级的产业发展趋势，明确新媒体新业态的发展战略，扎扎实实地从基础做起，通过持续不断的创新，实现以数字出版产业项目带动企业转型升级，才能实现从单纯出版到综合信息服务的质的飞跃。在这一方面，时代出版进行了有益的探索，其产业项目具有“集成创新，立足出版，服务行业”的清晰定位和明显特色，具体表现在以下六个领域：全媒体数字内容出版运营管理、全民数字阅读服务、数字教学应用服务、“社交+内容”自出版（POD）平台、互联网保健咨询服务、幼儿互动阅读。

郭新茹、王诗晴、唐月民[35]在《3G阅时代下我国数字出版产业链整合模式研究——以盛大文学与凤凰出版传媒集团为例》一文中，从纵向一体化和前向一体化两个维度分析了凤凰出版传媒集团近几年来的数字出版实践。文中指出，凤凰出版传媒集团依托其强大的教学内容资源，先后与元太、汉王等硬件公司合作，进行凤凰电子书包的研发，并筹建电子书包合资公司，以打造集移动数字终端、数字课本、网络服务平台为一体的数字化教学平台。

表 6　　凤凰出版产业链纵向联盟

整合客体	具体名称	整合方式	整合目的	整合模式
硬件公司	元太、汉王	合作	研发凤凰电子书包	纵向联盟
电信运营企业	江苏电信、江苏移动	合作	打造数字化产品	纵向联盟

3.2　出版集团国际化发展战略研究

与国际出版接轨始终是我国出版业实现跨越式发展的有效途径与手段之一。自我国加入 WTO 以来，从实体图书贸易到将触角伸向资本层面的投融资合作，从国家主导的文化交流到企业公司主动出击的业务沟通，出版国际化发展实现了巨大突破。2013 年，中国出版集团、中国教育出版传媒集团和凤凰出版传媒集团进入全球出版业 50 强收入排名，显示出中国出版业已在一定程度上具备了与国际大型出版集团同台竞技的可能性，为今后走出去努力赢得更多话语权创造了更好条件。在此基础上，战略层面的明确有利于集团在国际化发展过程中找准目标。[36]

3.2.1　国际化战略思路研究

唐圣平在《全球出版时代的出版集团国际化战略探讨》一文中重点论述了出版传媒集团制定国际化战略的要点。他在文中总结制定国际化战略时应着重考虑的关键因素，他认为，重视优势领域，伺机并购或联合能强化优势领域的资源，在优势领域内保持绝对强势；适当拓展出版领域，做出有益尝试，避免单一产品线的风险；找准进军国际出版市场的切入点，带动集团国际化；重视资本运作；更新管理模式，使之与出版集团的国际化业务相适应；重视形象和品牌管理，加大宣传力度；产品类型多元化，电子化、网络化产品与纸质图书更紧密地配合是未来产品开发的必然趋势；重视资源积累型的产品开发，实现从资源抛弃型的产品开发向资源积累型的产品开发转变；重视网络营销，提升直接面向最终用户的销售比例；重视出版协会的作用；重视版权交易和合作；提前做好出版环节的国际化布局等应当作为出版传媒集团在制定国际化战略过程中着重考虑的要点。

颜华[37]在《试论地方出版集团国际化发展的战略思路》一文中总结地方出版集团的国际化战略，应从六个向度加以推进：品牌国际化，媒介国际化，营销国际化，资本国际化，资源国际化，人才、管理国际化。她尤其强调“资本国际化，是出版集团国际化战略最为重要的、最为直接的、最有效率的战略行为，当然也是难度最大的，目标国和地区的经济、文化、法律、运营模式等，都将是我们要克服的障碍。而一旦突破，出版集团的国际化战略，将会十分有效地推进”。

李小彬[38]在《出版集团的创新发展及国际化思路初探》一文中，聚焦《新闻出版业“十二五”时期发展规划》对出版集团国际化战略的切实影响，他认为，“十二五”时期，在国际化视野下做出版，何以成为一流的出版传媒集团，应“突出主业、超越主业”；何以成为一流的出版传媒集团，应统筹规划、励精图治、锐意进取、努力拼搏；何以成为一流的出版传媒集团，唯有创新、突破、发展和国际化；何以成为一流的出版传媒集团，必须“瞄准国内国外两个市场，利用国内国外两种资源”，开展国际化经营，实现出版的国际化；何以成为一流的出版传媒集团，必须打造和彰显“一体两翼”（“一体”：一个市场主体，“两翼”：一翼为国内市场经营，一翼为国外市场经营）的核心竞争力，实现国内国际经营和发展齐头并进，相得益彰。

3.2.2 国际化战略实现路径研究

刘伯根[39]在《走向国际市场五条路径——以中国出版集团的实践为例》一文中认为，首先版权输出奠定了走出去的坚实基础；其二，实物出口支撑了走出去的半壁江山；其三，数字出版开辟了走出去的一片蓝海；其四，国际会展和国际交流活动，搭建了走出去的合作平台；其五，海外网点建设支持走出去落地生根。

唐胜平[40]从少儿出版的角度解读出版集团国际化战略的可行路径，他认为资本的全球化，多语言版本的全球同步出版，以及全球性物流和网络销售导致的图书出版发行全球化，标志着全球出版时代已经来临。出版集团面对的将是全球图书市场，而不能仅仅将眼光盯住国内的图书市场，国际化是出版集团运营的必然选择。像少儿、旅游、汉语学习和文化交流类出版社，在国际化上拥有一定的优势，因为国际图书市场对这几类中国的图书有着固定的需求。但我国大多出版企业在其原有的业务范围内，很少有图书具备国际化的价值。因此，要实现全球化和国际化目标，出版企业必须在集团化过程中，在拓展出版领域和业务的过程中，摸索出一条可行的国际化道路。进军英文少儿图书出版领域，就目前来看，是我国出版企业实施全球化战略，向国际化转变的最佳切入点。

3.2.3 国际化战略个案研究

大学出版传媒集团中，广西师范大学出版社集团有限公司在国际化战略的实践中独树一帜。2014 年 7 月 1 日，广西师范大学出版社集团有限公司在澳大利亚墨尔本成功完成对澳大利亚视觉出版集团的收购。曲倩倩[41]在《海外并购，开拓文化“走出去”新版图——以广西师范大学出版社集团有限公司为例》一文中，剖析了广西师范大学出版社集团国际化战略的实践经验：第一，发挥地缘优势，积极推动中国文化向周边国家“走出去”；第二，借助“汉语热”，抓好汉语教材工作，积极开展汉语国际推广；第三，积极推动华侨华人数据库的建设，扩大中华文化的海外影响力。

在大众出版领域，我国出版传媒集团与海外出版业的碰撞与融合更为频繁。2014 年，凤凰出版传媒股份有限公司与美国出版国际公司（PIL）在芝加哥总部举行资产交割仪式。同年，凤凰国际出版有限公司又和菲尼科斯创艺国际贸易（香港）有限公司在芝加哥揭牌，凤凰传媒以 8000 万美元收购 PIL 童书业务及其位于德国、法国、英国、澳大利亚、墨西哥等海外子公司的全部股权和资产，分别注入上述公司。至此，历时9个月的中国出版业最大跨国并购案圆满收官，凤凰传媒业由此实现了电子有声童书全球市场的崭新布局。[42]

除此之外，童健[43]在《努力探索创新出版集团“走出去”之路——浙江出版联合集团纪实》一文中，明确了浙江出版联合集团国际化发展战略的布局：第一，努力实现国内出版品牌向海外延伸；第二，走进非洲，打造多重对非合作平台；第三，深入推进海外出版本土化战略；第四，海外版教材形成“走出去”新板块；第五，转型升级，助推数字出版“走出去”。

陈德金[44]以中国出版集团为研究案例剖析了我国出版集团在国际化战略实施过程中存在的不足，以中国出版集团为例，作者认为中国出版集团的国际竞争力不足。中国出版集团在资产规模、员工数量、盈利能力、品牌价值等方面，与国外著名传媒集团有着一定的差距，国际竞争力不足，尤其是出版集团的双重属性，受到政府的管制很多，在一定程度上限制了集团的发展。突破中国出版集团国际化发展的制度障碍，是中国出版产业发展壮大需要解决的问题。

3.3 出版集团资源整合战略研究

潘筑娟[45]在《出版集团资源整合，整合什么，如何整合》一文中总结了出版集团资源整合的具体内容与方向，她认为出版集团内部的作者资源、无形资源、发行资源、实体资源（印刷与物流等固定资产资源）等应成为集团资源整合重点。除内部资源的整合外，出版集团对外的资源扩张与整合也应以跨国、跨行业、跨地域、跨所有制的多元形式“星火燎原”。

3.3.1 出版集团外部资源整合战略研究

技术创新速度的加快以及全球竞争与企业多元化战略，使原本基于零和博弈的组织间竞争关系正逐步被基于非零和博弈的组织间合作竞争关系所取代，整合更多的外部战略资源已成为出版集团提升竞争力的重要策略之一。刘畅[46]在《基于战略联盟的出版集团外部资源整合路径研究》一文中分析了目前我国出版集团战略联盟及其资源组合的几种主要类型，指出我国出版集团可以通过构建跨国、跨地域、跨行业、跨所有制战略联盟四条路径解决外部资源整合问题，从而弥补存在的战略资源缺口，进一步提升我国出版集团的综合竞争力。

（1）跨国资源整合。

跨国资源整合是出版集团战略合作提升国际竞争力的重要路径之一，通过多种资源整合方式使出版集团逐步走向海外市场。出版集团可以提前完成产业布局，为优化资源配置、降低成本、充分挖掘资源提供帮助，目前，我国出版集团还处于国际出版产业链上的低端位置，参与全球出版工程、成立专项合作基金、合作出版、跨界合作等都是出版集团可以通过战略联盟选择的资源整合方式。刘畅以浙江出版传媒集团为例，总结了传媒出版集团资源整合战略实现路径及实践成果。见表 7 所示。

表 7　**浙江出版联合集团跨国资源整合的部分内容与成果**

<table>
<tr><th>跨国资源整合方式</th><th>合作国家或地区</th><th>具体成果</th></tr>
<tr><td rowspan="7">合作出版</td><td>非洲</td><td>大型援非合作出版项目《非洲农业与医疗实用技术书系》</td></tr>
<tr><td>马来西亚</td><td>出版《科学》教材</td></tr>
<tr><td>法国</td><td>与法国东方书局合作出版《中国当代美术》</td></tr>
<tr><td>英国</td><td>与剑桥大学出版社合作出版《中国印刷史》</td></tr>
<tr><td rowspan="2">美国</td><td>联合美国海马图书出版公司出版《中国西湖，中国名茶》系列</td></tr>
<tr><td>在美国印第安纳州商务部门的协助下，确立“浙美文化综合合作项目”工程，该项目计划首推为美国中小学生专门打造的一套充分展示当今中国的丛书</td></tr>
<tr><td>匈牙利</td><td>与匈牙利维多利亚出版社合作出版鲁迅作品系列</td></tr>
</table>

续表

跨国资源整合方式	合作国家或地区	具体成果
实体开发	美国	与新华书店美国公司（原美国百盛公司）在美国合作投资成立美国新华博库有限责任公司，并在美国纽约下设两家书店
	法国	与欧洲时报社在巴黎合资注册“东方书局”出版社。书局的图书选题策划和市场开拓在法国，制作印刷和部分翻译编辑在国内进行，出版的图书以实物形式出口法国
	非洲	与内罗毕大学合建非洲首个中国文化出版中心，为集团和非洲出版社的版权贸易和合作出版服务
跨界合作	英国	同英国普罗派乐卫视（Propeller TV）跨界联合
		英国奥斯特大学、浙江传媒学院联办海外孔子学院
	日本	与日本最大的移动通信公司 NTT 开展手机漫画业务合作

（2）跨地域资源整合。

秦艳华[47]认为跨地域的资源整合是出版集团打破计划经济体制下按行政区域划分进行资源配置的模式，是消除地区封锁的重要手段与有效途径。此外，地方出版集团所属出版单位出版内容同构现象造成的重复出版、资源浪费，使得出版集团不能仅靠兼并重组在全国范围内整合出版资源[48]，而应通过战略联盟进行跨地区战略合作，签署相关战略合作协议为出版集团搭建良好的资源平台，从而进行资源间的整合与交换，这成为出版集团进行出版资源整合的新路径与新潮流。2010 年，天津出版传媒集团有限公司与北方联合出版传媒（集团）股份有限公司股权合作签字仪式在京举行，天津市出版行业跨地区联合打造大型出版传媒产业集团取得实质性进展。[49]2012 年，中国出版集团公司与吉林出版集团公司在北京签署战略合作协议，并宣布成立中吉联合文化传媒（北京）有限公司。[50]2014 年，南方出版传媒与中国出版集团签署了战略合作协议。[51]刘畅[52]认为，由于跨地域资源整合方式灵活，机动性大，因而是我国出版集团整合产业外部资源做大做强的一条重要路径。

（3）跨所有制资源整合。

跨所有制资源整合主要指国有出版集团与民营企业，或是民营出版集团与国有企业通过构建战略联盟展开的资源整合活动。新闻出版总署发布的《2011 年新闻出版产业分析报告》指出，全国有 15.3 万的新闻出版企业法人单位，其中民营企业数量占 81.2%，较 2010 年提高了 5.1 个百分点。民营企业的稳健发展使得跨所有制资源整合方式呈现出更为多元的态势，如项目合作、人才合作、股份合作等。见表 8 所示。

表 8　**2010 年来我国出版集团与民营图书公司部分合资项目**

时间	资本合作现象	股权情况
2011 年	北京出版集团有限责任公司与北京九州英才图书策划有限公司共同投资组建京版北教控股有限公司	国有资本控股，将北京出版集团六大核心板块中的教育板块剥离出来，同北京九州英才实现产品、资产重组
2010—2012 年	凤凰出版传媒集团与民营资本合作成立北京凤凰壹力文化有限公司、凤凰汉竹图书公司和凤凰雪漫文化有限公司等多家合资企业	分别由凤凰出版传媒集团旗下的苏科社、译林等国有资本控股
2013 年	青岛出版传媒股份有限公司与民营图书北京阅读纪签署合资合作、股权并购合作协议，双方组建新公司西藏悦读纪文化传媒公司	青岛传媒以 150 万元先期持有西藏悦读纪 5%股权，新公司若达到预期业绩且条件成熟时，青岛传媒将再增收其股权，成为其控股股东
2014 年	重庆出版集团以资本联合形式兼并重组两家民营文化企业——北京五洲时代天华文化传媒公司、五洲博尔文化传媒（北京）公司	由重庆出版集团控股子公司五洲文化传媒（集团）公司控股

3.3.2 出版集团内部资源整合战略研究

强月新、黄晓军[53]在《传媒整合：传媒集团内部的协同合作》一文中强调狭义的整合发生在传媒集团内部，其实是多方面的，包括业务层面、经营层面、组织管理层面。细分起来，内部财务、人才的统筹部署和安排都属此列。他们认为，在传媒集团内部整合中比较突出的问题以及整合方面新的趋势和进展主要有两点：其一，是提高资源利用效率，信息共享水平；其二，表现在组织层面，是传媒整合的平台、机制与运作。

潘筑娟[54]从资源整合方式的角度总结我国出版集团内部资源整合的一般方式，即采用集中、分散和共享服务三种方式。所谓资源的集中是指对有形的和无形的资源进行整合集中，从而达到资源的累积和扩大，可以有效地提高资源的利用率，这是资源整合完成所需的基本要求。资源的分散是当企业规模扩大时所必然产生的一种趋势，这样会增强企业的灵敏性和自主性。但分散过度就会造成资源更大的重复和流失，所以必须加强出版集团管理，掌握适度的资源分散模式。共享服务与集中相类似，但又区别于集中，共享服务可以管理集中，控制分散，实现统筹全局的功能，有利于资源的高效利用和服务质量的改进。

3.4 出版传媒集团品牌战略研究

我国出版产业自改革开放以来发展到今天，已经从图书选题、品种、价格、渠道等微观操作层面的竞争逐渐过渡到出版资源、品牌、市场占有率、人才资源等宏观层面的高级竞争阶段。在我国出版产业中，出版传媒集团已经成为产业竞争的重要力量。[55]

以中国出版集团为例，对于品牌战略和集团整体战略的关系，集团总裁谭跃在 2014 年 4 月中国出版集团品牌经营战略推进研讨会的发言有准确的论述：“在我们的六大战略中，品牌经营具有特殊的地位。它是其他战略的出发点也是落脚点，既是一个独立的战略，又是六大战略的综合抓手。内容创新、集团化、国际化、数字化、人才强企，既是品牌经营战略的现实支撑，又是它的展示平台。对于品牌经营战略而言，内容创新是基础，企业化集团化是动力，数字化国际化是走向，质量管理是保障，人才强企是根本。”[56]

佘世红、段淳林[57]在《我国出版企业实现可持续品牌经营的策略探讨——以广东省出版集团为例》一文中指出合理的品牌结构至少存在以下几方面的意义：（1）合理的品牌结构可以促使品牌拥有持续的竞争力。（2）合理的品牌结构可以最有效地分配各种资源，发挥最大价值。每个品牌创建时都需要分享品牌的资源，如果品牌过多，也许不足以支持所有的品牌。如果只是单一的品牌结构，可能无法分散由于单一性造成的风险。（3）合理的品牌结构可以让品牌影响力互相渗透，互相促进，并能够有效密切与品牌的利益相关人的关系，促使品牌资产得到不断增值。以广东省出版集团为例，广东省出版集团是集团品牌，其族系品牌有岭南出版品牌、粤版教材品牌、期刊品牌和报纸品牌，其产品品牌有岭南系列的出版物，粤版教材品牌下面有系列教材。见图 1 所示。

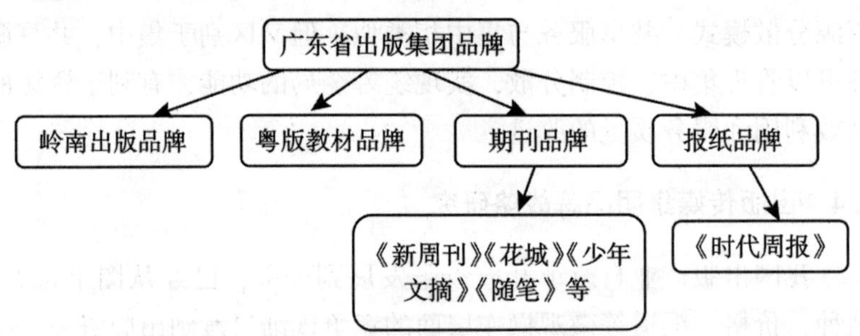

图 1　广东省出版集团的品牌产品谱系图[58]

3.5　关于出版集团跨媒介经营战略的研究

张文红、李惠惠在《继承与突破——从传统出版媒介到跨媒体出版》一文中提到，在媒介融合的背景下，传统出版媒介逐渐从此前相互竞争、各自为战的封锁状态下走出来，积极与其他媒体寻求跨行业跨媒体融合的方式，传统出版与网络出版、手机出版等新业态相互联系，相互作用，在合作中共同发展，于是媒介之间的交叉传播与整合互动便应运而生。这种媒介之间的交叉传播与整合互动便是跨媒体融合。在数字技术推动下，传统出版媒介的跨媒体融合是出版产业发展的必然趋势。[59]

3.5.1 我国出版传媒集团跨媒介经营的动因

曾光等在《我国出版集团跨媒体经营研究》中，从内部和外部两方面总结了我国出版传媒集团进行跨媒介经营的动因。[60]

（1）内部原因。

出版集团的跨媒体经营实际是企业的一种相关多元化策略。所谓相关多元化策略，是指企业进入成本链相关的多个经营业务，从而产生战略协同性，取得比执行单个战略更大、更稳固的经营绩效，并使其成为企业建立竞争优势的基础。出版集团进行多元化战略就必须跨媒体经营，从图书行业向杂志、广播、电视、电影、网络等多媒体延伸，进行内容资源的深度开发，从而在媒体市场建立自己的优势。比如中国出版集团成立后，其业务范围横跨图书、报纸、期刊、音像电子和数字出版；辽宁出版集团的业务范畴也涵盖了图书、期刊、电子、音像制品、网络出版和影视业。

我国的出版集团在改革后逐步失去了政府的政策和财政上的支持，市场压力增加了，对于自身经营要求也提高了。因此，我们必须放弃过去的那种粗放式经营，向集约化的经营方式转化。集团跨媒体经营可以整合媒体资源，拓展媒体经营领域，为出版集团自身降低市场运营风险、提高集团利润提供了一条发展之路。

（2）外部原因。

外国出版集团压力。尽管由于我国目前实行的文化产业政策，国外的出版集团不会大举进入中国市场，但是随着我国对外开放的持续加速，国外出版集团肯定不会忽略中国出版市场这块大蛋糕，国内外出版集团一起角逐中国出版市场的日子不会太远。

国家政策的鼓励。文化产业不仅仅关乎国家的文化产业经济问题，还是关乎国家文化安全的重要问题。随着国家经济的进一步繁荣，政府对文化产业也日益重视，出台了一系列的文化产业发展政策，其中不少涉及出版集团跨媒体经营的策略。比如，2009 年的《文化产业振兴规划》中提出：“出版业要推动产业结构调整和升级，加快从主要依赖传统纸介质出版物向多种介质形态出版物的数字出版产业转型。”2011 年 4 月国家颁布的《新闻出版业“十二五”时期发展规划》提到：“……打造 10 家左右跨地区、跨行业、跨媒体经营的大型国有报刊传媒集团。”从某种意义上说，有了国家政策的支持，出版集团跨媒体经营会更加顺畅。

新技术发展的推动力。进入 21 世纪，我国的网络技术和信息技术飞速发展，2017 年 1 月 CNNIC 发布的第 39 次《中国互联网络发展状况统计报告》显示，截至 2016 年 12 月底，我国网民规模达到 7. 31 亿人，较 2016 年底增加 4299 万人，我国手机网民规模已经达 6. 95 亿人，增长较快。技术的发展使得信息资源出现共享趋势，这一趋势反映在媒体上，就是通过媒体间的互动来实现媒体内容资源上的共享。这种技术上的发展，也给出版集团跨媒体经营提供了动力。

3. 5. 2 我国出版传媒集团跨媒介经营的几种模式

张文红、李惠惠在《继承与突破——从传统出版媒介到跨媒体出版》中总结出了我国出版传媒集团跨媒介经营的四种模式。[61]

(1) 传统出版媒介与传统平面媒体的融合。

这种融合主要是传统纸媒之间的互相借力，以获得较好的市场效益为目的。比如出版社为实现图书销售，在图书正式发行前会在报纸、期刊发布书评或进行图书连载。反之，一些作品如果事先在报纸和期刊以连载形式得到了良好的阅读市场验证，出版社也会积极进行图书出版，甚至不惜以高价版税进行竞标，这在出版界已经不乏先例。

(2) 传统出版媒介与立体媒体的融合。

主要表现为与广播、影视的融合。传统出版媒介与广播的融合由来已久，无论在广播刚刚兴起的时代，还是广播媒体受电视媒体冲击却在交通工具中获得生存发展空间的当下，传统出版媒介与广播的合作一直被那些善于利用跨媒体融合的出版社视为重要组成部分。与较为隐形的广播融合相比，传统出版媒体与影视媒介的合作则显得声势浩大。从 20 世纪 90 年代初期的“作家触电”到 90 年代中期的“电视主持人出书”，再到 1999 年《学习的革命》的电视营销，以及21世纪以来的“百家讲坛”影书联袂，到当下的读书、养生、美食类电视节目的跨媒体出版，传媒出版媒介和电视媒体的融合已经水到渠成，毫无刻意为之的痕迹。

（3）传统出版媒介与新媒体融合。

从历史发展看，新媒体和旧媒体永远是相对存在的概念。目前学界关于新媒体的定义有诸多解释。本文所说的新媒体主要指以数字化和互动性为根本特征的媒体，比如互联网站和以移动互联应用为主的手机媒体。由于技术的推动，传统出版媒介与新媒体融合探寻跨媒体出版路径已经成为众多传统出版企业的不二选择。从本质上看，传统出版向新媒介进发，是跨媒体融合背景下自身利益诉求的主动体现，这也使得传统出版媒介逐渐加深与新媒介的合作力度。传统出版单位不仅希望出版物有电子版、手机版和网络版，还想实现相同内容的同时跨媒体出版，目前，人们习惯用“全媒体出版”一词来指称这种现象。

（4）从传统主营图书业务扩展多种媒介经营形式。

比如我国的凤凰出版传媒集团，它是近年来国内较为典型的跨媒体出版集团，凤凰出版传媒集团产业融图书、报刊、电子音像、网络等出版物的出版、印制、发行、物资供应、对外贸易于一体，实现了出版业务的多元化。

3.6 关于出版集团多元化经营战略的研究

多元化战略又称多角化战略，是企业根据自身的资源和能力，在权衡产业吸引力和市场风险的基础上，对产品线和业务领域进行拓展的经营战略。多元化战略是相对企业专业化经营而言的，其内容包括：产品的多元化、市场的多元化、投资区域的多元化和资本的多元化。出版传媒集团的多元化是指出版传媒集团根据出版企业自身的资源和能力，在权衡产业吸引力和市场风险的基础上，对产品线和业务领域进行拓展的经营战略。[62]

3.6.1 出版集团多元经营的动因

企业进行多元化经营的本质，就是通过更好地开拓新的发展空间，攫取新的盈利点，实现企业利润最大化的目的。不少国际知名出版集团正是通过实施多元化经营，一跃成为世界出版界的航母。随着《文化产业振兴政策》出台，我国文化体制改革加速了进程，多元化经营已经成为一种趋势在各大出版集团中扩散开来。综合看来，出版行业多元经营既是一种必然趋势也有着不同的特点。

（1）产业链特征使然。

多元化经营的出现不是偶然，而是出版集团经营发展到一定程度后自然而然产生的。原新闻出版总署发布的《关于加快出版传媒集团改革发展的指导意见》提出，到“十二五”期末，将进一步做强做优国家层面人文、教育、科技三大出版传媒集团，培育多个年销售收入达到或者超过200亿元的大型出版传媒集团。[63]利好背景促使出版行业派生出很多商机，比如某个出版集团对纸张需求量很大，考虑到控制原材料成本等问题，就极有可能进军纸浆贸易市场。也就是说，在遵循市场规律的前提下，出版产业特质决定了多元化经营的出现是必然的。

（2）为资本寻求出路。

以往我国出版业属于小资本运营的行业，不需要大规模资本，即使有大规模资本，也“消化”不了。但是现在不同了，随着我国出版产业的不断开放，由垄断时代逐步进入到充分竞争的时代，不少出版企业需要通过资本运作来对自己重新定义、更新业态、调整业务方向或是培养新的盈利点，而市场也越来越接受出版业作为一个产业存在的事实，并且对其寄予了比较高的期望，政策上支持力度也比较大，这也引起了不少民营、业外资本的兴趣。种种因素都使得出版界不得不关注资本的相关话题，并对其产生越来越强烈的需求。当出版行业发展到一定规模，现金流较大的时候，传统出版就无法对大资本进行“消化”，而多元化经营恰好提供了这样一个出口，使大资本能够流向需要更大投资和回报的领域。特别是随着我国市场化程度的不断提高，出版单位的企业化之路需要在市场力量的支配下进行，一批骨干出版企业通过兼并、收购、重组等方式不断扩大自己的规模。

正是出于出版业对资本的现实需求，全国文化体制改革工作会议上曾提出了出版业“三改一加强”的要求，即出版业应加快公司的股份制改造，建立现代企业制度，培育出更多具备国际竞争力的大型出版传媒集团；通过上市融资、对外开放、资源倾斜等方式来重点培育一批新闻出版产业的战略投资者，打造投资主体。

（3）实现利润最大化。

追逐利润是企业的天性。虽然出版集团多元化已经在业界达成共识，但若对集团发展没有实质性的促进作用，相信各大出版集团也不会盲目踏入多元化经营的浪潮中来。目前，一些出版集团已经在多元化经营中取得显著收益，以江西省出版集团为例，集团在多元投资方面设立“三个利润中心”，即出版主业、资本运作和房地产。2010年，江西出版集团重组上市后，2012年实现销售收入100.28亿元，总资产达到105.4亿元。旗下核心企业——江西新华发行集团在多元化战略的指导下，在物流、数码产品、通信领域取得了不错的成绩。

孙铭欣在《出版传媒集团多元化经营模式探析》中以安徽出版集团为例，论述了多元化经营的经济效益。在多元化经营中表现最为活跃的安徽出版集团下属的华文国际公司，早在2009年进出口总额就突破4亿美元，跻身全省外经贸企业前三位。此外，安徽出版集团还涉足医药、报刊、酒店、旅游、文化置业等各个方面，为出版主业的发展提供了强劲的保障。2012年，安徽出版集团年销售收入达到107.63亿元，总资产为138.55亿元。[64]

3.6.2 出版传媒企业多元化经营的模式

杨庆国、陈敬良、毛星懿认为，我国出版传媒集团的多元化经营战略体现在三个方面，分别是行业集聚形态下的产业链多元化、资本多元化和业态多元化。[65]

（1）产业链多元化。

产业簇群是基于地缘关系、产业技术、价值链、同业交往等关系，在竞争和合作中共同获得优势的特定领域的企业集合。内在的关系交流、竞争合作、相同的价值取向、准共同体联合是产业簇群的本质。不难看出，这种产业簇群与我国出版集团正在形成的行业集聚有着类似的基本特征。我们可以认为，出版产业内的行业集聚，是基于地理位置上的接近性和产业内容的相关性，在政府优惠政策的引导之下，聚集于同一出版集团名下，以完整产业链条、共享资源、互利互惠、获得发展为目的的聚合体。通过分工、竞争和协作，行业集聚能够产生产业规模经济和范围经济效应，能起到盘活存量资产、减低成本及交易费用、激励企业创新、功能互补和构造社会网络等作用。[66]

我国目前着力建设的数字出版产业园区所形成的行业集聚，大部分是以大型的新闻出版集团为轴心依托，在新闻出版产业链、价值链的辐射范围内进行集聚，促使新闻出版集团形成一种行业集聚形态下的产业链多元化模式。到 2011 年国家已建成或在建数字出版园区 10 余个，包括北京、上海、天津、西安、江苏、浙江、重庆、广州等。行业集群形态的出现，一方面降低了集团的发展成本，使集团本身的资源得到优势重组，扩大了集团的产业规模，增强了整体竞争力；另一方面，也带活了整个产业的发展，使产业集群内的各个子公司在出版主业的带动下，一边服务于主业，一边依托主业获得发展，同时为集团的发展贡献力量。

我们根据目前出版集团的多元化现状及发展方向，绘制出行业集聚形态下的产业链多元化模型图。这种多元化逻辑下的产业链包括：上游的纸业、印务等基础设施的提供与运行；中游的出版主业，包括书籍、报纸、期刊、音像制品等；下游的销售商、渠道提供商，包括发行、广告、物流等产业。出版集团以中游的出版主业为支点和中心，沿产业链向上游及下游同时进行延伸，逐渐形成一种具备行业集聚形态的产业链多元化经营模式。[67]

(2) 资本多元化。

随着出版传媒集团的不断壮大，未来必将面临现金流减少的问题，原因一方面是多元化发展需要投入的资金更多，另一方面是竞争的加剧将会使得出版集团向产业链的其他环节让渡部分利益。因此，重视资本运作，以资产换资产，或以资产换现金，将会大大降低现金流枯竭的风险。[68]

目前，我国出版传媒集团资本多元化经营的方式主要有投资高回报率产业、直接进入金融产业和上市融资这三种方式。一些出版集团涉足市场上的热门产业，如湖南出版投资控股集团涉足温泉酒店、物业管理、置业发展等多个产业，分散了主营业务的经营风险，也为集团的发展提供了更多元的经济支撑点。还有一些出版传媒集团通过成立投资公司，参股证券公司、银行等方式，直接涉足金融行业，进行资本运作。这一类出版传媒企业主要分布在中东部传媒基础较好的省市，一般具有抗风险能力强、发展成熟的特点。上市融资也是出版传媒企业进行资本多元化经营的重要途径。集团通过入股、并购、借壳等投资方式直接上市参与资本市场，可以为集团筹得更多的资金，满足集团自身发展多元化的资金需求和主营业务发展多元化的资金需求。

（3）业态的多元化。

以数字化、信息化为代表的新媒体历经十余年的模式演进与技术升级，显著改变了人们的媒体接触方式和阅读视听习惯。它既对出版业产生了较大的产业替代效应和媒体竞争压力，又为其业态升级与业绩增长提供了更为宽广的市场版图。新传播格局的多媒体、数字化的趋向特征日益突显。出版集团要想在激烈的市场竞争中站稳脚跟，必须紧随时代和科技的发展，在巩固主业的同时，积极而理性地拓展各类新业态，而现今的市场和技术状况下，新业态市场主要以数字化出版为主。

目前，数字化出版已经成为每一个出版集团都希望抢占的领域。就目前的技术状况而言，新业态多元化经营模式的实现主要以新闻出版集团进入数字出版领域的方式为主。这种多元化可以细化为新业态下的数字出版产业链上的多元化，数字出版产业链可分为三部分，即上游的作者和出版社，包括版权交易和内容产业；中游的技术提供商，范围涵盖平台支持、内容加工服务、内容代理发行三点，其中平台支持中具体包含提供技术服务和掌上阅读器的开发、销售等环节；下游的数字产品营销商、渠道商，包括营销环节的电子商务、数字图书以及数字期刊等。出版集团进入数字出版领域，创新商业模式，等于为集团的发展拓展出无数条发展的新触角，对于集团规模的扩大、业务的多元、经济收益的增长都有着重要的意义。

4 出版传媒集团资本运营研究

随着资本市场的不断完善和传媒体制改革的逐步深入，传媒与资本市场携手合作不断推进，掀起上市、并购、海外投资热潮，吸引着行业内外资本的注入，以下从2010年以来出版传媒集团的资本运营总体概况、上市融资情况和投资方向三方面综合概括近五年来学界对出版传媒集团资本运营领域的研究。

4.1 出版传媒集团资本运营总体概况研究

2012年中国新闻出版研究院“出版传媒集团资本运营研究课题组”对我国出版传媒集团资本运营状况作了较为系统深入的研究，课题组成果包括《出版传媒集团资本运营如何更上层楼——来自上市出版传媒集团老总的声音》《出版传媒集团资本运营：成绩、问题、建议》等系列成果。

齐泽萍[69]在《我国出版传媒业资本运营研究》一文中认为资本运营是指利用市场法则，通过资本本身的流动和运作来实现价值增长的一种经营方式，换言之，就是利用资本市场通过兼容并购企业和资产来实现快速融资的目的，进而实现公司的以小变大、无中生有。作者介绍了资本运营的集中模式：一是扩张型资本运营，它包括横向资本扩张、纵向资本扩张、混合型资本扩张等；二是收缩型资本运营模式，它包括资产剥离、公司分立、分拆上市、股票回购等。目前我国出版传媒集团资本运营的方式多以并购重组、上市融资、跨国投资经营、战略联盟等为主。

4.2 出版传媒集团上市融资研究

2010年以来，较为集中地出现了出版集团的上市热潮，从传统报业集团到以出版发行为主业的各省级出版集团，再到民营出版公司，都纷纷实现上市。这期间，针对出版集团上市进行研究的论文主题涵盖上市模式、上市利弊、上市效果等。

4.2.1 出版集团上市模式研究

王冰[70]在《产业链演化下图书出版企业投资转型研究》一文中总结了出版集团上市的主要模式：

第一种模式是将所有传媒类资产整体上市，代表性企业是中南传媒。中南传媒是湖南出版投资控股集团将集团整体主营业务整合上市，以“多介质、全流程”为特点，业务涵盖除了广播和电视之外的几乎所有媒体形式，形成了“编、印、发、供、媒”的全流程产业链。

第二种模式是将集团内最主要的出版社、印刷厂和新华书店资产打包上市，形成一套比较完整的“编、印、发、供”业务流程。这类企业主要有辽宁出版集团旗下的出版传媒，江西出版集团旗下的中文传媒，河南中原图书出版投资控股集团有限公司旗下的大地传媒，以及湖北长江图书出版集团有限公司旗下的长江传媒。

第三种模式是只将集团的出版和发行资产上市，代表性企业是凤凰传媒。凤凰传媒是江苏凤凰出版传媒集团有限公司将旗下的出版和发行业务整体注入的上市公司。

第四种模式是将出版和发行资产分开上市，时代出版与皖新传媒就是将安徽省的出版业务和图书发行业务分别打包上市的公司。

在图书出版企业中，还有另一类所有制企业——民营企业，如天舟文化，它是一家以策划、设计、制作和发行青少年出版物为主的民营股份制上市公司。

许天骆[71]认为，上市融资是目前全球企业资金运作的重要方式和首选渠道，以上市操作流程为依据，上市方式包括借壳上市和IPO上市两大类。借壳上市指出版集团在改制成为股份制公司后，通过购买市值较低的已上市公司的股票，获取该公司控股权，更名后借助其已上市的条件直接上市的方法。IPO（Initial Public Offerings，首次公开发行）上市是指将拟上市出版集团的全部经营性资产与主营业务及相关辅助设施整体规划核算后，报审证监会上市的做法。结合我国出版集团上市特点，可细化分为：借壳整体上市、主营业务借壳上市、IPO整体上市和优质资产IPO上市。见表9所示。

表 9　　　　　　　　**我国已上市出版集团情况一览表**

股票名称	单位名称	上市模式	企业属性	上市时间（年）
出版传媒	辽宁出版集团	IPO 整体上市	国有	2007
新华文轩	四川新华发行集团	IPO H 股上市	国有	2007
时代出版	安徽出版集团	借壳 A 股上市	国有	2009
凤凰传媒	江苏凤凰置业投资股份有限公司	借壳 A 股上市	国有	2009
皖新传媒	安徽新华出版集团	IPO 整体上市	国有	2010
中南传媒	湖南出版集团	IPO 整体上市	国有	2010
天舟文化	天舟科教文化股份有限公司	IPO 整体上市	民营	2010
中文出版	江西出版集团	借壳 A 股上市	国有	2010
长江传媒	湖北长江出版传媒集团	借壳 A 股上市	国有	2012

杨庆国等[72]在《我国新闻出版企业上市融资模式研究》一文中，从上市过程、广告效应、政策环境、融资效果等方面对比分析借壳上市与 IPO 整体上市的优劣势。见表 10 所示。

表 10　　　　　　　**借壳上市与 IPO 上市的优劣对比**

方式	借壳上市	IPO 上市
优势	节省审核时间，降低募集费用	发行的同时实现快速融资，且融资规模大
	不需要信息披露，能有效保护商业机密	路演推介时能产生巨大的广告效应，更容易获得投资者的认同和信赖
	利于解决企业和投资者的风险承担和利益分配分歧	符合当前外部政策环境，“核准制”和“保荐制”的推出大大缩短了上市周期
	能较快实现低成本筹措资金	促进公司法人治理结构和治理机制的建立，以形成规范的现代企业制度

续表

方式	借壳上市	IPO 上市
劣势	买壳成本高，且存在难以预估的风险	申请程序复杂，审批严格
	壳资源资产重组、债务处理较麻烦	审核过程漫长，不确定性程度高
	壳公司股价异动容易遭受冷处理，从而导致借壳失败	国内市场缺乏完善的退市机制，上市融资风险大
	融资持续能力不高，二次融资效果难以预测	股票发行费用高，定价难度大

4.2.2 出版传媒集团上市利弊分析

张新建等[73]在《出版企业上市利弊分析及对策》一文中认为，出版传媒集团上市融资有助于出版企业募集资金，进行资源整合；有助于出版企业建立现代企业制度，完善法人治理结构，提高管理水平；有助于提升出版集团的影响力和品牌价值。但上市同样有着股权分散、借壳上市、核心竞争力等方面的风险。

周鼎[74]认为出版企业上市，一则可以通过融资为出版传媒上市公司并购中小企业、联合重组、组建合资企业等行为提供金融支持；二则出版企业上市“从某种意义上为出版行业的资源优化配置提供了可能性”，上市后的出版集团可以通过交换股权等方式和其他行业合作，既有助于规避政策、行业、地域等壁垒，又能以较低成本实现出版集团的迅速壮大和立体化发展。

4.2.3 出版传媒集团上市绩效研究

王红英[75]在《出版传媒业上市公司盈利能力影响因素分析》一文中指出，一般而言，开展合理的负债经营，减少所有者权益份额，是可以提高净资产收益率的，但是分析结果显示，出版传媒上市公司负债经营所带来的财务杠杆效应不显著，且呈负相关，也就是说负债的增加将使得出版传媒企业盈利能力出现下降，在这方面，出版传媒上市公司必须引起足够的重视。通过选取 27 家出版传媒上市公司的财务数据并对其进行实证分析，她提出提高出版传媒上市公司盈利能力的几点思考：第一，保持合适的资本结构，合理负债经营；第二，健全企业资产管理机制，提高资产周转率；第三，优化产业结构，开辟新利润增长点等。

童翔[76]以中南传媒的财务数据为例，认为低负债率资本结构较契合新闻出版业上市公司发展现状。低负债率资本结构不能完全实现企业价值最大化。市场的现实说明，合理的债权融资能够提高企业所有权资金的资金回报率，因而对于类似中南传媒这样盈利能力良好的上市公司而言，应当敢于运用负债，合理利用负债带来的财务杠杆效应，获取财务杠杆收益，达到企业价值最大化。

4.3 出版传媒集团资本投向及效果研究

出版传媒集团上市融资募集大量的资金，用以支持集团的经营发展战略的实施，对于如何有效使用所募得资本，壮大出版传媒集团整体发展，成为近年来出版传媒集团资本运营研究的新方向。

4.3.1 出版传媒集团资本投向研究

李舸[77]认为，地方出版集团上市后，依托更为强大的资金募集平台，其产业投资能力将得到显著增强，但由于我国出版市场整体上仍处于条块分割状态，地方上市出版集团现有的产业布局基本桎梏于省域出版的维度之中，因此，地方上市出版集团在广泛吸纳社会货币资本的同时，将面临着逐步扩张的资金融储规模与相对有限的资金投放区域之间的矛盾。如果地方上市出版集团不积极实施业务版图扩张，那么所辖区域出版市场的封闭性与属地出版资源的有限性，将会导致募集资金闲置与产业投资不足的两难局面，因此，地方上市出版集团需要突破当前省域出版的内生增长模式，通过外延式的产业投资路径，为其募集的资金拓展更为开阔的市场运营空间、资源配置区间与资本增值维度，特别是通过借壳上市的地方出版集团更需要构建有较强成长性与扩张性的投资战略，才能跨越再融资门槛并赢得资本市场的认可，进而有效实现后续的资金募集与投放。

观察近几年出版传媒集团的资本投向不难发现，图书与影视的天然联系成为出版集团投资的“黄金热土”。黄金[78]在《图书与影视的产业融合之道——基于对上市出版集团影视投资策略的分析》一文中，通过对比9家上市出版集团公布的2013年年报，分析图书出版集团的影视投资策略及其短板效应，并提出媒体融合发展所应遵循的原则。他认为图书与影视之间强烈的市场共谋性，刺激了出版产业与影视产业的融合。见表11所示。

表11　　**近五年出版传媒集团影视投资动向一览表①**

影视投资形式	相关出版传媒集团案例
以版权开发为手段，参股优质影视资源	2010年长江出版集团首次参与电视剧《万历首辅张居正》的投资和拍摄，其原著图书《张居正》正是由该集团下属出版社出版
以强力资本注入，进军影视制作	2013年中文传媒提出影视板块“品质提升年”，东方全景积极整合资源，强化影视投资，影视剧制作分成收益金额当年达1321万元，比上年提升了1.8倍
以动漫影视为跳板，辐射电视产业	中南出传媒集团股份有限公司旗下全资子公司天闻动漫传媒有限公司，通过获得知名动画片《虹猫蓝兔》的形象品牌授权而开发了同名漫画杂志。2013年中南传媒与湖南教育电视台合资成立湖南教育电视传媒有限公司，战略拓展电视媒介领域，强力介入电视节目制作和广告运营，拓展了营业收入来源
借书店地产资源，联姻电影发行	长江传媒下属的新华银兴影视发展有限公司是由其下属的湖北省新华书店有限公司和湖北省电影发行放映总公司合资，主营业务是影院建设，目前已有两座影城开张，其中都设有大型书吧

王松茂[79]从海外投资的角度分析了我国出版传媒集团在向海

① 笔者根据“图书与影视的产业融合之道——基于对上市出版集团影视投资策略的分析”一文整理。

外投资时存在的不足，他认为我国出版企业海外投资策略失当，具体表现在：第一，浪潮式投资，未能充分利用海外投资良机；第二，控股型偏好导致海外投资规模小，市场影响力弱；第三，国企式经营导致海外投资缺乏长期性和前瞻性。随着我国出版业国际化程度不断深化，出版企业海外投资的重要性与日俱增，只有深入研究国际直接投资的趋势与规律，优化出版业国际化的顶层设计，完善出版企业的海外投资策略，我国出版业"走出去"才能实现既定的目标。

4.3.2 出版传媒集团投资效果研究

王冰[80]运用《中国出版年鉴》与国家统计局公布的有关出版企业投资状况的数据，分析出版企业产业投资对产值、生产、销售、库存等指标的绩效影响，通过对上市出版传媒集团财务数据的实证分析，得出结论：图书出版企业的产业投资能够带来产业产值的增长和产能的快速提升，说明企业投资战略的实施对于产业的发展是具有一定意义的。但是由于没有把握好数字出版方向的投资布局，企业的投资主要集中在纸质出版领域，而这一领域产能的增长远高于销售的增长，因此，企业投资所带来的最终结果便是产业库存的增加。

李长青[81]以江苏凤凰出版集团为例，分析了其产业布局及投资成效。将凤凰出版集团涉及的产业分为出版板块、发行板块、地产板块、其他行业四大类，综合分析近两年半（2011 年至 2013 年上半年）来其营业收入、营业成本、营业（毛）利润在四个板块的分布（见表 12）。为了体现资金利用能力，本文新创设"收入投资效率"（收入投资效率= 营业收入比重/ 营业成本比重）和"利润投资效率"（利润投资效率= 营业利润比重/ 营业成本比重）两个指标，并以各板块的营业利润比重为横坐标，以收入投资效率和利润投资效率为纵坐标，将数据映射到坐标系中。结果发现，在营业收入和营业利润构成中，发行板块位居第一，但就资金的投资回报看，地产板块和其他行业是相对比较高的，这也进一步证实了出版业其实是一个薄利的行业。故此，凤凰集团只有跳出出版看出版，构建以书业为核心产业链的文化产业生态圈，形成一主多辅、同心多元的局面，才使出版传媒大企业的产生成为可能。见表 12 所示。

表 12　**凤凰出版集团旗下公司各板块财务数据分析**

年份	板块类别	营业收入（万元）	营业成本（万元）	营业（毛）利润		毛利率	收入投资效率	利润投资效率
				金额（万元）	比重			
2011	出版板块	241595. 12	179235. 85	62359. 27	22. 1%	25. 8%	0. 93	0. 77
	发行板块	497424. 32	341855. 47	155568. 85	55. 1%	31. 3%	1. 00	1. 01
	其他行业	—	—	—	—	—	—	—
	地产开发	170513. 45	105885. 06	64628. 39	22. 9%	37. 9%	1. 11	1. 35
2012	出版板块	248262. 53	183283. 69	64980. 85	20. 3%	26. 2%	0. 93	0. 78
	发行板块	592878. 63	424036. 57	168842. 06	52. 8%	28. 5%	0. 96	0. 88
	其他行业	9072. 38	1781. 53	7290. 86	2. 3%	80. 4%	3. 50	9. 02
	地产开发	173565. 64	95190. 67	78371. 97	24. 5%	45. 2%	1. 25	1. 82
2013	出版板块	136595. 38	103880. 79	32714. 59	24. 3%	24. 0%	0. 95	0. 81
	发行板块	319202. 39	226537. 94	92664. 45	68. 8%	29. 0%	1. 01	1. 05
	其他行业	4273. 41	937. 59	3335. 82	2. 5%	78. 1%	3. 28	9. 11
	地产开发	19339. 41	13364. 89	5974. 52	4. 4%	30. 9%	1. 01	1. 44

5　出版传媒集团公司治理研究

公司治理体系作为现代出版企业制度的基石之一，是我国出版集团培育核心竞争力和增强科学决策机制运行效能，从而实现做大做强目标，成为国际一流出版企业的重要前提。[82]出版传媒集团公司治理研究涵盖产权制度、人力资源管理、集团组织结构、财务信息管理、母子公司关系等多方面。以下主要从公司治理机制、人才战略、财务信息管理、产权制度等方面着重展开近年来出版传媒集团公司治理研究领域的研究重点及成果。

5.1 关于出版传媒集团治理机制的研究

出版传媒集团建立现代企业管理制度有助于集团更好地实施既定战略，开展经营决策。传媒集团公司治理机制研究涵盖公司治理现状、公司治理策略及公司治理研究中的出版传媒集团个案研究。

5.1.1 出版传媒集团公司治理现状研究

胡誉耀[83]在其博士学位论文《我国出版集团公司治理研究》一文中，总结了我国出版集团自出版体制改革实施以来在公司治理建设和发展方面所取得成就的特点，主要有：一是以独立法人治理结构建设为重点，强调公司内部治理体系建设；二是多数形成三会四权制主体框架，相应的现代治理机制开始发挥作用；三是基于集团发展国情和专业特色，探索治理结构的传统与现代融合；四是主业与辅业关系管理不断创新，母子公司治理初步规范化。同时他也指出我国出版集团公司内部治理存在的主要问题：三会四权制建设形式化，廉价监督权较为泛滥；党政领导色彩浓厚，“新老三会”冲突不断；经营问责制难以落实，“新三会”成员责任缺位严重；智力资本治理权利边缘化，协同型公司治理低效性。

周百义等[84]认为我国出版集团公司治理结构尚待完善：一是有的出版集团公司没有按照《公司法》设立股东会、董事会、监事会；二是有的董事会、监事会并不健全，只设置董事长、监事会主席职位，并没有董事会和监事会的具体成员；三是董事会、监事会成员组成不够合理，基本上是由党委会成员兼任，缺少独立董事；四是董事会、经理层职责权限不明确，如党委书记、董事长、总经理由一人兼任，或者担任其中的某两个角色；五是部分出版集团尚未进行公司制改造，但也设立了董事会、监事会主席。相对而言，已经上市的出版企业公司治理比较完善，但在实际运作中，由于控股股东的地位和影响，也还存在国有企业中“一把手说了算”的局面。

杨东星[85]在其博士学位论文《中国出版企业现代治理结构研究》一文中认为，我国出版企业真正意识到运用建立现代企业治理结构的方式进行公司治理的时间不长，实践经验也不够多。目前我国出版企业现行治理结构主要呈以下几个方面的特点：（1）建设独立法人治理结构；（2）形成“三会四权”制主体框架；（3）“交叉任职”的结合模式；（4）进行“关系管理”等。除此之外，出版集团在现代公司治理制度中还存在着产权不清导致出版企业难以发展壮大，产权不清导致所有者的激励和约束难以实施等内部治理结构缺陷，以及政府监控的低效率、出版市场治理的缺失等外部治理机制弊端。

5.1.2 出版传媒集团公司治理策略研究

出版集团应该加强公司治理结构建设，这既是其建立现代企业制度的重要内容，也是其正确处理母子公司关系的根本保证。姚荣杰[86]在《我国出版集团公司治理结构建设的思考》一文中提出了加强出版集团公司治理结构建设的相应对策：一是建立明晰的出版集团产权制度。明晰的产权制度是公司治理结构有效形成的基础和前提，也是现代企业制度得以建立的根本要求；二是建立集权与分权相对平衡的母子公司体制，出版集团公司治理结构的主要特点是分层授权经营，所以其管理体制上的关键是母子公司之间集权与分权的平衡问题；三是建立党委领导与公司治理有机结合的权力运营机制。

王谷香[87]从全媒体视角分析了出版传媒集团现代企业管理理念与手段，并称之为“柔性管理”。全媒体出版集团柔性管理的策略包括：一是管理理念柔性化，树立“以人为本”“全传媒产品”的柔性管理理念；二是管理方式柔性化，主要指组织形式柔性化和资源整合方式柔性化；三是管理手段柔性化，实行从“以外激为主”到“以内激为主”和从“静态管理”到“动态管理”的管理。

5.1.3 出版传媒集团公司治理个案研究

齐峰[88]在《分类管理：出版集团机制改革的新探索——以山西出版集团为例》一文中指出生产经营模式市场化的确立，只是解决了企业日常的投入和产出的决策问题，企业内部的管理与监督机制并没有真正以市场化为导向发生化学反应。2010年，山西出版集团借鉴行之有效的企业管理经验，彻底取消所属单位的行政级别，对所属企业进行分类管理，在内部机制改革上迈开了探索的步伐。

邱国栋、黄睿[89]从公司治理的组织结构层面解析了辽宁出版集团在新旧媒体融合发展中的创新管理实践，作者认为集团改制是适应国家全局与市场需求的重要转身，是关键性的前导要素。而改制后的创新——这一持续性要素才是保障集团在国内同行同领域中处于领先位置的“独门秘籍”。以辽宁出版集团为例，要解决出版创新与信息技术融合发展，必须先处理好传统（出版）媒体、新兴（出版）媒体与创新、创新与信息技术、信息技术与创新出版等多要素之间的关系，多要素之间的关系能否有效协同发展，追根究底需要集团在组织管理结构上创新。由此，在总结之前集团组织结构演进的基础上，试图以战略发展为思考，构建适应集团融合发展的组织创新管理图。见图 2 所示。

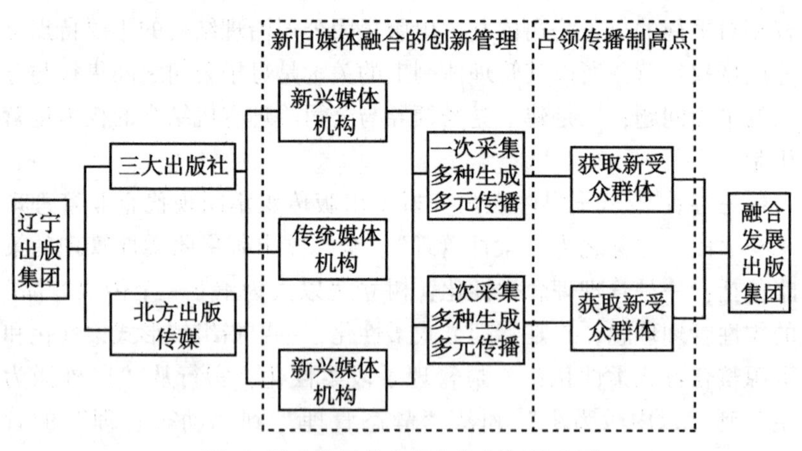

图 2　融合发展的集团组织创新管理图

佘璐[90]在《湖南出版投资控股集团治理机制优化设计》一文中针对湖南出版投资控股集团提出了公司治理的优化对策，她认为建立多元化的产权结构、完善股份公司的公司治理结构、构建战略控制型的集团管控模式、强化激励约束机制、完善职业经理人管理制度、实现主营业务与存续业务有机分离是实现集团治理机制优化的基本对策。

5.2 出版传媒集团人力资源管理研究

人才和人力资源运营成为一个出版集团能否顺利实施战略的关键所在。然而地方出版集团大多由原来的事业单位转制而来，大多数依然沿用旧的人力资源管理甚至干部人事管理模式，人事部门的职能多为工资制度的实施和人员调配、晋升、培训等。在强调人才自由流动的市场经济体制下，这种与企业发展战略相脱节的人力资源管理模式已经难以适应市场竞争的需要。[91]

5.2.1 人才战略研究

刘博[92]认为经济增长理论证明，在企业达到一定规模之后，有形资源（包括金融资本）的边际收益率都会下降，甚至为负，只有人力资本才能摆脱这一定律，使企业突破生产可能性边界，带动其他资本进入更高层次的增长模式，实现企业持续的发展壮大。管理庞大的资产和高度流动性的投资资本，需要的是企业家式的才能、勇气、经验、智慧和决断。

仝冠军[93]在《出版集团人才战略的三个要点》一文中认为，对于出版集团而言，制定人才战略可重点抓住以下三点：一是围绕产业趋势储备人才；二是围绕公司战略选用人才；三是围绕机制创新留住人才。在产业转型步伐加快和市场竞争趋于激烈的大背景下，出版集团的人才战略在企业总体战略中的地位愈发重要，人才竞争力成为决定企业综合实力的关键因素。

黄睿、张云耀[94]在《出版集团工作人员心理授权与服务质量的关系——基于心理授权的实证研究》一文中，将出版集团工作人员心理授权与现代化管理方式中的心理授权、服务质量三者联系在一起构成研究模型。借用 Fulford 和 Enz 的心理授权三维度模型，通过 Spreitzer 的 12 个项目计量表验证了该模型运用的可行性。研究结果发现，培训对心理授权没有直接的正向影响；奖励对工作意义和个人影响力产生正向影响；授权方式对工作意义、工作能力和个人影响力产生正向影响；工作意义、工作能力、个人影响力对服务质量有显著的正向影响。以上实证研究结果对出版传媒集团制定更合理的人才战略具有借鉴意义。

5.2.2 企业文化研究

莫曲波[95]认为，良好的企业文化是企业获得成功的必要保证。出版企业是典型的文化企业，对企业文化有着更强的依赖和更高的需求。凝聚力则是企业有效开展团队协作、不断发展壮大的核心动力，包括统合力、亲和力和集体进取力。企业文化与凝聚力之间，是因果或表里关系。以广西师范大学出版社集团有限公司为例，作者认为相对于业内其他出版集团来说，广西师范大学出版社比较独特，它是以一个单体出版社作为母体，在发展过程中相继孕育出其他子公司，最终自然形成集团架构，可谓走了一条内涵式发展的集团之路，凝聚力自然较强。该企业的发展道路是与其企业文化相适应的。

出版集团企业文化建设是一项长期复杂的系统工程，是落实出版业发展战略的重要手段，涉及出版产业发展的各项工作，需要出版业各方面的共同努力和资源的有效整合。出版业要想在激烈的市场竞争中取胜，要想在变化莫测的市场中持续发展，均离不开企业文化建设。刘骞[96]认为可以通过三点抓好抓实出版集团企业文化：以人为本，增强员工主人翁意识和自豪感，使员工自觉投入到出版集团的跨越发展中；齐抓共管，全方位、多形式地开展出版集团文化活动，进一步提升员工的幸福指数；以企业文化为抓手，增强管理，建设一流队伍，为企业迎接市场挑战提供人才保障。

5.2.3 高管团队研究

出版职业经理人是市场经济的产物，也是深化出版体制改革的结果。出版职业经理人的职能，是按照股东会和董事会的要求，在坚持正确的出版导向的前提下，全面实现资本的快速增值。出版职业经理人的作用，主要是根据董事会的战略规划，制订实施计划，落实任期内或年度经营目标。通过制定科学合理的规章制度，调动管理团队，特别是发挥全体员工的生产积极性，来实现经营目标。一个合格的出版职业经理人，需要受过良好的教育，需要有成功的从业经验，要懂经营、善管理，能团结大多数员工。同时，要求其具有出版家的文化情怀、企业家的经营理念，在中国的意识形态环境下，还要有政治家的敏锐眼光。[97]

束义明[98]在《复杂动态环境下我国出版传媒集团高管团队研究》一文中认为，在极其复杂多变的环境中，高管团队作为最高层在出版传媒集团中的作用越来越大，很大程度上决定了集团整体发展战略、经营绩效及文化使命的实现。运用高层梯队理论和战略管理理论，分析出版传媒集团高管团队的内涵、人口特征、团队互动过程以及战略决策绩效，并构建出复杂动态环境下出版传媒集团高管团队研究的 IPO 模型框架，是对出版传媒集团高管团队进行系统研究的一次探索。

5.3 出版传媒集团财务与信息管理研究

财务与信息管理是出版传媒集团内部公司管理中较容易忽视的环节，然而随着越来越多的出版传媒集团走向上市融资之道，且新媒体技术及数字化转型愈加迫切，出版集团内部财务及信息管理机制的构建显得更为重要和急迫。

5.3.1 财务管理相关研究

丁元新[99]在《出版集团财务管理体制之我见》中认为一般企业财务管理体制可以分为以下三种模式：

（1）集权模式。在集权模式下，母公司对子公司具有高度的财务管理决策权，包括对子公司的投资、融资、收益分配、薪酬管理、资金流通以及财务人员管理等财务活动的决定权，子公司只负责业务经营，具有很小的财务决策权力。

（2）分权模式。在分权模式下，子公司在企业投融资、员工薪酬管理、财务人员管理等方面拥有很大的财务自主决策权力，母公司往往放手让子公司自主经营参与市场竞争，在收益分配政策上，也会优先保证子公司的利益，增强子公司的实力。

（3）集权与分权相结合的模式。单纯的集权模式或分权模式，缺点都是较为明显的。而集权与分权相结合的模式集合了两种模式的优点，既可以加强母公司对子公司的财务控制，降低经营风险，又可以激发子公司经营者的积极性和创造性，这是越来越多现代集团企业采取的财务管理体制。

在此基础上，他主张出版集团在编、印、发、供各单位的基础上组建，要想发挥“1+1>2”的效果，在财务管理方面，必须在集团母公司的强力领导下，建立集权与分权相结合并偏向于集权的财务管理体制，以便加强母公司对子公司财务行为的规范，抵御财务与经营风险，顺利实现集团公司财务战略，为出版集团未来实现跨越式发展打下良好基础。

朱琳静[100]认为，资金作为出版集团健康发展的血液，其管理水平关系到企业的经营绩效和生存发展。靳先德[101]认为，在国家支持文化产业大发展、大繁荣的背景下，各地出版集团深化体制改革和机制创新，向上下游行业发展，投融资速度加快，先后有12家出版集团成功上市。但是存在很多集团母公司在筹建初期对成员企业管控不善，特别是资金管理方面问题频繁发生，主要表现在管理体制分散、管理方法落后、管理机制缺失、内部整合不善、资金信息失真等问题。所以应契合集团公司总的发展目标与战略，实现对资金的全面综合管理。齐亚芬[102]认为随着出版集团管理层次的提高和管理跨距的增大，资金管理的难度和风险也越来越大。因此，应加强集团的资金管理，形成以集团总部为核心的投融资主体、决策中心、财务中心、资产管理中心的格局，更好地实施财务流、物资流、信息流的控制和管理，防范和减少资金管理风险。

5.3.2 信息管理相关研究

赵留荣[103]认为，管理信息化是一项战略性的基础工作，是培育持续竞争力的重大工程，是构建现代企业集团的重要依托。为全面实施信息化战略，规划和启动信息化建设的各专项工作，出版集团应做好如下前期基础工作：一是成立项目小组，梳理业务流程；二是加强配套制度建设；三是变革组织架构；四是建立一支业务骨干队伍。

刘畅[104]在《我国出版集团ERP信息管理系统建设——以上海世纪出版集团为例》一文中认为ERP系统的实施和应用，意味着出版集团要用一套更高层次的管理模式来运作企业，为自身带来更长远的社会效益与经济效益。这就要求出版集团的全体员工，包括集团决策层，改变传统的思维方式和管理模式，以适应新的发展要求。以上海世纪出版传媒集团为例，作者提出的ERP信息管理系统总体方案中强化出版集团的集中式管理，通过信息管理平台对财务管理模块、编务管理模块、印务管理模块和发行管理模块进行实时管理控制，平衡集中管理和分散运作，实现业务系统与财务系统的一体化。采用项目管理思想，将单品图书视做单个的项目进行全过程管理，使编务部门与发行部门有效结合；同时，建立集团分析决策体系，在系统中集成所有历史数据、同行业数据以及其他相关数据，建立决策数据库，为集团决策提供依据；加强集团的风险控制，可进行阶段性的成本预估和盈利预测，随时控制项目风险；增加客户信用评价和客户管理子模块，以降低经营风险和提高客户满意度。

5.4 出版传媒集团产权制度研究

产权关系结构安排和产权规则设计决定着现代企业组织里各利益主体的权利、责任与义务的划分，所以产权制度是决定公司治理建设与发展的主要前提。[105]

5.4.1 出版传媒集团产权改革研究

胡誉耀博士[106]认为我国出版集团建立现代出版企业制度的重要前提是政企分开、关系清晰、权责分明、结构优化、运转高效、利益制衡的产权管理模式的构建，这需要依托出版体制改革促进出版产权制度变迁才能实现。毕竟，产权制度变革是建立现代出版企业制度的前提和基础，其顺利进行与否直接关系着出版单位资产所有权和经营权的划分及归属，进而影响在出版集团里能否实现政企分开、明确经营权责、建立科学管理机制。

舒童[107]在其硕士学位论文《我国出版集团产权改革与绩效研究》中，以出版集团产权改革为主线，分析了改革的必要性，提出了产权结构改革是产权改革的有效途径，重点分析了出版集团的产权结构、交易成本及企业绩效之间的关系。实证部分应用了2004—2011年上市出版集团的统计数据，运用WILCOXON和多元回归计量检验方法对产权改革和集团经济绩效之间的关系进行了实证分析，得出产权改革提高了经济绩效的结论。

熊超[108]认为引入战略投资者参与改革，实现企业结构的优化和调整，建立现代企业制度，这是国有出版集团唯一的选择。从引入战略投资者的角度，作者在《基于出版集团产权改革中引进战略投资者研究》一文中指出，一般而言，战略投资者是指拥有雄厚的资金实力、领先市场的技术、科学的管理手段、广阔的市场基础和大量人才的大集团公司，他们参与改革，可以促进产业的升级，提高企业的市场竞争力和自我创新，并且投资的特点具有长期性、可持续性等。作者认为在我国出版集团的改革过程中引入战略投资者，不仅可以缓解出版集团资金紧张的状况，而且能够完善企业的管理机构、法人结构，促使企业向现代企业迈进，进而提高企业的市场竞争力。

5.4.2 出版传媒集团混合所有制经济研究

肖翔[109]在《国有出版集团发展混合经济的战略思考》一文中认为，国有出版集团发展混合经济的重要意义在于：克服国有出版集团经营弊端，发挥民营资本与国有资本互补优势，整合社会资源等。未来国有出版集团发展混合经济应当界定不同国有出版集团功能定位，理顺与政府的关系，健全公司管理制度，完善职业经理人选聘机制，吸纳多元资本，以提升整体竞争力。作者指出，与大多数国有企业类似，国有出版集团推进混合经济不是一朝一夕的事情，要防止“一刀切”现象，警惕推行混合所有制过程中的国有资产流失。发展混合经济也没有固定的模式，不能将混合所有制经济简单地理解为只是民营资本介入，或是公私合营，而应当根据出版企业的具体情况与特征，因地制宜地推进。政府应当由“管企业”向“管资本”转变；宣传部门应更多地对出版导向进行管理，而不对集团具体事务进行干预，改变现有出版集团“九龙治水”的现象。发展混合所有制经济的方向应当是通过建立多元股权结构，建立真正相互制约、科学决策的公司治理结构，最终促进出版集团形成更为强大的市场竞争力。

范军[110]则认为对于那些不能直接与非国有资本交叉持股、相互融合的出版传媒企业集团来说，发展混合所有制经济比较现实的方式是依托资本市场，直接进行市场化改造，实现市场化和公众化，也就是通过上市来实现。根据中国证券监督管理委员会发布的《上市公司行业分类指引》（2012 年修订），截至 2012 年 6 月底，全国共有 13 家国有控股出版传媒公司。国有控股出版传媒上市公司是混合所有制的一个比较典型的代表，也是促进国有资本与非国有资本相融合的重要平台，其发展质量如何直接关系到混合所有制的发展水平。

综上所述，2010 年来的五年是实施新闻出版业“十二五”规划承前启后的关键期，出版传媒集团的改革发展虽然面对一系列时代命题，但仍不断探索、进取，谱写浓墨重彩的篇章。跟随国内学者丰硕的研究成果和多样的研究视角，回顾五年来我国出版传媒集团发展壮大的历程，可以看到我国出版传媒集团在改革创新中取得的成绩。肯定学界对出版传媒集团研究取得新进展、新成绩的同时，还应看到目前对出版传媒集团发展的整体研究仍然存在不足，从综述的研究成果中可见对出版传媒集团的各类研究方向并不均衡，对出版传媒集团战略管理的研究占据较大比重，未来随着出版传媒集团的进一步发展成熟，研究者的视角也可进一步关注出版传媒集团的资本运营与内部管理，并对其作更深入的研究探讨，期待对出版传媒集团发展的相关研究更加成熟完善，取得进一步突破。

参考文献

［1］1998 年新闻出版署：关于成立上海世纪出版集团的批复［Z］. 新闻出版工作文件选编.

［2］魏玉山．出版集团改革的若干问题研究［J］. 编辑学刊，2012（3）：6-12.

［3］郝振省，魏玉山，刘拥军，刘兰肖，庞沁文．2010 年出版集团的八个发展大势［J］. 出版发行研究，2011（4）：5-11.

［4］魏玉山．出版集团改革的若干问题研究［J］. 编辑学刊，2012（3）：6-12.

［5］胡誉耀．我国出版集团公司治理研究［D］. 武汉：武汉大学，2010.

[6] 何国军．出版集团数字化转型的特色化路径探析［J］．编辑学刊，2014（2）：93-96.
[7] 魏晓丽．湖南出版投资控股集团跨媒介经营研究［D］．石家庄：河北大学，2013.
[8] 孙铭欣．出版传媒集团多元化经营模式探析［J］．中国出版，2014（10）：50-53.
[9] 朱静雯，李靓．塞马一声嘶 蔽日大旗飘——中国出版集团十年考［J］．编辑之友，2012（1）：13-18.
[10] 冯文礼．集团化让新闻出版改革发展驶上快车道［N］．中国新闻出版报，2012-2-20（1）.
[11] 出版传媒集团研究课题组．出版传媒集团的地位与创新发展状况分析［J］．出版发行研究，2013（4）：26-30.
[12] 郝振省，魏玉山，刘拥军，等．2010年出版传媒集团主要困难与问题研究［J］．出版发行研究，2011（6）：13-17.
[13] 伊静波．关于我国出版产业集团化的思考［J］．出版科学，2011（1）：56-59.
[14] 张云峰．出版传媒集团发展的路径选择［J］．传媒，2012（11）：70-72.
[15] 刘培锦．加快出版传媒集团改革发展的思考［J］．出版参考，2014（28）：6-7.
[16] 郝振省，魏玉山，刘拥军，刘兰肖，庞沁文．2010年出版集团的八个发展大势［J］．出版发行研究，2011（4）：5-11.
[17] 张雨晗．全媒体出版：现状与未来［J］．现代出版，2011（2）：14-17.
[18] 刘博．出版传媒集团人才管理发展趋势——以凤凰出版传媒集团为例［J］．科技与出版，2013（9）：21-24.
[19] 佚名．国家新闻出版总署推动四大出版传媒集团上市［J］．印刷技术，2012（7）：2.
[20] 郭全中，郭锐，郭凤娟．2014年传媒业上市公司发展报告［J］．青年记者，2015（19）：56-58.
[21] 许天骆．我国出版集团上市模式博弈分析［J］．编辑之友，

2012（6）：23-25.
[22] 郝振省，魏玉山，刘拥军，等．出版传媒集团资本运营如何更上层楼——来自上市出版传媒集团老总的声音［J］．出版发行研究，2012（2）：5-9.
[23] 张瑞稳．安徽出版集团借壳科大创新重组上市绩效分析［J］．中小企业管理与科技，2012（7）：57-59.
[24] 何煜．时代出版的上市和上市后的运营分析［D］．桂林：广西大学，2013.
[25] 周百义．论出版集团如何应对数字化挑战［J］．中国出版，2010（21）：22-26.
[26] 陈兰枝，范军．教育出版数字化转型的困境与对策研究［J］．编辑之友，2015（6）：10-13.
[27] 李明远．2013 年我国数字出版总收入达 2540.35 亿元［N］．中国新闻出版报，2014-07-16.
[28] 李鹏飞，陆嘉琦．文化科技融合环境下出版集团转型发展探索——以上海世纪出版集团为例［J］．法制与社会，2014（5）：175-176.
[29] 何国军．出版集团数字化转型的特色化路径探析［J］．编辑学刊，2014（2）：93-96.
[30] 周清华．数字化转型是传统出版业的必由之路——中国出版集团数字化的思考和探索［J］．出版科学，2014（2）：9-11.
[31] 任晓宁．出版集团数字化转型如何“获利”［EB/OL］．［2015-07-01］．http：//www.chinaxwcb.com/2011-07/21/content_224822.htm.
[32] 张富梅．传统出版业数字出版业务体系的建立与实践［D］．北京：首都经济贸易大学，2014.
[33] 林峰．中南出版传媒集团数字化出版实施方案设计［D］．长沙：中南大学，2013.
[34] 林清发．项目带动数字出版转型发展——以时代出版传媒公司为例［J］．出版发行研究，2014（9）：19-22.
[35] 郭新茹，王诗晴，唐月民．3G 阅时代下我国数字出版产业链

整合模式研究——以盛大文学与凤凰出版传媒集团为例［J］. 科技与出版，2014（2）：76-80.

［36］王珺 . 2013 年中国出版走出去亮点解析［J］. 出版参考，2014（1）：6-8.

［37］颜华 . 试论地方出版集团国际化发展的战略思路［J］. 出版发行研究，2014（1）：39-41.

［38］李小彬 . 出版集团的创新发展及国际化思路初探［J］. 出版广角，2011（9）：22-24.

［39］刘伯根 . 走向国际市场五条路径——以中国出版集团的实践为例［J］. 中国出版，2014（19）：59-61.

［40］唐圣平 . 少儿图书出版是出版集团国际化的最佳切入点［J］. 科技与出版，2014（7）：48-51.

［41］曲倩倩 . 海外并购，开拓文化"走出去"新版图——以广西师范大学出版社集团有限公司为例［J］. 出版广角，2014（1）：64-66.

［42］2014 年度出版集团创新风云榜［N］. 中国出版传媒商报，2015-01-06（10）.

［43］童健 . 努力探索创新出版集团"走出去"之路——浙江出版联合集团纪实［J］. 出版广角，2012（9）：33-35.

［44］陈德金 . 中国传媒集团国际化发展战略研究［D］. 上海：上海交通大学，2011.

［45］潘筑娟 . 出版集团资源整合，整合什么，如何整合［J］. 出版发行研究，2012（8）：24-25.

［46］刘畅 . 基于战略联盟的出版集团外部资源整合路径研究［J］. 出版科学，2014（2）：53-58.

［47］秦艳华 . 出版资源整合的风险及制胜之道［J］. 出版发行研究，2009（12）：21.

［48］郝振省，等 . 2011—2012 中国出版业发展报告［M］. 北京：中国书籍出版社，2012.

［49］天津出版集团与北方联合出版传媒集团开展股权合作［J］. 科技与出版，2010（11）：70.

[50] 朱音．中国出版集团与吉林出版集团战略联手［J］．中国出版，2012（10）：72.

[51] 南方出版传媒与中国出版集团开展战略合作［EB/OL］. http://www.gdpg.com.cn/(X(1)S(h1zffw2he0khopzegoi0weyj))/News_01.aspx? id=385&AspxAutoDetectCookieSupport=1.

[52] 刘畅．基于战略联盟的出版集团外部资源整合路径研究［J］．出版科学，2014（2）：53-58.

[53] 强月新，黄晓军．传媒整合：传媒集团内部的协同合作［J］．上海交通大学学报（哲学社会科学版），2010（2）：76-82.

[54] 潘筑娟．出版集团资源整合，整合什么，如何整合［J］．出版发行研究，2012（8）：24-25.

[55] 莫林虎．从定位理论看出版集团品牌战略的制定与实施——以中国出版集团为核心［J］．中国出版，2015（8）：33-37.

[56] 谭跃．品牌是中国出版集团的核心竞争力［N］．中国出版传媒商报，2014-04-01.

[57] 佘世红，段淳林．我国出版企业实现可持续品牌经营的策略探讨——以广东省出版集团为例［J］．出版科学，2014（3）：70-73.

[58] 佘世红，段淳林．我国出版企业实现可持续品牌经营的策略探讨——以广东省出版集团为例［J］．出版科学，2014（3）：70-73.

[59] 张文红，李惠惠．继承与突破——从传统出版媒介到跨媒体出版［J］．出版广角，2014（1）：28-30.

[60] 曾光，明均仁，赵礼寿．我国出版集团跨媒体经营研究［J］．科技与出版，2011（9）：78-80.

[61] 张文红，李惠惠．继承与突破——从传统出版媒介到跨媒体出版［J］．出版广角，2014（1）：28-30.

[62] 王谷香，刘美华．出版传媒集团资本多元化战略实证探析［J］．编辑之友，2011（8）：70-72.

[63] 璩静．我国将培育一批销售超过 200 亿元出版传媒集团［N］．大众日报，2012-02-27（5）.

［64］孙铭欣．出版传媒集团多元化经营模式探析［J］．中国出版，2014（10）：50-53.
［65］杨庆国，陈敬良，毛星懿．出版集团多元化经营创新模式研究——基于国内25家出版集团数据统计及模式建构［J］．出版科学，2011，19（6）：39-43.
［66］曾贵．深圳文化产业集群现状分析及其竞争力的提升［J］．南方论坛，2010（6）：17-23.
［67］杨庆国，陈敬良，毛星懿．出版集团多元化经营创新模式研究——基于国内25家出版集团数据统计及模式建构［J］．出版科学，2011，19（6）：39-43.
［68］唐圣．出版集团国际化战略研究［J］．出版发行研究，2010（3）：8-11.
［69］齐泽萍．我国出版传媒业资本运营研究［J］．中国报业，2012（4）：107-108.
［70］王冰．产业链演化下图书出版企业投资转型研究［D］．长沙：中南大学，2013.
［71］许天骆．我国出版集团上市模式博弈分析［J］．编辑之友，2012（6）：23-25.
［72］杨庆国，陈敬良，徐君兰．我国新闻出版企业上市融资模式研究［J］．上海理工大学学报（社会科学版），2014（1）：79-84.
［73］张新建，林树，孙俊峰，赵军．出版企业上市利弊分析及对策［J］．科技与出版，2012（11）：23-26.
［74］周鼎．关于出版集团上市的几点思考［J］．出版广角，2010（5）：20-21.
［75］王红英．出版传媒业上市公司盈利能力影响因素分析［J］．中国出版，2013（12）：43-47.
［76］童翔．低负债率资本结构弱化出版传媒企业上市效果——以中南出版传媒集团为例［J］．出版科学，2014（6）：64-66.
［77］李舸．地方上市出版集团募集资金投放问题刍议——兼论跨区域、跨文化、跨媒体、跨行业的产业扩张［J］．出版发行

研究，2011（2）：5-9.
[78] 黄金．图书与影视的产业融合之道——基于对上市出版集团影视投资策略的分析［J］．出版发行研究，2014（8）：36 38.
[79] 王松茂．我国出版业海外投资中的问题研究［J］．出版科学，2014（5）：66-70.
[80] 王冰．产业链演化下图书出版企业投资转型研究［D］．长沙：中南大学，2013.
[81] 李长青．产业布局及投资成效对出版集团的影响——以江苏凤凰出版集团为例［J］．出版参考，2013（33）：8-9.
[82] 胡誉耀．我国出版集团公司治理研究［D］．武汉：武汉大学，2010.
[83] 胡誉耀．我国出版集团公司治理研究［D］．武汉：武汉大学，2010.
[84] 周百义，肖新兵．出版集团公司治理现状分析及对策研究［J］．出版发行研究，2010（1）：5-10.
[85] 杨东星．中国出版企业现代治理结构研究［D］．大连：东北财经大学，2013.
[86] 姚荣杰．我国出版集团公司治理结构建设的思考［J］．中国出版，2012（14）：56-58.
[87] 王谷香．基于全媒体视角下出版集团的柔性管理策略探析［J］．出版发行研究，2014（4）：34-36.
[88] 齐峰．分类管理：出版集团机制改革的新探索——以山西出版集团为例［J］．编辑之友，2011（1）：51-53.
[89] 邱国栋，黄睿．新旧媒体融合发展的创新管理研究——以辽宁出版集团组织结构演进为例［J］．科技与出版，2014（9）：23-26
[90] 佘璐．湖南出版投资控股集团治理机制优化设计［D］．湘潭：湘潭大学，2012.
[91] 杨志强，胡光贵．转企改制后地方出版集团人力资源管理存在的问题及对策研究［J］．时代金融，2010（9）：102-104.
[92] 刘博．出版传媒集团人才管理发展趋势——以凤凰出版传媒

集团为例［J］. 科技与出版，2013（9）：21-24.
［93］仝冠军. 出版集团人才战略的三个要点［J］. 出版广角，2013（5）：41-43.
［94］黄睿，张云耀. 出版集团工作人员心理授权与服务质量的关系——基于心理授权的实证研究［J］. 科技与出版，2014（3）：68-72.
［95］莫曲波. 企业文化与出版集团内部凝聚力的铸造——以广西师范大学出版社集团有限公司为例［J］. 出版科学，2014（5）：12-15.
［96］刘骞. 出版集团企业文化建设的思考与路径探索［J］. 出版广角，2013（15）：72-73.
［97］梁萍. 市场化必然带来对出版职业经理人的思考——专访长江出版传媒集团副总裁周百义［J］. 出版广角，2010（10）：13-14.
［98］束义明. 复杂动态环境下我国出版传媒集团高管团队研究［J］. 出版发行研究，2013（12）：50-54.
［99］丁元新. 出版集团财务管理体制之我见［J］. 中外企业家，2014（7）：168.
［100］朱琳静. 浅析我国出版集团资金管理存在的问题及完善对策［J］. 财务与会计，2012（4）：41-42.
［101］靳先德. 出版集团母子公司资金集中管理［J］. 中外企业家，2014（30）：64.
［102］齐亚芬. 出版集团资金集中管理的构想［J］. 天津经济，2013（2）：54-55.
［103］赵留荣. 出版集团财务业务信息一体化的关键步骤［J］. 财务与会计（理财版），2013（1）：29-31.
［104］刘畅. 我国出版集团 ERP 信息管理系统建设——以上海世纪出版集团为例［J］. 科技与出版，2012（8）：32-34.
［105］胡誉耀. 我国出版集团公司治理研究［D］. 武汉：武汉大学，2010.
［106］胡誉耀. 我国出版集团公司治理研究［D］. 武汉：武汉大

学，2010.
[107] 舒童．我国出版集团产权改革与绩效研究［D］．济南：山东大学，2013.
[108] 熊超．基于出版集团产权改革中引进战略投资者研究［J］．中国出版，2012（10）：14-15.
[109] 肖翔．国有出版集团发展混合经济的战略思考［J］．出版发行研究，2015（3）：32-34.
[110] 范军．国有出版传媒企业集团发展混合所有制经济的思考［J］．出版发行研究，2014（9）：1.

【作者简介】

朱静雯，武汉大学信息管理学院教授、博士生导师，湖北知音传媒股份有限公司独立董事，《出版科学》杂志编辑。主持完成2007年度国家社科基金项目“体制改革与出版发行企业微观运行机制研究”；2012年，主持完成长江出版传媒股份有限公司“‘十二五’营销与市场开发规划”“动漫项目商业计划”项目；2012年，参与方卿教授主持的国家社科基金重大课题“健全现代文化市场体系的理论与实践研究”，并作为“我国现代文化市场体系建设现状分析与评价研究”子课题负责人；2013年，主持企业委托项目“网购信息咨询系统”。

陆朦朦，武汉大学信息管理学院2017级博士研究生，研究方向：媒介经营与管理。

陈梦玲，武汉大学信息管理学院2014级硕士研究生，研究方向：媒介经营与管理。

2010 年以来中国出版业国际化发展研究综述*

姚永春[1,2]　宋文静[2]

（1. 武汉大学信息资源研究中心；2. 武汉大学信息管理学院）

【摘　要】本文以中国知网 2010 年以来收录的与中国出版业国际化发展研究相关的 300 余篇论文为研究对象，采用文献研究法，从中国出版业"走出去"成就与问题的总结分析、国际化发展影响因素及驱动力研究、国际化发展方式与路径研究、国际化发展策略四个方面，综述 2010 年以来中国出版业国际化发展研究的主要议题和观点。

【关键词】中国出版业　"走出去"战略　国际化　出版物进出口　版权贸易　对外投资

Internationalization of Chinese Publishing Industry Research from 2010

Yao Yongchun[1,2]　Song Wenjing[2]

(1. Center for Studies of Information Resources, Wuhan University;

2. School of Information Management, Wuhan University)

【Abstract】 Taking more than 300 papers about the

* 本文系国家社会科学基金项目"我国出版产业海外投资布局研究"(12BTQ059)、教育部重点研究基地自主研究项目 WHXZ2014-02 的阶段性研究成果及中国记忆与数字保存协同创新中心培育项目成果。

Internationalization of Chinese Publishing Industry from the CNKI since 2010 as the objects of study, this paper provides a comprehensive view of the existing main issues and viewpoints about the China publishing international development since 2010 by adapting the literature research method. It mainly involves the following four perspectives: summary and analysis of the achievements and problems of China publishing "going out", researches on influencing factors and driving force of the international development, researches on the method and paths of international development, and the strategies of international development.

【**Key words**】 chinese publishing industry "going out" strategy internationalization book import and export copyright licensing FDI

自 2003 年原新闻出版总署提出并实施“走出去”战略，历经“十一五”和“十二五”发展规划，中国出版业在各项鼓励“走出去”政策的推动下，积极参与国际图书市场竞争，贸易规模扩大，贸易方式增加，国际化的深度和广度得到拓展，国际影响力全面提升。据《2012 年全国新闻出版业基本情况》，2012 年，中国内地累计出口图书、报纸、期刊 2061.77 万册（份）、7282.58 万美元，比 2001 年分别增长 240.5%和 312.9%；进口图书、报纸、期刊 3138.07 万册（份）、30121.65 万美元，比 2001 年分别增长 86.5%和 336.3%；引进版权 17589 种，输出版权 9365 种，分别比 2001 年增长 113.2%和 1334.2%。2015 年，凤凰出版传媒集团、中南出版传媒集团、中国出版集团、中国教育出版传媒集团 4 家出版集团进入世界出版 50 强榜单。以“走出去”为战略核心的中国出版业国际化进程的快速推进，使学界和业界从不同层面、不同视角，对中国出版业国际化发展的诸多问题展开了持久而深入的研究。本文以中国知网 2010 年以来收录的与中国出版业国际化发展研究相关的 300 余篇论文为研究对象，综述近五年中国出版业国际化发展研究的主要议题和观点。与政策导向和中国出版业国际化实践相对应，2010 年以来关于中国出版业国际化发展的研究议题仍然围绕“走出去”战略的实施展开，包括中国出版业“走出去”战略实施十几年的成就与问题，中国出版业国际化发展环境特点、国际化方式与途径、发展策略等的分析探讨，涉及政府、出版业、出版企业三个层面，从方式、路径、策略等多个角度进行，研究内容较 2010 年以前更加具体、务实。

1 对中国出版业“走出去”成就与问题的总结分析

十余年间，中国出版业在“走出去”各个方面都获得了长足进步，成就斐然。因此，无论从实践层面还是从理论层面，都亟须对出版业“走出去”的成绩和经验进行总结，对存在的问题与不足展开探讨，从而为“十三五”规划的制订提供依据。

1.1 对中国出版业“走出去”成就的概括总结

在 300 多篇论文中，专题论述近年来出版业“走出去”整体成就与问题的论文有十余篇。如《做小做细做实：近十年出版业“走出去”回顾及新变》（李红强，2015）、《“十二五”上半期新闻出版走出去成就与思考》（王珺，2014）、《我国新闻出版“走出去”的理论与实践》（范军，2011）等，着重对某一时期中国出版业“走出去”的整体状况进行描述和分析。研究者普遍认为，随着“产品、服务、品牌、资本不断进入国际主流市场，……出版业在版权贸易、数字出版产品、实物产品出口、印刷服务和企业、资本走出去方面都取得了不同程度的突破”[1]。2011 年，范军即从版权贸易、出版物实物出口、印刷服务出口、国际书展参展水平与质量、“走出去”人才队伍建设五个方面对 2003—2010 年出版业“走出去”取得的进展做了概括[2]。2012 年，柳斌杰从八个方面概括了“十一五”新闻出版业“走出去”的成效：“版权贸易逆差不断缩小，输出数量范围逐步扩大；出版实物出口稳步增长，部分产品在海外创出品牌；数字出版产品出口势头强劲，境外收益不断提高；印刷加工外贸产值逐年增加，顺差优势明显；国际投资成果丰硕，在外企业竞争力逐步形成；走出去渠道不断拓展，传播力不断增强；国际书展参展水平和质量不断提高，中国主宾国活动成为亮点；走出去人才队伍日渐壮大，素质逐步提高”[3]。王以俊也认为，“新闻出版‘走出去’10年结出累累硕果”，版权输出数量、实物产品出口金额、印刷服务输出产值均快速增加，数字出版同步进入国际市场，企业和资本“走出去”步伐加快，“走出去”渠道拓展[4]。2013年，朱昌爱以四点概述出版业“走出去”的成果：“版权输出总量快速提升；实物出口规模不断扩大；文化产品和服务出口大幅增长；境外投资规模逐步壮大”[5]。2014年，出版业实施“走出去”战略满十年，相关研究掀起一个小高潮。王珺从五个方面总结了“十二五”上半期新闻出版“走出去”的成就：“版权转让仍是重点，企业创新版权贸易方式；实物出口增长迅速，渠道建设初具规模；数字出版产品走出去持续升温，亮点频现；印刷服务贸易稳中有升，参与国际行业标准化工作；企业和资本走出去案例不断增多”[6]。《出版广角》编辑部指出，“近年来，无论是数字出版产品、实物产品、印刷服务，还是资本输出、版权贸易，出版业‘走出去’工作都得到了持续性发展，呈现出量升质提的良好局面”[7]。张宏更加详细地描述了我国出版业“走出去”获取的成就：“版权贸易逆差不断缩小，版权输出范围逐步扩大；出版实物出口稳步增长，部分产品在海外已经创出品牌；数字出版产品出口势头强劲，境外收益不断提高；印刷加工外贸产值逐年增加，顺差优势明显；国际投资成果丰硕，在外企业竞争力逐步形成；‘走出去’渠道不断拓展，传播力不断增强；国际书展参展水平和质量不断提高，中国主宾国活动成为亮点；‘走出去’人才队伍日渐壮大，素质逐步提高”[8]。

对中国出版业“走出去”年度状况进行研究的论文也有多篇，如《2010年中国图书“走出去”的十件大事》（王谦、王重阳，2011）、《2011实力版图“走出去”之领先阵容》（李丽，2011）、《2013中国出版“走出去”亮点解析》（王珺，2014）、《深度参与多元开拓：2014中国出版业走出去分析》（唐立馨、王秦伟，

2014）等。有的论文以点带面，或以年度“走出去”重要事件，或以重要出版企业的“走出去”成就，反映当年出版业“走出去”成效。多数论文是对版权贸易、实物出口等出版“走出去”主要领域取得的成绩进行总结。如杨明刚在分析2010年出版“走出去”特点与趋势时指出，2010年“出版‘走出去’在版权输出、产品输出、资本输出和印刷服务输出四个领域采取切实措施积极开拓，版权贸易逆差不断缩小，结构持续改善，数字出版产品出口势头强劲，实物产品出口持续增长，印刷服务出口顺差明显，‘走出去’企业量增质升，‘走出去’服务平台作用凸显”[9]。

随着中国出版业“走出去”深度与广度的不断拓展，不仅版权贸易、实物进出口贸易等传统领域成就卓然，数字出版产品出口、对外投资等新领域也取得不俗业绩。因此，对“走出去”在各个细分领域的成就的专题研究也是近五年相关研究的热点论题。如《入世十年我国数字出版“走出去”现状及问题研究》（肖洋，2012）、《我国图书进出口量化对比及结构演化分析》（付海燕、薛国珍，2011）、《图书版权输出现状分析与思考》（张兵一，2014）、《我国出版资本“走出去”问题初探》（李舸，2012）等。

2010年以来，中国在版权贸易和实物贸易方面取得的重要进展是“版权输出引进比例、实物出口金额两项指标提前实现‘十二五’规划目标，呈现量升质提的良好局面”[10]。在版权贸易方面，“依托国际书展平台与翻译资助项目”，通过“加强自身的版权输出力量建设，……版权贸易实现了总量增长、规模扩张”[11]。版权输出引进“比例不断优化，贸易逆差大大缩小”；版权贸易的区域结构、内容结构、语种结构、媒体形态不断优化[12]。“我国版权输出图书的内容主要集中于传统文化与语言艺术两个方面，以旅游风光、古今建筑、名胜古迹、古籍整理、工艺美术画册、历史、文学和医药等为主”[13]，但2012年后，“中国现当代文学作品、中华文明类图书、中国当代发展类图书、少年儿童图书和汉语学习类图书”成为版权输出的热门品种，网络文学作品与中小学类图书加入版权输出，版权输出扩展到非洲[14]。在实物输出方面，图书出口品种、数量与金额显著增长，出口地区“主要是日本、韩国、美国、加拿大和中国港台地区”，“海外客户主要是各地的图书馆以及中文书店”，“读者对象主要是海外华人和华侨以及一部分海外汉学家”[15]。

“数字出版打破了地域局限，为出版产业打开了国际化的大门”，也“只有国际化，才能发挥数字内容的最大价值和市场潜力”[16]。随着传统出版业数字化转型、行业信息化标准建设、数字印刷和绿色印刷工程以及数字出版产品“走出去”工程的启动实施，通过与海外出版商、渠道商、技术商的合作，我国“数字出版‘走出去’演绎出从科技到人文、产品到资本、欧美到全球的发展轨迹”[17]，数字出版产品进出口金额不断增长，2013年，数字出版物出口89.71万美元，进口19 806.29万美元[18]。“以期刊数据库、网络游戏为代表，涵盖网络出版和电子书的多种类产品”是“数字化产品‘走出去’的重要形态，在出版业‘走出去’进程中扮演着越来越重要的角色”[19]。“易阅通”“优乐互动”等“走出去”数字出版平台的建设和运营不断加强，面向数字出版“走出去”的跨界合作取得重大进展，如与孔子学院合作，对国际汉语学习资源进行重点运作；借助苹果、亚马逊、京东等电商平台，实现数字内容的海外销售[20]。

学术出版、期刊出版、少儿出版等细分出版领域“走出去”的实践成果在近几年也受到部分专家学者的关注，如《少儿出版“走出去”的现状与对策》（张春艳，2011）、《喜看中国学术出版“走出去”》（张天蔚，2012）、《浅谈全球化背景下的中国学术出版“走出去”》（谢娜，2014）、《音乐出版的“走出去”与“引进来”》（海一，2015）、《中国社科学术期刊“走出去”现状研究》（刘杨，2014）等。虽然目前这类研究数量偏少，对相关出版领域“走出去”成就的概括比较抽象，但随着中国出版业“走出去”规模的扩大，相信有关细分出版领域“走出去”的研究会逐步受到重视。

1.2 关于中国出版业“走出去”存在问题的探讨

中国出版业“走出去”任重道远，因此，发现“走出去”中的问题，总结“走出去”中的教训，是有关中国出版业“走出去”历程回顾、现状描述与趋势展望研究的中心议题之一。相关研究成果，无论是对中国出版业“走出去”的整体观照还是对细分领域的探究，其内容通常都会涉及“走出去”存在的主要问题。总体而言，研究者认为中国出版业“走出去”存在的问题突出表现在以下方面：

第一，贸易逆差依然存在。无论是出版物版权贸易还是实物贸易，进出口比例失衡、贸易逆差现象依然存在。和龑、范军、逯卫光、王峰、王秋艳等诸多学者在分析中国出版业“走出去”现状时都指出，在出版物对外贸易领域，中国依然存在较大的输入与输出逆差。这种状况，导致“中国的资金大量外流……国外（尤其美、英两大出版大国）不仅赚走我们的外汇，还将国外的文化大量输入中国，对我国的文化安全极为不利”[21]。

第二，“走出去”区域分布不平衡。这一点，在版权贸易方面体现得最为明显。我国版权贸易的对象主要集中在中国港台地区及美、英、日、韩、德、法等国家和地区。近几年，虽然国家积极推动版权输出，通过“图书对外推广计划”等强调“输往欧美等所谓西方主流国家的版权数量”[22]，使“对欧美的版权输出有较大增长，但港台地区与东亚、东南亚仍然是我国版权输出的最大市场”[23]。

第三，中国出版业国际竞争力不足。一方面，我国经济实力较弱，经济发展和国外发达国家相比还存在一定差距。综合国力、经济实力是推动国家各项事业发展的根本力量，缺乏强有力的经济支持，出版业“走出去”的步伐势必受到制约。谢宛若指出：“中国出版业在国际出版市场上力单势薄，缺乏真正实力，尚不能适应国际出版领域激烈的竞争局面……中国出版物在国际社会影响较弱”[24]，“期刊影响因子不高，在国际上的知名度不够”[25]。另一方面，我国出版企业内部实力有限，创新活力不足。无论是产品、人才还是传播渠道，出版企业在国际化潮流中都显得心有余而力不足。在“走出去”过程中，过于依赖政府财政支持，产品平庸陈旧，重复率过高；人才培养脱轨，缺少熟悉国际规则和应对“走出去”业务经验成熟的复合人才；传播渠道单一传统，传播能力较弱。“与发达国家的出版产业相比，中国出版企业的制作能力、管理水平、运营机制等国际竞争力还存在不小差距”[26]。

第四，中西方文化差异的限制。出版业“走出去”无法避免和国外文化的碰撞，尤其在中外意识形态差异化情况下，难免会出现矛盾和摩擦。中国出版业“在长期的计划经济和事业体制下形成的封闭意识、保守意识、本土意识、个人经验主义等思想观念，与出版国际化和出版对外开放的要求格格不入”[27]，“走出去”面临企业经济动力不足、海外运作经验不足、业者观念转变不够三大挑战和意识形态、语言两大壁垒[28]。“价值观的背离、文化观念的冲突、传播价值和规律的差异等”[29]，使“我国文化品牌要为西方所认知，必然面临着思想文化上的障碍，遭遇西方的文化偏见和意识形态偏见”[30]。

第五，翻译质量低，翻译人才匮乏。“翻译问题一直是困扰我国出版走出去的一个基础问题”[31]，翻译作品普遍存在“语言质量差，翻译生硬，意思走样，翻译艺术水平不高，使外国人很难看懂”[32]等问题。同时，“高水平翻译人才匮乏也是重要掣肘”[33]。“据有关资料显示，全国目前有职业翻译4万多人，相关从业人员50万人，但能够胜任出版产业需要的大社科类翻译统共不足200名”[34]。“国内编辑人才的英文水平也相对不足，开发英文版本的图书缺少经验”，“如果全靠国外人员来编写或翻译，一是成本相对较高，二是容易引起理解上的偏差”[35]。

2 关于中国出版业国际化发展影响因素及驱动力的研究

对出版业国际化发展影响因素的研究一直是出版业国际化发展研究的基础课题。近五年，后金融危机时代世界政治经济文化秩序的重构，出版业“走出去”政策的调整，数字出版与电子商务的快速发展，使中国出版业国际化发展的内外环境发生着巨大变化，也使影响中国出版业国际化发展的因素与驱动力呈现出新的特征。

2.1 关于影响中国出版业国际化发展国际环境因素的研究

目前影响中国出版业国际化发展的重要外部因素，一言以蔽之，即全球化。“随着全球化趋势越来越明显，世界各国之间的影响、合作、互动日益增强，尤其是政治、经济、文化、科技等原来壁垒分明的领域，也开始出现相互渗透、彼此融合的趋势，比如经济文化化、文化经济化等。这样的大背景下，传媒全球化的趋势显而易见，可以说，整个传媒业全球化趋势，就是国际社会政治、经济、文化等全球化进程中的重要组成部分，并加速其全球化进程”[36]。

全球化趋势促使中国进一步融入国际体系，为出版业国际化创造了良好的政治、经济、文化环境。从政治方面看，和平与发展是当今世界主题，全球的政治秩序和大国关系处于相对稳定的状态，全球政治秩序和规则不会发生质的变化，大国或大国利益集团之间也没有爆发大规模冲突的危险迹象[37]。世界各国都在极力探索构筑新型伙伴关系，朝着互相尊重、平等相待，求同存异、彼此借鉴，增进了解、建立信任，互利互惠、优势互补，面向未来、共同发展的方向发展，这给中国出版业“走出去”提供了良好的政治环境。从经济发展看，经济全球化是当今世界经济的重要特征与趋势之一。经济全球化能够使资源和生产要素在全球范围内得到合理配置，有利于资本和产品的全球性流动，有利于科技的全球性扩张，有利于促进不发达地区经济的发展，但同时，经济实力薄弱和科学技术比较落后的发展中国家，面对全球性的激烈竞争，遇到的风险、挑战将更加严峻。世界各国都极力发展经济，增强实力，通过提高自己的国际地位来提升自身对世界的吸引力、影响力和作用力，我国也不例外。就出版业而言，“在全球化加速推进的背景下，包括出版产业在内的文化产业的繁荣发展，已经被视为国际竞争尤其是国家间软实力竞争的重要因子……出版产业面临的这种发展环境是前所未有的。因此，中国出版产业融入并走向世界，在国际竞争中逐步做强做大，成为我国从新闻出版大国向新闻出版强国迈进的必由之路”[38]。从文化方面看，世界多极化与经济全球化导致文化也存在一种全球化趋势，不同文化之间正在加速影响和融合。"文化的多样化认同将是全球文化发展的基本推动力。全球文化交流将更加频繁，文化产品贸易、版权贸易将更加活跃"；"文化的多样化带来全球范围内的文化多元共存，不同文化间的相互影响和渗透不断增强，将对全球发展产生越来越重要的影响"[39]。在这种背景下，世界迫切希望共享中华文化的优秀成果，需要进一步了解中国，这为我国出版业"走出去"提供了战略机遇。中国出版业应该"满足人类文明在全球化大背景下相互交融、彼此借鉴的时代需求，并为解决环境压力、价值危机、民族冲突等人类困扰提供正确的思想资源"[40]，抓住机遇，提高国际化程度。

2008 年的国际金融危机使全球出版业受到不同程度的冲击，但随着全球经济复苏，后金融危机时代到来，国际出版业出现一些新的特征。许多研究者敏感地意识到这些新特点将对中国出版业国际化进程产生良性影响。柳斌杰将这些特征归纳为五点："国际出版业兼并重组态势进一步加剧，新兴业态的发展成为国际出版业增长的动力，中国市场的一枝独秀引起国际出版业的广泛关注，打造绿色低碳产业成为国际出版业的共识，合作共赢成为后金融危机时代国际出版业的共同选择"[41]。苏静怡、庄庭江特别强调金融危机在导致全球出版产业格局调整的情况下，使中国出版越来越受到国际市场重视，为中国出版业强势出海提供了良好机遇[42]。李夏铭认为，金融危机使"欧美出版产业持续低迷"，而中国出版业的持续增长使之具备了"博弈国际市场的实力与资本"[43]。但范军认为，金融危机导致贸易保护主义抬头，使国际出版业的发展具有向好趋向与不利趋向交迭的"两面"或双向特点，外部环境存在一定变数。他将金融危机后我国新闻出版"走出去"的外部环境特点概括为三点："国际出版传媒格局出现新变化，'中国模式'引起广泛关注；出版产业生产要素在世界范围内正进行重新配置，对国际出版市场份额的争夺将更加激烈；世界范围内出版产业结构调整加快，新兴业态的发展成为国际出版业增长的新动力"[44]。这些特点，虽然为中国出版业"走出去"提供了机遇，但由于中国出版业国际竞争力偏弱，国际市场上对中华文化的偏见难以在短时间内消弭，所以，中国出版业国际化发展依然阻力重重。

2.2 关于影响中国出版业国际化发展国内因素的研究

总结并把握中国出版业国际化的动力源泉，是回顾十余年“走出去”经验教训并展望未来国际化发展趋势时，研究者关注的又一焦点。毫无疑问，中国出版业国际化发展在很大程度上受国家意志和出版生产力的推动[45]。范军从政府、产业、企业三个层面、五个方面概括了中国新闻出版“走出去”的内在动力：第一，一系列具有针对性、指导性、实践性的政策措施为新闻出版“走出去”提供了领导保证、思想保证和政治保证；第二，体制性障碍的消除及新闻出版业实力、影响力和竞争力的明显提高，为“走出去”奠定了坚实的物质基础；第三，骨干企业“走出去”的成功案例为新闻出版“走出去”起到了引导和示范作用；第四，严峻的国内出版物市场环境驱使出版单位寻求海外发展；第五，科技进步和技术创新拓展了出版物的传播广度和深度，成为新闻出版业“走出去”的重要动力和发动机[46]。朱昌爱认为，随着外向型人才队伍与国际化企业应运而生，中国出版“走出去”已经跨越国家号召、行业推动的第一个阶段，逐渐踏入企业主动“走出去”，积极探索国际合作内容和形式、方法与渠道的第二个阶段[47]。张洪波强调政策扶持是关键，政策是推动“走出去”的最大利器[48]。张宏则指出，中国出版业“走出去”依然存在“提升和增强国际话语权的迫切需求”，“我国出版需要不断构建并拓展其国际话语权”[49]。也有一些学者从跨文化传播、提升中国文化软实力和国家影响力的角度分析中国出版业国际化发展及“走出去”的动因。在国际舞台上，出版业“走出去”肩负着宣传中国政治、弘扬中华文化、树立大国形象等使命。吴健指出，“在国际经济社会中如何树立起良好的国家形象并巩固其大国地位”，是“我国出版企业实施‘走出去’战略的重要政治动因”[50]。黄英认为，“要建设一个世界强国，必须推动中华文化走向世界，打造与中国国际地位相适应的文化软实力。中国出版是先进文化建设的主力军，在实施文化发展战略、推动中华文化走出去、建设文化强国的过程中，承担着光荣而又艰巨的历史使命，发挥着极其重要的促进作用”[51]。

随着中国出版企业国际化发展步伐加快，专门从企业层面探讨中国出版业国际化发展的论文逐渐增多，很多论文在论述中对出版企业国际化的影响因素有所涉及，陈德金的博士学位论文《中国传媒集团国际化发展战略研究》是其中较有代表性的一篇。陈德金采用PEST分析法对影响中国传媒集团国际化的政治、经济、文化和技术因素展开分析，并基于邓宁国际化动机理论，通过实证研究，将中国传媒集团国际化的动机归纳为四种力量：政府推动力，即政府的“走出去”战略导向及政策支持促使传媒集团实施国际化战略；市场拉动力，即国外市场的吸引力、市场规模与潜在消费能力等吸引传媒集团为提高市场占有率而进行国际化运作；品牌驱动力，即传媒集团为提升自身的影响力，需要构建全球性的知名品牌，从而实施国际化战略；集团策动力，即通过国际化学习国外的相关技术与管理模式，储备国际化人才，为集团创新力的培育与竞争力的提升奠定基础[52]。

3 关于中国出版业国际化发展方式与路径的研究

对出版物实物进出口、版权贸易、对外投资等中国出版业国际化发展主要方式与路径的研究是中国出版业国际化发展研究的核心内容之一。2010年以来，相关研究呈现出几个明显特征：第一，对出版物实物进出口方式的研究从定性研究为主转变为定性与定量相结合，贸易实务如贸易品种结构、贸易地理方向、营销渠道拓展等是焦点议题；第二，版权贸易现状与版权输出备受关注；第三，对外投资是2010年以来中国出版业实施“走出去”战略的重要内容，并在设立海外分支机构、兼并收购海外出版企业等方面取得了长足进步，因此，相关研究受到重视；第四，探讨出版企业国际化发展路径的论文明显增加；第五，随着中国出版业介入海外市场的程度加深，风险暴露问题日益突出，出版国际化过程中的风险管理研究逐渐兴起；第六，随着数字出版规模的不断扩大，有关数字出版“走出去”的专题研究论文数量越来越多。

3.1 关于出版物实物进出口贸易方式的研究

近五年专题研究出版物实物贸易的论文数量并不多，但研究主题、研究方法较有特色。例如，杨悦、商建辉《我国出版业进口波动的 CMS 模型分析》一文以 2003—2010 年出版业贸易数据为基础，运用恒定市场份额模型（CMS），从市场规模、商品结构、竞争力三个方面讨论我国出版进口波动的成因。该研究认为，贸易规模扩张、竞争力较弱对我国出版业进口增长产生正效应，出版物进口贸易结构的变化产生负效应，三个因素共同作用导致我国出版物进出口持续逆差，其中，竞争力因素对进口逆差的影响程度最重要，市场规模因素起次要作用，商品结构效应为负，但比重较低[53]。陶喜红、陈莹《文化全球化背景下中国出版产业外向度的测度与分析》一文以 1998—2012 年我国书报刊进出口数据为基础，测量图书、报纸、期刊三类出版物的进出口外向度。研究发现，我国图书、期刊、报纸外向度均处于较低水平，图书进口外向度稳定增长，但始终低于出口外向度；期刊进口外向度远远大于出口外向度；报纸发行外向度在整个出版产业中所占比重极低。正是因为我国出版业产品外向度很低，所以，尽管出版物进出口保持增长态势，但出版产业对外贸易始终表现得不温不火[54]。苏娟《出版物贸易与国家文化安全》一文从出版物贸易对国家文化安全的重要意义角度论述发展出版物贸易、构筑出版物贸易安全防御体系、推动出版物贸易持续发展的重要性[55]。王彬《构建中国出版物“走出去”的赞助人体系》一文以中医典籍《黄帝内经》“走出去”为例，从专业科研机构的赞助、权威出版机构的赞助、专业学术期刊的赞助等方面，探讨中国典籍“走出去”赞助人体系的构建问题[56]，视角新颖，是一种对拓宽出版物“走出去”路径有启发意义的思路。王菲《中国出版产业实物外贸的经济增长效应研究》一文基于向量自回归模型，研究 1998—2012 年中国出版产业实物外贸与经济增长的关系，指出中国出版产业的发展以及经济自身的惯性共同促进了经济增长，但出版产业的发展却与经济增长相脱离，它对来自自身的扰动冲击表现得更为强烈。因此，必须充分发挥市场经济在出版产业资源配置中的积极作用，通过深化出版产业以市场为导向的体制改革，重视出版产业的人才挖掘与培养，推动出版产业的业态转型与升级，加强出版产业的集团化与多元化发展等措施，实现中国出版产业的健康发展，提升出版产业的国际竞争力[57]。

出国图书展销是出版物实物贸易的主要方式之一，近五年来，如何利用国际书展或其他展览实现中国出版“走出去”受到研究者关注。朱昌爱通过国际书展中国主宾国活动“分析出版‘走出去’内涵和外延的发展变化，并在此基础上提出应对出版‘走出去’全新发展变化的具体举措与对策”[58]。李小山根据湖南美术出版社的“走出去”实践，提出利用各种展览促进中国出版物、中国文化“走出去”的思路[59]。实际上，书展不仅是实物贸易的主要平台，也是推动出版“走出去”的重要平台。张梅芳、刘海贵《基于“博览会模式”的我国出版业“走出去”政策反思与优化》一文通过对政府扶持的法兰克福书展和北京书展两大“会展平台”样本数据的分析，指出博览会交流方式对于我国出版业“走出去”起着重要的平台支撑作用，但出版企业并未达到博览会预期的“劝业”作用，因此，有必要优化“走出去”相关政策体系，进一步放大博览会作为出版业“走出去”平台的积极效应[60]。2012年11月，《中国图书商报》以2012年法兰克福书展为契机，邀请业者分享参加法兰克福书展的收获，探讨如何更好地利用法兰克福书展乃至其他各种国际书展实现“走出去”[61]。

渠道是出版物“走出去”的关键因素之一。自“中国出版物国际营销渠道拓展工程”实施以来，中国出版业开始努力构建包括国际主流营销渠道、海外主要华文书店、重要国际网络书店在内的中国出版物国际立体营销网络。关于渠道建设的研究也开始加强，其中，曹晓娟、方允仲关于出版物海外渠道建设的研究较为系统。他们指出，当前“中国出版物海外渠道建设的区域现状与国家的对外政策并不完全同步，显示出一定的滞后性、不均衡性，呈现出一定的不整合特征”；“海外渠道力量分散，国内同业共享性差”；“发行渠道功能单一，商务流功能、物流功能、信息流功能、资金流功能、服务功能五大功能仅有物流功能”；“渠道缺乏科技支撑，面对新媒体冲击不能有效应对”；“渠道主体（企业）与国外同行业存在的差距”，“发行企业规模小、产业集中度低，缺乏有力的骨干”，“企业的渠道管理粗放”，“进出口业务分割经营，出口企业缺乏造血机能”；因此，应“以政府为主导，加强规划、制度设计与实施”，“做好全球渠道网络规划布局，合理调整渠道建设目标，明确不同载体海外渠道建设的重点，制定以本土化生存发展为目标的系列发展战略，充分利用政策工具打造有利的政策环境，并加大对渠道建设的考核监督力度，强化对优惠政策和资金使用效益的评估”；应“做大做强市场主体，推动企业走出去”，通过打造骨干企业，加强海外传播渠道的队伍建设，引导企业完善渠道功能等举措，完善出版企业海外渠道建设[62]。目前，我国已经构建了由国际书展平台、信息服务平台、“走出去”人才培养平台三个平台构成的出版产业国际营销平台，中国出版物国际营销渠道拓展工程在国际市场建立的立体营销网络也已基本成型，版权输出、海外业务合作、企业资本输出、网络营销等国际营销渠道也逐步拓展[63]，下一步，需要通过渠道协同占据更大的国际市场，扩大我国出版物“走出去”规模[64]。

对出版物实物贸易发展对策的研究也有一些。陶黎花对我国出版物出口业务方面存在的出版物原创能力不足、缺少有影响的专业集团、体制机制没有完成市场化改造、出版结构不合理等问题展开探讨，提出从出版内容、出版形式、出口营销模式、政策扶持等方面创新我国出版物出口的对策建议[65]。章立言在对我国出版业进出口状况进行简要分析的基础上，提出树立品牌形象、拓宽营销渠道等行业对策[66]。刘姝辰提出推进中国图书出口的战略选择策略[67]。卢安通过对美国亚马逊图书网上架的中国武术类英文版图书的统计分析，探讨中国武术文化在国外图书市场的传播力度[68]。

3.2 关于版权贸易方式的研究

2010年以来有关版权贸易研究的主题可以概括为三类：版权贸易的现状、问题与对策，版权输出及其他。

对版权贸易发展状况的整体研究属于版权贸易研究的基础课题，因此，该主题一直备受专家学者关注。2010年以来专题讨论版权贸易发展状况的论文，代表性的如金元浦、崔春虎的《中国对外出版及版权交易年度发展研究：现状、问题、特征与趋势》、李丹丹的《我国图书版权贸易30年研究》、尤建忠的《2012年中国图书版权输出热点和发展趋势综述》等。一般而言，这类研究重点关注某一时期我国版权输出与引进的数量、地区分布、品种结构以及版权贸易存在的问题与解决策略。例如，貌晓星、张洪波从分析版权输出与引进的品种数量、国家和地区分布、全国各省市版权输出与引进情况入手，归纳出2010年我国版权贸易的五个特点：引进畅销书层出不穷；部分输出图书造就国际畅销书神话；政府多项政策鼓励引导“走出去”；输出图书版权品种多样化，当代中国题材增多；“走出去”形式多样，逐步由华语圈走向欧美主流社会，呈现“立体化”趋势，整体水平正在提升[69]。

对国内各省区市版权贸易发展状况的研究属于版权贸易发展状况研究的子领域，也是研究者比较关注的一个领域。在检索到的论文中，有3篇涉及该主题：韩晶的《广西—东盟图书版权贸易发展现状考察》、张苗和耿小红的《河北图书版权贸易竞争力研究和发展策略》、周震的硕士学位论文《湖南图书版权贸易发展研究》，分别对广西、河北和湖南的版权贸易数量、结构特点、存在问题等展开分析并提出有针对性的建议[70][71][72]。

版权贸易逆差是长期困扰我国版权贸易发展的一个问题，虽然在各种鼓励政策和措施的推动下，我国版权输出数量有大幅增长，但输出引进逆差依然存在。所以，几乎所有研究版权贸易的论文都会涉及对版权贸易逆差现象的剖析，并有论文专题讨论版权贸易逆差，罗锋的《论版权贸易逆差：基于传播政治经济学视域》就是其中一篇。这篇文章提出传播政治经济学视域的版权贸易逆差研究范式，指出版权贸易是经济与文化殖民关系再生产的一种方式，对贸易双方而言，都意味着基于“国内诉求”的文化产品的缺失。要消除版权贸易逆差，不仅需要积极推动实施“走出去”战略，亦要致力于改变“中心—边缘”这种倾斜的政治经济秩序，努力重构政治经济与信息传播新秩序[73]。廖依娜则认为，出版结构失衡与出版市场欠优是导致版权贸易逆差的两个重要因素[74]。洪九来以中美版权贸易为例，剖析“当下美国主流媒体对中国出版产业的基本认同、美国出版企业对中国图书选题的接受方式以及美方提供给中国图书版权输出的平台现状等，说明在美方出版产业环境中客观存在着一些消极的制约因素，加剧了中美图书版权贸易的不平衡现状”[75]。

版权输出，被许多研究者视为改变版权贸易逆差状态、推动中国出版物“走出去”的关键所在。在检索到的论文中，专题论述版权输出的就有 13 篇，从版权输出状况、版权输出不力的原因、发展对策等方面展开讨论。李英珍指出，当前我国版权输出具有环境开放与政策支持、海外市场需求、我国综合国力提升三个便利条件；版权输出图书内容单一、市场竞争力差，版权输出渠道有限、版权贸易人才匮乏是导致版权贸易逆差的主要原因[76]。尤建忠通过对 2012 年三大书展版权贸易数据的统计分析，对作家参展助阵、网络文学加入版权输出等版权输出趋势作了概括[77]。张兵一在分析 2005—2013 年我国版权贸易引进输出比后指出，在经历高速增长后，版权输出已进入增长乏力阶段，导致版权输出陷入窘境的原因，既有输出产品资源有限、合作方式单一、输出渠道狭窄等基于出版企业自身的因素，也包括国际市场要求提高、中西方价值观差异、CBI 对版权输出的考核标准重量轻质等外部因素。因此，需要从完善政府相关政策、成立西部版权输出联盟等方面入手，推动版权输出的进一步发展[78]。多数论文的议题集中在版权输出策略方面，如《中国图书版权输出策略初探》《破解版权输出难题》《提高我国版权输出水平的几点思考》《文化“走出去”战略下版权输出策略研究》等。陈银恺认为，版权输出是一项系统工程，需要各方面的力量协调作用才能产生好的效果，一要提高政府对文化产业的管理水平，二要拓展出版企业的海外营销渠道，三要打造出版企业的国际品牌，四要加强数字出版走出去[79]。邢扬强调，破解版权输出难题，一要国家加大扶持力度，扩大扶持范围，二要加大“走出去”步伐，拓展图书海外营销渠道，三要建立优质版权输出代理平台，培养优秀版权从业人员[80]。陈俊帆总结了我国版权成功输出的三种战略和模式——“造船出海”和“借船出海”，利用政府资助、发展外向型图书、打造精品图书，借助代理公司；指出未来版权输出应注意培养版权输出人才队伍，要广渠道多模式、深层次多层面地开展国际合作与交流，寻找多方共赢、各方获利的商业运作模式[81]。余守斌提出了版权输出的国家策略和市场策略[82]。杨新爱认为版权输出要取得实质性突破，应该寻找国际图书市场的“中国兴奋点”，并围绕这个“兴奋点”打造版权输出的核心优势[83]。崔波提出，成功的版权输出，离不开版权信息的管理[84]。尤建忠指出“出版社—作者”模式是一种值得关注和推广的新模式[85]。

发展版权贸易的策略研究也反映在对发展版权贸易的具体措施的思考上。例如，李夏铭在《全球金融危机背景下中国出版“走出去”思考》一文分析了出版企业进一步发展版权贸易的具体措施[86]。李黎东从总结中外出版机构开展版权贸易合作的方式入手，指出版权贸易可以加强合作出版、联合出版及数字出版等[87]。韩卫东结合上海译文出版社的国际版权合作经验，提出全面专业地引进精品图书、成功探索期刊版权合作、积极推进版权输出、开拓数字产品版权授权业务等发展国际版权合作的策略。他还指出，出版社发展国际版权合作，要从提升出版社整体管理水平、品牌影响力、人才素质、打击盗版能力等方面着手，要避免无序竞争[88]。

近年来，版权贸易基础理论研究逐步得到加强。汪启明、郑源、崔颖的“版权经济学论纲”系列是成果之一，在《版权发展论：版权产业化进程中的国家意志》等文章中，作者指出：“伴随网络的勃兴和新闻出版业的改制，版权贸易逐渐向多元化、市场化、数字化方向发展，版权商品化和版权资本化将迎来最重要的发展期。实物贸易与版权转让量将不断扩大，版权贸易也将由单向输出向深度合作发展。”[89]郑赛在硕士学位论文《我国图书版权贸易影响因素研究》中指出，影响我国图书版权贸易的主要因素有人口受教育状况、图书出版产业发展水平、经济发展水平和文化背景差异。其中，人均受教育年限、图书出版产业发展水平对我国图书版权引进数具有显著的正向影响，文化背景差异对我国图书版权引进数具有显著的负向影响；图书出版产业发展水平、人均 GDP 对我国图书版权输出数具有显著的正向影响，文化背景差异对我国图书版权输出数具有显著的负向影响[90]。

3.3 关于中国出版业海外投资的研究

“出版产业对外直接投资，就是出版资本对外输出，通过在国外参股、收购出版资源，直接以当地文化为基础，融入我国文化，使中国出版‘走出去’”[91]。“海外投资是我国文化走出去战略的一个重要部分，通过海外投资，中国出版企业可以近距离了解国外出版市场，提升我国出版业国际化经营水平，锻炼、培养国际化出版人才，使文化走出去获得更为扎实的依托”[92]。正是在这种认识及政策的推动下，我国出版业海外投资迅速崛起。“据不完全统计，目前我国新闻出版企业已在境外投资或设立分支机构 459 项，其中，从事图书出版的分支机构 28 个，从事期刊出版业务的分支机构 14 个，报刊及新闻采编分支机构 275 个，数字出版子公司 15 个，出版物发行网点 65 个（包括网络书店 4 个），印刷或光盘复制工厂 45 个，出版教育、培训、版权、信息服务机构 7 个。另外，通过收购或参股建立的海外网点有 10 个”[93]。

关于中国出版业海外投资的研究，随着中国出版企业海外投资实践的丰富而日渐增加。2010 年，相关研究以探讨中国出版企业海外分支机构建设为主，内容包括对我国出版企业海外分支机构设立情况及业务现状的介绍、分支机构建设面临的问题剖析、分支机构发展策略探讨等。至 2010 年，我国传媒出版海外分支机构建设初具规模，既有传媒出版机构创设的，也有个人创建的，这些分支机构“选址多为欧美发达国家首都或大城市，规模小，经营方式雷同，发行基本依托所在国主渠道，人员逐步本土化”[94]。在发展过程中，这些分支机构遇到国外市场信息不充分、文化差异、人才短缺、国内外出版成本差异等瓶颈问题[95]，在日常业务开展中也面临语言、思想文化、人才、资金、体制等障碍[96]。所以，海外分支机构要进一步发展，宏观层面离不开政府政策的引导，中观层面离不开行业协会的指导，微观层面离不开出版企业创办海外分社的信心[97]。出版企业要进一步明确驻外机构的功能定位，完善设备、资金、人员等配套措施，完善内部资源共享，以市场机制推动海外业务的拓展，加强市场调研和效果考核，建立科学的驻外机构运营模式，完善制度建设和长远规划，实现驻外机构的可持续发展[98]。在日常业务中，应改变传统话语模式，用西方人习惯的思维方式说话办事，用“全球化视野、本土化执行”策略，开辟多种融资渠道，加大海外机构经营投入，提高品牌公信力，刷新选题模式，当地出版当地人的书[99]。以英国常青公司为例，只有通过本土化和市场化的方式，出版企业海外投资才能真正实现落地化的成功[100]。

随着中国出版企业海外投资规模的扩大，投资方式的选择日益重要。2010年，李舸撰文指出，从投资路径来看，我国出版企业的海外投资可分为“海外并购”与“海外新建”两种模式。鉴于海外并购具有五大明显优势，出版企业应积极采用海外并购模式，但在三种特殊情况下，海外新建也是适用的。从持股比例看，出版企业可以选择独资和合资两种经营模式，从目前我国出版企业的现状看，合资经营更为适宜[101]。李广良建议采用并购海外出版社这一途径，因为海外出版社更熟悉当地的政策环境、文化背景、图书市场以及读者偏好，积累了一定的出版经验，有助于在较短时间内迅速推动走出去的可持续性；并购是一种谋求跨越发展、应对内外挑战的常用方式，可以在较短时间内大幅提升公司体量和市场占有率，全面完善产业链条，而且并购没有太多的地域限制，可以成为进入新兴市场的一把利刃[102]。曲倩倩也认为，并购能够使出版企业快速获取包括本土优秀人才、本土文化思维、成熟的发行渠道等在内的被收购出版企业的“本土化”资源，为出版企业整合国内外出版资源创造机会，有助于提升出版企业竞争力，使之有效参与到国际竞争体系中[103]。李广良还指出，由于我国出版社的转企改制已经完成，国家对出版集团实施并购的支持力度加大，欧美经济低迷，所以当前是我国出版业实施海外并购的大好时机，应尽快将海外并购提上议事日程[104]。基于并购模式的优势及金融危机给中国出版业海外并购提供的有利时机，并购成为我国出版企业实现“走出去”的重要途径。那么，怎样才能充分发挥海外并购的优势呢？专家学者建言建策。梁小建、于春生通过分析国外传媒集团的并购经营经验指出，出版业要借助业外资本，特别是传媒业资本实现做大做强；要借助传媒集团的跨国发展，占领国际图书市场；要对内部资源进行良好的整合，实现传媒业与出版业的协同作用[105]。李广良认为，要选准具有较大成长潜力、能够增强综合竞争力的并购对象，要注意规避并购对象所在地的法律、政策和文化环境的风险，要注意遵守国际出版的经营惯例，遵守国际出版的职业准则[106]。莫林虎站在民营书业的角度，指出民营书业应该用好国家政策，确定适宜的主营业务和发展计划，培养人才队伍，积极与所在国发行企业合作，稳妥推进海外投资[107]。

尽管已有近十年的尝试，但中国出版业海外投资总体仍处于起步阶段，存在很多问题。王松茂的《我国出版业海外投资中的问题研究》对这些问题进行了一次系统梳理。作者认为，出版业海外投资是深度参与国际出版产业分工、提升中华文化国际影响力的重要途径，但由于出版业国际化布局中的贸易优先取向，我国出版业的海外投资速度相对滞后。同时，我国出版业海外投资还存在海外投资顶层设计缺失，出版企业海外投资策略失当等问题[108]。莫林虎指出，目前我国出版企业进行海外投资时，面临文化弱势、企业缺乏国际竞争经验和竞争力、出版产品吸引力和品牌号召力不足等不利条件[109]。此外，也有学者关注传媒出版业海外投资的效应，如宾欢欢的硕士学位论文《中国传媒产业 FDI 溢出效应理论与实证分析》。相信随着中国出版业海外投资的进一步拓展，相关研究的内容会更加丰富，领域会更加宽广。

3.4 关于中国出版业国际化模式与路径的研究

在综述 2006—2010 年中国出版业国际化发展研究成果时，笔者指出，当时的研究基本围绕“走出去”战略的实施展开，有一定的局限性，这种研究“应该回归出版业国际化发展研究……探讨有中国特色的出版业国际化发展战略与路径”[110]。令人欣喜的是，2010年下半年以后，视野更宽阔的中国出版业国际化发展研究果然蔚然成风。而且，相关研究不再囿于对国际化发展战略的理论解读，更注重结合中国出版业国际化实践的阶段性特征，探讨中国出版业的国际化模式和中国出版企业的国际化路径，研究成果既有一定的理论深度，也有较强的现实针对性和可行性。

从数量看，这一时期关于中国出版业国际化模式的专题研究较少，仅检索到6篇论文。其中，发表较早的是姚永春的《后金融危机时代我国出版业国际化模式的重塑》。作者指出，改革开放后我国出版业国际化探索存在被动性、主体培育不成熟、国际化效率较低等问题，金融危机增加了我国出版业国际化的机会，提高了我国出版企业国际化的能力，出版业业态变革为我国出版业国际化提供了新的进入策略，我国出版业应借助有利环境重塑国际化理念，创新国际化模式，完善国际化支撑体系，提升国际化水平[111]。2011年，逯卫光针对中国出版国际化战略实施过程中出现的贸易规模小、贸易逆差大、品种单一等问题指出，政府要为出版业国际化提供优质高效的服务，出版企业要树立责任意识和危机意识，加快对国际化出版人才的培养，以市场手段积极参与国际市场竞争[112]。2012年，杨庆国、孙梦雨撰文探讨我国出版产业国际市场进入模式，提出以经济拉动力、政府推动力、竞争压制力、集团扩张力构成的出版走出去动力机制，将出版产业进入国际市场的模式归纳为出版产品及版权出口模式、业务合作模式、海外FDI模式、新媒体产业链延伸模式四种，并根据我国出版企业的规模与性质指出，出版集团应实行分段性选择，在进入国际市场的前期、中期、后期采用不同模式；中小出版企业应采取产品版权出口和合作模式；新媒体公司应实行产业链延伸模式[113]。2014年，刘叶华通过对土耳其图书市场现状及我国出版企业进入土耳其的条件的调查分析，指出版权贸易、合作出版、企业并购是我国进入土耳其出版市场较为适宜的三种模式[114]。潘炜在参加2014年博洛尼亚儿童书展后特别强调，“人的国际化”才是出版国际化的基础，出版人的国际化包括三方面的含义：内容作者勇于推销自己；出版从业者要有开放胸怀，眼光和能力要适应国际市场需要；管理者的思维要与国际接轨[115]。2015年，王关义、鲜跃琴发文研究我国出版业国际化转型存在的问题及转型模式选择。他们指出，由于语言文化等差异的存在，我国出版业的国际影响力不大，在国际化转型过程中存在诸如图书海外读者认可度低、版权代理商缺位、海外市场运行能力较低等问题[116]。出版企业应结合自身实际，在图书商品贸易、版权贸易、国际合作出版和海外投资四种国际化模式中，选择适合自己的模式。内容出版资源丰富的出版企业可以选择图书版权贸易或国际合作出版为主要的转型模式，外向型出版能力强的出版企业可以选择图书商品贸易为主要的转型模式，熟悉国外出版行情且外向型出版经营人才较多的出版企业可以选择海外直接投资为主要的转型模式[117]。

关于中国出版企业国际化发展路径与模式的研究，2010年以来取得了丰硕成果，在检索到的论文中就有15篇以此为题。从论文发表时间看，2010—2011年是一个小高潮，15篇论文中有9篇发表于这一期间。从研究内容看，可以分为两大类：一是根据我国出版业国际化发展战略目标，从理论角度探讨中国出版企业国际化路径与模式选择，如唐圣平、李小彬、吴道友、张一南、潘文年、赵枫岳等人的研究；二是结合具体出版企业的国际化实践总结经验，如刘伯根、谭跃、谭昊、李学谦、童健、许洁等人的研究。

2010年，唐圣平研究指出，在全球出版时代，国际出版业呈现资本在国际间相互渗透、多语言版本全球同步出版、全球性物流和网络销售导致发行全球化三个重要特征，这为我国出版集团国际化提供了机遇和挑战，经营有序的出版集团将进军国际市场，实现国际化战略[118]。具体而言，我国出版集团在布局国际化战略时应该各种措施并举，例如，找准进军国际出版市场的切入点，重视资本运作，做好出版环节的国际化布局，并购成长型出版企业，布局网络化出版，重视发挥行业协会的作用等[119][120]。潘文年对中国出版业跨国经营本土化问题做了探讨，他指出，本土化过程是海外出版分公司实施跨国经营时，尽可能地把自己逐步融入当地社会、经济、文化体系的过程，具体包括员工本土化、资金本土化、生产销售本土化、运营管理本土化、企业文化本土化等内容。为了有效地避免或降低社会环境、经济成本、贸易保护、经营距离等不利因素的影响，中国出版业进行跨国经营时，需要围绕企业员工、企业资金、生产销售、运用管理和企业文化五个方面全面实施本土化，以尽可能融入当地的社会、经济、文化环境，规避和防范源于经营环境差异的环境威胁和环境风险，提高跨国经营的总体效率[121]。2011年4月，吴道友、张一南发表《中国出版企业国际创业模式研究》，"从创业导向（产品导向或市场导向）、合作意愿（独立型或合作型）两个维度，对中国出版企业的国际创业模式进行分析，总结提出目前我国出版企业国际创业的四种典型模式：纯粹出口型、深度合作型、独立发展型和协同开拓型。并就中国出版企业如何提高国际创业成功率提出两点建议：打造中国出版业的航母，加快集团化建设；培育自主品牌，提升品牌优势"[122]。李小彬《出版集团的创新发展及国际化思路初探》一文详细论述了出版集团国际化的意义与思路。文章强调，一流出版传媒集团必须打造和彰显"一体两翼"（"一体"：一个市场主体；"两翼"：一翼为国内市场经营，一翼为国外市场经营）的核心竞争力，全球布局、跨界发展，开创国际化经营的新格局。国际化经营的关键是构建一个国际化发展的产业体系，打通国际化产业链，为企业经营和发展找到新的增长点和增长极。为此，要谋定后行、谋策共进。出版集团要有国际化愿景、国际化目标和国际化战略，要确立国际化方针、国际化商业模式，走国际化路径，实现全方位国际化。要根据国际化战略，规划制定国际化的产品策略、资源策略、资本和投融资策略、市场策略、产业策略和服务策略等，中国出版、传媒、文化集团必须共同走出去参与国际市场竞争，并与国际强势、知名出版文化企业（集团）合作，形成战略合作伙伴或战略合作联盟，共襄、共盟、共享、共赢[123]。赵枫岳把我国新闻媒体国际化的过程分为四个阶段：建立存在，即建设记者站或其他分支机构；扩大影响；占领发行市场；构建圈层，如新闻传播和中国文化研究与讨论圈[124]，指出国际化是一项系统工程，需要较长过程。孟庆和着眼于中国教育出版"走出去"，从构建国际型教育出版集团的意义、国际型教育出版集团的基本架构、国际型教育出版人才培养、出版传播方式国际化四个方面全面阐述了构建国际型教育出版集团的设想[125]。

“出版国际化，是造就具备国际视野、参与国际竞争、影响国际出版格局、形成国际影响力的跨国经营的出版集团的内在要求”[126]。近年来，以中国出版集团为代表的一批中国出版企业，在国际化道路上渐行渐远。及时总结这些出版企业的国际化经验，完善其国际化路径与模式，有助于中国出版业国际化更上层楼。北京语言大学出版社在“走出去”过程中，通过立体化开发教学资源、重视目标营销等各种举措，推进版权输出、实物出口、本土化渠道建设及对外宣传，逐渐成为具有较强国际影响力的出版企业，尤其在汉语学习教材的国际化出版方面，品牌效应已经显现[127]。浙江出版联合集团采取向海外延伸国内出版品牌、打造多重对非洲合作平台、推进海外出版本土化战略、开发海外教材板块、助推数字出版“走出去”等国际化路径，逐步建立起自己的优势领域，形成有自身特色的国际化模式[128]。中国出版集团是中国出版业国际化的领头羊之一，通过版权输出、实物出口、数字产品出口、国际会展与交流活动平台、海外网点建设等路径，在弘扬中华文化、传播中国声音、占领国际市场、提高中国出版的国际竞争力和国家文化软实力方面已取得一定成绩，积累了一定经验[129]。谭跃将这些经验归纳为五点：内容创新是基本前提，版权输出是主要路径，海外本土化是基本策略，资本投放是关键能力，多媒介应用是新锐之举。同时，谭跃还对中国出版集团未来几年的国际化战略做了深度解读：一是要抓住中国传统文化的现代阐释和中国发展道路的学术化出版这两个中心话题；二是要坚持近期做响、中期做开、长期做强、总体要做实的基本方针；三是要形成欧美市场、新兴国家市场、亚非拉主要国家市场和周边国家市场 4 个市场逐步开发的基本格局；四是要重点进入高校、进入研究机构、进入公共图书馆；五是要加强资本合作、渠道合作和选题开发合作；六是要始终坚持版权是基础、选题是关键、翻译是重点、人才是根本、机制是保障、数字化是方向这样一个海外出版工作的重点[130]。

“他山之石，可以攻玉”。许洁从企业内部经营运作层面，对世界最大的学术出版商励德·爱思唯尔集团和国际顶尖行业信息出版商威科集团的国际化道路进行比较研究，提出学术出版商与行业出版商的国际化道路可以划分为集中的国际化和分散的国际化。同时，她还利用荷兰鹿特丹伊拉斯穆斯大学两位学者迪克·凡·莱特和弗雷·德胡耶提出的“出版三角”模型，探讨了决定不同类型出版商国际化战略选择的关键因素[131]。

3.5 关于中国出版业国际化经营风险管理的研究

跨国经营具有情况复杂、难度大、风险多等特点。随着中国出版业“走出去”程度加深，出版企业跨国经营面临的风险越来越多，风险管理成为出版企业国际化进程中必须认真审视的课题。2010年以来，潘文年、曾荣平、侯景娟、温优华、姚永春、王琛等一批学者对中国出版企业国际化经营中的文化风险、营销本土化风险、外汇风险等不同风险展开了系统研究。

文化风险是出版企业国际化面临的最主要的一种风险，是指出版企业海外分支机构在跨地域、跨民族、跨国体、跨政体、跨文化的经营管理过程中，由于文化差异导致的文化冲突使跨国经营的实际收益与预期效益发生偏离的可能性[132]。文化风险可以分为沟通交流型风险、种族优越型风险、企业管理型风险、商务惯例型风险四种形式[133][134]。由文化传统差异、语言差异、落后的文化观念、文化交流形成的固化形象等因素导致的文化折扣现象[135]是文化风险的主要来源。文化风险对我国出版企业国际化经营产生了多重影响，如降低市场占有率、高风险的产品类别较难“走出去”、增加跨国营销成本、减少市场收益等[136]。因此，出版企业国际化经营需要树立正确的文化观，正确理解文化差异，准确识别风险性质，加快培养国际营销人才，推进品牌国际化建设，选择适宜的风险控制工具，构建国别文化风险评估体系，实施本土化战略，降低文化折扣[137][138][139]。

“营销本土化风险指跨国企业在各地开展本土化的营销活动时，由于各种事先无法预料的不确定因素带来的影响，企业营销的实际收益与预期收益发生一定的偏差，从而有蒙受损失的机会或可能性”。营销本土化风险包括政治与政策法律风险、经济环境风险、文化风险等由宏观环境因素引致的风险，以及竞争者风险、读者风险、作者风险、营销中介风险、营销人员风险、组织管理风险等由微观环境引致的风险。开展跨国经营的中国出版企业应构建系统性策略体系控制营销本土化风险：以全面风险管理理念为指导，建立出版企业营销本土化风险管理组织体系；建立风险预测系统，开展风险调查与处置预案设计；识别与评估风险；采取规避、减轻、分散、转移、接受等相应策略帮助企业规避风险、避免损失、降低损失程度等；对控制体系进行事后调适[140]。

在人民币汇率浮动条件下，交易风险、折算风险和经济风险三种外汇风险普遍存在于出版企业的各项对外贸易活动中。姚永春对出版企业跨国经营中面临的外汇风险作了初步分析，强调出版企业要提高外汇风险管理意识，综合运用各种方法识别、防范与规避外汇风险。包括运用贸易合同与金融外汇工具规避外汇风险；调整海外布局，构建受外汇风险影响较小的经营体制；寻求政策扶持，弱化外汇风险的不利影响[141]。

3.6 关于数字出版“走出去”的研究

数字出版的非物理属性使其具备国际化的天然优势，正如孙赫男所言，“数字出版打破了地域局限，为出版产业打开了国际化的大门；只有国际化，才能发挥数字内容的最大价值和市场潜力，两者之间的密切关联是与生俱来的”[142]。随着我国出版业数字化转型、行业信息化标准建设、数字印刷和绿色印刷工程以及数字出版产品“走出去”工程的启动实施，通过与海外出版商、渠道商、技术商的合作，数字出版产品在出版“走出去”的众多产品中脱颖而出。数字出版产品出口金额不断增长，2013 年达 89.71 万美元；产品结构日益丰富，“以期刊数据库、网络游戏为代表，涵盖网络出版和电子书”[143]等多种产品形态。

为促进我国数字出版更快更好地“走出去”，相关研究如雨后春笋般出现。肖洋、谢红焰对我国数字出版“走出去”的轨迹做了描述：从数字产品的内容看，呈现从科技期刊数据库到各类引导外国读者认识中国文化的数字出版物的"从科技到人文"的嬗变轨迹；从"走出去"路径看，呈现"从产品到资本"的发展脉络；从出口地区分布看，呈现从欧美到全球的拓展轨迹。他们同时指出，我国数字出版"走出去"存在版权授权减少、纠纷增多，内容与文化水土不服，没有稳定的盈利模式，体制观念滞后等问题，需要政府加大扶持资助力度，出版企业创新数字出版产品形式，集中资本、品牌、人才规模合力出击。"数字出版产业要坚持全球生产与销售一体化的商业策略，一方面促进数字出版贸易输出，开拓全球消费市场；另一方面进行全球文化生产，让出版企业落地生根，实现数字出版'走进去'"[144]。陈洁、谢铝菁试图从网络书店和电子阅读器的商业模式及数字出版产品终端载体形式的创新三个角度，探寻中国数字出版"走出去"的路径[145]。张金指出，目前我国数字出版"走出去"恰逢其时，出版企业可通过与海外出版商、渠道商、技术商合作，让我国数字出版物"走出去"，也可直接操盘，实现数字出版物"走出去"[146]。王春林在分析数字传播技术给中国文化带来的走出去的机遇和挑战的基础上，提出要通过加强数字出版内容建设，加强中国版权贸易国际化平台建设，以及构建国际一流的数字化传播体系等措施推进中国文化走出去[147]。曹雨凡对数字版权贸易做了专题研究，他通过分析2008—2012年我国数字版权贸易状况和我国数字版权贸易的优劣势，提出创新数字版权交易模式、推进产业运营市场化和完善法律、人才培养等配套与衔接体系等促进数字版权贸易良性发展的对策[148]。张炯认为，数字出版具有低碳经济、知识经济和数字经济的特性，在数字出版走出去的进程中，要特别注意标准化和国外目标市场定位两个问题，合理采用产品、资本齐输出的"两条腿走路"策略、资源利用最大化的"化整为零"策略和产业集群发展的"化零为整"策略[149]。陈少华针对我国数字出版走出去的五大不足——缺乏"走出去"的数字出版骨干企业、缺乏对国外数字阅读市场的系统了解和研究、未形成面向"走出去"的数字出版产业链、国内外文化差异障碍、数字出版企业缺乏国际市场经验，提出助推我国数字出版走出去的10条路径和策略，如扩大和创新数字出版国际贸易方式，借助国际电商平台对外输出数字化中文书报刊等[150]。廉同辉等人专门分析了文化走出去视域下的数字出版内容建设问题，“从精选经典著作、民俗文化及历史遗迹元素，遴选反映改革开放成就的素材，挖掘国际友好、国际真相的题材，加快哲学社会科学优秀成果‘走出去’进程等方面提出了数字出版内容创新策略”[151]。

数字出版不仅成为“走出去”的新动力，而且会在很大程度上改变出版国际贸易，为出版国际贸易提供新的路径。李怀亮、佟雪娜从文化贸易的角度对此进行了系统分析。他们指出，在数字化条件下，文化生产和贸易的主体泛化，文化产品的表现形式日渐多样化，新型产品样态不断出现，品牌聚合功能愈发强大，渠道和物流成本降低，版权保护要求增强，各种贸易壁垒功能减弱。这些特点导致文化国际贸易方式发生改变，EDI 数据交换、电子货币、在线支付渐成主流，文化产品和服务的国际贸易扩大效应、替代效应和条件效应加强，网络互动式营销、定制式营销、整合式营销受到关注。政府和企业需要采取有力措施，积极应对文化国际贸易的这些新特点、新变化[152]。

4 关于中国出版业国际化发展策略的研究

应用性研究的目的之一是解决问题。在中国出版业国际化发展研究领域，研究者一直致力于为中国出版业和中国出版企业“走出去”和实现国际化献言献策，近五年来，亦提出不少具有参考价值和可行性的建议和对策，前述部分已有涉及。近五年的策略研究，一个显著特点是着眼点更具体、更重操作性，对贸易方式、品牌经营、数字出版、创意策划、资本运作等领域的探索更丰富，下文仅从相对务实的层面对这些策略研究成果进行综述。

4.1 关于出版物国际化策略的研究

出版物是出版业国际化的物质载体，是中国出版业“走出去”的重要依托。如何提升出版物国际化水平，降低出版物文化折扣，促进出版物走出去，是近五年出版物国际化策略研究关注的热点话题之一。纵观专家学者的观点，实现出版物国际化要抓住两个关键环节：选题策划和翻译。此外，提高出版物质量也很重要。

要改变我国出版对外贸易的逆差局面，必须改变选题思维模式[153]，树立国际化选题思维。国际化选题思维是指“编辑在选题策划时眼光要开拓，要站在全球高度思考问题，贴近外国人的思维、生活、习惯，做到满足国外读者的阅读需要，让他们乐意接受、愿意购买”[154]。选题视野必须国际化[155]，要选定国际受众都有认同感的内容题材，大力发掘深加工和创新性的内容，开发外向型精品图书。原创性内容、外向型思维、适应国际需要都是选题策划需要考虑的要点[156]。走向国际的选题离不开中国元素、国际表达和时代内容[157]。选题策划时，要考虑外国读者的文化背景，对读者和市场需求进行策划；要注重输出信息的传递，对渠道进行策划；还要树立品牌意识，对内容、语言文字和作者等进行系统策划[158]。要有意识、有目的地开发兼顾国内国外两个市场的选题，加强针对性，积累外向型选题资源[159]，同时要避免“选题模糊，在中国自己的选题和外国当地的选题之间摇摆不定”[160]。选题策划国际化对编辑提出了更高要求。编辑应该时刻关注海外出版动态，主动与国外出版商和发行商接触，加强境外选题、国际合作书目的开发，要了解国外市场的历史文化传统、民族习惯、阅读心理等，选择适宜的装帧设计风格[161]；要把握科技发展前沿，追踪国际热点，提出让人耳目一新的课题，以吸引优秀作者[162]。总而言之，要以选题策划国际化为契机，推动出版企业“有针对性、有目的性地逐步实现选题策划、组稿、编辑、印刷、营销的国际化运作”[163]。

出版对外贸易逆差的产生，一定程度上源于中国文化对外交流与传播方面“译入”与“译出”的严重失衡，整个20世纪西方译介的中国图书只有1000多册，但是中国翻译的西方著作高达10万册，相差100倍[164]。所以，提高翻译质量，培养高端翻译人才，是中国出版业国际化亟须解决的问题。王秋艳指出，一部优秀的作品如果没有好的翻译，作品的文化内涵就无法充分地展示出来，作品的风格特色也无法凸显，从而影响到作品的形象和影响力；只有译本好，作品的丰富性、文学艺术上的魅力才能够完整地呈现出来[165]。曾荣平、侯景娟持同样观点，他们认为，从某种程度上看，翻译的效果决定了输出的出版物能否有效降低文化折扣，真正走进外国读者心灵[166]。翻译质量取决于翻译人才，毫无疑问，培养高素质翻译人才是提高翻译质量的前提。张志成、阳欣、唐圣平、何奎、唐露等诸多学者都对翻译人才培养提出建议，认为翻译人才的培养可以以高校为主体、政府为推动力量来进行。高等院校可以增设小语种翻译专业，拓宽翻译专业设置范围；创新翻译人才培养模式，如采用本、硕、博连读和国内国外共同培养的方式。政府可以设立专项翻译人才培养资金，一方面资助现有的具有潜力的翻译人才继续深造，另一方面吸引年轻优秀的语言人才进入翻译专业学习。

质量是中国出版物获取国际影响力的保障。唐露指出，出版业“走出去”不仅要注重数量的增加，更要重视出版产品质量，从而切实增强我国出版产品在国外的影响力。“走出去”出版产品质量，既反映在根据出口国不同的文化习俗、读者要求选择内容、设计包装上，也反映在产品结构多元化、表达方式国际化等方面[167]。更有许多学者如阳欣、赵俊、余琨、陈灿华、商建辉、王建平、仲西瑶、步召德、安琪、肖宏等，以学术期刊或科技期刊国际化为研究对象，指出中国期刊要加快国际化进程，必须扩大稿源，建立专家咨询制度[168]，建立高素质作者队伍和编辑队伍，提高稿件质量。

4.2 关于版权贸易策略的研究

关于版权贸易策略的研究，大致可以分为国际合作出版策略、版权输出策略、海外传播渠道拓展策略等。

国际合作出版是我国出版企业深度参与国际出版分工的一种方式。目前，我国出版企业开展国际合作出版的方式很多，既有选题合作、版本合作、图书系列合作，也有更高层次的多方面参与合作、合作办社[169]。研究者普遍认为，“国际出版合作是中国出版走向世界的现实选择，是提升我国出版企业全球竞争力的重要国际平台。优秀的出版企业如果能从合作主体的选择入手，充分有效地利用这一平台迅速成长，国际出版合作必然会在出版强国建设进程中发挥更加重要的作用”[170]。孟超、毛润政、罗雪英、商建辉、王建平、谢山青、郭治学、曹玛丽、冯琪、卜彩虹等学者都在自己的论文中，结合中国出版企业的国际合作出版实践，从不同角度提出了国际合作出版的路径和需要注意的问题，如深度合作、借船出海、联合出版、与外方人士建立友情等。

对于版权输出策略，研究成果颇多，前文已有述及，此处仅做简单补充。研究者认为，推进版权输出，首先，需要“提升中国科技文化的国际影响力；坚持原创，利用重大出版工程和系列化产品带动版权输出”[171]；其次，可以和国外出版机构共同确定作品的选题，共同享有作品的版权，分工合作并共同承担有关图书的编辑、出版和发行工作，共同或按约定分别投资、共担风险、共享收益[172]；再次，合理调整产业结构和经营模式，优化配置企业的版贸资源，逐步建立国际产业链，提高国际化运营程度[173]；最后，吸纳更多类型企业和人员参与版权贸易，拓宽版权输出渠道，国有出版企业输出版权时可在集团内部或多家联合组建版权公司，以壮大输出版权的资源、人员、渠道力量，获得代理优势，民营机构和个人可凭借对国外特定市场、特定机构的深入了解，搜寻、推荐可与国际市场匹配的国内版权，达到版权输出“定制服务”的效果[174]。

拓展海外传播渠道被认为是推进版权输出的重要策略。通过与国外分销商或者相关系统渠道商合作，拓展出版企业的海外营销渠道，使通道畅通无阻，版权才能顺利输出，成功落地。一方面，要充分利用“交易会、年会、博览会和各种展会，搭建展示、交流和贸易平台”[175]。陈玉国、杨曦、肖叶飞、孟超、余守斌等诸多研究者都强调指出，“国际书展是开展版权贸易的重要平台，是企业形象和产品形象集中展示，开展版权输出的好机会”[176]。同时，学术年会和其他国际交流机会也应该受到关注。另一方面，要拓展网络传播渠道。如商建辉、王建平指出，要

"推广订阅渠道，加入国际大型数据库，打造网络出版平台"[177]；谭昊认为要建设包括国外分社、国外主流社会营销渠道、通过电子商务系统实现的网络销售平台的多元化销售渠道[178]；刘伯根提出要"拓展数字出版跨国传播渠道"[179]；郑颖建议"建立内容资源数据库，制作多种内容的外文培训课件或视频，实现国际在线推广，选取合适的内容资源，制作电子书，在数字平台推广"[180]；陈程提出借助国际大型出版集团的数字产品销售平台销售"中国内容"的思路[181]。

4.3 关于中国出版业资本"走出去"策略的研究

资本"走出去"是实现出版业国际化的最优路径，也是难度最大的路径。因此，海外投资策略研究也很受重视。综合各家观点，中国出版资本"走出去"可以采取以下策略。

从资本"走出去"的"国家战略定位看，我国出版业海外投资应定位于主动融合国际传播体系，有效利用世界出版资源，在坚持文化渊源、文化内核的民族性与本土性的同时，着力加强文化表现、文化传播的普适化与异域化，进而将中国的价值追求、思维方式、政策理念，通过不同国家、地区所喜闻乐见的文化形态与文化习俗，逐步植入到对方的观念之中，最终实现将我国的本土文化有效地转化为各国所广泛认同的国际文化，完成国家软实力的全球输出与海外扩展"[182]。从资本"走出去"的路径选择来看，第一，要谋求与国际大型出版传媒集团进行资本合作，以参股、控股、合作等方式逐步进入国际市场；第二，通过兼并收购海外合适的中小型出版机构，尽快在泛华文区和英语区进行出版机构布点，并努力实现企业本土化；第三，在合适的地区、合适的时机，以合适的方式，设立独资、合资的出版机构[183]；第四，在一些关键的外国市场收购具有一定规模和品牌价值的资源型出版公司[184]。从避免海外投资中的风险和陷阱的角度，要考虑到中国出版企业缺乏国际资本运作的人才和经验，所以最好聘请专业顾问，学习和掌握成功的资本运作模式[185]。

5 结语

中国出版业国际化进程刚刚开启，无论是国际化战略制定、国际化路径选择，还是国际化战术实现，都还有许多值得深入探索的课题。笔者相信，随着中国出版业国际化进程加快，对中国出版业国际化发展的研究必将不断深化并取得更丰硕的成果。

参考文献

[1] 王珺."十二五"上半期新闻出版走出去成就与思考[J].中国出版，2014（6下）：3-7.

[2] 范军.我国新闻出版"走出去"的理论与实践[J].出版发行研究，2011（11）：5-9.

[3] 柳斌杰.大力提升我国新闻出版业的国际竞争力[J].中国出版，2012（1上）：6-13 .

[4] 王以俊.出版印刷"走出去"发展动态[J].东南亚之窗，2012（12）：54-55.

[5] 朱昌爱.新形势下中国出版业"走出去"现状与章法[J].出版广角，2013（2上）：21-23.

[6] 王珺."十二五"上半期新闻出版走出去成就与思考[J].中国出版，2014（6下）：3-7.

[7] 编辑部."走出去"的耐久力[J].出版广角，2014（8上）：27.

[8] 张宏.中国出版"走出去"的传播力及其构建[J].出版广角，2014（7上）：22-25.

[9] 杨明刚.2011年出版"走出去"特点与趋势[J].中国出版，2011（4下）：41-43.

[10] 王玉梅.2014新闻出版"走出去"迎重要机遇年：国内政策利好[N].中国新闻出版报，2014-02-10.

[11] 李舸．我国出版资本“走出去”问题初探［J］．中国出版，2010（3下）：3-6.

[12] 唐立馨，王秦伟．深度参与 多元开拓：2014中国出版业“走出去”分析［J］．出版广角，2014（12合刊）：46-49.

[13] 潘文年．风暖雁寻去 松高人独来：中国图书“走出去”十年步伐［J］．编辑之友，2012（1）：19-24.

[14] 尤建忠．2012年中国图书版权输出热点和发展趋势综述［J］．出版广角，2013（1）：79-82.

[15] 潘文年．风暖雁寻去 松高人独来：中国图书“走出去”十年步伐［J］．编辑之友，2012（1）：19-24.

[16] 孙赫男．初始阶段的最后时刻：构建赢利的国际化数字出版［J］．中国出版，2012（5）：45-48.

[17] 肖洋，谢红焰．入世十年我国数字出版“走出去”现状及问题研究［J］．编辑之友，2012（10）：80-82.

[18] 2013年全国新闻出版业基本情况［N］．中国新闻出版报，2014-08-13（7）.

[19] 王珺．“十二五”上半期新闻出版走出去成就与思考［J］．中国出版，2014（6下）：3-7.

[20] 陈少华．我国数字出版“走出去”发展及策略探析［J］．对外传播，2014（11）：7-8.

[21] 谢宛若．中国出版产业国际化现状及战略研究［J］．新闻界，2010，10（5）：19.

[22] 和龑．中国出版如何“走出去”［J］．中国报道，2010（1）：97.

[23] 范军．我国新闻出版“走出去”的理论与实践［J］．出版发行研究，2011（11）：5-9.

[24] 谢宛若．中国出版产业国际化现状及战略研究［J］．新闻界，2010，10（5）：19.

[25] 唐琳．周兆康：中国期刊亟待国际化［J］．科学新闻，2013（4）：56-57.

[26] 雷兴长．中国出版产品走向世界的结构性战略问题探讨［J］．甘肃社会科学，2012（5）．

[27] 陈金川．出版国际化与出版创新［J］．中国出版，2010（3）：56.

[28] 王玉梅．“走出去”面临前所未有的好机遇［J］．中国报业，2014（3）：29.

[29] 胡线勤．“走出去”迎接大机遇［J］．中国报业，2014（3）：15.

[30] 何奎．加快海外分支机构发展，推动中国出版国际化进程［J］．出版广角，2010（9）：21-22.

[31] 张志成．本土人才国际化与国际人才本土化：谈出版“走出去”与出版人才培养［J］．中国出版，2013（2）：26.

[32] 任火．“走出去”——出版强国的标志［J］．编辑之友，2011（5）：19-20.

[33] 周蔚华，钟悠天．中国出版走出去要有六个转向［J］．中国出版，2014（4）：6.

[34] 张志成．本土人才国际化与国际人才本土化：谈出版“走出去”与出版人才培养［J］．中国出版，2013（2）：26.

[35] 唐圣平．全球出版时代的出版集团国际化战略探讨［J］．科技与出版，2010（4）：27.

[36] 林全．国际化促出版业“凤凰涅槃”［J］．现代出版，2010（9）：31-33.

[37] 秦艳华．全球发展趋势与我国出版走出去战略思维创新［J］．中国出版，2013（11 上）：9-12.

[38] 仝冠军．国际化视野下的中国出版“十二五”［J］．出版广角，2011（9）：12.

[39] 秦艳华．全球发展趋势与我国出版走出去战略思维创新［J］．中国出版，2013（11 上）：9-12.

[40] 谭跃．关于出版国际化的主要思考［J］．中国出版，2014（9 上）：11-13.

[41] 柳斌杰．后金融危机时代的出版国际合作［J］．中国出版，2010（9上）：7-11.

[42] 苏静怡，庄庭江．后金融危机时代中国出版如何“走出去”［J］．传媒观察，2011（1）：9-11.

[43] 李夏铭．全球金融危机背景下中国出版“走出去”思考［J］．出版参考，2012（8下）：35-36.

[44] 范军．我国新闻出版“走出去”的理论与实践［J］．出版发行研究，2011（11）：5-9.

[45] 聂震宁．提振出版走出去的推动力［J］．出版广角，2011（9）：卷首语.

[46] 范军．我国新闻出版“走出去”的理论与实践［J］．出版发行研究，2011（11）：5-9.

[47] 朱昌爱．新形势下中国出版业“走出去”现状与章法［J］．出版广角，2013（2上）：21-23.

[48] 张洪波．中国出版“走出去”：政策扶持是关键［J］．出版广角，2014（8上）：28-29.

[49] 张宏．中国出版走出去的话语权问题与对策［J］．编辑学刊，2014（4）：6-11.

[50] 吴健．中国出版企业“走出去”的风险及策略分析［J］．中国报业，2012（5下）：111-112.

[51] 黄英．中国出版走出去的文化思考［J］．中国出版，2014（12下）：57-59.

[52] 陈德金．中国传媒集团国际化发展战略研究［D］．上海：上海交通大学，2011：73.

[53] 杨悦，商建辉．我国出版业进口波动的CMS模型分析［J］．新闻界，2012（21）：63-65.

[54] 陶喜红，陈莹．文化全球化背景下中国出版产业外向度的测度与分析［J］．科技与出版，2014（7）：137-139.

[55] 苏娟．出版物贸易与国家文化安全［J］．华北电力大学学报（社会科学版），2010（2）：41-46.

[56] 王彬．构建中国出版物“走出去”的赞助人体系［J］．出版发行研究，2014（12）：32-34.

[57] 工菲．中国出版产业实物外贸的经济增长效应研究［J］．出版科学，2015，23（1）：11-16.

[58] 朱昌爱．从国际书展中国主宾国活动说起［J］．出版参考，2015（2下3上合刊）：34-35.

[59] 李小山．从“出版走出去”到“展览走出去”［N］．中国新闻出版报，2012-09-13（4）.

[60] 张梅芳，刘海贵．基于“博览会模式”的我国出版业“走出去”政策反思与优化［J］．新闻大学，2014（2）：133-142.

[61] 刘海颖．如何让国际书展变身“走出去”平台［N］．中国图书商报，2012-11-27（8）.

[62] 曹晓娟，方允仲．加强海外渠道建设 增强国际传播能力：落实十八大精神促进中国出版物海外渠道建设的思考［J］．中国出版，2013（7上）：14-19.

[63] 杨庆国，吴渝，陈敬良．我国新闻出版产业国际营销渠道拓展及其制度安排研究［J］．科技与出版，2015（2）：67-70.

[64] 郑梅钦．浅析基于渠道协同的出版物“走出去”［J］．科技与出版，2012（10）：24-26.

[65] 陶黎花．论我国出版物出口策略的创新［J］．今传媒，2012（12）：60-61.

[66] 章立言．我国出版业国际贸易状况与对策探究［J］．中国外资，2012（5）：76.

[67] 刘姝辰．中国图书出口促进战略研究［J］．科技与出版，2014（6）：47-49 .

[68] 卢安．武术类英文版图书国外发行现状研究与启示［J］．内蒙古农业大学学报（社会科学版），2014（3）：150-152.

[69] 貌晓星，张洪波．2010年全国图书版权贸易分析报告［J］．出版广角，2011（12）：32-35.

[70] 韩晶．广西—东盟图书版权贸易发展现状考察［J］．出版发

行研究，2013（10）：81-85.
[71] 张苗，耿小红．河北图书版权贸易竞争力研究和发展策略[J]．河北联合大学学报（社会科学版），2014，14（3）：53-59.
[72] 周震．湖南图书版权贸易发展研究［D］．长沙：湖南大学，2010.
[73] 罗锋．论版权贸易逆差：基于传播政治经济学视域［J］．国际新闻界，2010（5）：97-101.
[74] 廖依娜．出版结构与出版环境对版权贸易的影响［J］．出版广角，2013（7下）：74-75.
[75] 洪九来．浅析中美图书版权贸易不平衡中的美方制约因素[J]．中国出版，2010（10下）：6-9.
[76] 李英珍．我国图书版权输出现状浅析［J］．出版广角，2013（5下）：22-24.
[77] 尤建忠．2012年中国图书版权输出热点和发展趋势综述［J］．出版广角，2013（1）：79-82.
[78] 张兵一．图书版权输出现状分析与思考［J］．出版广角，2014（10）：24-29.
[79] 陈银恺．提高我国版权输出水平的几点思考［J］．出版发行研究，2014（9）：87-89.
[80] 邢扬．文化"走出去"战略下版权输出策略研究［J］．传播与版权，2015（4）：188-189.
[81] 陈俊帆．破解版权输出难题［J］．出版科学，2015，23（3）：61-64.
[82] 余守斌．中国图书版权输出策略初探［J］．对外传播，2014（2）：33-34.
[83] 杨新爱．借力"当下中国"魅力 打造版权输出核心优势[J]．出版广角，2013（3上）：20-24.
[84] 崔波．组织传播视角下的版权输出信息管理［J］．科技与出版，2012（10）：107-109.

[85] 尤建忠．签约外国作者：出版“走出去”再造新模式［J］．出版广角，2013（11上）：36-39.

[86] 李夏铭．全球金融危机背景下中国出版“走出去”思考［J］．出版参考，2012（8下）：35-36.

[87] 李黎东．中外出版机构版权贸易合作的几种方式［J］．出版参考，2012（9）：37.

[88] 韩卫东．充分认识版权贸易的产业价值 大力提高国际版权合作水平：上海译文出版社开展国际版权合作的实践和思考［J］．出版广角，2011（9）：27-29.

[89] 汪启明，郑源，崔颖．版权发展论：版权产业化进程中的国家意志：版权经济学论纲（四）［J］．科技与出版，2014（4）：41-44.

[90] 郑赛．我国图书版权贸易影响因素研究［D］．西安：西安理工大学，2010：68.

[91] 张学海．中国出版“走出去”的战略思考［J］．当代经济，2012（12）：94-95.

[92] 莫林虎．我国出版企业海外投资策略浅析［J］．出版与印刷，2013（1）：6-11.

[93] 张雁彬．“中国图书对外推广计划”工作小组2011年度工作报告［EB/OL］．［2012-03-30］．http：//www. chuban. cc/yw/201203/t20120330_104263. html.

[94] 尤建忠．出版社创建海外分社的现状与发展瓶颈探究［J］．出版参考，2010（8下）：39-40.

[95] 尤建忠．出版社创建海外分社的现状与发展瓶颈探究［J］．出版参考，2010（8下）：39-40.

[96] 何奎．加快海外分支机构发展，推动中国出版国际化进程［J］．出版广角，2010（9）：21-24.

[97] 尤建忠．出版社创建海外分社的现状与发展瓶颈探究［J］．出版参考，2010（8下）：39-40.

[98] 于涛．我国传媒出版集团驻外机构建设初探［J］．中国出版，

2010（1 上）：30-33 .
[99] 何奎 . 加快海外分支机构发展，推动中国出版国际化进程 [J]. 出版广角，2010（9）：21-24.
[100] 茹静 . 落地生根 打造“走出去”的急先锋：以英国常青公司为例 [J]. 出版广角，2012（9）：36-38.
[101] 李舸 . 我国出版资本“走出去”问题初探 [J]. 中国出版，2010（3 下）：3-6.
[102] 李广良 . 并购海外出版社可行性分析 [J]. 中国出版，2012（5 上）：49-51.
[103] 曲倩倩 . 海外并购，开拓文化“走出去”新版图：以广西师范大学出版社集团有限公司为例 [J]. 出版广角，2014（10）：64-66.
[104] 李广良 . 并购海外出版社可行性分析 [J]. 中国出版，2012（5 上）：49-51.
[105] 梁小建，于春生 . 国外传媒集团的并购经营及对我国出版业的启示 [J]. 中国出版，2011（1 下）：13-16.
[106] 李广良 . 并购海外出版社可行性分析 [J]. 中国出版，2012（5 上）：49-51.
[107] 莫林虎 . 民营书业海外投资机遇与发展策略初探 [J]. 中国出版，2013（11 下）：16-20.
[108] 王松茂 . 我国出版业海外投资中的问题研究 [J]. 出版科学，2014，22（5）：66-70.
[109] 莫林虎 . 我国出版企业海外投资策略浅析 [J]. 出版与印刷，2013（1）：6-11.
[110] 姚永春，马清燕 . “走出去”战略视域下中国出版业国际化发展研究综述 [J]. 出版科学，2010，18（5）：52-56.
[111] 姚永春 . 后金融危机时代我国出版业国际化模式的重塑 [J]. 出版科学，2010，18（2）：30-33.
[112] 逯卫光 . 中国出版业国际化战略实施中存在的问题与对策 [J]. 产业与科技论坛，2011，10（23）：16-17.

［113］杨庆国，孙梦雨．我国出版产业国际市场进入模式选择研究［J］．中国出版，2012（11 下）：12-17.

［114］刘叶华．中国图书出版企业进入土耳其市场模式调查研究［J］．出版参考，2014（12 上）：6-9.

［115］潘炜．出版人的国际化与中国童书“走出去”：2014 年博洛尼亚儿童书展有感［J］．出版广角，2014（5 上）：17-19.

［116］王关义，鲜跃琴．我国出版业国际化转型现状问题与对策［J］．中国出版，2015（4 下）：38-41.

［117］王关义，鲜跃琴．我国出版业国际化转型的几种模式［J］．现代出版，2015（1）：11-13.

［118］唐圣平．出版集团国际化战略研究［J］．出版发行研究，2010（3）：8-11.

［119］唐圣平．出版集团国际化战略研究［J］．出版发行研究，2010（3）：8-11.

［120］唐圣平．全球出版时代的出版集团国际化战略探讨［J］．科技与出版，2010（4）：27.

［121］潘文年．中国出版业“走出去”：跨国经营的本土化分析［J］．中国出版，2010（9 上）：30-33.

［122］吴道友，张一南．中国出版企业国际创业模式研究［J］．中国出版，2011（4 下）：37-40.

［123］李小彬．出版集团的创新发展及国际化思路初探［J］．出版广角，2011（9）：22-24.

［124］赵枫岳．我国新闻媒体国际化路径浅析［J］．中国出版，2011（12 下）：30-32.

［125］孟庆和．构建国际型教育出版集团管见［J］．中国编辑，2011（4）：9-12.

［126］刘伯根．出版国际化：中国出版集团的自觉选择［J］．科技与出版，2015（1）：10-13.

［127］谭昊．核心立体化 渠道多元化：立足北京语言大学出版社“走出去”工作的思考［J］．出版广角，2010（7）：31-32.

[128] 童健．努力探索创新出版集团“走出去”之路：浙江出版联合集团纪实［J］．出版广角，2012（9）：33-35.
[129] 刘伯根．出版国际化：中国出版集团的自觉选择［J］．科技与出版，2015（1）：10-13.
[130] 谭跃．关于出版国际化的主要思考［J］．中国出版，2014（9上）：11-13.
[131] 许洁．不同类型出版商实现“走出去”战略的差异化路径选择：以两大国际出版集团为例［J］．出版发行研究，2010（12）：74-77.
[132] 潘文年．中国出版业“走出去”：跨国经营的文化风险分析——以跨文化传播为理论视角［J］．国际新闻界，2010（9）：72-78.
[133] 潘文年．中国出版业“走出去”：跨国经营的文化风险分析——以跨文化传播为理论视角［J］．国际新闻界，2010（9）：72-78.
[134] 曾荣平，温优华．出版企业国际营销的文化风险及其应对策略研究［J］．编辑之友，2015（5）：28-31.
[135] 曾荣平，侯景娟．文化折扣与我国出版产业“走出去”的路径选择［J］．出版发行研究，2013（12）：85-88.
[136] 曾荣平，温优华．出版企业国际营销的文化风险及其应对策略研究［J］．编辑之友，2015（5）：28-31.
[137] 潘文年．中国出版业“走出去”：跨国经营的文化风险分析——以跨文化传播为理论视角［J］．国际新闻界，2010（9）：72-78.
[138] 曾荣平，温优华．出版企业国际营销的文化风险及其应对策略研究［J］．编辑之友，2015（5）：28-31.
[139] 曾荣平，侯景娟．文化折扣与我国出版产业“走出去”的路径选择［J］．出版发行研究，2013（12）：85-88.
[140] 曾荣平，侯景娟．出版企业“走出去”的营销本土化风险及其控制体系研究［J］．出版科学，2015，23（1）：17-20.

[141] 姚永春．我国出版企业外汇风险的识别与规避［J］．出版科学，2012，20（6）：44-47.
[142] 孙赫男．初始阶段的最后时刻：构建赢利的国际化数字出版［J］．中国出版，2012（5）：45-48.
[143] 王珺．“十二五”上半期新闻出版走出去成就与思考［J］．中国出版，2014（6 下）：3-7.
[144] 肖洋，谢红焰．入世十年我国数字出版“走出去”现状及问题研究［J］．编辑之友，2012（10）：80-82.
[145] 陈洁，谢铝菁．数字出版走出去，世界进展照进来［J］．出版广角，2011（3）：21-23.
[146] 张金．数字出版“走出去”的五道法门［J］．出版广角，2012（9）：47-49.
[147] 王春林．数字传播条件下中国文化走出去的机遇挑战与对策［J］．出版广角，2014（7 下）：63-65.
[148] 曹雨凡．中国数字版权输出发展路径［J］．中国出版，2014（6 下）：35-38.
[149] 张炯．经济学视角下我国数字出版“走出去”的策略研究［J］．新闻知识，2014（11）：33-35.
[150] 陈少华．我国数字出版“走出去”发展及策略探析［J］．对外传播，2014（11）：7-8.
[151] 廉同辉，李春雷，袁勤俭，等．文化“走出去”视角下数字出版内容创新研究［J］．学术论坛，2015（2）：76-79.
[152] 李怀亮，佟雪娜．数字化条件下国际文化贸易的新趋势［J］．中国文化研究，2012（秋之卷）：130-137.
[153] 齐丽华．走出去图书选题的外向型思维［J］．出版参考，2014（7）：27.
[154] 李昊．编辑的选题思维要“走出去”［J］．新闻传播，2014（7）：132.
[155] 吴刚．科技出版走出去之选题策划四要素［J］．科技与出版，2012（6）：33.

[156] 郝乔丽，陈磊．选题策划：出版“走出去”的突破口［J］．商场现代化，2012（7）：269.
[157] 朱昌爱．致力海外文化传播，实现走出去跨越式发展：访安徽文艺出版社社长朱寒冬［J］．出版参考，2014（9上）：13.
[158] 卢芸．输出版图书选题策划探析［J］．成都电子机械高等专科学校学报，2011（2）：68-69.
[159] 赵大新．我国出版“走出去”的思考［J］．出版参考，2012（10）：1.
[160] 张志成．本土人才国际化与国际人才本土化：谈出版“走出去”与出版人才培养［J］．中国出版，2013（2）：26.
[161] 李昊．编辑的选题思维要“走出去”［J］．新闻传播，2014（7）：132.
[162] 马金玉．试析网络时代学术期刊的出版国际化［J］．淮海工学院学报（人文社会科学版），2012（3）：102.
[163] 逯卫光．中国出版业国际化战略实施中存在的问题与对策［J］．产业与科技论坛，2011，10（23）：16-17.
[164] 吴赟．翻译能力建构与中译外人才培养［J］．外语学刊，2015（1）：148-153.
[165] 王秋艳．出版走出去打好六张牌［J］．中国出版，2014（5）：61.
[166] 曾荣平，侯景娟．出版企业“走出去”的营销本土化风险及其控制体系研究［J］．出版科学，2015，23（1）：17-20.
[167] 唐露．中国出版业如何解决“走出去”的难点问题［J］．中国传媒科技，2013（5下）：54.
[168] 安琪．浙大社“走出去”：发挥学术优势，突出原创特色［J］．出版参考，2013（3）：28.
[169] 叶新，王伟．坚守与突围：我国出版国际合作现状分析［J］．出版广角，2011（9）：19.
[170] 期刊评论员．数字化、集团化与国际化发展的集中展现

[J]. 中国出版，2014（8）：1.
[171] 王志欣. 积跬步方能至千里：科学出版社“走出去”经验[J]. 出版参考，2012（7）：31-32.
[172] 李黎东. 中外出版机构版权贸易合作的几种方式 [J]. 出版参考，2012（9）：37.
[173] 李夏铭. 全球金融危机背景下中国出版“走出去”思考[J]. 出版参考，2012（8下）：35-36.
[174] 王珺. “十二五”上半期新闻出版走出去成就与思考 [J]. 中国出版，2014（6下）：3-7.
[175] 肖叶飞. 文化强国背景下的版权贸易与“走出去”战略[J]. 新闻研究导刊，2014（5）：1-3 .
[176] 陈玉国，杨曦. 中小出版企业“走出去”的困境与路径选择 [J]. 科技与出版，2011（12）：23-25.
[177] 商建辉，王建平. 我国学术期刊“走出去”的国际化操作策略探微 [J]. 出版发行研究，2012（9）：77-78.
[178] 谭昊. 核心立体化 渠道多元化：立足北京语言大学出版社“走出去”工作的思考 [J]. 出版广角，2010（7）：31-32.
[179] 刘伯根. 资本和数字时代出版“走出去”的创新战略 [J]. 中国出版，2010（5）：25-28.
[180] 郑颖. 大型出版企业出版数字化“走出去”规划研究 [J]. 编辑之友，2013（12）：14-16.
[181] 陈程. 文化融合背景下的华文出版创新策略探析 [J]. 科技与出版，2014（1）：4-7.
[182] 李舸. 我国出版资本“走出去”问题初探 [J]. 中国出版，2010（3下）：3-6.
[183] 颜华. 试论地方出版集团国际化发展的战略思路 [J]. 出版发行研究，2014（4）：40-41.
[184] 刘伯根. 资本和数字时代出版“走出去”的创新战略 [J]. 中国出版，2010（5）：25-28.
[185] 唐圣平. 全球出版时代的出版集团国际化战略探讨 [J]. 科

技与出版，2010（4）：27.

【作者简介】

姚永春，管理学博士，武汉大学信息管理学院出版科学系副教授，中国编辑学会会员，美国佩斯大学访问学者。主要研究方向为出版营销、出版产业国际化。发表论著数十篇（部），多篇论文被人大报刊复印资料转载，一篇论文获得 2012 全国新闻出版业网站年会“2012 年度互联网与数字出版优秀论文奖”。主持或参与国家及省部级课题多项。

宋文静，武汉大学信息管理学院 2013 级硕士研究生。

我国受众研究回顾及发展趋势

徐　雷

（武汉大学信息管理学院）

【摘　要】本文回顾了新中国成立以来关于受众分析的发展历程，分析了未来的受众研究趋势。20世纪90年代中国的受众本位论确立，进入新世纪以来，中国的受众研究主要集中在受众地位、受众权利、受众心理、受众理论、网络受众以及传统受众研究几个方面，同时传统的受众研究方法也面临一些困难，受众研究将逐渐转变为用户研究。

【关键词】受众　受众分析　进展　用户

Audience Research Review and Development Trend in China

Xu Lei

（School of Information Management，Wuhan University）

【Abstract】In this paper we review the development process of audience research since the founding of our country，and analyse the future research trend of the audience analysis. Audience standard theory has been established in 1990s. After entering the new century，China's audience research mainly focused on the social status of audience，the rights of audience，the psychology of audience，audience theory，network audience analysis and traditional audience analysis research from several aspects. At the same time, traditional audience analysis research methods also face some difficulties, and the audience research will gradually shift to user study.

【**Keywords**】audience audience analysis research advance user

1 引 言

受众概念是一个随时间不断演变的概念，狭义上，受众指的是信息传播的接收者，包括报刊和书籍的读者、广播的听众、电影电视的观众、网民等。受众从宏观上来看是一个巨大的集合体，从微观上来看体现为具有丰富的社会多样性的人。受众研究是大众传播研究的一个重要领域。随着大众传媒的迅猛发展，尤其是以互联网为代表的新媒介在世界范围内的快速推进，今天的受众已不再只是游走于不同媒介之间的读者、听众或观众，也不再是单纯的信息接收者。本文对新中国成立以来受众研究进行了系统的文献解读，包括中国受众研究的发展历史回顾以及新世纪以来中国受众研究的新动向和趋势。

2 中国受众研究历史回顾（新中国成立初期—2000年）

在受众研究的发展历史上，受众最初是作为信息的接收者，被动地接受传媒机构的宣传，处于被传媒机构控制的地位，受到社会环境、传媒机构宣传渠道、政治政策等因素的强烈影响。随着传媒环境的变化，受众的地位也随之出现转变。在新中国成立初期，为继承和发扬重庆《新华日报》、延安《解放日报》和邹韬奋同志主办的《生活》的优良传统，贯彻“全党办报，群众办报”的方针，国内各媒介机构把加强同受众的联系，视为党的新闻事业的基础工作，都设置了专门联系受众的群众工作部，密切媒介与受众的联系，这是新中国成立之初媒介机构与受众最直接的联系，随后逐渐开始重视对受众的新闻报道与宣传。例如，1956 年 7 月 1 日，人民日报由 4 版扩展为 8 版，扩大了报道范围，为读者提供更多的新闻，并指出“党和人民的报纸有责任把社会的见解引向正确的道路”。不过当时受“苏联模式”的影响，重灌输轻反馈，重指导轻服务，对读者调查、研究、服务的工作还未放到应有的位置上。同时，在 1957 年，由于“左倾”思潮泛起，报界原有对读者工作的理论与实践遭到错误批评，广大读者丧失了通过报纸行使舆论监督的权利。随后，“文革”期间《人民日报》等其他报纸中的“读者来信”栏目更是成了反革命集团的舆论工具，造成了受众与媒介的对立。不过，在“四人帮”被粉碎后，人民日报社又恢复了读者来信，并增至两个整版，以为受害群众伸张正义，广播电台和电视台也恢复了听众信箱、观众信箱节目。在这一段时间内，受众信息的接收完全受媒介机构的主导，同时很大程度上受当时政治环境的影响，甚至被政治绑架沦为工具，对于受众的研究也基本处于停滞状态。

在中国真正对受众开展研究始于 1981 年 5 月 12 日北京新闻学会（1984 年改名为首都新闻学会）举行的首次受众学术研究会议，副会长安岗同志发表了题为《研究我们的读者》的著名演讲。他强调：“我们要尊重自己的读者，向读者求教，从多方面为读者服务，同时要从中引导和提高他们。”安岗同志的这篇演讲，把“读者”（听众、观众）从接受媒介灌输的对象，提高到接受媒介服务的主体，确立了“读者”（听众、观众）在新闻传播活动中的主体地位，为我国受众研究奠定了理论基础，在新闻界产生很大反响。在该会议上同时还成立了群众来信学术研究小组，该小组活动频繁，成绩卓著，编著出版了《心底的呼声——首都新闻单位来信选》和《新闻受众工作》。同年 6 月 9 日，北京新闻学会通讯刊物学术研究小组成立，该小组旨在共同研究不断提高通讯刊物的质量，从政治上和业务上提高通讯员的水平。针对当时新闻报道中的假大空和失实问题，该小组曾发出过“确保新闻真实性”的倡议。1982 年 4 月 9 日，北京新闻学会受众调查组成立，在中共北京市委宣传部的大力支持下，于同年 6 月至 8 月在北京地区开展了我国首次大规模受众抽样调查[1]。

在我国传统的受众调查研究中，普遍采用个别访谈和召开座谈会的方法。这种方法“毕竟只能反映少数人的意见，对民意缺乏定量分析”。尤其在极左思想占统治地位的时期，这种调查方法的主观随意性日益增强，调查者往往用阶级分析的观点先验地将人群划分为敌我友；或以政治表现为准绳，先验地将人群划分为左中右。对调查资料的取舍同样具有主观随意性，强调舆论一律，排斥不同声音，不能完整地、全面地、准确地反映民意。

运用具有现代意义的科学方法研究受众，最早发轫于复旦大学新闻系，郑北渭、陈韵昭教授率先引进西方传播学的理论和方法，组织学生在上海开展问卷调查，开我国受众抽样调查之先河。最早的成果是用简单随机方法作问卷调查，了解受众通过什么渠道得知“四人帮”受审的消息[2]。当时因未作公开报道，未引起社会的足够重视。现在我国传播界一般将受众调研的起始点定为 1982 年的北京调查，该调查由中国社会科学院新闻研究所发起，并与《人民日报》《工人日报》和《中国青年报》共同组织，采用多层抽样法调查了北京地区 12 岁以上受众接触媒介的行为、兴趣偏好等内容，首次对报纸、广播、电视的传播效果做了综合考察，并首次用计算机来分析调查数据，并在多家报刊机构公布调查结果，在国内外引起了巨大反响。

北京调查推动了我国新闻传播与出版的研究，是中国内地受众调研的里程碑。随后，1983 年，浙江、江苏两省相继开展全省受众抽样调查。上海复旦大学新闻系的祝建华在 1983 年作了“上海郊区农村传播网络的调查分析”[3]后，又于 1985 年采用问卷调查与一周日记相结合的方法，作了“上海市区新闻传播受众调查”，首次对受众的媒介功能观作了考察。

1986 年 5 月，全国第一届受众研究研讨会在安徽省黄山县举行，有来自北京、浙江、江苏、上海的受众研究者 30 余人参加，会议总结了“两市两省”受众调研的经验，高度评价受众调研对新闻改革的推动作用。同年 7 月，人民日报社委托中国社会科学院新闻研究所开展的全国读者抽样调查，以报纸发行量为抽样总本，采取多级抽样法，确保抽到的样本是人民日报的读者，通过调查，收集读者意见，反馈读者来信。中央党报的做法给报界和广播电视界树立了榜样，于是受众调查在国内纷纷开展起来。

1987 年，由中共中央宣传部新闻局与国务院发展研究中心社会研究部牵头，组织全国高等院校和科研单位共同进行的“新闻事业与中国现代化”研究，是“七五”期间国家哲学社会科学重点研究项目，中央电视台联合各省市自治区电视台共同进行了全国电视观众抽样调查，包含了观众的基本情况、行为反应、心理感受三个层次，对观众的收视心理作了创造性的研究。同年，由中共中央宣传部和广播电影电视部会同国家农村调查总队，对我国不发达地区农村的广播电视受众进行了调查，对比考察了我国农村贫困地区和宽裕地区农民的现代观念同广播电视信息传播的关联性[4]。

受众调研的视角还扩展到了我国的少数民族。1987 年 5 月，由新疆广播电视学会牵头，与中国社会科学院新闻研究所、新疆新闻学会和新疆大学中文系新闻专业合作，在乌鲁木齐地区组织了我国首次民族受众调查，发现民族文化传统和宗教观念，与少数民族受众的思想观念和媒介偏好都呈显著相关，少数民族受众对本民族语言的广播电视节目情有独钟[5]。

1988 年，中央人民广播电台迫于电视的竞争压力开展了建台以来全国首次听众调查，发现单纯听广播的听众比例很小[6]。同年中国人民大学舆论研究所开展了“首都知名人士龙年展望”的调查，调查显示，有 62%的知名人士对新闻舆论工作表示不满。随后，中国社会科学院新闻研究所对第七届全国人民代表大会代表和全国政治协商会议委员作“对新闻改革态度”的整体调查，调查显示，人大代表和政协委员的态度均倾向于新闻改革要遵循开放、平等和自主的原则[7]。

进入 20 世纪 90 年代，我国内地的受众调研从对受众接触新闻媒介的外显行为的调查，转入对新闻传播与受众内在思想观念关联性的研究，出现了受众研究的专业组织，受众理论研究水平也有很大提高。1990 年 6 月 20 日，首次“全国广播电视受众研讨会”在杭州举行，9 月，以亚运会广播电视传播效果研究为转折的受众调研活动又活跃起来。在中国人民广播事业创建五十周年之际，我国第一部《中国广播电视学》于1990年9月问世，首次对受众的地位和作用、受众心理和受众反馈的原理及特点作了系统的阐述，为广播电视的受众工作提供了理论指导。

20世纪80年代受众理论探讨的重点是受众需要，强调媒介要服从于、服务于受众需要。20世纪90年代受众调研的重点已转向把受众作为传播活动中的权利主体来审视，提出要以受众为本位，尊重和维护受众的权益，受众权益成为学者们探讨的热门话题[8]。

1992年5月，全国第二届受众研讨会召开，总结了中国受众研究10年的成果及努力的方向。20世纪80年代后期到90年代前期涌现了不少关于受众的研究成果，诸如新闻传播对农民思想观念的影响[9]、新闻媒介对受众观念现代化的影响因素调查[10]、中国不发达地区农村广播电视调查[11]、新闻传播同受众现代观念的关联性[12]、北京受众的社会意识的现代化程度[13]、媒介行为与观念现代化研究[14]、全国电视观众以及广播听众的调查，等等。在研究内容上从受众的思想观念（如创新意识、主体意识、竞争意识等）的现代化程度、媒介类型（广播、电视、报纸、期刊等）、媒介内容等方面，探索媒介环境对受众观念现代化的影响。从受众对传播活动的了解、受众的媒介参与、受众使用媒介的动机、受众对媒介功能的评价、受众的接受意识等方面考察受众的媒介观念。

进入20世纪90年代中后期，中国大陆出现了很多市场调查机构，如央视调查咨询中心、中法合资的索福瑞媒介研究有限公司，一些著名的国外调查公司如盖洛普、尼尔逊等也纷纷进入中国市场，这些机构从事受众调查与研究，定期发布诸如收视率报告等内容。整个20世纪八九十年代中国的受众研究队伍壮大了，成立了诸如中国人民大学舆论研究所、中国广播电视学会受众研究会等研究组织，发表和出版了许多有关受众研究的论文、报告及著作。受众的研究也从最初的“媒介本位”转换到“受众本位”，从受众应充分享有信息知晓权、言论表达权、舆论监督权等权利意识出发，强调媒介机构要主动调查了解受众的需求，听取受众的意见，真心实意、全心全意为受众服务，突出受众在新闻传播活动中的主体地位。

总的来说，20 世纪最后 20 年是中国新闻传媒发生重大变革的时期，尤其是新闻传播过程中，受众的本位论在我国确立。以受众为中心的观念代替以传者、信息为中心的观念，是社会市场经济发展的结果，是特定历史时期的必然产物。该阶段受众研究采用的方法除了受众理论的探索、社会现象的定性解读外，基本都使用了社会抽样访谈、社会问卷调查等方法，使用基本描述性统计信息、相关性分析、因子分析、多元回归技术等科学的分析方法。

3 新世纪以来中国的受众研究进展

20 世纪 90 年代在中国确立了受众本位论后，受众的地位发生了巨大的转变，加上互联网也在这一时期开始普及，新时期的受众研究如雨后春笋般开始受到学者、传媒机构的大量关注。与 20 世纪 80 年代开展的社会调查相比，除了常规的受众社会调查外，各种受众研究视角纷纷出现，加之国外受众理论的引入与借鉴以及媒介环境的变化，中国的受众研究开始呈现多样化的趋势。通过梳理新世纪以来的受众研究文献，中国受众研究目前大致可分为如下几个大的方向：受众地位、受众权利、受众心理、受众理论、网络受众和传统受众研究等。

3.1 受众地位研究

受众本位论或受众中心论的确立，吸引了大量的学者进行探索[15-22]，传媒机构以及学者们开始意识到受众不再是媒介的“应声虫”，而应该是理性的解读者。任何转变都需要一个过程，事实上在新世纪之初受众的地位仍亟待提高，媒介机构需要提升受众的本位意识。同时，学者们也认识到新闻受众中的女性缺席现象[23][24][25]以及被动与沉默[26]，开始关注女性受众在传播领域中的人权诉求[27]。面对受众的地位现状，学者们建言献策，呼吁继续加大对受众的重视程度，满足受众需求，发挥受众主体作用，开拓网络市场[28][29][30][31]，并指出传受双方的沟通是改善传播效果的有效途径[32]。总的来说，受众本位论的确立是新时期受众地位最明显的转变，引发了学者积极的探索，由于受众中心地位的确立，媒介需要具有为受众服务的意识，满足受众的需求。这一时期也出现了从受众角度审视播音创作、网络广播的研究[33][34]，从受众为中心来进行网络资源的建设[35]的研究，等等。

另一方面，针对受众本位意识过分渲染的现象，焦江方提出了正确应用于我国新闻实践的方法：满足受众“健康本位”需求，培养受众“公共本位”意识[36]。虽然当时对受众本位的提法学术界还有争论，但大多数理论和实际工作者最终还是认为，从功能的单一到功能的多样化，从传播者本位到受众本位，从宣传本位到新闻本位，从仅仅把新闻事业视为上层建筑意识形态到承认新闻事业的产业性，并将市场机制引入传播领域，这是我国大众传播业发展的历史轨迹和趋势。王彩娜等学者认为电视业要想获得大的发展，就必须加强受众研究[37]。

当然受众的本位意识增强，也给传媒造成了偏差，即在建立为受众服务的观念时，忽略甚至放弃了社会责任这个非常关键的前提和基础，如出现了媚俗、庸俗等对社会和受众不利的现象[38][39][40]，传者和受者的融合，也造成了电视新闻娱乐化的趋势[41][42]。王耀民对这种现象进行了分析，认为我国大众传媒对受众认识陷入了多个误区[43]：一是对受众层次多样性的认识单一化，低估受众，导致新闻媒介定位低俗；二是缺乏对单个受众个体需求多样性的认识，只求娱乐功能的满足；三是一味消极、被动地迎合受众需要而缺乏积极、主动的引导。而有些学者则认为大众传播的走向不是“以受众为中心”，而是一个“去中心化”的过程。媒介应该既要满足受众的需要，又要积极引导受众，受众应该对媒介的传播积极参与并做出及时的回应，二者在沟通、交流与反馈互动的基础上构建和谐融洽的关系[44]。对受众本位论的认识，学者也进行了深入的思考，认为过度推崇受众本位论导致传者本位论的矫枉过正，很大程度上削弱了媒介正常功能的发挥，表现在媒介的社会功能和社会责任弱化、媒介的品位低俗化、媒介的主体性弱化，等等，只有正视受众本位论，做到传者、受众兼顾，充分发挥媒介的主导性，才能既满足受众需求，又促进媒介的健康发展[45]。

受众本位论是新闻理论上的新突破。然而，“受众本位”论也存在理论上的缺陷：首先，“受众本位”论在对“传者本位”论辩证否定的同时，也抛弃了其中一些好的东西，如传者的自身定位的明确性以及传播目标的明确性等，在一定意义上，也就放弃了引导、教育群众的责任与意识；其次，在实践中，“受众本位”论无法提出提高传播效果的行之有效的办法，陷入两难境地。所以，我们要坚持正确的受众意识：新闻报道不能无条件地追随受众，但受众的选择决定报道的生死。坚持受众与媒介并重的二元论，才能正确地认识受众的地位[46]。“传者本位”和“受众本位”之间保持必要的张力，不但可以开阔新闻传播的视角和思路，丰富新闻传播的内容和方式，同时也有利于促进新闻传播的健康发展，实现传媒社会效益和经济效益的统一[47]。

关于受众地位的另一个研究视角是受众商品论[48][49][50][51]，该理论认为广播和电视提供了一种特殊的产品，表面上看是播放时间，实际上是将受众的忠诚度卖给了广告商，媒体实际上是“发展受众对广告商的忠诚度”。认为从旧媒体时代走向新媒体时代，媒介环境发生了巨大变化，但受众仍在媒介经济生产和再生产过程中扮演角色，决定了受众商品论还有其理论价值。

3.2 受众权利研究

对于受众的权利，在不同的历史时期，体现了受众的不同追求，显示了不同的语义内容和适用范围。例如，在大众传播媒介出现的初期，受众所争取的只是知情权；待到传播媒介进入发展期，受众又开始追求表达权；再到传播媒介进入繁荣期，人们又提出了反论权；进入信息社会，如今的受众又在争取监督权和免知权等。在国内，陈红梅对受众的接近权进行了探讨[52]；沈正赋对媒体灾难报道的不同方式方法的反思和研究，从满足和尊重受众的知情权角度，为灾难新闻报道理念作了新的诠释[53]；张健从人民网《强国论坛》到央视《时空连线》的变迁，探讨受众的媒介接近权的演变，即受众具有在媒介上发表意见和观点的自由权利的变化[54]，这其实是受众地位提升的一种反映；王子舟探讨了知识受众的合法权益，包括知识受众的权利和义务[55]；受众有权知道他应该知道的事情，因此传媒有责任保障受众的知情权[56][57][58]。作为传播伦理研究的一个重要方面，受众伦理规范是指受众在传播过程中应享有的道德权利和应承担的道义责任。陈汝东认为受众伦理规范应涵盖人类传播的所有领域，应根据传播领域、过程、媒介等区分出不同层次，不仅应研究受众的道义责任，还应研究受众的信息接收权利、受众对自身和相互之间的道义责任[59]。袁玲萍对信息时代受众权利不平等现象进行了反思[60]。

伴随着媒介环境的变化，以及受众地位的提升，受众将持续追寻其应该具有的权利，而研究学者将持续对受众的权利内涵、不平等现象进行解读。尤其是网络时代，受众面临着更为复杂的媒介环境，一方面网络提供了受众接触媒介的便捷性，拓宽了受众接触媒介的渠道；另一方面网络也使受众的隐私权、名誉权等更容易受到侵犯，因此网络媒介环境下受众的权利仍值得继续关注。

3.3 受众心理研究

受众是具有多侧面、多重的接受心理和行为特征的群体[61]，受众的心理研究一直受到学者的重视，如通过研究受众心理来改善电视节目播放内容[62]，通过对2000年悉尼奥运会进行本土化的报道，满足用户的求近心理[63]，通过满足受众的心理需求来提高广告的传播效果，以及受众的心理障碍研究[64]等；也出现了不同传播内容的受众的心理差异的研究[65]，还有关于文化因素对受众广告认知心理影响的探索[66]，以及针对受众的逆反心理类型、特点，改进新闻宣传艺术、减缓受众逆反心理对策的研究[67][68][69][70][71]、受众心理对传播效果的影响[72]，等等。

对受众心理的研究主要是围绕如何满足受众的心理需求展开的，如在广告效果方面，受众的心理机制直接影响传媒广告的劝服效果，杨鹏和柳珊认为不同的商品要根据目标受众的心理机制的不同确定诉求方式[73]；杨芳芳分析了新闻受众心理的三个层次，即消费、求知和研究心理，认为新闻受众的地位已经提高[74]；杨桃莲从受众的猎奇、窥私、攻击等心理角度进行分析，认为媒体不能一味迎合受众的心理需求，而应提供高于受众需求的信息，以净化社会风气，促进人类进步[75]。陈润兰探讨了传媒文化对受众的消极影响[76]。受众本位论的确立，使传媒由“卖方市场”转向了“买方市场”，由以“传者”为中心转向了以“受者”为中心，以“受者”为中心意味着必须把研究的视角转向受众，因此出现了很多对受众心理类型的详细分类与探索。如张艳容详细阐述了受众获取信息心理，好奇心理，求知心理，娱乐消遣心理，强烈的参与心理等方面[77]；张廷妍将足球比赛观众心理划分为认知型、娱乐型、审美型、认同型、宣泄型、破坏型等[78]；陈立生总结了受众的 7 个时代特征，即：自由选择、传受互动、钟情日常叙事、主张去中介化、渴望轻松娱乐、追逐视听快感、沉迷新闻纪事[79]。

伴随着互联网的普及，信息传播全球化的趋势对我国传媒产生了重大影响，而受众作为与传媒相对应的范畴，从自身的需求出发，对媒介的接受心理也发生着巨大的变化。这种变化表现为受众心理的多重矛盾，如受众选择的差异性、多元化、主动性等[80]，因此，传媒除了一味地满足受众的心理需求外，还需要解决受众的心理矛盾，以引导、培育受众正确的媒介心理素养。李楠楠针对受众明星真人秀等娱乐节目的泛滥与流行，从受众的角度对这些节目进行心理归因，探析传播者如何打破或顺应受众心理定势，引发信息传播的理想效应。与传统新闻媒体受众相比，网络受众有其明显的群体特征[81]。周灿华和蔡浩明从年龄结构、性别、个人收入、受教育程度等方面分析网络受众的构成状况，并概括出网络受众普遍的心理需求，如交流心理、好奇心理、求知心理、移情心理、补偿心理等[82]；而周丹丹也认为网络信息一方面可以便捷地满足受众，另一方面它的信任度受到一定条件的制约[83]。

作为受众研究的一个方面，从学术上讲，受众心理和受众地位的研究一样，媒介需要在“迎合”与“引导”间寻求最佳结合点，以满足受众的心理需求。可以看到在网络时代受众的心理需求是多样的，而且受众还有可能出现矛盾、逆反的心理，这都需要媒介在制作节目和传播策略时，较好地把握受众的心理特点，既要满足受众各种各样的合理心理需求，又要在传播内容和途径上把握好度，不是用户的所有心理需要都要关照，要防治受众沉迷、出现不良心理现象。

3.4 受众相关理论的探索

受众属于出版传播学范畴，关于受众的理论有大众社会理论、使用与满足理论、沉默的螺旋，等等。关于受众的理论学者们也展开了探索与研究，如认为沉默螺旋不仅不是普遍规律，而且在意识形态冲突的社会完全失效，代替沉默螺旋的则是舆论背反模式[84]；李本乾和张国良运用分层随机抽样方法，从经济领域检验受众议程、媒介议程与真正现实三者之间的关系，认为三者之间是否吻合，不仅涉及客观现实，而且关系到主观标准，三者之间的吻合与否具有一定的多样性、复杂性和不确定性[85]；赵志立在网络视角下，对使用与满足理论进行了再认识，认为网络环境下受众的中心地位明显提高，网络的多元性、匿名性等特性使得网络受众特征也出现了新的变化[86]；臧海群和张国良认为受众研究具有跨学科性质，需要使用跨学科的研究方法来研究受众[87]；侯斌英认为当代中国大众文化的传播主体与受众之间其实应该是一种“主体间性”关系，应该把“主体间性”概念引入当代受众研究的视域之中[88]；阎佳畅通过对媒介研究中的“受众参与”理论以及社会学中的“社会分层”理论的整合，提出“受众分层参与”的观点，致力于借助社会学的分层视角展现一种对受众民主参与的研究，为受众分析提供一条更为细化的、冷静的判断路径，并探讨其在媒介发展、社会进步以及民主化过程中可以起到的积极作用[89]。

中国的受众研究也受到西方受众理论的影响，国内学者对国外受众理论也积极进行解读引进再探索，如费斯克的生产性受众观引起了国内学者的关注[90]，生产性受众观把受众和传者放在同一个平行位置，双方都是意义的生产者，更加关注受众的实践性、能动性和创造性；在大众传播活动中，受众的行为很大程度上是由个人的需求和兴趣来加以解释，李苓通过使用海德的平衡理论①来探讨受众的兴趣与需求究竟有怎样的关系，媒介与受众的需求关系以及媒介能够在多大程度上帮助受众通过对信息的使用来获得其需求的满足，使传播者在把握受众飘忽不定的兴趣需求方面变得比较有规律可循[91]；早在 1985 年，麦考姆斯和韦弗曾提出，将议程设置和使用与满足学说协同起来，构建一种综合了受众中心和媒介中心的新取向，陈燕华认为这才是比较全面、科学的受众研究取向[92]；刘友芝尝试在霍尔的结构主义分析方法的基础上对其编码解码理论模式进行经济学的跨学科研究，以期对现实的受众解码方式进行理论与实践相统一的合乎逻辑的探析[93]；超越主客观二元对立的布尔迪厄场域理论，为网络时代的科学传播受众的特征作出了更经验主义的注解，黄时进使用该理论分析了网络受众的时代特征[94]；Nicholas Abercrombie 和 Brian Longhurst 提出了一个新的范式——观展、表演范式（Spectacle Performance Paradigm，又译为景观、表演范式或奇观、表演范式），黄鑫以此范式为理论依据来分析互联网环境下受众新的变化[95]；刘海龙说明中国的受众研究并不是在舶来的美国传播研究的影响下产生的，而是党报群众路线、社会主义民主观念和市场经济的产物。中国的受众研究和传播研究从一开始就带有深厚的本土化特征，西方传播学不是主导了中国传播研究，而是被整合进了中国的传播研究之中[96]。

总的来说，对于受众理论的探索，国内学者既积极借鉴国外的传播受众理论，也形成了具有本土特色的理论研究体系，伴随着受众研究的深入，传播学、社会学、心理学、信息科学等学科的理论与方法也会逐渐被引入到受众研究领域，受众理论体系将继续丰富完善。

3.5 网络受众分析

20 世纪 90 年代中国互联网的出现与普及，使得网络受众越来越多，不同于传统的新闻媒介，网络没有地域时间限制，具有快

---

① 现在看来类似于社会网络分析中的三元闭包。

速、多元、匿名等特性。2000年开始出现了对网络受众的大规模研究，学者通过对大量的有关网络受众的调查数据研究发现，网络受众呈现大众化趋势，其上网的主要目的是获取信息，常用工具是电子邮件和搜索引擎，对网络广告的认可程度在不断提高，并发现开展电子商务的时机日趋成熟，同时网络受众对黄色信息存在猎奇心理，网络受众浏览的网站日趋集中，网络受众的注意力呈现"马太效应"[97]；网络环境产生了新的传播媒介，受众和新媒体的互动关系开始出现[98]，网络的利与弊也开始受到学者重视，开始探索网络传播对受众的负面影响[99]，如网络传播的非理性、无序等。伴随着网络的普及，学者对受众的传受地位也展开了分析[100]，认为网络时代受众既有被动接受信息的形态，同时也是信息的传播者和生产者；朱金平对受众出现的这种逆向传播进行了探讨，探析了这种现象的形成原理、表现形式以及媒体如何调整与受众的关系[101]。受众的身份定位、文化程度、经济收入、地域分布、行业分布和需求意向等方面都发生了变化，曹小英认为这些变化对网络媒体的发展既有正性的一面，也有负性的一面[102]。造成其负性影响的因素不仅有来自网络机制方面的，也有来自网络受众自身方面的，因而加强受众群体网络素质建设是一个不容忽视的问题。网络时代带来了不同载体信息的传播形式，图片是其中之一，读图时代的来临，不但标志着一种文化形态的转变和形成，也标志一种新型传播理念的拓展和形成。当然，这更意味着人类思维范式的一种转换。刘波、李培林以及谢昌军就读图时代的受众心理和阅读取向进行了探索[103][104][105]；刘昊结合网络受众特点和互联网的特性，探讨了网络新闻传播策略，认为做好网络新闻传播工作，应从突出网络新闻的个性化、主动避开网络新闻与网民间障碍、充分发挥互动的作用、提供高质量的信息四个主要方面入手[106]。关于网络受众分析的研究还有很多，如蔡骐和谢莹对网络恶搞文化的受众分析[107]，陈红莲对网络流行语的受众心理的分析[108]，等等。胡瑛认为网络时代的受众，尤其是粉丝文化已经超越了主动性和被动性的简单对立[109]。

以互联网和手机等为代表的数字化新媒体的出现及其对文化的

意义，不亚于中国人发明纸张的意义。新媒体的出现及影响是全面而彻底的，它不仅影响了我们的日常生活和思维模式，更对整个世界的经济、文化、政治等诸多领域产生了深远的影响。王怀春认为个体与媒介的关系是一种动态发展的关系[110]，从传统媒介时代进入到新媒介时代，个体与媒介的关系正发生着变化，主要表现在个体对媒介的精神性依赖进一步加强，实用性依赖日渐突出，二者的结合使得新媒介对个体的控制愈加有力而隐蔽，这与新媒介自身的属性密切相关。我们只有加强媒介素养教育，使个体能够理性地认识和面对新媒介，才能形成健康、合理的媒介关系。手机出版的出现给传统出版业带来了深刻的影响，并以其独特的传播方式，吸引着传统媒介的受众，于是也出现了关于移动受众的研究，如手机APP的受众研究[111]。传播媒介的变化对受众的影响是巨大的，手机视频受众的研究也开始出现[112]。

博客作为Web 2.0的主要媒介之一，在2005年国内各大主流网络门户之间的竞争中得到网民的热烈追捧，给传媒界带来了巨大的影响，彭兰从博客传播中的传播者、受众和传播渠道这三个要素及其作用机制入手展开分析，认为博客虽然有分权的作用，但这并不意味着权力的平等，在博客世界同样存在权力的不平衡关系[113]。社交网站作为另一个主要的媒介平台，詹恂和古玉立调查了我国校园SNS受众的社会结构特征、媒介接触情况、媒介使用偏好和媒介使用满意程度，结果显示了我国校园SNS受众的一般特征，并在此基础上证明寻求网络认同依然是SNS媒介使用的首要功能，人际交往并没有现实回归[114]。

2010年伴随着国内微博的兴起，微博受众的研究也开始涌现，微博就是微型博客，每次发布消息有字符数量限制。用户可以通过电脑、手机、即时聊天工具等多种途径随时随地向网站发布文字、图片和视频等内容，同时可以实时跟帖及转发某些用户发布的信息。微博的出现，满足了信息加速传播和简单易得的需求，并且受众的选择权、知情权、表达权、监督权得到了空前的保障[115][116]。微博在受众地位改变、受众话语权扩展、受众使用体验突破以及受众社交网络拓展方面具有长处，同时微博也存在吞噬受众时间、信息内容深度缺失、信息质量良莠不齐、话语权暗藏不平等的负面影响[117]。微博以及后来出现的微信等社交媒体从传播模式到传播内容都与传统媒体有较大的不同，社交媒体加剧了受众的媒介依赖，造成受众的碎片化生存[118]和粉丝型受众[119]。总的来说，微博和微信作为新媒体平台，受到了学术界的广泛关注，如微博受众的使用心理[120]、微信公众平台的受众研究[121][122]，等等。然而对其研究范围并不局限于传播与出版领域，在信息科学中使用社会网络技术分析和挖掘微博平台用户的行为模式、进行信息推荐、发现兴趣社区等研究十分常见，这也反映出目前受众研究的一个重大转向，即由受众研究转向用户研究。

博客、微博以及微信等社交媒体平台的流行，孕育了草根文化和草根明星。从受众心理分析的维度，草根明星在广大受众中迅速走红的原因分为受众的主动心理选择和媒体对受众心理的迎合两个层面。对于受众来说，对草根明星的追捧是一种逃避性的代偿行为，为其提供了放松身心、舒缓压力的途径。草根文化来源于阶层区隔，草根明星和普通受众有一种天然的亲近性。草根明星扮演着这个时代重要的意识形态幻想，是广大受众乐于接受的自我满足的意识形态神话。同时，广大受众对于草根明星的关注和持续喜爱，与草根明星在成名前媒体的推手作用和成名后媒体的后续包装及制造的新噱头是分不开的。宋辰婷认为草根文化发展中的最大问题是来源于阶层区隔，却没有形成属于自己的真正的阶层文化[123]。

另一方面，虽然在网络时代草根文化盛行，受众的地位实现了更大程度的逆转，但学术界对此也有不同的声音，如杨慧琼认为在媒介议程设置效果的作用下，网络媒介的交互性、提供给受众的信息选择的主动性、发表意见的自由、超文本超链接等特点，使得网络受众与媒体的价值倾向高度一致，更能帮助和体现媒介的强大传播效果，说明了传统的传受关系在重大事件上没有任何实质性的改变，也说明了在根本上网络受众的被动地位没有改变。但由于其以马加爵事件来进行论证，该事件主要受国家司法部门掌控议程，网络受众和媒介议程高度一致的态度也可以理解[124]。乐程总结了网络时代受众概念逐渐模糊，传者和受者的界限逐渐模糊，受众的主体意识、理性逐渐增强，受众的本位意识崛起已经影响到了网络传媒的导向[125]。

关于网络受众研究的另一个方向是关于网络舆情中受众的研究，网络谣言泛滥于网络传播，很大程度上是受众在现实矛盾中滋生的情绪和心理转移到被热议的话题中，而不在乎这个话题本身是否真实，此时的话题只是发表言论和抒发情感的借题。受众的同情心理、从众心理、窥私心理、泄愤心理、投射心理等多种复杂综合的心理状态，推动着谣言从发布、轻信、增添、扩散到成为焦点，这既促成了网络谣言生成的整个传播过程，又体现了网络谣言生成的受众心理过程。因此，黄卫星和康国卿认为，要遏制网络谣言的泛滥，就必须对网络传播的主体和受众进行规范和教育引导，并且政府和有关媒介也要负起管制和监督的责任，健全相关网络法律法规，完善网络谣言管理的机制[126]。

3.6　传统受众分析研究

虽然媒介与受众已由分离走向了融合[127]，但这并不意味着传统的受众研究失去了意义，在网络媒介环境下，对传统报纸、广播、电视等传统媒体的调查研究仍有不少[128][129][130][131]。这些研究大部分以改善受众需求为中心，探索如何提高受众的关注度及传播效果，以应对网络媒介的冲击。受众的注意力是稀缺资源，尤其是网络时代，为了提高电视台的收视率，扩大传媒影响，受众注意力的研究与开发也受到学者关注[132][133]。进入 21 世纪，娱乐节目已经经历了数次形态和内容的变迁，《正大综艺》早已风光不再，《梦想剧场》《非常 6+1》《幸运 52》《爸爸去哪儿》等节目逐渐占据娱乐节目鳌头，“全民娱乐”“全民作秀”已经成为当今电视媒体追逐的目标。传统的受众研究很多是基于某一档节目、报纸、电影、事件等的受众解读，如从基模理论看《大话西游》[134]、从《东方时空》节目解读新闻受众观念的变化[135]、《中国新闻》海外受众收视状况调查、青年受众眼中的《焦点访谈》[136]、《Nature》杂志的受众本位探讨、《幸运 52》的受众心理研究、《读者·乡村版》的受众分析、超级女声的受众解读实证研究[137]、《仙剑奇侠传》的受众分析[138]、华南虎事件的受众心理分析[139]、《中国好声音》受众需求的满足研究[140][141][142]，等等。与《中国好声音》同类型的节目《我是歌手》等也引起了音乐选秀节目的收视热潮，在近两年引起了许多学者对该类型节目的受众解读，包括《爸爸去哪儿》[143]《汉字英雄》[144]《最强大脑》[145]《快乐大本营》《天天向上》[146]以及电视相亲节目的受众分析[147]，这些媒体活动型节目的兴起不是偶然，从传播学的角度来分析，媒体大型活动的勃兴正是在传媒互动技术发展的基础上，受众参与媒体日益深入的必然结果。

在对传统媒体受众进行研究的过程中，国内学者大部分使用已成熟的理论进行定性的解读，更多的是使用社会调查法进行定量分析。如从使用与满足视角描述并解释我国中部农村受众电视收看的动机及其潜在机制[148]、北京电影及电视观众基本情况调查分析[149]、使用信息行为论研究受众[150]、受众媒体接触习惯、农村受众调查、都市观众对电视节目偏好的调查等。杨洸和陈怀林采用大规模的受众抽样调查，以量化分析的方法探索了大众传播与人际传播对珠海市形象的影响。数据分析的结果显示，在解释人们的城市形象观念形成时，“媒体内容的关注度”和“媒体的可信度”是比“媒体使用时间”更具影响力的变量。在检验了非典型的涵化模式和一系列的研究假设之后，发现人们的第一级城市形象观念(外在、具体形象）和他们的第二级城市形象观念（内在、总体形象）关系紧密。传统媒体受众调研关注农村等偏远地区的调查比较多，而在城市，新媒体已经占据了受众大部分的接触空间[151]。张志安和沈菲[152]通过全国31个省、直辖市、自治区的问卷调查数据，通过对37279个样本的统计分析，试图整体描绘新传播形态下的中国受众特征。结果发现，我国受众的整体特征包括：媒体选择以电视为主，网络、报纸、广播、杂志为辅。使用动机以信息娱乐为主，创造表达意愿不强，期待媒体维护正义、解决问题，信任传统媒体多于网络媒体。此外，我国受众媒体使用和认知存在较大的群体差异。

当然对受众的研究也有不同的受众细分，如老年人的媒介使用行为[153]、上海网络受众的现状调查[154]、乌鲁木齐地区第二次多民族受众调查[155]、江西农村不同受众群体接触媒介状况调查[156]、上海受众对报纸的认知与评价[157]、博物馆观众娱乐性需求的认识与博物馆娱乐功能的确立[158]、老年观众的特点与节目定位[159]、台湾受众使用媒介的情况[160]、中国历史电视剧的受众心理分析[161]，等等。从受众的年龄、所在地区及场所、接触的媒介及内容等维度进行了不同层面的受众解读。

受众研究的一个主要目的是了解受众的需求并予以满足，从而促进传媒业的发展与进步。传统受众研究中有很多针对受众心理、需求进行节目传播的策略研究，如何挖掘受众需求，如何赢得受众，梳理正确的受众观，坚持受众本位等。杨文全通过分析新闻标题使用的修辞手法，来分析新闻对受众心理的观照[162]；郭平保探讨了新闻监督报道存在的问题以及受众不满意的原因[163]；通过吸引受众的注意力，对网站进行重新编排[164]；许亚丹和徐有智探讨了信息化科技传播对受众需求变化的满足情况[165]；高钢总结了受众对新闻标题的第一依赖、对重大新闻的滚动需求、对深度报道需求的延伸以及受众强烈的参与意识和时空约束的自由性[166]。

4 受众研究发展趋势

新闻出版与传播领域中，媒介新闻事件、社会舆情事件、节目热潮等将一直持续发展演变下去，受众对这些媒介事件的态度、行为也将一直存在并具有各自的特征，因此媒介环境的变化，将导致关于受众中心论、受众地位的探索与思考一直持续，媒介事件中受众的需求、心理、行为等将一直是受众分析研究的基本内容。尤其是网络环境所催生的各种网络文化，如网络流行语、标题党、网络红人、草根文化等现象将层出不穷，会受到学者的持续解读。媒介融合对于传统媒体来说是正在经历的一场革命，互联网、手机、平板电脑等终端分流了传统媒体中年轻化且购买力较强的人群，但是从远期市场开发和受众培育来看，传统媒体也拥有更多的潜在受众，经过市场细分过的受众，让传统媒体在内容生产过程中更加专注满足目标市场的受众需求，“分众化”受众的个性化需求将得到进一步满足[167]。

传统的大众传播媒介遵循一对多的单向传播路径已经难以满足媒介融合时代下的受众需求。大众媒介产品生产正经历着由“广”向“窄”的战略性收缩。由传统媒体时代的“传者中心”转向“受者中心”的受众观念。与大众媒介相适应的传播策略也由面向群体的“集群化”传播转向“分众化”传播，尤其表现在内容生产方面，要求以更优的节目生产面向更精确的受众细分，在受众的产品使用和用户体验上赢得先机，从而在受众中树立品牌和良好的口碑，增加媒介产品的重复消费。

在新媒体时代，以网络为代表的各种新媒体构建起一套全新的参与式文化体系[168]，受众呈现多元化发展趋势[169]和碎片化趋势[170]。一种新型的传播关系正在孕育并改变着我们对出版传播关系的传统认识。它突破了“传者中心”与“受众本位”的旧有观念：一方面要求扬弃传统意义上的传者，打破了作者的权威，分化了出版主体；另一方面，“受众”这一传统概念开始被改造，由被动变为主动，群体化的受众开始转变为个性化的受者。这种新型关系要求数字时代的出版应该更为关注作为主体的人自身的需要，其终极指向应该是人的自由和全面的发展[171]。

互联网和手机等新媒体的用户在信息的选择上都处于主动的地位，传播者和受众的界限越发模糊，新媒体时代的受众研究中缺乏新的理论或学说支持，受众研究应探寻适合新媒体的研究路径，一种新的以网络用户为中心的传播生态正在形成[172]。所以，在这个传受者关系已经相当模糊的新媒体时代，怎样做受众研究应该成为学者们深入思考的一大问题。新媒体的崛起与媒体融合的推进改变了传媒业态，也促使新闻编辑面对新的工作环境和工作任务，从面向“受众”到面对“用户”[173][174]。

受众，是传播学上的概念，传播者、媒介、受众三者构成一条完整的传播链；用户，则是营销学上的概念，指某一种技术、产品、服务的使用者，或被服务的一方。用户是具体的、主动的，而受众则是模糊的、被动的。我们所处的媒介时代，正在经历着由信息网络、社会网络到网络社会的过渡。信息网络代表着社会的信息化，信息流动加速，获取信息变得更加容易；社会网络则将人的行为习惯移植到网络之中，产生了诸如社交、购物、众包、众筹等新的社会活动模式；而如今我们正在经历社会的网络化，其特征是网络化的生活方式重构了线下的生活方式，并且线上与线下的生活方式也不断相互渗透相互交融。这一宏观变化对传统的受众概念提出了挑战。传统受众概念以信息的接收为核心，互联网技术改变了受众的信息方式，这里的信息方式指的不只是接收或者生产信息，而是包括信息的生产、接收、再生产所延伸出来的复杂的社会活动。

互联网让社会生活转移到了虚拟空间，又使虚拟空间的行为习惯颠覆线下生活习惯。这意味着受众不仅仅是信息的“接收者”和“选择者”，而是利用信息完成自身活动的社会个体。信息在这个过程中是完成所有活动的工具，却并不能代替一个复杂的活动本身。作为媒介信息接收者的“受众”概念，在这样的语境下已经不能涵盖所有互联网的使用者了。“用户”作为技术使用者这一术语，则更适用于描述这一概念。因此，由受众研究转向用户研究是大势所趋。

在研究方法上，传统的受众研究在测量受众媒介使用行为时主要针对随机样本或固定样本进行，样本数量有限，调查方式以入户面访、电话访问、日记卡回收等人工测量为主。进入 21 世纪，随着互联网尤其是移动互联网技术的迅猛发展，各类智能化手持电子设备逐渐推广普及，智能设备的电子访问记录成为受众研究测量数据的主要来源。在研究方法上也有诸多借鉴和创新，如使用基于 Rough Set 理论和遗传算法的受众分类规则挖掘模型来对网络注册的受众进行分类挖掘[175]；针对校园网信息传播及其监控的有效性问题，设计并实现基于 Web 日志分析的校园网受众分析系统，通过挖掘 Web 日志中的相关数据并进行统计、分析、综合，得到特定信息在特定时期内的传播范围及其用户分布情况；应用关联规则挖掘研究观众喜爱的电视节目[176]；使用技术接收模型研究移动出版服务受众采纳的行为模式[177]；使用 Google 关键词指数研究俄语受众对中国的兴趣指向[178]；使用百度热搜词分析我国受众网络新闻的阅读习惯与阅读倾向[179]，等等。这些研究方法大部分借鉴了信息科学、社会科学的研究方法，并且在网络环境下有很多网络信息统计分析工具来帮助进行网络受众的分析研究。

随着网络受众越来越多，相关的媒体数据积累也越来越多，传统的受众分析方法已经越来越不适应网络环境下的受众分析。曹刚[180]总结了大数据背景下受众研究面临的挑战：受众媒介使用行为的海量数据，给数据分析带来困难；受众媒介使用行为的高维数据，使传统统计方法难以应对；受众测量数据量非常大，而其中有价值的信息却很少。同时伴随着受众分析转向用户研究，用户行为科学的研究理论与方法将逐渐成为受众分析研究的主流。

参考文献

[1] 陈崇山．受众本位论［M］．北京：社会科学文献出版社，2008.

[2] 陈崇山．受众研究中的受众需要与受众评估［J］．中国广播电视学刊，1990（5）：63-66，76.

[3] 祝建华．上海郊区农村传播网络的调查分析［J］．复旦学报（社会科学版），1984（6）：70-76.

[4] 陈崇山．中国受众研究之回顾（中）［J］．当代传播，2001（2）：11-15.

[5] 迟淑娟．首次新闻受众调查在乌市进行［J］．新疆新闻界，1987（4）：31.

[6] 姜飞．中国传播研究的三次浪潮——纪念施拉姆访华30周年暨后施拉姆时代中国的传播研究［J］．新闻与传播研究，2012（4）：19-32，108-109.

[7] 30年中国受众研究的话语建构，http：//www.sinoss.net/2015/0424/53748.html.

[8] 宋小卫．关护受众——改革开放以来中国大陆的受众权益研

究 [J]. 新闻与传播研究, 1998 (4): 15-23.
[9] 陈崇山, 弭秀玲. 中国传播效果透视 [M]. 沈阳: 沈阳出版社, 1989.
[10] 张学洪. 新闻传播效力的一项实证分析 [J]. 新闻研究资料, 1992 (2): 17-29.
[11] 中共中央宣传部广播电影电视部联合调查组. 我国不发达地区农村广播电视听众、观众抽样调查综合分析报告 [J]. 中国广播电视学刊, 1989 (3): 82-88.
[12] 闵大洪, 陈崇山. 浙江省城乡受众接触新闻媒介行为与现代观念的相关性研究 [J]. 新闻与传播研究, 1991 (3): 14-46.
[13] 中国社会科学院新闻研究所"新闻传播与精神文明建设"课题组. 理想的受众——1992年北京受众调查报告 [J]. 新闻与传播研究, 1993 (2): 106-124.
[14] 孙五三. 媒介行为与观念现代化（媒介与观念现代化全国调查报告之二）[J]. 新闻与传播研究, 1994 (3): 70-80.
[15] 童清艳. 信息时代媒介受众的认知结构分析 [J]. 新闻与传播研究, 2000 (4): 75-82, 96-97.
[16] 陈文莉. 试论受众本位意识 [J]. 新闻大学, 2000 (2): 11-15.
[17] 胡翼青. 试论21世纪受众在传播中的地位 [J]. 新闻与传播研究, 2000 (4): 70-74, 96.
[18] 唐俊. 论媒介受众定位的战略理念 [J]. 当代传播, 2001 (6): 84-85.
[19] 夏继明. 谈新闻受众在新闻传播中的地位和作用 [J]. 理论观察, 2001 (5): 89-90.
[20] 吴廷俊, 章晓芳. 传者本位与受众本位——解读中西新闻传播运行机制 [J]. 新闻爱好者, 2002 (9): 13-15.
[21] 谢常青. 辨析"受众本位"意识 [J]. 新闻爱好者, 2003 (8): 14-15.
[22] 崔应会. 论当前媒介"受众本位观"的确立 [J]. 郑州经济管理干部学院学报, 2003 (4): 54-57.

[23] 黄蓉芳. 我国新闻受众中的女性缺席 [J]. 新闻与传播研究, 2000 (3): 29-34, 94.
[24] 高叶. 报纸媒体新闻受众女性缺位成因探析 [J]. 唯实, 2003 (1): 1-5.
[25] 赵雅文. 我国电视新闻节目女性受众缺位的现状及对策 [J]. 记者摇篮, 2005 (10): 16-18.
[26] 原洁, 付治涓. 论女性受众在大众传播媒介下的被动与沉默 [J]. 新闻三昧, 2009 (11): 41-43.
[27] 张艳红. 女性受众的主观能动性与通俗文本的效用——后现代女权主义的受众理论刍议 [J]. 现代传播, 2004 (3): 101-103.
[28] 曹茹, 高玉新. 满足受众需要的一般规律 [J]. 河北大学成人教育学院学报, 2000 (2): 48-50.
[29] 唐昌祺. 受众及受众研究的地位举足轻重 [J]. 中国广播电视学刊, 2000 (1): 25-26.
[30] 汪幼海. 满足受众需求开拓网络市场——网络新闻媒体可持续发展对策 [J]. 当代传播, 2001 (1): 29-30.
[31] 卢昌恕. 发挥受众的主体作用——提高大众文化育人效果的新途径 [J]. 厦门教育学院学报, 2001 (4): 69-72.
[32] 王锡苓. 传播学研究中受众地位与回馈作用演变 [J]. 兰州大学学报 (社会科学版), 2001, 29 (2): 114-118.
[33] 曹东升. 试从受众的角度审视播音创作 [J]. 视听界, 2000 (3): 45-46.
[34] 余彦君. 从受众角度看网络广播 [J]. 当代传播, 2000 (3): 30-32.
[35] 赵雪琴. 试论以受众为中心的网络资源建设 [J]. 情报探索, 2003 (3): 37-38.
[36] 焦江方. 受众本位意识论深层透视 [J]. 河北大学学报 (哲学社会科学版), 2001, 26 (3): 97-101.
[37] 王彩娜. 受众本位 VS 传播者本位 [J]. 中国广播电视学刊, 2003 (4): 52-53.

[38] 程江南．媚俗：受众本位意识在新闻报道中的偏差［J］．采·写·编，2005（4）：29-30.

[39] 李宁．娱乐新闻的庸俗化与受众的审美疲劳［J］．记者摇篮，2005（12）：53-54.

[40] 胡连利，白树亮，彭焕萍．传媒低俗化：受众中心论下媒体对受众的迎合与误读［J］．新闻知识，2010（9）：15-18.

[41] 王芳．电视新闻娱乐化：传播者与受众的合力［J］．长沙铁道学院学报（社会科学版），2005（4）：246-247.

[42] 刘朝霞，戚鸣．新闻娱乐化与受众需求的错位——报纸内容分析及大学生新闻需求调查［J］．新闻记者，2006（8）：43-44.

[43] 王耀民．当前我国大众传媒对受众认识的误区及相应的建议［J］．湖南师范大学社会科学学报，2005（3）：84-87.

[44] 常庆．浅议受众在大众传播中的地位［J］．山东科技大学学报（社会科学版），2007（5）：88-89，100.

[45] 尹达，阮建海．对“受众本位论”的深层审视与思考［J］．新闻知识，2007（9）：14-15.

[46] 冯祎春．评“受众本位”论［J］．北京电子科技学院学报，2008（3）：58-61.

[47] 刘艳婧，高炜．论“传者本位”与“受众本位”的内在张力［J］．内蒙古大学学报（哲学社会科学版），2009（4）：119-122.

[48] 彭晶晶．受众：商品的发现与人的忽视——“受众商品论”的一种解读［J］．新闻世界，2009（4）：55-57.

[49] 陈世华．“受众商品论”的理论溯源与未来走向［J］．新闻知识，2012（1）：3-5.

[50] 高亢．关于新媒体环境下“受众商品论”作用机理的思考［J］．现代传播，2013（5）：163-164.

[51] 祝明江．社会化媒体环境下“受众商品论”再阐释［J］．今传媒，2013（5）：153-155.

[52] 陈红梅．试析网络传播对受众接近权的突破［J］．新闻记者，

2001（12）：38-40.
[53] 沈正赋．灾难新闻报道方法及其对受众知情权的影响——从我国传媒对美国“9·11”事件报道谈起［J］．声屏世界，2002（5）：4-7.
[54] 张健．实现受众接近权的全新尝试——从人民网《强国论坛》到央视《时空连线》［J］．电视研究，2002（4）：27-29.
[55] 王子舟．论知识受众及其合法权益［J］．图书情报知识，2003（3）：2-6.
[56] 金晓春．受众知情权保障中的媒体责任［J］．当代传播，2005（3）：84-86.
[57] 关德兵．论网络新闻报道对受众知情权的影响［J］．现代视听，2009（8）：1-6.
[58] 张建波．从受众知情权角度看突发事件及其新闻报道策略［J］．山东师范大学学报（人文社会科学版），2010（2）：154-157.
[59] 陈汝东．受众伦理规范研究：历史、现状与趋势［J］．新闻与传播研究，2006（3）：61-67，95.
[60] 袁玲萍．信息时代受众权利不平等现象反思［J］．青年记者，2013（16）：43-44.
[61] 王朝晖．“多面人”——时代变迁中的受众［J］．国际新闻界，2001（4）：60-66.
[62] 杨群．受众注意力资源的研究和开发［J］．当代电视，2002（1）：48-49.
[63] 李平榕．努力满足受众的求近心理——悉尼奥运会报道的地域特色浅析［J］．新闻记者，2000（11）：41-42.
[64] 薛国林．新闻消费市场的受众心理障碍［J］．新闻记者，2000（10）：38-39.
[65] 周鄂生．试论新闻受众与文学受众心理的不同［J］．湛江师范学院学报（哲学社会科学版），2001，22（4）：81-85.
[66] 王红刚．影响广告受众认知心理的传统文化因素［J］．广告

大观，2001（5）：27-28.
[67] 陶喜红，孙卫华．从受众逆反心理看新闻宣传艺术［J］．新闻传播，2001（6）：74-75.
[68] 张文娟．大众传播中的受众逆反心理剖析［J］．高等函授学报（哲学社会科学版），2004（5）：47-48，65.
[69] 李大敏．受众逆反心理对传媒的阻抗及应对［J］．新闻知识，2006（7）：25-27.
[70] 范戈鸿．试论受众的逆反心理［J］．青年记者，2006（8）：36.
[71] 董秀成．论大众传播中的受众逆反心理［J］．当代传播，2007（4）：26-28.
[72] 杨纯．浅谈受众心理与传播效果［J］．新闻知识，2002（6）：27-28.
[73] 杨鹏，柳珊．受众心理机制与广告劝服效果［J］．现代传播，2002（1）：108-110.
[74] 杨芳芳．论新闻受众心理的三个层次［J］．云梦学刊，2003（4）：121-122，126.
[75] 杨桃莲．媚俗传播的受众心理分析［J］．锦州师范学院学报（哲学社会科学版），2003（5）：84-86.
[76] 陈润兰．论传媒文化对受众心理的消极影响［J］．株洲师范高等专科学校学报，2004（6）：43-45，62.
[77] 张艳容．浅析大众传媒的受众心理［J］．青海师专学报·教育科学，2004（6）：314-315.
[78] 张廷妍．足球比赛观众心理类型透视［J］．体育文化导刊，2002（5）：41.
[79] 陈立生．我国当代受众接受心理的七大基本特征［J］．编辑之友，2005（2）：4-8.
[80] 廖妮娜．信息传播全球化背景下受众的多重矛盾心理［J］．东南传播，2006（7）：81-82.
[81] 李楠楠．明星真人秀节目的受众心理分析［J］．东南传播，2007（8）：106-107.

[82] 周灿华，蔡浩明．网络受众的构成状况及心理需求刍议［J］．现代视听，2007（7）：14-17.
[83] 周丹丹．网络受众心理行为研究［J］．南都学坛，2008（2）：86-87.
[84] 刘建明．受众行为的反沉默螺旋模式［J］．现代传播，2002（2）：39-41.
[85] 李本乾，张国良．受众议程、媒介议程与真正现实关系的实证研究［J］．现代传播，2002（4）：45-47.
[86] 赵志立．网络传播条件下的“使用与满足”——一种新的受众观［J］．当代传播，2003（1）：58-60.
[87] 臧海群，张国良．受众研究的跨学科性质与方法——兼论建立跨学科的受众研究［J］．现代传播，2005（4）：37-39.
[88] 侯斌英．文化研究视野下受众研究的嬗变［J］．新疆大学学报（哲学社会科学版），2006（5）：120-124.
[89] 阎佳畅．受众分层参与——一种社会学的媒介受众分析［J］．广西民族大学学报（哲学社会科学版），2009（S1）：38-40.
[90] 孔令华，张敏．费斯克的生产性受众观——一种受众研究的新思路［J］．南京航空航天大学学报（社会科学版），2005，7（1）：48-52.
[91] 李苓．受众兴趣与需求的关系研究——平衡理论的看法［J］．西南民族大学学报（人文社科版），2005（1）：144-146.
[92] 陈燕华．“使用与满足”理论与科学的受众研究取向［J］．东南传播，2006（10）：21-22.
[93] 刘友芝．受众解码方式的经济学分析［J］．国际新闻界，2006（6）：56-59.
[94] 黄时进．论科学传播受众的网络时代特征——基于布尔迪厄场域理论的视角［J］．学术界，2008（2）：79-83.
[95] 黄鑫．互联网环境下受众的新变化——以观展/表演范式分析［J］．东南传播，2013（4）：103-105.
[96] 刘海龙．从受众研究看“传播学本土化”话语［J］．国际新闻界，2008（7）：5-10.

[97] 匡文波. 论网络传播学 [J]. 国际新闻界, 2001 (2): 46-51.
[98] 张海鹰. 新媒体与受众习惯的互动关系 [J]. 新闻大学, 2001 (3): 79-81.
[99] 张楠. 试论网络传播对受众的负面影响 [J]. 徐州工程学院学报 (自然科学版), 2001, 16 (4): 124-126.
[100] 张楠. 网络媒体受众: 是受者也是传者? [J]. 传媒观察, 2003 (3): 47-48.
[101] 朱金平. 受众对媒体逆向传播之探析 [J]. 军事记者, 2003 (8): 16-17, 3.
[102] 曹小英. 网络受众定量研究 [J]. 科技广场, 2004 (8): 107-108.
[103] 刘波. 读图时代的受众心理和阅读取向 [J]. 编辑学刊, 2005 (1): 34-36.
[104] 李培林. 图像传播语境下的媒体受众观与受众读图心理研究 [J]. 南京师大学报 (社会科学版), 2006 (6): 153-157.
[105] 谢昌军. "读图时代" 与受众的读图心理探究 [J]. 新闻窗, 2007 (3): 114-115.
[106] 刘昊. 从网络受众特点谈网络新闻传播策略 [J]. 中共成都市委党校学报 (哲学社会科学), 2005 (6): 66-67.
[107] 蔡骐, 谢莹. 受众视域中的网络恶搞文化 [J]. 新闻与传播研究, 2008 (3): 78-83, 97.
[108] 陈红莲. 从网络流行语看网络受众心理——以 2009 年 "十大网络流行语" 为例 [J]. 新闻爱好者, 2010 (11): 21-22.
[109] 胡瑛. 媒介重度使用者 "粉丝" 的受众特性解析 [J]. 重庆邮电大学学报 (社会科学版), 2008 (5): 62-67.
[110] 王怀春. 新媒介时代受众对媒介依赖的变化 [J]. 当代传播, 2009 (2): 90-92.
[111] 肖飞. 受众对新闻类 APP 的使用与满足分析 [J]. 传播与版权, 2013 (3): 76-77, 80.

[112] 马持节. 手机电视发展的受众因素分析 [J]. 新闻界, 2007 (3): 94-96.
[113] 彭兰. 传播者、受众、渠道: 博客传播的深层机制 [J]. 上海师范大学学报 (哲学社会科学版), 2007 (6): 83-90.
[114] 詹恂, 古玉立. 我国校园 SNS 受众媒介使用的调查 [J]. 新闻界, 2008 (3): 48-50, 8.
[115] 何瑶, 陈晓芝. 从受众视角解读微博现象 [J]. 新闻爱好者, 2010 (19): 42-43.
[116] 胡会娜, 李杰. 从需求理论看微博对受众需求的满足 [J]. 新闻世界, 2010 (8): 266-267.
[117] 蔡骐, 黄瑶瑛. 新媒体传播与受众参与式文化的发展 [J]. 新闻记者, 2011 (8): 28-33.
[118] 曹雁. 论"社交媒体"对受众的影响 [J]. 新闻世界, 2011 (9): 121-122.
[119] 蔡骐. 粉丝型受众探析 [J]. 新闻与传播研究, 2011 (2): 33-41, 110.
[120] 李妍. 自媒体时代微博受众的心理分析 [J]. 新闻世界, 2013 (11): 102-103.
[121] 程澄. 微信公众平台的受众"使用与满足"行为探究 [J]. 传媒, 2014 (10): 50-51.
[122] 李燕飞. 微信受众的"使用与满足"研究 [J]. 青年记者, 2014 (16): 93-93.
[123] 宋辰婷. 草根明星走红的受众心理分析 [J]. 新闻界, 2013 (24): 44-49.
[124] 杨慧琼. 从议程设置理论解析网络受众的传播地位——以媒介事件马加爵入手 [J]. 新闻与传播研究, 2005 (2): 35-39, 95.
[125] 乐程. 简析网络传播中受众角色的变化 [J]. 安徽教育学院学报, 2005, 23 (5): 114-115.
[126] 黄卫星, 康国卿. 受众心理视角下的网络谣言生成与治理——以"艾滋女"事件为例 [J]. 中州学刊, 2011 (2):

255-258.
[127] 吴美娜，项国雄．媒介与受众：从分离走向融合 [J]．新闻界，2005（5）：50-51，49.
[128] 陈亚栋．“农”字电视节目如何赢得受众 [J]．新闻通讯，2001（9）：40-41.
[129] 华音．广播电视播音如何贴近受众 [J]．现代传播，2001（5）：141-142.
[130] 刘影．一个大写的“民”字——浅谈南京《现代快报》的受众意识 [J]．新闻采编，2001（3）：17-19.
[131] 陈学良．锁住受众“眼球”——浅谈报纸媒介经营的生命之源 [J]．记者摇篮，2001（7）：8-9.
[132] 喻国明．试论受众注意力资源的获得与维系（上）——关于传播营销的策略分析 [J]．当代传播，2000（2）：23-24.
[133] 杨群．受众注意力资源的研究和开发 [J]．当代电视，2002（1）：48-49.
[134] 沈浩．观众研究中的心理学视角：从基模理论看《大话西游》的观众解读 [J]．新闻大学，2002（4）：20-25.
[135] 贺宇，于红梅．传者中心论到受者中心论——从《东方时空》看电视新闻受众观念的变化 [J]．理论观察，2002（3）：94-96.
[136] 邹宇春，风笑天．青年受众眼中的《焦点访谈》[J]．青年探索，2002（5）：3-6.
[137] 王辰瑶．流行·距离·反抗——对《超级女声》受众解读的实证研究 [J]．中国电视，2006（3）：21-24.
[138] 田丽丽．电视连续剧《仙剑奇侠传》的受众分析 [J]．声屏世界，2006（9）：40-41.
[139] 陈效．网络受众心理特征分析——以华南虎照片事件为例 [J]．东南传播，2008（3）：60-62.
[140] 周莉．《中国好声音》对受众的需求满足 [J]．新闻世界，2012（9）：238-239.
[141] 孙妍峰，张芊．从《中国好声音》看选秀节目的受众心理

[J]. 现代视听，2012（9）：36-41.
[142] 王丽娜.《中国好声音》的受众心理分析［J］. 青年记者，2013（2）：59-60.
[143] 李凌.《爸爸去哪儿》的受众体验分析［J］. 现代传播，2014（7）：80-84.
[144] 李敏. 节目创新应以受众为起点《汉字英雄》现象背后的电视节目创新启示［J］. 声屏世界·广告人，2014（3）：94-96.
[145] 李芳，邵成武. 以人为本的受众观：深度解读《最强大脑》［J］. 当代电视，2014（6）：11-12.
[146] 刘娟. 从受众心理诉求论节目主持群的生存——以湖南卫视《快乐大本营》《天天向上》为例［J］. 现代视听，2010（1）：64-66.
[147] 廖圣清，申琦. 电视相亲节目的创新与发展——受众分析的视角［J］. 当代传播，2010（5）：50-51，58.
[148] 强月新，张明新. 从“使用与满足论”视角看我国农村受众的电视收看动机［J］. 现代传播，2007（5）：62-65，104.
[149] 黄会林，俞虹，韩培，陈可红. 受众与影视品牌战略发展的民族化思考——北京电影、电视观众基本情况调查分析［J］. 现代传播，2004（1）：36-41.
[150] 崔保国. 信息行为论——受众研究的一种新思维［J］. 当代传播，2000（1）：34-37.
[151] 杨洸，陈怀林. 传媒接触对本地城市形象的影响——珠海受众调查结果分析［J］. 新闻与传播研究，2005（3）：66-75，95.
[152] 张志安，沈菲. 新传播形态下的中国受众：总体特征及群体差异（上）［J］. 现代传播，2014（3）：27-31.
[153] 陈崇山. 老年受众媒介行为分析［J］. 新闻实践，2000（4）：23-25.

[154] 张国良，江潇．上海网络受众的现状及发展趋势——“上海市民与媒介生态”抽样调查报告（之二）[J]．新闻记者，2000（8）：18-21.

[155] 韩强．民族特征与新闻选择偏好——乌鲁木齐地区第二次多民族受众调查（下）[J]．当代传播，2000（1）：46-48.

[156] 叶伏华．江西农村不同受众群体接触媒介状况调查报告[J]．声屏世界，2001（11）：40-42.

[157] 谢静．上海受众对报纸的认知与评价——来自上海报摊的调查报告 [J]．新闻记者，2001（7）：48-51.

[158] 项隆元，陈建江．博物馆观众娱乐性需求的认识与博物馆娱乐功能的确立 [J]．北方文物，2002（4）：95-99.

[159] 彭勃，王小斌．试论老年受众的特征和老年节目的定位[J]．声屏世界，2002（3）：33.

[160] 张毓麟．台湾受众“接近使用媒介”概况——兼论“接近使用媒介权”存在之必要 [J]．新闻记者，2002（7）：28-29.

[161] 谢欢．中国历史电视剧的受众心理分析 [J]．渤海大学学报（哲学社会科学版），2004（5）：119-122.

[162] 杨文全．新闻标题语言与受众心理 [J]．云南民族学院学报（哲学社会科学版），2003（6）：107-110.

[163] 郭平保．新闻监督报道受众不满意的原因 [J]．当代传播，2003（4）：58-59.

[164] 陈霞．受众需要什么样的页面——浅论网络新闻主页编排设计的几个原则 [J]．新闻实践，2001（10）：50-52.

[165] 许业丹，徐有智．信息化科技传播的受众需求分析 [J]．编辑学报，2002（5）：327-329.

[166] 高钢．受众需求的变化与网络传播策略的调整 [J]．中国记者，2003（5）：74-75.

[167] 马玉宁．浅谈媒介融合时代的受众观念 [J]．新闻世界，2013（12）：127-128.

[168] 蔡骐，黄瑶瑛．新媒体传播与受众参与式文化的发展 [J]．新闻记者，2011 (8)：28-33.
[169] 周迎．微时代的受众研究（一） [J]．科技传播，2014 (13)：25-26.
[170] 杜松源，吴景海，张合斌．网络信息受众碎片化研究 [J]．科技情报开发与经济，2014 (15)：92-94.
[171] 李欣人，段婷婷．权威的消解与受众的转化：数字出版时代传播关系的重构 [J]．出版发行研究，2009 (10)：59-62.
[172] 康彬．新媒体时代的受众研究——由麦奎尔的《受众分析》谈起 [J]．新闻知识，2011 (1)：30-32.
[173] 蔡雯．从面向“受众”到面对“用户”——试论传媒业态变化对新闻编辑的影响 [J]．国际新闻界，2011 (5)：6-10.
[174] 姜圣瑜．从“受众时代”走向“用户时代” [J]．传媒观察，2011 (4)：24-26.
[175] 朱李莉，卢冰原，彭扬．基于 Rough Set 的网络媒体受众分析模型的研究 [J]．现代情报，2005，25 (7)：10-12.
[176] 何跃，郭辉．应用关联规则挖掘研究观众喜爱的电视节目 [J]．统计与决策，2007 (11)：55-57.
[177] 刘鲁川，孙凯．移动出版服务受众采纳的行为模式——基于信息技术接受模型的实证研究 [J]．国际新闻界，2011 (6)：104-111.
[178] 罗兵．Google 搜索呈现俄语受众对中国的兴趣指向——基于 Google 关键词指数的受众分析 [J]．当代传播，2013 (2)：55-58.
[179] 王小新．当前我国受众网络新闻的阅读习惯与阅读倾向——以百度热搜词为例 [J]．今传媒，2013 (9)：41-42.
[180] 曹刚．大数据背景下受众研究面临的挑战及对策 [J]．传媒，2013 (9)：71-72.

【作者简介】

徐雷，男，1986 年生，武汉大学出版科学系讲师，长期从事语义 Web、本体相关领域的研究，目前主要研究方向是数字出版、网络用户行为分析等。曾参与科技部 973 项目、科技支撑计划、国家自然科学基金、教育部重大项目、横向项目多项，目前主持中国博士后科学基金、武汉大学自主科研项目、国家自然科学青年基金各 1 项。出版专著 1 部、发明专利 1 项、核心论文 20 余篇。

2010年以来中国出版史料编纂述评

吴永贵　朱　琳

（武汉大学信息管理学院）

【摘　要】受益于各种基金政策的支持，新世纪第二个十年以来，国内出版史料整理取得了相当大的成果。本文述评的史料类型有人物年谱、全集、日记等形式的出版人物史料、综合性的出版史料汇编、发行书目丛刊、地方性出版史料，以及书录、机构名录之类的史料，并对未来出版史料的编纂，提出了一些建设性的构想。

【关键词】出版史料　编纂　述评

A Review on Complication of Historical Materials of China's Publishing Industry since 2010

Wu Yonggui　Zhu Lin

(School of Information Management, Wuhan University)

【Abstract】Benefited from various funding support, the collation of publishing historical materials in China has made great achievements since the second decade of the new century. This review studies the following kinds of historical materials, including publisher historical materials (which consist of chronicles of characters, complete works and diaries), comprehensive publishing historical materials compilation, catalogues of issued publications, local publishing historical materials as well as bibliographies and directories of institutions. This review also puts forward a number of constructive ideas for future codification of publishing historical materials.

【Key words】 publishing historical materials　the codification　the review

出版史虽说是专门史，但它同时又是知识生产史、媒介传播史以及思想文化史的下位类或交叉区域，因而就不难理解，缘何会有那么多不同学科领域的研究群体蜂拥其间。在西方学术界，出版史是印刷文化史或书籍史的一部分，近些年有发展成为显学的趋势，无论是理论方法还是史料开掘，都有相当深入的拓展，研究成果频出。就近年来的中国出版史研究而言，张国功在《现代性视野中的近现代出版文化研究》一文中曾有概括性的总结。他说："中国出版史研究大体发生由史料整理到史观透视、由梳理史料到学术阐释的转型。在这转型过程中，最明显的变化趋势，是近现代文学、新闻传播学、文化史、文学社会学、知识社会学、思想史等多学科研究队伍大量介入出版史研究，域外诸多与出版文化相关的著作与理论不断引进。这种跨学科、多角度、综合性的努力，推动着出版史研究学术视野得到极大的拓展，理论观照得到深化。"[1]这个高度凝练的结论，乃基于当前研究现状的分析，有坚实的事实为依据，只是在"史料整理现状"的判断上，他的观察稍显偏离。事实上，这些年的出版史料整理，不减反增。由于史料从来都是史学研究的基础，而近些年得益于各种类型出版基金的资助，促成了许多大型史料集的相继出版。其中，最令人瞩目的部分，则是那些日记、年谱、全集等指向于人物专题的史料。它表明史料的挖掘在继续着大型化轨迹的同时，开始向专深化方向发展；也表明史料的整理与史观的阐释，一直如影随形般协同向前。

1　年谱长编

在出版史学界，与商务印书馆相关的史料长期以来一直都是被关注的重点。张元济（号菊生）作为商务印书馆的奠基者与灵魂人物，对他的研究是中国近代出版史中最有建树的领域之一，仅各种张元济传记的出版就达十余种之多，学术论文更是以千百计数。年谱作为传记的特殊体裁形式，它是以时间为坐标，史实为横断面，汇集谱主生平事迹、著述及其他史料的资料详编。早在1991年，《张元济年谱》就由商务印书馆出版。该年谱总字数达71.8万字，算得上是长编年谱了，它为后来的张元济研究热及张元济传记著述的兴起，奠定了坚实的史料基础。

《张元济年谱》主编张树年，为谱主之哲嗣，这种亲属关系所拥有的得天独厚的资料条件，是该年谱所以能“编长”的重要因素。同时我们也应注意到，商务印书馆作为该书的出版者和传主历史渊源的承继者，从旁给予的协助，与有力焉。当年陈瀚伯曾亲赴上海办事处，查找了许多历史材料，并将这些材料运往北京，同时设立了馆史研究室，举办馆史展览；后继的商务领导如陈原、林尔蔚、杨德炎、于殿利等，都萧规曹随，先后多次组织馆史研究。[2]商务印书馆馆史研究室中所藏的《商务印书馆董事会记录（未刊稿）》《商务印书馆股东会记录簿（未刊稿）》，为《张元济年谱》的史料来源之一。[3]而1979年商务印书馆创刊的内部刊物——《商务印书馆馆史资料》，其1~47期，也被编者列入了《张元济年谱》的参考文献之中。该刊以抢救的方式，保存了大量珍贵的第一手资料，1993年曾因故停刊，时隔19年之后的2012年又重新复刊，于2015年9月续出至新5期。该刊也是目前国内唯一一本专论本机构历史的史料性刊物。

从历史上看，商务印书馆之重视馆史，并不是20世纪80年代才开始的做法，而有着更为久远的传统。在民国时期，商务印书馆每每逢五、逢十周年，必定要大张旗鼓，庆祝一番，作为商务印书馆元老的张元济，这些日子就显得更加忙碌，当时上海发行量最大的报纸《申报》对此事有追踪报道。如1926年8月8日下午，商务印书馆职工会暨同人俱乐部发起三十周年庆祝大会，次日的《申报》便详细报道了其前后经过。在此次庆祝会上，张元济代表馆方，在致职工会答词之余，“并代表公司敬赠银盾大鼎一座，由工会方面代表接受，并致谢意”（《申报》，1926 年 8 月 9 日）。在《张元济年谱》的相应日期条目中，亦记载了张元济的此次活动，并从《商务印书馆 1897—1927 工运史料》的《蒋钟麟回忆稿》中，摘录了张元济此次发言的内容，但回忆稿中的内容表述与《申报》新闻稿中的文本不大一样。2011 年上海交通大学出版社出版的《张元济年谱长编》，则完全誊录了《张元济年谱》中的本条条目内容。这种前后一致，也印证了张杰在《序一》中所说的：上海交通大学出版社出版的《张元济年谱长编》，即是商务印书馆版《张元济年谱》的扩展版。《张元济年谱长编》长达 180.9 万字，分上下卷，两大厚册，是昔日商务版《年谱》容量的两倍有余，说明在资料内容的深度和广度上，确有了大幅度的拓展，而且体例上有所改进，一些史实得以重新考订和厘清，纠正了过去文本中的一些讹误。[4]

《张元济年谱长编》是由柳和城、张人凤合作完成的，此前，他们亦一同参与了《张元济年谱》的编著。柳和城为商务印书馆史研究专家，著有《张元济传》（南京大学出版社，1996 年）；张人凤则是张树年之子、张元济之孙，著有《智民之师：张元济》（山东画报出版社，1998 年）。在《张元济年谱》出版后，他们一直勤勉收集新发现的史料，得益于近十几年来国家清史编纂委员会的推动，大量书札、日记、稿本和抄本等文献纷纷问世；另外，随着内地档案管理制度的改革，使得近二十年来档案的开放度也越来越大，许多原本无法亲眼见到的有关张元济和商务印书馆的新老档案文书和张元济佚文旧札纷纷现身学界，这使得《长编》的问世不仅有了可能，也有了必要。[5]这是《长篇》之所以能在数量和质量上更上一层楼的主客观原因。邹振环在为该书所写的序中，专门指出了这一点。他接着进一步评价道，《长编》的成果，反映了张元济研究“切切实实的推进”，可看成是“新时期中国学术史”进步的一个缩影。在笔者看来，该成果同样也反映了商务印书馆史及其所代表的近代出版文化史研究的步步深入。把张元济及其所在的商务印书馆放在中国近代文化史的脉络中去认识和理解，是近些年来商务印书馆史研究的主要价值取向，这种文化史视野的观照，使得商务印书馆及其主事者们的研究，获得了开放的研究空间和蓬勃的学术生命力。

而今随着新学术工具如各种文献数据库的纷纷创建，借助于计算机强大的检索功能，定当还会有新的张元济史料被不断挖掘出来，“长编”还可以继续“长”下去。笔者曾尝试分别用“张元济”和“张菊生”作搜索词，查找爱如生《申报》数据库，就检索出数十条《年谱长编》中不曾编入的资料。20 世纪 30 年代中后期开始，商务印书馆经历了数次劳资纠纷，几乎每一次劳资关系谈判中，《申报》上都有关于张元济在场的新闻报道，在公司股东资本利益与职工同人薪酬福利的较量和考量中，显现出张元济更为丰富的性格和人格面向，而这一点，在诸多出版的张元济传记中往往语焉不详。

在近代出版人物圈子中，张元济当然不是唯一被编写年谱者，甚至不是最早的年谱传主。1991 年商务版《张元济年谱》所列的参考文献中，就有台湾“商务印书馆”1987 年出版的《王云五先生年谱初稿》（王寿南编）。王云五（号岫庐）是继张元济、高梦旦之后的商务印书馆编译所所长，后来又担任商务印书馆总经理，执掌商务印书馆馆务多年，其在出版史上的重要性不问可知。据该书编者王寿南在《自序》中所言，他写作此书所用的材料中，有相当一部分来自王云五本人生前不愿公开出版的自编年谱，好在该自编年谱内容的极大部分编入了王云五著的《岫庐八十自述》（台湾“商务印书馆”，1967 年）中。而《岫庐八十自述》，内地有节录版的刊印（上海人民出版社，2007 年）。王云五生前还著有《商务印书馆与新教育年谱》（台湾“商务印书馆”，1973 年），该书被收进了内地出版的《王云五文集》（江西教育出版社，2008 年）中。未曾公开出版的出版人年谱中，还有《陆费伯鸿先生年谱》，该年谱由郑子展编，1946 年 7 月作为内部资料刊印。作为民国时期第二大书局的创办者和长期主持人，以陆费逵（字伯鸿）其实际的影响力，的确该有一本与其地位匹配的公开出版的长编年谱。

2 个人全集

全集，以一种出版的方式，表达了出版者对写作者近乎最高级别的文化礼遇，它试图将写作者平生所有文字一网打尽，不论其是公开发表的，还是私密性质如日记、书信之类，均认可其纸墨上的价值。一旦有机会出版全集，往往表明了他在其所在的文学、学术或文化领域里，具有了符号象征意义，这为他今后进入经典化的历史性书写提供了通道。

2007—2010年出版的10卷本《张元济全集》，是中国内地出版界第一次为一个出版家身份的人出版全集。出版者商务印书馆以此方式纪念它的杰出前辈，胜过任何言语文字的礼赞。《全集》主编张人凤在撰文介绍其编辑始末时，特别指出《全集》的出版，是商务印书馆对张元济著作长期规划而水到渠成的最终结果[6]。若干年来，商务印书馆出版的张元济著作绳绳相继，其一连串的书目单，清晰地显示了它的出版“路线图”：《张元济书札》（1981年）、《张元济日记》（1981年）、《张元济傅增湘论书尺牍》（1983年）、《张元济诗文》（1986年）、《校史随笔》（1990年）、《张元济书札（增订本）》（1997年）、《张元济古籍书目序跋汇编》（2003年）和16种《百衲本二十四史校勘记》（整理稿誊清本，1997—2004年）。这些单行本的汇编，构成了《全集》的主体内容架构。但此次张元济遗文的全部结集出版，绝不是简单的聚合而已，它投入了主编者大量的编辑工作，除了按文献的体裁和写作时间先后作编排之外，主要还有如下工作：对一些不太完整的信件或文章做了进一步考订；对原来不署书写年份的书信或文章的书写年份尽量作出考订；尽力寻找原稿（包括原稿复印或影印件）或初次出版物，纠正以往历次公开出版过程中造成的文字错误，保持历史文献的原真性。[7]特别要指出的是，该次《全集》编入了商务历年股东会、董事会记录簿内张元济所作的工作报告、讲话、发言、提交的议案等。这些记录簿被看做是商务馆史资料中的镇馆之宝，从未公开发表，见过的人不多，引用过的人更少。这些报告、讲话，大大丰富了《全集》的内容。从文章篇幅（不包括古籍序跋）看，关于商务工作的占了近40%，真实地反映了张元济一生将主要精力投身于商务印书馆事业的事实。[8]

继《张元济全集》之后，商务印书馆史上的另一大掌门人王云五的全集，亦于2013年由九州出版社出版。在此之前，内地曾有《王云五文集》（2008年江西教育出版社）的出版，时隔五年后又有其全集的问世。此套全集乃台湾“商务印书馆”出版的《王云五先生全集》的简体字版，只是在体例、格式、标号和文字等方面，作了必要的整理订正，并省略各册相互重复的篇目，增补了最新发现的著作[9]。王云五一生经历丰富，又勤于著述，因而收罗在全集中的字数达700余万字，总计21册30种。正如《张元济全集》中含有作者大量诗文、书信和古籍研究的文字一样，《王云五全集》中也只有部分卷集，纯为他关于出版文字的论述，这反映了一个杰出的出版家应有的博杂学识与广泛交际。王云五年轻时耽读《大不列颠百科全书》，执掌商务印书馆编译所以后，策划各类型丛书，尤以包容百科的《万有文库》著称于时；他对刊印中国版的百科全书，亦念之系之，惜格于形势，未能在其任上如愿。正是他广博的学识，兼之他善于应用现代西方的管理模式及开拓勇为的个人性格，才使他站在了中国出版家的峰顶之上，赢得了包括张元济在内的商务印书馆同人的高度认可。王云五后来在内地长期广受争议，是他1946年弃商从政、脱离商务印书馆而入职国民政府所导致的结果。在高度政治化的时代，政治话语主导的人物评价模式，曾长期形塑了人们固化的历史判断，直到近些年来才出现明显变化，容受多元化的视角，从《王云五文集》到《王云五全集》的出版，亦能见出这一变化的端倪。

就个人的出版事功及对社会的出版文化贡献而论，可与商务印书馆的张、王比肩者，还有中华书局创办人及总经理陆费逵。基于盼望《陆费逵年谱长编》的同样心情，我们期待着他个人全集的早日出版。不同于世界书局总经理沈知方是一个纯粹的出版企业家，陆费逵有相当多的著述行世。他早年曾任《楚报》主笔，1909年创刊并主编了著名的《教育杂志》，因而完全可以说，文字撰述是其早年的当家本行，特别是其在辛亥（1911 年）前后有关教育的宏言伟论，为他赢得了教育家的专门指称。2000 年人民教育出版社出版了一套《中国近代教育论著丛书》，其中就收有吕达主编的《陆费逵教育论著选》。在该书的末尾，开示了一个附录性质的《陆费逵主编的报刊和著作年表》，除了上文提到的《楚报》和《教育杂志》外，还有《岳武穆传》（1904 年，未刊）、《恨海花》（1904 年，未刊）、《图书月报》（第 1 期任主编，后任编辑，1906 年）、《世界教育状况》（《教育杂志》临时增刊，商务印书馆，1911 年）、《实业家之修养》（中华书局，1914 年）、《国民之修养》（第一编，中华书局，1919 年）、《教育文存》（中华书局，1922 年）、《青年修养杂谈》（中华书局，1926 年）、《妇女问题杂谈》（中华书局，1926 年）。上述列举，呈现了这样一个基本事实判断，即陆费逵公开发表的著述文字数量，虽少于王云五，但一定多于张元济，因而具备了编纂全集的基本资料条件。作为机构方的中华书局，这些年每遇逢五逢十局庆，必定要刊印本局的历史文献，在自家身世的盘点和重视程度上，中华书局的作为与商务印书馆不相伯仲。中华书局还是出版史学术研究的热心支持者，2015 年创刊的《中国出版史研究》，即由中华书局主办，它接续停刊的《出版史料》（开明书局出版），是中国目下唯一一部出版史专业刊物。然而遗憾的是，中华书局创办人的年谱和全集至今缺席，想必其中别有原因存焉。陆费逵卒于其人生壮年，1941 年在香港突然病逝时才 56 岁，动荡的抗战岁月，又客死他乡，这些因素都不利于他私人文字如书信日记（尚不知他是否有记日记的习惯）的留存，而《张元济全集》十卷本，日记和书信占了其中的五卷。张元济和王云五都活到九十余岁的高龄，在其人生谢幕之际都受到各自当局者的高度礼遇，这也有利于他们资料的保存和延续。际遇的差别，一定会影响到结果，个人年谱和全集的有无，亦是被间接影响到的结果之一。

据笔者搜检所得，近年来有三本陆费逵的著作出版，它们是《陆费逵文选》（中华书局，2011 年）、《陆费逵自述》（安徽文艺出版社，2013 年）、《陆费逵谈教育》（辽宁人民出版社，2015

年），说明陆费逵从未淡出人们的视野。若能仿效商务印书馆的做法，花大力气并以开放的心态收集和挖掘各种公开和私密的材料，编纂其个人全集还是有可能的。作为中华书局的长期主持人和上海书业商会多年的会长，陆费逵的讲话、工作报告、议案之类，当还有相当数量存世，仅《申报》上就载有他不少公开谈话，每当出版界遇到大事需要协调时，他往往代表书业商会出面表态。陆费逵交游广泛，作为过去主要通讯方式的书信之类，亦当有不少留存。如果判断成立，我们就更有理由盼望陆费逵年谱和全集早日问世了。

3 大型日记

过去文人多有记日记的习惯。这些日记若有幸留存至今，因其原生态的文献价值，而被历史研究者视若拱璧，近些年日记丛刊的大规模整理与出版，当缘于此种价值判断。于出版者而言，他们当中很多即是著名文人，即便不被视为文人，也一定是文人圈中的重要角色，乃至于核心的位置。他们司理着文人书稿出版之事，分任着与作者的联络与交流，以及筛选与评判书稿的工作，自然而然地，与各路有出书愿望的智识群体发生着工作上乃至情感上的关系，日之所记，书写的不啻是那个年代的知识群体交往互动脉络图，与静坐书斋的学人相比，他们有更多的社会性面向，其信息量之丰富与多元，可供各种目标研究者钩沉索隐于其中。先前出版的出版人日记中，有《张元济日记》（商务印书馆，1981 年）、《叶圣陶日记》（山西教育出版社，1997 年）等，这些日记后来都收录进传主各自的全集中，如《张元济全集》之六、七两卷，《叶圣陶集》之十九至二十三卷，便是其各自的日记集。

近年来日记出版的一个重要现象，就是大部头日记的影印出版。2011 年国家图书馆出版社影印出版的《王伯祥日记》，全 44 册；2013 年上海辞书出版社影印出版的《舒新城日记》，全 34 册；2014 年中华书局影印出版的《蒋维乔日记》，全 30 册。这当然是日记传主勤勉书写的结果，日积月累，成就了皇皇巨册，而如今重见天日，获得出版的机缘，则得益于当下各种政府出版基金的扶持。日记传主们生前均是出版中人，身后沾益于基金模式而有幸临及其身，这或许是他们生前不曾料到的吧？他们的一生跨越不同时代，亦有多种文化或行政职务身份，有相当丰富的人生面向，但共同之处则在于，其一生的某个相当长时期或大部分时期从事于出版工作，并成就非凡，被人冠以出版家的称誉。如祖籍江苏常州的蒋维乔，1903年即进入商务印书馆，是该馆“常州帮”第一人。他致力于小学新式教科书的编纂，前后达10年之久。尤其是与张元济、高梦旦以及日本人小谷重、长尾槙太郎等联袂编写的“最新国文教科书”，是中国教育史上第一部真正具有现代意义的小学教科书，其厘定的教育目标主旨和建立的知识组织框架，堪称奠基性质的教科书文本，对后来的小学教科书编写具有规范性和引领性的贡献。蒋氏日记始于光绪丙申年（1896年）九月初二，止于1958年2月28日，共计63年，对于其商务十年的教科书编纂日记，如今的教育史和出版史研究者，如何可以错失这样原始而又鲜活的史料！

与蒋维乔相似，王伯祥也有十余年的商务印书馆编辑经历。他1921年入职商务印书馆，比蒋维乔晚了18年，算得上是商务印书馆的第二代业务骨干，主要编辑史地方面的书籍，直至1932年“一·二八”事变中商务印书馆遭遇日军轰炸后，他才转任于开明书店工作。在开明书店，他参与编辑中小学教科书，而最重要的贡献则是主持编印了《二十五史》《二十五史补编》等大型古籍。《二十五史》用殿版影印，在《二十四史》之外，加上了柯劭忞的《新元史》，以补《二十四史》之所未备，另外，《二十五史》还将王颂蔚的《明史考证捃逸》分割开来，排在明史各卷的后面。这样除了《新元史》之外，每史都有了考证。同时在各史的后面附加有《参考书目》，在全书的后面又附加了《人名索引》。这些编辑上的作为，都切合于现代史学的学术方式，扩充了传统正史新的文本内涵。在接续《二十五史》刊印后的次年（1936年），王伯祥又有《二十五史补编》的辑印，在编排体例和选定书目方面，他广泛征求了一些著名史学家、目录学家的意见，《凡例》说对于正史表志“凡增补、注释、考订、校勘诸作，不问往哲遗籍，时贤近著，知见所及，靡不甄采，良以学者博综，无取专己，职在广罗，弗嫌标榜”。表现出了现代史料学视野下的对完备性的极致化追求，也体现了王伯祥作为新一代编辑，对在新史学环境下的古籍整理价值的重新确认、重新发现与重新塑造的过程。《王伯祥日记》始记于1924年，终于1975年，除了“文革”期间停记了几年之外，基本完整。在现代学者中，研究叶圣陶的商金林，研究郑振铎的陈福康，都曾从《王伯祥日记》未刊稿中辑录了大量叶、郑二人与王伯祥交往的资料[10]，如今一朝得以公开面世，定当使更多学者有更广泛的利用。

论生卒年，舒新城（1893—1960年）比王伯祥（1890—1975年）生得要晚，死得要早，但舒新城1908年即在他15岁时，其日记就已留存下来，直至他去世，因而两人日记的时间跨度，大致旗鼓相当。舒新城在而立之年之后才进入出版界，之前他是以教育家名世，这个身份以及他的教育观念和教育研究上的成就，深得中华书局总经理陆费逵的认可与赏识，再三邀约其入局共事，先是1928年受聘任《辞海》主编，从1930年起，任中华书局编辑所所长兼图书馆馆长，人生重心从教育领域开始转向出版领域，日记中便有大量他关于出版活动中所作所为、所思所想的记载。就像《王伯祥日记》中呈现大量不为人知的开明书店细节一样，1930年后的《舒新城日记》中的中华书局史料亦是俯拾皆是，细大不捐，不避烦琐一一道来。20世纪80年代中后期，上海《出版史料》上曾连载了由卢润祥、赵春祥整理的部分舒新城日记[11]，多被出版史研究者征引，可见其价值。舒新城日记中记事之详赡，当是他本人一贯持有的强烈史料意识的产物，他撰写《近代中国教育思想史》，编辑《近代中国教育史料》，便得益于他广泛的教育史料个人收藏，这些个人收藏，后来在陆费逵的动员下转售给了中华书局图书馆。他的史料意识于日记中的体现，不仅翔实记载了他对社会时事的观察和分析，记录了他个人和家庭的生活日常，对于一些重要事件，还附有剪报或照片，甚至于传单和演出单，都成为他日记中剪贴夹收的对象。上海辞书出版社出版的该日记，悉按原稿原样予以影印出版[12]，这种还原存真的整理出版方式，应当最贴近日记传主的心思，对学术研究也最有价值。附带说一句，作为日记出版者的上海辞书出版社，早期的历史是中华书局20世纪50年代搬迁北京后设在上海的一个分社——中华书局辞海编辑所，舒为首任所长，直至1978年，才从中华书局名义下完全脱离出来，成为一个独立的出版主体，其图书馆的藏书，多数继承了原舒新城任馆长的中华书局图书馆的遗留，在全国所有出版机构中，以上海辞书出版社图书馆藏书最为丰富，其原因即在此。舒新城去世后，他的妻子刘济群于1981年，将日记80余册全部捐赠上海辞书出版社图书馆珍藏，渊源也当在此。这样的出版故实，也算是一段出版史料了。

2014年12月，上海辞书出版社又出版了《舒新城日记索引》（董一鸣、谢坤生、秦振庭编），将“原书中所涉及的人名、机构名、著作名逐一标引编辑成册，以裨更好地发挥原书作用”[13]，这种贴近读者需求的做法，特别值得普及于所有以影印方式出版的日记。影印的优点在于存真不失原貌，在采信上要胜于排印整理出版。缺点是，若日记传主字迹潦草，则辨认为难。有使用者在豆瓣上吐槽《王伯祥日记》说，王氏日记竖排毛笔草书，又不加句读，“对谁都是很大的考验”，他看的时候，曾经先后请了专业是古代文学、练过书法的朋友，以及图书馆的两位文字学的老师，他们对一些字词都难以判断，其难度可想而知。[14]若出版《王伯祥日记》的国家图书馆出版社，也效法《舒新城日记》的做法，曾经编过《二十五史人名索引》的王伯祥若泉下有知，一定乐于欣见吧。

4 出版史料汇编

国内大规模、成系统地汇编出版史料，肇始于20世纪50年代的张静庐。民国时期的张静庐以其在出版界的敢于开拓创新，被人称为30年代“四马路出版界的两位霸才”之一。[15]中华人民共和国成立以后，国家开始大规模进行体制层面的私营出版业社会主义改造，当此时代鼎革之际，昔日在市场风浪中精明强干的民营书店老板，仿佛英雄失去用武之地，供职于政府机关近乎赋闲，然而，他赋闲不闲，捡起了他原本就有的对出版故实的兴趣①，有张有弛地编起了出版史料。该史料前后共出版八本：《中国近代出版史料·初编》（上杂出版社，1953年）、《中国近代出版史料·二编》（群联出版社，1954年）②、《中国现代出版史料·甲编》（中华书局，1954年）、《中国现代出版史料·乙编》（中华书局，1955年）、《中国现代出版史料·丙编》（中华书局，1956年）、《中国出版史料·补编》（中华书局，1957年）、《中国现代出版史料·丁编（上、下）》（中华书局，1959年）。③ 各编之前张静庐都写有《编例》，详细交代各编中的史料时段、材料范围、史料来源、选材重点及编排方式等。对于各书在辑编过程中得到的帮助，他总是不忘在《编例》中列名感谢一番：《中国近代出版史料·初编》"本书在编集工作中，曾得胡绳同志的鼓励和指导，阿英、姚绍华、章锡琛诸同志的协助"；《中国近代出版史料·二编》"本编中承王重民、傅惜华、楼云林诸同志提供若干珍罕资料，阿英同志将其十五年前曾经初步整理之鸦片、中法、甲午、庚子四役中反侵略文学书籍，惠予刊载，益使本编内容充实"；《中国现代出版史料·甲编》"本编承孙伏园、王重民、阴法鲁、张雄飞、陈仲献诸同志协助搜集资料，章锡琛同志为之校勘"；《中国现代出版史料·乙编》"本编承荣孟源、王禹夫、杨君元、吴铁声诸同志提供资料，陆丹林同志代为校勘"；《中国现代出版史料·丙编》"本编承阿英、李希泌、冯宝琳、胡道静、王熙华、鲁深、陆梦生、林豪诸同志协助搜集资料，陆丹林同志代为校勘"；《中国出版史料·补编》"在编集工作中，承黄洛峰、金灿然、王乃夫、阿英、王重

---

① 据张静庐本人说，他30年代曾在上海的一份报纸上开辟了一个类似专栏的连载，讲述过去的出版轶事。另外，他1938年带有个人自传性质的《在出版界二十年》，也有很强的史料性。

② 最先编印的两本，1957年中华书局重印时略有改动。

③ 该系列史料，张静庐原定计划编五本，"但出书之后，承各地专家、读者先后提供资料，指示线索"（《中国现代出版史料·丙编》《编例》），于是有后三本的陆续补充。

民、王禹夫、陆丹林、章锡琛、徐调孚诸同志长时期之鼓励、支持与协助”；《中国现代出版史料·丁编》“本编在编集过程中，得到党的亲切关怀和指导，鲁深、杨瑾琤、王禹夫诸同志的协助”。笔者这里之所以不惮琐细地一一辑抄过来，是因为这些文字本身，也已成为重要的出版史料了，同时也说明一部大型史料的完成，往往是多人合力的产物。细审这长长一串赞助人名单，其中半数以上是民国时期出版界的活跃人物，另外如阿英、胡道静、王重民等人，则是著名的文献收藏家和文献研究专家。得到这些人的协力支持，表明一个重要事实，即他们对张静庐辑编这套史料价值的高度认可。2003年与2011年，上海书店出版社以《中国近现代出版史料》为总书名，两次重印了张静庐的这套史料，时隔多年后的重印行为，也是一个深具说服力的出版价值认证。

撇开张静庐辑注的该套史料的内容价值不论，就编辑体例本身而言，即见其学术品格。各编史料有细致妥帖的分类，显示出系统性的面貌架构；从各处辑录而来的史料，一一注明来源出处，遵循着规范的学术要求；而对史料的注释，原本是学术方式之一，它提供的史料背景性叙事，有助于读者对史料解读的引导和深化。这种不仅仅是“辑”还有“注”的编辑路线，为千禧年后开始启动的由宋原放挂帅主编的《中国出版史料》所继承。另外，在《中国近代出版史料·二编》和《中国现代出版史料·丙编》中，附有张静庐本人撰写的出版大事年表，这一自古就有的编年史的历史书写方式，也为《中国出版史料·古代部分》所采用。因而，从某种程度上说，宋原放主编的《中国出版史料》是张静庐辑注的出版史料的续编。

宋原放主编的《中国出版史料》，自2001年开始陆续推出，总计15本，不仅在规模上比张静庐辑注的版本要大，内容上也有延伸，如增加了古代和当代的出版史料。与张静庐独立完成史料辑注不同，《中国出版史料》是多人分头合作的结果。署名辑注者有：王有朋（古代部分）、宋原放（古代部分）、汪家熔（近代部分）、陈江（中华人民共和国成立前的现代部分）、吴道弘（中华人民共和国成立前的现代部分）、方厚枢（中华人民共和国成立后的现代部分)。《中国出版史料·近代部分（补卷，上下册）》是该套史料的收官之作，延至2011年2月才最终出版。整套史料前后用了10年时间，由山东教育出版社和湖北教育出版社联合出版。国家设立出版基金是近几年的事，两家地方教育社的联手，其实是为了分摊不菲的出版成本及明知的经济亏累，从这个意义上说，出版社为这套史料同样做出了重大贡献。

将时人的历史研究性文章纳入到“史料”的框架中，张静庐的做法已昭示了这个明显的倾向。《中国出版史料》如法炮制，收录的新中国成立后后人发表的回忆或研究性文章，几于占一半的数量。能不能将史料定义得如此宽泛，在学术上是值得商榷的。2005年河南大学出版社出版了由宋应离、袁喜生、刘小敏主编的《20世纪中国著名编辑出版家研究资料汇辑》，用“研究资料”而不用“史料”的概念，笔者认为是一个恰当的表达，不存在任何的争议。有鉴于此，笔者2013年应国家图书馆出版社之邀，为其编纂的《民国时期出版史料汇编》则清一色地采用新中国成立前的史料。关于该书的内容价值及编纂方式，笔者在该书的《出版说明》中有较清楚的表达，摘抄如下：

> “出版关联着思想、文化、学术的方方面面。上世纪五十年代，张静庐辑注的《中国近现代出版史料》一套八卷本，因其史料的原始珍贵，长期以来备受重视，至今依然被各学科专业史学者广为征引。本书绍接前贤，辑收的史料，皆为当时出版的第一手原始材料。凡与出版史有关的图书、期刊、手册、纪念册、简章、章程、报告书、通信录、一览表等文献类型，均在收罗之列。本书以文献为单元，整本影印出版，与《中国近现代出版史料》的单篇汇集形式，颇不相类。
>
> “本书共收录近现代各种出版史文献116种，主要分为七类：（一）出版机构史料；（二）出版概况及研究性著作；（三）出版管理与出版法规；（四）书业公会史料；（五）印刷业及纸业史料；（六）出版类期刊；（七）出版物目

录。……

“本书史料稀见，多数是内部资料，并不公开发行，如商务印书馆的几种同人刊物《同德》《编辑者》《商务印书馆通信录》，大东书局重要社史资料《大东书局十五周年纪念册》，狂飙社出版部的史料《狂飙出版部》，上海书业商会的《上海书业商会廿周纪念》，中国著作人出版人联合会整理的盗版书目录《北平市查获各种被翻书籍一览表》，良友图书公司的《中国新文学大系预约样本》等。有些虽正式出版，但不曾重印过，如杨寿清的《中国出版界简史》等。有些出版类期刊由于发行量有限，流存下来的并不完整，虽经我们努力搜罗，仍有缺期，为保存这些史料，也予以收录。希望本书的出版，对相关的教学和科研工作有所裨益。”

《民国时期出版史料汇编》总计22册，影印出版，定价1.3万元。如此高的定价，会让绝大多数研究者的个人性收藏望而却步，这也是当前绝大多数影印历史文献的价格共相。《王伯祥日记》被豆瓣网友吐槽的另一个点，就是其不敢问津的价格。或许出版社也预计到这一层，以图书馆为目标订户的经营路数，使其印数一般不超过100套，这很容易导致一旦售罄即无处购买的境地。

相比之下，2012年湖南教育出版社出版的《近代湖南出版史料》，价格就大为便宜。该史料两大厚册，123.75个印张，142余万字，价格才248元。不同于《民国时期出版史料汇编》的拍摄影印，《近代湖南出版史料》则采用录入排印的方式。排印意味着对原初文本形态的旧貌更新，通过繁简字体的转换，通过校勘和标点，从而更切合于当下读者的有效查找和方便阅读，其编辑含量和学术含量都远远大于影印。编者黄林在该书“前言”中有一段感慨，他说：“五年来，编者念兹在兹，没有节假日，没有应酬享乐，不敢有丝毫懈怠，只因为承接了一件力所不能及的工作。”辛苦自然是一定的，凡有此类似经历者，都会感同身受，至于说力所不能及，则是编者的过谦之词。该书对近代湖南出版史料进行了较为系统的整理，内容包括“报纸出版”“杂志出版”“图书出版”

“出版人物”“印刷与纸业”“出版发行”“出版经营管理”“出版团体”“出版理论研究”“出版统治”十个部分。编者所拟定的类目，乃扎根于所收录史料文献的实际情况，并融入了他对深具地域性特征的湖南出版事业史的思考。在资料的选取上，“主要来自清末及民国时期的报纸杂志，一部分来自省内外图书馆及档案馆的未刊文献，成文时间原则上以 1949 年以前为断，少数几篇新中国成立后写成并发表的回忆性文章，也仅限于作者为事件的亲历者，其余一概摒弃不用”[16]。《近代湖南出版史料》是大型丛书《湖湘文库》中之一种，编号为乙编之 178、179。该文库得湖南省政府大量专项资金投入，又得国家出版基金项目资助，才使得如此区域逼仄的地方性出版史料，有了选题立项的机会。该书的出版意义还在于，它为地方出版史料的整理开启了先导性的成例，希望有更多的省份后续跟进，如此集腋成裘，由地方而全国，进而为中国出版史研究筑起更坚实广阔的基础。《湖湘文库》乙编中还收有黄林著的《近代湖南报刊史略》（编号 35）一书，从他前期史料整理的辛苦耕耘，到后来史学研究的秋后收获，如此心路历程，编著者心中了然，在该书的“前言”中，黄林有着相当充分的表述，有兴趣者可参看。

5 发行书目史料

昔日商家编制各种发行书目，其基本功能首先在于书刊销售，以便于购买者按图索骥。当时过境迁，书目与它编制的机构早已成为历史陈迹，不再具有营业上的意义，而如今依然被后人集中起来重印，看中的则是其史料功能。它仿佛知识的形影，借此去捕捉和描摹一个逝去时代的文化学术风貌。史家们在正史中，专门有艺文志和经籍志的爬梳撰述，绵绵不绝于途，意之所指，正是书目所寓含的学术史、知识史和阅读史等方面的价值。国外大学和研究机构中，有书目史志的专门学问，着眼于书目与时代知识图景的关系考察，呈现开阔的学术与文化视野。在书籍史研究领域，不管是法国的年鉴学派还是美国的新文化史学派，书商的发行史料档案，都备受研究者重视。

国内开始大规模影印各种发行书目起于20世纪初。它们分别是：徐蜀、宋安莉编《中国近代古籍出版发行史料丛刊》（全28册，北京图书馆出版社，2003年）、窦水勇编《北京琉璃厂旧书店古书价格目录》（全4册，线装书局，2004年）、周振鹤编《晚清营业书目》（全1册，上海书店出版社，2005年）、韦力编《中国近代古籍出版发行史料补编》（全24册，线装书局，2006年）、殷梦霞、李莎莎编《中国近代古籍出版发行史料丛刊续编》（全24册，国家图书馆出版社，2008年）、本书编委会编《民国出版发行史料汇编》（全20册，国家图书馆出版社，2008年）。肖东发在给《中国近代古籍出版发行史料丛刊》所作的序中，从出版史料的角度分梳了该套书的价值。他说："《丛刊》对研究中国古籍的发展与流通，中国近代出版业的发展，中国近代印刷史、出版经营管理的经验与案例，以及现存古籍价值的评定，都有十分重要的参考价值，确实是一批难得的出版史料。"他的这一结论，同样普适于上列各书。

2010年，国家图书馆出版社又影印了刘洪权编的《民国时期出版书目汇编》（下简称《汇编》）。全套书分订20厚册，收录书目84家147种，囊括的出版机构，既有像商务印书馆、中华书局、世界书局、大东书局、开明书店这样的大书局，也收罗了众多不太知名甚至是十分陌生的出书机构，它们是：百新书店、北新书局、大光书局、大陆图书公司、东方书店、独立出版社、光华书局、寰球书局、会文堂（新记）书局、法学编译社、教育编译馆、经纬书局、良友图书印刷公司、民智书局、拔提书店、南京书店、南强书局、朴社、上海杂志（无限）公司、申报（社）、生活书店、文化供应社、文化学社、文通书局、现代书局、辛垦书店、华北新华书店、韬奋书店、大连新华书店分店、新生命书局、新中国文化出版社、亚东图书馆、亚细亚书局、益新书社、中国世界语书社、中国文化服务社、共和书局、医学书局、中医书局、新学会社、中国科学图书仪器公司、自然书局、大成书局、广益书局、锦文堂书局、九州岛书局、千顷堂书局、扫叶山房、山东书局、朝记书庄、鸿文书局、西泠印社、存古书局、四存出版社、江东书局、文殿阁书庄、有正书局、志古堂、国立北平研究院出版部、国立编译馆、哈佛燕京学社北平办公处、三民主义青年团中央团部、中国科学社、刘氏嘉业堂、佛学书局、金陵刻经处、中央刻经院、道德书局、明善书局、清真书报社、慈幼印书馆、青年协会书局、崇德堂。《汇编》中的书目，都是编者个人的私人收藏品，多年来从孔夫子旧书网和各地旧书店书摊竞拍或海淘得来。由于当时作为推广之用的这些书目，绝大多数是出版者或书店赠送的非卖品，图书馆等公藏机构亦不大注意收藏，编入此《汇编》中的不少书目为仅见，其史料文献的珍贵性可知。

该《汇编》出版后，编者刘洪权曾专门撰文，从四个方面陈述了民国发行书目的史料和研究价值，“可以补充《民国时期总书目》书目资料之不足”。他写道：“《民国时期总书目》是根据国内三大图书馆藏书编制而成的。由于上海是民国时期出版最为发达的地区，重庆是抗战时期最为重要的出版中心，北京是中华人民共和国成立以后文献收藏最为集中的文化重镇，所以，根据这三大图书馆馆藏编制的书目，应该有某种代表性的说服力。事实上，这三大图书馆的民国文献收藏量，确也位居国内各大图书馆前列。不过，据笔者所知，南京图书馆收藏的民国文献也相当丰富，惜乎没有收录进来。据《民国时期总书目·凡例》所言，《民国时期总书目》不包括线装书，也不包括外国驻华使馆等机构印行的中文图书。而国内出版机构印行的外文图书和少数民族文字的图书，非属中文，自然也不在这个数字之内。儿童读物及连环画，各大图书馆多不注意收藏，所以漏收的定然亦有不少。民国时期这两类图书的出版数量，其实是相当可观的。由于《汇编》书目属于营业书目性质，只要是在版销售的，语言不分中外，时间不分古今，读者不分长幼，全部都收录进来，因而对《民国时期总书目》是一个很好的书目补充。”[17]在该文中，刘洪权指出发行书目的另外三点价值分别是“有助于对民国时期出版机构进行多方位研究”，“汇集了民国时期第一手图书发行和书价史料”，“提供了营业推广方面的经营史料”，均是针对于出版史研究立言。笔者在这里还想延伸补充一点，即该《汇编》对稽考出版文化的作用：这些不同机构——有政府的，有学界的，有宗教组织的，更多的当然还是民营商业机构，它们或综合或专门的出版发行书目留存至今，仿佛形形色色的知识地图，等待后人多种角度的索解与拼合，于民国时期的知识阅读接受，于学术文化的发展轨迹演进，均有研究价值。

6 书录与名录

正如前文《湖南近代出版史料》编者黄林所道出的那样，爬梳史料，点点滴滴，需要有坐冷板凳的定力。而编者愿意牺牲业余时间，少有娱乐与休息，乐于此道而不疲的原因，在笔者看来，除了个人不时获得“发现的愉悦”外，那种“积丝成寸，积寸成尺，寸尺不已，遂成丈匹”的成就感，当是对此道中人一种重要的心理补偿。对于范军汇编而成的《中国出版文化史研究书录（1978—2009）》一书来说，用“尺寸累积”一词来形容，恰是最贴切不过的了。该书共收录1978年1月至2009年12月共32年间中国内地出版的有关出版文化史方面的论著、译作、资料集等约3500种。附录著录相关图书和资料约2400种。加上附注涉及的相关图书，总量超过6000种。[18]如此庞大的数量，一一搜集起来已是不易，还要经眼经手写出书目提要，绝非短日可以为功。在其第一版“后记”中，编者饱含文人情感地写道：“举目窗外，只见芳草又绿，新燕剪翠。光阴荏苒间不觉已是春秋四载。从2004年的盛夏动笔，到今年阳春三月杀青，伴随着这部资料集的编纂，已是几度花开花落，无数月圆月缺。繁忙工作之余，夜深人静时刻，或青灯黄卷，漫游书林，或搜寻网上，流连忘返，两千余种图书的轮廓渐渐清晰。这是一个书人书事的海洋，而实际涉猎的书籍当是所录品种的若干倍。大浪淘沙，酸甜苦辣自知。”范军说得对，他所面对的关于“书”的书，当多至6000余种时，于内心的感受，确实就像是“一个书人书事的海洋”，而他撰写书录，依类汇纂，就等于在广阔无垠的海洋上，标定了一个又一个可以搜检、可以定位且有明确指示信息的浮标，每一个在书史海洋中航行的研究者，都不该忘记他的劳苦与美意。

该书初版于2007年，再版于2011年，出版者同是河南大学出版社。再版时，编者将著录图书的时段范围作了上下延伸，并且“相关著作及资料予以增列，原书遗漏者，或著录项不完备者予以补充，另新加附录，总增加书目（含附录）两千余种，增加字数达三十余万。对于原书中不宜收录者（如广播电视史方面的著作、资料集等）进行删去，明显归类不当者进行调整，内容介绍过于繁琐者进行精简，误植误排者进行更正”[19]。如今又有四五年光景过去了，编者依然在线，对每年新出版的出版文化成果，今年回溯去年，明年回溯今年，从未间断。回溯所得，以年度书目的方式，定期发布在《出版科学》杂志上，相信不数年，当《中国出版文化史研究书录》再有新版时，在原来一百万字的基础上，又会增添可观可喜的厚度。这是出版研究学术史之幸，它不仅为这一领域的研究者提供了一个详明的专科专题书目，同时它还见证了出版文化史研究的学术历程。那些年度性的书目，即是这一历程中的斑斑脚印，指示后来者追步。

《中国出版文化史研究书录》出版之后，范军不断有新著新作出版和发表。从2014年开始，他在《出版科学》杂志上开辟“区域性出版史料经眼录”专栏，于今已连载了10期。与黄林从《史料》到《史略》的学术轨迹相似，范军的这一系列专栏文章，也可看做是他整理出版文化史料的衍生产品。该专栏新设之时，《出版科学》杂志专为此写了一个“编者按”，对出版史料尤其是地方出版史料的意义有所阐发，因与本文切题，故作摘录如下：

> “史料，或称历史资料，是研究和编纂历史所用的建筑材料。史料工作是史学工作的重要组成部分。从广义来说，史料的主要来源有三个方面，即实物的，如古迹、文物、地下发现的遗物等；文字的，包括记录史事的载籍，如各种著作、文献和铭刻等；口传的，如民间传说、访问资料等。没有史料的史学，犹如无源之水、无本之木，有一分史料说一分话，早已成

为行内的常识。

“出版史的研究和学科建设，无疑需要从事史料的搜集、分类和整理；需要对史料进行研究，包括鉴别和判断史料的价值；需要编辑刊行史料，即把搜集到的史料经过鉴别、筛选，将价值比较高的史料根据史学研究的需要，或按时间、或按门类编辑成册，付梓传播。新中国成立后自觉的出版史料整理与研究，当首推张静庐，其《中国近代现代出版史料》自上世纪50年代刊行以来一直沾溉后人；新时期以来，中国出版科学研究所（现为中国新闻出版研究院）、商务印书馆等机构，宋原放、宋应离等专家，也先后主编刊出了比较系统、各具特色的出版史料。尤其值得一提的，是上世纪90年代以来，伴随着对中共党史包括出版史研究的倡导，以及地方志编纂刊刻的勃兴，各省、市、自治区纷纷设立机构，配备力量，组织开展了出版史料的搜集、整理与研究工作，北京、天津、河北、山东、江苏、浙江、湖南、湖北、广东、广西、云南、贵州、四川、陕西等地，或创办期刊，或推出不定期丛刊，或出版相关资料汇编，直接服务于地方出版志的研究，同时也促进了出版史学科的建设与发展。但如何以出版学的观点来搜集、鉴别、整理出版史料，仍然问题不少。

“从这一期起，本刊特设‘区域性出版史料经眼录’，请范军先生对上世纪八九十年代以来各地区出版史料编辑刊印方面的情况，包括进展与成绩，优长与缺憾，进行梳理与分析，从上挂下联、由此及彼、点面结合的探讨中，总结经验，探寻规律，以期对出版史料学的学科建设、出版史研究的整体推进有所助益。”

在上引“编者按”中，编者没有提到上海，或是考虑到在区域性出版史中，上海有它太不寻常的特殊性。这种特殊性表现在，在中国近现代出版史中，上海占据了绝对中心的地位（抗战时期除外）：抗战前上海出版的图书，几乎占全国市场的80%以上，全国五大出版机构——商务印书馆、中华书局、世界书局、大东书局、开明书店，都依托于上海繁华的都市经济，在此弹丸之地安营扎寨。可以说，上海近现代出版史就是中国近现代出版史的缩影。职是之故，上海的出版史料在全国所有区域性出版史料中，是矿脉资源最为丰饶的富矿，大有开发的潜质。20世纪八九十年代上海出版的《出版史料》（1982—1993，总32期）刊物，发表了许多有关近现代上海出版业的史料文章，至今被人广为征引。2007年开始创刊由（上海）出版博物馆（筹）主办的内部刊物《出版博物馆》，承接了其一贯重视史料的传统。该刊2014年自总第25期时改名为《新闻出版博物馆》后，由学林出版社公开出版。另外，以（新闻）出版博物馆（筹）名义资助或策划的系列图书中，亦有相当多的部分带有鲜明的史料性质，如《出版界黄洛峰》（范用、刘大明主编，百家出版社，2008年）、《曹辛之集》（全三卷，赵友兰、刘福春编，上海人民出版社，2011年）、《孙毓修评传》（柳和城著，上海人民出版社，2011年）、《往事如烟文存》（张惠卿著，上海人民出版社，2012年）、《范泉文集》（钦鸿编，上海书店出版社，2015年）等。在这些书刊的出版过程中，作为《出版博物馆》首任主编的林丽成女士，居中组织、协调，起到了不可替代的幕后推手作用。

上海人搜集整理出版史料，有其地理上的优势。其中成果突出者，早年有宋原放，他是厚达200万字《上海出版志》（上海社会科学院出版社，2000年）的主编，也是前文提到的15卷本《中国出版史料》的总主编。这套出版史料的古代部分，便由他和王有朋共同辑注。王有朋也是上海人，长期供职于上海辞书出版社图书馆。前文说过，该图书馆的前身即前中华书局图书馆，它差不多完整地保存了前中华书局图书馆的馆藏文献。民国时期的中华书局因编辑教科书的关系，对国内各时期各版本的中小学教科书，无不着意收罗，藏量颇为丰富，王有朋便利用这一馆藏优势，申报了“中国近代中小学教科书总目”课题。他带领课题组，联合了17家图书馆，前后历时六载，完成了《中国近代中小学教科书总目》（上海辞书出版社，2010年）的编纂[20]。该“总目”收录教科书9419种，比《民国时期总书目·中小学教材》多了将近一倍[21]，书的篇幅多达 70.75 印张，1103 页，352 万余字。书目附“书名笔画索引”“作者笔画索引”，以方便读者使用。顺便说一句，上海图书馆编的《上海图书馆馆藏近现代中文期刊总目》（上海科学技术文献出版社，2004 年），也有类似的更多检索途径的索引，上海出版界这种贴合读者应用的编辑作为，用现在的流行语说，该为它大大点个赞。相比之下，四川大学出版社 2011 年出版的由王绿萍编著的《四川报刊五十年集成（1897—1949）》，是一本在内容上非常有史料价值的报刊史工具书，只是索引仅有一个——“四川报刊（1897—1949）拼音检索目录”，索引的名称不好理解还在其次，但是刊名首字相同者，居然分割于多处，用起来多有不便。

与通常出版史料动辄大部头的做法不同，同在上海出版发行界工作的汪耀华，却偏爱于编纂小而专的史料。他名下编的出版史料有：《民国书业经营规章》（上海书店出版社，2006 年）、《上海书业同业公会史料与研究》（上海交通大学出版社，2010 年）、《上海书业名录（1906—2010）》（上海书店出版社，2011 年）、《“文革”时期上海图书出版总目（1966—1976）》（上海辞书出版社，2014 年）。其中字数最多的《上海书业名录（1906—2010）》，也不过 42 万字。这些史料均有独特的历史视角，因其专，编起来之难度，甚至要远远超过那些大部头。该书编纂的过程，编者在“后记”中就明言是“十年磨一剑式”。他这样细数道：“收在本书的各个名录有的来自档案馆，有的是前辈馈赠，有的复制于图书馆，有的是我在若干年前编纂的成品。现在集纳在一起，有的是原文照录，有的是参照多个文本后的综合再现，有的则是考证了多种文本、口述、散见各处的资料后的成果，大致上勾勒出百年书业主要节点的变迁历史。”[22] 他的表述中，透露着一种不善罢甘休的韧性精神，然而，笔者从中所体会到的，尚不止于此，其专业上的水准以及对出版史的精到识见令人真心佩服。“书业名录”这种看似“小道”的资料，却是组织出版史叙事中最为基本的元素，而不同时期的“名录”统计变化，则又是构成研究者判断和解释书业大局变迁的有效证据链，岂可以“小道”视之？在笔者看来，没有对历史的贯通性理解，是不会想到做这样的史料选题的。该《名录》的前言，便写得十分“大局”，读来痛快。

汪耀华勤于笔耕，他曾任上海新华书店图书宣传科科长，上海新华书店总经理助理，上海书香文化策划有限公司总经理、董事长，上海黄浦区书香职业培训学校校长，上海书业发展研究所主任等职，主编《书业行情》《上海发行所通讯》《新华人》《全国地方版科技新书目》《上海新书报》，现任上海人民出版社《中外书摘》主编，[23]是真正的书业中人。在书业圈子中，雅爱研究、钻营史料者，当然不只他一个，前文说到的现任湖南师范大学出版社副总编辑的黄林、现任华中师范大学出版社社长的范军，都是出版史写作的同好。因为汪耀华写得早，写得多，写得好，“曾获得王益、王仿子、方厚枢、汪轶千、潘国彦、周天泽、王鼎吉、邓耘等居京前辈的长期鼓励，受着张泽民、宋玉麟、钟达轩、黄巨清等前辈同事的提携”。[24]他在《中国图书商报》、“百道网”上撰写的专栏文章，以其出版人的丰富实践经验，扎实的出版史料功底，以及“发现其中的乐趣”的超然写作心态，赢得了包括笔者在内很多人的喜爱，后多结集出版。他自言将延续“一分材料出一分货，十分材料出十分货，没有材料不出货”的境界而动手动脚、东寻西找。[25]

7 结语

史料是史学的基础。史料的编纂是一个归集和吸纳的过程，也是一个既评价又取舍的过程。那些原本以零散状态存在，甚至无声无息如同大市中隐者般的材料，一旦在某种史观的观照下，被组织到“集”“汇编”或“编年”的序列中来，便随之有了重彩加身的身份和重装出场的机会，它最终给研究者带来易得易知易用的便利，进而提高研究的深度、广度与高度。近些年受益于国家整体经济的高速发展，在各种不断出台的基金政策（包括各类型科研课题基金和各层级出版基金）照拂之下，各种史料“出场”的机会明显增多了。“出版类”的史料在近年来纷纷结集问世，乃是受此时代大潮裹挟下的共生态结果，并无太多特行独立之处。从目前的趋势判断，大潮在未来几年，还有继续向前的空间，新的出版史料不大会存在“出版难”的问题，关键是有没有好的视角编纂出有价值的史料来。2013年北京大学出版社出版了钱理群总主编的《中国现代文学编年史——以文学广告为中心》，选择的“文学广告”视角，被认为使得文学叙事的空间得到极大拓展，文学的文化关系的表现张力得以大大增强，“大文学”的味道更加显著[26]，受到了学术界广泛的好评。换个角度来看，正是编纂者钱理群他们的“大文学观”，才使得“文学广告”这种原本琐屑难登大雅之堂的史料，得到了摇身一变的新生机会，乃至于赋予了庄严的文学史价值。而这些文学广告从其产生的缘由来看，本身即是出版运作的产物，也就是说，它们首先是一种原始形态的出版史料。受此“大文学观”的启发，我们是否可以编一部“大出版观”下的“出版广告史料集”，或者一部“广告为中心”的出版史编年呢？

近些年来，西方的书籍和印刷文化史研究，越来越倾向于在更广泛和更易变的文化的、社会学和目录学的背景下理解书籍和印刷品[27]，从达恩顿的交流圈理论得到启发，不仅研究文本，更研究“文本的社会化”，即“超文本”。如果我们也循此思路，之于中国书籍出版史，会有更开阔的史料整理思路。举例来说，民国时期有大量大型古籍的出版，品种数量之巨，专业化程度之高，推广宣传力度之强，时人亦为之瞩目，引发出广泛的文化与思想争论。为何在20世纪二三十年代现代学科建制已全面展开，以西方为模板的现代性已成为主流时代话语的情境下，会发生古籍整理出版活动的大规模卷土重来？从文化思想史的脉络流变中，如何来理解这一看似扞格的出版文化现象？带着这样的历史追问，我们或可汇辑相关出版文化史料，其范围包括：各古籍的编印缘起、序跋说明、消息报道、书信往来、广告集抄、政府公告、时人述评等。这些史料牵涉出版者、政府、学术界、媒体界、社会等各方面的言说与反应，它展现了在此过程中有关各方交互缠绕的动态关系。

1934年12月，作为历史学家的陶希圣在北平创办了研究经济史的学术性刊物——《食货》。创刊号上陶希圣撰写了“编辑的话”，其中有一段讲史料和理论的关系，概括得相当精妙，笔者将其摘录下来，作为本文的结尾：

> “有些史料，非预先有正确的理论和方法，不能认识，不能评定，不能活用；也有些理论和方法，非先得到充分的史料，不能证实，不能精致，甚至于不能产生。”

这段话，对于我们今天的每一个史料编纂者来说，都值得细细地想一想。

参考文献

[1] 张国功．现代性视野中的近现代出版文化研究［J］．出版科学，2015（3）．
[2] 商务印书馆馆史资料复刊启事［J］．商务印书馆馆史资料》，2012（1）．
[3] 张树年．张元济年谱［M］．北京：商务印书馆，1991：595．
[4] 柳和城．张元济传记与张元济研究热［J］．博览群书，2010（2）．
[5] 邹振环．张元济年谱长编·序二［M］//柳和城，张人凤．张元济年谱长编．上海：上海交通大学出版社，2011．
[6] 张人凤．《张元济全集》编辑始末［J］．济南大学学报（社会科学版），2012（6）．
[7] 张人凤．《张元济全集》编辑始末［J］．济南大学学报（社会科学版），2012（6）．
[8] 张人凤．《张元济全集》编辑始末［J］．济南大学学报（社会科学版），2012（6）．
[9] 王云五．王云五全集［M］．北京：九州出版社，2013．
[10] 陈福康．欣见两部日记巨著同时出版［J］．出版参考，2011（8上）．

[11] 见《出版史料》，1987年第2期、第3期，1988年第1期。
[12] 舒新城．舒新城日记［M］．上海：上海辞书出版社，2013.
[13] 董一鸣，谢坤生，秦振庭．舒新城日记索引［M］．上海：上海辞书出版社，2014.
[14] Aliensong. 其路漫漫——由《王伯祥日记》谈起［EB/OL］．［2012-11-12］．https：//book. douban. com/review/5651713/.
[15] 施蛰存．施蛰存散文［M］．杭州：浙江文艺出版社，1999：296-298.
[16] 黄林．近代湖南出版史料·前言［M］．长沙：湖南教育出版社，2012.
[17] 刘洪权．《民国时期出版书目汇编》及其出版史料价值［J］．出版科学，2011（2）．
[18] 范军．中国出版文化史研究书录（1978—2009）·编纂说明［M］．开封：河南大学出版社，2011.
[19] 范军．中国出版文化史研究书录（1978—2009）·新版后记［M］．开封：河南大学出版社，2011.
[20] 王有朋．中国近代中小学教科书总目·前言［M］．上海：上海辞书出版社，2010.
[21] 汪家熔．序：需要的正是完整的记录［M］//王有朋．中国近代中小学教科书总日．上海：上海辞书出版社，2010.
[22] 汪耀华．上海书业名录（1906—2010）·后记［M］．上海：上海书店出版社，2011.
[23] 贺圣遂，姜华．出版的品质［M］．上海：复旦大学出版社，2012：287.
[24] 汪耀华．1843年开始的上海出版故事［M］．上海：上海人民出版社，2014：216.
[25] 汪耀华．1843年开始的上海出版故事［M］．上海：上海人民出版社，2014：216.
[26] 吴福辉．《中国现代文学编年史》的写作和我的文学观［J］．文学评论，2013（6）．
[27] ［英］戴维·芬克尔斯坦，阿利斯泰尔·麦克利里．书史导

论［M］. 何朝晖，译 . 北京：商务印书馆，2012.

【作者简介】

吴永贵，男，1968 年 10 月生，现为武汉大学信息管理学院教授，主要研究方向为近现代出版史。发表论文百余篇，出版相关著作 10 部，少量文章被《新华文摘》和《人大复印资料》转载。先后主持两项国家社科基金课题和一项教育部社科课题。其“十一五国家规划教材”《中国出版史》，获 2009 年度国家精品教材。其“十一五国家重点图书”《民国出版史》，获第三届中国出版政府奖图书奖提名奖、第九届湖北省社会科学优秀成果奖一等奖、第七届高等学校科学研究优秀成果（人文社会科学）三等奖。

朱琳，女，1988 年 2 月生，现为武汉大学信息管理学院 2014 级在读博士生，研究方向为近现代出版史。

1980年代期刊历史研究评述

李　频
（中国传媒大学编辑出版研究中心）

【摘　要】1980年代是200年中国期刊史的高峰时段。《当代中国的出版事业》是最早描述这一阶段的期刊出版物。《读书》《文史知识》等名刊研究较深入，《中国》披露材料较细致，《巴金与〈收获〉研究》堪称个案研究代表作。《国家文学的想象与实践》《〈人民文学〉十七年》等合成《人民文学》研究系列，堪称连续出版研究的佳话。1980世纪80年代初期期刊主要由党内理论家期刊群体主导，张光年研究有所突破。

【关键词】《读书》　《文史知识》　《当代中国的出版事业》　《巴金与〈收获〉研究》　《国家文学的想象与实践》　张光年

The Review on the Journal History of the 1980s

Li Pin
(The Editing and Publishing Study Center of Communication University of China)

【Abstract】The 1980s was the summit journal history in China during the recent 200 years. *The publishing career of modern China* introduced the periodical publications of this period. Famous journals, *Reading*, *Knowledge of Literature and History* and so on, had a deep research on it. *China* disclosed the file details. *Ba Jin and Harvest Research* could be the representative works of case studies. *Imagination and Practice of National Literature* and *Seventeen Years of People's Literature* combined the people's literature research series, which were the much told tales of the serial publications. The journals of the early 1980s were dominated by The Party's theorists, and Guangnian Zhang's research had a breakthrough.

【Keywords】 *Reading　Knowledge of Literature and History　The publishing career of modern China　Ba Jin and Harvest Research　Imagination and Practice of National Literature*　Guangnian Zhang

1980 年代是中国历史的重要时段，指“文革”结束到 1989 年，亦称“新时期”。其间的中国政治、经济、文化均发生了翻天覆地的变化，以至于评论家李陀惊呼说：“八十年代问题之复杂、之重要，应该有一门八十年代学。”[1]这十余年的期刊因缘际会而走上 200 年中国期刊历史的峰峦。

“八十年代的中国是一个人文风气浓郁、文艺家和人文知识分子引领潮流的时期。”[2]自 2006 年三联书店推出查建英编著的《八十年代访谈录》后，相关的回顾、研究备受关注。报告文学家陈祖芬著《八十年代看过来》，“实景性展示八十年代梦想与变革，那激情的岁月和粗糙的日子”。程光炜主编“八十年代研究丛书”，并撰专著倡导“八十年代作为方法”。持重的《收获》也在 2008 年开设“八十年代”专栏，连载 6 期，刊登张贤亮的《一切从人的解放开始》等 9 篇文章。近年来对 20 世纪 80 年代中国期刊历史的研究状况又如何呢？笔者仅据自己拥有的书籍资料奉献阅读体会，以供同行参考。难以全面也不可能穷尽，只能祈谅。报刊资料浩繁庞杂，且多已收入相关数据库中，均不涉及。

1　期刊出版物研究

最早对 1980 年代期刊做出整体结构性历史描述的是《当代中国的出版事业》（上、中、下三卷，当代中国出版社，1993 年）一书。该书中卷第五编为“期刊出版的发展”，共三章，其中一章

“期刊出版事业的兴盛”专述 1980 年代（内容和数据截止到 1990 年），其三节分别为“崭新的局面”“介绍几种不同类型的期刊”“在改革中前进”，审视全面，持论公允，基本建立了俯瞰 80 年代期刊的解释框架。推断 1980 年代期刊历史为“崭新的局面”，主要从六个方面立论：一、品种齐全，结构比较合理；二、思想活跃，坚持真理；三、透视生活，推进社会；四、新鲜知识，良师益友；五、面向世界，走向世界；六、形式求新，征文评选。其话语策略，从宏观结构到刊社活动，从期刊品格到传播效果，用语平易，合理确立了一个时段期刊历史观察的维度和解释框架，就当时的期刊研究水平而言，殊为难得。该章重点介绍的期刊分别是《求是》（1988 创刊）、《中国科学》（1950 年创刊）、《科学通报》（1950 年创刊）、《瞭望》（1981 年创刊）、《当代》（1979 年创刊）、《辞书研究》（1979 年创刊）、《文史知识》（1981 年创刊）、《半月谈》（1980 年创刊）、《无线电》（1955 年创刊）。

1980 年代是中国期刊史上发展最快、新刊创办最多的时期，如《读书》等深刻影响中国思想文化进程的名刊为数不少。总体而言，对《读书》的研究，就其深远的传播效果来说几为空白，只有该刊创办人陈原、沈昌文自述性的专文或书籍言及，稍完整地陈述该刊发展历程的当数三联书店社史性的《守望家园》一书中的专章《〈读书〉：在拨乱反正的旗帜下》。在 1980 年代新创名刊中，言说较充分的当数《文史知识》。该刊创刊于 1981 年，中华书局主办，以严谨和不断创新的编辑作风、朴素典雅的期刊文本风格在中国期刊史上独树一帜。“作者荟萃一流文史专家，内容涵盖中国古代文化各个方面”“大专家写小文章”是其显著的期刊特征。在创刊 30 周年之际，该刊编辑部邀约编委、作者、离任编辑等回顾其亲身经历，汇集 28 篇文章而成《〈文史知识〉三十年》（中华书局，2012 年），成为研究改革开放以来人文学科学术史、出版史不可多得的资料。作为《文史知识》创办人之一，杨牧之曾撰著《编辑艺术》（中华书局，2006 年），并配编委题词题签 24 幅，手札手稿 24 封，刊社活动照片 16 幅，报刊剪报 16 张，期刊封面 4 期，文采灿然、神采盎然的大专家穿梭其中，参读、汇悟两书，可解《文史知识》成功之道，并认同其引领改革开放以来人文学科学风的期刊历史意义。

1980年代创刊而又因种种原因停办的期刊为数不少。这批期刊为当时的思想解放、文化建设做出了不可磨灭的贡献。因此，停办期刊研究构成了20世纪80年代期刊研究的一个重要方面。中国社会科学院于1978年12月创办的《未定稿》，名义内部发行，实际公开征订，是1980年代颇有影响的学术性期刊，前期影响尤其深远。主事编辑李凌2001年曾应编书之约作了长文《勇破坚冰的〈未定稿〉》，详述最初5年的重大反响，引发了学术界和媒体的较大关注。2009年，中国社会科学出版社出版了李凌编著的专书《勇破坚冰的〈未定稿〉及其他》。

《中国》创刊于1985年1月，丁玲主编。丁玲1986年3月逝世，该刊便于当年底停刊，共出版了18期。刊龄虽短，却系新中国第一本也是唯一一本“民办公助”期刊，改革开放的时代意义鲜明突出，中国意识形态高层领导力促其成。襄助其事的牛汉曾回忆：“丁玲意识到了，她去世后，《中国》肯定要被停刊，或者改变领导。《中国》内部也很复杂，丁玲很谨慎，办刊物，很认真。”[3]2001年，孙晓娅曾访谈牛汉等人，撰写了《访牛汉先生谈〈中国〉》收入靳大成主编的《生机——新时期著名人文期刊素描》一书中。丁玲晚年专职秘书王增如基于她耳闻目睹的《中国》创办经过以及保存的重要档案资料，撰著了专著《丁玲办〈中国〉》（人民文学出版社，2011年），较详尽地再现了《中国》从酝酿到创刊再到停刊的过程。细读该书不难发现，《中国》是解析文学期刊的政治、经济、文化互动机制的样本，也是1980年代文化创新极其艰难的样本，这两方面的样本内涵意蕴是关联、交互、交融的。政治、经济、文化三股力量的交汇及其具体形态构成了20世纪80年代中国期刊文化的基本特征，以《中国》为路径，既可以窥探1980年代的文学期刊的生产机制，更可认识、理解1980年代的期刊生态、改革气象以及改革的艰难。

一批新中国成立初期或20世纪50年代创办的期刊在1980年代踔厉风发，彪炳史册，是期刊史的重要现象，如《中国青年》

等。这批期刊中，对其研究最深的当数《收获》和《人民文学》。

蔡兴水著《巴金与〈收获〉研究》是近年来期刊个案研究的代表作，该书在占有翔实资料的基础上见疑释疑，且见解独到，成为后续《收获》研究必读的基础文献。这一著作 2012 年由复旦大学出版社出版，书稿主体为作者 2001 年在复旦大学完成的博士论文。上篇为作者撰论，下篇为与《收获》作者、编辑的访谈，上下篇交相辉映，使对《收获》的总体研究显得逻辑绵密而又思考细腻，思想深邃而又材料厚实。其撰论除导论、结语外共四章，分别为"三个《收获》：历史记忆的排列组合""编者与《收获》""作者与《收获》""专栏与《收获》"，纲举目张，化纷繁为至简，以编者、作者、专栏入章名，彰显了期刊要素作为期刊分析工具和视角的方法意义，回归了文学期刊本体，于文学领域兼事期刊研究者尤具期刊研究方法论启迪。该书将《收获》的三个阶段分别定性为"开创与奠基"（1957—1960）、"僵持与过渡"（1964—1966）、"发展与成熟"（1979—2009），全书用力重在二度复刊后"发展与成熟"的成因与形态分析。书中颇多持论有据的新论，如推断李小林为"开辟新途的接棒人"，改革开放以来《收获》与作者的关系乃"写作群落结盟"，以共同"走积极探索的个性化写作之路"等。书中访谈，访者准备充分，谈者胸有成竹，访谈自然吞吐史实，碰撞思想，为后人继续深入研究《收获》积淀了难得的思想火花乃至专家审察。该书导论中对与《收获》相关的同类期刊个性的评判、分析、比较，确可圈可点，不可忽略。导论题为"《收获》在中国新文学发展中的地位、作用与影响"，是中国新文学发展史而不是中国新文学期刊发展史，更不可能是中国期刊史的视域，突出了《收获》在文学领域的专门性，而淡化了它在中国期刊史上独特的个体性。也就是说，新文学史视角的自觉，引致并强化了相关的分析解释，而新中国期刊史、改革开放期刊史视角的缺席或者说偏弱，多少妨碍了所访谈、收集、组织之材料的史论价值的更充分释放。

《人民文学》发展路径的正歧反复、影响力的强弱起伏是新中国期刊史发展的缩影。新中国文学史，更不用说期刊史都难以回避它那矗立歧道示引路标的存在。在近20年兴起的不冷不热的期刊个案研究中，研究深入而系统的新中国期刊个案，莫过于《人民文学》了。数位功力颇为深厚的学人专心探索、接力冲刺实为期刊历史研究的佳话，建树有方的独奏共鸣而成应和有法的合唱。这种有分有合自发自觉的协同研究只能发生在《人民文学》而不能迁移于他刊？或亦只能发生在理论和方法均更为圆熟的文学领域？这才是关心热心期刊史研究者该有所思虑的。

以笔者所见，有几种《人民文学》的研究专著值得称道。吴俊、郭战涛著的《国家文学的想象和实践——以〈人民文学〉为中心的考察》（上海古籍出版社，2007年）出版最早，理论与方法的突破最力且著，影响也可推断最深。就《人民文学》自身时段而言，李红强著《〈人民文学〉十七年》（当代中国出版社，2009年）详尽前期（1949—1966），郑纳新著《新时期〈人民文学〉与“人民文学”》（东方出版中心，2011年）细究新时期也即后期，而吴、郭合著则恰恰在时段和学理方法的双重层面承前启后。分看单看，各自成书；连看合看，则成《人民文学》研究的系列景观。此所以笔者惊羡为期刊研究之佳话矣。

国家文学乃吴、郭合著中的核心概念，系作者自觉的理论追索结果，在作者本人或只求作为学人在当下文学研究的范式突破，但其实际影响则向期刊研究界尝试、昭示了一条新路：以自创的核心概念高度凝练地表达研究对象与研究方法的深层关系，沿此核心概念展开对研究对象的分析描述；自创的核心概念对前人的相关研究有所继承，大胆使用自主创新的工具，更显示作者扬弃的理论勇气和推进学术创新的魄力。

吴、郭合著以“‘国家文学’解说”启卷，首章论创刊初期的《人民文学》，题为《〈人民文学〉：与新中国共生的国家最高文学刊物》，将1975年《人民文学》复刊则定性为“政治变局的文学见证”，对复刊当年刊发《机电局长的一天》及其引发的风波亦审视解读为“环绕文学的政治博弈”。正如书中“文学组稿的政治解读”“封面的意识形态”等章，充分展示了以《人民文学》为中心的文学与政治的复杂关系，而这种关系中雪藏多年的复杂性借由国家文学、国家文学期刊而清晰凸显出来。理论工具创新催生、演化成理论陈述言说创新，这就是该研究的核心价值所在。庸常学人难及难为。文学学者为文学期刊研究建树标杆，期刊研究者理当奋起摸高。吴、郭合著陈理述事冷静洗练，重要观点、思想不事张扬。于作者，不经意地复述（语言相对于思想而言再表现），于读者，亦该在不经意间领悟——领悟那思想流、语言流中的看似随意，实则重要的词、概念和语段。那种一笔带过似的概念，那种文末、段末补叙的单句实存点到为止的深意。这也是要提醒读者注意体会的。

新时期和“人民文学”是郑纳新研究解说《人民文学》的时空坐标，他亦借以切割并锁定了连续出版的《人民文学》这一研究对象。以吴俊的“国家文学”“国家文学期刊”作为理论背景，才能更清楚地理解郑纳新分解《人民文学》刊名的理论创新意义。那看似同语反复的话语技巧非为口彩更非讨巧，而是复杂的历史理论问题由来有自。郑著也就因此细微处（刊名用语与理论言说表层重复处）见独创精神，见学术功力。从吴俊的“国家文学”到郑纳新的“人民文学”有其内在关联，郑著封面导语就写道：“因为《人民文学》在国家与文学之间的拉力与应力关系，因此它的发展乃至曲折，它的停刊乃至复刊，都感应着国家的变动，回响着文学的心音。在国家与文学发生巨大变动时，这种动态关系所呈现出来的紧张状态，无疑值得特别关注，这正是新时期《人民文学》与‘人民文学’所具有的特别底蕴。”这种关联既有其贯通而又转型的实践逻辑，又有理论逻辑层面各自的原创性和承继性。杨匡汉先生在评价《〈人民文学〉十七年》时也说：“作为文学权威杂志的《人民文学》，在新中国成立之初十七年的诞生、成长及其可逆与不可逆的历程，已不仅仅是旧与新的转型问题，更是以‘人民’的名义代表着需要和期待什么样的文学选择与文学命运问题，广义地构成了文学政策的走向。”《人民文学》以“人民”的名义创刊，而在发展“人民文学”与“国家文学”两端之间颠簸，新时期的《人民文学》则试图挣脱也最终成功挣脱了“国家文学”的桎梏而回归初试，回归“人民文学”的初衷。历史地呈现这一挣脱—回归的过程，既是郑纳新专著的主题，也是他独到的学术贡献。

郑著除绪论、结语外共四章，分别为"《人民文学》的复刊与'人民文学'的恢复"，"《人民文学》的黄金时代与'人民文学'的发展"，"《人民文学》的两难与'人民文学'的淡化"，"新时期《人民文学》的文学组织活动"。前三章自然构成以一个完整的整体，第四章察微知著，发前人所未发，尤有20世纪80年代期刊史研究的突破意义。该章共分三节："文学组织活动与文学自主性的建立"，"服务于创作的文学批评"，"张光年与新时期的《人民文学》"。《人民文学》在"拨乱反正"期间举办的三次重要会议是彪炳史册的，《人民文学》设立并组织全国性的短篇小说、中篇小说、报告文学评奖虽然在1990年后戛然中止，却影响深远。郑著在"文学自主性"及其建立的范畴中考量这三次会议和三个奖项既恰切，又凸显了《人民文学》在历史转折时点的"国刊"作为与功能。

1923年创刊的《中国青年》富有革命传统。《中国青年》在新中国成立后刊庆频繁，为期刊史仅见。1993年，《中国青年》为纪念创刊70周年，内部印行了同仁纪念文集《70年光辉历程》和《中国青年大事记》(1923—1993)。后者开为单个期刊写年谱之先河，也将80年代《中国青年》的发展录述详备。彭波主编的《潘晓讨论》（南开大学出版社，2000年）在封面和书脊都冠以肩题"一代中国青年的思想初恋"，详记《中国青年》1980年组织的"潘晓讨论"的来龙去脉。虽然可读性追求稍显有过，仍不失为笔者所见的第一本也是唯一一本以一个期刊事件为主题而进行全面分析和解读的专书。尽管史料的披露与收集尚可更全面，对事件过程和效果的分析还可以更深入系统，但其期刊事件研究之头功依然值得肯定。书中收录了潘炜文章《那场讨论改变了我几乎全部人生》，读来催人泪下。笔者以为每个以媒介为职业的学子学人最好都能读读此文，由这里知晓，媒介于个体个人中长期的传播效果，并非仅为个例，就20世纪80年代媒介外力量非正常干预媒介而言亦具思想价值。

2 期刊人研究

1980 年代的中国期刊历史应该铭记两类期刊人。其一是 1970 年代末“拨乱反正”期间的党内理论家，那时节，党内理论家执掌名刊催生名文是鲜艳夺目的期刊历史丰碑。其二是 1980 年代中期起勇挑重担的期刊人。

党内理论家由山东大学文史哲专家王学典命名，他借以描述粉碎“四人帮”后拨乱反正时期中国思想理论领袖及其精神风貌特征。“他们主要是以周扬、于光远、黎澍、王若水等为代表，由他们组成并领导的‘理论界’主宰了当时整个的意识形态领域。”[4] 王学典的“党内理论家”称谓显然既有深刻的历史文化洞察力，也有相当的期刊现象解释力。

在拨乱反正年头，中国期刊界也存在一个丰富敦实的党内理论家现象。当然，由于专业视角的差异，期刊界的党内理论家的具体人选与王学典所述略有不同。可以说，在 1970 年代末 1980 年代初中国改革开放期刊发展的初始阶段，期刊活动的主体是他们，或者由他们这一批党内理论家们所引领；期刊活动的基本精神指导思想——思想解放、改革开放——由他们所确立并为后来的期刊人所继承并发扬光大。这阶段期刊业党内理论家的代表性人物及其实践是，胡耀邦和《理论动态》，陈翰伯和《读书》创刊，宋振庭和《社会科学战线》创刊，夏征农和《复旦学报》复刊，黎澍和《历史研究》专题专文，等等。惜都没展开系统、深入研究。

在近几年的党内理论家期刊人研究中，较显建树的当推郑纳新的张光年研究。张光年 1977 年 6 月就任《人民文学》主编，参与主持中国文联、中国作协的恢复工作，并先后担任中国作协的常务书记、党组书记，李季 1978 年 9 月接任主编，旋即于 1980 年 4 月去世，张又重新兼任主编至 1983 年 8 月由王蒙接任。郑著“张光年与新时期的《人民文学》”作为专著之一节，并没有充分展开，而期刊人与期刊出版物内在关系的揭示也还可以更深入细致。但有两点是值得高度认同的：其一，充分肯定了张光年在新时期《人民文学》奠基性的历史贡献，进而也就基本确定了张光年在中国期刊史，尤其是改革开放期刊史上的地位；其二，郑纳新所言说、展示的期刊人物研究方法有示范意义。他说：

> “我们分析张光年与《人民文学》，不仅出于一种怀思先贤的目的，而且是为了探究一种历史是如何发生的，个人在其中是如何建构着历史的特殊性与具体性，从而提供了哪些与过去并不雷同的有益的经验与途径。我们发现：张光年，一个真实的马克思主义者，如何在‘人民文学’的事业上做出改变一个时代、改变一个国家民族文学的基本面貌的贡献。”（该书第 222 页）

期刊固然为期刊人和作者共同创造，但期刊人只能依附于期刊而存在。期刊人的行为固然服从于期刊人的意念，但更受制于期刊行为发生的历史情境。在历史情境中考察期刊人的思想、行为及效果，才有可能对期刊历史的发生学还原，更是对期刊发展规律的尊重。

作者在绪论中，对中国近现代报刊的个案研究有历史性的回溯检视，“对现代著名知识分子如何利用媒体发起和推动中国社会的现代化进程，如何形象塑造中国社会的现代价值体系与观念体系，他们遭遇了哪些不可避免的困境，孕育了哪些重要的思想契机，等等”，有过理性的批判与审察，自然能够较充分地吸纳先前研究者的经验教训，因而在陈述张光年与新时期《人民文学》的期刊关系时，能抓大放小，要言不烦。

在《人民文学》发展史上，有 1957 年秦兆阳主政和新时期张光年主政两座高峰。对前一座高峰，张光年在历史进程的当即，即由批评者激进为附和政治的批判者，并由此而得周扬激赏，被委任为已空缺四年的《文艺报》主编。对这历史的诡谲，作者不仅不回避，反倒费笔钩沉，细陈张光年批评批判秦兆阳的篇什，且告知读者这些都未收入新世纪出版的四卷本《张光年文集》。如此笔触，更显新中国期刊历史的弯道，期刊历史人物的丰满高大及来由。

在新中国期刊史上，1950年代、1980年代两度主政名刊大刊者屈指可数：巴金、张光年、秦兆阳，然后就是梅朵了。面对组稿有方的梅朵，王蒙曾有流传甚广的慨叹“梅朵梅朵没法躲”，审视和书写1980年代中国期刊史，亦该如是观。在1980年代，巴金、张光年创新旧刊，秦兆阳主持新刊，梅朵则是从零开始创办新刊《文汇月刊》，那是与他新中国成立初创办的《大众电影》一样闻名遐迩的刊物。

《文汇月刊》为上海文汇报社主管主办的“以文学为主的综合性艺术性刊物”[5]，1980年1月创刊，1990年6月停刊，共出版121期。它在中国期刊史上具有独特价值，期刊文本以语言艺术创作为主，兼及电影、绘画、雕塑等；不同艺术表现形式的多种精美作品的传播，集中统一于弘扬“人文精神”，密切关注中国改革现实以推进中国现代化进程，因而达到了新中国成立以来“拼盘式”文艺杂志的最高成就，其期刊文本本身成为后人理解、把握1980年代精神风貌、文化内涵、艺术走向的基础性历史文献读本。

梅朵是新中国期刊史上思想超逸、贡献独特的期刊编辑家。他自述“创办《文汇月刊》，体现着我生命的最大欢乐和价值”。“回想《文汇月刊》已经停刊十年，这段时间，我犹如森林被毁、失掉家园的生灵，又一次陷于严重的精神失落。”[6]文汇报社负责人说“《文汇月刊》十年，是他职业生涯最后的辉煌”。[7]他的同事在停刊20余年后，撰文怀念梅朵“是一个很有特色，也极有个性的人物”。“他是老文化人，是艺术工作者，同时又是新闻工作者，还是个执著于现实主义文学的人。这一切合在一起，既是梅朵的性格，同时也是《文汇月刊》的性格。”“月刊遇上那么多的风风雨雨，没有他那狂飙式的闯劲和武训式的忍辱，恐怕是不会顺利走过这十年的。”[8]

梅朵生前有《相伴60年——梅朵文艺评论集》行世。任仲伦为该书写的序文以“我钦佩梅朵先生”开头，以“我们敬重梅朵先生”作结，中间四段的首句分别是：“梅朵先生自称自己的历史，纯粹是职业报人的历史。”“梅朵先生是个有思想的人。”“梅朵先生是个有思想信仰的人。”“梅朵先生的思想是灼烧着的。”职业报人职业编辑人多，职业期刊人中有思考、有思想者亦有，以期刊为职业而首先被人称道并肯定其思想的，是新中国成立以来少见且越来越稀见的。这就是梅朵作为期刊编辑家独特价值所在，也是《文汇月刊》所以成为20世纪80年代名刊的奥秘所在。惜只有梅朵的同事忆念斯公，其思想、实践的深入清理均付阙如。此事诚难，学界该以《文汇月刊》为文本基础，辅以访谈等手段系统深化。

在1980年代中期，一批“文革”前毕业的大学生走上刊社领导岗位，继往开来，谱写期刊历史新篇章。如《收获》的李小林、《十月》的章仲锷等。在1980年代的期刊人中，1979年创办《译林》、1988年创建译林出版社的李景端，是个性鲜明、成就卓著的一位。萧乾认为他是“一位有眼光的出版家”，戈宝权以“顽强追求完美的创业者”称誉他，刘杲肯定他为“一位知难而进的老编辑”，言说者位高权亦可谓重，通常一言九鼎，何以都对李景端不吝美言？“老编辑”“出版家”“创业者”是他编辑人生的基本角色，“知难而进”“有眼光”“顽强追求完美”则是他区别于其他编辑出版家的个性特征。《波涛上的足迹——译林编辑生涯二十年》（重庆出版社，1999年）汇集了李景端先生编辑出版《译林》的通讯报道、专题文章、序言书评等，因写在当时，见证了该刊“涉难”过程，有助于后人“知难”原委而颇富史料价值。该书第一辑名为“回首译林坎坷路”，客观呈现《译林》创刊号因发表《尼罗河上的惨案》而引起的全国性风波、“清理精神污染”中的《译林》、《译林》敢为人先的几项活动、艰苦创建译林出版社等。《译林》以“打开窗口，了解世界”为宗旨，以介绍西方通俗文学为特色，李景端先生所述所记总称为“波涛上的足迹”，波涛者，改革开放之风生水起，东风西风顺风逆风之交搏也。该书映现了20世纪80年代初期地方出版业外国文学出版的艰难启程，因而别具中国改革开放的思想、文化轨迹的历史价值。

李景端先生与众多翻译名家、外国文学研究专家相识相知，他的散文集《心曲浪花》（河北教育出版社，2011年）、《如沐春风——与名家面对面》（百花文艺出版社，2006年），记叙编辑与译者的交往，可丰富读者对《译林》期刊风格、李景端编辑作风的感知认识。李景端先生是在改革开放之初这样的关键时刻，在外国通俗文学以及外国文学出版这样关键性的专业领域做出了关键性贡献（创办期刊、出版社）的编辑出版家，这就是他在中国期刊史上的独特地位所在，殊有机遇乎，抓住机遇而成就大事，因而殊为难得矣。他2009年出版了《翻译编辑谈翻译》（湖北教育出版社），2006年，凤凰出版集团在北京举办了"李景端新书及出版理念讨论会"，他的编辑出版活动及其社会影响应该引起学界更多关注，予以更专门、系统、深入的梳理认识。

参考文献

[1] 查建英．八十年代访谈录［M］．北京：生活·读书·新知三联书店，2006：9.

[2] 查建英．八十年代访谈录［M］．北京：生活·读书·新知三联书店，2006：7.

[3] 牛汉．我仍在苦苦跋涉［M］．北京：生活·读书·新知三联书店，2008.

[4] 王学典．"80年代"是怎样被"重构"的？［J］．开放时代，2009（6）.

[5] 刘绪源．我与《文汇月刊》编辑部［G］//新闻出版博物馆，2014.

[6] 梅朵．十年欢乐 十年艰辛——我和《文汇月刊》［G］//梅朵文艺评论选集．南京：江苏文艺出版社，2006：11.

[7] 史中兴．只有香如故［N］．文汇报，2011-01-28.

[8] 刘绪源．我与《文汇月刊》编辑部［G］//新闻出版博物馆，2014.

【作者简介】

李频，1962 年生。现为中国传媒大学编辑出版研究中心副主任、教授、博士生导师，《现代出版》副主编。主要研究领域有编辑出版理论研究，期刊历史研究等。主要著作有《龙世辉的编辑生涯》《编辑家茅盾评传》《期刊策划导论》《大众期刊运作》《出版：人学絮语》等。主编《茅盾研究和我》《中国期刊产业发展报告：市场分析与方法求索》《中国期刊发展报告：区域发展与类群分析》《共和国期刊 60 年》等。